经以济世
建德尚实

贺教育部

重大攻向项目

心坚玉碎

李政林

教育部哲学社會科學研究重大課題攻關項目

东北老工业基地改造与振兴研究

STUDY ON NORTHEAST CHINA'S OLD INDUSTRIAL BASE TRANSFORMATION AND REVITALIZATION

程 伟

等著

经济科学出版社
Economic Science Press

图书在版编目（CIP）数据

东北老工业基地改造与振兴研究／程伟等著．—北京：经济科学出版社，2009.9

（教育部哲学社会科学研究重大课题攻关项目）

ISBN 978 - 7 - 5058 - 7599 - 9

Ⅰ．东… Ⅱ．程… Ⅲ．工业基地 - 经济发展 - 研究 - 东北地区 Ⅳ．F427.3

中国版本图书馆 CIP 数据核字（2008）第 170411 号

责任编辑：吕 萍 于海汛
责任校对：徐领弟 徐领柱
版式设计：代小卫
技术编辑：潘泽新 邱 天

东北老工业基地改造与振兴研究

程 伟 等著

经济科学出版社出版、发行 新华书店经销
社址：北京市海淀区阜成路甲 28 号 邮编：100142
总编部电话：88191217 发行部电话：88191540
网址：www.esp.com.cn
电子邮件：esp@esp.com.cn
北京中科印刷有限公司印装
787×1092 16 开 32.5 印张 600000 字
2009 年 9 月第 1 版 2009 年 9 月第 1 次印刷
印数：0001—8000 册
ISBN 978 - 7 - 5058 - 7599 - 9 定价：81.00 元

课题组主要成员

（按姓氏笔画为序）

王伟光　　刘钧霆　　曲昭光　　张桂文
林木西　　唐晓华　　徐　平　　徐坡岭
高　闯　　崔日明　　黄泰岩　　韩　毅
穆怀中

编审委员会成员

总　序

哲学社会科学是人们认识世界、改造世界的重要工具，是推动历史发展和社会进步的重要力量。哲学社会科学的研究能力和成果，是综合国力的重要组成部分，哲学社会科学的发展水平，体现着一个国家和民族的思维能力、精神状态和文明素质。一个民族要屹立于世界民族之林，不能没有哲学社会科学的熏陶和滋养；一个国家要在国际综合国力竞争中赢得优势，不能没有包括哲学社会科学在内的"软实力"的强大和支撑。

近年来，党和国家高度重视哲学社会科学的繁荣发展。江泽民同志多次强调哲学社会科学在建设中国特色社会主义事业中的重要作用，提出哲学社会科学与自然科学"四个同样重要"、"五个高度重视"、"两个不可替代"等重要思想论断。党的十六大以来，以胡锦涛同志为总书记的党中央始终坚持把哲学社会科学放在十分重要的战略位置，就繁荣发展哲学社会科学做出了一系列重大部署，采取了一系列重大举措。2004 年，中共中央下发《关于进一步繁荣发展哲学社会科学的意见》，明确了新世纪繁荣发展哲学社会科学的指导方针、总体目标和主要任务。党的十七大报告明确指出："繁荣发展哲学社会科学，推进学科体系、学术观点、科研方法创新，鼓励哲学社会科学界为党和人民事业发挥思想库作用，推动我国哲学社会科学优秀成果和优秀人才走向世界。"这是党中央在新的历史时期、新的历史阶段为全面建设小康社会，加快推进社会主义现代化建设，实现中华民族伟大复兴提出的重大战略目标和任务，为进一步繁荣发展哲学社会科学指明了方向，提供了根本保证和强大动力。

　　高校是我国哲学社会科学事业的主力军。改革开放以来，在党中央的坚强领导下，高校哲学社会科学抓住前所未有的发展机遇，紧紧围绕党和国家工作大局，坚持正确的政治方向，贯彻"双百"方针，以发展为主题，以改革为动力，以理论创新为主导，以方法创新为突破口，发扬理论联系实际学风，弘扬求真务实精神，立足创新、提高质量，高校哲学社会科学事业实现了跨越式发展，呈现空前繁荣的发展局面。广大高校哲学社会科学工作者以饱满的热情积极参与马克思主义理论研究和建设工程，大力推进具有中国特色、中国风格、中国气派的哲学社会科学学科体系和教材体系建设，为推进马克思主义中国化，推动理论创新，服务党和国家的政策决策，为弘扬优秀传统文化，培育民族精神，为培养社会主义合格建设者和可靠接班人，做出了不可磨灭的重要贡献。

　　自 2003 年始，教育部正式启动了哲学社会科学研究重大课题攻关项目计划。这是教育部促进高校哲学社会科学繁荣发展的一项重大举措，也是教育部实施"高校哲学社会科学繁荣计划"的一项重要内容。重大攻关项目采取招投标的组织方式，按照"公平竞争，择优立项，严格管理，铸造精品"的要求进行，每年评审立项约 40 个项目，每个项目资助 30 万 ~ 80 万元。项目研究实行首席专家负责制，鼓励跨学科、跨学校、跨地区的联合研究，鼓励吸收国内外专家共同参加课题组研究工作。几年来，重大攻关项目以解决国家经济建设和社会发展过程中具有前瞻性、战略性、全局性的重大理论和实际问题为主攻方向，以提升为党和政府咨询决策服务能力和推动哲学社会科学发展为战略目标，集合高校优秀研究团队和顶尖人才，团结协作，联合攻关，产出了一批标志性研究成果，壮大了科研人才队伍，有效提升了高校哲学社会科学整体实力。国务委员刘延东同志为此做出重要批示，指出重大攻关项目有效调动各方面的积极性，产生了一批重要成果，影响广泛，成效显著；要总结经验，再接再厉，紧密服务国家需求，更好地优化资源，突出重点，多出精品，多出人才，为经济社会发展做出新的贡献。这个重要批示，既充分肯定了重大攻关项目取得的优异成绩，又对重大攻关项目提出了明确的指导意见和殷切希望。

　　作为教育部社科研究项目的重中之重，我们始终秉持以管理创新服务学术创新的理念，坚持科学管理、民主管理、依法管理，切实增强服务意识，不断创新管理模式，健全管理制度，加强对重大攻关项目的选题遴选、评审立项、组织开题、中期检查到最终成果鉴定的全过程管理，逐渐探索并形成一套成熟的、符合学术研究规律的管理办法，努力将重大攻关项目打造成学术精品工程。我们将项目最终成果汇编成"教育部哲学社会科学研究重大课题攻关项目成果文库"统一组织出版。经济科学出版社倾全社之力，精心组织编辑力量，努力铸造出版精品。国学大师季羡林先生欣然题词："经时济世　继往开来——贺教育部重大攻关项目成果出版"；欧阳中石先生题写了"教育部哲学社会科学研究重大课题攻关项目"的书名，充分体现了他们对繁荣发展高校哲学社会科学的深切勉励和由衷期望。

创新是哲学社会科学研究的灵魂，是推动高校哲学社会科学研究不断深化的不竭动力。我们正处在一个伟大的时代，建设有中国特色的哲学社会科学是历史的呼唤，时代的强音，是推进中国特色社会主义事业的迫切要求。我们要不断增强使命感和责任感，立足新实践，适应新要求，始终坚持以马克思主义为指导，深入贯彻落实科学发展观，以构建具有中国特色社会主义哲学社会科学为己任，振奋精神，开拓进取，以改革创新精神，大力推进高校哲学社会科学繁荣发展，为全面建设小康社会，构建社会主义和谐社会，促进社会主义文化大发展大繁荣贡献更大的力量。

教育部社会科学司

前 言

本书是教育部哲学社会科学研究重大课题攻关项目《东北老工业基地改造与振兴研究》（项目批准号：04JZD0009）的最终成果。

东北地区曾经是我国经济实力最为雄厚、技术水平最为先进的工业基地，为国家的经济建设和社会发展作出过巨大的历史贡献。改革开放后，东北老工业基地矛盾突出，无论改革还是发展，都面临异常严峻的困难。

我们作为辽宁大学的学者，长期生活、工作在东北重镇——沈阳市，对于东北的情况比较熟悉，始终把东北振兴的理论研究和对策探索视为自己义不容辞的责任。我们积极参与所在区域社会经济发展规划的制定和改革发展的实践活动，不断产生阶段性研究成果，10 年前就曾以集体的智慧完成了国家社科基金"九五"重点项目"振兴辽宁老工业基地"，以 8 卷本丛书的最终研究成果形式公开出版。

我们在跟踪研究的过程中愈发感到，振兴东北绝不只是一个简单的区域性问题，必须在全国改革开放的总体框架下去思考，去设计。2002 年党的十六大正式提出"支持东北地区等老工业基地的加快调整和改造"，2003 年中共中央、国务院专门下发了《关于实施东北地区等老工业基地振兴战略的若干意见》（以下简称中央《若干意见》）。党中央国务院关于东北振兴国家战略的正式出台，使我们备受鼓舞，极大地激发了我们将这一问题的研究引向深入的热情。恰在此时，教育部公布了 2004 年度哲学社会科学研究重大课题攻关项目，其中之一即为"东北老工业基地改造与振兴研究"。我在第一时间做出反应，与林木西教授共同讨论，构思总体框架、研究目标、基本内容、技术路线等，并迅速组织起研究队伍，于 2004 年 9 月向教育部正式递交了投标立项申请书。同年 10 月 29 日，在教育部统一组织的项目招投标答辩中一举中标，并于 12 月 24 日被正式批准立项。

2005 年，课题组成员按照各自的分工展开资料收集、文献梳理和省内外以及国内外的考察调研活动，我和林木西教授以及当时刚刚加盟辽宁大学长江学者的黄泰岩教授进一步修订撰著大纲；2006 年 9 月，课题组完成了项目研究的第一稿，接受并通过了教育部专家组的中期检查；2007 年年中，完成了第二稿；同年 10 月召开的党的十七大，从新的历史起点出发做出了全国人民共同企盼的伟大战略部署，东北三省新一届政府的工作报告也相继问世。面对新形势，我决定对二稿的立意、体例、内容以及观点等再作较大幅度的修改和完善。我和林木西、黄泰岩经认真讨论拿出新一轮调整方案后，课题组全体成员奋力拼搏，并利用寒假集中封闭半月之余做最后的冲刺，于 2008 年 3 月 8 日完成了第三稿。

2008 年 4 月 19 日，我们以第三稿为蓝本，附之以本立项课题主要的阶段性研究成果，接受了教育部专家组的项目结题会议鉴定，获得顺利通过。随后，根据鉴定专家的意见和建议，对某些章节进行了局部修改，对文字总量进行了适度压缩。

虽说我们承担这一研究项目有一定的基础，但要做出创新性，达到前沿水平，并非易事，必须深入调研，静心思索，锐意拼搏。好在我们预先设定了必须克服平庸，必须在某些问题上实现创新性突破的工作目标，也好在有课题组成员无私互助，彼此启迪，终于在此项研究中出现了一些"亮点"。"亮点"大多散落在有关章节中，这里仅从宏观或者整体的层面将五个主要创新点简要归纳如下：

第一，以国家战略为立意。以往关于东北老工业基地的研究文献，就东北谈东北居多，即使少数研究成果把东北和全国联系起来，也不是立意在国家战略的高度。我们认为，无论从问题提出的历史背景看，还是从党中央国务院对东北振兴的总体要求和主要期待看，东北振兴均具有强烈的国家层面的战略需求特征。站在这样的立意高度从事本课题的研究，构成了我们审视东北振兴进程、评价绩效和研讨对策等所遵循的重要指导思想，这是对已有相关研究成果的创新性突破。这一立意指导全书，尤其在核心章节中体现得较为明显。

第二，以阶段划分为基础。从 2003 年中央《若干意见》算起，东北振兴迄今已经走过四年的实践过程。然而，无论学界还是政界，对于总结历史经验的看法不尽相同，对于今后的振兴思路更是存在严重分歧。我们认为，倘若不是首先理清东北振兴的阶段划分，而是一上来就泛泛地讨论诸多问题，其结果必然如此。大家都会清楚地记得，邓小平同志提出的"社会主义初级阶段"理论，是我国理论得以全面创新、中国特色社会主义理论体系得以形成的基石；邓小平同志提出的中华民族伟大复兴的"三步走"战略，是推进我国改革开放历史进程的行动指南。本项目开拓性地将东北振兴划分为调整改造、全面振兴的攻坚和实现三个阶段，从而为找出当下东北振兴的主要矛盾、规定基本任务、设定发展目标等奠定了逻辑基础，同时也为对策性建议的理论诠释增强了科学性、针对性和可行性。

第三，以"再工业化"模式为主线。以国际经验为参照，结合我国国情和东北区情，以及深度思考当今东北在当今中国肩负的时代使命，本课题旗帜鲜明地提出了东北全面振兴攻坚阶段的"再工业化"发展模式，并对这一模式的由来进行系统的梳理，进行全方位的国际比较，进行内涵界定的创新性发掘，进行基本特征的科学凝练。在此基础上提出"再工业化"的发展新模式，是当前东北振兴道路的理性选择，是科学发展观在东北老工业基地全面振兴攻坚阶段的突出体现，是新型工业化在东北振兴攻坚阶段的具体实践。"再工业化"模式的提出、架构及其运用，可谓是本课题整个研究过程中最大的"亮点"，是贯穿本书始终的一条主线。

第四，以打造东北特色为宗旨。中国特色社会主义，就是在开放经济条件下海纳百川，但又与众不同。每个国家都有自己特殊的国情，别国的成功经验可以有选择地汲取和借鉴，但却不可一味地全盘照搬。同理，东北老工业基地也有自己特殊的区情，在资源禀赋、产业结构、企业类别等诸多方面与长三角、珠三角、京津冀等地区明显有别。这就决定了，东北振兴必须扬长避短，发挥比较优势。在全面振兴的攻坚阶段，必须有所为有所不为，重点突破，以点带面。东北的特色就是重化工业，本课题研究的一大特色就是环环紧扣东北重化工业这个特色，旨在改写"成也萧何、败也萧何"为"败也萧何、成也萧何"。

第五，以启发性为基本定位。振兴东北老工业基地，是一项十分复杂而艰巨的任务。从事这项难度极大的研究工作，没有理论的支撑显然是不可思议的。我们在此项研究工作中，较多运用的是马克思主义政治经济学、发展经济学、转轨经济学、新制度经济学、比较经济学等分析工具，谈理论是我们的优势。与此同时，我们也倾力研讨振兴东北老工业基地的实际对策，尽管不大可能做到写出来的东西拿过来就好用。我们观察到，在研究现实问题中往往存在两种倾向，一是就事论事，缺少必要的智力支持；二是理论味道过浓，与解决实际问题相去甚远。我们努力尝试赋予本书一种探索式的基本定位，即兼顾理论性与对策性而立足于启发性。

我是领衔申报教育部该项哲学社会科学研究重大课题攻关项目的首席专家，与林木西、黄泰岩教授共同主持该项目。课题组成员共计26位，其中，徐坡岭、韩毅、张桂文、唐晓华、高闯、王伟光、曲昭光、刘钧霆、穆怀中、林木西、崔日明、徐平，依次是导论、第一章至第十章和结束语的负责人。写作的具体分工是：导论——徐坡岭、韩爽；第一章——韩毅；第二章——张桂文、黄泰岩；第三章——唐晓华、黄继忠；第四章——高闯、赫国胜、韩亮亮；第五章——王伟光、陈佳琪；第六章——曲昭光；第七章——刘钧霆、徐坡岭、刘向丽、韩爽；第八章——穆怀中、秦岭、柳清瑞；第九章——林木西、徐平、邢源源、曲昭光、崔万田；第十章——崔日明、刘钧霆、刘向丽、范洪颖；结束语——徐平。田百军在协助收集相关研究资料方面为课题组写作人员做了大量服务性工作，部分青年教师和博士生协助做了一些基础性工作。各写作部分交稿后，我与林木西、黄泰岩教授分头审阅，全书最后由我统纂定稿。

弹指一挥间，从当时的课题申报到现在的最终完稿，整整四个年头过去了。其间，课题组全体成员不辞辛劳，精诚合作，以高度的责任感和使命感锐意攻关，付出了大量的心血。当我们附上"前言"，把全部书稿交付经济科学出版社的此时此刻，我们如释重负，将以宽慰、轻松和无比喜悦的心情与北京奥运共同渡过一段美好的时光。

　　中华民族的伟大复兴是一个长期的过程，东北振兴同样任重道远。本书所完成的研究工作是初步的，一定存在许多不足之处，祈盼读者批评指正。我们还将紧跟改革开放与科学发展的时代步伐，为东北老工业基地实现全面振兴，为我国全面建成小康社会，继续作出积极的探索和应有的贡献。

摘 要

东北地区是我国计划经济的"重镇"，改革开放后遭遇严峻的挑战。东北老工业基地的改造与振兴，是我国全面建设小康社会的重要组成部分。东北振兴的复杂性和艰巨性，决定了这项研究工作必须在理论层面具有系统性和创新性，在实践层面具有针对性和前瞻性。

本书除"导论"和"结束语"外，由十章主体内容构成。主体内容又分为前导性、统领性、主体性、支撑性和国际性五大板块，从理论认知和对策研制两个层面，对东北老工业基地的改造与振兴展开递进的、系统的和深入的研究。本书的创新点集中体现在五个方面：一是以国家战略为立意，即振兴东北绝不只是一个简单的区域性问题，而且具有强烈的国家战略需求特征；二是以阶段划分为基础，即把东北振兴划分为调整改造、全面振兴的攻坚和实现三个阶段；三是以"再工业化"模式为主线，这是该项研究工作中最大的亮点，也是贯穿本书始终的一条主线；四是以打造东北特色为宗旨，即东北振兴必须扬长避短，发挥比较优势，必须对国内外的先进经验海纳百川，但又与众不同；五是以启发性为基本定位，既不能理论味道过浓，又不应就事论事，而是要兼顾理论性与对策性，立足启发性。

Abstract

Northeast China, once as the strong hold of the planned economy, has gone through a severe course since the Opening up. An overall well-off society calls for the transformation and revitalization of the Northeast Old Industrial Base. The arduous and complex nature of Northeast revitalization demands relevant research to have systematic and innovative theoretical implications, as well as pragmatic and proactive for practical purpose.

Besides the introduction and epilogue, the main body of the book, engaging in progressive, systematic, and intensive research for theory and policy purpose, is composed of ten chapters under five sections embracing the guiding, leading, dominant, supporting, and international natures of Northeast transformation and revitalization. The original idea developed by this research is as follows: Firstly, the basic concept of the book is based on the national strategy which determines that Northeast revitalization is not only a regional issue but with strong national strategic appeal. Secondly, we identify three stages of Northeast revitalization as the adjustment and transformation stage, key stage of all-round revitalization, and the realization stage of all-round revitalization. Thirdly, "re-industrialization" mechanism, as the framework of the book, is the highlight of the research. Fourthly, aiming at promoting Northeast characteristics, the research emphasizes that Northeast should foster strengths, avoid weaknesses, and improve comparative advantages. Northeast must be open and tolerant to domestic and international experience and keep its own unique features. Finally, the value of the research lies in its enlightenment to readers, which is neither too theoretical nor too fact oriented. The book offers both theoretical and policy perspective to stimulate readers' thinking about the Northeast China's revitalization.

目　录

Contents

目　录

Contents

Contents

导　论

一、东北老工业基地改造与振兴问题提出的再认识

东北地区曾经是我国经济实力最雄厚、技术最先进的工业基地，为国家建设和发展做出过巨大的历史性贡献。改革开放后，东北老工业基地的发展遇到一系列困难，但随着改革开放进程的深入和国家综合实力的不断攀升，中国复兴为一个现代世界大国的目标对东北老工业基地提出了新的要求。在科学发展观、建设创新型国家与和谐社会的思想指导下，东北老工业基地改造与振兴走过了四年时光。今天，从改革开放和发展这两个既相互联系又内在统一的视角，重新审视中央关于东北老工业基地改革与发展的政策方针，进一步理解中央《若干意见》关于东北老工业基地改造与振兴的正确决策，不仅有助于我们更加深刻地认识东北振兴的重大意义，而且有助于我们更加理性地思考东北老工业基地改造与振兴的基本模式和实现途径。

（一）东北老工业基地改造与振兴问题提出的改革开放视角

1978 年党的十一届三中全会，拉开了我国改革开放的序幕。2002 年 11 月召开的党的十六大正式提出"支持东北地区等老工业基地的加快调整和改造"。2003 年专门下发《中共中央国务院关于实施东北地区等老工业基地振兴战略的若干意见》（以下简称中央《若干意见》）。2003 年 9 月温家宝总理在国务院常务工作会议上指出，"目前，东北老工业基地振兴战略条件具备、时机成熟"。[①]显而易见，从全局的角度提出解决东北老工业基地调整改造以及振兴的问题，比

[①]　参见温家宝 2003 年 9 月 10 日国务院常务工作会议上的讲话："振兴东北条件具备时机成熟"。转引自 http://news.xinhuanet.com/newscenter/2003 - 09/10/content_1074740.htm。

我国改革开放的启动晚了 20 多年。

那么，为什么东北老工业基地改造与振兴问题的提出与改革开放的启动不是同步性的？我们认为，这是中央政府出于综合考虑，对改革开放的总体进程做出可行性设计，进而对东北老工业基地改造与振兴做出置后安排的结果。[①] 众所周知，我国的改革开放在整体上是一种渐进式的路径安排。这种渐进式的改革开放策略，要求在先后次序上必须将东北老工业基地的改造与振兴进行置后安排。我们分析，主要原因有以下三点：

第一，改革开放的实质是制度创新，是从计划经济走向市场经济。我国进行经济体制改革，其深层次原因是计划经济体制的效率困境，从这个角度看，改革是对传统经济制度的根本变革。同时，与经济改革相伴随的开放，一方面是为了促进国内制度创新，另一方面，是为了促进国内外经济制度的对接，吸收外部经验，促进国内经济体制变革。这种史无前例的制度创新是一项十分复杂的系统工程，没有成功的历史经验可资借鉴。因此，制度创新的目标和途径不是一开始就明确的，改革开放目标模式的确定事实上经历了一个艰难探索的过程。

我国社会主义市场经济体制改革目标模式的确立经历了十多年的探索。从 1978 年到 1991 年，在我国社会主义经济体制的性质问题上，先后提出了"计划经济为主市场调节为辅"、"有计划的商品经济"、"计划与市场内在统一的体制"、"计划经济与市场调节相统一的经济体制"等模式要求。1992 年党的十四大确定建立"具有中国特色的社会主义市场经济体制"，是确立市场化经济转轨基本方向的标志。20 世纪 90 年代是经济全球化迅速发展的时期。经济全球化的实质是全球市场形成，是市场经济制度的全球化，这也要求我们必须把经济的市场化改革和经济的对外开放纳入到一个统一的进程。由此可见，经济全球化进一步验证了我国改革的核心问题是市场化制度创新。

东北老工业基地通常被看做是物质存量集中的地区，这一点毋庸置疑。然而，还应该深刻认识到的是，东北老工业基地更是我国计划经济制度存量最大的区域。改革开放的实质是市场化制度创新，对制度存量的根本变革是我国整个改革进程中最关键、也是最艰难的部位。如果改革一开始就从老工业基地这个制度存量最大的地区切入，显然是不明智的。正是基于这种考虑，东北老工业基地按照我国改革"先易后难、平稳推进"的总体策略，被进行了理性的置后安排。

第二，改革开放的目的是解放和发展生产力。在改革开放的初始阶段，解放生产力的具体表现形式是关注增长速度，实现经济效率，解决计划经济时代长期

---

① 程伟：《中国国有企业改革的进程与对策》，《计划经济国家体制转轨评论》，辽宁大学出版社 1999 年版，第 503 页。

存在的短缺经济问题。十一届三中全会后，党和国家的中心任务转移到以经济建设为中心，就是要尽可能实现经济的快速增长。那么，在全国改革开放的总体布局中，怎样的改革开放结构和区域安排才能达到尽快解放生产力、实现经济快速增长和 GDP 总量迅速扩大的目的呢？东北老工业基地的条件符不符合这一基本要求呢？从东北老工业基地的自身条件和外部条件看，它都无法一开始就承担起实现国家经济快速增长和 GDP 总量迅速扩大的重任。

从自身条件看，东北老工业基地是物质存量和制度存量最大的区域，要解决产业结构调整、所有制结构改造、技术设备更新、冗员负担和社会包袱沉重等一系列难题，必须进行大规模的资本投入和根本性的制度变革。也就是说，在我国改革的初始阶段，在资本相对稀缺、制度存量不可能迅速解决的情况下，依靠老工业基地解决扩大产出的问题是根本不可能的。

从外部条件看，随着改革开放的深入发展和中国经济融入国际市场体系，我国经济要实现快速增长和 GDP 总量的迅速做大，必须充分发挥国际比较优势。从全国角度看，我国以劳动力相对丰裕为主要内容的国际比较优势不在东北。因为，计划经济条件下东北老工业基地可以在封闭环境中通过资源的计划分配机制和良好的技术与资源基础发展资本密集型的重化工业，实现经济辉煌，然而，随着改革开放的深入发展，这些固有因素和条件已经不复存在。于是，再依靠老工业基地来尽早实现经济增长的速度与数量目标，也就成了不现实的选择。

因此，从迅速解放生产力这一基本目的以及推进经济快速增长和 GDP 总量迅速做大的基本任务看，在改革开放的总体进程中，东北老工业基地的改造和振兴只能被迫置后安排。

第三，我国改革开放是渐进式的，其目的是保证改革由易到难，不被逆转。要使改革进程得以不断深入，就必须处理好改革、发展和稳定的关系，就必须先易后难，以降低风险，确保社会稳定。其中，通过改革进程的稳步推进，促进经济的持续发展，使改革进程不被逆转，是问题的关键之所在。中国的改革在总体上是渐进式的。渐进虽不求速决，但不能停滞，更不能倒退。这就是渐进改革的基本逻辑或曰基本要求。

我国的改革是政府发动的一场大规模、宽领域、深强度的自上而下的制度变迁，是政府主导型改革。改革不被逆转，是对中国共产党执政能力的严峻考验。前苏联和东欧国家在发生剧变之前已经进行了 30 多年的经济体制改革，但都没有解决经济制度变革的效率诉求，改革进程时而被中止，时而被逆转，最终导致东欧剧变和苏联解体。这是我国从启动改革的一开始就必须认真汲取的历史教训。

要使改革进程不被逆转，就需要改革不断地取得阶段性成果。只有改革不断取得阶段性成果，让老百姓不断得到实惠，才能得到社会广大民众的有力支持。东北老工业基地是物质存量和制度存量最大的区域，改革最难，风险最大，搞不好，不仅会造成经济上的混乱，还会引发社会动荡。因此，我们不能走激进的、一步到位的改革道路，而应把国有企业存量最大的东北老工业基地的改革做置后安排。这样，可以降低改革的风险，保证改革始终在比较稳定的社会环境中向前推进。

改革开放的实质、目的和进程，都决定了东北老工业基地改造与振兴置后安排的必要性。改革开放时期的国家发展战略，也同时要求对老工业基地改造与振兴进行置后安排。因为，国家发展战略对东北老工业基地的历史使命具有高标准、高要求的时代特征。

东北振兴的战略安排、战略重点和战略步骤，是由中国的发展阶段所决定的。中国处于工业化的中期，中国的工业化进程远未结束，需要东北地区发挥新的作用。这就是国家战略赋予东北老工业基地的历史使命。从这个角度看，东北老工业基地的改造与振兴绝不是一般意义上的区域经济发展和 GDP 总量做大的问题，而是要通过东北老工业基地的振兴来为整个国家的发展和强大提供工业基础，提供装备和技术支持。东北老工业基地的振兴不能仅仅被看做是东北区域经济的振兴，而是国家发展战略总体安排中的东北工业的振兴。东北振兴是重塑这里的工业基础，是工业的做强做大。而振兴工业的关键，是实现东北老工业基地体制机制和技术层面的双重创新。

要完成这一重大的历史使命，就必须慎重考虑东北老工业基地改造与振兴的途径、模式和目标，要为振兴进行充分的探索和准备。对东北老工业基地的改造与振兴进行置后安排，就是为了更好地实现这种国家战略。在实践中为了这种振兴，东北地区已经完成了一系列准备工作，如国有企业的关停并转和改组改制、企业冗员的减负、非国有经济的培育、社会保障体制改革试点等。正是基于此，2003 年 9 月，温家宝总理在国务院常务工作会议上指出，"东北老工业基地改造与振兴的条件已经具备、时机已经成熟"。①

(二) 东北老工业基地改造与振兴问题提出的发展视角

从发展的视角看，改革开放要不断取得进展，关键是要处理好改革、发展和稳定之间的关系。在全国改革开放的总体布局中，不同阶段有不同的改革开放重点区域。而且，在改革开放的不同阶段，不同区域所承担的主要任务也不同。国

---

① 《温家宝主持国务院会议　振兴东北战略条件具备时机成熟》，news. xinhuanet. com/newscenter/2003 – 09/10/content_1074740. htm.

家的发展需要改革，国家的发展也需要稳定。东北老工业基地的角色应该如何定位？这要看国家改革开放和经济发展处在怎样的阶段。

在改革开放的初始阶段，就区域本身而言，东北老工业基地需要为自身日后的振兴做准备，同时，更需要为全国的发展做准备。而从全国来看，它首先需要为整个国家的稳定，为全国的改革开放，为整个社会的全面制度创新和效率诉求做贡献。

从十一届三中全会到十六大，东北老工业基地的首要任务是稳定。东北老工业基地服从国家改革开放和经济发展的整体安排，确保了自身的稳定。不仅如此，还完成了区域振兴的一系列重要准备工作。这不能不说是为全国的制度创新和效率提升，为国家整体经济的快速增长做出的突出贡献。虽然从效率视角看，相对于国内改革开放的先行地区，东北老工业基地的发展落后了，但东北的稳定工作做得很好，出色地完成了自己在这一时期的历史使命。

进入21世纪，全国的改革开放为新的发展阶段做好了准备，这些准备包括：改革进程不被逆转已经成为既成事实，改革深受广大人民群众欢迎；中国的持续性高速发展已经既成事实，发展前景良好，"中国崩溃论"已经彻底破灭；改革和发展所需要的稳定局面得到不断巩固和加强；从经济总量和综合国力看，中国已经开始走向世界大国之列。中国由积弱走向初步昌盛、由封闭自守走向全面开放、由求温饱初步走向小康的发展现实，说明中国正在进入伟大复兴的历史时期。

根据社会主义初级阶段"三步走"战略和十六大"全面建设小康社会"的战略部署，到2020年，要把我国全面建成小康社会，使改革的成果惠及全国人民。中国发展成为世界大国和世界强国的定位已经明确。但在世界多极化和经济全球化的时代背景下，综合国力的竞争日趋激烈，要实现国家全面复兴和世界强国的发展目标，就必须使经济增长在"量"和"质"两个维度上协调发展。改革开放以来，经济总量不断成长的辉煌成就还无法掩盖我国制造业领域相对落后、技术创新能力相对薄弱等致命问题。正是在这种背景下，十六大报告指出，国家的发展"形势逼人、不进则退"。

十六大以后，我国的GDP总量相继超过法国和英国，成为世界第四经济大国。中国的快速增长仍然是今后的长期趋势。世界普遍认为，中国GDP总量赶超德国和日本，甚至挑战美国，只是时间问题。在这种情况下，中国要真正成为GDP大国意义上的世界强国，有两个问题必须解决：第一，GDP总量的继续扩大；第二，国家核心竞争力的提升。就我国目前经济发展的质量而言，第二个方面的问题对于大国意义上的世界强国目标的实现更具有决定性意义，因为国家核心竞争力指标是对包括制度竞争力、技术创新能力、自我装备和保障能力的综合经济实力的衡量。目前，这种核心竞争力突出体现在重化工业领域，特别是装备制造业领域。

国际经验证明，重化工业是国家竞争力的核心。在世界经济赶超史上曾存在"资源密集型赶超"、"劳动密集型赶超"和"重化工业赶超"三种类型。这些经济赶超都曾创造出经济总量快速增长的骄人业绩，但只有日本、韩国和前苏联最终成为经济强国。这些国家的经验表明，重化工业强大，自我装备和保障能力强大，国家才能真正的强大。韩国以小国寡民而被视为世界经济强国，俄罗斯虽然历经严重的转型性经济危机，但就连一些对其怀有敌意的国家也不敢对其小觑，这无不仰仗其所拥有的强大的重化工业和良好的自我装备与保障能力。

毫无疑问，在经历 30 年经济高速增长之后，我国已经是 GDP 总量上的大国。但是，我们必须清醒地认识到，我国 GDP 总量大国目标的实现，迄今为止还主要是基于具有国际比较优势的劳动密集型以及部分资本密集型产业的快速发展。也就是说，我们已经实现的 GDP 总量赶超，在内涵上主要是"劳动密集型赶超"和部分的"资本密集型赶超"。与发达国家相比，我们的差距不是 GDP 总量问题，而是 GDP 内涵问题，表现在重化工业不够强大，自我装备和保障能力不够强大。因此说，我国目前发展阶段的首要任务是把重化工业做强做大。

毫无疑问，东北老工业基地是我国重化工业做强做大的首选区域。东北老工业基地具有把重化工业做强做大的比较优势：首先，东北老工业基地历史上的辉煌成就打造了庞大的重化工业存量，虽然存在技术设备老化和产业结构调整的问题，但和自身的其他产业相比，东北区域的比较优势仍然在重化工业。依托东北老工业基地来做强做大我国的重化工业，提升整个国民经济的自我装备和自我保障能力，不是从头开始，不是毫无经验。其次，和国内其他地区（如珠三角、长三角）相比，东北老工业基地在资源、基础设施、重化工业产业组织能力和技术人才储备等方面具有相对优势。国内区域间的比较优势，使得对东北老工业基地进行重化工业的"再工业化"改造符合分工与交易的资源配置效率要求。

因此，从国家发展目标和世界强国的标准看，中国要成为具有强国内涵的世界大国，现阶段必须把发展重化工业、提高自我装备和保障能力作为经济发展的重点。显然，实现重化工业的做强做大，振兴东北老工业基地是最佳选择。

选择东北老工业基地作为我国重化工业做强做大和提高自我装备与保障能力的依托，是对中央"科学发展观"、"建设创新型国家"和"和谐社会"指导思想的具体落实。十六大之后，在关于国家经济发展模式问题上我们有了新的认识。要解决现阶段国家经济发展面临的一系列矛盾和问题，必须坚持科学发展观，必须建设创新型国家，必须把建设和谐社会作为发展的最终目的。党的十七大关于"科学发展观"和"和谐社会"的要求，使东北老工业基地的改造与振兴获得了新的意义。

东北老工业基地的做强做大，不是在传统模式下通过资源消耗、资本非效率投入实现的做强做大，而是科学发展观指导下的做强做大。从全国范围看，东北老工业基地重化工业的做强做大，可以避免那些缺乏资源优势和产业基础比较优势的地区因为勉强发展重化工业而对自然环境造成破坏；可以促进东北地区的发展，缩小国内区域之间经济发展的差距；可以带动东北地区其他产业的发展，实现社会经济的全面进步。这体现了科学发展观在区域布局、人与自然和谐、人与社会和谐等方面的要求。科学发展观关于环境友好、发展可持续的要求也将得以落实。特别是，东北老工业基地重化工业发展基于新技术的应用，将大大替代其他地区在节能减排方面的指标要求，为全国的可持续协调发展做出贡献。同时，在重化工业内部，通过节能减排和产业结构的调整与升级等，也将使科学发展观的要求得到具体的贯彻和落实。

从中国目前面临的国际环境看，在中国走向大国的道路上，"中国威胁论"时有所闻，中国的发展已经引起某些国家的担忧。从"十六大"关于国家发展"形势逼人、不进则退"的判断，到十七大关于国家发展"机遇前所未有、挑战前所未有"的判断，表明我国目前的发展阶段已经处于大国、强国之路的起点，其他国家对中国的观察和态度也在发生变化，一些国家并不乐于见到中国的强大。此时，"抓住机遇、战胜挑战"就显得更为重要。为此，国家的强大绝不能指望具有高度不确定性的外部装备支持，不能把希望寄托在外部资源支持上。国家的强大更需要依靠内功，需要依靠自我创新能力的提高，需要依靠自我装备和保障能力的强化。国家强大的关键是内涵。正因为国际竞争的"挑战前所未有"，东北振兴的地位也因此变得更加重要。

改革开放和发展这两个视角共同说明，中共中央关于东北老工业基地改造与振兴战略的提出和策略的安排是十分正确的，我们有理由对东北老工业基地的振兴前景寄予厚望。同时，我们也必须清醒地认识到，东北老工业基地的振兴任重道远。经过4年的发展，目前的东北老工业基地正处于全面振兴的攻坚阶段。东北全面振兴下一步的基本模式和实现途径还需要深入探讨。国内外关于老工业基地改造与振兴的已有研究成果，自然可以给我们许多有益的启示。

二、国内外相关研究文献梳理与评价

老工业基地作为世界经济发展进程中的一个重大理论和实践问题，是现代经济学研究的一个重要领域。发达工业化国家、转型国家的老工业基地问题具有不同的产生背景和历史条件，相对地，我国的老工业基地问题也有自己的特殊性，从而相关研究获得的认知也不尽相同。

（一）发达工业化国家老工业基地问题的相关研究

发达工业化国家的一些传统工业基地，如美国的东北部地区、德国的鲁尔地区、法国的洛林地区、日本的九州地区等，出现所谓的"老工业基地"[①] 问题，大体上是在 20 世纪中叶，这与当时国际能源市场的廉价石油、科技革命成果在产业中被大规模应用在时间上大体重合。在这些发达工业化国家经济高速成长的背景下，一些老工业区却遭遇因主导产业衰落而限于不景气的难题，这种现象曾极大地困扰着当地政府和学者。它作为重要的经济现象，由于其重大的实践意义和样本典型性，引发了广泛的相关对策研究和学术讨论，大量的相关研究文献出现在 20 世纪 70 年代末 80 年代初，其研究主要涉及老工业基地问题产生的原因、老工业基地问题的性质及影响、解决问题的出路和对策建议等。

发达国家老工业基地问题之所以引起人们的广泛关注，主要是这些地区出现了一些共同的现象。劳合·罗德文（Lloyd Rodwin，1991）在以个案的方式分别研究英国、德国、法国、意大利、西班牙、瑞典和日本的老工业基地时，发现它们面临一些共同性问题，如投资下降、工厂关门、失业增加、收入下降、基础设施老化等。[②] 巴里·布鲁斯顿和贝尼特·哈里森（Barry Bluestone and Bennett Harrison，1982）在对美国一些面临困境的工业区调查后也发现相似现象：基础工业投资少、经济停滞、国际竞争力下降、大量工厂倒闭、废弃城市增多、制造业就业大量减少等。[③] 但是，他们对于这些老工业基地出现衰退的原因以及问题的性质则有不同的判断和解读。

对发达工业化国家老工业基地问题的性质和影响的判断不尽相同，这往往和如何看待国家经济发展中的产业演进趋势有关。一些学者认为，工业经济的强大是发达国家经济成就的象征，老工业基地的衰退会影响国家经济的持续性增长。比如，里克·德尔布里杰（Rick Delbridge，1997）认为，制造业对英国至关重

---

① 在以英文发表的相关研究中，很少有文献明确使用"老工业基地"（the Old Industrial Base）这一概括性用语。在可以获得的文献中，仅仅发现 Helene S. Fine（1994）在概括芝加哥地区的经济问题时，提到钢铁企业的破产是老工业基地衰败的主要标志（见 Helene S. Fine，*Participant Action Research：A Case Study of Community Economic Development in Chicago*，Paq，Spring 1994）。但如果具体到对诸如德国鲁尔、法国洛林等地区的产业研究，则可以获得丰富的文献。在俄文经济学文献中"老工业区"（старопромышленный регион）是一个被广泛使用的概念，老工业区成为概括诸如乌拉尔工业区、下诺夫哥罗德工业区、沃洛涅日工业区的习惯用法。这种差异反映了相关问题在不同国家的规模和影响的差异，也反映了各种理论流派演变中形成的学理和研究方法上的差别。

② Lloyd Rodwin and Hidehiko Sazanami，*Industrial Change and Regional Economic Transformation：the Experience of Western Europe*，London：Harper Collins Academic，1991，overview.

③ Barry Bluestone and Bennett Harrison，The Deindustrialization of America：Plant Closings，Community Abandonment，and the Dismantling of Basic Industry，pp. 4－5 and P. 6.

要，老工业基地的困境说明英国正在失去制造业的国际竞争力，这将对英国的长期经济增长造成危害。[①] 安德烈·伯格斯托勒（Andre Burgstaller, 1987）甚至认为，英国工业的衰退会使先前以工业为主导的经济被迫转向农业经济。[②] 关于美国东北部制造业地区的衰落会造成怎样的影响，则存在截然相反的两种看法。一种看法认为，这些老工业区成为"锈蚀带"会给美国的竞争力和社会结构带来严重的不良影响，不是无关痛痒的社会经济问题。[③] 另一种看法却认为，老工业基地的衰退是发达经济进一步发展的自然结果，是经济成功发展的表现。这些地区出现就业下降、工厂倒闭等现象只会造成局部困难，从全局看却可能是成熟经济体与贸易伙伴之间分工演进的结果，是通过贸易实现的对居民财富来源的一种自动调节。[④]

关于发达国家老工业基地衰落的原因也有几种典型的观点。根据看问题的角度不同，大体上可以归纳如下：一是"比较优势转移说"。此学说认为，发达国家老工业基地衰退的出现，是发达国家工业化完成后产业结构升级和经济发展的产物，老工业地区的传统工业与新兴的服务业相比缺乏比较优势，从而导致资本流向服务业。二是"利润率差异引力说"。此学说认为，由于南北贸易使得发达国家的制造业利润率降低，降低了资本对劳动密集部门的投资水平，新的投资转向了节约劳动力型的创新产业。[⑤] 三是"消费中心转移说"。此学说认为，从国内收入和需求的角度看，由于消费者变得更加富裕，工业制成品在其日常消费中所占的份额下降，服务消费的份额上升。由于消费习惯偏离工业制成品，导致对工业制成品需求的下降。四是"国际产业转移说"。此学说认为，由于发达国家的跨国公司为了寻求低劳动成本，纷纷进行对外直接投资，将制造业部门转移至国外，直接导致了老工业基地的衰退。[⑥] 还有其他一些关于发达国家老工业基地衰退原因的探讨，比如从技术进步、资源枯竭等角度来看待发达国家的老工业基地问题。

---

① Rick Delbridge, *Manufacturing in Transition*, London; New York: Routledge, 1998, P. 3.

② Andre Burgstaller, *Industrialization, Deindustrialization and North-South Trade*, *The American Economic Review*, Vol. 77, December 1987, pp. 107 – 1018.

③ Barry Bluestone, *In Support of the Deindustrialization Thesis*, Paul D. Staudohar and Holly E. Brown, *Deindustrialization and Plant Closure*, Lexington, Mass.: c1987, P. 52.

④ Molly Mcusic, *U. S. Manufacturing: Any Cause for Alarm?* In Thomas, R. Swartz and Frank J. Bonello et al. *Taking Sides: Clashing Views on Controversial Economic*, Issues 5th edition, The Dushkin Publishing Group, Inc. , 1990, P. 325.

⑤ Arthur S. Alderson, *Explaining Deindustrialization: Globalization, Failure, or Success? American Sociological Review*, Vol. 64, 1999, P. 718.

⑥ Arthur S. Alderson, *Globalization and Deindustralization: Direct Investment and the Decline of Manufacturing Employment in 17 OECD Nations*, *Journal of World-Systems Research*, 3: pp. 1 – 34.

基于对发达国家老工业基地衰退性质的不同认识和产生原因的不同识别，相关研究对解决老工业基地问题的模式和政策也持不同的观点：因为把老工业基地的衰退看做是发达国家走向"高级经济"的表现，① 因此，其建议是，老工业基地出现的问题要依靠经济的发展来解决，即老工业地区应转向发展服务业，这样可以更少受到商业周期的影响。在现实经济中，美国"冰雪带"城市始终坚持大力发展第三产业，在制造业生产率日益增长和用工人数大量减少的情况下，"冰雪带"城市大力发展服务业，包括金融、通信、旅游、医疗等，以推动经济增长和吸纳就业，成效显著。相反，另一派观点认为，制造业对于发达国家的经济发展至关重要，"若要保持优势——或者更大的优势，我们就不能仅仅脱离制造业走向服务业，必须重新组织生产而不是放弃它。"② 他们的建议便是，老工业地区的振兴"不是从工业经济到服务经济，而是从一种类型的工业经济走向另一种类型的工业经济。"③ 例如，法国洛林地区的产业转型基本完成，汽车、电子和塑料加工等已经取代了传统的煤炭和铁矿开采业。还有一派观点认为，老工业基地传统产业的转型必须确保对本国福利的冲击以及产业转移引起的来自外部的竞争降低到最低限度。以美国为例，有学者认为，"美国公司将资本、工厂和技术转移到具有低税收、低工资等比较优势的国家，美国公司离开美国，外国人用贸易盈余购买美国的资产，美国的生产遭遇到来自世界的竞争。"④ "如果一个已经为其公民确立高生活水准的工业化国家要维持工业基础和水平，它就必须管制来自低工资水平国家的商品进口。如若不然，其工业基础必遭破坏，生活水平必将下降。"⑤

（二）作为转型国家的俄罗斯老工业基地问题的相关研究

在经济转轨国家，伴随着经济制度的市场化转型，大多数经济体经历了以传统制造业危机为主要内容的转型性经济衰退。转型国家在计划经济时期发展起来的传统制造业和重化工业都曾经是国民经济的支柱产业，是当时决定这些国家经

---

① Gerald A. Carlino, *What Can Output Measures Tell Us about Deindustrialization in the Nation and its Regions? Business Review*, January/February, 1989, P. 16.

② Stephen S. Cohen and John Zysman, *Manufacturing Matters: The Myth of the Post-Industrial Economy*, P. 3.

③ Stephen S. Cohen and John Zysman, *Manufacturing Matters: The Myth of the Post-Industrial Economy*, P. xiii.

④ Patrick J. Buchanan, *The Hollowing Out of America*, February 26, 2002. http://www.theamericancause.org.

⑤ American Dissent Voices, *The New World Order*, *Free Trade and The Deindustrialization of American*, http://natall.com 08/16/2002.

济综合实力的产业基础。这些产业在国民经济总体布局中往往集中于一些特定区域，形成了集中度明显、产业单一的工业基地。转型时期的经济危机和产业衰退，给这些地区（在俄罗斯往往是整座城市）的经济发展造成了致命的打击。尽管各转型国家经历的衰退期不尽相同，但大都必须面对危机之后依托什么产业重振国民经济的问题，其中，衰退严重的老工业基地面临的复兴任务更为严峻。在市场经济条件下如何重振这些老工业基地的经济，成为转型经济研究中需要特别关注的问题，同时，也产生了一系列研究成果。

关于转型国家老工业基地问题产生的原因，多数学者把它与经济转型的背景和该国未来的经济发展道路联系在一起。如俄罗斯学者波波夫（2000）在论及俄罗斯国家未来的产业基础时指出，俄罗斯的"工业是在对抗与封锁的情况下发展起来的，在西方的'封锁'中完全依靠自力更生，在许多情况下实现了突破，而在其他情况下则落后了。"造成这种落后的原因"或者是因为质量达不到标准，或者是因为成本太高"。市场化状态对于这些产业中的企业是个灾难，"对于这些基础工业部门的企业而言，开放的市场基本上意味着破产和被拍卖。"[1] 弗拉基米尔·马乌（2003）在谈到俄罗斯经济转型的特征和任务时指出，俄罗斯的转型是政治民主化、经济市场化和自由化、社会经济后工业化三重转型的综合。在工业化过程中俄罗斯和西方共同达到了领先水平，但西方发达国家抓住 20 世纪 70 年代后期石油危机的契机，依靠灵活的市场经济制度，实现了向后工业社会的转型。而俄罗斯却由于丰富的能源资源和僵化的计划体制，其社会经济发展被固化在了工业化阶段。俄罗斯转型时期的经济危机是政治制度、经济制度、产业结构等多重危机的重叠。俄罗斯实现复兴的出路是后工业化。[2] 俄罗斯学者雅辛、阿巴尔金等学者，在他们的研究中也谈到了俄罗斯传统制造业危机的计划体制根源和市场化转型背景。

随着俄罗斯转型进程的推进和经济形势的变化，学者们对传统工业地位问题的看法也在发生变化。在 20 世纪 90 年代俄罗斯处于转型性经济危机的情况下，一方面许多学者（如莫斯科夫斯基，1998）对于俄罗斯能源原材料和黑色金属冶炼的相对活力表示担心，认为俄罗斯经济处于"逆工业化"和"原料化"的产业衰退中；另一方面，一些学者（如盖达尔，1997）把转型时期原材料和重化工业的相对活跃看做是俄罗斯参与国际市场体现出的比较优势和竞争优势。同时，他们对俄罗斯需要进行后工业化转型表现出比较一致的看法。

随着俄罗斯经济的恢复，俄罗斯中央政府和地方政府对于传统制造业和重化

---

[1] 波波夫：《俄罗斯的未来——后工业化模式》，《国外社会科学文摘》2000 年第 2 期。

[2] Владимир May:, России еще только предстоит разработать стратегию постиндустриального прорыва, http://www.iet.ru/personal/mau/ved - 2. htm.

工业基地的改造、复兴和发展表现出新的兴趣。普京在 2002 年、2003 年的国情咨文中明确要求重塑俄罗斯的工业基础，此后要求对于战略性资源和企业重新国有化，并建立相应产业中的垄断性企业组织。随后，地方政府也对本地的重化工业基地表现出"以政策推动复兴"的极大兴趣。亚历山大·伊万特尔（Александр Ивантер）和德米特里·西瓦科夫（Дмитрий Сиваков）在自己的研究中明确指出俄罗斯要想实现经济的快速增长，必须重塑能源、原材料、重化工业等国民经济的产业基础，这些产业的复兴是当前俄罗斯经济快速增长的最佳途径；通过建立产业联合体，采取积极的国家工业政策，是这些产业复兴的基本保证；重化工业和能源原材料实现产业振兴的最佳产业组织方式是建立垄断性集团，这些产业在开放条件下是垄断的"爱好者"，因为这一领域的竞争往往是国家之间的竞争。[1]

（三）我国有关东北老工业基地问题的相关研究

鉴于东北老工业基地在我国改革开放和经济发展中的特殊重要性，长期以来东北老工业基地的发展和前途命运一直是国内学术界关注的焦点问题之一。但在改革开放后的一段时间里，东北老工业基地仍然肩负着为国家经济稳定发展提供保障的艰巨任务，东北老工业基地还没有作为"问题"出现，相关的研究文献也大多局限在东北地区的体制改革问题方面。20 世纪 90 年代，随着社会主义市场经济改革的深入发展，东北老工业基地逐渐暴露出一系列的结构性和制度性问题，此时，问题导向型对策研究和以国有企业改革为主题的学理性研究逐渐增多。一些系统性的研究成果开始出现，如辽宁大学课题组完成的国家社科基金"九五"重大项目"振兴辽宁老工业基地研究"，从经济体制、产业结构、企业组织、社会保障等多个角度较为系统地探讨了辽宁老工业基地的振兴问题。[2] 到20 世纪末，全国改革进入攻坚阶段，东北老工业基地的制度转型和结构改造开始成为国家层面的战略性课题。实践推动了学术发展和理论创新，关于东北老工业基地的系统性研究不断增多，如吉林大学衣保中等人编撰的《中国东北区域经济》，比较全面地描述了从 1950～1998 年东北区域经济的历史、资源结构、农业、工业结构、交通运输、人口与劳动力资源等各个方面的情况。[3] 国务院政策研究室陈永杰的《东北基本情况调查报告》（上、中、下），反映了 2001 年、

---

① Александр Ивантер, Дмитрий Сиваков, *Переростки*, "Эксперт" №1 - 2 （543），15 января 2007. —смтр. http：//www. expert. ru/printissues/expert/2007/01/.

② 该项目由程伟主持完成，最终成果《振兴辽宁老工业基地》（8 卷本系列丛书，辽宁教育出版社1998 年版）获得辽宁省优秀科研成果一等奖（2000 年）。

③ 衣保中等：《中国东北区域经济》，吉林大学出版社 2000 年版。

2002 年东北老工业基地的基本经济情况。2003 年中央关于东北振兴的战略决策把这方面的研究推向了一个新的高潮，并涌现出更多具有影响力的成果。到目前为止，可以说关于东北老工业基地问题的研究文献浩如烟海，我们按照问题的脉络对其进行简要回顾和梳理。

第一，关于东北老工业基地问题产生的原因大致有以下几种观点：一是"体制说"。从市场化改革的角度，指出东北老工业基地作为计划经济体制存量最大的地区，制度变迁的难度更大，体制改革相对落后于东南沿海等国内其他地区，这是东北老工业基地问题出现的主要原因。而正因为计划体制存量大，东北地区对于国家经济稳定发展又具有特殊意义，因此，这一地区的国有企业改革有必要，同时也可以置后安排。[①] 二是"产业结构说"。从区域经济结构角度，指出东北老工业基地在计划体制下形成的区域产业结构本身存在重大缺陷，重化工业优先指导思想下形成的区域产业结构，目前已经不再适应开放经济条件下经济效率的要求和比较优势向劳动密集型加工工业的转移，从而导致东北老工业基地问题的产生。[②] 三是"资金说"。从资本投入的角度指出，改革开放后经济快速增长的要求和劳动密集型产业的比较优势，使得我国有限的资本被投入到东南沿海开放地区，甚至东北老工业基地在改革开放后的相当一段时间里仍然担负着贡献国家主要财政来源的重任，使得东北老工业基地设备更新和技术改造投入不足，从而导致东北老工业基地问题的出现。"不是改革开放的前沿，投资少，发展也慢"。[③] 四是"政策说"。从改革开放后国家的不平衡发展政策和区域倾斜政策角度指出，是政策因素导致了东北老工业基地的衰落。从严格意义上看，"政策说"是对多种原因的较为简单的汇总，提出"要改变这种状态，需要中央政府给予东北地区特殊的区域倾斜政策。"[④]

第二，关于东北老工业基地改造与振兴的政策建议众说纷纭，但都与对东北老工业基地问题产生原因的判断密切相连。其中比较典型的政策建议有：一是"比较优势说"。这是由林毅夫（2004，2007）提出的得到广泛认同的原则性政策建议。这种建议的出发点是市场体制下的资源配置效率原则和市场自我调节机制。他从开放和全球竞争的角度指出，在经济全球化和市场经济条件下，东北地区重新振兴的政策基点必须是发挥比较优势，东北振兴的根本出路不是政策扶持，而是遵从比较优势原则，培养区域经济自生能力和企业的自生能力。二是

① 范恒山：《以改革开放促调整改造加快老工业基地振兴步伐》，《宏观经济管理》2003 年第 10 期。
② 简新华、余江：《重新重工业化与振兴老工业基地》，《财经问题研究》2004 年第 9 期。
③ 李增福：《振兴东北老工业基地的财政政策及其工具选择》，《当代经济研究》2004 年第 3 期。
④ 刘力臻、史桂芬：《以区域倾斜政策为杠杆振兴东北老工业基地》，《广东商学院学报》2004 年第 4 期。

"产业结构说"。这是另一种具有广泛影响的政策建议。其中,既有针对东北装备制造业振兴的研究(黄泰岩、林木西,2007),也有广义的产业视角研究。他们认为,东北老工业基地问题的关键是产业振兴,通过区域产业整合培育出新的具有竞争力的主导产业,带动区域经济发展和复兴,是东北振兴的现实选择。[①]
三是"体制转型说"(郑杭生,2004;高辉清,2003等)。这也是一种非常有市场的政策建议。持这种观点的学者认为,东北老工业基地的问题仍然是市场化转型不彻底的结果,从而,东北振兴的根本出路是市场化转型和现代化转型,彻底摆脱对具有政府干预和保护色彩的旧体制的依赖和旧体制的束缚。四是"企业改革说"。宋冬林(2001)等人在《老工业基地国有企业深化改革研究》指出,"搞好老工业基地国有企业,必须从结构调整、制度创新、技术改造、资源重组四个方面同时入手,多管齐下,综合治理"。还有一些研究,其政策建议是综合性的,难以明确归入某一类,如王洛林、魏后凯2005年主编的《东北老工业基地经济振兴战略与决策》就是如此。其他的还有诸如制度创新、技术创新、政策扶持、区域合作促振兴、金融支持等政策建议,也屡见于各种文献。

第三,关于在东北振兴中落实科学发展观和新型工业化政策的讨论,是近几年相关研究中非常活跃的学术热点。随着我国经济的快速发展,经济增长与资源环境之间的矛盾、区域均衡发展、内外部均衡、社会公平等问题越来越突出,从而引发了东北振兴模式选择的新一轮探索。国家经贸委综合司2003年组织专家对新型工业化道路进行探讨,并结集发表了相关成果。同年国家经贸委行业规划司发表了《我国走新型工业化道路研究》,焦方义(2004)的《新型工业化道路与东北经济振兴》(经济科学出版社)、陈元(2004)的《新型工业化道路研究》(中国财政经济出版社),是比较系统的关于东北振兴新型工业化道路的探讨。徐笠威(2005)、张曙霄和孙莉莉(2005)等也对东北振兴的新型工业化道路进行了探索。[②]关于科学发展观在东北振兴中的体现和落实问题,是从更宏观的高度上看待东北老工业基地的振兴,尽管有一些成果,但总体上还不够深入。

除了上述以我国东北老工业基地为对象的针对性研究之外,学者们还从经验借鉴的角度探索和介绍了大量的关于发达工业化国家老工业基地改造的经验和政策,这些成果也给了我们许多启发。

(四) 对已有研究成果的简要评价

迄今为止,关于老工业基地的研究和探讨是一种多学科参与、多视角切入、

---

① 郎毅怀:《以产业集聚方式加快东北振兴》,《中国经济时报》2003年10月15日。
② 徐笠威:《东北老工业基地新型工业化道路的战略思考》,《工业技术经济》2005年第6期;张曙霄和孙莉莉:《东北新型工业化发展模式论析》,《东北师大学报》2005年第3期。

多层面展开的学术实践，取得了一系列富有启发性的成果和政策建议。有关老工业基地问题的性质、原因、影响及基本出路等方面的内容，都已经被比较充分地进行了讨论。具体到我国东北老工业基地，相应问题也形成了大量富有启发性的研究成果。但必须看到，已有的研究囿于学科背景、看问题视角或当时所处实践环境的限制，仍有许多有待深入研究之处。

首先，无论是国外关于工业化发达国家老工业基地的研究，还是国内对于工业化发达国家老工业基地改造经验的总结介绍，一般都抽象掉了这些国家老工业基地问题产生的制度条件。这是可以理解的，因为对发达工业化国家老工业基地问题的讨论，无论从产生原因、解决途径，还是从政策实践和实际效果看，都是在给定的市场经济制度这一前提下进行的。然而，老工业基地问题现在已不是为发达工业化国家所独有，经济不够发达的转型国家，甚至那些转型之前业已完成工业化任务的转型国家，事实上同样也存在老工业基地遭遇困境的问题。从而，在考虑借鉴发达工业化国家老工业基地改造的经验时，必须加入这个曾被忽略的制度约束条件。而制度条件的变化，必然使得转型国家老工业基地问题的性质发生重大变化，从而，解决问题的出路随之也必然出现重大的差异。

其次，发达工业化国家老工业基地问题产生的历史条件，也与转型国家特别是中国东北截然不同。20 世纪 50、60 年代，虽然经济的国际化已经发展到了相当高的程度，但被分割的世界市场仍然使得资源、生产或产业的跨国转移只能在局部世界市场得以实现。而 20 世纪 90 年代以来，计划经济国家的市场化经济转型使分割的世界市场归于统一，并且市场经济制度的全球化发展使资源、生产或产业的全球转移成为可能。在这种情况下，转型国家老工业基地问题产生的国际背景和解决问题的外部条件发生了根本性变化。从而，解决问题的方式和途径势必与发达工业化国家所采取的对策存在显著的不同。这些问题是以往关于老工业基地问题的研究中没有被充分重视的，从而，相关文献的研究结论的启示性和意义也就大打折扣了。

第三，就中国东北老工业基地问题而言，它与其他转型国家的老工业基地问题具有相似性，但中国改革开放背景下产生的老工业基地问题又有不同于俄罗斯等转型国家之处。因为，我们转型之后经济恢复的起点是农业大国，而俄罗斯却已经是工业大国。俄罗斯关于老工业基地问题的相关研究主要基于本国视野，当然也有所顾及发达国家的历史经验。我国与俄罗斯老工业基地的差异性，也决定了俄罗斯经验对于我国借鉴意义的局限性。

第四，综合以上因素，国内学者关于东北老工业基地的研究由于没有充分注意到上述约束条件的不同，便产生了诸如视野局限性、问题局限性、时空局限性等问题。东北老工业基地产生的改革开放背景、中国步入伟大复兴的背景、中国社会经济发展阶段的背景等，是考察东北老工业基地必须考虑的强制约束。对这些问题的忽视，必然弱化研究过程及研究结论的科学性。

三、本书的体系设计

本书是 2004 年度教育部哲学社会科学研究重大课题攻关项目——"东北老工业基地改造与振兴研究"的最终成果，由导论、十章主体内容和结束语构成。

导论部分，首先从我国改革开放和经济发展两个视角深刻认识中央关于东北老工业基地改造与振兴战略决策的重大意义，旨在揭示这一战略决策从其酝酿到最终确立，始终是出自国家层面的全局性考虑。接下来，系统梳理和扼要评价国内外关于老工业基地研究的已有文献，为提出东北老工业基地改造与振兴的基本模式做出理论上的铺垫。最后，梗概描述本研究项目的体系设计，归纳总结主要的创新点。

第一章，"东北老工业基地改造与振兴阶段划分与定位"，是主体报告的前导性板块，是展开全书研究的前提或基础。这是因为，发展阶段的划分不仅有助于理性认识东北振兴的"任重而道远"，而且有助于理清当下东北振兴的主要矛盾，发现关键问题，规定基本任务，设定发展目标，从而使此项研究在理论层面更具说服力，在实践层面更有针对性。

第二章，"东北老工业基地发展模式选择"，是主体报告的统领性板块。在理论分析、实证检验、国内外比较研究等基础上，本章明确提出东北振兴的"再工业化"模式，为全书研究的展开确立了一条主线。

第三章、第四章和第五章，即"东北老工业基地产业发展"、"东北老工业基地企业成长"和"东北老工业基地自主创新"，共同构成内在逻辑统一的主体性板块。东北老工业基地以"再工业化"为其发展模式，主要的载体是处在中观层面的产业和处在微观层面的企业。而"再工业化"条件下产业和企业的做强做大，主要依赖于自主创新能力的生成和强化。

第六章、第七章、第八章和第九章，即"东北老工业基地金融深化"、"东北老工业基地人力开发"、"东北老工业基地社会保障"和"东北老工业基地政府作用"，共同构成主体报告的支撑性板块。它们分别从不同的角度，同时又以合力的方式，对以产业和企业为核心要素的、以"再工业化"为基本模式的东北老工业基地的振兴提供保障条件。

第十章，"东北老工业基地与东北亚经济合作"，构成一个相对独立性板块。东北振兴必须面向全球市场，但面向东北亚却是重中之重。其原因不仅在于二者之间存在地缘、资源等诸多方面的合作优势，还在于这一命题高度符合我国对外开放战略的总体构想。

结束语，"东北老工业基地全面振兴的前景展望"，依据对中央层面的重大决策、取得的阶段成果、振兴模式的理性选择以及业已形成的有利条件等方面的分析，对完成全面振兴东北老工业基地攻坚阶段的主要任务和实现其主要目标做出了较为乐观的判断。

第一章

东北老工业基地改造与
振兴阶段划分与定位

东北老工业基地的改造与振兴，是实现社会主义现代化建设"三步走"战略的重要步骤，是落实党的十六大提出的翻两番目标和全面建设小康社会的重大举措，也是我国区域经济协调发展总体战略的具体体现。因此，从社会主义现代化建设和国家经济社会发展总体战略布局的高度，对东北老工业基地改造与振兴进行宏观的历史定位，并以此为基础划分东北老工业基地改造与振兴的发展阶段，明确不同阶段的发展目标、战略步骤、战略重点和政策措施，对于改革开放和现代化建设的理论创新以及东北老工业基地振兴的伟大实践，都具有十分重要的意义。

第一节　东北老工业基地振兴发展阶段
划分的重要意义与基本原则

一、重要意义

东北老工业基地的振兴，是党中央国务院继提出以深圳为发端的沿海开放、以上海为中心的长江三角洲大开发和西部大开发之后，所做出的一项事关中国现代化建设和全面建设小康社会的重大战略决策；同时，它又是一项长期、复杂且十分艰巨的历史任务。这样的基本定位，决定了划分东北老工业基地振兴发展阶段的重要意义。

2003年10月，中共中央国务院下发《关于实施东北地区等老工业基地振兴战略的若干意见》，标志着东北老工业基地振兴战略正式开始实施。虽然文件没有就东北老工业基地振兴战略的实施步骤和发展阶段提出具体意见，但已经明确地提出了原则要求："振兴老工业基地是一项十分艰巨的任务，要统筹规划、分步实施。"中央《若干意见》下发后，东北地区的辽宁、吉林和黑龙江三个省份迅速做出响应，很快制订出各自的振兴规划，其中涉及振兴规划的实施步骤和发展阶段，基本是依据"五年计划"设计的。2007年5月，国务院振兴东北办公室提出了《东北振兴三年评估报告》，对实施东北老工业基地振兴战略三年多以来取得的成绩和存在的问题进行了全面的回顾和总结，其中特别强调，"振兴东北地区等老工业基地是一项长期、复杂和艰巨的工作，全面实现振兴目标任重而道远"。[①] 2007年8月2日，国务院正式批复的《东北地区振兴规划》进一步明确了东北老工业基地振兴的战略目标："经过10到15年的努力，将东北地区建设成为体制机制较为完善，产业结构比较合理，城乡、区域发展相对协调，资源型城市良性发展，社会和谐，综合经济发展水平较高的重要经济增长区域；形成具有国际竞争力的装备制造业基地，国家新型原材料和能源保障基地，国家重要商品粮和农牧业生产基地，国家重要的技术研发与创新基地，国家生态安全的重要保障区，实现东北地区的全面振兴。"但在振兴规划的实施步骤和发展阶段方面，主要内容仍然是以"十一五"为限。[②]

时至今日，东北振兴战略已经实施了4个年头。我们在东北老工业基地振兴战略的实施步骤和发展阶段方面，必须形成清楚的认识：东北振兴将经历几个发展阶段？我们现在处于什么阶段上？下一个阶段应该怎样走？整个振兴战略将通过哪些步骤得以实施？每个阶段要解决哪些主要问题？实现什么目标？应采取什么样的政策措施？等等。无论从理论层面还是从实践层面，这些问题的解决已经是迫在眉睫了。

二、基本原则

我们认为，划分东北老工业基地振兴发展阶段应该遵循以下基本原则：

一是要把东北老工业基地振兴发展阶段的划分纳入到中国现代化建设和全面建设小康社会的宏观历史进程中去考虑。正如前面指出的，振兴东北地区等老工

[①] 国务院振兴东北办：《东北振兴三年评估报告》，振兴东北网，www.chinaeast.gov.cn，2007年8月20日。

[②] 国家发改委、国务院振兴东北办：《东北地区振兴规划》，振兴东北网，www.chinaeast.gov.cn，2007年8月20日。

业基地，既是实现十六大提出的翻两番目标，全面建设小康社会的客观要求和重要举措，也是我国区域经济协调发展总体战略的具体体现。因此，必须从中国现代化建设和全面建设小康社会的全局，从全国一盘棋的大局去考虑东北老工业基地振兴的发展阶段问题。

二是要从客观实际出发，充分考虑东北地区老工业基地的特殊条件和实际情况，找出主要矛盾，发现关键问题，规定基本任务，设定发展目标，进一步分清步骤，划分阶段。

科学地划分东北老工业基地振兴的发展阶段，还有一个必须解决的问题，就是要明确东北老工业基地振兴全过程的起点和终点，也即时间的上限和下限。关于振兴的起点或者说时间的上限，一般都以2003年10月中共中央国务院下发的《若干意见》为标志，这一点没有什么疑义。然而，对于振兴的终点，或者说东北老工业基地振兴完成的时间下限的认定，却经历了一个变化的过程。中央《若干意见》并没有对东北老工业基地振兴完成的时间做出明确的规定和要求。但辽宁、吉林和黑龙江三省在所制订的振兴规划中，都不约而同地把实现振兴的时间下限定到了2010年，也即"十一五"时期结束。[1] 直到2007年8月2日，国务院正式批复的《东北地区振兴规划》才明确提出了东北振兴的时间表：经过10～15年的努力实现东北地区的全面振兴。[2] 至此，东北老工业基地振兴的时间下限比较明确地定到了2020年左右。

根据上述划分阶段的原则和标准，我们认为，可以将东北老工业基地振兴的全过程分成三个发展阶段：（1）2003年10月～2007年8月，东北老工业基地振兴的调整改造阶段；（2）2007年8月～2012年，东北老工业基地全面振兴的攻坚阶段；（3）2012～2020年，东北老工业基地全面振兴的实现阶段。

第二节　东北老工业基地振兴的调整改造阶段

一、形势和任务

2003年10月5日，中共中央国务院下发了《关于实施东北地区等老工业基

---

① 《辽宁老工业基地振兴规划》、《振兴吉林老工业基地规划纲要》和《黑龙江省老工业基地振兴总体规划》。

② 国家发改委、国务院振兴东北办：《东北地区振兴规划》，振兴东北网，www.chinaeast.gov.cn，2007年8月20日。

地振兴战略的若干意见》。这标志着振兴东北老工业基地战略开始实施，同时也标志着东北老工业基地调整改造阶段的开始。

实际上，东北老工业基地的调整改造初期工作早在 20 世纪 90 年代就已经开始。从初期的国有企业租赁制、承包制、资产经营责任制改革和中小企业产权制度改革，到大中型企业的股份制改造和发展非公有制经济；从国有企业技术改造、引进国外的先进技术和管理经验到提高自主创新能力，把国有企业改革、改组、改造结合起来，东北在许多方面都走在全国前列，为全国的改革开放提供了经验，也为振兴老工业基地奠定了基础。

但是，直至 2003 年中央正式提出实施东北地区等老工业基地全面振兴战略之前，由于缺乏振兴老工业基地的整体规划和国家区域、产业等政策的支持，许多长期禁锢老工业基地发展的深层次矛盾依然存在。

这些矛盾和问题最突出地表现在以下几个方面：

1. 工业中国有及国有控股企业比重仍然偏高，非公有制经济不够发达。到 2003 年底，国有企业在东北工业中的比重仍高达 67.5%，比全国高出 30%，而非公有制经济仅占全部工业的 29%，约相当于全国比重的一半、东南沿海经济大省的 1/3。

2. 中直企业调整改造滞后。截至 2002 年底，分布在东北三省的中央直属企业及三级以上子企业共 900 多户，其中工业企业 400 多户，占东北三省国有及国有控股企业户数的 9.5%、资产总额的 46%、销售收入的 72.1%、利润总额的 81.5%。由于长期积累的各种深层次矛盾，东北地区的 900 户中直企业中有 371 户是亏损的，亏损面为 40%，企业负债率平均为 76.4%，远高于全国国有企业资产负债率 64.8% 的平均水平。

3. 城镇社会保障体系亟待完善。2003 年，东北地区城镇登记失业人员 135.4 万人，占全国失业人员的 19.5%。同年城镇登记失业率，辽宁为 6.5%，比 1990 年提高了 4.3 个百分点；吉林为 4.2%，提高了 2.4 个百分点；黑龙江为 4.2%，提高了 2 个百分点。当时，退休职工占企业职工总数的一半以上，加上大批资源转型城市在经济转型和国有企业转制过程中产生的大量失业人员，东北地区需要享受养老保险、最低生活保障制度及失业保险的职工数量庞大。

4. 金融生态环境亟待改善。由于市场化程度低，国有企业承受市场化风险能力差，企业债务包袱巨大，金融业不良债务多，信用等级差。因此，东北地区处于金融高风险区，企业融资困难，金融功能弱化。

5. 对外开放相对滞后。2002 年，东北三省实际利用外商直接投资 40.11 亿美元，仅占全国的 7.6%；同年仅广东一省，实际利用外商直接投资就达 113.34 亿美元，占全国的 21.5%；东北三省进出口总额合计 297.91 亿美元，只占全国的 4.8%。[①]

解决上述矛盾和问题,为东北老工业基地全面振兴打基础、做准备,是东北老工业基地振兴调整改造阶段的主要任务。

二、工作与成效

东北老工业基地进入调整改造阶段之后,一方面,东北三省各自分散的调整改造逐步被纳入到国家振兴老工业基地的整体战略规划之中,开始成为全国、全东北整体规划的一部分;另一方面,国家开始启动支持东北老工业基地振兴的各方面政策,给东北老工业基地的调整改造注入了强大的推动力。上述两个方面,是东北老工业基地振兴的调整改造阶段与此前的各省分散、局部的调整改造工作的根本区别。同时,由于形成国家振兴东北老工业基地的整体战略规划,以及国家各方面政策的启动、到位并开始发挥作用都存在一定时滞,就决定了东北老工业基地振兴的初始阶段只能是"调整和改造",以为下一步的攻坚阶段打基础、做准备。

在形成东北老工业基地振兴的整体规划和统一战略部署方面,2003 年 10 月中共中央国务院下发的《若干意见》,无疑成为实施东北老工业基地振兴战略的纲领性文件。从 2005 年 5 月起,根据国务院的要求,国家发改委、国务院东北振兴办会同有关部门和东北三省和内蒙古自治区,开始了东北地区振兴规划的编制工作。2007 年 8 月 2 日,国务院正式批复了《东北地区振兴规划》。这是由国务院批复的第一个跨省际、区域性东北振兴规划,明确了东北振兴的总体目标和具体内容,还特别强调了区域经济共同发展和协调发展的理念。《东北地区振兴规划》的出台,标志着东北老工业基地的振兴已经进入统一规划、统一部署、统一行动的阶段。

实施振兴东北老工业基地战略以后,东北振兴进入了一个由国家规划引导和政策支持的新时期,中央政府陆续出台了一系列财政政策、货币政策、区域经济发展和产业政策。主要包括:(1)推动国有经济战略性调整和东北地区中央企业调整改造;(2)推动东北地区完善城镇社会保障体系;(3)对东北地区产业结构调整给予重点项目资金支持和增值税转型等税收优惠;(4)为支持东北地区经济振兴实施国债资金和高技术产业发展专项;(5)针对东北地区金融生态环境和融资结构问题给予一定的金融优惠政策;(6)推动东北地区扩大对外开放。从 2003~2007 年东北地区经济运行状况看,国家振兴东北老工业基地战略

---

① 鲍振东等:《2006 年:中国东北地区发展报告》,社会科学文献出版社 2006 年版。

已经产生了巨大的政策效应和投资效应，为东北老工业基地调整改造提供了巨大的支持。

调整改造 4 年来，东北地区在以下方面大力开展工作并取得了明显成效：

1. 积极推进体制机制创新。自 2003 年中央提出振兴东北老工业基地战略以来，东北三省加大了体制改革特别是国有企业的改制力度，以产权制度创新为核心的国有企业改革在东北地区取得重大进展，国有企业股份制改革、国有企业改组和国有企业职工转换身份等改革都迈出了实质性步伐。民营经济发展提速，混合经济的基础形成。

2. 推动工业结构优化升级。振兴老工业基地是东北地区经济与社会结构全面调整的过程，而工业结构又是调整的核心。振兴老工业基地的各项政策有力地推动了东北地区的工业结构优化升级，企业联合重组的步伐加快，重要产业竞争力增强，企业技术创新能力有所提高，工业总体实力提升。

3. 资源型城市转型取得新进展。试点城市及试点产业类型增加，煤炭沉陷区的治理工作取得实效，资源型城市转型试点取得阶段性成果。

4. 对外开放进程明显加快。从实施振兴战略以来，东北地区对外开放进程明显加快，开放的层次和水平不断提高。2005 年 8 月，中央作出东北地区进一步对外开放的重大举措，进一步推动了东北三省以开放促改革、提高引资质量和水平、发挥地缘优势、优先发展就业等四个方面的工作。

5. 现代农业有了较快发展。国家为了支持东北老工业基地农村经济的发展，2004 年率先在黑龙江、吉林两省实行全部免征农业税政策。2006 年全面取消了农业税和农业特产税，实现对种粮农民的直接和间接补贴。在国家政策的支持下，东北三省的农业得到了较快发展。

6. 基础设施建设成就明显。积极推进四通八达的公路网建设，运营能力不断提高；大力推进铁路电气化改造，积极筹划建设东北东部铁路大通道；不断推进现代化港口建设，提高港口吞吐能力；加速民用机场建设，不断提高服务功能；继续加大城市基础设施投入，进一步增加城市功能。

7. 生态环境建设进展显著。近年来，东北地区将产业结构调整与生态环境建设和可持续发展结合起来，取得显著进展。矿区生态治理初见成效，生态林建设和草原保护取得新进展，水土流失综合治理力度加大，同时积极推进自然保护区和生态示范区建设，加强水质监测，控制烟尘、噪声污染。

8. 城镇社会保障体系框架初步建立，城镇社会保障体系改革试点取得了良好的社会效果。经济得到了快速发展，保持了就业形势的基本稳定。就业人数呈现上升趋势，第三产业就业人数增长较快。

9. 人民生活水平逐年提高。随着东北三省经济的快速发展，其城乡居民的收入也相应得到了大幅度提高。

三、调整改造阶段的结束

2007 年 5 月，国务院振兴东北办对东北振兴三年来的状况做出了评估，指出："实施振兴战略以来，东北三省体制改革、机制创新步伐加快，对外开放度提高，经济持续快速增长，就业增加，社会保障体系初步建立。可以说，2004 年至 2006 年的三年，是东北三省发展最快最好的时期之一。"2007 年 8 月，国务院批复的《东北地区振兴规划》进一步指出："实施东北地区等老工业基地振兴战略以来，东北地区经济社会发展加快，经济实力不断提高。以国有企业改组改制为重点的体制机制创新取得重大进展，对外开放水平明显提高。企业技术进步成效显著，结构调整步伐加快。采煤沉陷区治理和棚户区改造进展顺利，资源型城市经济转型试点稳步推进。基础设施不断完善，生态建设和环境保护取得积极成效。城镇社会保障体系初步建立，就业形势有所好转。实施东北地区等老工业基地振兴战略的三年，是改革开放以来东北三省经济综合实力提高最显著、城乡居民得到实惠最多的时期。东北地区老工业基地振兴取得了重大进展。"

上述情况表明：东北老工业基地振兴的调整改造阶段的主要任务基本完成，主要目标已经达到。

第三节　东北老工业基地全面振兴的攻坚阶段

一、形势和任务

《东北地区振兴规划》指出："今后五到十年是东北地区立足新起点、谋求新发展、实现全面振兴的关键阶段"，这标志着东北地区老工业基地进入全面振兴的攻坚阶段。

4 年的调整改造，虽然取得了积极可喜的成绩，但这仅仅是为新阶段的攻坚战打下了基础，准备了前提，东北老工业基地的振兴仍面临一些突出的矛盾和问题：

1. 东北在全国的经济地位继续下降。国家统计局的统计资料显示，2003 ~

2006 年，东北三省 GDP 占全国的比重从 9.6% 下降到 8.6%，下降了 1 个百分点。如果与我国第一经济大省广东相比，相对地位下降更快，2003～2006 年，东北三省的 GDP 从相当于广东省当年 GDP 总量的 80.3% 下降到了 58.3%。

2. 产业竞争力不强。由于国内外市场的竞争，目前东北的重化工业与南方一些省份相比也没有绝对优势，如 2006 年三省规模以上工业实现利润 1 911.2 亿元，同比增长 22.5%，低于全国增幅 8.5 个百分点，而且在以上全部利润中，有 74.7% 来自于石油和天然气开采业。

3. 企业尚未做强做大。东北作为我国的重化工业基地，还没有建立起一批有竞争力的大企业和大企业集团。如在 2006 年中国 500 强企业中，东北三省进入最多的是辽宁省，为 17 家，远低于东部沿海地区各省，甚至低于中部的河北省（21 家）。

4. 自主创新能力不强。依据科技部全国综合科技进步监测研究报告提供的数据所做的测评显示，东北地区自主创新能力在全国仅处在中等偏上的水平，与重化工业发展的要求严重不相适应。

5. 金融对地区经济发展的支撑能力不强。东北的银行资金外流严重，金融渠道不畅，企业融资手段单一，使三省企业资金需求缺口与银行存贷差形成了较大反差，金融行业与地方经济发展尚未形成良性互动。

6. 经济的外向度不高。东北三省的对外开放在全国仍处于较低水平，如 2006 年东北三省实际利用外资占全国的比重仅为 12.2%，不及广东或山东一个省；东北三省进出口贸易总额增速低于全国平均水平，进出口贸易总量仅占全国的 3.9%，不及广东省的 1/3。[①]

上述矛盾和问题的存在，一方面决定了东北全面振兴攻坚阶段面临任务的艰巨性和复杂性；另一方面则意味着，要在较短时间内切实改变东北在全国的不利地位甚至下降的趋势，就需要在新的阶段，面对新任务，找到新思路，提出新举措。

二、战略目标

关于东北全面振兴攻坚阶段的战略目标，目前有以下两种提法可供参考：一个是《东北振兴规划》中提出的"十一五"规划目标，二是 2008 年初东北三省新一届政府工作报告提出的五年工作目标。

---

① 王伟光、黄英、周媛：《当前东北地区"重工业化"演化的三大特点》，《党政干部学刊》2008 年第 10 期。

《东北振兴规划》中提出的"十一五"期间东北地区经济社会发展的主要目标包括:(1)以科学发展观为指导,经济保持又好又快发展。在优化结构、提高效益、降低消耗的基础上,实现人均地区生产总值比 2002 年翻一番。(2)经济结构调整取得较大成效。服务业比重、非公有制经济增加值占地区生产总值比重均有明显提高。自主创新能力增强,形成一批拥有自主知识产权、知名品牌和具有国际竞争力的优势企业。(3)可持续发展能力明显增强。资源利用效率显著提高,生态环境恶化趋势基本遏制,辽河、松花江流域水污染防治和区域大气污染治理取得显著进展,海洋生态环境得到改善。(4)社会发展水平明显提高。基本公共服务得到改善,教育、卫生、社会保障体系逐步健全,贫困人口继续减少。防灾减灾能力增强,社会治安和安全生产状况进一步好转。社会主义新农村建设取得明显成效。城镇居民人均可支配收入和农村居民人均纯收入增速高于全国平均水平,城镇登记失业率控制在 5% 以下。(5)改革开放取得突破性进展。社会主义市场经济体制不断完善,体制机制创新取得重大突破,国有企业改制基本完成。形成以沿海、沿边和主要城市为重点的对外开放格局。进一步发展对外经济合作,对外贸易继续保持较快增长,利用外资质量和水平有较大提高。

2008 年初,东北三省新一届政府的工作报告都把未来的五年称做是"实现老工业基地全面振兴的关键时期,"对未来五年的工作做出了部署和安排。

《东北振兴规划》提出的"十一五"时期发展目标无疑具有全局性和权威性,但是"十一五"规划在时间上只能截至 2010 年。这与东北全面振兴攻坚阶段的时段划分显然有差距。东北三省的五年工作目标在时间跨度上与全面振兴攻坚阶段相近,但省级发展目标多依据不同的省情而定,因而不具全局性。

我们认为,可以考虑参照《东北振兴规划》的"十一五"规划目标,在综合东北三省的五年工作目标的基础上,形成东北全面振兴攻坚阶段的战略目标:

1. 在优化结构、提高效益、降低消耗、保护环境的基础上,使经济总量和综合竞争力进一步提高,努力实现经济又好又快发展。

2. 优化产业结构,发挥比较优势,突出自主创新,进一步壮大具有竞争力的优势产业,基本形成特色经济体系,第三产业、非公有制经济、高新技术产业比重明显上升,科技进步对经济增长的贡献率大幅提高,经济发展活力进一步增强。

3. 改革开放取得突破性进展,社会主义市场经济体制不断完善,体制机制创新取得重大突破,国有企业改制基本完成,形成以沿海、沿边和主要城市为重点的对外开放格局,进一步发展对外经济合作,对外贸易继续保持较快增长,利用外资质量和水平有较大提高。

4. 可持续发展能力明显增强，资源利用效率显著提高，生态环境恶化趋势基本遏制，辽河、松花江流域水污染防治和区域大气污染治理取得显著进展，海洋生态环境得到改善，初步形成节约能源资源和保护生态环境的产业结构、增长方式和消费模式，循环经济形成一定规模，生态环境和城乡人居环境进一步改善。

5. 社会发展水平明显提高，基本公共服务得到改善，教育、卫生、社会保障体系逐步健全，贫困人口继续减少，防灾减灾能力增强，社会治安和安全生产状况进一步好转，社会主义新农村建设取得明显成效，城镇居民人均可支配收入和农村居民人均纯收入增速高于全国平均水平。

三、战略重点的选择

东北全面振兴攻坚阶段所面临的问题和矛盾，涉及方方面面。《东北振兴规划》和东北三省的五年工作目标，也可以认为是面面兼顾。然而，在东北振兴的攻坚阶段，必须选择战略重点，其关键所在是发现主要问题、找出主要矛盾、明确主攻方向。那么，东北全面振兴攻坚阶段所要解决的主要问题和主要矛盾是什么？主攻方向应该放在哪里？

如果对改革开放后东北老工业基地所面临的困境和存在的诸多问题做深入的分析，我们就会发现，由于中国采取的渐进式改革模式、国家经济建设重心转移、财政投资体制变革、中国工业化进程和僵化的经济体制所造成的东北地区重化工业的相对和绝对衰退，才是东北老工业基地面临困境和存在问题的关键所在。

东北地区重化工业的衰退，直接或间接地引发了东北老工业基地的诸多问题和矛盾：

1. "七五"时期以来，作为东北地区主导产业的重化工业的衰退，促使东北地区整个工业增长速度持续低于全国平均水平，地区生产总值和工业总产值占全国的比重下降，经济总量位次连年后移，固定资产投资增长速度低于全国平均水平，在全国所占比重下降。

2. 重化工业的衰退，引起东北地区工业产品的市场份额大幅度降低，地区综合竞争力下降，第二产业吸纳的就业人数减少，失业率提高，给就业再就业和社会保障造成巨大的压力，居民收入受到明显影响，部分群众生活出现困难。

3. 东北地区重化工业与计划经济体制堪称孪生姐妹，重化工业借助计划经济体制得以成长发展，计划经济体制也以重化工业为载体得以顽固留存。东北老工业基地现存的体制性机制性矛盾，非公有制经济发展不充分、市场化程度低、发展活力不足等问题，都与重化工业有着历史的渊源和直接的关系。

4. 重化工业资金投入不足，设备更新缓慢，技术水平落后，造成了东北地区经济结构性矛盾突出，高技术产业和现代服务业比重较低，装备制造业产品配套能力和系统集成能力有待提高，原材料工业精深加工度低，企业自主创新能力不强等一系列问题。

5. 重化工业的超常规发展，使煤炭、铁矿石、石油等资源已濒临枯竭，矿产资源产业整体萎缩，区内部分资源供给能力下降。东北地区企业长期违法排污屡禁不止，重污染型企业的污染治理措施不力，城市废水处理厂及排水管网建设严重不足，造成了一些流域、区域和海域环境的严重污染。东北地区森林生态系统明显退化，水土流失严重，湿地大面积减少，生态调节功能受到严重危害，土地荒漠化严重。东北地区正面临着严重的生态危机。

6. 与重化工业共生共荣的资源型城市，也随着重化工业的衰退而陷入困境。尤其是资源枯竭型城市，可持续发展能力较弱，接续替代产业发展缓慢，社会、生态问题突出。

上述事实表明，东北地区重化工业的衰退，是东北老工业基地面临困境和诸多问题与矛盾的核心和关键所在，是我们振兴东北老工业基地所要解决的主要问题和主要矛盾。因此，东北老工业基地全面振兴攻坚阶段的主攻方向和战略重点，就是要实现东北地区重化工业的重新振兴。

特别应当指出的是，我们选择重化工业的重新振兴作为东北全面振兴攻坚阶段的主攻方向和战略重点，绝不仅仅因为它是全面振兴攻坚阶段所要解决的主要问题和主要矛盾，同样重要的原因还在于：东北地区重化工业的比较优势至今仍然存在，而且在某些方面还表现得相当明显；我国工业化中期居民消费结构升级、城市化进程加快所形成的巨大市场需求构成了东北重化工业发展的根本动力；发展重化工业是新时期提高我国综合实力和国际竞争力的迫切需要，是我国实现社会主义现代化，全面建设小康社会的重要战略步骤。

四、发展思路

以重振重化工业为中心，带动其他产业和部门共同发展，是实现东北老工业基地全面振兴攻坚阶段的主要目标和战略任务。而重振东北地区重化工业的重点，是以发展高新技术产业为龙头，着重建设好装备制造业、基础原材料工业和能源工业三大基地。

加快发展高技术产业，要立足自主创新，促进产业集聚，加强国际合作，实施一批高技术产业化项目，构建高技术产业链，努力形成一批具有核心竞争力的先导产业和产业集群。发展重点是：做强做大电子信息产业，培育发展生物产业，积极发展新材料产业，促进航空产业发展，扶持发展新兴海洋产业等。

建设先进装备制造业基地，要以信息化、智能化、集成化为突破口，加快推进企业技术进步，提升企业自主创新能力和系统集成能力，提高重大装备国产化水平和国际竞争力。将东北地区建设成为具有国际竞争力的重型机械和大型成套装备制造业基地、具有国际先进水平的数控机床及工具研发和生产基地、国家发电和输变电设备研发与制造基地、全国重要的汽车整车和零部件制造及出口基地、具有国际先进水平的船舶制造基地、国家轨道交通设备制造基地。发展策略是：技术引进和自主创新相结合，逐步加大自主创新比重；用高新技术改造传统企业和新建现代企业相结合，以改造传统企业为主；推进产业链整合和集群化发展，提升区域经济竞争力。

提升基础原材料产业，要加快淘汰落后生产能力，优化行业内部结构和空间布局，控制总量，提高精深加工水平，实现由规模扩张向效益增长的转变：一是建设新型石化产业基地，重点建设抚顺石化、大连石化和大连西太平洋炼油等千万吨级原油加工基地，加快实施大庆、吉林石化、抚顺石化等乙烯改扩建工程，形成世界级乙烯生产基地；二是有序发展煤化工产业，适时建设锡林浩特、霍林河、呼伦贝尔、黑龙江东部和辽宁西部等煤化工基地；三是建设北方精品钢材基地，依托鞍本钢铁集团建设精品板材生产基地，依托东北特钢建设特殊钢和装备制造业用钢生产基地。建设鲅鱼圈钢铁基地，逐步将钢铁工业发展重点由内陆向沿海转移。发展策略是：稳定产量，加大结构调整力度；加快技术改造速度和范围；控制新建传统技术企业，适当新建现代技术企业。

优化发展能源工业，要坚持节约优先、环境友好、煤油并举、多元发展的方针，优化生产布局和消费结构，加强东北亚区域能源合作，建设国家能源保障基地。有序开发煤炭资源，稳定原油生产能力，扩大天然气生产规模，优化电源点和电网建设。积极扶持新能源和可再生能源产业发展。搞好重点节能工程，努力推进能源节约。发展策略是：要把节约能源提高效率放在首位，提高能源的开发和利用效率；要调整和优化能源结构，坚持以煤炭为主体，电力为中心，油气和新能源全面发展的战略。

在优先发展重化工业的同时，以重化工业的发展为先导、为基础，通过产业关联、产业链整合以及产业集群的发展，带动相关产业以及农业和服务业的发展，进一步实现东北老工业基地全面振兴攻坚阶段的战略目标。

第四节 东北老工业基地全面振兴的实现阶段

一、战略目标

经过 8～10 年的努力，将东北地区建设成为体制机制较为完善，产业结构比较合理，城乡、区域发展相对协调，资源型城市良性发展、社会和谐、综合经济发展水平较高的重要经济增长区域；形成具有国际竞争力的装备制造业基地、国家新型原材料和能源保障基地、国家重要商品粮和农牧业生产基地、国家重要的技术研发与创新基地、国家生态安全的重要保障区，实现东北地区的全面振兴。

二、主要任务

东北老工业基地全面振兴实现阶段的主要任务，是在攻坚阶段基本实现东北地区重化工业重新振兴的基础上，充分发挥重化工业的基础作用和扩散效应，带动其他产业和部门共同发展，实现东北老工业基地全面振兴。具体包括以下方面：

1. 促进工业结构优化升级。按照走新型工业化道路要求，坚持以市场为导向、企业为主体，增强自主创新能力，切实转变经济增长方式。依靠技术进步，提升优势产业竞争力。培育新兴产业，鼓励发展劳动密集型产业。加快结构和布局调整，建设新型产业基地。包括：建设先进装备制造业基地；加快发展高技术产业；优化发展能源工业；提升基础原材料产业；加快发展特色轻工业。

2. 大力发展现代农业。扎实推进社会主义新农村建设，用现代物质条件装备农业，用现代科学技术改造农业，用现代产业体系提升农业。提高农产品产量、质量和安全水平，提升农业整体素质和竞争力，巩固国家重要商品粮基地地位，促进农业稳定发展，不断增加农民收入。主要加强农业生产基地建设，提升农业发展基础。

3. 积极发展服务业。坚持市场化、产业化、社会化方向，依托中心城市构建现代服务体系，积极承接国际服务贸易转移，提高服务业发展水平。深度挖掘服务业安置就业的巨大潜力，发挥服务业吸纳就业的重要作用。大力发展面向生产的服务业，规范提升面向生活的服务业。

4. 协调区域和城乡发展。引导区域分工与合作，加强跨区域重大基础设施建设，统筹城乡协调发展，培育新的增长点，形成以线串点、以点带面的区域发展新格局。促进资源型城市可持续发展。优化区域空间格局，统筹城乡协调发展，协调跨区域重大基础设施建设，推进资源型城市可持续发展。

5. 提高支撑保障能力。加强教育与人才培养，健全社会保障体系，加强生态建设和环境保护，优化资源配置，提高区域发展的支撑和保障能力。加强教育和人才培养，扩大就业和健全社会保障体系，加强生态建设和环境保护，促进资源合理利用。

6. 增强发展活力。推进体制改革和机制创新，增强发展的内在动力。扩大对外开放，增强发展的推动力。加强自主创新，增强发展的核心竞争力。重点突破、协同推进，全面提升东北地区的发展活力。

三、政策措施

围绕实现东北地区振兴的目标和重点任务，完善加快东北地区振兴的政策措施，健全规划实施机制，保障规划顺利有效实施。

1. 抓好已出台政策的贯彻落实。进一步抓好现有政策的落实，为东北老工业基地全面振兴创造良好的政策环境。

2. 完善振兴经济政策。加大对东北地区装备制造业发展的政策支持。调整进口税收优惠政策，对国内企业为开发制造国家重点发展的重大技术装备和产品而进口的部分关键配套部件和原材料，免征进口关税或实行先征后返，进口环节增值税先征后返。鼓励订购和使用国产重大技术装备。对关系国计民生的大型国有装备制造企业和国家重点建设工程所需的重大技术装备技术改造项目，以及对结构调整和产业升级有重大影响的技术研究开发和改造项目给予支持。

银行机构对东北地区符合信贷条件的项目，加大信贷支持力度。研究建立区域性中小企业信用担保的再担保机构。改善信用环境，支持国有商业银行灵活处置不良资产。加速企业股票上市步伐。支持东北地区符合条件的发行主体进行债券融资。

3. 建立区域协调机制。按照平等互利、加强合作、资源优化、共同发展的原则，加强东北与东中西部地区的联系和协作，形成区域合作、互动、多赢的协调机制。鼓励发达地区参与东北老工业基地振兴，加强东北地区与京津冀、山东半岛、长三角、珠三角等区域的经济联系，支持东北企业积极参与西部大开发和中部崛起。

构建跨行政区的公共平台和协作网络。建立东北三省高层协调会议制度，协商解决制约区域发展的重大问题。在东北地区高层协调会议制度的大框架下，设立不同领域和层次的协调机构，推进区域合作和协作。

鼓励跨区域的企业联合与重组，国家对跨区域资产重组企业的项目给予优先核准，优先安排扶持资金。支持东北三省与蒙东地区的合作，联合开发、利益共享，共同推进蒙东大型煤炭、石油等能源基地建设。

4. 健全规划实施机制。国家有关部门和东北各级地方政府要合理分工，共同推进规划的实施。加强各部门之间、各级政府之间的沟通协调。地方政府要研究制定规划实施意见和具体工作方案，把各项任务落实到年度计划中，加强对规划实施的综合评价和绩效考核，切实把规划落到实处。

强化对规划实施的监督指导。加强对规划实施情况的跟踪分析。完善政府与企业、民众的信息沟通和反馈机制，形成全社会支持东北地区振兴的良好氛围。

组织开展规划中期评估。根据国内外环境变化和规划实施进展情况，针对实施中出现的重大问题，适当调整规划内容和实施步骤，切实保障规划的有效实施。

第五节　东北老工业基地改造与振兴发展阶段的国际经验验证

本节以德国鲁尔老工业区的改造振兴为典型案例，对东北老工业基地改造与振兴的上述发展阶段论进行历史的和国际的经验验证，目的在于探讨老工业基地振兴发展阶段的普遍意义和一般规律性。

一、德国鲁尔老工业区的基本情况

鲁尔区是德国的传统钢铁与煤炭生产基地，19 世纪中叶，鲁尔区钢铁的产量占全国钢铁产量的 70% 以上，煤炭产量高达 80% 左右，是德国重要的以采煤、钢铁、化学、机械制造等为核心的重工业区，也是德国最重要的能源基地、钢铁基地和重型机械制造基地。这三大部门的产值曾一度占全区总产值的 60%。

20 世纪 50~60 年代以后，新技术革命浪潮给德国鲁尔区的传统工业造成了巨大的冲击。由于煤矿开采难度加大，致使煤矿开采的成本提高，以煤为基础的炼钢产业利润降低。加上国际市场的冲击和石油、天然气的广泛使用，使钢、煤产业成为"夕阳产业"。鲁尔区由德国工业的引擎区转化成了衰退产业区，工业基地的发展陷入艰难的困境。衰退集中表现为主导产业衰落，经济增长缓慢，失业率上升，大量人口外流，环境污染严重，社会负债增加等。

自 1968 年德国开始对鲁尔区实施改造计划，到 20 世纪末鲁尔区的改造基本完成，鲁尔工业区实现了全面的复兴，再次成为德国乃至整个欧洲的重要工业中心。

德国鲁尔工业区的改造和产业结构调整可以分成三个时期：（1）对传统产业进行清理整顿时期（20 世纪 50～60 年代）；（2）用高新技术改造传统产业时期（20 世纪 70 年代）；（3）产业结构多元化和经济社会协调发展时期（20 世纪 80 年代以后）。

二、对传统产业进行清理整顿时期

20 世纪 50～60 年代，是德国对其传统产业进行清理整顿的时期，由于起点低，各种矛盾和问题十分尖锐突出。初期的工作重点是对传统产业进行必要的清理整顿，为下一步的技术改造准备前提和基础。

对传统产业进行清理整顿的主要措施包括：

1. 制定总体规划。鲁尔区发展初期，缺乏对土地利用、城镇布局、环境保护等方面的整体规划，造成地区环境质量不断恶化，区域形象受到严重损害。为了促进区域的协调发展，德国政府颁布法律，成立了鲁尔煤管区开发协会，作为鲁尔区最高规划机构。之后，又分别通过法律一再扩大其权力，现已成为区域规划的联合机构，对矿区的发展做出全面规划和统筹安排。鲁尔区总体发展规划对于调整鲁尔区的经济及社会结构起了重要作用，使这百年老工业区再次充满了生机与活力。

2. 对传统的产业和企业进行清理整顿，提高效率，优化结构。长期以来，煤产业和钢产业一直是鲁尔区发展的两大支柱，经济结构老化使鲁尔区的经济发展速度明显低于全国的平均水平。从 20 世纪 50 年代开始，在政府的资助下，对企业实行集中化、合理化管理。对煤炭和钢铁传统工业进行企业合并和技术改造，加强企业内部和企业之间的专业化与协作化。对那些生产成本高、机械化水平低、生产效率差的煤矿企业施行关停并转，并将采煤业集中到盈利多和机械化水平高的大型企业中去，调整产品结构和提高产品技术含量，并加强企业之间的技术交流与合作，内外结合改造煤矿和钢铁厂。

3. 逐步完善基础设施的建设。鲁尔区建成了由公路、铁路和水运构成的交通网，构成了欧洲最稠密的交通网络。区内高速公路 600 千米，联邦公路 730 千米，乡村公路 1 190 千米，组成了鲁尔区内纵横交错的交通网。

4. 加强政府的宏观调控。德国政府对全国最大的能源开采基地实施强有力的宏观调控。比如建立发电厂，向全国和邻国输送电力。同时采取相应的节能措施，防止无序开采，提高生产能力。对其他大型企业改革也采取稳健的政策，实行渐进式改造。尤其是对大企业的破产相当慎重，以避免引起社会的震荡。

通过上述措施，鲁尔工业区开始从困境和危机中摆脱出来，尖锐的矛盾和严重的问题得到了极大的缓解和初步的解决，为老工业区的进一步复兴打下了基础。

三、用高新技术改造传统产业时期

20 世纪 70 年代，是德国用高新技术改造传统产业的时期。1968 年出台的"鲁尔发展规划"，是德国政府提出的大规模改造鲁尔老工业区的发展规划。这个规划提出了用高新技术对鲁尔老工业区进行改造的目标：整顿及整合能源钢铁产业、扩大高等教育规模、财政扶持工业企业。这个规划的出台，标志着德国鲁尔老工业基地开始进入用高新技术改造传统产业的时期。

用高新技术改造传统产业的具体措施与成效包括：

1. 加大开放力度，吸引外来资金和高新技术，加快老企业改造。德国政府加大开放力度，吸引外来资金和技术，大力扶持和发展以电子计算机为主的信息技术产业和以遗传工程为主的生命工程产业，并积极推动用信息技术改造传统产业。以电子计算机为主的信息技术成为鲁尔工业区改造传统产业的主要动力源，如钢铁、能源、发电、机械制造、汽车、交通、精密加工、精细化学和食品加工等行业的生产和制造，都广泛地应用信息技术来提高生产效率和市场竞争力。经过技术改造后，鲁尔工业区的传统工业企业在工艺流程、过程控制、产品配方、信息采集、运行管理、市场销售、物流配送等方面广泛应用信息技术，生产出了极具市场竞争力，甚至是国际知名品牌的产品，使传统落后产业焕发了生机。

2. 在加快老企业改造的同时，大力扶持新兴产业。这样做着重解决了两个方面的问题：第一，新兴产业（主要是指以电子计算机为首的信息技术产业和以遗传工程为首的生物技术产业）迅速地积累起资金，为老工业改造提供了必要的技术支持和资金援助；第二，带动了其他相关产业的发展，创造出更多的就业机会。为此，鲁尔工业区所在地的北威斯特法伦州还制定了特殊的政策吸引外来资金。例如，凡是信息技术等新兴产业到北威斯特法伦州来落户，将给予大型企业投资者 28%、小型企业投资者 18% 的经济补贴。优惠的政策加上强有力的政策扶持，使得北威斯特法伦州的新兴产业高速发展。

经过 20 世纪 70 年代的技术改造，鲁尔工业区传统产业实现了复兴，新兴产业发展迅速，整个鲁尔工业区的面貌发生了根本性的变化。

四、产业结构多元化和经济社会协调发展时期

到 20 世纪 80 年代，在传统产业的技术改造成效明显、新兴产业快速发展的基础上，鲁尔工业区开始将发展的重点放在发挥地区产业优势，实现产业结构多元化和经济社会的协调发展方面。政府强调要因地制宜地发展地方优势产业，充分发挥鲁尔区内部的区域优势，在不同地区发展其相应的优势产业，最终实现产业结构的多元化。

经过 20 世纪 80~90 年代的发展，鲁尔区已经形成了以高新技术产业和文化产业为重点的产业结构多元化局面。其中具有国际竞争力的产业主要有：

1. 健康工程和生物制药产业。鲁尔区是世界上医院最集中的地区之一，从世界顶尖的医疗技术到传统的治疗手段，几乎覆盖了全部的医疗领域。区内的研究机构、医疗教育机构为制药及生物工程的发展提供技术支持，同时吸引生物制药等领域的创新企业进入。目前，医药产业共吸收就业 28 万人，是鲁尔区就业人数最多的产业。

2. 物流产业。鲁尔区以区位条件、交通设施以及工业底蕴为基础，通过市政当局推动、国际物流企业参与以及科研成果转化大力发展物流产业。目前约有 3 000 个物流企业，覆盖鲁尔区产业价值链的各个环节，就业人数达 18 万人。

3. 化学工业。鲁尔区曾是德国化学工业的先驱，焦油化工产业衰落后，鲁尔区积极开发碳化工和天然气化工产品。化工产品的深加工具有明显的后向关联度，拉动了鲁尔区的经济复兴。新型化工产品安全、高效，具有清洁及可循环利用性，提高了可持续发展能力。

4. 文化产业。旅游与文化产业是鲁尔区实现经济转型的主要特色之一。鲁尔区制定了一个区域性旅游规划，被称为"工业文化之路"的旅游线路连接了 19 个工业旅游景点、6 个国家级博物馆和 12 个典型工业城镇。"工业文化之路"如同一部反映煤矿、炼焦工业发展的"教科书"，带领人们游历 150 年的工业发展历史。开发工业旅游在改善区域功能和形象上发挥了独特的效应，成为鲁尔区经济转型的标志。

除了大力发展新兴产业，促进产业多元化外，鲁尔工业区还特别注重产业与社会、资源、环境的协调发展。

鲁尔工业区由于资源枯竭使得一大批工人失业，为了保障失业者能够安定地生活，德国政府为他们建起了必要的"社会保障"。在这里，完善的保险制度起到了关键的作用。德国保险业的基本险种分为养老保险、医疗保险、失业保险（补贴）及公职人员退休金和职工病假工资等。在这个福利网中开销最大的项目是养老金，年支出额达 750 亿欧元左右，占直接支出总额的1/3。支出占第 2 位

35

的医疗保险，占支出总额的 1/5。目前德国国民中大约有 88% 都处在法定的医疗保险系统之中。占支出份额较大的其他开支项目依次为失业补贴的劳动就业促进、公职人员退休金以及职工病假工资。

鲁尔工业区在处理资源枯竭型城市经济转型时十分重视矿区的环境修复。把煤炭转型同国土整治结合起来，列入整个地区发展规划，并为此专门成立整治部门，负责处理老矿区遗留下来的土地破坏和环境污染问题。由于采取有力措施改善了一度被严重污染的环境，如限制污染气体排放、建立空气质量监测系统等，如今鲁尔区已经变成环境优美的公园绿地、幽雅的产业园区，不仅提高了当地人民的生活质量，也为新型产业发展创造了优美洁净的环境。

德国鲁尔工业区经过多年的改造，已经取得了世人瞩目的成果。目前，鲁尔工业区已经从德国的煤炭及钢铁制造中心逐步变成了一个以煤炭和钢铁为基础、以高新技术产业为龙头、多种行业协调发展的新经济区。

五、基本结论

通过以上的考察我们可以发现，德国鲁尔老工业区改造与振兴的历史过程和发展阶段，在很多方面与我国东北老工业基地改造与振兴的发展历程和发展阶段是相似的，可以为我们关于东北老工业基地改造与振兴的发展历程和发展阶段的基本结论提供历史的和国际的经验验证。

1. 东北老工业基地和鲁尔老工业区的改造与振兴，都经历了调整改造（清理整顿）、攻坚（技术改造）和全面实现（产业结构多元化与经济社会协调发展）三个发展阶段。

2. 在振兴老工业基地的起步阶段，两个地区都面临着日渐衰退、步履艰难的困境和复杂突出的矛盾与问题。这就决定了调整改造（清理整顿）阶段的主要任务，是为下一步的技术改造攻坚阶段奠定基础、创造条件。

3. 进入攻坚（技术改造）阶段后，两个地区都注重保持和发挥以重化工业为主的传统产业的比较优势，采取了以高新技术改造传统产业和发展新兴产业并举的发展模式，借助政府的规划、资金投入和政策支持，加快传统产业的技术改造，促进结构优化和产业升级，实现传统产业的复兴。

4. 在全面实现（产业结构多元化与经济社会协调发展）阶段，传统产业的技术改造基本完成，两个地区都把产业结构多元化与经济社会协调发展作为主要任务和发展目标，继续振兴传统产业，发展新兴产业，通过产业关联、产业集群和区域经济协调等，带动农业和服务业共同进步，实现生产、资源环境和经济社会的协调发展。

第二章

东北老工业基地发展模式选择

由于时代背景、资源禀赋、区位条件以及经济发展的起点不同，不同区域的发展模式和道路自然也就有所不同。因此，东北老工业基地的振兴，必须在知识经济与经济全球化的时代背景下，立足中国这一发展中大国工业化进程与体制转轨的特殊国情，顺应我国国家竞争战略的基本要求，在东北一次工业化基础上，依据东北现有产业的比较优势和资源禀赋条件，对发展模式做出理性的选择。

第一节　东北老工业基地振兴的实质是"再工业化"

一、"再工业化"概念的由来与界定

"再工业化"（Reindustrialization）一词最早的出处目前尚没有准确的定论，但从掌握的资料推断，应该是在 20 世纪的 60 年代，因为 1968 年版的韦伯斯特词典就有"再工业化"的解释，即指"一种刺激经济增长的政策，特别是通过政府的帮助来实现旧工业部门的复兴的现代化并鼓励新兴工业部门的增长"。美国乔治·华盛顿大学教授、华盛顿特区政策研究中心主任阿米塔伊·埃齐奥尼（Amitai Etzioni）于 1980 年针对美国 20 世纪 70 年代出现的经济增长放缓现象也

37

提出了"再工业化"的政策建议。他认为，美国工业化完成之后出现的投资不足和过度消费损害了美国的生产能力，要想重建美国经济的根本基础，就不得不进行"再工业化"，即加大基础设施投资，加速固定资产更新换代，提供能够提高能源效率的新设备，等等（阿米塔伊·埃齐奥尼，1980；佟福全，1988）。① 2006 年兰登韦氏未删节词典（Random House Unabridged Dictionary）也对"再工业化"做出了如下解释：通过政府帮助、税收激励、工厂和机器现代化等途径实现的工业和工业社会的复兴。由此可见，"再工业化"在西方国家已经成为一个比较准确的被认同的概念。

"再工业化"也引起了我国学者的关注和研究，从已有的文献来看，主要有以下几方面的内容：

1. "再工业化"的内涵。这概括起来大致有四种界定：一是把"再工业化"等同于"后工业化"，如认为"后福特主义生产方式……使不同工业化程度的国家面临着'再工业化'或'后工业化'挑战"（李淑云，1997）；二是把"再工业化"理解为经济结构调整，认为"一次工业化的实质是推进工业化进程，加速完成某些地区的工业化，而'再工业化'是在工业化有了一定基础的情况下，为了提升产业竞争力，依据技术进步需要和市场结构变化对工业结构进行调整"（任保平，2005）；三是把"再工业化"看做是制造业，特别是重化工业的复兴，认为"再工业化"就是"制造业复兴"（都兴才，1997），是以"重化工业为主导的新一轮工业化"（应雄，1997）；四是把老工业基地改造与振兴看做就是"再工业化"，认为老工业基地改造就是"再工业化"的过程（吴建藩，1998；彭再德、黄宝平，1998；路夕，2003；杨雪，2004；任保平，2006），东北发展重化工业决不是从零开始，而是传统工业板块的"再工业化"（高良谋、孙大鹏，2005），从而提出东北老工业基地振兴的实质是一个"再工业化"过程（王胜今、吴昊，2004；朱德贵，2006；高良谋、孙大鹏）。

2. "再工业化"的基本内容。学者们虽然对"再工业化"所包括的内容论述得较为广泛，但概括起来还是集中在工业振兴，包括产业结构调整、重点发展产业的选择和企业的成长。王胜今等认为，重塑产业基础是东北老工业基地"再工业化"的基本方向；经济结构的战略调整是东北老工业基地"再工业化"的核心环节——包括单一资源型城市和地区发展接续产业，提升装备制造业和原材料工业，还包括发展新兴产业、高科技产业及劳动密集型产业等产业多元化战略，企业间重组和努力发展中小企业的产业组织结构调整战略，以及国有经济及

---

① 阿米塔伊·埃齐奥尼：《"再工业化"的由来》，《纽约时报》，1980 年 6 月 29 日；《美国"再工业化"问题》，美国《商业周刊》，1980 年 6 月 30 日；佟福全：《美国的传统工业政策与"再工业化"战略》，《中国工业经济》1988 年第 2 期。

城市布局的战略性调整（王胜今、吴昊，2004；朱德贵，2006）。周民良认为，中国"再工业化"过程中的产业重点主要是技术密集、产业关联度高、需求弹性大的机械工业、化学工业、金属冶炼与压延业。任保平认为，传统产业改造、工业结构升级、工业布局优化是"再工业化"的主要任务。

3. 实现"再工业化"的政策措施。佟福全把美国推进"再工业化"所采取的政策概括为：减少政府对企业的干预，加速开发经济不发达地区，扶植和资助新兴工业和传统工业部门，推行部门干预政策，以及干预美元汇率促进外贸发展（佟福全，1988）。周良民认为，"再工业化"战略的实现，要求不断深化经济体制改革，继续扩大对外开放，加强宏观调控，促进科技进步及多方增加对重点产业发展的投入（周民良，1995）；任保平除了提到加快改革和对传统工业进行技术改造外，还提出要进行产业链整合，提高工业化集聚效应及统筹区域工业发展。

从以上对国内外"再工业化"文献的简要综述中可以看出，虽然学者们对"再工业化"存在不同的认识，但仍可以归纳出如下共性认识："再工业化"主要是指曾经有过辉煌工业化历史而又陷入衰退的国家或地区的经济再振兴或再发展；"再工业化"的核心是产业转型，特别是传统工业的再振兴；"再工业化"的政策措施主要是制度创新与技术创新并重，市场调节与政府干预相结合。

因此，依据新的变化了的条件，以及我们对"再工业化"的认识和研究，"再工业化"概念可以做出如下界定：**"再工业化"是指已经工业化或具有较高工业化程度但面临经济衰退的国家或地区，以已有的工业化成果为基础，以重振传统制造业为核心，以提升产业竞争力为目标，以技术创新、制度创新和政府帮助为手段，实现一国或地区经济与社会全面振兴的过程。**

在这里，对"再工业化"概念要把握以下两个关键点：一是"再工业化"的前提是已经有了一次工业化过程，"再工业化"是二次工业化过程，但二次工业化不是一次工业化的继续，它是由于一次工业化所建立的制造业已经丧失了竞争力，引起了一国或地区经济的衰退，从而为了重振产业竞争力所采取的新的工业化进程；二是"再工业化"仍然是工业化，而不是"后工业化"，这就将产业锁定在形成具有竞争力的强大的工业，并用工业化的方式改造传统农业，即发展现代农业。把握以上两点，就可以把"再工业化"与"工业化"、"后工业化"等概念严格区别开来。

我国学者对"再工业化"的研究虽然取得了可喜的成果，但就总体而言，目前还处在引进概念和应用概念的阶段，还没有以知识经济和经济全球化为背景，以我国工业化进程的要求为约束，以东北老工业基地改造和振兴为对象，进行概念体系的再创新，更缺乏深入系统的研究，没有形成完整的理论体系，表现在多数文献还不是专门讨论"再工业化"问题本身，而是就老工业基地改造、

39

新型工业化道路、产业结构调整、经济增长方式转换等问题所做的辅助性研究，即使是专门研究"再工业化"问题，也多局限于经验实证与对策探讨。

因此，对"再工业化"的中国化创新、甚至东北化创新，以及理论体系的构建，就成为我国振兴东北老工业基地的迫切任务。

二、"再工业化"是东北老工业基地振兴的必然选择

在计划经济时期优先发展重工业的战略安排下，东北地区建立起了比较完善的重化工业体系，创造了"共和国装备部"的历史辉煌，但随着计划经济向市场经济体制的转变，东北老工业基地由于种种原因，重化工业竞争力下降，经济发展陷入困境，因而东北老工业基地的振兴符合"再工业化"经济再发展或再振兴的前提假定；依据对我国工业化已进入重化工业化阶段的判断，中国经济的发展需要东北作为能源原材料基地和装备制造业基地，从而东北老工业基地的振兴符合"再工业化"的产业锁定；由于东北老工业基地的比较优势恰恰又在于重化工业，从而使东北老工业基地的"再工业化"具有可行性。这些因素决定了东北老工业基地振兴的实质就是"再工业化"。

（一）"再工业化"是东北工业化历史发展的必然选择

东北区域开发最早可以追溯到清朝末年，近代工业化历史则起源于19世纪二三十年代。[①] 鸦片战争后，清政府为了维护其统治逐渐解除封禁政策，移民开始大量涌入，从而启动了区域开发进程；20世纪20年代东北地区再次出现移民浪潮，加速了东北土地开发，促进了东北农业发展，使得当时东北地区成为具有世界意义的商品粮生产基地，一定程度上为近代工业化奠定了物质基础。与此同时一批具有资本主义性质的近代产业在东北地区逐渐发展，以农产品加工为中心的资源依赖型区域产业结构特征初见端倪；民国后期及伪满时期，为了满足侵略战争的需要，日本重点开发东北矿产资源及原材料工业，一直把重工业作为东北的主导产业。

东北地区真正成为工业基地是在中华人民共和国成立之后。由于东北地区自然资源条件与工业经济发展的一致性比较好，同时具备较好的工业基础条件和毗邻苏联的区位优势，建国初期国家为实现重工业优先发展的赶超战略，把东北地区作为优先发展区域进行重点建设。"一五"时期，在156项国家重点建设项目中，东北地区就有54项，占全部项目的1/3以上。其中，辽宁省24项，吉林省

---

① 金凤君等：《东北地区振兴与可持续发展战略研究》，商务印书馆2006年版，第23～24页。

8 项，黑龙江 22 项，总投资 300 多亿元，占全国重点项目投资的 37.3%。①"一五"计划奠定了东北地区在全国工业体系中的基础地位，经过"二五"到"四五"的进一步发展，形成了以重工业为主体、门类众多的工业体系。

东北的重工业主要由两类产业构成。一类是能源原材料工业，主要包括钢铁、煤炭、石油、有色金属和森林工业。通过对日伪时期钢铁工业的改造和大力发展，形成了以鞍钢为中心，包括本溪、通化和富拉尔基特种钢等在内的我国最大的钢铁工业基地；通过发展金属采掘与冶炼业，形成了沈阳、锦西等冶炼中心；煤炭基地建设中形成了辽宁的抚顺、本溪，黑龙江的鹤岗、鸡西、七台河，内蒙古的几大褐煤等煤炭工业基地；原油基地建设中形成以大庆油田为主力，包括辽河油田和吉林油田的全国重要原油生产基地；新中国成立后，东北地区的黑、吉、辽三省先后兴建林场（所）1 500 多个，大力进行森林采伐和木材加工，形成了全国最大的森林工业基地。

另一类是装备制造业。东北工业基地在建设发展过程中大力发展装备制造业，形成了以沈阳、大连、长春、哈尔滨、齐齐哈尔等城市为中心的装备制造业工业体系，如沈阳的重型机床、变压器、电缆、飞机制造，大连的造船、机车制造，长春的汽车、铁路客车，哈尔滨的三大动力、轴承、飞机制造，齐齐哈尔的重型机床，大庆、吉林、大连的石油化工，以及一些城市的军事工业等。东北是中国工业的摇篮，有"共和国装备部"之称，在这里聚集了一重、哈电、哈飞、哈量、齐重数控、齐二机床、长客、一汽、沈阳机床、大连机床、大连船舶重工、北方重工、沈鼓集团、沈阳特变电工、沈飞、黎明等一大批装备制造企业，不仅为国民经济各领域和国防建设提供了大量技术装备，而且输送了大批人才，做出了巨大贡献，在中国工业发展史上具有举足轻重的地位。

改革开放前东北的工业化进程呈现出两个突出特点：一是基础产业的生成和演进与区域自身资源禀赋紧密结合，区域产业结构具有明显的资源依赖色彩，工业经济增长具有突出的粗放型特征；二是外在因素主导区域开发进程，其工业化具有明显的外源性特征。由于东北地区的工业化进程受外在因素影响和干扰程度相当大，市场机制几乎没有发生过作用。

随着我国从计划经济向市场经济体制的转轨，东北老工业基地逐渐出现经济的相对衰退，在全国的地位已明显下降。②突出表现在：东北地区工业增长速度持续低于全国平均水平（见表 2-1）；固定资产投资增长速度低于全国平均水平，在全国所占的比重下降（见表 2-2）；地区生产总值和工业增加值占全国各

① 鲍振东等：《2006 年：中国东北地区发展报告》，社会科学文献出版社 2006 年版，第 2 页。
② 这种情况在 2003 年底振兴东北战略实施之后才有所好转，一些经济指标在 2005 年以后呈现出上升趋势，但东北与长三角、珠三角、京津冀三大增长极的差距仍未缩小。

地区总额的比重在不断下降（见图 2—1）。

表 2—1　　　　　全国与东北三省工业总产值的年均增长率　　　单位：%

时　期	全　国	辽　宁	吉　林	黑龙江
"七五"时期	20.9	17.5	19.3	18.9
"八五"时期	30.9	25.4	20.9	20.6
"九五"时期	−1.4	−3.1	3.3	2.2
"十五"前3年	18.4	12.9	16.6	5.7

注：指标采用为全部国有及规模以上非国有工业企业总产值。

资料来源：转引自鲍振东主编，《2006 年：中国东北地区发展报告》，社会科学文献出版社 2006 年版，第 3 页。

表 2—2　　　　　东北三省全社会固定资产投资增长
及在全国所占比例变化　　　单位：%

指　标	区　域	1982~1985 年	1986~1990 年	1991~2000 年	2001~2003 年
年均增长率	全国	27.7	13	35.6	10.6
	东北	26.1	10.1	30	9.7
累计占比	全国	100	100	100	100
	东北	12.3	11.9	9.5	8

资料来源：转引自鲍振东主编，《2006 年：中国东北地区发展报告》，社会科学文献出版社 2006 年版，第 4 页。

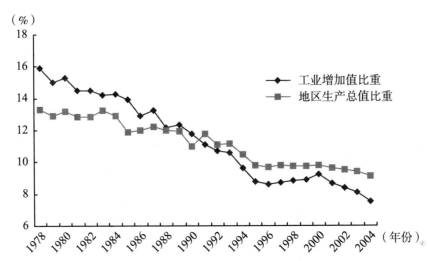

图 2—1　东北三省地区生产总值和工业增加值占全国各地区总额的比重

资料来源：根据《中国统计年鉴》（1978~2005 年）中相关数据整理。

这意味着东北老工业基地计划经济时期所建立起来的重化工业在新的发展阶段已经从总体上丧失了竞争优势，已经不能适应中国工业化发展的要求。东北老工业基地的改造与振兴，就是要遏制这种相对衰退，并实现东北经济的再发展和再辉煌。因此，东北老工业基地的改造与振兴符合"再工业化"的前提假定。

（二）"再工业化"是顺应中国工业化进程基本要求的必然选择

代表性的工业化阶段划分方法包括钱纳里等基于人均国民收入水平及城市化率的划分、霍夫曼基于消费资料工业净产值与生产资料净产值比例（霍夫曼指数）的划分、库兹涅茨等学者基于产业结构变动的划分，以及联合国基于制造业增加值占总商品生产增加值比重的划分等等。由于不同学者分析问题的角度不同，划分工业化发展阶段的指标也各不相同。陈佳贵等在《中国工业化进程报告（1995~2005 年）》一书中根据经济发展的内涵，结合不同经济学家对工业化发展阶段划分的理论，认为考察工业化发展阶段大体上应包括以下四类指标：（1）反映经济发展程度的人均国内生产总值指标；（2）反映经济结构变化程度的三次产业产值结构和就业结构变化指标；（3）反映工业化发展程度的制造业所占比重指标；（4）反映城市化发展程度的城市人口比重指标（见表 2 - 3)[1]。

表 2 - 3 　　　　　　　　　工业化不同阶段的标志值

基本指标	前工业化阶段（1）	工业化实现阶段			后工业化阶段（5）
		工业化初期（2）	工业化中期（3）	工业化后期（4）	
1. 人均 GDP					
（1）1964 年（美元）	100 ~ 200	200 ~ 400	400 ~ 800	800 ~ 1 500	1 500 以上
（2）1996 年（美元）	620 ~ 1 240	1 240 ~ 2 480	2 480 ~ 4 960	4 960 ~ 9 300	9 300 以上
（3）1995 年（美元）	610 ~ 1 220	1 220 ~ 2 430	2 430 ~ 4 870	4 870 ~ 9 120	9 120 以上
（4）2000 年（美元）	660 ~ 1 320	1 320 ~ 2 640	2 640 ~ 5 280	5 280 ~ 9 910	9 910 以上
（5）2002 年（美元）	680 ~ 1 360	1 360 ~ 2 730	2 730 ~ 5 460	5 460 ~ 10 200	10 200 以上
（6）2004 年（美元）	720 ~ 1 440	1 440 ~ 2 880	2 880 ~ 5 760	5 760 ~ 10 810	10 810 以上
（7）2005 年（美元）	745 ~ 1 490	1 490 ~ 2 980	2 980 ~ 5 960	5 960 ~ 11 170	11 170 以上
2. 三次产业产值结构（产业结构）	A > I	A > 20%，且 A < I	A < 20%，且 I > S	A < 10%，且 I > S	A < 10%，且 I < S

[1] 陈佳贵等：《中国工业化进程报告（1995~2005 年）》，社会科学文献出版社 2007 年版，第 19 ~ 27 页。

续表

基本指标	前工业化阶段 (1)	工业化实现阶段			后工业化阶段 (5)
		工业化初期 (2)	工业化中期 (3)	工业化后期 (4)	
3. 制造业增加值占总商品增加值比重（工业结构）	20%以下	20% ~ 40%	40% ~ 50%	50% ~ 60%	60%以上
4. 人口市化率（空间结构）	30%以下	30% ~ 50%	50% ~ 60%	60% ~ 75%	
5. 第一产业就业人员占比（就业结构）	60%以上	45% ~ 60%	30% ~ 45%	10% ~ 30%	10%以下

注：A 代表第一产业，I 代表第二产业，S 代表第三产业。

资料来源：陈佳贵等著，《中国工业化进程报告（1995 ~ 2005 年）》，社会科学文献出版社 2007 年版，第 27 页。

2006 年我国人均国内生产总值达到 16 084 元人民币，按 2005 年人民币汇率计算，约为 1 963 美元，按购买力平价计算约为 6 816 美元。考虑到汇率法计算有可能低估我国经济实力，而用购买力平价计算又可能高估我国经济实力，取二者的平均值，按既有一定可比性，又有一定完整性的汇率—平价法进行折算，2006 年我国人均国内生产总值约为 4 390 美元；一、二、三次产业增加值占国内生产总值比重已由 1952 年的 50.5%，29.9%，28.6% 变为 11.7%，48.9%，39.4%；城市人口比重为 43.93%；反映就业结构变动的第一产业就业占比为 42.6%；2005 年制造业占国内生产总值比重达 32.7%。上述指标，除了城市人口比重低于工业化中期 50% 的水平外，其余均超过了工业化中期阶段的水平。[①] 这标志中国整体上已经进入工业化中期阶段。根据世界工业化发展规律，工业化中期是以重化工业为主导的发展阶段，或直接称为重化工业化阶段。

中国已进入重化工业化阶段，是现阶段中国国情的最基本特征，也是东北老工业基地发展模式选择的最为重要的约束条件。它决定了东北老工业基地改造与振兴不是"后工业化"，而是"再工业化"。因此，"再工业化"是东北老工业基地顺应中国重化工业化阶段发展要求的必然选择，具体表现在：

1. 工业化中期居民消费结构升级、城市化进程加快所形成的巨大市场需求是东北重化工业发展的根本动力。根据国际工业化发展的经验，在工业化中期发

---

① 《中国统计年鉴（2007）》，中国统计出版社 2007 年版，第 57、58、65、105、130 页。

展阶段，居民消费结构升级和城市化进程加快所带动的产业结构变化，会形成以重化工业为主导的经济发展格局。与改革开放初的 1978 年相比，我国城市居民消费的恩格尔系数从 57.5% 下降为 2006 年的 35.8%，农村居民的恩格尔系数也从 67.7% 下降到 43.0%。① 汽车、住宅、通信、旅游以及教育文化需求正成为新的消费热点。我国拥有世界上最多的农村人口，工业化中期阶段的城市化进程加速将与居民消费结构升级一起，成为带动重化工业发展的重要动力。2000 年以来，我国重工业增长率明显超过轻工业的增长，成为带动工业增长的主导力量。目前全国装备工业产品市场需求在不断扩大，国家发改委根据我国数控机床 1996~2005 年的消费数量，通过模型拟合，预计 2009 年数控机床的销售数量将达到 8.9 万台，年均增长率为 16.5%。而目前我国数控机床的国产量占国内需求的比重还不足 40%，大型、高精度数控机床大部分依赖进口。② 工业化中期发展阶段所形成的巨大市场需求，为东北装备制造业发展提供了广阔的空间。

2. 发展重化工业是新时期提高我国综合实力和国际竞争力的迫切需要。从世界经济史发展来看，重化工业是大国综合实力的基础与核心，直接影响和决定着大国国际地位的兴衰。英国是世界上最老牌的帝国主义国家，从 18 世纪中叶，英国率先开始进行工业革命。随着工业革命的飞速发展，英国主要工业部门的产量大幅增长。1820 年，英国占世界生产总额的 50%，远远高于其他国家的生产能力。到 19 世纪中叶，英国以机器大工业体系建立为标志的工业革命胜利完成。经过 100 年的努力，依靠机器制造业的发展，英国迅速成长壮大，一举成为"世界工厂"、"殖民帝国"、"海上马车夫"、世界贸易大国和国际金融中心，成为世界头号经济大国。

美国抓住 19 世纪 70 年代以电力革命为标志的科技革命机遇，迅速踏上工业化道路，并在 1860 年以后大约 50 多年中实现了经济飞跃，超过了英国而成为世界头号经济大国。1880~1910 年，美国重工业产值增加 5 倍，而轻工业产值只增加 3 倍。以棉纺织业为例，1860~1913 年，棉花消费量增长约为 6 倍，而同一时期的钢产量、铁产量和煤产量却几十倍地增长。如果按产值大小排列次序，1860 年名列前茅的是面粉加工、棉纺织业、木材加工和制鞋业，而铸造业和机器制造业居第五。而到 1900 年，钢铁工业跃居第 1 位，机器制造业居第 2 位。19 世纪晚期，重工业在美国工业生产中起主导作用，为国民经济各部门提供技术设备。随着工业强国地位的确立，美国对外贸易发生了根本变化，实现了经济上完全独立，并借第一次世界大战之机，成为世界上最大的债权国和最大的资本

---

① 《中国统计年鉴（2007）》，中国统计出版社 2007 年版，第 345 页。

② 山西机械电子工业行业管理办公室等：《十一五末国产数控机床内需将升至 50% 以上》，《山西机电信息》2007 年第 9 期。

输出国，国际金融中心也从伦敦转向纽约。在美国实现对英国赶超的过程中，制造业，特别是其中的重工业的发展是基础和关键。

第二次世界大战后，日本以制造业的恢复和发展为起点，实现以煤炭、钢铁行业大企业为重点的"倾斜生产方式"，全力恢复经济和发展重化工业。其重化工业在制造业所占比重，从 20 世纪 50 年代中期的 44.8% 上升到 70 年代初的 62%。与此同时，日本以重化工业为基础大搞"贸易立国"。1955 ~ 1973 年，日本重化工产品出口的年增长率达到 25.4%，超过总出口平均增长率 7.9 个百分点。与此相应，重化工业产品在总出口额中所占比重由 38% 提高到 72.9%。经过短短 30 ~ 40 年的发展，日本便成为仅次于美国的世界第二大经济强国。目前，在世界前 6 位的经济大国中，重化工业无不占有重要的地位。

综观世界经济，落后国家实现经济赶超都要通过工业化的途径。但各国为实现工业化战略而选择的具体工业部类或产业是不同的，据此可以将赶超实践分为以下三种类型：一是资源密集型赶超，以中东国家为典型代表，特点是集中力量开采和输出石油等初级资源，在很短时间内实现工业化，并且人均国民收入跃升至世界发达国家水平。二是劳动密集型赶超，以新加坡、中国台湾省、泰国和马来西亚等东亚新兴工业化国家和地区为代表，特点是在工业化进程中，根据本国比较优势，优先发展劳动密集型产业，通过纺织、服装、食品等轻工业产品的生产和出口，带动整个经济从农业经济向工业经济过渡，提高人民生活水平。三是重化工业赶超，以韩国和前苏联的工业化为代表，特点是在工业化进程中，明确提出建立"自立经济"和优先发展重化工业的战略，将资源集中用于钢铁、机械设备、石油化工以及国防军事等产业，在很短时间内建立起较为完备的工业体系，迅速实现工业化的赶超目标。

三种类型的国家除了俄罗斯外，都成功地实现了赶超，经济发展水平亦大致相同，但在世界经济和政治中的地位却极为不同。前两类国家实现经济赶超的同时，在国际经济中的"配角"地位几乎没有任何改变，在国际政治领域更是处于从属地位。重化工业赶超型国家却表现出截然相反的特点。韩国不但实现了经济赶超目标，而且国际经济和政治影响力也大为提高。1996 年经合组织（OECD）接受其为本俱乐部的成员就说明，韩国实际上已经全面进入发达国家的行列。多年以来，人们一直以"四小龙"的称谓将韩国与新加坡、中国台湾和中国香港相提并论，事实上，无论是从经济规模，还是从对世界经济的影响力而言，韩国都是其他三个国家或地区所无法比拟的。造成这种结果的一个重要原因就在于韩国建立起一个比较完备的以重化工业为基础的经济体系。无论是从其电子、造船、钢铁、汽车等产品所具备的强大的国际竞争力来看，还是从其1997 年经济危机后迅速的经济恢复来看，都要归功于工业化早期的重化工业战略。

前苏联的重化工业赶超战略也曾一度把该国变成一个经济上高度发展、政治上与美国难分伯仲的超级强国，但其畸形的重化工业战略加上僵化的经济体制，最终还是将其送上解体的道路。尽管如此，一个显著的事实是，许多人仍然相信，一旦转轨步入正常轨道，俄罗斯的经济潜力仍将是巨大的；与此同时，在政治领域当今能真正与美国相抗衡的国家，恐怕仍然只有俄罗斯。决定俄罗斯国际地位与其经济实力不对称的主要原因，除了地缘政治以外，恐怕就在于其工业化早期所打下的坚实的重化工业和国防工业基础。

因此，能否建立一个以重化工业为基础的工业体系，是决定一个国家经济实力和国际经济和政治地位的关键因素之一。

（三）"再工业化"是发挥东北老工业基地比较优势的必然选择

对于东北老工业基地是否还具有比较优势，我国理论界有着不同的认识。许多学者认为，与长三角、珠三角和京津冀三大增长极相比，东北工业，即使是重化工业也已不具有比较优势，并运用大量的统计数据加以佐证。据此，他们认为，东北三省应以壮士断腕的勇气和魄力，像上海淘汰纺织工业那样，果断割舍掉重化工业，把产业重点定位于高新技术与新兴服务业。这就是说，依据他们对东北老工业基地比较优势的认识，东北老工业基地振兴的出路，不是"再工业化"，而应是"后工业化"。可见，对东北老工业基地比较优势的认识，是决定东北老工业基地能否振兴以及如何振兴的大是大非问题。

要澄清目前对东北老工业基地比较优势似是而非的认识，需要首先解决以下两个容易引起误解的问题：

第一，绝对优势与比较优势的区别。比较优势理论的创始人李嘉图认为，即使一个国家所有商品的成本都比另一个国家高，但只要这些商品的成本相对于贸易伙伴而言并不完全一样，那么该国就能通过专业化生产成本相对较低的产品，从而在贸易中获益。因此比较优势是指经济发展中的一种相对优势，而不是绝对优势。尽管东北地区的重化工业就总体而言与长三角、珠三角和京津冀三大增长极相比的确不具有绝对优势，但是，在东北三省的三次产业中，重化工业仍然是最具优势的产业，也就是说，把东北老工业基地的振兴确定为"再工业化"，是符合比较优势原则的。

那种认为重化工业已不再是东北老工业基地的比较优势，从而主张放弃重化工业转而发展高新技术与新兴服务业的观点，实际上存在以下逻辑上的混乱：一是把绝对优势当成了比较优势。东北老工业基地的重化工业在全国已不具有绝对优势是毋庸置疑的，这也正是振兴东北老工业基地的原因所在，如果具有绝对优

47

势，东北老工业基地也就不需要振兴了，因为有绝对优势就意味着不存在竞争力下降和经济的相对衰落。二是认为东北老工业基地的重化工业不具有比较优势就应该放弃，那么，东北老工业基地的高新技术与新兴服务业与北京、上海、深圳等相比就有比较优势吗？如果没有，是否也应该放弃？如果都放弃了，东北老工业基地还振兴什么呢？三是在东北老工业基地的重化工业、高新技术与新兴服务业都不具有绝对优势的情况下，正确的思路应该是在东北老工业基地内部进行比较，以选择最具优势的产业重点发展，显然主张放弃重化工业的观点恰恰忘了这一点。

第二，总体比较优势与局部比较优势的区别。从大量的统计数据来看，东北老工业基地的重化工业与长三角、珠三角和京津冀三大经济增长极相比在总体上的确不具有优势，但这种总体比较的最大缺陷就是掩盖了内在结构的差异。实际上，就某些行业、产品和企业来说，东北老工业基地的重化工业仍具有较强的竞争优势，这就是东北老工业基地重化工业的局部比较优势。

从已有的统计数据来看，东北老工业基地重化工业的局部比较优势不仅广泛地存在，而且在某些方面还表现得相当显著，这主要体现在以下几个方面：

1. 装备制造业是东三省的支柱产业，在国内市场上具有较强的竞争力。从国内市场占有率来看，东北老工业基地装备制造业体系中有许多行业在全国具有相当的优势（指市场占有率超过10%），或具有一定基础或鲜明特色（市场占有率低于10%，但在全国仍名列前茅）。其中，大型输变电成套设备、列车车辆成套设备、大型连铸连轧成套设备、大型发电设备成套设备、机器人等关系国计民生的重大成套装备在东北地区内即可基本成套提供。① 东北地区装备制造业的优势集中在重型机械、电力设备、机床、交通运输设备制造、机械基础件制造等行业，并在这些行业集中了一批优势企业的优势产品（见表2-4）；从区域分布来看，东北地区形成了以齐齐哈尔、哈尔滨、长春、沈阳和大连为聚集点，各具特色、互有分工的装备制造业产业带。齐齐哈尔的重型机械、铁路货运车辆、大型数控机床在国内处于领先地位；哈尔滨是全国著名的装备制造业基地，电站设备、轴承、工量具、农林机械、工程机械、电工仪表、车辆以及飞机、坦克等民用和军用产品，在全国占有举足轻重的地位；长春以汽车制造、铁路客车制造、光学仪器制造和大型农业机械为特色；沈阳是著名的装备制造业城市，大中型企业集中，门类齐全、配套能力强，机电产品在全国占有重要地位；大连是我国海洋轮船、机车、轴承、组合机床等重要产地，产量在全国居领先地位（见表2-4）。

---

① 《东北老工业基地装备制造业优劣势分析》，chinaeast. xinhuanet. com/2006 - 07/04/content_7426665. htm。

表 2 - 4   东北地区具有优势和基础的装备制造业行业和企业

省别	在全国具有优势的行业	在全国具有一定基础的行业	优势企业	优势产品
辽宁	水轮机、冷冻设备、微电机、诊断器材和电真空器件,机器人、数控机床、环保机械、小客车和计算机整机制造业(其中造船业 2004 年突破 190 万吨,产能占全国 1/3,世界的 3%~4%;机床产值 100 亿元,占全国的 26% 左右;内燃机车、冷冻设备、风动工具产量居全国第 1,石油设备第 2,数控机床第 3)	车用柴油发动机、远洋运输船舶、铁路机车及铁路设备、轴承等行业	沈阳机床集团为全国最大的机床开发制造商,进入世界机床行业 15 强;大连机床集团公司跻身世界机床业销售排名 20 强;大森数控占国内中等数控系统 21.6% 市场份额;瓦轴集团主要经营指标在中国轴承行业排名第 1,世界第 15 位;大连冰山集团、大连重工起重集团为国内同行业的最大工业企业;沈阳鼓风机股份有限公司国内市场占有率已达到 50% 以上;沈阳机车车辆有限责任公司是亚洲最大的货车生产基地;大连机车车辆有限公司的规模产量在国内具有绝对优势,且在国际上也处于前列,内燃机车出口占全国总量的 80% 以上;大连新船重工集团是我国最大的造船企业,进入国际造船企业前 30 强;新松公司开发的机器人已有 4 大类、十余种,成为我国为数不多的能与国外公司抗衡的装备产品	超高压输变电设备;千万吨级露天煤矿采矿设备、大型全断面隧道掘进机;30 万吨油轮;高吨位大型起重机;4 万空分装置用压缩机组;大功率内燃机车和蒸汽机车;歼击机、导弹、舰艇;高速加工中心、数控机床及数控系统、组合机床;铁路机车;燃气轮机;环保设备;大中型轴承;低速大功率柴油机、嵌入式软件系统、机器人及自动化生产线、数字化医疗影响设备等
吉林	小轿车、其他铁路运输设备制造业、载重汽车制造业(其中吉林汽车工业销售收入占全国的 13% 左右)	机车车辆、汽车零部件及配件、渔业机械、手术机械、其他金属加工机械、工业用电炉制造业等行业	一汽集团是全国最大的汽车生产基地,拥有六大系列产品,销售占国内市场份额 18%,在吉林省内占总产量的 54%,轿车市场占有率位居国内第 2 位,中重型车占国内第 1 位,轻微型车位居同行业前 5 位	重、中、轻、轿等汽车整车;电线束、消音器、变速箱控制单元、精锻连杆、仪表板总成等汽车零部件;光学仪器;联合收割机等
黑龙江	发电机制造业、货车制造业、汽轮机制造业(其中大型火电和水电装备分别占全国市场的 33% 和 50%)	飞机制造业、冶金工业专用设备制造业、锅炉制造业、机械化农机具制造业、微型汽车制造业、切割工具制造业等行业	哈电站集团年产水电 2 000MW、火电 4 500MW,是我国最大的发电设备和舰船动力装置制造基地;哈飞集团汽车年产能 30 万辆,在全国微型汽车行业中排列第 1;东安微型发动机年产 35 万台,市场占有率居全国第 1;一重集团热壁加氢反应器达到千吨级	600MW 超临界汽轮发电机组、大型抽水蓄能机组、300MW 大型循环流化床锅炉;大功率采煤机、大型连轧、锻压设备;精密轴承、量仪等

资料来源:根据东北振兴办《东北老工业基地装备制造业重组战略研究报告》摘编,CCTV.COM,2008 年 1 月 4 日。

49

2. 能源原材料工业仍然是东北地区的优势产业。能源原材料工业在东北地区占有重要位置，钢铁工业、石油化学工业、煤炭工业和电力工业是东三省能源原材料的主体。其中石油化学工业和钢铁工业更具市场竞争力，并在全国具有举足轻重的地位。按 2006 年的主营业务收入、资产总额及从业人员三项指标综合衡量，大庆油田有限责任公司、鞍山钢铁集团公司在全国 2 531 家大型企业中分别排在第 2 位和第 10 位。[①]

3. 具有发展重化工业的科研力量和人才基础。东北地区的教育科技力量均高于全国平均水平，表现在高等院校及科研院所众多，科研力量雄厚，智力资源密集。到 2006 年底，东北地区共有普通高等学校 188 所，在校生总数为 174.7 万人，每 10 万人口的平均在校人数为 2 276 人，远高于全国 1 816 人的平均水平（见表 2 - 5）。仅辽宁省就有独立科研机构 203 家，国家及省级工程中心 35 个，其中沈阳就有国家级工程技术研究中心 12 所，科技部将沈阳确定为“用高新技术改造传统装备制造业，推进先进装备制造基地建设试点城市”。此外，长春的汽车及光机研究所，哈尔滨的焊接、水轮机研究所等都处于全国领先地位，有些机构在全国是独一无二的。东北地区长期从事重化工业的开发、试制、生产和经营，汇集和培养了大量的优秀重化专业技术人员、生产经营人才。东北老工业基地科技人才数量和密集度指标在全国均名列前茅，2006 年辽、吉、黑三省科技人力资源指数分列全国第 5、6、9 位。万人专业技术人数分列全国第 5、6、12 位，平均受教育年限分列全国第 4、5、6 位，均居全国前列，高于江苏、浙江、福建等沿海发达地区，优势较为明显。[②] 特别是东北地区还拥有一大批高技能、多工种和熟练的产业工人队伍，这种人力资源优势是东北地区最为宝贵的财富，也是东北地区发展重化工业的重要人力资本保障。

表 2 - 5　　　　　　　　　2006 年东北地区高等教育情况表

省　份	普通高等学校数量（个）	在校生数（万人）	每 10 万人在校生人数（人）
辽　宁	78	72	2 379
吉　林	45	43.5	2 359
黑龙江	65	59.2	2 090
东三省	188	174.7	2 276
全　国	1 867	1 738.8	1 816

资料来源：根据《中国统计年鉴（2007）》第 800、811 页数据整理、计算。

---

① 《中国大型工业企业年鉴（2007）》，中国统计出版社 2007 年版，第 3 页。

② 金凤君等：《东北地区振兴与可持续发展战略研究》，商务印书馆 2006 年版，第 126 页；鲍振东等：《2007：中国东北地区发展报告》，社会科学文献出版社 2007 年版，第 34~35 页。

4. 具有发展重化工业的自然资源。从资源禀赋程度来看，东北地区仍然是我国自然资源比较丰富的地区，资源总量丰富、种类齐全，各类资源在质与量两个方面居各大经济区前列，有 40 多种资源居全国前三位，仅从几种战略性资源来看，东北地区石油资源储量占全国的 1/2，铁矿石储量占全国的 1/4，森林蓄积量占全国的 1/3，潜在能源资源油页岩储量占全国近 70%；人均耕地是全国水平的 2 倍。[①] 东北地区地处东北亚，与其毗邻的蒙古、俄罗斯远东地区拥有丰富的能源、矿产资源和森林资源，这构成了东北地区重化工业发展可资利用的潜在资源。

三、"再工业化"的东北经验验证

东北老工业基地振兴选择"再工业化"的发展模式，不仅是依据中国工业化发展阶段和东北老工业基地比较优势的现实选择，而且还是依据东北老工业基地改造与振兴历史经验的选择。

自改革开放以来，党和国家一直很重视东北老工业基地的改造与振兴，并出台了一些相应的政策措施。东北各地方政府更是把东北老工业基地的改造与振兴看做是义不容辞的历史责任，试图寻求新的发展模式，以突破经济发展的困境。从 1978 年到 20 世纪 90 年代末，东北老工业基地主要探索了以下两种发展模式，但最终都没有取得成功。

第一，调整产业结构，重点发展轻工业的模式。为了满足人们对生活消费品的需求，国家于 1979 年实施了轻工业"六优先"政策，东北三省随之启动了轻工业发展战略。但是这一期间的结构调整并不理想，不仅工业部门结构没有发生实质转变，而且面对东南沿海轻工业产品的市场竞争，东北轻工企业的市场份额不断减少，一批计划体制下的名优轻工产品如手表、自行车、黑白电视机、收音机的生产企业，和改革初期上马的电冰箱、洗衣机、彩色电视机等家用电器生产企业，纷纷在市场竞争中倒闭。辽宁的家用洗衣机产量在 1980 年占全国的 22.4%，后来则基本从这一产业中退出。

重点发展轻工业的模式虽然有利于满足当时的市场需求，但却背离了东北地区的比较优势。同时，东北地区把轻工业作为发展重点，就要背负重化工业的巨大沉淀成本，这无论如何无法与东南沿海地区从零起点或从原有轻工业基础上起步相比，产业不可能有竞争力，这正是东北发展轻工业不成功的原因所在。

东北老工业基地背离重化工业比较优势而发展轻工业的模式探索，再次证明

---

① 金凤君等：《东北地区振兴与可持续发展战略研究》，商务印书馆 2006 年版，第 2 页。

了"再工业化"对东北老工业基地振兴而言是别无选择。

第二,对传统工业进行技术改造的模式。20世纪80年代中后期以来,老工业基地的经济普遍处于相对衰退状态,与东南沿海新兴工业区形成了明显反差。当时人们普遍认为老工业基地缺乏市场竞争力的主要原因是技术改造不够,因此从20世纪中后期到90年代中后期,东北老工业基地调整改造的重点是对传统工业进行技术改造。"七五"期间,国家更新改造资金共投入3 977亿元,比"六五"期间增加了166%。"八五"期间政府进一步加大了对技术改造的投资力度,资金达1万亿元左右,比"七五"期间增加1.5倍多。[①] 单纯的技术改造也没有收到预期效果,企业活力不强、结构性矛盾突出、区域竞争力差的现象并未得到根本改观。一些地区甚至出现了"不进行技术改造——等死,进行技术改革——找死"的现象。

技术改造模式不成功的最主要原因是没有把技术改造与制度创新结合起来。在我国渐进式改革进程中,国有经济战略布局调整,特别是真正意义上的国有企业公司制改造均发生在20世纪90年代中晚期以后,[②] 此前的国有企业改革实际上还处于放权让利阶段。因此,20世纪80、90年代的技术改造虽然也是在国有企业改革背景下进行的,但放权让利性质的国有企业改革实现的制度创新还是远远不够的。由于技术改革模式没有与制度创新结合起来,不进行技术改造,企业设备老化,技术陈旧,迟早会被市场竞争所淘汰,自然是一个等死过程。但是技术改造过程不单纯是一个投入产出过程,还涉及企业内部资源,特别是人力资源的重新调整。技术改造固然会有大量的政府投入,但政府投入通常不能满足大规模技改资金需求,还需企业进行必要的资金投入。这样一来对于企业来说技术改造固然会提高企业的技术水平,但同时也增加了企业成本。在企业制度不合理,机制不灵活的条件下,企业通过技术改造所形成的技术优势无法转成市场竞争优势,大量的资金投入无法及时收回,反而可能加速企业被市场淘汰。

技术改造模式虽然修正了重点发展轻工业模式的弊端,将产业振兴的核心回归到重化工业上,但它致命的问题却在于:把东北老工业基地的振兴,看成是一个简单的技术层面的问题,而没有理解为是一个全面的系统工程。这就告诉我们,东北老工业基地的振兴,必须放到"再工业化"的战略高度,依据"再工业化"的系统要求,对东北老工业基地实施经济和社会的全面革命。这场革命将会承载着时代赋予的新要求,以完全不同于世界历史上、中国各区域发生的一次工业革命的新特征,出现在东北大地上,并将以超出一次工业革命的威力彻底

---

① 王朗玲、李敏娜:《老工业基地改造与体制创新》,经济科学出版社2004年版,第12页。

② 从1997年党的十五大提出国有经济战略布局调整以后,国有经济的改革才开始进行实质性的制度创新进程。

改变东北的面貌。

以上分析表明，**我国工业化中期的市场需求和增强国际竞争力的国家战略需求，与东北老工业基地重化工业的比较优势能力不谋而合，所以将东北老工业基地振兴的实质确定为"再工业化"具有经济的合理性与客观的必然性。**如果考虑到在东北振兴战略鼓舞下，东北人民团结一心谋发展的进取精神，东北老工业基地振兴选择"再工业化"的发展模式恰是占尽了天时、地利与人和。

四、"再工业化"的俄罗斯经验验证

我国东北老工业基地的"再工业化"，作为顺应经济发展和产业演进规律的必然选择，既可以在发达工业化国家老工业基地改造的某个阶段得到印证，比如德国鲁尔工业区、美国东北部工业区等老工业基地在 20 世纪 60 ~ 90 年代实践的改造模式，[①] 也可以在同为经济转型大国的俄罗斯得到印证。某种程度上，俄罗斯的经验对于我国东北老工业基地改造与振兴模式的选择具有更直接的借鉴意义。这是因为，俄罗斯老工业区问题的产生原因、老工业区改造的约束条件、道路选择和实际效果等，与我国东北老工业基地的情况很相似。

经济转型开始后，俄罗斯出现了严重的转型性经济衰退。1992 ~ 1996 年，除了能源原材料和黑色金属加工之外，其他制造业生产能力缩减 60% 以上。[②] 在俄罗斯的乌拉尔、下诺夫哥罗德、沃洛涅日、伏尔加格勒等老工业区，经济衰退更加严重，其中机械装备制造业企业的破产和生产停顿是当地经济危机的突出表现。在 20 世纪末俄罗斯经济形势趋于稳定，这些企业试图努力恢复生产时，在开放的市场中又面临国际同类企业的激烈竞争，这些老工业基地技术设备老化，创新能力不足的问题也暴露出来，恢复生产从而恢复地区经济的进程非常艰难。由于俄罗斯老工业区产业结构形成于计划经济时期，重化工业或单一机械制造业通常是区域内的唯一产业，这样，区域内主导产业的问题就成为整个区域经济的

---

① 西方发达工业化国家老工业基地改造的政策选择有一个变化的过程。在 20 世纪 60 年代老工业基地问题产生之后，当时各国政府的第一选择就是重塑这些地区重化工业或作为主导产业的制造业的技术和效率基础，力图通过对老工业基地的"再工业化"技术改造、设备更新和生产率提升，重振这些老工业基地的昔日辉煌。这一"再工业化"实践进行了将近 30 年时间。只是到了 20 世纪 80 年代后期，在托夫勒以《第三次浪潮》的方式提出人类社会面临后工业社会转型的基本发展趋势后，人们才开始重新审视发达工业化国家老工业基地衰退的经济社会意义，认识到这种局部重化工业产业衰退未必是一件坏事，而可能是社会经济高级化和成熟化的一种必然结果，从而把"后工业化"作为老工业基地改造的一种优先选择。这时，在老工业基地改造的出路问题上，除了"再工业化"道路之外，多了"后工业化"或"去工业化"的选择。因此，"再工业化"是发达工业化国家老工业基地改造的早期阶段的一个重要选择，是这些国家应对外部重化工业竞争，重振国家工业竞争力的重要政策。

② 俄罗斯国家统计局 1997 年统计报告。

问题。俄罗斯老工业基地的这种现象与我国东北老工业基地在经济转型过程中出现的情况比较相似，甚至比我国东北老工业基地的情况更为严重，因为前苏联工业化程度高于我国，重化工业在国民经济中的比重也高于我国。

问题的相似性可以先从问题的表现和产生的原因两个方面分析。首先，从表象上看，俄罗斯和我国东北老工业基地问题都表现为设备陈旧、技术老化、生产能力衰退、竞争力下降等。其次，从产生原因和历史根源看，计划经济体制条件下重化工业优先发展战略和区域内计划性单一产业结构分工布局，构成了老工业区形成的历史原因；转型时期俄罗斯对这些重化工业和装备制造业的大私有化和小私有化产权改造，以及随后形成的非效率的、具有内部人控制特征的企业治理结构，加上不利的宏观经济背景，是老工业基地问题形成的制度原因；设备老化、技术陈旧、创新能力弱和投资不足，是造成老工业基地问题的物质原因。当然，俄罗斯老工业基地问题形成原因与我国东北老工业基地也有所不同，比如，俄罗斯激进的存量改革策略没有为具有规模经济的重化工业和机械装备制造业企业创造一种有效的企业治理结构，中国的增量改革策略则把作为国有企业主体的重化工业和装备制造业改革置后，也没有为这些具有规模经济特征的企业打造出有效的企业治理结构；中国开放条件下的比较优势战略使国内优先发展区域被布局在东南沿海，优先发展产业被布局在劳动密集型产业，俄罗斯则发展了具有比较优势的能源原材料等资源部门。但从根本上看，俄罗斯经济和国家综合实力的强大不可能仅仅依靠能源原材料出口来实现，而且计划经济时期造就的强大的制造业工业基础被削弱是一种沉没资本的极大浪费。中国也存在同样的问题，即不可能仅仅依靠劳动密集型产业实现国家复兴和国力走强。

那么，如何解决老工业基地问题？在这个问题上，俄罗斯各界曾经有过激烈的争论。弗拉基米尔·马乌（2003）等学者是"后工业化"的坚定支持者，也有学者如雅琴科（Н. Е. Яценко, 1999）提出对老工业区进行以技术改造为核心的"再工业化"，各地方政府和中央决策部门从区域发展和国家战略的角度也有自己的看法。[①] 在世纪之交，随着俄罗斯经济的恢复和稳定增长，俄罗斯各界和政府部门逐渐形成共识，认为必须对这些地区的重化工业和装备制造业实行"再工业化"改造。

俄罗斯中央政府是站在国家战略的高度对待老工业区的"再工业化"问题的。普京在《千年之交的俄罗斯》中提出"强国战略"目标，并把实现这一目

---

① Н. Е. Яценко, реиндустриализация-переход от раннеиндустриальной и индустриальной базы производства к его новым технико-технологическим основаниям, переход производства на более прогрессивный путь развития прогрессивные（"высокие"）технологии, информатика, биотехнологии, новые материалы и источники энергии, ——Толковый словарь обществоведческих терминов. 1999.

标的途径定位于国家经济发展速度、对战略经济部门的控制和俄罗斯工业基地的重新走强。为此，俄罗斯首先制定了 2010 年 GDP 翻番目标，同时，重新规范私有化，对于俄罗斯战略经济部门和具有规模收益的老工业区大型能源、化工、机械装备制造业企业，政府通过重新国有化或国家控股的方式实现国家控制，为这些企业的技术设备更新进行大规模投资，并推动其"再工业化"振兴。[①] 在此基础上，俄罗斯以传统制造业企业为基础组建了一系列"巨无霸"垄断企业，应对国际市场的激烈竞争。[②] 2000 年以来，国际能源市场的行情对于俄罗斯经济的快速增长意义重大，但很多人却因此忽视了俄罗斯工业领域的快速增长对俄罗斯整体经济形势的意义。2006 年 8 月，俄总理弗拉德科夫在谈到经济形势时指出，2006 年上半年俄罗斯 GDP 增长 6.3%，资本投资增长 9.4%，制造业部门投资和积累的快速增长在经济增长和投资增长中贡献了主要份额。[③] 2007 年初，他在驳斥一些人关于俄罗斯经济"原料化"指责时指出，2006 年俄罗斯制造业的 GDP 贡献率超过 60%，远远高出石油部门。[④] 俄罗斯近年来经济的快速增长和国家综合实力的快速回升，一个重要原因就是重化工业和制造业的恢复，而这又得益于俄中央政府把重化工业和制造业部门的强大看做俄罗斯当前国家竞争力的主要基础予以扶持。[⑤]

在老工业地区的"再工业化"问题上，俄罗斯地方政府是坚定的支持者。对于地方政府而言，只有作为区域主导产业的重化工业或制造业的恢复，才是这些老工业区的希望。他们明确提出了对本地重化工业和装备制造业进行"再工业化"的产业政策，如俄罗斯下诺夫哥罗德企业家协会主席弗拉基米尔·卢江宁（Владимир Лузянин，2007）就明确指出，俄罗斯需要"再工业化"，重新恢

① 普京曾多次签署法令，禁止对具有重要战略意义的企业实行私有化。2001 年 12 月 21 日，俄罗斯政府颁布《俄罗斯联邦国有和市有企业私有化法》，重新规范了国有资产出售程序。该法案规定天然气工业公司、俄罗斯统一电力系统以及其他一些铁路运输领域的垄断公司要实行私有化，需要专门的立法。2001 年政府财政预算案第 100 条中，规定凡法定资金超过限制数额的"超级企业"禁止拍卖。2004 年 8 月 4 日，普京发布总统令，限制对 549 家"对巩固俄罗斯国家安全具有重要意义"的企业进行私有化。

② 在机械装备制造、重化工业部门建立能够对抗国际大型跨国公司的巨型垄断企业，是俄罗斯重振老工业区国家战略企业的重要举措。燃气工业公司（Газпром）、统一能源公司（UES）、石油管道垄断企业石油输送公司（Транснефть）、俄罗斯原子能工业股份公司、航空巨无霸——联合航空制造公司等，都是普京近年来下令成立的垄断性企业。此外，俄罗斯汽车制造、金属冶炼领域也相继组建了具有国际竞争力的大型垄断企业，如农业机械有限公司（Агромашхолдинг）。

③ Фрадков: темпы роста ВВП составили 6, 3% в первом полугодии, —— "основной вклад в промышленный подъем внесло ускорение роста обрабатывающих производств". http://www. rosin-vest. com/news/219805/.

④ Рост ВВП России в 1-м квартале 2007 г по уточненным данным составил 7, 7 проц - М. Фрадков. http://www. prime-tass. ru/news/show. asp?id=689397&ct=news.

⑤ Вестник Совета по национальной конкурентоспособности "Стратегия и конкурентоспособность" №5（8）2006 г.

复俄罗斯的工业基础和产出能力。一些以传统制造业为基础的城市和地区，经济复兴的希望就是"再工业化"，在市场机制基础上，恢复这些地区的工业生产能力。① 尤里·克鲁普诺夫（Юрий Крупнов，2007）阐述了"再工业化"条件下俄罗斯工业生产的组织问题，主张重化工业和装备制造业应当基于这些产业规模经济的特点和要求组建大型垄断性企业或企业集团。② 在实践中，对工业基础更加重视的地方政府出台了相应政策，推动俄罗斯传统优势产业的复兴，如莫斯科市政府在 2004 年建立了"全球'再工业化'孵化中心"，力图通过利用国际国内两个市场的资源促进基础工业的复苏和发展。③ 俄罗斯老工业基地沃洛涅日州 2006 年公布的《沃洛涅日州社会经济发展长期规划》中明确提出，沃洛涅日州的优势产业是重化工业和装备制造业，通过"再工业化"结构调整，重塑重点产业的竞争力和优势地位，是沃洛涅日州经济发展的政策支点。④ 包括乌拉尔、下诺夫哥罗德、沃洛涅日等地区在内的老工业基地"再工业化"改造取得了良好效果，构成了俄罗斯经济 2004 年之后持续增长的产业基础。

俄罗斯中央政府和地方政府旨在老工业区"再工业化"改造的核心政策有：积极的国家产业政策；建立具有国际竞争力的企业集团和垄断性产业联盟；区域内产业结构和产业组织的适应性调整；基于新技术的基础设施和技术设备投资、改造等。可见，俄罗斯作为转型大国的这些经验，印证了我们所主张的振兴东北老工业基地"再工业化"模式的正确性和可行性。

第二节 "再工业化"是工业化的新模式

"再工业化"虽然是在原有的一次工业化成果基础上推进二次工业化过程，而且"再工业化"发展的产业重点仍然是重化工业，但二次工业化绝不是一次工业化的简单重复。"再工业化"无论从内容和形式上，还是从手段和道路上，都赋予其不同于一次工业化的新特征，从而构成了不同于以往的和既有的新发展模式。

---

① Владимир Лузянин, России нужна реиндустриализация, http：//news. mail. ru/economics/1390943.

② Юрий Крупнов, Реиндустриализация：Как нам организовать промышленное развитие? http：//www. kroupnov. ru/pubs/2006/11/09/10487/.

③ Начинается глобальная реиндустриализация центра Москвы, http：//press. try. md/view. php?id＝36300&iddb＝Society.

④ Проект：Стратегия социально-экономического развития Воронежской области на долгосрочную перспективу и пакет сопутствующих документов, http：//www. csr-nw. ru/content/projects/default. asp?shmode＝2&ids＝23&ida＝1300.

一、"再工业化"模式的基本内容

"再工业化"之所以不是一次工业化的简单重复，原因就在于"再工业化"提出的背景和条件已经完全不同于一次工业化。

自20世纪90年代以来，世界经济出现了全球化和知识经济加速发展的两大趋势，引发了一场前所未有的大规模制度变迁。因为，以往的制度变迁理论都是假定在一国范围内的，并且是以工业经济为背景的，而经济全球化和知识经济则彻底否定了这一假定。同时，这两大趋势还引发了空前深刻的产业革命。对发达国家而言，提出了从工业化向信息化迈进，或者说向新现代化迈进的要求；对发展中国家而言，则是要求工业化与信息化并行发展，从而彻底否定了传统的工业化道路，也在一定程度上否定了长期以来指导发展中国家推进工业化的以刘易斯为代表的"二元经济理论"。

正是由于经济全球化和以信息技术为先导的知识经济的出现和快速发展，才使建立在20世纪60～80年代技术基础上以封闭发展为特征的东北老工业基地逐步丧失产业竞争力。所以，从这个意义上说，在原有的技术和制度基础上重建东北的重化工业，即"再工业化"只是一次工业化的简单重复，对东北老工业基地振兴而言毫无价值，也是绝不会有出路的。正如马克思所说："极为相似的事情，但在不同的历史环境中出现就引起了完全不同的结果"。[①]

因此，在经济全球化和知识经济快速发展的大背景下，东北老工业基地振兴的"再工业化"发展模式，就具有时代赋予的新内容。这个新内容概括起来就是：以科学发展观为指导，以推进东北老工业基地全面振兴为目标，以重化工业基地建设为重点，以组建大型企业集团为基础，以技术创新和制度创新为动力，以高新技术改造传统产业为手段，以金融深化和人力资本开发与利用为支撑，以社会保障体系建设为安全网，以政府作用的科学和有效发挥为条件，以"两个市场"和"两个资源"的充分利用为保障，实现东北老工业基地又好又快的发展。

二、"再工业化"模式的基本特征

东北老工业基地振兴的"再工业化"发展模式所具有的新内容，就决定了

[①] 马克思：《给〈祖国纪事〉杂志社编辑部的信》，《马克思恩格斯全集》第19卷，人民出版社1965年版，第131页。

这一发展模式不同于第一次工业化，必然具有如下新特征：

（一）从工业东北转向知识东北

以信息技术为先导的高新技术产业的发展，使知识经济成为一个不同于工业经济的独立经济形态，并在世界范围内迅速发展，这是当今经济结构诸多变化中最根本性、最基础性的变化，因为它彻底改变了经济发展的基本框架和运行轨迹。它使经济增长建立在知识的生产、流通、分配和使用（消费）的基础之上，其影响已经远远超出了发达国家的范围，对发展中国家的经济发展也形成了巨大的挑战。特别是在经济全球化迅速发展的背景下，这种对发展中国家的挑战，意义更加深远和重大。中国作为一个最大的发展中国家，要赶超发达国家，实现强国之梦，就必须探索知识经济下的中国工业化、现代化发展理论和道路。正如"十七大"报告所说的那样，要"全面认识工业化、信息化、城镇化、市场化、国际化深入发展的新形势新任务"。

刘易斯等创立的二元经济理论一直被推崇为指导发展中国家实现工业化的经典模式。但这一理论是以工业经济和农业经济的二元结构为基本框架的，这就构成了该理论的历史局限性。因为知识经济的出现和快速发展，突破了二元经济的结构框架，从而使二元经济的理论解释力和实践指导性大打折扣。知识经济作为独立的经济形态的出现和发展，对发展中国家而言，将彻底改变传统的二元经济结构，形成由农业经济、工业经济和知识经济相并存的三元经济结构。我国提出的新型工业化道路，即工业化促进信息化、信息化带动工业化，就是三元经济下工业化和信息化同时推进的发展道路。

在三元经济结构下实施东北老工业基地的"再工业化"，其核心或关键就在于用信息技术、高新技术和适用技术改造传统产业，实现东北重化工业技术基础的根本转型，即从工业东北转向知识东北。也就是说，用高新技术改造传统产业并非是传统重化工业在一般意义上采用新技术或新工艺的过程，实质上是将高新技术等知识创新成果导入传统产业的原有技术系统，从而带动传统产业整体升级的过程。

东北老工业基地装备制造业目前还不具备很强的产品自主开发能力和技术创新能力。产品技术含量低，新产品研发能力差，更新换代速度慢；代表着本行业最新发展方向的高新技术产品的科技开发力度不足，一些新的、重要的制造手段和制造工艺主要依靠进口；科研成果产出多，转化少，高新技术产业化发展缓慢；重化工业信息化、集群化程度低，产业竞争力弱。特别是面临长三角、珠三角、京津冀地区重化工业发展的强势竞争，东北地区如不能尽快用高新技术改造传统工业，实现重化工业的高科技化，极有可能在新一轮重化工业发展的区域竞争中再度陷入困境。

（二）从资本中心转向人本中心

随着高新技术对东北传统产业的改造，以及工业东北向知识东北的转型，人力资本在"再工业化"中的价值越来越凸显出来。这是因为，在农业经济时代，土地是核心要素，对农业经济发展起着支配作用。工业经济则将资本的作用推到了第一生产要素的位置，资本的多寡成为经济发展的决定性要素，经济的竞争主要体现为资本的竞争。知识经济出现以后，土地和资本让位于知识，知识在经济发展中成为第一要素，起决定性的作用。在知识经济社会，财富和知识相映生辉，知识成为资本形成的第一源泉，知识成为第一生产力。

以往的经济发展理论强调资本稀缺是制约发展中国家经济增长的主要因素，因而加快发展的关键是资本积累，资本成为经济发展的中心。显然，这些经济发展理论是以工业经济为背景的。在知识经济迅速发展的今天，在知识越来越替代资本成为经济发展核心要素的情况下，这种以资本积累为中心的经济发展理论就显出了其历史局限性。因此，在东北老工业基地实施"再工业化"进程中，就必须逐步从以资本为中心向以人本为中心转变，实现资本与人本的协调。

从资本中心转向人本中心就要求：（1）突出人力资本在经济发展中的地位和作用，发挥知识对价值创造的巨大作用。劳动者作为生产过程中唯一的能动要素，既是技术进步的发动者，也是新技术的载体和传媒。人的知识、能力、健康等素质提高对经济发展的贡献，要比物质资本的增加重要得多。正如美国经济学家舒尔茨所说的那样，"改善穷人福利的决定性生产要素不是空间、能源和耕地，而是人口质量的改善和知识的增进"。[①] 这就使教育部门的重要性被空前地突出出来，这也是我国提出"科教兴国"战略，以及世界把今天的社会称之为学习型社会的原因所在。（2）强调扩展每个人的自由，包括经济机会、政治自由、社会条件等促进经济发展，正如诺贝尔经济学奖得主阿马蒂亚·森所说，扩展个人自由是发展的主要手段。为达此目的，就需要进行有利于人力资本形成和有效利用的经济社会体制变革，主要包括劳动人事制度改革、收入分配制度改革、教育体制改革、社会价值观的变革等。这种经济社会体制变革，对于长期实行计划经济体制的东北来说更为重要。（3）明确发展的最终目的是提高全体人民大众的福祉。这种使全体人民共享发展成果的公平收入分配，会从两个方面促进经济发展：一是调动人民的积极性、主动性和创造性，大大提高经济效益；二

---

① T. W. 舒尔茨：《人力的投资：人口质量经济学》，加利福尼亚大学出版社 1981 年英文版，第 4 页；又见中译本，华夏出版社 1990 年版。

是在经济发展的动力上，会通过收入的增加，刺激消费的增长，实现投资拉动和消费拉动的协调。

（三）从粗放经济转向生态经济

工业化是一种资源消耗性的经济增长，特别是在重化工业发展阶段，能源、矿产资源消耗大量增加。例如，美、日、欧等发达国家总共只有 7 亿人口，却占有并消费了目前地球年产出资源总量的 80%。如果中国也加入现代化国家行列，将会使世界工业化国家的人口增加 2 倍，[①] 再考虑到俄罗斯、印度、巴西等许多国家工业化都在加速，显然地球现有的资源、环境将难以承载这些后发国家的工业化。

中国作为世界最大的发展中国家，经济已进入快速发展时期，这使工业化与资源环境的矛盾变得相当突出。中国人口占世界 1/5 以上，但发展重化工业所需的主要能源、矿产资源如石油、天然气、铁矿、铝土矿等的蕴藏量却都在世界的 5% 以下，人均拥有量排在世界 80 位以后，相对于工业化中期重化工业发展对能源与原材料的需求来说极为不足。[②]

东北与我国其他地区相比，虽然资源组合相对优越，但经过 50 多年的粗放发展，积累的资源与环境问题也相当严重，经济发展与本地资源环境保障间的矛盾日益突出，主要表现在：（1）资源依赖型产业规模扩张加剧了资源供需矛盾。东北地区重化工业的发展，对资源的需求量不断攀升，但同时东北地区主要矿产资源已进入减产期，如大庆油田可采储量只剩下 30%，到 2020 年年产量只能维持在 2 000 万吨左右；辽宁省 7 个主要产煤区中除铁法区外都是萎缩矿区，煤炭产量逐年下降，目前已降到全国第 7 位。这一升一降使资源的供需矛盾日益加剧。（2）粗放式发展导致区域环境恶化和生态退化。从东北的两大流域来看，松花江流域的城市污水处理率不足 20%，辽河流域不足 30%；松嫩平原水土流失面积约 28 平方公里，占土地总面积的 22.6%，其中黑土区的水土流失面积占黑土地总面积的 34%。[③]（3）资源型城市转型压力大，可持续发展问题突出。在全国 25 个资源枯竭型城市中，东北三省有 12 个，占 48%。许多资源枯竭型城市，由于地区主导产业所依存的资源面临枯竭或开采成本提高，造成产量大规模缩减，并影响到上下游产业，而新的接续产业又没有成长起来，地区性失业大规模增加，经济发展陷入困境。[④]

---

① 王建：《大变革时代的思考》，社会科学文献出版社 2007 年版，第 58 页。

② 同上，第 54 页。

③ 景体华：《2006～2007 年中国区域经济发展报告》，社会科学文献出版社 2007 年版，第 402 页。

④ 鲍振东等：《2006 年：中国东北地区发展报告》，社会科学文献出版社 2006 年版，第 5 页。

因此，东北老工业基地的"再工业化"要能够得到顺利实现，就必须化解重化工业发展与资源环境承载能力不足的巨大矛盾。化解的途径无非有两条：一是内部化解，二是寻求外部化解。从世界工业化发展的历史来看，并不是所有的后发国家在步入经济快速发展之后都能顺利化解这一矛盾，完成现代化追赶。有些国家在内部资源约束需要外部解决的时候，由于方法和途径不当，中断了现代化的进程，这方面的例子并不鲜见。同样，如果一国内部产业演进过程是资源环境非友好型的，也会导致现代化经济追赶过程的中断。这就意味着，东北老工业基地的"再工业化"，本身就必须包含着化解重化工业发展与资源环境矛盾的解决方案。

从内部化解的途径来看，"再工业化"就是要推进东北老工业基地从粗放经济向生态经济转型，基本手段就是运用高新技术改造传统产业，淘汰高耗能、高污染的落后生产技术和生产工艺，实现重化工业发展的节能减排。实际上，东北节能减排的空间是非常巨大的，根据《2006 年各省、自治区、直辖市单位 GDP 能耗指标公报》资料显示，东三省的 GDP 能耗指标分别为黑龙江 1.412，吉林 1.591，辽宁 1.775，分别排在全国的第 16、20 和 22 位；从产品的单耗来看，主要工业产品的单位能耗比发达国家高 50% 左右。[①] 当然，在"再工业化"进程中，我们需要的是在继续保持经济快速发展前提下的节能减排，而不是以牺牲经济发展为代价的节能减排。

（四）从单兵独进转向联合突围

在经济全球化迅速发展的大背景下，区域经济的一体化成为世界经济的发展潮流，区域经济成为在世界市场竞争中博弈的主角。2004 年 12 月 WTO 公布的《关于贸易环境进展的报告》显示，世界各地向 WTO 报告的正式生效的区域经济合作协定共 206 个，其中 2004 年 1～8 月份正式生效的共 21 个，即将生效的有 30 个，正在谈判和研究中的还有 60 多个。目前世界贸易的 2/3 都是在这些协议内部发生的。

为了适应这一发展潮流，中国政府在国际上积极寻求同东南亚各国、东亚三国、俄罗斯等五国的区域经济合作，推进区域经济一体化的进程。同样，在国内也努力构建区域经济发展的新格局。十届全国人大四次会议批准的《中华人民共和国国民经济和社会发展第十一个五年规划纲要》就明确指出："坚持实施推进西部大开发，振兴东北地区等老工业基地，促进中部地区崛起，鼓励东部地区率先发展的区域发展总体战略，健全区域协调互动机制，形成合理的区域发展格局。"由于东部地区实际上包含着三大经济区，即珠三角地区、长三角地区和京

---

① 鲍振东等：《2007 年：中国东北地区发展报告》，社会科学文献出版社 2007 年版，第 70 页。

津冀地区，因而我国正在打破以往省、市、自治区行政区划对经济发展的束缚，呈现出六大经济区域的组团式发展新格局。

在这六大经济区的发展进程中，东部的珠三角地区、长三角地区和京津冀地区经济一体化进程推进得要远远快于其他地区，特别是长三角地区形成了以上海为龙头，江苏省南部（8市37县）、浙江省北部（6市31县）为支撑的区域经济合作区，显示了强大的区域经济竞争力。珠三角地区也从过去的小珠三角发展到大珠三角，今天又进一步扩展为泛珠三角。珠三角范围的每一次扩大都体现了其强大的区域带动性，从而促进了区域经济一体化的进一步发展。随着天津滨海新区开发纳入国家"十一五"规划，京津区域经济一体化进程将进一步加快。京津两大直辖市的联手，以及两市区域经济分工的进一步明确和细化，必将带动京津冀这个中国北部最具潜力的经济区域的经济快速发展，成为继珠三角地区和长三角地区之后的中国第三大经济增长点。

在区域竞争中，珠三角和长三角、京津冀地区具有东北所不具有的资本、技术、外资、体制等方面的比较优势，再加上区域经济一体化所带来的分工协作优势，这就迫使东北老工业基地的"再工业化"，必须走区域经济一体化的道路，用东北经济的一体化与其他区域经济的一体化进行等量级的竞争。

从东北老工业基地产业布局来看，区域内经济结构互补性强，主导产业各有侧重，产业同构化程度远远低于长三角、珠三角等经济区域，具备很好的推进区域经济一体化的基础和条件。例如，辽宁是钢铁和机床制造大省，吉林是汽车生产基地，黑龙江则在电力设备制造和石油开采与加工方面具有优势。

因此，东北老工业基地的"再工业化"就要求：（1）东北三省要站在区域经济一体化的高度，对区域内产业进行专业化分工协作的产业链整合，形成产业的东北整体优势，以对抗其他区域的整体竞争。区域内的产业整合具体包括以下两个方面的内容：一是确立产业龙头企业，并给予优先重点扶持和发展；二是整合产业链，形成产业内的分工协作体系，打造具有竞争力的产业链和产业群。（2）打破行业垄断和地区封锁，促进商品和各种要素的自由流动和有序竞争，促进东北各省区之间市场一体化。（3）充分发挥沈阳、大连、哈尔滨、长春四大中心城市的辐射作用，加快区域增长中心的扩散推进，带动东北地区的城市化发展，为东北老工业基地的"再工业化"奠定空间基础。（4）实现区域内"政府一体化"，构建新的区域经济协调机制，从而使东北经济区域内各省各级政府都能够从整个区域的角度，确定自己的经济发展战略和产业政策，形成相互配合、相互依托、多方共赢的区域经济发展新格局。东北经济的振兴，必须走经济一体化的道路，而区域经济一体化能否实现，关键在政府的一体化。从这个意义上说，东北老工业基地的振兴，关键在政府。

（五）从有限开放转向全面开放

经济全球化的实质就是生产要素在全球范围内的自由流动和优化配置，商品在全球范围内的自由贸易。因此，市场对资源的优化配置将突破传统的一国范围而在全球范围内成为基础性的调节机制。这是新世纪发生的一场深刻的"制度革命"。它意味着，一国的经济发展必须从站在一国的平台上转向站在全球的平台上整合全球的资源和市场，将全球资源和市场为我所用，如 IBM 公司顺应全球化的发展就从一个跨国公司开始向全球整合企业（Global Integrated Enterprise）转型。[①]

中国经济的快速发展已经遇到了本国资源和市场瓶颈的严重制约，而且随着中国的进一步崛起，这种制约会趋于不断强化，并引发中国与其他国家利益冲突的加剧。中国绝不会因为本国资源和市场的制约而放弃崛起，但中国的崛起又必须是和平的崛起。为了摆脱这种发展困境，中国就必须超越已有的开放格局，跳出简单的对外贸易、利用外资等开放理念的制约，站在全球的资源和市场平台上寻求中国经济的发展，从而实现从国家战略向全球战略的升级。

东北老工业基地的"再工业化"，同样也面临着区域内资源和市场瓶颈的严重制约。突出表现在由于"再工业化"的产业重点是重化工业，这就一方面使"再工业化"必须以区域外的市场为依托；另一方面，重化工业作为高耗能产业，单纯依靠节能减排的区域内化解途径不可能从根本上解决快速发展与资源承载不足的尖锐矛盾，这就需要寻求外部化解的途径。从这个意义上说，东北老工业基地的"再工业化"，是以利用区域外的"两个市场"、"两个资源"为必要条件的。

但是，东北老工业基地在以往的发展过程中利用"两个市场"、"两个资源"的程度是比较低的，无论是利用外资规模还是进出口贸易的规模，均与珠三角等发达地区存在很大差距。2006 年，东北三省实际利用外资占全国的比重为12.2%，不及广东或山东一个省。辽宁省、吉林省和黑龙江省分别占全国的8.6%、1.1% 和 2.5%。2006 年，东北三省进出口贸易总额虽然大幅增长，但相对于全国而言，增速仍低于全国平均水平，且进出口贸易总量较小，仅占全国的3.9%，不及广东省的 1/3，比山东一个省还低，与三省经济总量占全国 8.6% 的地位不相称。[②] 这表明，东北地区重化工业发展靠的是国内资本而不是国际资

---

① 李源：《IBM "变形金刚" 全球版》，《中外管理》2007 年第 9 期。

② 国务院振兴东北办综合组：《发展加快、后劲增强、社会进步、民生改善——东北振兴三年评估报告》，2007 年 5 月。

本，产品服务对象和面向的市场是国内而不是国际市场。因此，东北老工业基地推进"再工业化"，就要求必须从有限开放向全面开放转型。

"再工业化"的全面开放，实际上包括两个层次的开放：（1）向国内其他区域开放。这主要是加强与经济发达地区及中西部地区的经济合作，缩小南北差距，实现"东西互动"。① 人们对我国经济发展区域格局研究的视角普遍集中在东西差距上，但中国社会科学院的研究结果表明，改革开放以来，我国经济重心主要在南北方向上变动。我国长三角、珠三角与东北地区在经济结构上有很强的互补性。东北地区是重要的重化工业基地，装备制造业具有较大优势，而长三角和珠三角则轻工业发达，当前面临着产业升级的迫切要求，对重化工业产品有较大的市场需求。我国目前每年大约 1 000 亿美元的进口设备和 1 000 亿美元的进口零部件，大多都流向了长三角、珠三角及京津冀等沿海地区。这意味着加强与长三角、珠三角等沿海发达地区的经济合作，不仅可以引进发达地区的资金和技术，而且还可以为东北重化工业发展提供产品的市场实现。与南方经济发达地区不同，广大西部地区自然资源丰富，加强与西部地区的经济合作不仅可以扩大重化工业的市场需求，而且更重要的是为东北重化工业发展提供资源保障。（2）向世界开放。东北向世界开放，首先必须是全方位的开放。不能构筑出整合资源和市场的全球平台，东北老工业基地的"再工业化"进程就会放慢，甚至被中断。美、欧、日是全球高新技术的拥有者，对任何一国的单方依赖就可能导致技术锁死；南美、非洲、澳洲和俄罗斯是全球资源的聚集区，对任何一方的依赖就会受制于人，危害经济安全；广大发展中国家，特别是快速工业化的发展中国家，则是广阔的产品实现的市场。在全方位开放的基础上，东北老工业基地"再工业化"实施开放的重点则是发挥地缘优势，促进东北亚区域合作。这既是基于在东北亚经济圈内，东北地区与其他国家之间具有很强的经济互补性，更是基于我国的全球战略，推进东北亚的战略合作。作为东北亚地理中枢的东北地区，无论从区位关系、交通网络还是产业对接条件，都具有国内其他地区所无可比拟的优势条件，通过加强与东北亚国家的战略合作，可以比其他地区以较低的成本获得重化工业发展所需要的稀缺资源、先进技术和产品市场。

三、"再工业化"与新型工业化的关系

我国提出的新型工业化道路，是相对于世界许多国家曾经走过的工业化道路即我们可称之为传统工业化道路而言的，其本质规定就是工业化与信息化（知

---

① 金凤君等：《东北地区振兴与可持续发展战略研究》，商务印书馆 2006 年版，第 9～10 页。

识化）的互动发展，即信息化带动工业化，工业化促进信息化，其具体特征则表现为科技含量高、经济效益好、环境污染少、人力资源优势得到充分发挥。

可见，东北老工业基地的"再工业化"与新型工业化在许多方面具有高度的一致性，或者说，"再工业化"已经涵盖了新型工业化的基本内容和要求。从这个意义上说，"再工业化"就是要走新型工业化道路，是新型工业化在东北的具体实践。

但是，"再工业化"却不等于新型工业化。这具体表现在：

1. 新型工业化是国家现代化的发展模式，而"再工业化"只是东北区域工业化的发展模式。新型工业化作为国家战略，是适用于任何地区的，也是各个地区都必须认真执行和落实的；"再工业化"就中国目前各大经济区域的发展状况来看，可能仅适用于东北老工业基地的振兴，其他局部老工业基地是否适用还要依据它们的具体情况而定。

2. 新型工业化作为国家现代化的发展模式，是涵盖国家所有产业部门的。就是说，不论是农业、工业，还是高新技术产业和服务业，都需要走新型工业化的道路，就如同当年工业革命那样，一切产业都要被工业化，今天的新型工业化就是要推进一场知识革命，把所有的产业都信息化或知识化；"再工业化"则只是指曾经创造过工业化辉煌但今天面临经济衰退的东北老工业基地，在已有的工业化成果基础上，通过技术创新和制度创新，重振传统重化工业，恢复产业竞争力，实现东北老工业基地经济与社会的全面振兴。

3. 新型工业化作为国家现代化的发展模式，在战略安排上虽然也要充分利用"两个市场"和"两个资源"，但出于国家经济安全的考虑，虽然还没有完成工业化，也必须在资源有限的情况下有重点、有选择地优先发展高新技术产业。这是因为，既然新型工业化道路与传统工业化道路的根本区别就在于有没有以信息技术为先导的高新技术产业的存在和发展，那么，优先发展以信息技术为先导的高新技术产业，使其在国民经济中的地位和作用不断增强，促进知识经济的出现和成长，使知识经济真正成为相对于农业经济和工业经济的新的独立的经济形态，就成为新型工业化道路能否成功的关键环节。但是，"再工业化"作为我国一个区域经济发展模式，虽然需要用高新技术改造传统产业，但可以以国家整体的高新技术产业发展为依托，在东北老工业基地振兴的攻坚阶段，首先集中有限的资源振兴传统产业，实现重点突破，进而以点带面，达到全面振兴的最终目标。也就是说，就东北而言，可以走先工业化后信息化的产业结构依次演进道路，但就国家而言，则必须同时推进工业化和信息化。

4. 新型工业化作为国家现代化的发展模式，将贯穿于我国现代化的始终；"再工业化"不仅不贯穿于东北现代化进程的始终，而且也不贯穿于东北老工基地振兴的全过程，只是东北老工业基地振兴三阶段中第二阶段即全面振兴攻坚阶段的发展模式。

第三节 "再工业化"发展模式的东北特色

"再工业化"发展模式，是在中国工业化的总体进程中，依据东北老工业基地的特殊区情而提出来的，因而这一模式必然带有浓重的东北特色。

一、"再工业化"是地区产业结构非均衡发展模式

国际产业结构高级化演进的一般规律表明，随着经济社会的进步，产业结构的演进方向会表现出两方面的特征：一是一、二、三产业的比重会沿着"一二三"、"二一三"和"三二一"这样三阶段向前发展；二是在第二产业内部结构即工业结构的演进上会呈现出明显的技术密集化特征，高新技术产业在工业发展中所占的比重越来越高。我国的珠三角和长三角等先发达地区基本是循着以上产业结构高级化的演进路径推进其工业化的，也就是说，其选择的发展模式是地区产业结构均衡发展的模式。从一、二、三产业的结构来看，改革开放以来，珠三角和长三角沿着农业、轻工业、重化工业和现代服务业的产业结构高级化路径不断向前演进，目前基本处于工业化中后期或者正在向后工业化过渡的时期，产业结构日趋合理，现代产业体系雏形粗具，产业高级化、服务化趋势明显。2006年长三角地区16城市实现地区生产总值39 525.72亿元，第三产业实现增加值16 299.91亿元，比上年增长了17.5%，高于同期第二次产业的增幅。[①] 其中，长三角的龙头上海的"服务化"趋势更为明显，2006年上海市三次产业比例关系为0.9∶48.5∶50.6，第三产业比重比上年提高0.1个百分点，产业结构已经呈现"三二一"的格局。从工业结构的演进来看，珠三角和长三角高级化的趋势也十分显著。广东地区高新技术产业增加值占规模以上工业企业增加值的比重由2000年的19.8%上升到2005年的25%，上海由14%上升到19.1%，江苏由11.6%上升到18%。

东北老工业基地的发展则不能采取珠三角和长三角等发达地区的产业结构均衡发展模式。这是因为，东北老工业基地作为中国的发展中地区，其总体上已经

① 数据来源为江苏省统计局。

明显落后于珠三角和长三角等发达地区，因而其发展面临的首要任务是追赶发达地区，实现跨越式发展。这就决定了东北老工业基地的发展必须充分发挥自己的比较优势，实施重点突破，从而以点带面，实现全面振兴和赶超。这就要求东北老工业基地只能选择不同于长三角和珠三角发展模式的地区产业结构非均衡发展模式。

这种地区产业结构非均衡发展模式，具体包括以下两个方面的非均衡发展：（1）三次产业的结构非均衡发展。东北老工业基地的比较优势是重化工业，而且在工业结构中，其重化工业化程度在全国是最高的，如2006年东北地区的重工业化程度（重工业占地区工业比重）达到了80%左右，高于全国70%的平均水平，也高于长三角和珠三角的水平（2005年上海为72.92%，江苏为67.32%、浙江为56.39%，广东为56.32%）。[①] 同时，东北地区高新技术产业发展规模较小，竞争力弱，还无法充分释放其对地区经济发展的支撑作用，更无法引领经济发展，如2005年，全国高新技术产业产值占GDP的比重为18.8%，东北三省该指标仅为全国平均水平的30%左右。这种比较优势就决定了在东北老工业基地全面振兴的攻坚阶段，只能重点发展重化工业，并通过重化工业的发展，带动高新技术产业和现代服务业的发展，最终实现产业结构的全面优化升级。（2）重化工业内部不同产业的非均衡发展。东北老工业基地即使优先和重点发展重化工业，也不是全面发展。在长三角等地区迅速向重化工业化转型的情况下，东北地区把重化工业作为核心产业或支柱产业加以振兴，就面临着巨大的竞争压力。虽然东北地区具备发展重化工业的良好基础和条件，但并不具有全面挑战长三角等地区的实力和能力。这就决定了振兴东北经济的思路选择，不可能是全面振兴重化工业，而是要避实就虚，选择相对于其他区域而言具有比较优势的重化工业中的某些产业加以重点发展，重点突破。以此形成具有比较优势直至绝对优势的强势产业，发挥其辐射和带动作用，促进整个区域经济的快速发展。

二、"再工业化"是存量改造为主的重化工业发展模式

我国的工业化已进入中期阶段即重化工业化阶段，长三角、珠三角和京津冀等地区都在加快重化工业的发展，甚至像深圳这样的轻型城市也提出了适度重化工业化的发展战略，可以说，全国各地区掀起了一场重化工业化的大竞赛。由于在计划经济时期，国家把重化工业基地放在了东北，建立起了一批比较强大的重化工业产业，之后由于战备的需要，又分别在中西部地区建立了一些重化工业产

---

① 中国社会科学院工业经济研究所：《中国工业发展报告》，经济管理出版社2006年版，第402页。

业，而东部沿海地区的重化工业布局的就极为有限。这样，当我国的工业化进入重化工业阶段时，长三角和珠三角等东部沿海地区就开始借助其资本优势、制度优势、区域优势等，在强大的轻工业基础上大力发展重化工业，并获得了突飞猛进的发展。总结长三角和珠三角等东部沿海地区发展重化工业的成功模式，可以归结为以下两点：一是避开了东北老工业基地的重化工业产业优势，进行重化工业的结构差异化发展，如从主导产业上看，长三角和珠三角地区主要集中在通信设备计算机及其他电子设备制造业、交通运输设备制造、化学原料及化学制品制造业等部门，而东北则主要集中在机床设备制造、电力成套装备制造、重型机械装备制造、飞机汽车等交通运输设备制造、石油化工装备制造、能源和化工产业、黑色金属冶炼及压延加工业等部门。二是在原来有限的重化工业基础上进行大规模的增量发展，其许多重化工业产业都是近些年迅速发展起来，并获得较高的竞争优势。如广东、浙江等这样一些过去几乎没有重化工业的省份，近些年重化工业化程度也都超过了50%。

由于历史的起点不同，在这场全国重化工业化的区域竞赛中，东北老工业基地的重化工业化发展就不可能采取长三角和珠三角等东部沿海地区发展重化工业的成功模式，也就是说，东北的重化工业发展不可能把原有的全部推倒重来。这是因为，一是东北原有的重化工业产业并不是都丧失竞争力了，都应该关闭淘汰了，许多产业就全国而言仍具有较强的竞争力，它们构成了东北老工业基地振兴难得的产业基础。二是东北原有的重化工业产业通过高新技术的改造焕发出新的活力和竞争力完全具有现实的可能性和可行性，发达国家老工业基地的成功改造就证实了这一点，如德国鲁尔地区、日本的北九州地区等通过改造，传统重化工业都获得了新的竞争力。工业化发展程度高于我国的德国和日本尚能够改造成功，更何况正处于重化工业发展阶段的我国呢？三是东北原有的重化工业产业推倒重来会导致极高的经济社会成本，如几十年重化工业建设所形成的大量国有资本就面临着保值和增值问题；推倒重来的阵痛会导致东北经济社会的严重衰退，甚至有可能出现社会危机；更何况推倒重建的资金从哪里来还是一个无法解决的问题。因此，在原有重化工业存量的基础上发展重化工业，就使得东北老工业基地的重化工业发展必须以存量改造为主，这也是"再工业化"发展模式的核心要义。

三、"再工业化"是以大型国有企业为主导的重化工业发展模式

党的十七大明确指出，要"优化国有经济布局和结构，增强国有经济活力、

控制力、影响力"。这意味着在社会主义市场经济体制下仍需要坚定不移地发展和巩固国有经济。优化国有经济布局和结构，一是要把大量的中小型国有企业调整为非国有企业，实现国有资产向国有大中型企业集中。通过几年的"抓大放小"，国有企业的数量已从20世纪90年代的30多万个，减少至2006年的10万个左右。二是把在各个行业广泛分布的国有资产向主要领域集中，形成在这些领域中国有企业的强势地位。经过1998～2003年的集中调整，国有经济的布局得到显著优化，2003年全国国有企业资产分布在基础性行业的资产占全部国有企业资产总额的53.5%，比1998年的33.6%增加了近20个百分点。分布在煤炭、石油石化、冶金、电力、邮电通信等五大行业的资产占全部国有企业资产总额的33.3%，比1978年的27.3%提高了6个百分点。这就是说，有88.8%的国有企业资产已经分布在基础性行业，以及煤炭、石油石化、冶金、电力、邮电通信五大行业。在此基础上，国资委主任李荣融又进一步提出，国有经济布局的优化，要推动国有资本更多地向关系国家安全和国民经济命脉的重要行业和关键领域集中，向具有竞争优势的行业和未来可能形成主导产业的领域集中，向具有较强国际竞争力的大公司大企业集团集中，向中央企业主业集中。这就是说，就我国国有经济战略性调整的目标而言，国有企业将在主要领域以大公司或大企业集团的形式存在并发挥主要作用。

东北地区许多重化工业主要集中在涉及国家安全的行业、重大基础设施和重要矿产资源以及国民经济的支柱行业等部门，包括重型机械制造、大型发电和输变电设备制造、飞机、汽车、铁路机车和大型船舶等交通机械制造、精细化工、高技术武器装备制造等资本技术密集行业。这些重要领域和部门，也正是要求国有资本集中、增强国有经济控制力、发挥主导作用的战略性领域。同时，东北地区在计划经济时期建立起来的重化工业企业，也主要都是大型国有企业，这就使东北国有企业的分布基本符合当前国家对国有经济实行战略性调整的要求。因此，东北老工业基地的"再工业化"发展模式，就必然体现出发挥大型国有企业的主导作用的特征，从而与长三角和珠三角等东部沿海地区发展重化工业的成功模式区别开来。这是因为，在长三角和珠三角等东部沿海地区，由于计划经济时期重化工业企业布局较少，国有大型企业也就不多，这就使它们改革开放以来，主要通过大批中小型国有企业改制、大力发展民营企业和引进外资来推进工业化，从而创造了以外资企业引领发展的"珠三角模式"、以乡镇企业改制引领发展的"苏南模式"、以民营企业引领发展的"温州模式"和以股份合作制企业引领发展的"诸城模式"等发展模式。

当然，东北老工业基地的"再工业化"发展模式所说的大型国有企业，已经不再是传统意义上的国有企业，而是符合现代企业制度要求，构成社会主义市场经济新体制微观主体的新型国有企业。这突出表现在两个方面：一是国有大中型企业已经建立起现代企业制度；二是国有企业的战略性调整已经基本完成。在从计划经济体制向市场经济体制转轨的过程中，东北地区采用开放式改革、市场化运作的方式，加快实现国有企业股权多元化等多种制度创新，优化国有资本配置，向资源、基础产业和关键领域集中，增强国有经济活力、控制力和影响力。到2007年年底，东北地区90%的地方国有大型工业企业完成了股份制改造，基本完成中小企业改制任务，东北国有及国有控股企业实现利润增长45.5%，成为支撑老工业基地振兴的骨干力量。辽宁省为进一步深化国有企业改革，突出国有企业在辽宁老工业基地全面振兴中的主导作用，立足本地产业特点，将资金、市场、技术实力强和产业产品关联度高的中央大企业作为地方国有企业资本重组的战略性投资者，促进了一大批重点骨干企业做强做大。在已完成改制的36户国有大企业中，有18户是与中央企业联合重组的，占已改制国有大企业的51%。其中，华锦集团与中国兵器工业集团实现重组后，从根本上解决了华锦集团的原料、项目、资金等发展瓶颈问题，而沈鼓集团通过向中石化、中石油集团公司各转让了30%共9.6亿元的股权，实现了投资主体多元化，显著增强了国有企业的国际市场竞争力。经过制度创新，抚顺新钢铁股份有限公司从辽宁省的亏损第二大户转变为抚顺的第一利税大户，2006年新抚钢纳税达到了5亿元，成为地方财富创造的源泉。

第三章

东北老工业基地产业发展

第一节 东北产业结构变动的基本走向

一、东北产业结构变动的总体描述

(一) 产业结构演进趋势的同步性

首先,从产业结构的变动趋势来看,东北地区产业结构的演化与全国的产业结构的演化总体上呈趋同的发展态势。在东北三省三次产业结构中,第一次产业的比重呈逐年下降趋势,第二次产业呈现波动起伏的发展态势,[①] 第三次产业的比重则表现出不断上升态势。

其次,从人均 GDP 水平看,与全国变动趋势相同,东北地区的人均 GDP 也呈现逐年递增的趋势。2005 年,东北地区 GDP 总量为 17 140.8 亿元,人均 GDP 为 15 924 元,按人民币对美元年平均汇价折算为 1 900 多美元;2006 年,东北

---

① 当然,东北地区 1990 年以前第二产业的下降幅度还是比较大的。

三省人均 GDP 为 18 403 元，折算成美元后高于 2 000 美元。① 根据钱纳里对工业化阶段的界定，人均国内生产总值 1 120～2 100 美元（1970 年）为工业化的中期阶段，由此可以得出东北地区处于工业化中期阶段的结论。

既然东北地区产业结构的演变态势与我国总体的产业结构演变态势是同步的，那么，东北地区的产业结构有理由还应处于第二产业占主导地位的工业化中期阶段，也就是我们通常所理解的重化工业化阶段。

（二）三次产业结构高度刚性

东北地区长期在重工业优先发展战略指导下形成的产业结构，由于其经济沉淀成本与社会沉淀成本的共同影响，使得东北地区产业结构表现出高度刚性化特征。

改革开放甚至在近三年以来，东北三省的三次产业结构均未发生重大变化，显然，结构调整仍然是东北老工业基地振兴的重点。1990 年以前，东北三省的三次产业结构表现出了较强的调整趋势：第一产业的比重明显下降，而第三产业的比重明显上升，同时第二产业的比重有所下降。但是 1990 年以后，三次产业结构变动的幅度非常小，尤其是第二产业，一直徘徊在 50％ 的比重附近。1990年，东北三省一、二、三次产业增加值占 GDP 的比重分别为 20.6％、49.28％ 和 30.12％；2000 年略有变动，分别为 13.5％、49.58％ 和 37.2％；2003 年一、二产业增加值略有下降，只有第三产业有所增加，具体比重为 12.65％、47.81％ 和 39.55％；2006 年为 12.2％、50.7％ 和 37.1％。② 从最近几年的结构变化来看，东北三省产业结构的变动呈现一种刚性结构，"二、三、一"的格局基本没有变化。

需要指出的是，2006 年东北三省第三产业增加值占 GDP 的比重低于全国 2.2 个百分点，第二产业增加值占 GDP 的比重高出全国 1.87 个百分点。③ 第三产业偏低和第二产业偏高这样的一个基本事实表明，东北三省的产业结构与其所处的"再工业化"阶段是相适应的。

（三）三次产业结构和就业结构的"逆工业化"特征

从变动趋势来看，东北三省三次产业的就业结构变动表现出了"逆工业化"特征，农业劳动力构成没有随着工业化的推进降低，反而是工业劳动力构成下降，

---

① 根据《辽宁统计年鉴》（2006～2007）、《黑龙江统计年鉴》（2006～2007）、《吉林统计年鉴》（2006～2007）数据计算整理得出。

② 根据《中国统计年鉴（2007）》数据计算整理得出。

③ 根据《辽宁统计年鉴》（1986～2006）、《黑龙江统计年鉴》（1986～2006）、《吉林统计年鉴》（1986～2006）数据整理得出。

从工业中转移出的劳动力不是流向服务业，而是倒流回农业中去。[1] 从 1978～2006 年（最明显的是 1997～2006 年），东北地区第一产业和第二产业就业人口的比重趋势基本是互逆的：当第二产业的就业人口数量降低时，第一产业就业人口是上升的，而当第二产业的就业人口数量上升时，第一产业的就业人口是下降的，其中典型的几个时间段为 1978～1985 年、1995～2006 年，尤其是 2003～2006 年。在第三产业就业基本不变的情况下，第二产业就业人数总数和比重突然小幅增加，和同期第一产业就业人数的下降均与第二产业的变动有关。据此，可以做出如下的解释：随着资本—劳动比率的提高，第二产业对增加就业是排斥的，在为生产和生活服务的第三次产业没能得到相应发展的情况下，这些释放出来的劳动力只能转而再从事第一产业。[2] 也就是说，随着工业化进程的推进，第二产业释放出来的劳动力本应转向第三产业，但由于第三产业发展滞后，这些劳动力反而更多地流向第一产业，出现了三次产业就业结构的"逆工业化"特征。

从三次产业的变动趋势看，东北三省的产业结构也表现出了"逆工业化"的特征。从第二产业的 1978～2006 年总体变化趋势上看，东北三省第二产业所占比重起伏不定，有时甚至下降。而根据经验，一个国家和地区完成工业化、进入逆工业化阶段，大都是在人均收入超过 10 000 美元以后才开始出现的。但同期东北三省的人均收入距离工业化完成阶段所要求的收入水平相差甚远，也就是说，东北三省出现了人均收入远远没有达到 10 000 美元这一标准，但第二产业的产值却不时呈现下降趋势的逆工业化倾向。这并不是说东北三省已经完成了工业化，恰恰说明东北地区仍处于"'再工业化'阶段"。因此，三次产业间呈现出很强的非均衡发展特征。

（四）重化工业引领作用明显

东北地区第二产业（主要是工业）增加值占 GDP 的比重存在波动，但在全部 GDP 中一直占有相当大的比重，由此决定了东北地区经济增长的典型特征，即经济增长主要依靠工业，而在工业发展中重化工业又起了主导作用。从统计数据来看，东北三省工业占 GDP 的比重一直在 41% 以上，也就是说，工业对经济增长的贡献率一直稳定在 40% 以上。[3] 可见，东北三省工业发展的速度和质量基

---

① 胡琦：《东北产业结构的逆工业化变动特征及转型思路》，《上海经济研究》2005 年第 6 期。

② 至于第三产业的就业人数绝对量和相对量的持续增加，我们可以把它解释为就业人数总量的逐年递增和第二产业所释放的就业人员的一部分进入到第三产业。从第二产业的降幅来看，这样解释也是合理的。

③ 根据《辽宁统计年鉴》（1986～2006）、《黑龙江统计年鉴》（1986～2006）、《吉林统计年鉴》（1986～2006）数据整理得出。

本决定了这一区域经济增长的速度和质量。

在东北三省的工业结构中，重化工业占有重要的地位，并且重化工业一直保持持续增长趋势，这说明重化工业支撑东北老工业基地的经济发展。早在 20 世纪 50 年代中期，东北地区就已形成重化型工业结构。此后虽然几经调整，特别是改革初期大力发展家电等轻型工业，力图改变"畸重"的产业结构，但是东北地区以重化工业为主体的产业结构并未发生实质性变化。近年来，由于重化工业生产经营形势的好转及重化工业投资力度的持续加大，东北地区以重化工业为主的工业结构特点仍在加深。2001～2004 年，东北三省的工业总产值增长均近 1 倍，但在工业总量的扩张中，重工业所占比重始终保持着稳定增加的趋势。2004 年东北地区轻重工业的比重为 17.57∶82.43，与 2001 年相比，重工业所占比重又上升了 1.48 个百分点，比 2004 年全国重工业占工业总产值的比重高出 15.9 个百分点。①

二、东北产业结构变动的价值判断

什么样的产业结构安排更加适合东北老工业基地的发展？如何保障产业结构的有效供给并为东北老工业基地提供持续的动力？如果从实践上解决好这两个问题，在很大程度上就解决了东北老工业基地振兴中所面临的棘手问题。

基于工业发展阶段的相关理论以及国内外关于工业化进程、老工业基地振兴等经验的比较和借鉴，结合东北老工业基地产业结构调整过程中表现出来的制度锁定、结构刚性、结构演进路径、资源禀赋、工业基础和工业化发展阶段的判断等方面特征，以东北区域、发展阶段、比较优势和产业结构优化四个方面为视角，我们认为，振兴东北老工业基地在现阶段仍然要走重化工业化的经济增长之路。优先发展重化工业这样一个价值判断，使得当前关于东北地区以何种模式实现经济增长的选择问题变得更加清晰。②

另外，在东北经济发展现阶段以及可预期的将来，从轻重工业的互动特性、

---

① 鲍振东等：《2006 年：中国东北地区发展报告》，社会科学文献出版社 2006 年版，第 170 页。

② 从 2004 年年末开始，关于重工业化的争论很多，以吴敬琏等为代表的一些学者认为重型化经济增长实际是旧式的工业化道路。吴敬琏认为，以"重化工"为主导的重型化经济增长会给中国带来一定的风险。也就是说走传统工业化道路可能引发各种问题：不能扬长避短，有效率地配置资源；放松技术创新和提高效率的努力；挤占用于发展服务业的资源；造成水、土、煤、电、油及其他资源的高度紧张；造成生态环境破坏；增加就业问题的难度；隐含着银行坏账增加的金融风险等等。而以樊纲等为代表的学者则认为，重化工业是解决就业的必然选择。他倡导中国要发展重化工业，前提是重化工业必须是有效率的，包括价格制度都是有效率的，还要保证技术进步。假定我们是有效率的，我们就应该积极发展重化工业。

重化工业的技术外部性①及就业结构与产业结构的逆向变动来看，优先发展重化工业仍然是东北老工业基地振兴的重要动力源。

（一）东北区域视角

一般说来，一个经济区域必须具有完整的经济结构以实现区内经济的自组织和区际经济联系，并以此在全国或更高一级的区域系统中担当某种专业化分工职能。②从比较优势的观点看，东北地区首先应结合振兴战略与自身的特点，与珠三角、长三角等经济区相比，明确自己独特的专业分工，才能形成较强的区域竞争力。在区域一体化的竞争中，一个地区的比较优势要想成为竞争优势，必须整合区域内资源，实现区域经济协调发展，协调的不仅是与外部的关系，而且更重要的是区域内的协调配合，实现资源的优化配置。③

许多学者（胡鞍钢，2003 等）认为，东北三省区域协调发展是东北老工业基地振兴和改造的关键。那么，东北三省基于现有的产业结构到底有没有协调的可行性以及必要性？如果有又怎样实现协调呢？这里我们运用产业结构相似系数指标以及扩展的工业内部结构相似系数指标来考察东北三省的区域的协调性。产业结构相似系数采用联合国工业发展组织提出的产业结构相似系数，从中可以反映东北三省之间产业结构的相似状况。

$$S_{AB} = \sum_{i=1}^{3} X_{A_i} X_{B_i} \bigg/ \sqrt{\sum_{i=1}^{3} X_{B_i}^2 \sum_{i=1}^{3} X_{B_i}^2}$$

其中，A 和 B 是三省中的两个；S_{AB} 为两者的相似系数；i 代表不同的产业，1、2、3 分别表示第一次产业、第二次产业和第三次产业；X_{A_i} 和 X_{B_i} 分别是第 i 产业在 A 省和 B 省中的比重。经过计算，东北三省间的产业结构相似系数如表 3 - 1 所示。

表 3 - 1　　　　　　　东北三省三次产业结构相似系数

辽宁 vs 黑龙江	辽宁 vs 吉林	黑龙江 vs 吉林
0.996011	0.990958	0.976605

资料来源：根据《辽宁统计年鉴（2007）》、《黑龙江统计年鉴（2007）》和《吉林统计年鉴（2007）》中相关数据整理。

---

① 所谓重工业的技术外部性，即更多的重工业产品种类有利于轻工业产品的迂回生产，提高轻工业的效率这样的一种技术外部性，这种外部性会抑制私人投资。

② 李静：《区域经济协调发展视角下的东北老工业基地产业功能定位》，《社会科学辑刊》2007 年第 1 期，第 108 页。

③ 纪玉山：《东北老工业基地振兴：一个结构主义视角》，http://travel.jlu.edu.cn/-ccpser/qt/6thztyj04.doc。

从产业结构系数的计算结果看，东北三省的产业结构高度相似。其中辽宁与黑龙江、辽宁与吉林的产业结构相似系数几乎一致，相似系数都在 0.99 以上。虽然东北三省的三次产业结构相似系数非常高，说明产业结构趋同，但是东北三省第二产业中的工业部门结构的产业结构相似系数却不是很高（参见表 3 - 2）。从表中我们可以发现，东北地区工业部门的相似系数较长三角地区的工业部门结构相似系数低，因此，无论横向还是纵向比较都说明，东北地区工业部门的区域协调性要好于长三角工业部门的区域协调性。

基于上面的分析我们可以得出这样的结论：虽然东北地区的产业结构是高度相似的，但是这一地区工业部门的结构相似程度却相对较低，甚至远远好于长三角地区。这说明东北地区的工业布局和专业化分工相对合理，东北地区工业部门的区域分工协调的空间较大，有着良好的未来发展前景。

表 3 - 2   东北地区工业部门结构相似系数

地区		相似系数*	地区		相似系数
东北	黑、吉	0.266	长三角	沪、苏	0.850
	吉、辽	0.500		苏、浙	0.880
	辽、黑	0.551		浙、沪	0.713

注：*东北地区和长三角地区工业部门结构相似系数的计算是根据 2004 年各地统计年鉴计算出来的，但是，由于 2003 ~ 2006 年两个地区的结构无剧烈变动，因此不影响结论的一般性。

资料来源：辽吉黑沪苏浙六省（市）37 个工业行业数据，《中国统计年鉴（2004）》，转引自李静，《区域经济协调发展视角下的东北老工业基地产业功能定位》，《社会科学辑刊》2007 年第 1 期。

另一方面，东北地区集中了很多以能源、原材料和装备制造业为主的大型国有企业，如汽车制造业、石化及其他工业专用设备制造业、矿山设备制造业、输配电及控制设备制造业等。这些产业的产品大多具有产业链长、专业化程度高等特点，如果能充分利用其潜在发展空间形成以大中型企业为核心、众多小企业为其配套的垂直型产业集群，将充分带动东北经济的整体发展。

由于东北地区工业部门的区域分工协调的空间较大，而重化工业又是东北地区工业部门中的重要部门，并且东北地区拥有资源、技术、工业基础等方面的优势，因此，从区域分工的视角看，东北地区应高度重视发展重化工业。加强东北地区的区域合作与分工协同，形成经济发展的合力，有助于实现东北地区的整体发展和全面振兴。

（二）东北发展阶段视角

虽然从未来发展趋势看，东北重化工业有巨大的发展潜力，但从现阶段经济发展的规模和结构看，东北地区与我国发达地区还存在着较大差距；从地区工业结构看，重化工业化倾向明显。如果将工业化中期阶段进一步分解为前期和后期两个阶段，东北地区显然仍处于工业化的中前期阶段。这种发展阶段恰好决定着东北目前的产业结构将继续呈现刚性特征。

1. 经济发展水平的差距。从 2003 年 10 月国家提出振兴东北老工业基地开始，东北老工业基地这一被誉为"共和国长子"的区域再次得到了国家的重视，为东北老工业基地的再次腾飞提供了政策保障。东北老工业基地振兴战略实施几年来，是东北三省发展最好的时期之一。2004 年、2005 年、2006 年，东北三省地区生产总值分别为 1.51 万亿元、1.71 万亿元和 1.97 万亿元，同比增长12.3%、12.0% 和 13.5%，均高于全国平均增速。[①]

2. 东北地区的重化工业化。从 1998~2007 年，东北老工业基地的重工业产值占工业总产值的比重，从总体上来看是逐年上升的。最近几年重化工业占工业总产值的比重一直维持在 82% 左右。[②] 特别值得指出的是，东北老工业基地振兴战略实施以来，重化工业在工业部门总产值中的比重达到了前所未有的水平，这也从一个侧面说明，在东北老工业基地振兴的起步阶段，重化工业发挥了极其重要的作用，同时也表明经济增量的不断增长，进一步强化了东北地区重化工业对经济增长贡献的强度。

（三）东北比较优势视角

1. 东北振兴战略取向下的工业结构比较优势。一个地区的比较优势在不同历史时期和不同体制条件下会产生截然不同的结果，因此，基于不同时期的国家宏观经济政策以及不同区域的发展战略取向，区域的比较优势会表现出异质性。从工业结构的演进以及国家战略取向来看，东北老工业基地的工业结构特点有可能经历一个波浪式的优势转化过程，即由过去计划经济体制下和国家重化工业化战略取向下的结构优势，向在转轨时期以及国家区域不平衡发展战略取向下的结构劣势，最终向完善的市场经济体制下和东北老工业基地振兴战略取向下的结构优势的转化过程。在制度创新和技术创新的背景下，很长时间以来被认为还处于劣势的东北工业结构，在不断完善的市场机制和战略支持下，仍然可以转换为结构上的优势。

从 2003 年开始，国家提出了东北老工业基地振兴计划，并相继在《中华人

① 根据《辽宁统计年鉴》（2005~2007）、《黑龙江统计年鉴》（2005~2007）、《吉林统计年鉴》（2005~2007）数据计算整理得出。

② 根据丁四保主编的《跨世纪的中国东北经济》，《辽宁统计年鉴（2007）》、《黑龙江统计年鉴（2007）》、《吉林统计年鉴（2007）》相关数据整理得出。

民共和国国民经济和社会发展第十一个五年规划纲要》、《中共中央国务院关于实施东北地区等老工业基地振兴战略的若干意见》和《东北地区振兴规划》等战略性规划中强化了东北老工业基地振兴的思想及目标，为东北经济和社会的发展指明了方向，为东北地区的经济改革和发展提供了政策支持。随着各项政策的具体落实和市场经济体制的逐渐完善，作为以重化工业为重点的东北老工业基地的产业、产品结构优势将再度凸显。

2. 东北代表性工业的比较优势。我们可以根据各地区某种产业的市场份额来判定该产业是否是这一地区的优势产业。然而，由于区域规模的差异较大，直接进行市场占有率的比较会低估幅员较小区域的优势，因此应根据相对份额来判断区域比较优势。"区位商"正是反映一个地区产业比较优势的较好指标。利用区位商的计算分析方法，可以确定东北地区到底哪些工业具有比较优势。其定义如下：

$$LQ_{ij} = \frac{L_{ij} \big/ \sum\limits_i L_{ij}}{\sum\limits_j L_{ij} \big/ \sum\limits_i \sum\limits_j L_{ij}}$$

其中，i 表示第 i 个地区；j 表示第 j 类代表性工业；L_{ij} 表示第 i 个地区第 j 类代表性工业的产出指标；[1] LQ_{ij} 表示第 i 个地区第 j 类代表性工业的区位商。

利用区位商的计算公式得出的计算结果如表 3-3 所示。

表 3-3　　　　　　　2005 年东北三省代表性工业的区位商

序　号	东北地区代表性工业	区位商
1	化学原料及化学制品制造业	0.66
2	专用设备制造业	0.79
3	煤炭开采和洗选业	0.81
4	电力、热水的生产和供应业	0.99
5	通用设备制造业	1.05
6	医药制造业	1.18
7	农副食品加工业	1.26
8	黑色金属冶炼及压延加工业	1.26
9	黑色金属矿采选业	1.31

---

① 用工业增加值代表产出指标。

续表

序　号	东北地区代表性工业	区位商
10	木材加工及木、竹、藤、棕草制品业	1.38
11	交通运输设备制造业	1.61
12	石油加工、炼焦及核燃料	2.24
13	石油和天然气开采业	3.92

资料来源：2006 年中国及辽宁、黑龙江、吉林三省统计年鉴。转引自李天舒，《东北地区工业比较优势及产业升级途径》，《经济纵横》2007 年第 4 期。

由表 3 - 3 可见，东北地区有 9 个工业部门的区位商高于 1，分别是石油和天然气开采业，石油加工、炼焦及核燃料，交通运输设备制造业，木材加工及木、竹、藤、棕草制品业，黑色金属矿采选业，黑色金属冶炼及压延加工业，农副食品加工业，医药制造业，通用设备制造业，说明这 9 个工业部门在全国范围内具有比较优势。东北老工业基地的振兴，应着重发展这些具有比较优势的重化工业，突出重化工优先的"再工业化"是基于东北比较优势的一种现实选择。

（四）东北产业结构优化视角

从产业结构优化的层面上来审视，"结构优化与产业升级"一直是国家和地方政府关注的重点。《中华人民共和国国民经济和社会发展第十一个五年规划纲要》中，把工业结构的优化升级作为"十一五"规划的重点。2003 年的《中共中央国务院关于实施东北地区等老工业基地振兴战略的若干意见》中明确指出要全面推进工业结构优化升级，认为走新型工业化道路，全面提升和优化第二产业，是振兴老工业基地的主要任务。特别是在 2007 年的《东北地区振兴规划》中更是明确指出，东北老工业基地要促进工业结构的优化升级，重点是在装备制造业、能源工业、高技术产业领域有所突破。在 2007 年东北各省的经济工作会议中，黑龙江省提出"加快推进经济结构调整，努力提高经济增长质量和效益"，并具体提出要加快工业结构调整，促进区域经济协调发展；吉林省提出"强基础、调结构、增效益"，着力调整优化经济结构，继续推进工业提速增效，加大对汽车、石化、冶金等支柱、优势产业和骨干企业的扶持力度；辽宁省提出促进产业结构优化升级，坚持走新型工业化道路，产业结构调整的重点是发展现代装备制造业，要把调整产业结构同优化区域经济布局结合起来，推动区域经济协调发展。从中央到各部委再到地方，东北老工业基地的振兴仍然将工业结构的优化与升级作为改革的重点，而重化工业在优化升级中承担着重要的角色。东北产业结构的优化，应该以重化工业为突破口，以重化工业的发展带动整个工业部门乃至整个三次产业的有效融合与协调。

从工业发展阶段来看，东北地区的人均 GDP、制造业增加值占总商品生产增值额的比重、产业结构以及城市化水平等各项指标都处于工业化的中期阶段。在这样的一个阶段中，应在对东北的产业结构优化与升级的过程中，加快发展重化工业，"再工业化"势在必行。

第二节　东北重化工业发展的产业重点

一、先进装备制造业基地发展战略

（一）东北地区发展现状分析

1. 现状。东北地区是我国主要的装备制造基地，曾被称做"共和国的装备部"，集中了一大批重点骨干企业及配套企业。根据我国产业分类，装备制造业主要包括通用设备制造业、专用设备制造业、交通运输设备制造业、电气机械及器材制造业、通信设备计算机及其他电子设备制造业和仪器仪表及文化办公机械制造业六大行业。东北地区（不含蒙东地区）的六个行业中，通用设备制造业工业总产值为 1 321.16 亿元，占全国的 9.62%；专用设备制造业工业总产值为652.29 亿元，占全国的 8.2%；① 交通运输设备制造业工业总产值为 2 951.30 亿元，占全国的 14.8%，在全国具有一定的比较优势。

从装备制造业六大行业工业总产值增长速度分析，2006 年增长最快的三个行业分别是专用设备制造业、通用设备制造业、电气机械及器材制造业。其中，辽宁省通用设备制造业、专用设备制造业、交通运输设备制造业年增长速度超过了 30%，② 无论是产业规模，还是增长速度都比较好，是东北地区装备制造业发展的火车头。吉林省专用设备制造业增长率虽高达 41.73%，规模问题却很小，吉林省比较突出的优势产业是交通运输设备制造业，特别是汽车制造业比较突出，其产值已经占到全国的 12%。③

---

① 根据《中国工业经济统计年鉴（2007）》数据计算得出。
② 根据《辽宁统计年鉴（2007）》数据计算得出。
③ 根据《吉林统计年鉴（2007）》数据计算得出。

2. 优势。

首先，东北在数十年发展历程中形成了厚重的装备工业基础，具有显著的比较优势和竞争优势。从国内市场占有率来看，其装备制造业在许多领域具有相当的优势。其中，大型输变电成套设备、列车车辆成套设备、大型连铸连轧成套设备、大型发电设备成套设备、机器人等关系国计民生的重大成套装备在东北地区内即可基本成套提供。

其次，经过多年的产业积累和技术创新，东北地区目前已拥有众多的核心生产技术，如沈阳机床的数控机床、东软集团的数字医疗设备、哈电集团的大型发电设备等，都达到了国际先进或国内领先水平。

最后，东北老工业基地在人才、设备、经验等方面具有一定优势。东北地区高等学府、科研院所众多，知识储备、智力密度等具有一定优势，辽、吉、黑三省的一批国家级科研院所和一批具有科研开发能力的大专院校已成为发展先进装备制造业的一支重要科研开发力量。

3. 劣势。

一是尚未形成良性循环的技术进步机制。目前东北地区装备制造业虽具有较强的单机制造能力，但由于产品技术主要源自国外，尚未形成"引进—消化—吸收—创新"的良性循环，因而只能称之为装备"加工基地"。与世界上先进技术水平相比，东北地区装备制造业普遍缺少先进技术，自主创新能力较弱，具有自主知识产权的产品少，主要以引进技术为主，但引进技术的消化能力不强，无法转化为企业的技术优势。

二是产业分工体系不够合理。东北地区装备制造业缺乏发达的、适应市场经济发展要求的产业分工体系，企业组织结构"大而全"，配套和支持产业发展的分工滞后，专业化协作程度低，特别是装备制造业产业规模较小，产业集群化程度不高。

三是工程总承包能力薄弱。东北老工业基地缺乏一批具有系统设计、系统成套和工程总承包能力的大公司，大部分国家大型建设项目落入了外商手中。这不仅使东北装备制造业企业在承接订单上处于被动地位，而且大部分附加价值也被总承包商占有，产业的总体规模、经济效益和竞争力难以快速提高。

4. 机遇。

第一，世界产业转移带来的市场机遇。目前世界产业转移的重点是装备制造业和重化工业，这一趋势刚好与东北三省的产业优势不谋而合。装备制造业是东北的传统优势产业，其成套装备产品研发、制造能力居国内领先水平，重型装备产品在国内具有不可替代的地位。我国经济多年来一直处于上升期，以原材料工业为中心的重化工业发展阶段和投资推动的工业经济发展阶段，为以装备制造业和原材料工业为支柱产业的东北地区提供了广大的市场空间，市场需求是东北地区工业经济发展的时代机遇。

第二，"再工业化"带来的发展机遇。目前我国经济的快速增长，在很大程度上是靠资源和能源的大量投入完成的，每百亿元产值能源消耗强度：冶金工业是 1.76，石化工业是 1.3，而装备工业则只有 0.18[1]。目前我国处于经济发展的关键阶段，必须克服资源和技术等瓶颈制约。振兴装备制造业，扩大和提高装备制造业在国民经济中的比重，不仅可以有效地降低经济发展对资源和能源的消耗强度，也能为国民经济各部门，特别是重化工业的优化升级、转变增长方式提供先进的技术装备保障。因此，振兴装备制造业能够促进东北地区的"再工业化"的发展。

第三，东北地区振兴规划带来的政策机遇。党中央国务院非常重视装备制造业的发展与振兴，2006 年国务院制定了《国务院关于加快振兴装备制造业的若干意见》。2007 年 8 月编制的《东北地区振兴规划》提出，要将东北地区建设成为综合经济发展水平较高的重要经济增长区域，这标志国家开发和投资的重点将正式转向东北地区，国家通过财政和税收改革给予东北政策的扶持，也为东北装备制造业发展带来了无限机遇。

5. 挑战。

第一，伴随着全球性的产业转移，面临着新兴工业化国家的竞争。目前全球技术创新中心正与制造业中心分离，制造中心地位不再是国家综合竞争力的决定性因素，制造中心依附科技中心的趋势正在形成。由于亚洲具有成本低廉、市场巨大、政局稳定等优势，已成为世界制造业新一轮产业转移的首选地，东南亚许多国家都把发展制造业作为基本国策，特别是把发展装备制造业作为提高本国竞争力的重要手段，印度等国虽然装备制造业总量较小，但增长速度很快。

第二，新的国际制造业生产中心的形成，面临着长三角地区的挑战。从世界产业结构变动情况看，国际资本正向以长三角地区为主的中国沿海城市密集区集结，该区域日益成为国际制造业的生产中心；尤其是该区域现处在工业化高速发展阶段，具备了建设世界级城市群的基础。长三角地区（上海、江苏、浙江）通用设备制造业工业总产值为 6 015.61 亿元，是东北地区的 4.55 倍；专用设备制造业工业总产值为 2 245.53 亿元，是东北地区的 3.44 倍；交通运输设备制造业工业总产值为 5 197.88 亿元，是东北地区的 1.76 倍。[2]

6. 结论。通过对发展现状和初始条件的分析可以发现：东北地区优先发展

---

[1] 《国家重点扶植产业——装备制造业》，finance1. jrj. com. cn/news/2005 - 12 - 16/000001386356. html。
[2] 根据《中国工业经济统计年鉴（2007）》数据计算得出。

先进装备制造业有着较好的基础和比较优势，也有阻碍发展的困难和矛盾，现实是机遇与挑战并存。鉴此，需要重新确定发展的目标和重点，寻求新的发展良策。

（二）发展目标

1. 定性指标。结合东北地区的实际情况、产业基础并兼顾国家需要，到2020年，东北地区的装备制造业发展应定位为以重大成套装备生产为特色的全国乃至亚洲最大的装备制造业基地。以信息化、智能化、集成化为突破口，加快推进企业技术进步，提升企业自主创新能力和系统集成能力，提高重大装备国产化水平和国际竞争力。建成具有国际先进水平的数控机床及工具研发和生产基地，国家发电和输变电设备研发与制造基地，全国重要的汽车整车和零部件制造及出口基地，具有国际先进水平的船舶制造基地，国家轨道交通设备制造基地。

2. 定量指标。到2010年，东北地区装备制造业的工业总产值预期将达到9 000亿元，年均增长14%左右，装备制造业工业总产值占全部工业比重由目前的27%提高到35%。到2020年，东北地区装备制造业的工业总产值预期将达到20 000亿元，年均增长10%左右。[①] 东北地区重大装备制造等行业的产值规模和技术水平将在全国和亚洲地区居于领先地位。

（三）发展重点

1. 重点区域。在空间上按照市场化方式重建企业之间的联系，打破行政区界限，建立市场经济条件下的企业网络体系，围绕优势和特色产业，实行企业协作与产业联动，实现企业集聚，以利于发挥产业整体优势。重点打造沈（阳）—大（连）、长（春）—吉（林）和哈（尔滨）—大（庆）—齐（齐哈尔）三大装备制造业产业集聚区。

2. 重点行业、重点产品、重点企业。

（1）重点发展重大成套设备制造业。通用机械行业要围绕国内大型工程，重点发展乙烯、聚氯乙烯、合成氨、甲醇、尿素等大型石化离心压缩机组和往复式压缩机、配套化工流程泵、阀门等产品，以及大型发电机组辅机成套设备、超临界机组用泵、风机、核电用泵、制冷设备等。

电工电器行业要重点发展水电、火电、核电等电站成套装备，建设国内一流、国际上占有一席之地的电站设备制造基地。重点发展发电、输变电成套设备。支持哈电集团、沈变集团、沈阳高压开关、抚顺华泰电瓷等企业，建成国内

---

① 金凤君等：《东北地区振兴与可持续发展战略研究》，商务印书馆2006年版。

一流的发电、输变电设备的科研生产基地。

发展重型机械装备、重型数控机床，建设我国重要的重型装备制造基地。重型矿山设备行业要支持一重集团、沈阳重型、沈阳矿山、大连重工、鞍钢机总等企业，通过消化吸收引进技术，开发国家急需的大型成套设备等。

（2）大力发展基础产品和关键性装备制造业。

①机床行业。重点支持沈阳机床厂和大连机床厂等骨干企业，重点发展高速数控车床、数控铣镗床、高速立式加工中心、龙门五面立体加工中心、多轴联动加工中心、车铣中心和柔性自动线、柔性制造系统、智能制造系统等数控技术集成产品，促进开发式数控系统、伺服驱动系统和伺服电机等功能部件产业化。

②基础件行业。支持瓦轴集团及其他轴承生产企业，重点发展高速、高精度、高可靠性的轴承及直线导轨等系列产品。推进瓦轴集团重大装备精密轴承等一批项目的实施，使其技术水平达到国际先进水平并进入世界轴承企业 10 强行列。鼓励大连液压件厂、沈阳液压件厂、阜新液压件厂等企业，发展液力耦合器、液压调节阀、柱塞泵、高压齿轮泵等一批液压件产品。

③机器人及自动化成套装备行业。鼓励沈阳新松机器人自动化股份有限公司等企业，大力发展工业机器人、水下机器人、特殊用途机器人及自动化成套装备，加快工业机器人及成套设备产业化项目的实施，提高产业化规模。

（3）加速发展交通运输设备制造业。

①汽车整车及配件工业。依托一汽集团、华晨宝马、哈飞汽车，加快发展汽车工业，扩大整车规模，增强零部件配套能力，促进汽车贸易和服务，形成具有国际竞争力的汽车产业基地。重点发展中高档轿车、轻型客车、大中型客车、载货车、矿用自卸车和专用汽车系列产品，以及车用发动机、车桥、曲轴、安全气囊、变速器等零部件产品。适应市场消费需求，大力开发节能、环保和新能源汽车，形成具有自主知识产权的核心技术和民族品牌。扩大与德国大众、日本丰田等跨国公司合作领域和规模，积极参与国际竞争和分工。

②船舶工业。以建成具有国际先进水平的船舶生产基地为目标，重点发展超大型油轮、大型多功能化学品船、超大型集装箱船、大型滚装船等高附加值船舶和海上作业平台。支持大连造船重工、大连新船重工和渤海船舶重工三大船厂加快发展，建造大型船坞，增强国际竞争力。支持大连中远集团建造 30 万吨超大型油船修船船坞、大连海洋渔业公司建造万吨级船坞及修船码头，培育壮大修船业。加快发展船用辅机等船舶配套制造业，通过合资合作等多种方式，广泛吸纳日本、韩国及欧洲等国际知名船舶配套企业向辽宁转移，加快营口船舶配套工业园区及大连、葫芦岛等船舶配套工业体系的建设。

③轨道交通设备制造业。重点发展时速 200 千米以上客车动车组、重载货运

交流内燃机车和电力机车、城市轨道交通车辆及柴油机、电气化铁路所需专用配套器材。依托长春客车厂研制生产高速铁路客车、电气化铁路客车、新型地铁客车和出口专用客车，积极发展城市轻轨车，建设我国重要的轨道车辆制造中心。加快大连机车车辆公司大功率内燃机车开发研制项目、沈阳机车车辆公司铁路提速货车改造及制造基地项目建设满足高速铁路电气化和城市轨道交通发展的需求。保持内燃机车产量全国第一的位置。

（4）巩固和壮大军事装备制造业。重点发展以新型潜水器、军用舰艇、新一代航空器、航空发动机为代表的重大军事装备和高机动性、高自动化、高抗干扰能力的现代高科技军事装备。大连船舶重工、渤海船舶重工和沈飞、黎明、东基、新乐等重点企业在提高新式军事装备的研制和生产能力的同时，坚持走"军民结合、寓军于民"的道路，积极发展与军工产品关联度高的民用产品。

航空制造业重点发展新一代航空飞行器、航空发动机及核心部件，开发和制造通用飞机，积极发展航空零部件转包生产，适时发展支线客机。充分发挥哈飞、沈飞、黎明等航空企业的优势，在引进和吸收国外先进技术的基础上，加快研制开发具有自主知识产权的新产品。

（四）发展策略

1. 以体制创新为支撑。作为计划经济的重灾区，东北长期以来非公有制经济发展滞后，为此必须转变政府职能，营造非公有制经济发展的良好环境，加强对非公有经济的扶持：一方面要拓宽非公有制经济的经营领域，引导民营企业和外资企业在装备制造业领域投资创业；另一方面要大力扶持中小企业的发展，推动非国有企业围绕原材料和装备制造业建立配套、合作和承包等不同类型的中小企业集群。同时应打破原有一些不合理的产业联系，按照市场化的方式进行重新塑造。建立企业与地方在重大产业政策、城市发展、环境建设等方面的合作机制，把地区经济和社会发展作为企业生存发展和提升竞争力的核心。

2. 技术引进和自主创新相结合，逐步加大自主创新比重。围绕装备制造业升级和结构调整，结合对国外先进技术的引进、消化、吸收和企业自身的技术创新，通过加强电子信息技术的应用，加快改造重点骨干企业，提高企业自主开发能力，使其技术工艺和装备达到当代国际先进水平。

对于那些还没有掌握的先进制造技术，应以引进消化吸收再创新为重点。同时鼓励东北企业与国际同行合作攻关，在合作中实行优势互补、风险共担、利益共享，推进集成创新。鼓励企业着眼于前沿领域，积极扩大开放，在引进国外先进技术的基础上，实现消化吸收再创新。

3. 改造传统企业和新建现代企业相结合，以高新技术改造传统企业为主。

新建现代企业的比重很小，重要的任务在于大量改造现有传统企业，因此，引进技术和国内创新技术重点要用于对传统企业的改造。装备制造企业要以系统设计技术、控制技术与关键总成技术为重点，增加研发投入，加快提高企业的自主创新和研发能力。重点支持自主创新项目，包括原始创新、集成创新和在引进消化吸收基础上再创新的项目。鼓励企业通过自主开发、引进技术消化吸收以及国际合作、并购、参股国外先进的研发、制造等方式掌握核心技术。

4. 推进产业链整合和集群化发展，提升区域经济竞争力。通过探索区域发展中统筹产业布局的新模式，建立新的运作机制，构建各省在工业投资项目方面的沟通和信息交流，衔接各省区工业发展的重点和产业布局。东北沿海产业带是"十一五"以至更长时期东北地区重点开发的产业地带，应促成临港经济的合理布局，以港口、区位、土地和腹地工业基础的多重优势为依托，注重引进高质量项目，实现项目集聚、产业集聚，带动周边地区的开发，进而有效发挥临港经济对区域经济发展的带动力和辐射力，提高区域产业竞争能力。应汇集东北三省的力量投入到东北沿海经济带的开发开放，构建沿海产业带和临港工业园区，发展先进制造业和高技术产业。

二、基础原材料工业基地发展战略

（一）发展现状与初始条件分析

1. 现状。东北地区的冶金工业以钢铁工业为代表，目前在全国的相对地位虽不如新中国成立之初那样显赫，但仍具有十分重要的战略意义。经过新中国成立以来几十年的建设，形成了由矿山、烧结、焦化、炼铁、轧钢以及众多相关配套行业组成的、相对完整的工业体系。就生产能力而言，其生铁产量占全国的比重为 10.75%，钢产量占全国的比重为 10.85%，钢材产量占全国的比重为 10.06%，其生产能力主要集中在辽宁省。其中，热轧板、冷轧薄板、镀锌板的产能居于全国第 2 位，特钢生产能力居全国第 3 位。可见，东北地区的钢铁工业在全国仍占据着十分重要的地位，对于保障我国工业体系的独立与完整有重大意义。[①]

石化工业是东北地区原材料工业的重要组成部分，生产能力占 1/4 强，在全国的地位极其重要，也是东北地区立足于石油资源基础之上发展起来的特色产业和优势产业。东北地区的炼油能力居全国之首，原油一次加工能力每年为 7 640万吨，占全国炼油一次加工能力的 25.51%；乙烯生产能力和实际产量在全国的

---

① 根据《中国统计年鉴（2007）》数据计算得出。

地位与炼油行业大致匹配,其产量为176.12万吨,占全国的18.73%。炼油和乙烯行业的发展现状和规模,可以充分显示出东北地区石化行业的基础条件及其在全国的相对优势地位。对于未来的经济发展,石化工业作为其主导行业的地位难以动摇,在全国的地位将更加巩固。①

2. 优势。

第一,规模优势。东北地区作为全国重要的钢铁企业分布区,近年来在高速增长的市场需求拉动下,钢铁工业取得了显著进展。2006年东北地区钢铁工业总产值为2 331.72亿元,占全国的9.2%。东北地区是我国重要的石油和化学工业基地,石油和天然气开采、石油加工和化学原料生产是东北地区石化工业主体。2006年东北地区石油加工、炼焦及核燃料加工业总产值为3 010.83亿元,占全国的19.8%。东北地区化学制品制造业工业总产值为1 468.01亿元,占全国的7.2%,主要集中在辽宁和黑龙江。②

第二,资源禀赋优势。从资源禀赋来看,虽然东北地区重要能矿资源呈现出萎缩的态势,但铁矿石、石油等重要战略性资源的保有储量仍居全国之首。其中,东北地区石油资源储量占全国的1/2,铁矿石储量占全国的1/4,森林蓄积量占全国的1/3,潜在能源资源油页岩储量占全国近70%。就国内资源而言,东北地区是我国发展原材料工业资源保障条件最好的区域。③

第三,较好的环境承载能力。从环境条件来看,东北地区人地关系状况要明显好于全国其他地区,原材料工业进一步发展的环境约束相对较弱。近几年东南沿海地区重化工发展步伐呈现出加快趋势,但经过改革开放以来20多年的高速发展,东南沿海地区的人地关系已相当紧张,环境修复压力较大,其环境容量难以承载高物耗、高污染的原材料工业的进一步发展。虽然我国西部地区具有发展原材料工业的资源基础,但其生态环境相对脆弱,应以生态保护为主,不适合大规模地发展原材料工业。相比之下,东北地区环境与条件两个方面要比东南沿海地区和西部地区宽松一些,更适合承载原材料工业的大规模发展。

3. 劣势。

第一,钢铁工业劣势。钢铁工业存在能耗过高、水资源匮乏和环境污染等问题亟待解决,主要河流水体污染严重、海洋环境质量下降。钢铁产业是耗能产业,占辽宁省工业耗能的1/3,2006年钢铁工业能源矿产资源消耗3 075万吨标准煤,接近制造业能源消耗的一半。辽宁省亿元钢铁产值能耗高出全国30%,按全国能源供给标准,全省钢铁工业每年多消耗900万吨标准煤,而辽宁煤炭资

---

① 根据《中国统计年鉴(2007)》数据计算得出。

② 根据《中国工业经济统计年鉴(2007)》数据整理得出。

③ 《东北简介》,chinaneast.xinhuanet.com/2007-11/20/content_11722072.htm。

源仅占全国的 0.7%，根据规划，到 2010 年辽宁省钢铁年产量将超过 5 000 万吨，这就意味着全省要调进能源 8 000 万亿吨标准煤，钢铁产业与能源供给出现了矛盾。同时，辽宁省钢铁产业过于密集，需要调整空间布局以缓解压力。①

第二，石化工业劣势。东北地区的石化企业大部分以炼油为主，而不是以深加工为主。炼油企业的附加值远低于石油深加工企业，近年来由于国际原油价格大涨，出现国内成品价格倒挂现象，东北地区炼油企业亏损总额为 199.09 亿元，② 导致炼油企业效益低下，企业发展遇到了障碍。

乙烯的生产能力被看做是反映一个国家和地区石化工业总体实力的主要标志，东北地区乙烯装置平均规模只有 28.6 万吨，低于 30 万 ~ 45 万吨/年的经济规模和全国平均规模，与世界先进水平相比仍然存在着相当大的差距。同时，能耗居高不下，我国乙烯生产的全行业能耗为 700 标油/吨左右，而发达国家的能耗为 500 标油/吨左右，东北的差距更大。③

4. 机遇。未来 10 ~ 15 年，原材料工业存在旺盛需求，这是发展原材料工业的巨大机遇。矿产资源是人类社会发展的重要物质基础，是国家安全和经济发展的重要保证，也是一个国家综合国力的重要组成部分。矿产资源的保障供应，对国民经济安全运行和实现国家现代化具有极其重要的作用。振兴东北老工业基地的重要目标是要在东北建成我国乃至世界的先进装备制造业基地和重要原材料工业基地，而这两个基地的建设必须以矿产资源的充足保障为前提，东北地区振兴过程将是对矿产资源保持旺盛需求的过程。可以预测，矿产品需求量在未来 10 ~ 15 年将达到高峰，也是需求增长最快的时期。

石油化工是化学工业的主体，也是现代化学工业的代表，其技术先进、产品链条长、带动面宽、规模化程度高、产品市场旺盛、前景好，因而石化工业发展的空间大。我国石化产品的自给率低，大量石化产品靠进口满足需求，如乙烯的国内产量满足率为 40.6%，合成树脂满足率为 50%，④ 相当一部分精细化工产品的国内市场满足率更低，巨大的国内市场给石油和化学工业的发展提供了契机。

振兴东北战略，为东北老工业基地振兴带来了难得的历史性机遇。充分落实中央关于振兴东北的就业与社保、分离企业办社会职能、财政税收支持、简化项目审批手续等有关政策，可以加速东北地区石化工业的发展，加快建设具有国际先进水平的石化工业基地。

---

① 根据《辽宁统计年鉴（2007）》数据计算得出。
② 根据《中国工业经济统计年鉴（2007）》数据计算得出。
③ http://www. Univs. cn/newweb/Univs/neu/zxdb/2008 - 04 - 08/827315. html。
④ 《浅析我国乙烯工业发展面临的机遇与挑战》，http：//acs. mofcom. gov. cn/cms/sites/www/imaqes/2007/3128。

东北老工业基地改造与振兴研究

5. 挑战。

第一，结构性矛盾尚未根本解决。东北振兴的核心问题是工业的可持续发展，原材料企业的联合、兼并和资产重组已经成为原材料工业发展成败的关键，钢铁和石化工业要保持较高增长速度和良好经济效益，工业结构调整和升级是根本出路。东北地区的石油和化学工业要改变现有产品结构状况，必须进行产品结构战略性调整。做大乙烯装置，压缩燃料型炼油厂的比例，扩大石油化工产品的份额；延长石化产品链，发展后加工产品；发展适销对路的精细化工。从世界经验看，大石化基地基本上是炼化一体化布局，以达到能源、物资和公共工程的优化共享，追求效益最佳化。东北地区的石油开采、石油炼制和石油化工企业很大一部分是中央直属企业，大庆油田、辽河油田、吉林油田、大庆石化、辽阳石化、吉林石化等都归中石油所有，这些企业的健康发展对于东北石化工业振兴起到关键和决定性作用。

第二，核心竞争力有待提高。东北钢铁在总量上基本能够满足东北地区的需求，但是产品结构不够合理，工业附加值不高，产品发展严重滞后，直接影响钢铁工业的核心竞争力。东北地区的石化企业大部分以炼油为主，而不是以深加工为主炼油企业，虽然具有投资少见效快、工艺简单等特点，但是附加值却远远低于石油深加工企业。按照国际平均效益推算，原油炼制、乙烯生产和精细化工3个链条石油产品的经济效益比率是 $1:5:10$[1]。从这个意义上说，东北地区只是我国的炼油基地，而不是石化基地。

第三，节能减排形势相当严峻。在加快原材料工业发展的背景下，东北的钢铁、石油化工产业将得到进一步的发展。同时，区域环境状况和生态问题的压力也越来越大。根据国家环保总局对全国实行重点调查的工业企业污染排放及治理的统计情况表明，2001年辽宁、吉林和黑龙江的面积虽然只占全国国土总面积的8.22%，但是工业企业废水排放量占全国的9.11%，工业废气排放量占全国的11.12%[2]，钢铁和石化都是重点排污企业，为保持东北地区的环境质量状况和生态平衡，企业节能减排任务相当艰巨。

6. 结论。东北原材料工业无论在技术、规模经济还是原料消耗等方面都具有良好的基础和相对优势。但是，按着先进水平衡量及国内需求对原料工业结构的新要求，东北地区原材料工业还不能完全适应。因此，需要寻求新发展目标和重点，拟定新的发展战略。

① 《巨资注入重构辽宁石化产业新版图》，info. coatings. hc360. com/2008/09/031011106531 – 2. shtml。
② 根据《辽宁统计年鉴（2002）》、《黑龙江统计年鉴（2002）》、《吉林统计年鉴（2002）》数据计算得出。

（二）发展目标

1. 定性指标。经过 10 ~ 15 年的努力，通过市场机制实现要素合理配置，基本完成国有企业的重组、改造和升级，将钢铁工业和石化工业建设成为体制机制较为完善，产业结构比较合理的国家新型原材料工业基地。按照走新型工业化道路要求，坚持以市场为导向、企业为主体，增强自主创新能力，切实转变经济增长方式，力争实现企业经济效益明显提高。

2. 定量指标。到 2020 年，东北地区的生铁生产预期达到 9 000 万吨，粗钢生产预期达到 10 000 万吨，钢材生产预期达到 11 000 万吨，规模经济效益显著，高附加值产品比重达到 70% 以上，产值利税率和万元产值能耗达到国内先进水平。

到 2020 年，东北地区的炼油加工量预期达到 6 500 万吨，乙烯生产预期达到 600 万吨，规模经济效益明显提高，高附加值产品比重达到 60% 以上，产值利税率和万元产值能耗达到国内先进水平。[①]

（三）发展重点

1. 钢铁工业重点建设辽宁中部钢铁工业基地。主要是积极调整结构，加快发展关键钢材品种，提高板管比，通过调整改造和技术进步，实现可持续发展。有效整合省内钢铁企业，进一步推进鞍钢、本钢联合协作，力争在"十一五"期间进入世界钢铁业先进行列。重点发展市场短缺和替代进口的热轧板、冷轧板、镀锌板、彩涂板、冷轧硅钢片、100 米重轨等产品，实施鞍钢新增 500 万吨精品板材，本钢新增 280 万吨薄规格、高强度精品板材替代进口等项目[②]。加快发展钢材深加工，形成系列化、特色化的钢材深加工产业群。同时，大力支持东北特钢集团发展以不锈钢、轴承钢、工模具钢、齿轮钢、弹簧钢和高合金钢为主的特钢产品。

2. 石化工业重点建设辽宁、黑龙江两个产业基地。辽宁省要重点发展原油加工、乙烯、合成材料和有机原料，促进原油加工、乙烯生产向集约化、大型化、基地化发展。做强现有的大连、抚顺、两锦三大炼油基地和辽阳化纤、盘锦石化生产基地，推进抚顺"中国北方石化城"的建设，支持大连、营口、锦州、葫芦岛等港口城市利用外资和民间资本，发展临港石化产业，建成以大连大型石化生产基地为龙头的环渤海石化产业聚集区。

---

① 金凤君等：《东北地区振兴与可持续发展战略研究》，商务印书馆 2006 年版。

② 《辽宁老工业基地振兴规划》，law. chinalawinfo. com/newlaw2002/slc/slc. asp？gid = 16838710&db = LAR。

黑龙江省要充分利用石油、天然气、粮食、煤炭等资源优势，加快科技创新体系建设，积极开发在国内外具有竞争力的核心技术、核心产品。加强与中石油公司合作，实施"以化补油"战略，延长产业链，发展精细化工，加速构建以大庆为龙头的哈尔滨、大庆、齐齐哈尔、牡丹江石化产业带，将大庆建成国内一流、在国际上占有重要地位的大型石化基地。重点提高炼油企业集中度，推行炼油化工一体化，扩大乙烯及合成材料生产规模。加快发展有机原料、化肥、精细化工、合成材料加工、轮胎及橡胶加工。加快发展煤化工产业，推进煤炭液化项目。

（四）发展策略

1. 加快产业组织结构调整，促进钢铁、石化企业走向集团化。产业组织结构调整是原材工业结构调整的一个非常重要的方面。资产重组和兼并不仅是世界原材料工业发展的趋势，也是中国原材料工业发展的趋势。我国原材料企业数量多、规模小，大多数企业受规模限制，产品竞争力不高，不仅影响企业的经济效益，而且严重影响东北原材料工业整体素质的提高。

组建原材料工业企业集团形式，可以多样化：一是按地区实行联合重组，组建钢铁企业集团；二是实行跨地区的联合重组，可以采取强强联合的方式，也可考虑由大型企业兼并中小企业；三是按专业化实行联合重组，如组建特钢企业集团等。

2. 加大技改力度，推进科技进步和技术创新。在新的发展时期，我国原材料工业要继续吸收和采用世界钢铁工业先进技术，利用高新技术改造传统的原材料工业，全面提高原材料工业技术装备水平。同时，要搞好开发创新，在产品、工艺和设备上不断更新换代，特别要开发拥有自主知识产权的专有技术，提高开发创新能力。不仅技术上要开发创新，在体制上和管理上也要开拓创新。目前，东北企业用于科技进步和开发创新的投入还处在较低的水平，政府应鼓励和支持企业技术创新，增大投入。

3. 加快工艺现代化和设备大型化的进程。工艺现代化和设备大型化，是中国钢铁、石化工业的发展方向，也是由钢铁、石化工业大国走向钢铁、石化工业强国的必由之路。设备大型化不仅有利于实现装备水平高从而提高产品质量，而且有利于降低能源消耗和提高劳动生产率。目前东北地区钢铁、石化工业还有部分设备比较陈旧，容量过小，效率低下，与行业激烈的市场竞争形势不相适应，与工业发达国家相比还存在很大差距，亟须进行技术改造和更新换代，向工艺现代化、设备大型化方向发展，使东北钢铁、石化工业工艺装备在大型化方面上一个新台阶。

4. 节能降耗，实行可持续发展战略。在原材料工业现代化过程中必须实施可持续发展战略，坚持保护环境的基本国策，正确处理发展与资源、环境的关系。重点抓好三个环节：一是要大力提倡和鼓励利用国内国外两种资源；二是搞好环境保护，推进清洁生产；三是以节能降耗求生存、图发展。

三、国家能源保障基地发展战略

（一）发展现状与初始条件分析

1. 现状。东北地区是我国的重化工业基地，建设强大重化工业基地和具有地域特点的经济体系，必须依靠相应的能源来保证。从总体上来看，2006 年辽宁省能源生产总量为 6 904.3 万吨标准煤，能源消费总量为 15 124.41 万吨标准煤；[①] 吉林省能源生产总量为 3 191.22 万吨标准煤，能源消费总量为 6 622.36 万吨标准煤；[②] 黑龙江省能源生产总量为 13 922.4 万吨标准煤，能源消费总量为 7 657.3 万吨标准煤。[③] 东北地区内部能源的生产和消费在地域上存在较大的差异：黑龙江是能源资源比较丰富的地区，2006 年能源盈余 6 265.1 万吨标准煤；辽宁是能源的消费中心，缺口达到 8 219.7 万吨标准煤，吉林也由过去的自给自足转为能源净输入省，缺口为 3 431.14 万吨标准煤，加上蒙东地区的能源供给，目前东北地区能源的生产和消费能够基本保持平衡。

能源工业包括煤炭开采和洗选业、石油和天然气开采业和电力、热力的生产和供应业。从三大行业的工业总产值指标分析，黑龙江省的一次能源生产具有优势，特别是石油和天然气开采。辽宁省的二次能源生产（电力、热力的生产和供应业）比重较高，这与辽宁省制造业规模总量比较大有密切关系。从东北三省能源生产占全国总量比重看，东北地区石油和天然气开采业占全国比重较高（见表 3 -4）。

表 3 -4　　　　2006 年东北三省能源工业总产值占全国的比重　　　　单位：%

	辽宁省占全国比重	吉林省占全国比重	黑龙江省占全国比重	东北三省占全国比重
能源工业	4.23	1.89	6.66	12.78
煤炭开采和洗选业	2.86	1.18	3.11	7.15
石油和天然气开采业	5.40	3.53	21.32	30.24
电力、热力的生产和供应业	4.27	1.55	2.52	8.34

资料来源：根据《中国工业经济统计年鉴（2007）》数据计算得出。

[①] 《辽宁统计年鉴（2007）》，中国统计出版社 2007 年版。
[②] 《吉林统计年鉴（2007）》，中国统计出版社 2007 年版。
[③] 《黑龙江统计年鉴（2007）》，中国统计出版社 2007 年版。

2. 优势。东北地区煤资源丰富，煤炭资源总储量 707.5 亿吨，主要分布在蒙东地区的呼伦贝尔、霍林河周边及赤峰地区，以及黑龙江东部的三江穆棱区，辽宁省、吉林省、黑龙江省和蒙东地区煤炭储量分别占东北全区的 9%、3%、30% 和 58%。此外，紧邻东北地区的内蒙古中部锡林郭勒盟煤炭资源十分丰富，可作为东北地区的重要补充。[1]

东北电网覆盖东北三省和内蒙古的赤峰、通辽地区，供电面积 120 多万平方千米，服务人口 1 亿元左右。东北电网为主，其次为水电和一部分石油发电，火电的比重日益增加。在东北电力装机总容量中，1949 年火电比重为 57.6%，1965 年火电比重为 77.5%，现在已经达到 86% 左右。东北地区虽有 1 200 万千瓦水电的资源潜力，但是远不如煤炭资源丰富和利用方便，水电装机容量只占 14%，发电量占 4.79%。[2] 大型水电站有丰满、白山、红石、云峰、水丰、桓仁和镜泊湖等，白山水电站是东北最大的水电站，东北电网覆盖面广，有助于为东北经济发展提供了充足动力，也使电力市场需求有了保障。

东北地区具有发展石化工业得天独厚的资源优势，已探明的石油储量占全国储量的 45%，黑龙江省内的大庆油田是全国最大的油田，原油产量长达 28 年高产、稳产在 5 000 万吨以上。尽管近年大庆原油产量呈现持续下降的态势，但是原油产量一直占全国总产量的 25% 以上，2006 年原油产量为 4 340 万吨。除大庆油田外，2006 年东北地区的吉林油田和辽河油田原油产量分别为 680 万吨和 1 226 万吨，东北三省合计占全国原油总产量的 33.8%。[3]

3. 劣势。

第一，工业化进程加快，面临能源供给问题。我国人均 GDP 已超过 1 000 美元，表明我国已进入重化工业化阶段，工业经济增长明显加快，而东北地区的重化工业比重又远高于全国平均水平，产业结构变动对能源利用效率始终具有负面影响。以辽宁为例，2000 年，工业能源消费为 5 685.53 万吨标准煤，占总能源消费比重的 77.35%；2006 年，工业能源消费为 7 426.41 万吨标准煤，占总能源消费比重的 70.2%，工业能源消费年平均增长 30.6%，[4] 高耗能产品产量的快速增长直接拉动了近年来东北地区能源消费的高增长。可以预见，在未来工业化进程中，高能耗的工业部门仍将是东北地区能源需求的重要增长源。

第二，传统矿产资源经长期开采，难度加大，成本提高。东北地区的矿产资

---

① 《东北地区电力工业中长期发展规划》，http://Chinaneast. Xinhuanet. com/2005 - 01/25/Centent_3628766. htm。

② 根据《中国电力年鉴（2007）》和吴传钧主编的《中国经济地理（1998）》数据计算得出。

③ 根据《中国工业经济统计年鉴（2007）》数据计算得出。

④ 根据《辽宁统计年鉴（2001）》和《辽宁统计年鉴（2007）》数据计算得出。

源经过多年开采，一次能源保有量已经大为减少，开采难度加大。很多资源性城市，由于矿产资源枯竭，还面临产业转型，人员安置等社会问题。例如，大庆油田经过 40 年开采，现在已经进入后开采期，油田含水量增高，开采成本提高，油田储备资源不足的矛盾日益突出，储采严重失衡。辽河油田经过 30 年开采，目前的剩余可采储量 1.9 亿吨，其中难开发的三类可采储量就高达 1.2 亿吨。[①]

第三，企业规模较小，资源利用效率不高。东北地区的煤矿行业集中度不高，小型矿井和小煤窑数量众多，开采和管理方式落后，安全隐患大，难以发挥规模经济效益，煤矿开采利用率低，造成资源浪费。

4. 机遇。内蒙古东部包括赤峰市、通辽市、呼伦贝尔市、兴安盟，在自然和经济经区划上是东北地区的组成部分。自然资源丰富，拥有丰富的煤炭、有色金属和非金属矿产资源，以及丰富的森林、土地、草原、药用植物等资源，与东北三省互补性强且区位上接壤，是东北经济发展的资源保障基地和资源获取最便捷的区域。目前内蒙古东部地区煤炭保有 447.2 储量亿吨，占整个东北经济区煤炭保有储量（660 亿吨）的近 70%，储量在 10 亿吨以上的大型煤田就有 8 处。[②]因此，从统筹区域发展出发，将内蒙古东部的资源开发纳入东北老工业基地振兴的方案，有利于东北地区产业的结构调整和升级。

加强内蒙古东部与东北三省之间联系，统筹能源供应体系，有助于实现东北地区一体化的能源体系建设与网络改造，提高能源保障能力。近期可利用内蒙古东部煤田储量大、埋藏浅、宜开采、近水源、近铁路和近市场的有利条件，根据东北老工业基地振兴过程中能源需求的趋势，积极建设内蒙古东部能源基地，满足整个东北经济区新增加的电力需求。

加大东北地区油气和煤炭资源的勘查开发力度，主要依靠勘探思路、地质理论、勘探技术和管理创新，寻找新的油气和煤炭资源储备，重点勘查松聚宝盆地的油气资源和海拉尔、三江、蒙东地区和辽西的煤炭资源。

5. 挑战。1978～2000 年，我国靠能源翻一番支撑国民经济翻了两番。近年来，能源消费不断增长，从 1992 年开始，消费量已经超过了国内生产量。就是说，在 1992 年以前是生产多于消费，到了 21 世纪消费逐渐多于生产，我国成了能源进口大国。

采取有效措施改变能源消费结构，建设节约型社会，是东北振兴的重要任务之一。目前，辽宁省、吉林省和黑龙江省的单位工业增加值能耗（规模以上，当量值）分别为 2.92、2.80 和 2.23。到 2020 年要实现经济翻两番，东北地区

---

① 根据《辽宁统计年鉴（2007）》数据计算得出。
② 陆大道：《关于东北振兴与可持续发展的新建议》，《北方经济》2005 年第 4 期，第 5 页。

的单位工业增加值能耗至少要控制在 1.5 以下。①

6. 结论。东北地区丰富的石油、天然气和煤炭资源为东北经济发展提供可靠的能源保障，是东北地区建设先进装备制造业和原材料基地的能源基础。东北地区的矿产资源经过多年开采，资源储量下降较多，石油和天然气已经进入后开采阶段，开采难度增大，开采技术要求提高，能源保障形势严峻，必须调整能源结构，开发可再生能源，发展核能等替代能源，建设东北能源保障基地。

（二）发展目标

1. 定性描述。遵循自然规律和经济规律，借鉴国际经验，走有区域特色的能源发展之路，必须以"提高效率、保护环境、保障供给、持续发展"作为能源发展的指导思想。在未来 10 ~ 15 年将东北地区发展成为节能优先，环境发展协调，内外开发并举，以煤炭为主体、电力为中心，油气和新能源全面发展，以能源可持续发展和有效利用支持经济社会的可持续发展。

2. 定量描述。

到 2010 年，东北地区的煤炭生产规模达到 3 亿吨左右，原油生产规模达到 5 700 万吨，天然气产量 70 亿立方米，电力装机容量 6 000 万千瓦，年发电量 3 000 亿千瓦时。②

到 2020 年，煤炭在总能源中的比重要降低到 60% 以下，而石油要保持在 20%，天然气保持在 7% ~ 9% 的水平，水电占到 5% ~ 6%，核电占到 4% ~ 5%，风电等可再生能源超过 2% ~ 3%。③

（三）发展重点

重点区域、企业及产品。以能源的可持续发展和有效利用支持经济社会的可持续发展，是东北地区能源发展战略的目标。

黑龙江省要加大原油勘探力度，寻找外围油气资源，研究推广采油新技术，提高原油采收率，努力增加原油产量。进一步优化电源结构，在鹤岗、鸡西、伊敏河霍林河、元宝山等地争取建设一批大型坑口电站，建设一批常规水电、抽水蓄能电站及大型风电场项目，建设和完善 500 万千伏电网骨干网架，保证东北地区用电量增长的需要。到 2010 年，新增装机容量 1 000 万千瓦，电力送出能力

① 《2006 年各省、自治区、直辖市单位 GDP 能耗等指标公报》。
② 国家发改委、国务院振兴东北办：《东北地区振兴规划》，振兴东北网，www.chinaeast.gov.cn，2007 年 8 月 20 日。
③ 杜祥琬：《中国能源的可持续发展之路》，news.xinhuanet.com/politics/2006 – 11/17/content_5341235.htm。

显著提高。

吉林省要加大支持吉林油田探区勘探开发力度，加快油、气稳产、上产步伐，突出效益和可持续发展的原则，综合开发吉林油页岩资源整体规划部署分步落实，实施"油气并举"，保证勘探开发的连续性，确保稳中求进，实现资源储量，产能建设保持持续增长的良性循环。

蒙东地区要有序开发煤炭资源，建设呼伦贝尔、霍平白、胜利等大型煤电化基地、黑龙江东部煤炭基地及辽宁铁法等矿区。稳定原油生产能力，扩大天然气生产规模，加大对海拉尔盆地、二连浩特盆地和近海石油勘探力度，建设俄罗斯边境至我国东北的原油管道，启动东北天然气管网工程建设。

东北地区电网未来将重点建设呼伦贝尔至辽宁中部输电通道。建设霍林河和赤峰煤电基地至辽宁省负荷中心的 500 千伏交流输电通道。建设黑吉省间第 2 回 500 千伏输电线路，建设吉辽省间第 4 回 500 千伏输电通道。

（四）发展策略

1. 节约能源，提高能源的开发和利用效率。要把节约能源提高效率放在首位，提高能源的开发和利用效率。为从根本上解决能源问题，必须选择资源节约型、质量效益型、科技先导型的发展方式，大力调整产业结构、产品结构、技术结构和企业组织结构，依靠技术创新、体制创新和管理创新形成有利于节约能源的生产模式和消费模式，发展节能型经济，建设节能型社会。

2. 开发和高效利用存量。东北地区的大庆油田和辽河油田等主力油田已经进入后期开采阶段，为了维持企业的效益，保证原油供给，需要增加科技投入，不断创新技术，开发低渗透油田和稠油油田等难开采的石油资源，建设油页岩深加工和综合利用项目，开发和引进天然气，逐步提高天然气利用比重。

3. 加快调整能源结构，促进新能源开发利用。坚持以煤炭为主体，电力为中心，油气和新能源全面发展的战略。其核心内容是调整和优化能源结构，实现能源供给和消费的多元化。要使东北地区的能源资源得到最有效的配置和利用，关键是要准确把握它们之间的比例关系。高度重视国家能源安全，必须立足本国优势能源，开发和推广清洁煤技术；大幅提高核能消费比重；加快和扩大国际合作，实现能源供应的多元化。

政府要鼓励可再生新能源的开发利用，发展清洁能源，在财政和税收方面政策方面给予支持。提倡民间资本进入清洁能源建设领域，设立新能源研发基金，鼓励企业和个人在新能源领域的自主创新。大力开发太阳能、风能、生物质能等新能源，积极开发和应用先进能源技术，促进可再生能源的开发利用。

4. 发展替代能源，新建核能。从长远看，在辽宁沿海地区大力发展核电，是东北地区改善能源结构的重要战略措施。发展核电主要有两个原因：一是辽宁省目前的电厂多半为火电厂，随着煤炭资源的不断开发，能源不足早晚都会成为最大的问题，而且在煤炭运输方面也存在一些难题；二是取决于辽宁所处的地理位置和工业布局，辽宁工业主要集中在辽宁中部和沿海地区，建设风电和水电都要求风速、水源及水库容量达到一定程度才能发电，只有辽西和丹东地区才能够建设这种电厂，且装机容量远远无法满足需求，因此，建核电站成为解决辽宁省电源问题的最佳方案。

5. 以多种途径扩大原料市场。能源工业必须在东北地区统一规划，将蒙东地区作为东北全区的煤炭供给基地，建设大型的坑口电厂，开辟蒙东煤电基地送电辽宁的新输电通道，实现"西电东送"战略。此外，将紧邻东北地区锡林郭勒盟煤炭资源作为东北地区的重要补充来源。充分考虑国内外两种石油资源，多种渠道、多种方式增加原油进口，尤其是与中东及俄罗斯等产油国建立长期、稳定的合作关系，促进俄罗斯向东北地区输送石油、天然气管道工程的尽快实施。

第三节　东北重化工业发展的产业链整合

一、产业链整合效应及东北重化工业产业链整合现状

当优先和重点发展的产业确定后，就要求东北三省站在区域经济一体化的高度，对这些产业进行专业化分工协作的产业链整合，形成东北产业的整体优势。

所谓产业链整合，是产业链各环节之间通过某种途径和方式实现协同的过程，其实质就是纵向产业链及链条每一环节内部的企业之间建立某种协同联系。这些联系包括资金联系、产品联系、知识联系、物流联系（供应链一体化）、管理联系（品牌共享等）。这里的整合，不是狭义的合并，而是广义的"一体化"（包括合并和纵向约束）。具体地说，东北产业链整合的前提是确立产业核心企业的龙头地位和发挥其带动作用，提升相关产业的核心竞争力。之后，依据产业链的内在联系对区域内的相关产业进行整合，建立各个企业之间的分工协作关系。

（一）产业链整合的协同效应

1. 提高产业的资源配置效率。产业链整合是一种新型的产业链上各环节的

97

分工协作。在一个区域内进行产业链整合，有利于产业上、下游各环节资源的重新合理化配置，尤其对于区域内分工协作体系尚不健全，企业普遍存在"大而全"、"小而全"问题，同时各企业制造加工工艺相同、重复较多，每个企业的成本都较高，缺乏竞争力的产业更是如此。产业链整合，通过对产业链上各企业根据自身拥有的资源、地域位置等相对优势进行定位，打破"大而全"、"小而全"的状况，使各企业集中优势资源进行专业化生产，各环节很好地分工协作，能消除无序竞争所带来的资源浪费，从而提高产业内资源配置的效率。近年来，东北地区装备制造业经过进行产业链整合，使得该区域内装备制造业的资源配置相比以前得到了明显的提高。

2. 提升产业市场势力及竞争力。区域内产业链整合能增强产业链上各环节优势企业的市场势力，从而增强区域内该产业在全国甚至全世界范围内的竞争力，获得产业市场势力。一个区域内产业的市场势力和产业的竞争力的基础是该区域内产业链上各企业的市场势力和企业的竞争力，而企业要获取竞争力和市场势力则必须依靠提升企业自身的核心竞争力。产业链整合使得各环节上的优势企业获得市场势力，提高了竞争力，进而使该产业的产品链综合配套能力增强，产品应用领域扩大，产品市场份额提高，进而使区域内该产业在全国或全世界范围内的竞争中能获得某种程度的产业市场势力和竞争力。

3. 节约产业内企业间交易费用。根据交易费用理论，产业链上各环节的企业在通过市场交易完成上、下游生产过程的联系时，会产生较高的交易费用，而且面临着契约不完善、信息不完全、交易不确定、监督成本高等难题。而当进行产业链整合后，产业链上各环节通过分工协作，在上、下游企业之间形成一种紧密联系，甚至通过产业链上有些环节的一体化使企业之间的交易变成企业内部的协作，这样一方面可以使企业从上游供应商处获得长期稳定的供货来源，能有效控制采购成本，同时也拥有了稳定的零售商或产品（服务）市场，能更好地满足客户个性化需要；另一方面也减少了产业内企业各自寻找市场的成本，降低了各方签约成本和履约的监督成本，从而很大程度上节约了产业内企业间的交易费用，提高收入的协同效应，有利于提升产业竞争力。

（二）东北重化工业发展产业链整合的现状

1. 产业链整合的成效。自实施东北地区老工业基地振兴战略以来，在政府政策引导下，在市场信号和企业利益的驱动下，东北重化工业产业链整合取得了一定的成效，具体表现在以下方面：

（1）产业链上的企业资产重组。2004 年，东北三家国有大型特殊钢骨干企业大连钢铁集团、抚顺特钢集团和黑龙江北满特钢集团，跨地域联合重组，建立

"东北特钢集团"（简称"东特集团"），成为中国专业生产特殊钢的龙头企业。新集团公司将初步形成年产钢 250 万吨、钢材 220 万吨、销售收入超过 100 亿元的规模优势。①

东特集团北满特殊钢有限公司（简称"北满特钢"）注册资本 9 亿元，其中黑龙江省国有资产监督管理委员会持股 49%。近几年，由于体制问题、结构矛盾以及经营管理问题，北满特钢的生产经营逐步陷入困境。2003 年 10 月被辽宁特钢集团托管经营，通过产业链整合焕发了新的生机和活力。2004 年 11 月，北满特钢实现销售收入 12 亿元，利税 2 100 万元。现北满特钢已较好地融入东北特钢集团的整体运行之中，成为东北大型国有企业重组改制的成功范例。

2005 年，鞍山钢铁集团（简称"鞍钢"）和本溪钢铁集团（简称"本钢"）合并，组成"鞍本钢铁集团"（简称"鞍本钢"），标志着一个年产钢 3 000 万吨、有望成为全球排名第 3 位、第 4 位的钢铁"航母"正式起航。同年 9 月，通化钢铁集团有限责任公司、吉林铁合金有限责任公司与建龙钢铁有限公司引资重组合作，本次合作涉及 3 家企业近 130 亿元资产整合重组，引入建龙钢铁公司近 12 亿元的民营资本，吉林铁合金公司以资产进入，使重组后的通钢集团净资产达到 39 亿元②。据统计，辽宁省已经有超过 1/3 的地方国有大型企业与中直企业和国内或世界 500 强企业进行战略重组。③

（2）产业链上各企业战略性合资合作。中国第一汽车集团公司（原第一汽车制造厂）建厂 50 年来，经历了建厂创业、产品换型和工厂改造 3 次大规模发展阶段。1991 年，与德国大众汽车公司合资建立 15 万辆轿车基地；2002 年，与天津汽车工业（集团）有限公司联合重组，与日本丰田汽车公司实现合作，产品结构已由单一卡车向轻型车和轿车为主发展。目前，中国第一汽车集团公司拥有全资子公司 30 家，控股子公司 15 家，固定资产总额 1 100 亿元，员工 12.6 万人，在东北、华北和胶东、西南、华东地区形成布局合理的生产基地和技术中心，并建立起全球营销和采购体系。④

同时一些大的中直企业与地方企业重组后实现了产业链连接和整合，有效地调整了企业内部的成本结构，增强了企业抗市场风险的能力，改变了重组前上下游产业链脱离的状态。吉林夹皮沟金矿是全国有名的大矿，中国黄金集团公司以 2.6 亿元整体收购了其产权，在逐步建立起科学合理的现代企业制度后，中国黄金集团公司投入 3 000 万元的探储资金，使夹皮沟金矿焕发出勃勃生机，当年就实现利润 1 826 万元，创历史最高水平。⑤

---

①③④⑤ 鲍振东等：《2006 年：中国东北地区发展报告》，社会科学文献出版社 2006 年版。

② 《吉林省属最大企业完成重组　新通钢正式揭牌成立》，chinaeast. xinhuanet. com/2005－12/31/content_5942716. htm。

（3）产业链上龙头企业的做强做大。在东北振兴规划中，东北三省都根据比较优势提出了各自的振兴目标和重点产业。如辽宁提出重点建设两大基地、发展三大产业，即建设现代化装备制造业基地和重要的原材料工业基地，发展高新技术产业、农产品加工业和现代服务业。辽宁对装备制造业产业链整合形成了沈阳机床、北方重工、沈阳远大等装备制造业的龙头企业。2007 年，沈阳装备制造业增势强劲，规模以上工业增加值占全市工业比重达到 47.5%。同时，沈阳机床集团、北方重工集团全年工业总产值相继突破 100 亿元。① 至此，沈阳铁西区已有沈阳机床、北方重工、沈阳远大 3 家装备制造业企业成长为"百亿领军企业"。北方重工集团自 4 年前开始进入隧道掘进机制造领域，通过引进和创新，走国际化路线，以绝对控股方式并购德国维尔特控股公司和法国 NFM 公司，并已经掌握了全系列盾构机的生产制造技术，占领了行业技术制高点。

（4）产业链上的配套建设。在实现产业链协同整合发展的过程中，配套发展是根本对策。东北重化工业产业链整合发展过程中的产业链配套建设取得了一定的成绩，如汽车产业链的配套建设。东北地区汽车生产历史悠久，但一度发展缓慢，汽车产业中先进的整车、发动机厂和落后的配套厂同时并存，既严重影响了区域内的协作配套，也增加了主机厂的采购成本。为促进汽车及零部件配套产业发展，东北地区提出紧紧抓住国家支持东北老工业基地调整改造的有利时机，发挥产业优势，拉长产业链条，做强做大汽车及零部件配套产业。以辽宁为例，目前朝阳市规模以上汽车及零部件企业已达 33 家，资产总额 50 多亿元，成为舞动汽车产业链条的龙头。在这些龙头企业的拉动下，众多生产汽车零部件及为其配套的中小企业迅速崛起。黑猫伍兴岐炭黑公司老线改造已完成并新建年产两万吨炭黑生产线，形成年产 4 万吨的生产能力，计划再建一条两万吨生产线，使生产能力达到 6 万吨。在飞马集团的带动下，朝阳瑞弛汽车部件制造公司、凌源东方钢铁铸造公司等企业相继建成投产，以汽车零部件生产为主体的铸造加工产业集群初具规模。②

2. 产业链整合中存在的主要问题。

（1）装备制造业配套建设滞后，整体竞争力不强。调整改造前，东北老工业基地许多装备制造业企业存在"大而全"、"小而全"的问题，配套和支持产业发展的分工滞后，特别是装备制造业产业规模较小，整体竞争力不强，产业链配套建设滞后。东北地区虽然拥有像一汽、哈飞、华晨金杯这样的大型汽车制造

---

① 《沈阳装备制造业企业迅速壮大　三企业产值超百亿》，liaoning. nen. com. cn/77970767572107264/20080220/2400592shtml。

② 张旭：《集群效应凸显　朝阳汽车及零部件产业势头强劲》，news. qq. com/a/20071227/001854. htm。

企业，但缺乏足以为这些制造企业提供上下游业务的配套企业，大量的配套产品无法在本地配套，形成核心企业与配套企业分离的情况，致使东北地区的汽车制造企业变成了一个孤立的依靠区域外部为其提供配套服务的组装厂。再如哈尔滨电站集团，一些原本由本地配套的轴承、叶片等配套部件，已让位于南方沿海地区的企业进行生产加工。2004 年哈电站设备集团签订 600 多亿元生产合同，由于配套加工能力等因素的限制，只能完成 100 亿元的生产任务量。2004 年上半年，哈电站集团共有配套企业 464 户，其中哈尔滨市配套企业仅 179 户，其中配套额超过 200 万元以上的只有 36 户。[①]

（2）能源和原材料产业链条短，产品附加值低。东北地区资源富集，但各产业链条短，多以资源初级利用为主，许多以未经加工或简单加工的"原字号"产品输出为主，精深加工能力不足，高附加值产品相对较少。如吉林省精细化工率仅有 30% 左右，远低于全国 55% 的平均水平。由于产业链条较短，不能在大企业周边形成强大的产业集群，也就使得加快技术进步、提高劳动生产效率和提升产业竞争力动力不足，经济活力不够。

（3）区域内产业同构，资源配置效率较低。近年来，东北各地都大力发展重化工业，各省会城市和中心城市都致力于建设"经济中心和工业基地"，与邻近的传统工业城市同构发展。虽然由于工业部门的结构相似程度较低，与长三角相比具有较好的区域协调性，但仍缺少配合紧密的产业链整合，在全国的行业竞争中缺乏实力。因此，东北地区急需从资源比较优势的角度通过产业链整合，来解决整体竞争力不强的问题，提高区域内资源配置效率，提升产业整体实力。

二、产业链整合的重点、载体及模式

（一）产业链整合的重点

鉴于东北重化工业仍然是一个庞大的体系，应选择重化工业中具有比较优势的行业作为产业链整合的重点。我们采用区位商、专业化系数和市场占有率分析方法对东北在全国处于比较优势地位的行业进行了遴选。

1. 从区位商角度的分析。区位商是考察区域产业分工和产业是否具有比较优势的重要指标，在一定程度上可以弥补相似系数不足：区位商大于 1，说明该

---

① 《东北老工业基地装备制造业重组战略研究报告》，http：//Chinanest. Xinhuanet. com/2006 – 07/04/content. 7426665. htm。

区域某产业部门的集中程度大于其较高层次区域平均水平，是该区域的专业化部门和产品输出部门；区位商越大，则该区域该产业部门的集中程度越高，越具有比较优势；反之，则该区域该产业部门的集中程度越低。如表 3－5 所示，2006年东北地区除通信设备、计算机及其他电子设备业外，其他行业的区位商均大于1，在全国具有一定的产业比较优势。东北地区的工业优势行业分三种情况：一是优势地位比较突出的行业，这类行业工业产值占全国同行业比重的 14% 以上。其中主要包括石油和天然气开采业，石油加工、炼焦及核燃料加工业，黑色金属矿采选业和交通运输设备制造业，这 4 个行业 2006 年实现工业增加值 3 437.28亿元，占东北工业比重达 39%，在东北工业发展中发挥极其重要的支柱作用。二是在全国同行业中显示出一定优势地位的行业，在东北地区工业中也具有比较重要的地位，但规模优势还不突出。这类行业工业产值占全国同行业比重达 8%以上。如通用设备制造业、电力、热水的生产和供应业、专用设备制造业、黑色金属冶炼及压延加工业，这类行业拥有良好的发展基础和发展潜力。三是在全国同行业中有一定优势地位，但在东北工业中所占比重不大。这类行业工业产值占全国同行业比重的 7.17% 以下。如煤炭开采和洗选业、黑色金属矿采选业，这些多为东北地区的资源型特色产业或新兴产业。根据上述分析，东北地区产业链整合的重点行业为：石油和天然气开采业（能源工业），石油加工、炼焦及核燃料加工业（原材料工业），黑色金属矿采选业（原材料工业），和交通运输设备制造业（装备制造业）。

2. 从专业化系数角度的分析。专业化系数是指某地区、某部门产值占全国同行业的比重与该地区工业产值占全国工业总产值的比重之比。从表 3－5 可以看出，2006 年东北地区除通信设备、计算机及其他电子设备业外，其他行业的专业化系数都大于 1。其中，石油和天然气开采业，石油加工、炼焦及核燃料加工业，黑色金属矿采选业，交通运输设备制造业 4 个行业的专业化系数都在4.88 以上，说明这些行业的专业化地位比较突出。通用设备制造业、电力、热水的生产和供应业、专用设备制造业、黑色金属冶炼及压延加工业、煤炭采选和洗选业等行业的专业化系数超过 2.54，反映出这些行业的专业化在全国范围内具有基本比较优势地位。其他重化工行业的专业化系数也都在 2 左右，反映出东北老工业基地雄厚的工业基础。因此，为了采选出具有比较优势的行业作为东北老工业基地振兴的重点行业，主要应该选择石油和天然气开采业，石油加工、炼焦及核燃料加工业，黑色金属矿采选业，交通运输设备制造业这 4个行业。

表 3 - 5   2006 年东北地区重化工业比较优势产业专业化系数和区位商

行 业	地区产值占全国比重	专业化系数	区位商
能源工业			
煤炭采选和洗选业	7.15	2.54	2.58
石油和天然气开采业	30.24	10	10.81
电力、热力的生产和供应业	8.34	2.96	2.92
原材料工业			
黑色金属矿采选业	13.74	4.88	502
有色金属矿采选业	5.62	2	2.04
非金属矿采选业	6.29	2.23	2.30
石油加工、炼焦及核燃料加工业	19.87	7.07	7.14
化学原料及化学制品制造业	7.17	2.55	2.59
化学纤维制造业	3.70	1.32	1.31
黑色金属冶炼及压延加工业	9.17	3.26	3.25
有色金属冶炼压延加工业	4.01	1.42	1.42
金属制品业	4.95	1.76	1.71
装备制造业			
通用设备制造业	9.61	3.41	3.44
专用设备制造业	8.20	2.91	2.95
交通运输设备制造业	14.47	5.15	5.18
电气机械及器材制造业	3.77	1.34	1.35
通信设备、计算机及其他电子设备	1.41	0.50	0.51

注：区位商 $LQ_{ij} = (L_{ij}/L_i)/(N_i/N) = $（i 区域 j 部门产出水平/i 区域总产出水平）÷（全国 j 部门产出水平/全国总产出水平）。专业化系数是指某地区某部门产值占全国同行业的比重与该地区工业产值占全国工业总产值的比重之比。

资料来源：根据《中国工业经济统计年鉴（2007）》中相关数据计算。

3. 从市场占有率角度的分析。通过分析东北地区具有比较优势产业的产业集聚程度，可以进一步确定产业链整合的重点。关于衡量产业集聚状态的指标主要是市场占有率。市场占有率通常用产品销售收入占全国该行业产品销售收入总额的比重来作为替代。表 3 - 6 和表 3 - 7 分别显示了 2006 年东北地区重化工业比较优势产业产品市场占有率情况和东北地区主要重化工产品的生产情况。从表 3 - 6 中可以看出，2006 年，东北老工业基地石油和天然气开采业（30%）；石油加工、炼焦及核燃料加工业（19.82%）；黑色金属矿采选业（13.6%）；交通运输设备制造业（14.12%）和通用设备制造业（10.5%）的产品销售收入总额占全国该产品销售收入总额的 10% 以上。从表 3 - 7 东北地区主要重化工产品的生产情况可以看出，东北老工业基地的原油产量占全国总额的 33.81%，生铁和钢材产量分别占全国的 10.75% 和 10.06%，汽车的产量则占全国产量的 16.5%。因此可以看出，石油和天然气开采业，石油加工、炼焦及核燃料加工业，黑色金属矿采选业和交通运输设备制造业 4 个行业在全国具有举足轻重的作用。

综合以上分析，可以得出以下结论：东北地区原材料工业区位优势比较突出，装备制造业也具有一定的区位优势，以石油开采、石油加工、钢铁工业为代表的原材料工业和以交通运输设备制造业为代表的装备制造业是区域产业比较优势所在和地区经济的主要财力来源。所以，东北老工业基地产业链整合的重点应选择的行业为：石油和天然气开采业；石油加工、炼焦及核燃料加工业；黑色金属矿采选业和交通运输设备制造业及其他相关或辅助行业。

表 3 - 6　　　　2006 年东北地区重化工业比较优势产业产品市场占有率

行　　业	东北地区销售收入（亿元）	市场份额（%）			
		东北三省	辽宁省	吉林省	黑龙江省
能源工业					
煤炭采选和洗选业	97.4	6.98	2.84	1.14	3.00
石油和天然气开采业	2 323.1	30	5.41	3.3	21.29
电力、热力的生产和供应业	1 797.74	8.35	4.27	1.55	2.53
原材料工业					
黑色金属矿采选业	184.07	13.6	11.25	2.01	0.34
有色金属矿采选业	90.46	5.52	4.13	0.73	0.66
非金属矿采选业	62.12	6.21	4.75	0.81	0.65
石油加工、炼焦及核燃料加工业	2 977.31	19.82	14.17	0.50	5.15
化学原料及化学制品制造业	1 450.62	7.24	3.63	2.84	0.77
化学纤维制造业	117.41	3.73	2.12	1.39	0.22
黑色金属冶炼及压延加工业	2 320.4	9.24	7.78	1.01	0.46
有色金属冶炼压延加工业	511.42	4.02	3.47	0.37	0.16
金属制品业	399.76	4.79	4.22	0.29	0.28
装备制造业					
通用设备制造业	1 295.84	10.50	7.25	1.22	2.03
专用设备制造业	618.29	8.00	5.70	0.78	1.52
交通运输设备制造业	2 816.37	14.12	5.32	7.46	1.34
电气机械及器材制造业	667.86	3.76	3.00	0.16	0.60
通信设备、计算机及其他电子设备	460.44	1.42	1.31	0.06	0.05

资料来源：根据《中国工业经济统计年鉴（2007）》中相关数据计算。

表 3 - 7　　　　　2006 年东北地区主要重化工产品的生产情况

主要产品	辽宁省	吉林省	黑龙江省	东北地区	全国	占全国比重（％）	专业化系数
原煤（万吨）	7 367.27	3 004.05	10 282.44	20 653.76	237 275.19	8.70	3.10
原油（万吨）	1 226.46	680.35	4 340.51	6 247.32	18 476.57	33.81	12.03
铁矿石原矿量（万吨）	10 137.32	713.6	44.01	10 895.02	58 888.27	18.50	6.58
液化石油气（万吨）	196.79	31.16	157.95	385.9	1 762.73	21.89	7.79
乙烯（万吨）	49.27	75.18	51.67	176.12	940.51	18.73	6.67
生铁（万吨）	3 751.96	425.55	257.21	4 434.72	41 245.19	10.75	3.83
钢材（万吨）	3 848.88	567.83	298.84	4 715.55	46 893.36	10.06	3.58
金属切削机床（万台）	13.1	0.1	0.72	13.92	57.31	24.29	8.64
汽车（万辆）	29.12	63.25	24.42	116.79	727.89	16.05	5.71
发电设备（万千瓦）	9.08		2 704.6	2 713.68	11 694.27	23.21	8.26
变压器（万千伏安）	5 930.06	438.12	276.82	6 245	73 645.5	8.48	3.02

资料来源：根据《中国工业经济统计年鉴（2007）》中相关数据计算。

（二）产业链整合的载体

产业链整合的载体是肩负着产业链整合使命的龙头企业和重点企业。这些企业能够充分利用自身比较优势的产业链，以此来作为吸收国际产业转移和分工细化过程中的分工外部化和社会化的基础，进而形成低成本、高服务的供应链，提高老工业基地产业的整合度，形成整体产业的竞争优势，进而在明确分工和政府间的协调的基础上，充分运用市场机制中的动力机制来衍生出龙头企业和配套关联企业，通过产业链的协同和延伸等功能，达到产业链整合的协同效应。

1. 先进装备制造业产业链整合的载体。先进装备制造业是未来一定时期内国民经济的先导部门，产业链整合载体在于培育一批龙头与核心企业，带动其他企业的发展同时形成良好的配套关系。其中以一重、哈电、齐一、齐二、长客、大船重工、大连机床、大连重工·起重、沈阳机床、沈鼓、沈飞等为代表的骨干装备制造企业应该成为产业链整合的载体，充分发挥其比较优势，提升竞争能力。对于汽车制造业而言，东北老工业基地有一汽、哈飞、华晨汽车、金杯通用一批实力雄厚的汽车集团，如果三省的汽车工业充分利用企业协调配合的优势，全面整合汽车工业资源，形成一个强势的汽车产业区域群，势必会为东北的汽车工业发展注入新活力，充分发挥东北汽车产业所形成的规模效应。在发电设备行业，哈电集团的电站设备的研发和制造水平很高适宜成为该行业的龙头，而沈阳输变电集团在输变电设备方面优势很强。两者可以发挥各自优势加强合作，共同打造东北老工业基地电力装备生产的整体优势，并带动其他企业发展。机床装备业则依托沈阳机床、沈阳数字控制股份有限公司、大连机床等企业。重矿装备产业主要以沈阳重型、沈阳矿山机械和沈阳凿研机等骨干企业为载体。而在石化装备制造方面，产业链整合应该以辽宁的压缩机、泵阀等运动部件、整机制造方面很有优势的大型企业，与黑龙江如在反应器等大的不动件制造方面见长的大型企业进行合作，集成两省优势，则可彰显石化装备的成套制造优势。如果三省各尽所长，强强联合，就能以一个整体面貌走向全国乃至世界。

2. 基础原材料工业产业链整合的载体。冶金工业是国民经济重要的基础原材料产业，特别是钢铁工业的发展体现了一个国家的综合国力水平。吉林省是全国冶金工业的组成部分，有比较完整的工业体系，矿山、冶炼及加工设备成龙配套，尤其铁合金、炭素在全国处于重要地位，有色金属中的镍、钼和镁等在全国乃至国际上也逐渐呈现出强势地位：通化钢铁集团是省属最大的大型钢铁联合企业，具备年产 200 多万吨钢的综合生产能力；吉林镍业是国内最大的镍业生产基地，亚洲最大的硫酸镍生产商；铁合金、炭素行业各自拥有独立的研发机构，具有产品品种多、开发能力强、生产规模大、市场占有率相对比较高的优势。吉林铁合金、吉林炭素和吉林镍业企业规模、生产能力在全国同行业企业中排第 1 位，而且技术水平领先。吉林炭素的高功率、超高功率石墨电极国内市场占有率分别为 29.6% 和 30.1%；吉林镍业的主打产品硫酸镍国内市场占有率高达 70%。

吉林冶金工业在保持铁合金、炭素的竞争优势的同时，应将钢铁发展重心放在精品钢方面。以通钢为核心，以吉林建龙、四平红嘴等企业为依托，建立钢铁产业群，重点发展热轧超薄带钢等高端产品；以吉林铁合金为依托，建立具有国际领先技术的铁合金产业群，重点发展具有垄断性的纯净硅锰产品及特种铁合金等；以吉林炭素为依托，建立炭素产业群，重点发展资源紧张、国内进口数量较大的针状焦及市场紧缺产品冶金焦；以吉林镍业为依托，建立有色金属产业群，重点发展具有世界先进水平的镍、钼等深加工产品；以临江镁业为核心、以长春应化所为依托，建立集科研、生产、经营为一体的特色产业群，重点发展资源丰富的镁合金产品。而辽宁依托鞍本钢铁集团建设精品板材生产基地，依托东北特钢建设特殊钢和装备制造业用钢生产基地。加快淘汰落后产能，建设鲅鱼圈钢铁基地，逐步将钢铁工业发展重点由内陆向沿海转移。因此，两省冶金行业产业链上的核心企业应该跨省合作，共同建设北方精品钢材基地。

3. 能源工业产业链整合的载体。能源产业链整合的目的在于解决产业发展中存在的产业链短的问题，改变以前只对资源初级利用的状况，实现产业向纵深发展。因此，产业链整合的载体要以能围绕产业链的延伸为核心。东北亚区域能源合作在于建设呼伦贝尔、霍平白、胜利等大型煤电化基地、黑龙江东部煤炭基地及辽宁铁法等矿区。黑龙江省提出发展石化工业产业群，建设全国一流的石化工业基地；发展能源工业产业群，建设东北煤电基地。大庆油田大力发展石油化工及石化产品深加工，依托于大庆石化总公司、大庆石化总厂、大庆链化公司、大庆石油管理局石化企业大庆林源炼油厂和黑龙江石油化工厂等大型企业。电网建设重点为建设呼伦贝尔至辽宁中部输电通道。建设霍林河和赤峰煤电基地至辽宁省负荷中心的 500 千伏交流输电通道，建设黑吉省间第 2 回 500 千伏输电线路，建设吉辽省间第 4 回 500 千伏输电通道。天然气管网工程重点为哈尔滨—长春—沈阳—唐山主干线，大庆—哈尔滨、长岭—长春—吉化、抓吉—哈尔滨、大连—沈阳支干线，大庆—齐齐哈尔等 10 条支线。

（三）产业链整合模式

1. 产品链整合模式：链条延伸。能源和原材料产业主要以产品链的整合为主。比如，资源产业依托矿产品的深加工延长产业链，把"原料矿业"转化为"成品矿业"，最大限度地提高资源附加值。在长期的发展中，大庆石化产业已经形成了炼油——化工上下游一体化模式。以大庆的原油、轻烃、天然气和油田伴生气为原料，已经建成了燃料成品油、润滑油、腈纶纤维、油田化学品、合成树脂、合成橡胶、有机化工原料、化肥等 8 大生产基地，构成了一个大型的技术先进、管理现代、设施配套的产业集群。大庆石化产品多为通用型和原料型，高、精、尖、特以及高附加值的产品很少，产品精深加工不够。虽然产业链延伸要尽量在本地实现，因为在本地延伸产业链可以利用空间邻近的优势，企业之间不仅能够缩短中间产品的运输距离，还能快速交流信息，实现企业之间的互动发展。但是在大庆石化产品链延伸的同时，还要注意空间上与辽宁盘锦油田化工企业之间战略伙伴关系的建立，通过兼并重组或联合投资等途径深化产业链整合。东北的煤化工产业，特别是煤产品的产品链延伸应根据煤种、煤质特点及目标产品不同，采用不同煤转化高新技术，并在能源梯级利用、产品结构方面对不同工艺优化集成，如煤焦化——煤直接液化联产、煤焦化——化工合成联产、煤气化合成——电力联产等。此外，以鞍钢、本钢等企业为基础，发展钢材深加工，拉长钢铁产业链，形成冶金工业企业集群，将冶金工业推向一个新的发展阶段。

2. 价值链整合模式：链条协同。装备制造业产业链条整合主要以价值链为主。一小部分先进装备制造业企业与大多数落后的装备制造业企业并存，以及先进的总厂与落后的配套厂同时并存，既严重影响了区域内的协作配套，也增加了主机厂的采购成本。改变这种现状的途径之一就是价值链整合，提高链条协同效应。由于研发投入与其发展速度不适应，导致产品更新速度缓慢，缺乏后劲。汽车工业产业关联度大，只有从产业价值增值的角度使各个环节有机连接，才能造就主导产业竞争力，带动整个区域经济的发展。由于东北汽车工业研发投入与其发展速度不相适应，某些引进的生产线项目只有引进预算，没有消化资金，难以创立自主品牌、难以走上引进—消化—创新的良性路线。在实现产业链均衡发展的过程中，配套发展是根本对策。要注意充分发挥主导产业的波及带动效应，形成以主导产业为中心有地区特色的产业体系，使主导产业真正成为本地区的经济增长点。

3. 知识链整合模式：知识共享。知识链整合适合于所有三大产业。当今世界产业结构发展趋势即产业创新，在国家层面上就是产业创新链整合。一是前向推进；二是后向延伸。美国的产业创新模式是向产业后续链条延续，而日本的产业创新模式是向产业前向链条推进。企业层面的联合创新开发也有两种。一种是同一价值链联合创新，这与汽车制造商非常相像，零部件制造商和整车制造商联合开发，这是纵向的；另一种是竞争对手间的企业联盟，这是横向的，竞争对手之间也搞产品合作开发。现阶段比较多的是按照阶段性战略目标签订一个联盟协议，形成一个联盟。而知识共享的目的是为在集成知识的基础上，在产业供应、经营管理、品牌运营等价值链环节，以满足市场及消费者的需求为核心，通过集成、联合和整合等复合形式运用，形成各价值链环节优势资源的深度嫁接和交互链整合，建立共赢和利益最大化、最佳效果的创新战略经营模式。如钢铁产业知识链中鞍钢本钢等核心环节注重知识的创造，加强上下游企业之间的关联，通过纵向和横向整合，不断推动专业化知识累积途径，并在纵向产业链和横向产业集群内外部进行转移和扩散。

三、产业链整合的实现方式

东北老工业基地作为传统的重化工业聚集区，具备形成产业链条的客观基础。目前东北各地区在产业发展上还是机械性的板块结构，"聚而不集"的问题比较突出，依靠市场机制建立的企业间产业关联没有真正形成，缺乏有效的生产经营和市场协作。由于大、中、小企业协作配套关系发展不充分，大企业的产业优势和原料优势不能得到有效发挥，使得东北地区主要产业应有的集聚效应不能得到实现，因此需要积极探索产业链有效整合途径。

（一）企业层面的实现方式

1. 兼并重组。兼并重组是产业结构调整、提高产业集中度的基本途径。在老工业基地发展中，许多龙头企业产品同构现象严重，企业的发展方向特色不明显，经常出现无序竞争的状况。因此，应加快企业兼并重组步伐，促进产业链整合。如辽宁有鞍钢、本钢、特钢、凌钢、北钢和新抚钢等钢铁企业，通过骨干钢铁企业兼并重组，可以建成具有国际一流水平的北方精品钢材生产基地。如鞍钢与本钢联合重组为鞍本钢铁集团；大重和大起合并为大重·大起集团；沈重和沈矿重组为北方重工集团；沈阳鼓风机、水泵、压缩机厂合并为沈鼓集团；沈阳机床、大连机床分别成功收购了德国希斯公司、美国英格索尔集团机床公司，一批大型企业集团公司正在积极推进由大向强的提升。

2. 联合投资。联合投资可以促进产业链条中核心企业的形成。对重大产业项目，应突破省际界限，从经济区划的角度探讨在东北地区进行整体性规划和布局的高层次的合作联动，形成重点突出、优势互补的区域工业发展新格局。如辽宁特殊钢集团有限责任公司与黑龙江省北满特钢集团的成功重组，是东北大型国有企业跨地域联合重组的重要举措，通过挂牌运营，年产特殊钢能力可达到330万吨、销售收入达100亿元，成为中国最大的特钢生产企业。辽宁机床行业与齐齐哈尔的机床行业酝酿联合重组，旨在构筑中国最大的机床生产基地。一汽和一重也在大连设立大件和零部件的出口加工基地。

3. 战略联盟。战略联盟有助于提高产业链条中企业之间的分工协作关系。今后的目标是加强省际企业之间的战略联盟，逐步形成以哈尔滨、齐齐哈尔、沈阳、大连等城市的大企业为主体的重大机械装备制造业企业集团；以大庆、吉林、沈阳、抚顺、锦州、大连等城市的大企业为主体的石油化工企业集团；以长春、吉林、四平、哈尔滨、沈阳等城市的大企业为主体的企业及零部件企业集团，进而形成若干个产业群和企业群。同时，各省可根据自身的特色产业以工业园区和工业走廊为载体，发展各具特色、重点突出的产业园区，形成各具特色和富有扩展余地的工业聚集区。从横向水平看，工业聚集区内通过建立战略联盟和寻求重组加快产业整合，深化同行业、同类企业在大宗原（燃）料采购、物流网络、市场营销等领域的合作。要进一步细化产业分工和企业内部分工，以行业的核心企业为主导，依据产业之间的关联，发挥核心企业、核心产品及配套体系的牵引效应，延伸主要产业、产品和技术链条，促进行业的关联产业和关联环节的发展。加强对研发、供应、营销、品牌、网络等生产经营环节的重新整合和要素集成，提高资源利用效率，降低成本，形成具有竞争优势的区域性产业群落，形成更鲜明的区域品牌效应，放大产业能量。

（二）非企业层面的实现方式

从目前来看，一个相对稳定、具有很强利益互补内生机制的地方政府和地方企业的联盟依旧是区域经济发展的主要推动力。积极地推进要素和产品的跨区域流动，实现要素资源共享，是解决这一问题的关键所在。

1. 区域性行业协会。行业协会作为行业自律性组织，可以为产业链中企业提供咨询、沟通、监督、公正、自律、协调等服务活动，又可以作为政府与企业以外的"第三部门"成为沟通政府、企业和市场的桥梁和纽带，同时作为社会多元利益的协调机构，充当着组织协调的平等中立者角色。东北老工业基地的振兴离不开行业协会的促进作用，而且已经开始采取切实的步骤，如 2005 年"东北三省采暖散热器行业联合会"的成立，对加强东北三省行业管理、促进行业发展产生了积极的影响。而黑龙江、吉林、辽宁三省建材工业协会之间的协同合作，促进了东北三省中小水泥企业的可持续发展，为东北三省水泥工业发展提供了新的平台。

2. 区域性知识共享平台。区域性知识共享平台的建立在于构建一套组织学习和信息系统，提供整合个体之间快速知识共享和交换的通道。当前首先应构建跨行政区的公共平台和协作网络。在东北区域经济合作中，政府应充分发挥引导和推动作用，推动知识共享平台的建设。如五大科技创新平台：一是产业技术创新平台，建设装备制造、石化、精品钢材、汽车、光电工程、北药、现代农业等工程中心；二是应用基础研究平台，建设纳米材料、清洁能源、光机电一体化、机器人、航空航天、生物医药工程等实验室；三是科技企业孵化平台，建设软件、光电子、生物医药、新材料、精细化工、新兴环保、现代农业等特色孵化器群体；四是科技创新服务平台，建设社会化、网络化的科技中介服务体系；五是国际科技合作平台，建设国际科技合作示范基地。实现两大科技协作网络的共享：东北地区大型科学仪器协作共用网络，建设与共享大型科学仪器、设备、设施；东北地区科技文献信息资源服务共享网络，建设科技数据库、科技信息网和快速、高效咨询服务的决策支持系统。

（三）产业链整合过程中政府的作用机制

东北老工业基地因市场机制发育不完善，产业发展主体及外部环境都还不尽如人意，需要政府充分发挥组织协调作用，引导和推动产业链的有效整合。东北三省需要联合建立"政府—行业—市场"三位一体的协调机制：政府层面要消除行政壁垒，建立保障区域总体和长远发展的机制；行业层面要建立跨区域的行业协会，以行业协调方式维护区域市场秩序；市场层面要促进参股、控股、换股等市场合作手段的发育和完善，进行有效的资产整合和重组。

第四节 东北重化工业发展的产业集群

一、东北重化工业产业集群发展的大企业集群模式

(一) 产业集群: 一种产业发展的新模式

随着经济全球化和国际产业资本转移的发展, 区域产业竞争力的强弱越来越取决于该地区产业集群化发展的程度。产业集群、产业竞争力和区域经济发展日益密切。产业发展已经进入了一个新阶段——产业集群决定产业竞争力, 因此, 产业竞争决定的机制也相应发生了变化。[①] 一个地区或一个国家的经济能否持续发展, 除了自然资源、劳动力、技术等要素之外, 产业组织方式也是一个重要条件。作为产业成长过程中的组织方式, 产业集群的兴起、发展、成熟与衰退, 正在与区域经济发展的稳定、持续与波动高度相关。促进有活力的产业集群快速成长、发育, 促进衰退阶段的产业集群寻找到新的增长空间, 或者新的成长动力源泉, 是全球化时代产业组织政策的重要内容。

按照地域范围、集群要素间的联系程度, 可以将集群区分为国家级和地区级两个层次。根据不同层次产业集群的内部联系状况, 政府可以采取不同重点的政策方向。例如, 对于那些联系紧密的国家级产业集群而言, 国家的战略干预至关重要, 而对于那些联系松散的地方级产业集群而言, 如何通过长期规划, 促进内部的交流与合作则变得十分迫切。

基于产业集群区域政策的制定是一个自下而上的过程, 在这个过程中, 区域行为人的参与变成一个必要条件, 也是制定新的区域政策新方式。产业集聚的最大好处是信息共享, 节约交易成本, 促进创新, 而且产业集聚、集群还是一个国家或地区竞争优势的重要来源。政府把集群作为一种控制未来的方式, 把鼓励产业集聚、集群作为促进知识技术共享、技术扩散、加强内部合作的重要手段。

改革开放以来, 特别是 20 世纪 90 年代以来, 我国南方一些地方的经济发展也呈现出明显的"块状经济"、"专业镇"等产业集群特点。在当地政府政策的大力支持下, 广东、浙江、江苏、福建等的产业集群正在由传统的劳动密集型向

[①] 蒋珊:《产业竞争力新趋势:产业集群决定产业竞争力》,《南京社会科学》2004 年第 9 期。

111

技术密集型转变，产品的质量和竞争力显著提升。在国内外产业集群发展的影响下，山东、河南等一些北方地区，也开始积极发展产业集群，促进地方经济持续发展。当前，我国各地正进入一个基于特色产业集群竞争的新阶段，如何发展与地方经济、产业基础、市场等相适应的产业集群，成为新时期区域经济竞争的焦点。

（二）东北地区产业集群发展的基础条件

东北地区重化工业已经具备了发展产业集群的先决条件和重要基础；东北地区自然资源丰富、区位条件优越、科研基础雄厚、人力资源充足等条件，为东北重化工业的产业集群发展战略提供了生产要素；经过数十年的发展，东北也具备了重化工业再发展、大发展的产业基础，中国最大的重化工业带就在东北地区。哈大经济带是东北老工业基地的缩影和象征，它以哈大高速公路和电气化铁路为主轴线，纵贯大连、沈阳、长春和哈尔滨四大城市的一个经济区域，形成了汽车、机械装备、石油化工和冶金工业高度密集的重化工产业区。随着东北振兴战略的实施和现代企业制度的建立，在市场需求推动下，哈大经济带一度开工不足市场萎缩的企业目前订单不断，一些过去遗留的结构性和体制性矛盾正在被破解，哈大经济带经济在悄悄"复苏"，[①] 从而为发展重化工业产业集群提供了巨大的市场需求；与此同时，"振兴东北老工业基地"作为一项国策而提出，为发展东北重化工业提供了绝佳良机。在党中央、国务院"振兴东北老工业基地"政策指导下，"摆脱困境、重振东北雄风"、逐步实现"全面振兴"已成为东北三省发展的战略选择，这是东北发展产业集群的重要政策优势。

（三）基于重化工业属性的大企业集群

1. 重化工业特点与大企业集群。重化工业发展战略是实现东北老工业基地振兴的重要途径，但是，东北重化工业应该选择何种发展模式，是摆在研究者和政策制定者面前的一个战略问题。

东北的优势产业是重化工业，特点是大企业、企业集团，而且国有企业多，国有经济比重大。但从前所述及的东部沿海地区产业集群的发展特点看，这些几乎都与产业集群发展挨不上边，东北地区是否具备发展产业集群的条件？东北的产业集群因采取什么样的发展模式和发展路径？这是东北重化工业发展的一个颇为重要的问题。

重化工业部门的内在属性和本地企业发展特点，决定着东北地区产业集群特

---

① 《哈大经济带开始经济"复苏"》，news. tom. com/1002/20050607 - 2199785. html。

别是重化工产业集群应该实施大企业主导、系列中小企业配套的"轮轴式"发展模式，可以将之简化为大企业集群模式。大企业集群模式是以一些大企业为龙头企业，通过这些龙头企业的培育和发展产生巨大的产业吸引力和品牌带动效应，促进大企业与众多为之协作配套的关联中小企业之间建立一种相互独立又相互依赖的、兼顾规模经济与范围经济的、分工合理的横纵向经济技术关系，带动产品、企业优化升级，引导重化工业快速成长，并形成拥有核心技术、较高声誉和专有优势的重化工大企业群，提高行业整体竞争力，支撑东北地区"再工业化"。

重化工产业集群之所以要突出大企业主导，是因为重化工部门的许多环节只有通过较大规模企业的介入才能获得规模经济，才能为中国工业化提供成本低、质量高的设备与原料。而东北地区原有的企业基础，特别是拥有一批国内领先的行业龙头企业，客观上为重化工产业集群的进一步发展创造了条件。在东北重化工业的产业发展进程中，大企业发挥了举足轻重的作用，围绕东北大型重化企业而形成了较为完备的产业链条和产业体系。这些大企业遍布装备制造、石油化工等多各部门，而在软件、电子等新兴技术领域也成长了一批有活力、有竞争力的大企业。这为东北地区发展产业集群创造良好的经济技术基础。

同中小企业集群相比，大企业集群模式具备了很多的优势：其一，大企业集群可以直接拉动区域经济的快速增长。具有规模优势的大型企业在人才、信息、资金等资源方面具有中小企业无法比拟的先天优势，依托这些丰裕的资源，大企业可以实现规模经济和范围经济，降低生产成本和经营风险，从而获得很高的利润收入，对所在区域经济的增长做出很大的贡献。其二，大企业集群可以充分发挥集聚优势。大企业集群模式不仅是提升所在区域经济增长最重要的拉动力量，同时，还可以利用大企业的产业关联实现产业链条的整合以实现产业创新、产业集聚和产业扩散，进而促进产业结构调整和产业升级。其三，大企业集群可以发挥品牌优势。打造品牌需要的周期长、投入大、风险高，所以大企业可以利用自身的资源优势加大品牌实施战略力度，通过整合上下产业链条和加速技术创新成果的扩散和共享，以实现高效率的专业化分工和协调合作，以提升最终产品的品牌效应，实现以品牌产品带动品牌企业，以品牌企业带动品牌产业，以品牌产业打造品牌产业集群的发展战略。

重化工业产业集群之所以要突出大企业主导，还因为重化工部门的许多环节只有通过较大规模企业的介入，才能获得规模经济，才能为中国工业化提供成本低、质量高的设备与原料。而东北地区原有的企业基础，特别是拥有一批国内领先的行业龙头企业，客观上为重化工业产业集群的进一步发展创造了条件。在东北重化工业的产业发展进程中，大企业发挥了举足轻重的作用，围绕东北大型重化企业而形成了较为完备的产业链条和产业体系。这些大企业遍布装备制造、石油化工等多各部门，而在软件、电子等新兴技术领域也成长了一批有活力、有竞争力的大企业，为东北地区发展产业集群创造良好的经济技术基础。

因此，在重化工业发展产业集群、大企业集群，这是东北的一大创造，也是东北"再工业化"的一大特色，重化工业发展大产业集群将成为东北老工业基地重化工业的发展模式和发展路径。

2. 大企业集团牵头的装备制造产业。在装备制造产业，以沈阳机床厂、长客集团、大连机床厂、哈尔滨电站设备集团等一批大型企业为典型代表，通过技术引进和自主创新提升了东北装备制造业的国内和国际竞争实力。以哈尔滨电站设备集团为例，在 2007 年中国企业 500 强排行榜中，哈尔滨电站设备集团公司以 308.66 亿元的营业收入，排名第 125 位。在同时发布的 2007 年中国制造业企业 500 强排行榜中，哈电集团名列第 56 位。2005 年，哈电集团的营业收入为 112.2 亿元，名列 2005 年中国企业 500 强的第 215 位，中国制造业企业 500 强的第 102 位。与 2005 年相比，2007 年，哈电集团的营业收入增长了 175%，在中国企业 500 强排名中上升了 90 位，在同业企业排名上升了 46 位。[①] 在汽车装备制造产业，东北三省拥有我国最大的汽车企业长春一汽集团，此外，还有沈阳华晨金杯汽车有限公司、哈飞汽车集团等大型企业。长春一汽产销量连续多年处于行业领先地位，2004 年销量突破 100 万辆，竖起了中国汽车工业发展史上新的里程碑。2004 年、2005 年、2006 年连续三年进入世界 500 强，2005 年、2006 年、2007 年长春一汽在中国机械工业 500 强排第 1 名。2007 年实现销售 140 万辆、销售收入 1 880 亿元，列"世界最大 500 家公司"第 385 位，"世界机械 500 强"第 71 位。公司品牌价值达到 424.21 亿元。在 2008 年 1 月 27 日，一汽当选 2007 年度"最具影响力企业"。[②]

3. 重振企业雄风的石化产业。在石化产业，东北的石油化工产业在新中国成立前就有一定基础，主要的大企业有抚顺石油一厂、二厂、三厂、锦州及锦州炼油厂，大连石油七厂，鞍山炼油厂及盘锦炼油厂等大批具有竞争优势的大型石化企业。在调整改造过程中，这些企业在产业结构调整、技术管理创新、企业文化建设、人才队伍建设等方面都取得了丰硕成果。以中国石油抚顺石油化工公司为例，截至 2006 年底，公司资产总额已达 60 亿元，公司炼化产品总量由重组初期的 8.4 万吨增长到 42 万吨。其主营业务收入由 7 年重组前的 11.6 亿元增长到

①《中国企业联合会、中国企业家协会关于我国 500 强企业的报告》，2007 年 9 月 1 日。
② 此次评选是由中国企业十大新闻评选委员会主办的 2007 年度"中国企业十大新闻"评选活动，评委会给出的一汽入选理由是：通过进行企业资本结构、企业结构、组织结构、管理结构等一系列的改革，彻底改造老国企，使企业旧貌换新颜，制造技术达到了世界先进水平。

68 亿元。同时，公司进一步确定立了在"十一五"期间的发展规划：即实现"1118"的任务，到 2010 年制造加工板块产品产量要达到 100 万吨以上，蜡深加工产能达到 10 万吨以上，主营业务收入达到 100 亿元以上，完成 80 万平方米危旧房屋改造。①

4. 依托园区的高新技术产业。东北的产业集群不局限于重化工业，而且体现在高新技术产业，这些产业大都集中在开发区和工业园区。在吉林相继创建了长春、吉林两个国家级高新技术产业开发区和延吉省级高新技术产业开发区，其中规模以上的高新技术企业达到 119 家；② 黑龙江省也建设了哈尔滨、齐齐哈尔等高新技术开发区。而坐落于辽宁省沈阳市的东软集团更是中国高新技术产业发展的佼佼者。东软注册资本 12.44 亿元人民币，员工人数超过 7 000 余人，并在沈阳、大连、南海、成都建有东软软件园，以及 8 个区域总部，40 多个分支机构，同时在美国、日本设有分公司。2007 年上交所披露的年报表明，东软股份上半年营业收入 11.74 亿元，同比增长 3.6%；营业利润 1.12 亿元，同比增长 237.2%；净利润 8 545 万元，同比增长 194.1%。每股收益为 0.30 元。而且，东软集团的医疗系统收入出现了较快增长，公司医疗影像设备的收入也呈现出稳定增长的态势，软件外包已成为公司未来业绩增长的主要来源。作为我国软件外包的龙头企业，东软集团预计未来几年将保持 50% 以上的增长速度。③

5. 国有企业主导的钢铁产业。在钢铁行业，以鞍钢为代表的国有企业发挥着重要的支柱作用，有力地支撑着东北乃至中国的工业化进程。辽宁省的鞍山钢铁集团公司建成了西部年产钢 500 万吨的生产线，集炼铁、炼钢、连铸、热连轧、冷连轧于一体，是具有世界一流水平的现代化、短流程、节能环保型的精品板材生产基地。由鞍钢自主设计、自主集成、自己施工的主要设备国内制造，投资 200 亿元，3 年建成，改写了我国建设现代化大型钢铁联合企业长期依靠国外的历史。同时，鞍钢新轧钢公司通过发新股收购鞍钢新钢铁公司后，名为鞍钢股份公司，实现了钢铁业整体上市，集东区和西区的焦化烧结、炼铁、炼钢、轧钢、能源动力一身，具有年产钢 1 800 万吨的综合生产能力，超过了新日铁君津厂、浦项光阳厂的产能，已成为当今世界生产规模最大的钢铁生产厂，并跻身于世界一流钢铁企业的行列。在鞍钢取得巨大发展成就的同时，包括沈阳、本溪、营口等辽宁中部城市纷纷承接鞍钢的辐射，缔结钢铁联盟，谋求区域共赢。

由此可见，推进东北重化工业的产业集群战略，就是要依靠大企业强大的产业集聚功能，通过大企业集群模式加快形成和壮大资本的集群、管理的集群、技

---

① 资料来源：中国石油抚顺石油化工公司网站。
② 《吉林统计年鉴（2007）》，中国统计出版社 2007 年版。
③ 东软股份 2007 年年报。

术的集群和市场网络的集群，最终形成有利于增强核心竞争力和可持续发展能力的重化工业产业集群。在重化工产业集群发展战略中，大企业不仅是东北地区工业竞争力中最重要的拉动力量，也是产业创新、产业集聚和产业扩散的主体，并将显著提升东北重化工业的产业结构和产业能级，加速东北"再工业化"的步伐和改善经济发展质量。

二、东北重化工业产业集群的具体形式

（一）装备制造业产业集群：龙头企业牵头式

1. 东北地区装备制造业现状。装备制造业不仅是东北地区经济发展的支柱力量，而且在全国也具有较强的比较优势和竞争优势。2007 年上半年，辽宁省装备制造业在连续几年快速发展的基础上，继续保持 30% 以上的高位增长，增速高出全省工业平均水平 12.6 个百分点，位居各行业前列，占全省工业的比重提高到 27.3%。[①] 黑龙江省的装备制造业的动力和活力也明显增强，2006 年，该省装备制造业完成工业总产值 816 亿元，主营业务销售收入 790.1 亿元，实现利税 46.4 亿元，利润 40.2 亿元，同比增幅分别为 16.3%、24.9%、32.2% 和 40.2%。[②] 吉林省装备制造业从数量和规模上都无法与辽、黑两省相比，但作为东北老工业基地之一，也具有一定发展优势。截至 2006 年 10 月份，吉林省规模以上涉及装备制造的六个行业大类共有企业 643 户，占全省规模以上工业企业的 21.65%；拥有资产 2 003.3 亿元，占 33.21%；实现主营业务收入 1 217.92 亿元，占 35.16%。[③] 东北地区装备制造业的蓬勃发展，在很大程度上是得益于拥有一批具有竞争优势和产业带动效应的装备制造大企业。

在东北三省装备制造业发展的基础上，辽宁、吉林和黑龙江三省在本省龙头企业的带动下，依托本地资源，形成各自具有特点的装备制造业产业集群，并通过三省的优势互补而促进东北装备制造业的协调发展，提升东北地区的整体竞争实力。

2. 辽宁装备制造产业集群：成套设备与整车制造。在构建装备制造业产业集群中，辽宁省力争打造成套设备制造产业集群及整车制造产业集群。辽宁省以沈阳机床集团、沈鼓集团、重型机械集团、矿山机械集团、变压器集团、沈飞集

---

① 《辽宁省装备制造业结构调整成效明显》，www. sdpc. gov. cn/zjgx/t20070903_157173. htm。
② 《黑龙江省装备制造业结构调整成效明显》，chinaeast. xinhuanet. com/jszb/2007 – 04/02/content_13077695. htm。
③ 《吉林省装备制造业发展态势良好》，www. jl. xinhuanet. com/newscenter/2006 – 12/25/content_8869936. htm。

团等众多国内行业为龙头，重点发展输变电设备、石化装备、矿山采掘输送设备、大型精密数控装备、轨道交通系统、新能源设备成套、水泥制备成套、精整剪切系统和道路养护机械等"九大成套"设备。同时，辽宁以大型整车企业为龙头，加快汽车整车工业发展，做强做大华晨金杯、华晨宝马、通用北盛三大整车企业，辅之以金杯车辆、中顺汽车、沈飞日野，形成沈阳汽车工业基本骨架；以整车生产为带动，在铁西、浑南、大东、新民发展汽车零部件一、二、三级配套，形成汽车产业集群。① 在沈阳市的辐射带动下，营口，辽阳等其他城市主动接受辐射，力争打造成装备制造业的配套基地，以实现装备制造及汽车零部件配套业的产业互补和协作配套。

3. 吉林装备制造产业集群：一汽集团主导。吉林省以"一汽集团"为龙头企业，全力推进汽车零部件的产业集群发展。2006 年，吉林省汽车零部件产业与整车同步实现了快速增长，共完成产值 300 亿元，同比增长 36.3%。② 尽管如此，与整车相比，该省的零部件生产仍是一个薄弱环节，主要表现为规模不大，其产值仅为全国的 6%，与一汽整车的发展明显不相称。所以，吉林省力争建设长春市和吉林市两个整车生产强市的汽车园区，尽快使之成为全省整车和零部件的制造基地、研发基地、出口基地和服务基地。吉林省支持长春汽车产业开发区建设中国北方汽车配件城，发展汽车和零部件的后市场，搞活衍生经济，以长春汽车产业开发区为核心，联合长春高新区、经济技术开发区共同建设长春国际汽车城，着力打造全省区域产业竞争优势。同时，加快吉林市汽车工业园区的建设，抓好微型车、经济型车、低速车及零部件等重点项目，使之成为全省第 2 个重要的汽车产业基地。在此基础上加快四平市、白城市、公主岭市和舒兰县、伊通县等汽车零部件工业集中区的发展，上规模、上水平，从而形成区域优势突出、分工协调发展的汽车零部件产业格局。③

4. 黑龙江装备制造产业集群：重型装备。黑龙江则以哈电站、齐齐哈尔一重、哈飞集团为龙头企业，重点发展和打造水电、火电、核电等电站成套装备，建设国内一流、国际上占有一席之地的电站设备制造基地。发展重型机械装备、重型数控机床，建设中国重要的重型装备制造基地。同时，黑龙江发展新型微型汽车、轿车及发动机，快速、重载铁路货车及铁路起重机，支线客机、新型多用途飞机和直升机，走国际化合作的道路，力争建设中国一流的交通运输装备制造基地。④

---

① 《辽宁省国民经济和社会发展第十一个五年规划纲要》。

② www.gasgoo.com.

③ 《吉林全力推进汽车零部件产业集群化》，www.sdnrj.com/onews.asp?id=6042。

④ 《黑龙江省老工业基地振兴总体规划》，东北振兴网，2004 年 11 月 18 日。

（二）石化产业集群：差异化布局式

1. 东北石油化工产业现状。石化产业是东北三省重要的支柱产业，辽宁、吉林和黑龙江三省的石化产业发展各具特色，所以三省立足于各省的区位优势和资源优势，构建和发展有特色的石化产业集群：辽宁 20 世纪 50 年代以煤化工为主导，20 世纪 60 年代后期以石油、天然气开采和加工业为主导，实现了两次产业大发展。进入 21 世纪以来，辽宁石化工业开始进入以规模扩张与精深加工为标志的第三次产业变革，发展高新技术，增加加工深度，着力于产业链的延伸，有效提高产品的精细化，推动辽宁石化工业的振兴和发展；黑龙江省是我国最大的原油生产基地，原油年产约为 5 000 万吨，占全国的 1/3。以大庆为核心的黑龙江石化产业已具规模，石化工业在该省所容纳的劳动力在全社会中的比重一直保持在 10% 以上；[①] 石油化工产业也是吉林省的支柱产业。从经济规模上看，石化工业对吉林省经济有着巨大的贡献。2006 年，吉林石化产业总资产贡献率为38%，产品销售率 97.51%。

2. 辽宁石化产业集群：临港 + 大城市。辽宁省未来将重点发展三项石化产业：一是精细化工；二是橡胶制品；三是化工生产新技术。在产业发展方向的指导下，辽宁大力发展两种模式的石化产业集群：[②] 一是发展以营口为中心的基于临港经济的石化产业集群模式。临港工业一般是当地经济最重要的助推器，辽宁营口能源化工区位于熊岳河以南，浮渡河以北，黑大公路与沈大高速公路以西的区域内，分港区、能源储备区、交易商住区、海上交易区、石化加工区等 5 个功能区，其中港区规划面积 11 万平方千米，仓储区规划面积 14.1 平方千米，交易商住区规划面积 8.5 平方千米（居住 6.5 平方公里），石化加工区域规划面积29.2 平方千米。营口港毗大连、腹靠辽河、大庆两大油田，随着鲅鱼圈港区石油化工码头的建成，为发展临港石化工业提供了广阔前景；二是依托大城市优势构建"抚顺石化城"。拥有抚顺石化等大型石油化工企业的抚顺市，以中油抚顺分公司和抚顺石化公司两大企业为龙头力争打造抚顺精细化工园区、石化工业园加快抚顺"石油城"建设。

3. 吉林石化产业集群：精细化。吉林省石化产业集群的发展主要遵循"精细化"原则。"十一五"期间，吉林市石化产业的发展目标是，到 2010 年，全市化工产业销售收入达到 1 000 亿元，产品精细化率达到 40% 以上，把吉林化学工业园建设成为具有国际影响力和竞争力的综合性化工生产基地，同时形成中国

---

① 李丽萍：《黑龙江省工业主要行业比较优势分析》，《工业经济》2005 年第 5 期。

② 唐晓华：《产业集群：辽宁经济增长的路径选择》，经济管理出版社 2006 年版。

北方最大的化工新材料基地和精细化工生产中心。所以，吉林省将以吉化两大公司为龙头，打造竞争优势明显和发展能力充足的炼化一体化石油化工生产基地，以及建设具有一定竞争实力的化工新材料基地和中国北方最大的醇醚生产基地。

4. 黑龙江石化产业集群：产业链拓展。黑龙江省石化产业集群将实施"以化补油"战略，延长产业链，发展精细化工，加速构建以大庆为龙头的哈尔滨、大庆、齐齐哈尔、牡丹江石化产业带，将大庆建成国内一流、在国际上占有重要地位的大型石化基地，并将产业集群的重点确立于推行炼油化工一体化，扩大乙烯及合成材料生产规模；加快发展有机原料、化肥、精细化工、合成材料加工、轮胎及橡胶加工；加快发展煤化工产业，推进煤炭液化等项目之上。[①] 黑龙江省将以石化公司、炼化公司等企业为龙头，即以大庆石化公司、黑龙江龙新化工有限公司、大龙生态肥有限公司为核心，发展石化产业链，构建石化产业集群。预计到 2010 年，原油加工生产能力保持在 2 000 万吨左右、乙烯由 85 万吨逐步改造扩建到 150 万吨、聚丙烯由 30 万吨发展到 100 万吨。规模以上石化工业增加值达到 300 亿元，年均增长 15%。[②]

（三）高新技术产业集群：园区依附式

1. 东北高新技术产业发展现状。加快高新技术产业集群的发展是振兴东北老工业基地的重要战略选择。辽宁省全力促进高新技术及其产业的快速发展，积极加强具有自主知识产权的核心技术攻关，抢占全国技术制高点。在信息、先进装备、新材料、生物与医药及新能源等领域；整合省优势资源，重点实施嵌入式软件、机器人技术、机床数控系统、流程工业综合自动化控制等一批重大技术研究。在机器人领域，沈阳新松公司掌握了开放式网络化分布控制系统、柔性快速装配等关键技术，取得了几十项专利，技术水平在国内处于领先地位。[③] 依托长春、吉林两个国家级高新技术产业开发区，吉林省重点发展光电子信息、新材料、光机电一体化、汽车配套产品、科学仪器仪表等高新技术产业。2006 年，吉林全省实现高新技术产业技工贸总收入 2 180 亿元，工业总产值 2 100 亿元，高新技术产品产值 1 400 亿元，利税 320 亿元，同比分别增长 17.2%、16%、3.7% 和 23%。[④] "十五"期间，黑龙江省高新技术产业从无到有、从小到大，产值年均增长 28.4%。2005 年机电一体化、新材料与新能源、电子信息等高新技

① 《黑龙江省老工业基地振兴总体规划》，东北振兴网，2004 年 11 月 18 日。

② 《发展六大产业群　建设六大基地》，东北振兴网，2004 年 11 月 18 日。

③ 《抢占全国技术制高点　新技术产业添彩辽宁》，东北新闻网，2006 年 1 月 11 日。

④ 新华网，2007 年 2 月 2 日。

术企业已达1531家，成为黑龙江省国民经济的重要支柱产业。① 依托高新技术产业开发区中的龙头企业形成产业集群，继而形成各具特色的园区品牌，凭借巨大的经济能量和吸引力吸引更多企业入园发展是辽宁、吉林和黑龙江三省采取的有效集群发展战略。

2. 辽宁高新技术产业集群：沈大产业带。辽宁省已有的7个省级以上的高新技术开发区基本处于沈阳—大连高速公路附近，其集群发展战略导向是在发挥各高新区特点的同时，积极加强产业整合，优化产业布局，逐渐形成沈大高新技术产业带，并逐渐辐射辽东、辽西，最终促进辽宁老工业基地的各区域的产业协调发展。沈阳装备制造园、大连软件园和生物医药园是7个高新区中发展时间较长的园区，积累了相当的经验，在今后的发展中应力争实现以"自主创新"立区，通过大力加强科技创新体系建设和内外部科技资源整合，通过大幅度提高科技进步贡献率促进增长方式的转变。辽宁省的其他城市，如鞍山主要着力发展环保产业园；辽阳重点发展微电子产业园；锦州加快发展汽车零部件产业园；营口大力发展船舶国内工业园区。

3. 吉林高新技术产业集群：长吉经济区。吉林省则重点发展长春、吉林这两个国家级高新技术产业开发区。吉林高新区现已形成汽车及零部件、生物医药、电子信息、新材料、精细化工等五大产业园区为主导的经济框架体系。长春高新技术产业开发区依托自身优势，大力实施主导产业扩张，形成了生物医药、光电技术、先进制造技术、信息技术和新材料五大主导产业，先后规划建设了生物医药园、汽车研发园、长春软件园、光电技术产业园、新材料产业园、中药现代化科技产业园等产业园区。区内以长春一汽为龙头的汽车及零部件企业发展到160余户，成为全市汽车关键零部件和外商投资企业的密集区；以三九和海王为龙头的生物医药企业发展到110户，形成了生物疫苗、基因工程和现代中药三大类主导产品；同时光电信息技术企业发展到310余户，形成了光电显示、光电器件和网络安全软件等特色企业群。②

4. 黑龙江高新技术产业集群：哈大齐工业走廊。黑龙江省则重点发展哈大齐工业走廊高新技术产业带，形成以光机电一体化、电子信息、生物技术与医药、新材料、高效节能与环保、航空航天、能源煤化工和农业高新技术等具有黑龙江省特色的高新技术产业群。同时，大力发展哈尔滨、大庆两个国家级高新区高新技术产业区，做大做强以哈药为龙头的大企业，不断扩大哈尔滨利民医药、

---

① 《黑龙江十五期间大力加强社会发展领域科技创新》，www. gov. cn/jrzg/2006 – 01/13/content_157787_5. htm。

② 《长春国家高新技术产业开发区：投资优势》，www. hudong. com/versionview/frrxfqecex0rav，hvb-hv5，atw。

牡丹江特种材料、哈尔滨抗生素等特色产业基地。

（四）原材料产业集群：特色资源式

东北三省物质资源丰富，辽宁、吉林和黑龙江三省在钢铁、煤炭和有色金属产业都有一定的竞争优势和发展实力，每个省份都将依托本省的自然资源和产业基础形成具有区域特色的原材料产业集群。

辽宁省以鞍钢为中心打造现代化钢铁产业集群，需要进一步加强技术改造，提高产品技术含量与技术水平，根据国内外钢铁工业发展趋势，不断调整企业内部产业结构，延长产业链，变单一的产品结构为多元化的产品结构体系。同时，对现有多家钢铁企业进行优化整合，从宏观上实现鞍钢为龙头，营口、辽阳等其他城市主动承接辐射，开展区域协作，力争在尽可能短的时间内把东北建成以鞍钢为中的现代化钢铁基地。在大石桥镁质材料产业集群发展的基础上，以大企业为主导力量，促进产业集群深加工能力的不断增强，使镁质材料产业由原材料开采转向深加工阶段或环节，提高附加值率、技术水平和竞争能力，促进产业集群从依靠自然资源驱动向技术创新驱动转变。

黑龙江的煤炭资源在东北三省最为丰富，已探明的地质储量为 237 亿吨（其中，鹤岗、双鸭山、七台河、鸡西四大国有煤矿的储量为 93 亿吨），有 6 处没有开发的大煤田，有丰富的适于建设坑口电站的褐煤资源等。[1] 因此，黑龙江省主要依托丰富的煤炭资源形成颇具特色的煤炭产业集群：加快发展鸡西、鹤岗、双鸭山、七台河四大煤城，发展和壮大龙头企业，培育和扶植煤炭精加工和煤化工产业集群；推动龙煤集团等骨干企业加快建设安全高效矿井，提高原煤洗选率，加大煤层气开发利用，实现煤炭转化增值；以宝泰隆、隆鹏、美化、凯博达等骨干企业为龙头，大力发展煤化工产业。

三、东北产业集群进一步发展的思路与对策

（一）东北产业集群发展的制约因素

1. 区域间分工协作强度不高。从历史发展进程来看，辽宁、吉林、黑龙江三省是政府主导型的行政区经济，从而导致东北三省形成了各自为政、条块分割和地方保护主义并存的现象。由于资源禀赋结构的相似性和产业结构的趋同性，

---

[1] 李树文：《对发展黑龙江煤炭产业的政策建议》，《决策咨询通讯》2006 年第 1 期，第 31～32 页。

导致东北三省内部同类项目低水平重复建设,既造成了资源的无效配置,又增加了企业的成本。例如,吉化的 60 万吨乙烯项目继续扩大,大连拟上 60 万吨乙烯项目;盘锦乙烯正在进行 16 万吨扩建到 60 万吨项目,抚顺石化计划将 18 万吨扩建到 45 万吨。由此阻碍了产业的内部增长和外部增长,规模经济和区域经济的优势难以发挥。

2. 基于大企业的产业配套体系存在裂隙。大企业核心竞争力不强,产业链条存在断隙,缺乏相关产业支持,是东北地区产业集群面临的另一个问题。近年来,虽然东北三省通过兼并重组,形成了很多规模较大的企业,但是这些企业的核心竞争力仍显不足。以黑龙江的创新投入为例,全省大中型工业企业技术开发投入占销售收入的比重,2004 年为 1.1%,2005 年和 2006 年都是 1%[1]。专家认为,如果是 2% 只能勉强维持,5% 才有竞争力,而 1% 则难以生存[2]。同时,产业链条过短和断裂的现象也导致大企业缺乏相关产业的支持,增加了企业的成本,降低了企业的核心竞争力。比如长春一汽,由于孤悬东北,远离汽车市场中心和汽车零部件供给中心,其物流成本、特别是采购成本是中国几大汽车厂中最高的。因此,只有完整的产业链条和相关产业的支持,大企业才可能走出"大而全"的模式,从而增强企业的核心竞争力。

3. 产业集群的微观经济基础有待优化。东北地区市场经济观念比较薄弱,市场适应力差、产业创新能力弱。东北地区的国有企业规模过大、数量虽多,但由于负担重,缺乏应有的活力。同时,由于非公有制经济发展缓慢,特别是具有较强竞争实力的民营企业过少,对东北地区产业集群的进一步发展产生了一定的影响。

(二) 东北产业集群化发展的思路

就今后发展而言,地方政府在促进东北地区产业集群高级化方向过程中,有必要突出如下三个"一体化":

1. 集群发展与"再工业化"的一体化。产业集群发展不是目的,而是促进东北地区实现"再工业化"和东北全面振兴的一种手段。东北地区产业集群发展一定要与本地产业结构,特别是工业结构的合理化、协调化和高级化结合起来,通过重点项目建设和技术创新项目投资等方式,促进集群发展与"再工业化"的一体化,将社会资源向装备制造、原材料加工、现代农业产业链升级等

---

① 根据《黑龙江统计年鉴》(2005~2007) 数据计算得出。
② 张承谦:《中外企业 (R&D) 投入和产出的比较研究》,《研究与发展管理》2000 年第 4 期,第 31~35 页。

环节聚集，形成较大范围的空间经济。同时，充分依托、利用和整合各地区的各级国家高新技术开发区、经济技术开发区、出口加工基地等现有区域资源，并协调好哈大齐工业走廊、长（春）吉（林）平（四平）经济带、辽宁"五点一线"沿海经济带建设，减少生产流通费用，提高土地利用效率和公共服务效率，形成良好的产业发展生态环境。

2. 集群发展与产业组织优化的一体化。尽管东北地区拥有一批国内领先的大企业，但较大的企业规模不一定能够实现生产、销售、研发等方面的规模经济。相对于自我发展模式而言，兼并等资产重组方式是现代大企业成长的重要途径。因此，在发展产业集群过程中，东北地区应该鼓励优势企业进行跨地区、跨行业联合重组，在装备制造、原料加工、高新技术等部门形成一些有国际影响和竞争力的大企业。更为重要的是，通过更大范围的资本重组培育一批集系统设计、系统集成、工程总承包为一体的工程公司、系统成套公司，彻底改变东北地区企业总体设计能力弱、只处于"二流承包商"的窘境，向国际产业价值链的高端，在强化大企业发展的同时，积极扶持配套中小企业的发展，以合理的企业规模结构实现产业组织优化，促进集群向纵深发展。

3. 集群发展与节能减排的一体化。东北重化工业发展对节能减排、生态环境友好等提出了更高要求。由于东北是一个老工业基地，原材料工业所占比重较大，它所产生的资源浪费、环境污染等问题比较突出，经济发展的生态化任务十分艰巨，东北重化工产业集群发展要特别重视这一点。客观上，产业集群发展可能会加剧某一地区的节能减排压力，但是很多相关企业聚集于一地，也为政府介入、统一治理、规范治理创造了条件，节能减排也可以获得"规模经济"。其中，围绕某个产业集群区域，建立共同的节能减排控制机制，鼓励发展循环经济，不失为一种可行选择。在继续支持阜新、大庆等资源型城市经济转型下，鼓励和支持循环经济型企业发展，开发引入关键链接技术，开展能源、水的重复和梯级利用及各种副产品、废弃物的接续循环使用，在生产的全过程降低资源、能源的消耗和污染物的产生加快建设生态工业园区，实现物流、能流、技术集成、信息流、基础设施的集聚与共享，最大限度降低生产消耗和成本。

（三）东北重化工业产业集群化发展的对策选择

1. 制定区域性产业集群发展规划。随着产业集群思想及其重要性得到了广泛的认识，产业集群正在成为许多地方经济发展的一种策略选择，并积极加以部署引导。发展产业集群，必须在充分发挥市场配置资源的基础作用的前提下，统筹规划，合理布局，加强政府的宏观规划、引导和促进作用。因此，地方政府应逐渐将工作重点由"管理经济转到为市场主体服务和创造良好的发展环境上来"。政府通过城市发展规划、产业区域布局与规划、区域基础设施建设、投资等政策，影响产业集群的发展水平和方向，使产业集群发展与东北地区经济结构调整、产业结构优化和升级、区域经济整体竞争力提升、老工业基地全面振兴的宏观战略有效结合。结合国内外经验，在产业集群发展中，特别是在产业集群政策制定过程中，可以通过产业发展重点项目的选择和布局，来间接引导社会资源集聚到特定区域和部门。围绕东北重化工产业发展特点，合理选择和布局重点产业项目，适当的政策导引，将有助于多样化的、有竞争力的产业集群的产生、发展和壮大，并与地方经济社会发展高度耦合，放大产业集群的经济效能。

2. 构建东北区域产业—创新体系。产业集群从一定意义上说是一种简化的国家创新体系。由于区域特色显著的地方性产业集群与区域创新体系更为接近，产业成长与创新相互促进、创新与区域财富创造与经济增长相互协调，正在成为许多有竞争力的产业集群的典型表征。一般而言，区域产业—创新体系的构建与发展，其重点是通过区域内技术基础条件改善，满足产业集群内的技术升级以及中小企业的技术服务需要。就目前困扰东北地区不少产业集群中小企业技术升级和技术进步的问题而言，搭建产业共性技术服务平台是当务之急。参照国内外相关经验，东北地区可以采用政府出资组建、企业牵头与政府资助、行业协会组建、依托龙头企业组建等多种模式，积极吸引国家投资，同时发挥各省、市、县级政府公共财政作用，重点支持一批与集群共性技术、关键技术需求相适应的，技术集成度高、产业支撑力强的项目，促进科研机构之间、科研机构与高等院校之间的结合和资源集成，鼓励科研院所与国内外研究机构、高等学校、企业建立联合实验室或研究开发中心，促进知识流动、人才培养和科技资源共享，形成各具特色的集群创新合作机制。同时激励与引导大型企业建立研发机构，发挥技术开发中心、工程技术中心作用，支持大型企业技术中心向社会开放。全面贯彻落实《中小企业促进法》，支持创办各种形式的中小企业，充分发挥中小企业技术创新的活力。

3. 加强产业集群内部合作伙伴关系建设。企业是决定一个地区创新活力高低和经济发展绩效优劣的关键，企业内部的团队精神对于企业与外界的合作至关重要。集群内部企业、市场中介机构、政府等参与者之间存在着生产与创新的交互式网络关系，但是这种合作伙伴关系并不能自发形成，即使能够自发形成，其形成不仅是一个漫长的过程，而且有着严格进入限制，并不是所有企业都可以享受合作网络的好处。随着时间的积累，如果没有合适的补偿机制，中小企业的创新活力将会受到抑制，中小企业将难以成长，更为重要的是，将无法形成专业化、规模化的区域生产配套体系，而后者是一个成功产业集群持续竞争力的重要保证。结合东北地区特点，做强做大龙头企业，构建产业合作网络组织将是强化集群内部合作伙伴关系的重要举措。在做强做大龙头企业的基础上，以这些大企业为主体，使之成为产业旗舰，以此为"点"延展和整合产业链条，将上下游生产环节的企业纳入到生产体系之中，以形成分工协作、专业化强、加工度高、规模较大的产业网络组织，就近形成外部市场的配套群体，实现近距离采购，进而节约成本，沟通信息，灵活反映市场需求。

4. 强化企业家队伍建设。目前，东北地区的企业家正处于新旧交替阶段，主要体现在两个方面：一是在国有企业所占比重高的产业集群，一些国有企业经营者正在由传统的任命制向现代的市场化过渡，而且现在的企业经营目标、绩效评价标准、市场环境与传统有很大差异，所以更需要一大批能够领导创新、应对复杂国际贸易、勇于承担社会责任的新型企业家队伍；二是在非公有经济、特别是民营经济十分发达的产业集群，正处于第一代创业者向第二代发展者转变的重要时期，以往的家族式或者衍生于集体或全民企业的管理体制与经营机制，亟须转变为能够适应全球化、多样化、专业化的新体制、新机制，例如，现代的企业经营制度，职业经理人制度等。因此，企业家队伍的建设及管理人才队伍的培训，必将成为政府集群发展政策的重点之一。同时，创造出一种鼓励冒险、勇于承担风险的创新、创业文化，也非常重要。

5. 建立区域合作机制。建立区域合作机制，打破地方分割，促进区域分工与协作，是东北产业集群发展的重要保障。与合作机制建立相关的另一项重要任务是，要充分利用中直企业创造的资源条件和市场空间，建立地方与中直企业的协调合作机制，推动东北产业集群的形成。东北三省从政府到企业家要打破条块分割和地方保护主义的陈旧观念，积极构建以沈阳、长春、哈尔滨为核心带动周边城市发展的辐射格局，依托本省的资源和产业基础发展和扶植特色产业集群。例如，辽宁重点发展钢铁、装备制造业的产业集群；吉林重点发展汽车产业；黑龙江则将石油化工和煤炭作为产业集群发展的重中之重，彼此之间实现优势互补和资源整合，在提升区域竞争力的基础上提升东北三省整体的竞争优势和实力。

第五节　东北重化工业发展与三次产业的良性互动

现代经济增长理论认为，随着一个国家经济增长方式的转变，三次产业结构比重也会不断发生变化，国家经济越发达，这种变换速率就越快。按社会经济发展中的重要性来说，三次产业的产值比重与三次产业的顺序刚好相反，经济越发达，第一产业占国内生产总值的比重就越低，第二、三产业尤其是第三产业的比重越高，这就是所谓的"配第—克拉克定律"，它反映了产业结构演变的最基本规律。① 但三次产业之间存在着明显的互动关系，它们是互为前提、共同发展的：在第一产业内部，产业结构从技术水平低下的粗放型农业向技术要求较高的集约型农业，再向生物、环境、生化、生态等技术含量较高的绿色农业、生态农业发展，野外型农业向工厂型农业方向发展；在第二产业内部，产业结构的演进朝着轻纺工业—基础型重化工业—加工型重化工业方向发展，同时高新技术产业的全面发展；在第三产业内部，产业沿着传统型服务业—多元化服务业—现代型服务业—信息产业—知识产业的方向演进。② 每一产业的发展都需要其他产业的支撑并同时为其他产业提供保障。当今国际产业发展变化和市场需求，以及中国工业化进程的加速，将为处于"再工业化"中的东北地区三次产业良性互动和高级化发展创造新的空间。

一、重化工业与现代农业发展的良性互动

东北地区不仅是我国最大最早建立的重化工业基地，而且也是一个大农业基地，是全国最重要的商品粮基地、林业和特产基地、甜菜和水果基地、牧业基地和水产基地。同时还是国内土地潜力较大的开荒基地。东北地区现代农业的开发建设与发展，对全国以及对东北老工业基地全面振兴具有极为重要的战略意义。现代农业是与传统农业相对应的，它以广泛应用现代科学技术为主要标志、以资本高投入为基础、以工业化生产手段和先进科学技术为支撑，有社会化的服务体系相配套，用科学的经营理念来管理的农业形态。③

与传统农业相比，现代农业是一种"大农业"，它不仅包括传统农业的种

---

① 克拉克对产业结构演进规律的研究结论有三个重要前提：全部产业的经济活动，可分别归属为第一、二、三次产业之内；以劳动力在各产业的分布变动来分析产业结构的演进；劳动力分布指标的变动是以人均收入的不断提高为依据的。

② 库兹涅茨较早从三次产业占国民收入比重变化的角度论证了产业结构演变规律；霍夫曼对工业化尤其是重工业化问题进行了开创性研究，提出了工业化阶段理论；里昂惕夫从一般均衡理论出发，研究和分析了国民经济各部门之间的投入与产出的数量关系；钱纳里和赛尔奎因把研究领域进一步扩展到低收入的发展中国家，在全面分析结构转变和影响结构转变的多种因素的基础上，揭示了经济发展和结构变动的"标准形式"。

③ 我国2007年1号文件中把现代农业定义为：现代农业是以保障农产品供给、增加农民收入，促进可持续发展为目标，以提高劳动生产率和商品率为途径、以现代科技和装备为支撑，在家庭承包经营基础上，在市场机制与政府调控的综合作用下农工贸紧密衔接，产加销融为一体，构成多元化的产业形态和多功能的产业体系。

植业、林业、畜牧业和水产业等，还包括产前的农业机械、农药、化肥、水利和地膜，产后的加工、储藏、运输、营销以及进出口贸易等，实际上贯穿了产前、产中、产后三个领域，成为一个与发展农业相关、为发展农业服务的庞大产业群体。发展现代农业，必须用现代物质条件装备农业，用现代科学技术改造农业，用现代经营形式推进农业，用培育新型农民发展农业，逐步构建现代农业产业体系。因此，现代农业发展与重化工业发展存在着明显的良性互动关系。

（一）重化工业发展为现代农业提供更多更高水平的装备支撑

现代农业的发展在某种意义上讲是农业机械化的发展。农业机械化是农业现代化的主要内涵之一，也是现代农业的主要手段。农业机械是现代农业的标志，是现代农业发展的根本保证。重化工业的发展可为现代农业提供高水平的农业机械装备。

即使在工业化高度发达的美国，其农业也仍然具有重要地位，是世界上最大的农业生产国和农产品出口国。美国农业现代化水平居世界前列，是现代大农业的典型代表，这一点与其高度发达的农业机械化和高的劳动生产率密不可分。美国的农业劳动生产率居世界领先地位，一个劳动力可以养活 76 个人，比现在世界上平均供养 5 个人高出 10 多倍。美国德梅因市的一个家庭农场就可经营922.64 公顷地，其中种大豆 445.13 公顷、种玉米 445.13 公顷、种牧草 32.37 公顷。同时还养牛，实行多种经营。家庭农场农业机械装备水平高，共有拖拉机 8台，其中 80.85 千瓦以上的大型拖拉机有 4 台，最大的其动力达到 242.55 千瓦，4 台小型拖拉机的动力也达到了 29.4 千瓦。拖拉机的各种配套农具齐全，还配备有大型联合收割机 1 台，大型、小型卡车各 1 辆。另外，还有饲料仓、粮仓 4座，并配备了输送器。整地、深施肥、收获等各种农业作业项目全部实行机械化，有的项目还实行复合作业。家庭农场实行公司核算，科学种植，机械标准化作业，生产效率高。[①]

东北地区的自然条件与美国相似，发展大规模机械化农场有良好的自然条件。虽然东北地区的农业基本建设取得了较大成就，但农业装备和投入水平尚不能满足本区农业稳步增长的要求，大多数地区仍处于靠天种粮、养畜粗放经营的落后局面，需要重化工业的装备支撑。东北地区现有农机总动力 2 328.55万千瓦，占全国的 12%，但每 66.67 公顷耕地仅 81.29 千瓦，低于全国 94.82千瓦的水平；在水利化方面，本区有效灌溉面积 2 459.67 千公顷，占总耕地的

---

① 孙晓东：《论东北农业振兴与农业机械化》，《中国农机化》2007 年第 1 期。

12.9%。耕地用电占有量为 345 千瓦时/公顷，机耕地面积占总耕地面积的 50.1%。除后者外，其他仅接近或低于全国平均水平。从总体上看，农业现代化水平不高，物质、动力投入水平低，是造成本区农业生产水平低，生产率不高的根本原因。据计算，东北地区耕地种植业粮食 2 175 千克/公顷，低于全国 3 000 千克/公顷的水平，平均林地产值约 33.45 元/公顷，草地产值约 24～25 元/公顷，草地产肉 3 千克/公顷，奶 22.5 千克/公顷，毛 1.5 千克/公顷，土地的产出率较为低下。①

农业机械装备是大规模提升农业生产力的前提与基础，当前东北重化工业应率先改善农机装备结构，提升农机装备水平，为走符合国情、符合东北地区实际的现代农业发展道路提供物质基础。

（二）重化工业发展需要现代农业发展提供资源保障

农业是国民经济的基础产业，任何国家和地区的经济和社会发展都有赖于农业发展而产生的"关联效应"，② 它为重化工业的发展提供源源不断的资源保障。农业的发展与发达进度直接关系到工业化的进程。现代农业的发展水平则直接关系到工业化的发展进程。如果农业现代化搞不上去，不仅会制约农业和农村经济的健康发展，也势必会拖工业化和整个国民经济的后腿。因此，加快发展现代农业，为重化工业发展提供有效的资源保障，适应了整个国民经济的发展要求，为加快推进老工业基地振兴和社会主义现代化打开了广阔前景。

现代农业的发展为重化工业提供基本资源保障。重化工业发展需要大量人力资源，满足人力资源的消费需求，特别是食品需求，每天都要消耗大量的农产品。只有现代农业健康发展，在质和量上保证人们需求并伴随人们需求的不断提高而提高，重化工业的发展才会获得较好的依托。

值得指出的是，重化工业发展使废气、废水、废物污染严重、城市生态环境十分脆弱，居民受环境困扰，面临着生活空间狭窄、环境污染、交通拥挤、心理压力大等问题。为了调节人与自然的平衡，城市和厂区内部与周围必须保留足够的绿色空间。显然，仅靠少量公园式绿地远远不够，还需在城市化进程中发展现代农业。农业作为"城市之肺"，把粮、经、饲生产和绿化、美化结合起来，可以防治重化工业造成的环境污染，营造绿色景观，保持清新、宁静的生活环境。

---

① 孙晓东：《论东北农业振兴与农业机械化》，《中国农机化》2007 年第 1 期。
② 关联效应（Correlation Effect），是指一个产业对其他产业直接扩散和带动作用，包含"后向联系效应"和"前向联系效应"两个方面。

二、高新技术产业与重化工业相互促进

（一）重化工业的高级化有赖于高新技术产业的大发展

重化工业的发展有赖于对高新技术的大规模应用和积极吸收。鉴于东北重化工业的状况及其技术水平，没有对高新技术成果的创造性应用能和吸收，就不可能有"重化工业"高级化发展和再铸辉煌。综合相关研究，高新技术产业可以在如下几个方面促进重化工业改造、升级与发展：

1. 推动重化工业信息化。在经济全球化的今天，企业的生存和发展更加依赖于信息资源的有效性，企业将其信息资源看成企业的"生命线"。因此，传统重化工业的现代化改造必须以其信息化为前提，牢固确立信息化的先行原则。据统计，在物质、能源和信息等三大资源的消耗中，东北地区每单位国民生产总值中信息资源的耗费不足世界平均水平的1/12。因此，东北发展经济及重化工业改造过程中，诸如基础设施薄弱、能源紧张、设备陈旧落后、科研水平落后、管理水平低及员工素质低等瓶颈问题的有效解决，必须依赖于整个产业信息化水平的提高，而以信息产业为代表的高新技术产业发展极大地推动了传统重化工业的信息化进程。

2. 促进重化工业的技术改造。传统重化工业技术改造的核心是技术体系的转换。这通常包括两个部分：其一，常规技术改造，其特征是技术进步的连续性拓展；其二，技术创新，其特征是技术进步的间断性拓展，即开辟了具有本质差别新的技术途径。而东北目前相当一部分企业的技术改造是用于扩大原有产品的生产能力，其产品的技术含量和设备的技术水平并没有多大提高，改造仍然是在原有的技术层次上循环运作，并没有体现技术进步的连续性原则，产业的技术水平徘徊不前，集约经营难以为继。高新技术产业以创新为特征，最好地体现了技术进步的连续性，高新技术产业发展的一个重要任务就是通过向传统重化工业的渗透、扩散和融合，将其注入传统产业，加速传统重化工业的高级化进程，促使产品的更新换代。

3. 高新技术产业发展促进重化工业的管理创新。在经济全球化的发展趋势中，高新技术产业顺应知识经济时代发展的需要，改革传统的管理模式，积极进行管理创新以取得较高收益。无论是产品创新、技术创新还是市场创新，都需要经过管理职能逐步实施，都需要经过管理的各个层次具体执行。管理创新在企业创新中处于综合统筹、指导协调的地位，它是高新技术产业的不竭力量。高新技术产业既是高新技术的推广和使用者，也是新的管理思想和管理手段的应用者和

推广者，在高新技术产业取得了快速发展之后，新的管理方法管理模式将会向重化工业渗透，而且在高新技术产业管理创新过程中会涌现出一大批具有管理创新意识、勇于开拓市场的企业家阶层和有效率的政府管理者，这为推进重化工业的现代化改造提供了人员和思想武器。

总之，传统重化工业的技术改造、高新技术的应用及其相匹配的管理创新，是东北振兴的必由之路，高新技术产业充分利用现有的各种资源，是政府管理体制、经济结构和经济演化的重要动力，也是传统重化工业现代化的重要物质基础。

（二）重化工业高级化为高新技术产业发展提供强大的推动力

1. 高新技术产业衍生于重化工业部门。目前，高新技术产业占发达国家出口贸易总额的 70% 以上，而发展中国家仅占 10% 左右，其余大部分归于传统重化工业的贡献。对于工业化国家而言，传统重化工业是基础，高新技术产业是提高，二者相辅相成。没有传统重化工业的高级化，就不可能有高新技术产业的有效发展，而高新技术产业发展的一个重要方向就是向传统重化工业渗透并装备重化工业。东北地区目前高新技术产业发展的障碍首要的是资金短缺，在金融衍生工具和风险投资基金等没有充分发展的阶段，高新技术产业的发展资金仍然有待于传统重化工业的贡献。为此，传统重化工业的高级化对高新技术产业的发展显得十分重要。

2. 重化工业部门孕育着更多的高新技术产业发展机会。改造传统产业是高新技术产业发展的主要方向，而高新技术产业的发展也迫切需要重化工业利用高新技术成果对其原有低水平技术进行改造。这主要源自以下两个方面：其一，重化工业要为高新技术的研制、开发和产业化提供能够满足一定技术要求的生产装备；其二，重化工业将为高新技术产业提供市场发展空间。用高新技术装备重化工业部门，不仅是重化工业发展的需要，而且也是高新技术产业发展的必要条件，没有重化工业对高新技术的积极吸纳，就不可能有效地促进高新技术产业的迅速发展。

三、重化工业发展与现代生产性服务产业发展相互支持

（一）现代生产性服务业的发生

现代服务业是在工业化比较发达的阶段产生的，工业（特别是重化工业）

的发展是现代服务业的基础和条件。现代服务业是依靠高新技术和现代管理方法、经营方式及组织形式发展起来，主要为生产者提供中间投入的知识、技术、信息密集型服务部门，其核心是现代生产性服务，特别是高级生产者服务，如金融服务、商务服务、信息技术与网络通信服务、教育培训服务、物流服务，以及那些被新技术改造过的传统服务等。生产性服务产业[①]又称生产者服务业，格林菲德（Greenfield）将其定义为：企业、非营利组织和政府，向生产者而不是最终消费者提供的服务。具体包括批发零售业、交通仓储业、通信业、金融保险业、不动产和商务服务业等。[②]

　　许多服务业部门的发展必须依靠重化工业的发展，因为重化工业是服务业产出的重要需求部门，代表现代服务业的生产性服务业的活动，其产出的相当比例是用于重化工业部门生产的中间需求，没有重化工业的发展，它就失去了需求的来源。通过对美国投入产出数据的分析表明，用于重化工业部门的生产者服务增加很快，约占整个生产者服务产出的48%；另一方面，重化工业的良性发展离不开生产性服务业的有力支撑。许多生产性服务部门，如金融、保险、电信、会计、技术服务、咨询、R&D、物流等，都是支持重化工业发展的重要部门。生产性服务能够提高重化工业劳动生产率和产品的附加值，形成具有较强竞争力的重化工业部门。因此，重化工业整体水平和产品品质的提升，依赖于服务的附加和服务业的整合。服务作为一种软性生产资料正越来越多地进入生产领域，对提高经济效率和竞争力产生重要影响。由于制造业中间投入服务的增加，正在使服务业和重化工业的关系变得越来越密切，传统意义上的服务业与重化工业之间的边界越来越模糊，现代服务业与新型工业化之间出现了"耦合"现象。二者相互提供支撑，也日益交织，使得资源配置更加合理，产业结构日趋高度化。

---

　　① 关于生产性服务业的定义目前还没有统一的表述。1962年马克卢普（Machlup）最早提出生产性服务业的概念，生产性服务业是指企业、非营利组织和政府等主体向生产者而不是向最终消费者提供服务产品和劳动的经济活动的总和。努瓦耶勒和斯塔巴克（Noyelle and Staback）等认为，生产性服务业是指"它不是直接用来消费，直接可以产生效用的，它是一种经济中的中间投入，用来生产其他的产品或服务；认为生产性服务业是中间性的投入而非最终产出。"在社会再生产过程中，生产性服务业扮演一个中间连接的重要角色。例如，赫什（Hirsh）就强调服务提供者与接受者两端之间，必须有一个重要的桥梁，这就是服务业最独特的地方。于钟韵、阎小培认为生产性服务业体现为"中间投入"，是信息、知识和技术密集的产业，它不直接参与生产或者物质转化，但其中间功能提高了生产过程中不同阶段的产出价值和运行效率。它主要包括金融保险业、房地产业、信息咨询服务业、计算机应用服务业、科学研究与综合技术服务业，等等。

　　② 汪斌、金星：《生产性服务业提升制造业竞争力的作用分析——基于发达国家的计量模型的实证研究》，《技术经济》2007年第1期。

（二）重化工业发展推动现代服务业的发展

现代服务业是在高度发达的工业社会里产生的，它主要依赖于现代重化工业的高度发展，只有重化工业劳动生产率的不断提高，人力资源才能分流到服务业。然而目前东北地区的现代服务业还不发达，为重化工业发展需要的其他产业配套体系还不健全，如东北三省第三产业产值占 GDP 的比重直到 2006 年只有 37%，而发达国家和地区则接近 GDP 的一半。2001～2006 年第三产业年均增速为 14.9%，较第二产业低 0.2 个百分点，[①] 这与重化工业的不够发达有关；重化工业发展首先提出对物质产品的需求，重化工业发展带来的收入水平的增加使人们有条件去满足个人更高的精神需求，工业化和专业化程度的不断加深为生产性服务业的发展提供了需求动力和技术支持。在现阶段，东北地区以高新技术产业和现代重化工业为主体的新型工业结构还没有完全建立，现代服务业的基础和条件限制了现代服务业的发展。在发达国家，生产性服务业已成为提升重化工业竞争力的重要力量。特别是在资源环境约束下，生产性服务是提升重化工业竞争力的最优途径之一。生产性服务技术知识含量高，资源消耗低，它能够提高企业其他要素的生产效率，从而可以减少这些资源消耗性要素的投入。此外，有些生产性服务还能替代资源消耗性要素的投入。因此，重化工业企业应增加生产性服务的投入，使重化工业的发展真正走上新型工业化道路。

1. 基于重化工业的"服务化"诱致"服务经济时代"。服务业发展存在着一个规律性的趋势，即由服务"内部化"向服务"外部化"演进。服务的"内部化"转向服务的"外部化"，表现为社会专业化分工程度的提高，通常与人均收入水平相联系，但也在很大程度上取决于与体制因素相关的市场化程度。据世界银行 1990 年对 89 个样本国家的研究表明，人均 GDP 1 500 美元和 5 000 美元是两个重要的节点，越过这两个节点后，产业结构和服务业比重将发生重要的变化：在工业化前期阶段，人均收入达到 1 000～1 500 美元时，服务业产值比重会迅速增加，达到 45%～50%；在工业化阶段，当人均收入在 1 500～5 000 美元之间时，服务业比重基本保持不变，农业比重显著降低而工业比重显著增加；当进入工业化后期阶段或者说信息化阶段时，服务业比重又会出现迅速增长，比重达到 60%～70% 以上。[②] 需要特别指出的是，在前一个节点上，服务业产值比重的迅速增加，促进传统服务业的发展；而在后一节点上，服务业的发展主要是由生产性服务业所带动的。

---

① 根据《中国统计年鉴》（2002～2007）数据计算得出。
② 周振华：《上海现代服务业发展的关键节点》，www. szsmb. gov. cn/details. asp?id = 4892。

发达经济体的现代化发展进程证明，现代服务业发展与一定的经济发展水平及特定经济时代相联系。尽管与消费者服务相对应的生产者服务并不是现在才出现的，但其大规模的迅速发展则是产业结构高度化及经济服务化的产物。目前，在世界 GDP 总量中，服务业产值超过 60%。服务业的就业比重，发达国家已高达 70% 左右，中等收入国家为 50% ~ 60% 之间。同时，世界服务贸易占到贸易总额的 1/4；服务消费占到所有消费的 1/2 左右。因此，世界经济实际上以服务商品的生产为主，已经步入了"服务经济"时代。正是在这种背景下，现代服务业得以大规模发展及在整个服务业中占据主导地位。①

2. 基于重化工业的高市场化导致服务活动"专业化"。人均收入水平的提高与工业化发展是相伴而生的，随着人均收入水平的提高，重化工业也将进入到高度发展的新阶段并逐渐向后工业化过渡，这种进程就产生了制造业对服务业的大量引致性需求。例如，在日本 1970 ~ 1980 年的高速发展阶段中，制造业对服务业的中间需求年均增长率为 13.4%，高于对制造业本身的中间需求年均增长率的 11.3%。据美国 1997 年的公司调查，美国公司 8 000 万美元以上的服务开支增加了 26%。在公司的总支出费用中，信息技术服务占全部费用的 30%，人力资源服务占 16%，市场和销售服务占 14%，金融服务占 11%，仅仅这几项服务支出已经占到总支出的 71%。② 与此同时，现代重化工业发展也呈现"服务化"的新趋向，其附加值中有越来越大的比重来源于服务，而不是加工制造。可见，当重化工业发展到其附加值和市场竞争力的提升要更多地依靠生产性服务业来支撑时，便会促进现代服务业的快速发展，使其成为经济中最具有增长潜力的部门。

3. 基于重化工业的信息技术催生现代服务业。重化工业发展促进现代信息技术运用及其网络化，进而促进了服务活动泛化与独立化。从技术层面讲，现代服务业的大规模发展是基于现代信息技术的广泛运用及网络化。现代技术，特别是信息和计算机技术的迅速发展，为服务部门的技术运用提供了条件，并在很大程度上可改变传统服务的面对面、不可位移、不能存储等属性，大大拓展了服务提供的范围及可交易性。因此，现代信息技术的广泛运用及网络化，使现代服务业也具有"制造化"的新趋向，即像制造业那样的规模经济和定制生产。这不仅导致了许多新型服务（服务品种、种类）的产生，而且赋予传统服务新的内容、改进服务的质量、改变传统服务方式等。正是在这种范围扩展和技术进步的条件下，现代服务业已成为由一种不同经济活动组成的多样化群组，并越来越呈

---

① 王文艺：《发展第三产业，激活现代服务》，《湖州日报》，2006 年 2 月 7 日。
② 崔永平：《大力发展现代物流业　加速推进新型工业化》，《永州日报》2006 年 6 月 15 日。

现出"非中介服务"、"虚拟化服务"的新特征。与此同时,现代服务业日益成为智力密集型部门,处在价值链的高端,其高能量通常是超地域的辐射。

(三)重化工业发展需要现代服务业

1. 东北地区经济增长与结构变革的内在需求。加快现代服务业发展是转变经济增长方式的重要途径。东北地区走新型工业化道路就是要将用现代技术武装起来的服务业与重化工业相融合,形成重化工业和现代服务业的两轮驱动。现代重化工业本身包含了许多服务的成分,如研发、设计、品牌营销、售后服务、金融服务等。随着重化工业不断向两端延伸,需要把研发、质检、设计、营销等一些环节外包出去,这就对现代服务业的发展提出了新的要求:需要借助服务产业了解市场、增强研发实力、提高品牌竞争力。如果说传统工业化依赖于传统服务业,那么,新型工业化则主要依赖于现代服务业。

加快发展现代服务业是推进新型工业化,实现全面协调可持续发展的重要环节。现代服务业需求收入弹性高、发展潜力巨大,而且资源环境约束小,是经济可持续增长的重要源泉,也是转变经济增长方式、改变靠资源高消耗、环境高污染来换取经济发展模式的必然要求。

2. 东北"再工业化"的辅助剂。现代服务业的发展是东北"再工业化"顺利推进的服务单元和支撑力量,起着润滑剂的作用。一方面重化工业服务化倾向体现在现代服务业中。从企业发展战略的选择、企业融资到产品的设计、营销等各方面都会有现代中介服务机构为其提供服务。重化工业企业在发展过程中善于利用现代服务业所提供的各种帮助,就能够以最快的速度全面了解到国内外市场变化的动态,及时采取应对措施,同时专业化的服务不仅可以有效减少风险发生的几率,而且可以使企业专注于发展生产,集中力量提高企业的核心竞争力。重化工业部门的服务化倾向,也体现在重化工业部门产品的服务性上以及随产品一同售出的知识和技术服务等方面。

现代服务业尤其是生产性服务业的发展能够带动并使重化工业能级提升。要建设重化工业基地,必然要以发达的服务业作为重要的支撑,尤其是专业化分工深化后,产业链的运转对由重化工业延伸形成的生产性服务业的依赖显著增强。大力发展生产性服务业,是在工业经济高速增长的条件下加速重化工业升级,实现整个第二产业由粗放型增长向集约型增长的关键环节,是重化工业提高核心竞争力的必然选择。进一步说,以信息技术和网络技术为主导的现代服务业打破产业结构的空间限制和工业化水平的束缚而获得超前发展,有可能使产业结构演进次序或演进规律发生新的变化。

3. 高附加值产业成长的催化剂。东北地区"再工业化"需要重化工业进行持续的内部结构变革与优化，这就不断孕育着具有高附加值新产业不断成长的机会。一批成长迅速的具有反向促进重化工业升级的现代服务业，尤其是生产性服务业，就是这样一个部门。生产性服务业是产品价值链中价值增值的主要来源。有资料表明，产品价值构成中，有高达 75% ~ 85% 与生产者服务活动有关，计算机市场上增值部分的 60% ~ 70% 来自软件和维护服务。[①] 因此，有效率的生产者服务是重化工业提高劳动生产率，增强产品竞争力的前提和保障。

随着技术创新和科技进步，知识密集型的生产性服务业正在成为企业提高劳动生产率和货物商品竞争能力的关键投入，更是企业构成产品差异和决定产品增值的基本要素。产品差异来自于一个企业在设计、生产、销售、运输和辅助其产品的过程中所进行的个性活动，而这些活动中的每一项又都有助于企业取得相对成本优势，增强产品竞争能力，树立企业形象。服务能够引导重化工业部门的技术变革和产品创新。

值得指出的是，现代服务业是高新技术产业发展的先导产业。现代服务业是高新技术产业最重要的应用领域。服务业的发展离不开先进技术的应用，服务业的现代化就是服务业高技术化的过程，因此现代服务业的发展壮大将为高新技术产业的发展提供广阔的市场空间。另外，现代服务业将直接服务于高新技术产业的发展。高新技术产业的发展需要大量专业化、高效率的服务给予支撑，现代服务业是高新技术产业获得快速发展不可缺少的因素。现代服务业将成为推动高新技术产业创新的主要原动力。现代服务业的发展使其对信息、生物、新材料等高新技术及其产品的需求日益增长，这将促使高新技术产业不断进行创新和实现突破。现代服务业对高新技术产业的推动间接也促进了重化工业发展。

总之，东北老工业基地振兴应积极壮大科技研发业、积极发展教育培训业、现代物流业、商贸服务业，加快发展中介服务业、信息服务业、会展服务业，提高金融服务业水平，促进现代服务业发展。按照走新型工业化道路的要求，积极打造为先进重化工业服务的现代生产服务平台，将服务业和重化工业有机地融合在一起，形成服务业促进重化工业、重化工业带动服务业的良性互动发展模式。

[①] 《转变发展方式，加快发展湖北现代制造服务业》，www.syjxqc.gov.cn/news/admin/article/2008411101907.htm。

第四章

东北老工业基地企业成长

第一节 东北老工业基地振兴对企业成长的基本诉求

一、东北区域竞争力提升与企业成长

(一) 区域竞争力与企业成长的关系

东北老工业基地改造与振兴的目的是为了增强区域经济竞争力。目前,国内外学者对区域竞争力表现形式的认识主要有三种观点:一是财富创造能力。主要以区域经济的均衡产出、生产能力和市场地位来描述竞争力,这种观点源自瑞士洛桑国际管理开发学院 (IMD) 对竞争力的定义[①];二是经济持续发展能力。认为区域竞争力是一个区域与整个市场加强分工与协作,实现区域经济和社会可持续发展的能力 (张为付、吴进红,2002);三是资源吸引和有效配置能力。认为区域竞争力是一个区域为其自身发展在其从属的大区域中进行资源优化配置的能

[①] 关于竞争力,瑞士洛桑国际管理开发学院的定义是:一国或一个企业在世界市场上较其竞争对手获得更多财富的能力。

力，即一个区域为其自身的经济发展对大区域资源的吸引力和市场的争夺力（王秉安，2000）。综合以上观点，可见区域竞争力是一种综合能力，也是促进整个区域经济和社会实现持续稳健发展的能力。其中，资源争夺和有效配置是提升区域竞争力的基本途径，财富创造是区域竞争力的直接表现，经济和社会的可持续发展则是提升区域竞争力的终极目标。区域经济竞争力的基础和核心在于企业的竞争力，而企业竞争力从总体上说集中表现为是否拥有作为行业龙头的大企业。例如，日本经济在亚洲占有绝对优势，表现在企业竞争力上就是：在亚洲1 000强企业中，日本占678家，营业额占71.85%，而且在各行业都名列前茅。2005年，中国企业500强经营业收入11.75万亿元人民币，资产总额33.51万亿元人民币，中国企业500强占国民经济的比重为86%。因此，中国企业500强在不同区域的分布基本上反映了不同区域经济的竞争力。根据全国工商联、中国企业联合会、中国企业家协会（2005）数据汇总，在中国企业500强中，京津冀136家，长三角126家，珠三角54家，东北地区27家，分别占总数的27.2%、25.2%、10.8%和5.4%。相比之下，东北地区的大企业分布数量最低，三省才有广东多半个省的一半。

企业竞争力，尤其是大企业竞争力的提升，对区域竞争力的提升至关重要。比较而言，大企业所具有的规模经济、范围经济、品牌效应和资金优势等，是一般中小企业所无法比拟的，不但能够巩固与提升企业在国际竞争中的市场位势，吸引更多区域内外的优秀人才，加大技术创新投入，促进成果转化，而且还能够提升区域的品牌知名度。在表4-1中，上海连续4年排在中国省域经济综合竞争力的第1位，长三角地区排名稳列四大地区前茅，其中一个重要的原因就是该区域汇集了全国最多的国际知名大公司，世界500强企业中已有400多家在此安家落户，如久负盛誉的通用汽车、花旗银行、美林等，本土企业如宝钢集团和上汽集团等，这些企业每年吸引大批海内外优秀技术和管理人才，使上海成为当下中国经济发展的最前沿。据统计，2004年，上海市的大多数科研人员集中于大中型企业，并且全市企业新产品研发费用中有80%源于大中型工业企业，这对提升大企业创新能力对推动区域创新能力起着极其重要的作用。

（二）东北区域竞争力提升对企业成长的诉求

调整改造4年来，东北的区域竞争力不断提高。从表4-1中可以看到，自2004年以来，辽宁省经济综合竞争力连续4年稳居全国第8位，吉林省从第21位渐渐提升至第19位，黑龙江省经过4年努力也提升至全国第12位，比较而言，东北三省的区域经济综合竞争力排名虽落后于长三角地区、珠三角地区和京津冀经济圈，但已经开始成为中国的第四大经济增长极。

表4-1　　　　　全国部分省（直辖市）经济综合竞争力评价

地　区	2004 年	2005 年	2006 年	2007 年
北京	2	2	2	2
天津	7	7	7	7
河北	10	11	10	10
上海	1	1	1	1
江苏	4	4	4	4
浙江	5	5	5	5
广东	3	3	3	3
辽宁	8	8	8	8
吉林	21	20	21	19
黑龙江	13	14	14	12

资料来源：李闽榜，《中国省域经济综合竞争力评价与预测研究》，社会科学文献出版社2007 年版。

从发展来看，东北区域竞争力的提升在很大程度上依赖于企业的成长，其中包括大企业和民营企业。从表4-2 中可以清晰地看出，在区域经济综合竞争力中排名第 1 位的长三角地区，入围"2005 年中国工业企业 100 大"的企业总数达 26 家，占全国 1/4 强，是东北三省入围企业总数的 2 倍。另据全国工商联、中国企业联合会、中国企业家联合会（2005），在中国民营企业 500 强中，长三角占 330 家（其中仅浙江一省就占了 183 家，远高于其他区域），京津冀 23 家，东北地区 18 家，珠三角 9 家，分别占总数的 66%、4.6%、3.6% 和 1.8%。从这一数据看，东北地区高于广东，东北三省是广东省大半个省的 1 倍（见表 4-3）。可见从发展潜力看，民营企业成长对区域竞争力提升意义重大。基于此，东北区域竞争力的不断提升，对企业成长提出了的基本诉求就是进一步加快企业成长速度，打造更多实力雄厚的知名大企业和民营企业，实现跨越式发展。

表4-2　　　　　长三角与东北三省"2005 年中国工业企业
100 大"企业保有量比较

	长三角经济圈			东北三省		
企业总数（个）	26			13		
省/直辖市	上海	江苏	浙江	辽宁	吉林	黑龙江
企业数（个）	12	10	4	7	2	4

资料来源：根据互联网（http://data.icxo.com/htmlnews/2006/08/30/923614.htm）提供的按主营业务收入排序的"2005 年中国工业企业 100 大"数据加以整理。

表 4 - 3　　　　　东北地区与长三角、珠三角、京津冀
"中国民营企业 500 强"比较

区域 企业		长三角	珠三角	京津冀	东北三省
中国民营企业 500 强	数量（个）	330	9	23	18
	占比（%）	66	1.8	4.6	3.6

资料来源：根据全国工商联、中国企业联合会、中国企业家协会 2005 年公布数据汇总得出。

二、东北经济总量扩张与企业成长

（一）经济总量与企业成长的关系

东北的区域竞争力提升反映到经济总量上就是国内生产总值（GDP）的增加。由于用收入法核算的 GDP 包括：（1）生产要素的报酬；（2）非公司企业主收入；（3）公司税前利润；（4）企业转移支付；（5）企业间接税和资本折旧等五部分之和，因此 GDP 与企业成长存在着密切的关系。伴随企业成长，企业的资产规模、经营范围会不断扩大，销售收入、利税总额、员工总数及工资总额也会相应增加，盈利能力、创新效率及产品更新换代速度等都会得到大幅提升。换言之，GDP 在很大程度上依赖于企业的数量和规模两大因素，并且从增长的质量和可持续性来看，企业成长对 GDP 增长的意义更重大。

另外，从第二产业对 GDP 的贡献率也可以说明企业成长对经济总量增长的作用。根据 2003～2006 年的统计结果，第二产业增加值在全国 GDP 中所占的比重一直保持在 40%～50% 之间，如 2003 年约为 44%，2004 年约为 46%，2005 年约为48%，2006 年约为 49%。从 2005 年全国主要经济区社会经济主要指标中可以看出，全国四大经济区的地区生产总值排在第 1 位的是长三角地区（见表 4 - 4），而

表 4 - 4　　　2005 年全国主要经济区社会经济主要指标比较　　　单位：亿元，%

经济指标 经济区	地区生产总值		第二产业产值 比重
	总量	占全国 GDP 的比重	
长三角地区	40 897.69	20.8	53.7
环渤海经济圈（京、津、冀、鲁）	39 196.91	19.9	50.9
东三省	37 230.3	18.9	49.6
珠三角（闽、粤、桂）	28 938.47	14.7	50.3

资料来源：根据《中国统计年鉴（2006）》中相关数据整理得出。

这与近年来该地区第二产业的蓬勃发展密不可分，其中又与大企业和民营企业在这一地区的大工业园区的聚集有很大关系，如人们耳熟能详的浦东开发区、杭州工业园区、苏州工业园区和无锡工业园等。企业集聚不断增强，企业规模不断扩大，企业品牌越发知名，区域经济迅猛增长越快。

（二）东北经济总量扩张对企业成长的诉求

根据 2003 ~ 2006 年的统计数据，东北经济总量取得了快速增长，且增幅略超过全国 GDP 的增长速度，为重振东北经济的雄风注入了新活力。在表 4 - 5 中，增长最快的辽宁省增速连年超过全国 GDP 的增速；其次是吉林省，但其 GDP 总量相对辽宁和黑龙江两省小了很多；再次是黑龙江。从总量上看，辽宁大体相当于黑、吉两省的总和。另从 2005 年根据企业销售额评出的中国工业企业 100 大来看，东北三省共 13 家，只及长三角地区的一半，其中辽宁 7 家，黑龙江 4 家，吉林 2 家（分别是一汽和吉林石化）。可见东北经济总量的扩张在很大程度上受到工业企业影响，东北经济的总量扩张要求东北的大企业快速成长，不断做强做大。

表 4 - 5　　　　　　2003 ~ 2006 年东北地区 GDP 及总额比较　　单位：亿元，%

年份	全国	辽宁		吉林		黑龙江	
	增长率	总额	增长率	总额	增长率	总额	增长率
2003	10	5 596	11.5	2 522.62	10.2	4 430	10.0
2004	10.1	6 872.7	12.8	2 958.21	12.2	5 303	11.7
2005	10.4	8 005	12.3	3 614.9	12.0	5 510	11.6
2006	10.7	9 251.15	13.8	4 275.12	11.5	6 188.9	11.21

资料来源：根据《中国统计年鉴》（2003 ~ 2007）中相关数据整理得出。

三、东北主导产业发展与企业成长

（一）主导产业与企业成长的关系

东北的区域竞争力不但表现在经济总量上，而且与产业结构（尤其是工业结构）有关，其中主导产业的竞争力直接制约着区域竞争力。综合国内外学术界的最新研究成果，主导产业是在经济发展过程中，或在工业化的不同阶段出现的一些影响全局的、在整个经济中居于主导地位的、能通过其纵向关联与横向关联带动整个经济增长的产业部门。主导产业必然是区域内的支柱性产业，它对整个区域的产业结构和产业布局有重要的导向作用，并且在很大程度上推动和影响整个区域经济的发展。

主导产业的持续发展既依赖企业成长，又促进企业成长。主导产业带动国民经济和地区经济发展，主导产业的发展壮大与企业的成长紧密相关：一方面，主导产业要引领技术前沿，就必须依靠技术创新最重要的主体——企业，特别是大企业。熊彼特（1947）认为，大企业在技术创新中扮演最重要的角色，而且具有小企业无法比拟的优势（如研发实力、资金投入），随着产品生命周期不断缩短，主导产业的竞争力越来越依赖于大企业的自主创新能力。另一方面，主导产业的发展质量取决于企业的成长水平，尤其是大企业在产业发展过程中的重要作用更为明显，它们的发展动向能够引导主导产业的发展方向，它们的发展水平更能代表主导产业的发展水平。

另外，主导产业的发展还能带动其他产业中企业的共生成长，加快形成完整的产业体系。以青岛地区家电和电子制造业为例，区域内汇集了海尔、海信、澳柯玛、朗讯、LG 等一批国际知名的大企业，其中，海尔在青岛及周边地区累计吸引 74 家供应商，并且许多国际和国内大企业纷纷把代表核心技术水平的研发中心转移到青岛，从而搭建起一个集研发、采购制造、物流于一体，辐射力巨大的产业平台。同时，海尔千万级别的制造规模，使产业链上溯和下溯不断扩展。海尔的冰箱与空调战略业务单元吸引了三洋、广州冷机、台湾瑞智压缩机等企业前来建立压缩机总装厂，压缩机总装厂产业规模逐步扩大，吸引了为压缩机制造配套的电机厂、漆包线与热保护器厂等零部件厂前来"挂靠"。而这些零部件厂又吸引了五金件冲压、钢板剪切、铜材等原材料生产与加工企业前来，从而形成了一个以家电为核心的完整的产业链。随着主导产业的发展，整个产业体系中的企业得到了前所未有的快速成长机会。

（二）东北产业发展重点对企业成长的诉求

1. 东北主导产业的选择——重化工业。主导产业和大企业的存在及发展在很大程度上依赖于区域大环境或大背景。按照罗斯托的经济成长阶段论，[①] 在不同的国家和地区或不同的经济发展阶段，主导产业随所依赖的资源、体制、国际

---

① 该理论按照科学技术、工业发展水平、产业结构和主导部门的演变特征，将一个地区、一个国家，甚至全世界的经济发展历史分为六个经济成长阶段：传统社会阶段、为起飞创造前提阶段、起飞阶段、向成熟推进阶段、高额群众消费阶段和追求生活质量阶段。罗斯托认为，向成熟推进阶段表现为起飞后经济持续发展，已经有效吸收了当时技术的先进成果，并有能力生产自己想要生产的产品。此时，主导部门是重化工业体系。

环境等因素的变化而演替，因此，特定阶段的主导产业是具体环境（如政治环境、经济环境、社会文化环境、技术环境）下选择的结果，也是主观因素和客观因素共同作用的结果。

东北是全国重要的重化工业基地，产业集聚度高，辐射区域广。据统计，2004 年以来，东北三省的重工业在工业总产值中所占比重一直保持在 80% 以上的高位。"一五"期间，156 个重点项目中有 54 个分布在东北三省，由于这些特定历史和自然条件的影响，东北三省逐渐形成了钢铁、能源、化工、重型机械、汽车、造船、飞机、军工为主的独特的重化工业体系。2005 年，东北三省的原油产量占全国总产量的 40%，钢铁产量占全国总量的 1/8。东北老工业基地制造业产业技术基础雄厚，其装备制造业特别是重大装备制造业，曾经为中国做出很大贡献，现在仍具有产业优势和产业实力。金属制品、普通机械制造、专用设备制造、交通运输设备制造、电气机械仪器制造、仪器仪表等行业具有很强的生产能力，主导产品的技术水平和生产规模在全国机械工业中占有重要地位。如辽宁省机床产量占全国机床产量的 11%，吉林省的汽车产量占全国汽车产量的 11.5%，黑龙江省的大型火电和水电专备分别占全国市场的 33% 和 35%，东北三省的输变电设备占全国的 40%。① 重化工业一直以来都是东北老工业基地的主导产业，在老工业基地发展与振兴过程中扮演着极为重要的角色。

全国一些地区，如江苏、浙江等，在经历了劳动密集型的轻工业发展之后，开始转向以资金和技术密集型的重化工业作为其主导产业。1995 年以后，珠三角等地的发展速度明显放缓，为加快产业升级促进经济增长，珠三角提出走"适度重型化"的工业化道路，目前这种调整已收到明显成效，以电子信息为代表的高新技术产业和石油化工、钢铁、电器机械及专用设备等重化工产业正在形成新的产业支柱，重工业比重已升至 57.3%，② 具备明显的工业化中期的特征；再如京津冀经济圈，近年来随着全国以重化工为主要特征的新一轮经济增长，本地区与此吻合的产业获得较快发展，企业盈利水平相应提高。

借鉴韩国重化工业赶超战略的经验，③ 也说明发展中国家的欠发达地区（或后发地区）可以通过重化工业化提升区域竞争力和经济实力，因此要实现东北

① 李闽榜：《中国省域经济综合竞争力评价与预测研究》，社会科学文献出版社 2007 年版。
② 鲍振东等：《2006 年：中国东北地区发展报告》，社会科学文献出版社 2006 年版。
③ 韩国在 20 世纪 70 年代开始实施的重化工业战略，以钢铁、造船、汽车、电子、机械和化工等重化工业作为主导产业，无论经济规模还是对世界经济的影响力，都得到飞速提升，并使韩国在 20 世纪 90 年代已经全面进入发达国家行列。韩国建立起一个比较完备的以重化工业为基础的经济体系，这也使其电子、造船、汽车等产品具备强大的国际竞争力，并且能够在亚洲金融危机后经济得到迅速恢复。

东北老工业基地改造与振兴研究

老工业基地的全面振兴，必须坚持重化工业的主导产业地位。

2. 重化工业的发展要求企业加快成长。重化工业是一国或地区最为基础的行业，其产品大多作为其他行业的生产资料和生产设备，其产品的技术含量及先进水平直接决定其他行业的生产效率，进而，重化工业的发展水平会直接影响国家或地区的经济发展水平。因此，必须加快重化工业的发展。如前所述，作为主导产业，重化工业的发展也依赖于企业的成长，并且要求企业更好更快地成长，不断地做强做大。

东北的重化工业本身具有资产规模较大、资本密集度和知识技术密集度较高的特点，其发展对资源的优化配置和技术创新要求高。而东北的重化工业企业大多是国企，在转轨过程中面临诸多体制和机制问题。在市场竞争面前东北国企既要通过制度创新重新焕发青春，又要应对国内外强手如林的挑战。企业只有实现规模经济，才能实现资源的最优配置，并获得比较竞争优势。特别是在国际化大背景下，企业只有不断增强自身实力，才能够在激烈的国际竞争中立于不败之地，这是重化工业的行业特性对企业成长壮大提出的必然要求。

此外，由于重化工业体系具有较强的产业关联度，为了提高运作效率、节约交易费用，要求东北的重化工业企业间要不断加强战略合作，优势互补，资源共享，共同学习，快速成长，并不断加快整个产业的创新及成果转化速度，提高产业创新效率。也就是说，东北重化工业本身不仅要加快自身的发展，还要注意解决好上下游企业之间的关系，搞好产业链之间的协同，这也比南方一些省份（如江浙）初期发展轻纺工业面临更多需要解决的问题。

同时，东北三省的重化工业分布不均衡，以辽宁最多，黑龙江次之，吉林最少。由此，东北重化工业的发展要求三省企业之间通过合并或联盟形式节约交易费用，共享优势资源，实现规模经济效应和管理协同效应。这样，就要求在搞好企业自身改革的同时，通过企业整合达到规模经济发展的要求，从而加速企业成长，推进东北重化工业的健康发展。

第二节　东北企业规模的国内外比较

一、东北企业规模的国际比较

区域之间的竞争从一定意义上讲取决于企业的竞争力，尤其是大企业的核心

143

竞争力。东北老工业基地全面振兴亟须培育更多的大企业和企业集团，特别是能够称雄全国、闻名世界的百强企业。美国《财富》杂志评出的 2007 年度世界企业 500 强，共有 30 家中国企业入选，是有史以来入围数最多的一次，其中中国内地企业 22 家，台湾地区 6 家，香港地区 2 家。从 2002 年到 2007 年，我国内地入围企业数量由 11 家上升到 22 家，而且在 2007 年度世界企业 500 强中，除宝钢集团的名次由上年的 296 位下降为 307 位外，其他中国企业的名次都有大幅度提升。我国内地 22 家企业分布于其中的 11 个行业，大部分企业也取得了较好的行业名次，这充分体现了中国经济的高速发展。但是，应该看到，在收入总额、利润总额、资产总额的绝对增长以及经营管理、国际竞争能力等诸多方面，中国企业与世界企业 500 强仍然存在较大的差距。[①] 中国虽然入榜企业数量逐年增加，但与美国的 162 家及日本的 66 家相比差距仍然很大。如果从行业分布来看，这些发达国家的优势就更加明显。

就东北企业而言，跻身世界 500 强的企业只有吉林长春的一汽集团一家，而且排名靠后（2007 年第 385 位）。其他的东北企业，即使入围中国企业 500 强的也只有 26 家，并且整体排名很靠后。中国及东北地区企业需做出巨大的努力，才能缩小与世界 500 强的差距。所以，深入比较世界 500 强企业与东北企业的差距，学习国外先进企业的成功经验和运作模式，对于做强做大东北企业，全面建设和振兴东北老工业基地，不断提升东北企业的竞争力，具有十分重要的现实意义。

（一）东北企业与世界 500 强企业的比较[②]

1. 东北企业的规模较小，与世界 500 强企业存在较大差距。2007 年，入围中国企业与中国制造业企业 500 强的东北企业 41 家，其平均营业收入、平均利润以及平均资产水平分别为 1 792 433 万元、38 592 万元和 1 799 858 万元人民币，折合成美元（人民币对美元的汇率根据《中国企业发展报告（2007）》的

---

① 根据《中国企业发展报告（2007）》中的分析，2007 年中国企业 500 强的营业收入、利润总额和资产总额分别仅相当于 2007 年世界企业 500 强的 10.7%、6.5% 和 7.8%。而且，从经营效率与行业分布等其他方面比较，中国企业 500 强与世界企业 500 强的差距也依然很大。具体参见《中国企业发展报告（2007）》，企业管理出版社 2007 年版，第 108 ~ 118 页。

② 由于统计上的困难，为了更好地说明问题，本章在此仅选取代表东北企业最高水平的入围 2007 年中国企业 500 强以及中国制造业企业 500 强的 41 家东北企业作为样本，来与世界 500 强企业进行横向比较。尽管在统计上以及对比的精确程度方面依然有值得商榷的地方，但我们试图通过这种横向的比较本身为下文的分析提供一种可供借鉴的视角。而且由于东北历来是以重工业发展为主，因此，选取进入中国制造业企业 500 强的东北企业作为对进入中国企业 500 强企业数据的补充，本身也具有一定的代表性。

折算标准，统一规定为 7.8087∶1，下同）分别为 2 300 百万美元、50 百万美元和 2 308 百万美元，仅仅相当于 2007 年世界 500 强企业平均水平的 5.5%、1.64% 和 1.35%。从企业平均规模来说，东北企业同世界 500 强企业相比，差距悬殊。[①]

2. 东北企业的劳动生产率总体水平较低。一般以人均营业收入和人均利润水平来衡量劳动生产率。2007 年世界企业 500 强的人均营业收入 40.24 万美元，人均利润 2.94 万美元。同年入围中国企业与中国制造业企业 500 强的 41 家东北企业，其人均营业收入与人均利润分别为 4.9 万美元和 0.11 万美元，仅仅相当于世界 500 强企业平均水平的 12.18% 和 3.21%，说明东北企业的劳动生产率明显落后于世界 500 强企业。[②]

3. 东北企业与世界 500 强企业在经营效率方面各有优劣。从东北企业与世界 500 强企业的效率指标对比来看，2007 年入围中国企业与中国制造业企业 500 强的东北企业在平均收入利润率和平均净资产收益率方面，都落后于世界 500 强企业的平均水平。其中，东北 41 家企业的平均收入利润率为 2.174%，而世界 500 强企业的平均收入利润率为 7.32%，后者相当于前者的 3.37 倍；就平均净资产收益率指标而言，东北企业和世界 500 强企业分别为 6.74% 和 16.13%，后者相当于前者的 1.95 倍。这两项指标反映了东北企业在获利能力和为股东创造价值的能力方面与世界 500 强企业存在较大的差距。但是，在资产利润率和资产周转率方面，世界 500 强企业却略低于东北企业的平均水平。就资产利润率指标来看，东北企业和世界 500 强企业分别为 2.166% 和 1.794%；而在资产周转率方面，东北企业为 0.997 次/年，世界 500 强企业为 0.245 次/年，前者相当于后者的 4.07 倍。这反映了在振兴东北老工业基地政策出台后，东北企业的整体资产营运能力、经营管理能力和经营效率的大幅度提升，从而也看到了东北企业与世界企业 500 强相比，并非处于劣势，也应该充分看到其自身的优势和长处以及巨大的发展空间。[③]

4. 东北企业的行业分布较为集中[④]。依据企业第一主营业务，将企业类型划分为制造业、服务业和其他行业三大产业进行对比分析，其中其他产业中包括炼油、能源、工程建筑以及采矿原油等。

根据《中国企业发展报告（2007）》中的分析，[⑤] 2007 年世界 500 强的企业

[①] 根据《中国企业发展报告（2007）》（企业管理出版社 2007 年版）第 109、193 页数据整理得出。
[②] 根据《中国企业发展报告（2007）》（企业管理出版社 2007 年版）第 115、193 页数据整理得出。
[③] 根据《中国企业发展报告（2007）》（企业管理出版社 2007 年版）第 111、193 页数据整理得出。
[④] 为了和世界 500 强企业对比，本章在此选取了 2007 年入围中国企业 500 强的 26 家东北企业作为总体样本，分析其行业分布与世界 500 强企业的区别。
[⑤] 具体参见《中国企业发展报告（2007）》，企业管理出版社 2007 年版，第 110～118 页。

中，制造业企业为 155 家，占 500 强企业总数的 31%；服务业企业 273 家，占 500 强企业总数的 54.6%；其他行业企业 72 家，占 500 强企业总数的 14.4%。可见世界企业 500 强中，服务业比重占比较大，这也充分体现了经济发展的趋势。2007 年入围中国企业 500 强的 26 家东北企业中，制造业企业 18 家，占入围企业总数的 69.2%，占据了绝对的主导地位，而服务业和其他行业分别为 4 家，均占 26 家企业总数的 15.4%，这充分体现了东北作为中国老工业基地以重化工业为主导的特点。同时，服务业和其他行业发展规模相对较小，也体现了东北地区产业结构发展的失衡。

5. 东北制造业企业与世界 500 强企业中的制造业企业差距明显[①]。就企业平均规模而言，2007 年入围中国制造业企业 500 强的东北 33 家制造业企业的平均营业收入为 21.95 亿美元，而世界 500 强企业中的 155 家制造业企业的平均营业收入为 38.29 亿美元，后者相当于前者的 1.74 倍；东北制造业企业的平均利润为 0.58 亿美元，而世界企业 500 强中制造业企业的平均利润为 2.33 亿美元，后者是前者的 4 倍。这表明东北的制造业企业同世界 500 强企业中的同行业企业相比，依然存在较大的差距，总体规模较小，需要进一步做强做大。

更为现实的问题还在于，东北老工业基地的制造业大部分是传统产业，发展活力不足，技术相对落后，高新技术产业和技术创新能力不强，高能耗和低环保问题严重，这些与世界企业 500 强制造业企业的现实差距，虽然无法用数据加以衡量，但却是制约东北制造业企业的可持续发展和提升其竞争力的重要因素。

（二）东北企业与美、日、韩企业的比较

为了进一步说明东北企业与发达国家企业间的差距，更好地认清东北企业的不足及发掘自身潜在的比较优势，下面从国家的视角出发，选取美国、日本、韩国三个国家的大企业来与东北企业进行对比。选取美国与日本的目的很明显，因为在世界 500 强企业排名中，美国与日本两国入围的企业数量最多，长期以来一直引领着世界经济趋势的发展方向。这些企业经营理念成熟，经营模式先进，各方面都有很多值得学习与借鉴的地方。而选择韩国的主要目的是因为东北老工业基地与韩国在人口规模、国土面积、地理条件等很多方面比较相似，同时，东北与韩国在国际贸易、经济交流等许多方面的联系也十分密切，而且韩国企业的发展也是实行以工业化发展为主导的道路，因此很多方面值得我们学习和借鉴。下

---

① 在此，选取入围中国制造业企业 500 强的 33 家东北企业为样本，与世界 500 强企业中的 155 家制造业进行对比分析。

面，通过将东北企业与上述三国企业的对比分析，找出东北企业的优势与不足，为下面的分析提供可供借鉴的思路。

1. 东北企业与美、日、韩企业的平均规模与劳动生产率相比存在较大差距。2007 年入围世界企业 500 强的美国企业为 162 家，其平均营业收入为 471. 29 亿美元，平均利润为 49. 25 亿美元，均高于世界 500 强企业的平均水平，但是总资产平均为 1 349. 44 亿美元，略低于世界企业 500 强 1 704. 4 亿美元的平均水平。世界 500 强企业排名前三位的美国企业营业收入之和，就相当于本章所选择的全部 41 家东北企业的营业收入总和。这反映了美国企业在世界经济中的霸主地位，表明美国大企业的经营总体规模较大，经营效益较高。

日本入围企业共 66 家，其平均营业收入为 359. 28 亿美元，平均资产水平为 1 197. 64 亿美元，均略低于世界 500 强企业的平均水平，而平均利润为 15. 91 亿美元，仅相当于世界 500 强企业平均水平的 50%，表明日本企业虽然入围数量依然占据次席，但其企业盈利能力同美国企业相比，依然存在差距。

韩国虽然仅仅入围了 14 家企业，但在平均营业收入上与日本企业基本持平，为 351. 62 亿美元；而在企业平均利润上却略高于日本企业的平均水平，达到了 17. 4 亿美元；但其平均资产大大低于日本，仅为 602. 03 亿美元，只相当于日本企业平均资产水平的 50%，相当于世界 500 强企业平均资产规模的 35. 3%，这体现了韩国作为亚洲新兴经济体国家经济发展的强劲势头。

相对于上述三国，东北企业无论在平均营业收入、平均利润以及平均资产总额方面都无法与上述三国的大企业相匹敌，东北企业与美、日、韩三国大企业在总体规模上的差距悬殊。

另外，从劳动生产率来看，美、日两国企业的人均营业收入基本持平，而韩国企业的人均营业收入相当于美、日的 2 倍；就人均利润水平来说，美国与韩国持平，而日本企业的人均利润水平仅仅相当于美、韩企业的 50% 左右，体现了韩国企业无论在人均营业收入还是在人均利润水平方面都已经赶超了两大国，而美国与日本企业的劳动生产率均有不同程度的下降。尽管如此，东北企业与上述三国相比，劳动生产率水平依然大大落后。[①]

2. 东北企业与美、日、韩企业各种效率指标存在差异。从效率指标的对比来看（见图 4 - 1），美国企业在收入利润率、资产利润率和净资产收益率三个指标方面都领先于日、韩和东北企业，这也充分表明美国大企业十分重视企业经营效率和维护企业股东的权益，以股东财富最大化为经营目标的成熟的企业经营理念和营业模式较为突出。

---

① 以上数据根据《中国企业发展报告（2007）》（企业管理出版社 2007 年版）第 316 页数据整理得出。

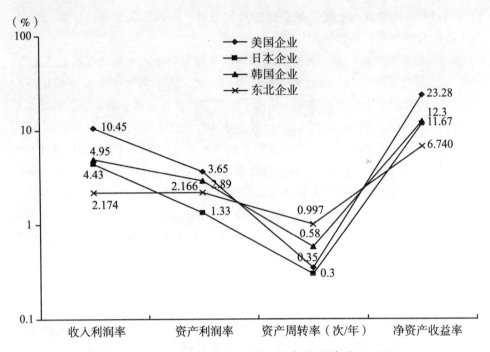

图 4-1　东北企业与美、日、韩企业效率指标对比

　　韩国企业在收入利润率、资产利润率、资产周转率和净资产收益率四项指标方面，都不同程度地高于日本企业的平均水平，尤其是资产收益率，是日本企业的2.17倍。这一方面是由于韩国企业资产规模较小，另一方面也表明韩国企业在整体经营效率方面已经全面赶超了日本企业。这对于东北老工业基地在振兴时期实施赶超战略，充分借鉴国外先进企业的发展经验，做强做大东北企业，具有重要的借鉴意义。

　　就东北企业本身而言，在经营效率方面，已经在资产周转率方面领先于美、日、韩三国，同时也领先于世界500强企业的平均水平；在资产利润率方面，东北企业已经超越了日本企业，相当于日本企业平均水平的1.63倍。虽然在收入利润率和净资产收益率方面东北企业还落后于美、日、韩三国水平，但是从韩国企业的成功经验，我们已经看到了东北企业的潜力和努力的方向。

　　3. 东北企业与美、日、韩企业相比，行业分布较为狭窄。从2007年入围世界500强的美、日、韩企业的行业分布可以看到，美国与日本由于入围企业数量众多，因此基本上涵盖了国民经济的各个领域，但总体上来说，是以服务业为主，制造业虽然也占有很大的比重，但都是科技含量较大的行业，如汽车、计算机、电子电器设备等。韩国企业虽然仅仅入围了14家，但是行业分布较广，达到了11个行业，体现了其均衡的产业发展状况。而东北企业正如前面所用的数据表明的，东北老工业基地一直以来以重化工业企业发展为主导，服务业和其他行业发展相对落后的产业结构失衡的特点。因此，从总体的行业分布来看，东北企业与美日韩企业相比，行业分布较为狭窄，服务业与其他行业的发展较弱，亟待提高。

二、东北企业规模的国内比较

（一）东北企业在中国 500 强企业中的位次

2007 年 8 月，中国企业联合会和中国企业家协会联合颁布了《中国企业发展报告（2007）》，排出了中国 2007 年企业 500 强、制造业 500 强和服务业 500 强企业的位次。通过对该排名进行分析，可以清楚地了解东北企业的总体状况。[①]

1. 东北企业在中国 500 强中的总体位次。中国企业 500 强总体上反映了我国大型企业的状况，这些企业凭借其所拥有和支配的各种资源，在国内外发挥着巨大的市场影响力，突出地表现在其营业收入和资产规模上。一个省份入选中国 500 强的企业越多，一般表明该省份在国内的总体经济实力越强，市场竞争力和影响力越大。2007 年，我国除了西藏自治区外的 30 个省、市、自治区都有企业入选。其中北京凭借其得天独厚的优势，共有 96 家企业入选，在各省份中高居榜首。江苏、广东、浙江、山东、上海和天津分别以 49 家、45 家、45 家、38 家、31 家和 28 家名列第 2～7 位。在东北三省中，辽宁省以 18 家名列第 8 位，而吉林和黑龙江两省各以 4 家入选企业与甘肃等省区并列第 22 名。东北三省入选 500 强企业的中国第一汽车集团公司、鞍山钢铁集团公司、黑龙江北大荒农垦集团总公司和沈阳铁路局进入了 100 强，分别排名第 16 位、48 位、90 位和 96 位，其余都在 100 名以外。从总体上看，在全国 31 个省份中，平均每个省区应有 16.13 家企业入选。但是，东北三省只有辽宁达到了 18 家，超过了平均数，而吉林和黑龙江两省都只有 4 家，使东北三省入选 500 强企业平均数每省只有 8.67 家，远低于全国的平均水平。[②] 这表明，东北三省的大企业在全国数量相对较少，经济实力较低，市场竞争力和影响力有限，尤其是与我国东部经济发达省份相比这种劣势更为明显。

2. 东北 500 强企业的行业分布。中国企业 500 强主营业务的产业分类，以国家统计局产业分类为基础，参考《财富》杂志的分类方法，共分 75 个行业，

---

① 中国企业 500 强不包括港澳台地区，下同。
② 根据《中国企业发展报告（2007）》（企业管理出版社 2007 年版）第 193 页数据整理得出。

包括制造业、服务业、其他产业三大板块。其他产业板块包括农林渔林业、煤炭采选业、石油天然气开采及生产、石油开采及石化业、建筑业、矿产采选业、电力生产业等 7 个行业。其他产业基本上涵盖了第一产业。

从 2007 年入选中国 500 强企业的行业分布情况。就全国而言，其他产业、制造业和服务业分别有 75 家、280 家和 145 家企业入选，其比重分别为 15%、56% 和 29%，与 2006 年相比变化不大。辽宁省其他产业、制造业和服务业分别有 1 家、14 家和 3 家，所占比重分别为 5.6%、77.8% 和 16.7%；吉林省分别有 1 家、2 家和 1 家，比重分别为 25%、50% 和 25%；黑龙江省分别有 2 家、2 家和 0 家，比重分别为 50%、50% 和 0。从东北三省总体来看，其他产业、制造业和服务业的企业分别有 4 家、18 家和 4 家入选中国企业 500 强，所占比重分别为 15.4%、69.2% 和 14.4%。①

以上数据从一个侧面反映出，在我国目前制造业仍然是国民经济主导力量的背景下，东北三省的经济发展对制造业的依赖程度更高，其中，黑色冶金及延压加工业、工业（含精密）机械、设备及零配件制造业和建筑材料及玻璃等制造业三个行业是东北三省制造业中的重中之重，占三省入选中国 500 强企业的一半以上。东北三省服务业的发展水平与全国平均水平相比仍存在很大差距。进一步看，辽宁省的经济对制造业的依赖程度要比吉林和黑龙江两省更高，上述三个行业占据辽宁省 500 强企业的一半。

3. 入选中国 500 强的东北企业的规模分析。从东北三省入选中国 500 强企业的平均规模状况分析。在销售收入上，500 家企业的平均销售收入为 3 497 621 万元/企业，辽宁省、吉林省和黑龙江省入选中国 500 强企业的平均销售收入分别为 2 154 959.9 万元/企业、4 430 623.8 万元/企业和 2 511 980 万元/企业，分别为全国平均水平的 61.6%、126.7% 和 71.8%。吉林省之所以高于全国平均水平，是由于排名第 16 位的中国第一汽车集团公司的销售收入较高。东北三省入选中国 500 强企业的平均销售收入为 2 559 988.2 万元，仅为全国平均水平的 73.2%。从资产总额来看，中国 500 强企业全国平均为 10 543 229 万元/企业，辽宁省、吉林省、黑龙江省和东北三省平均数分别为 2 281 429.2 万元/企业、3 467 772.3 万元/企业、2 959 582.8 万元/企业和 2 568 274.8 万元/企业，分别为全国平均数的 21.6%、32.9%、28.1% 和 24.4%。从销售收入和资产总额两个指标来看，东北三省除了中国第一汽车集团公司高于中国 500 强企业的平均水平外，其他企业都低于 500 强平均水平，其规模甚至不到中国 500 强企业平均水平的 1/4。②

① 根据《中国企业发展报告（2007）》（企业管理出版社 2007 年版）第 193 页数据整理得出。
② 根据《中国企业发展报告（2007）》（企业管理出版社 2007 年版）第 69、163 页数据整理得出。

东北老工业基地改造与振兴研究

4. 入选中国 500 强的东北企业的绩效评价。采用平均资产利润率、平均收入利润率、人均收入、人均利润和资产周转率①五个指标来评价各有关省份 500 强企业的绩效（见表 4 - 6）。

表 4 - 6　　　　　中国企业 500 强部分省份的绩效比较

省　份	平均资产利润率（%）	平均收入利润率（%）	人均收入（万元/人）	人均利润（万元/人）	资产周转率（次）
北京	1.28（9）	5.63（1）	75.88（7）	4.28（4）	0.23（11）
江苏	4.14（2）	3.27（4）	101.91（4）	3.33（5）	1.27（4）
广东	2.10（6）	5.17（2）	90.30（6）	4.67（3）	0.41（9）
浙江	3.87（3）	2.74（8）	109.79（3）	3.00（6）	1.41（1）
山东	3.43（4）	3.03（5）	68.46（8）	2.07（7）	1.13（5）
上海	1.29（8）	4.54（3）	122.22（2）	5.55（1）	0.28（10）
天津	4.26（1）	3.01（6）	155.58（1）	4.69（2）	1.41（1）
辽宁	2.72（5）	2.88（7）	48.51（9）	1.40（8）	0.94（7）
吉林	0.73（11）	0.57（11）	92.58（5）	0.52（10）	1.28（3）
黑龙江	1.16（10）	1.37（10）	12.08（11）	0.17（11）	0.85（8）
东北三省平均数	2.03（7）	2.04（9）	36.52（10）	0.74（9）	1.00（6）
全国平均数	1.53	4.63	74.38	3.44	0.33

注：括号内为该省份在十个省份及东北三省平均数中的该指标数值的排名。

资料来源：根据中国企业联合会、中国企业家协会的《中国企业发展报告（2007）》（企业管理出版社 2007 年版）第 193～205 页中的中国企业 500 强有关数据整理得出。

从表 4 - 6 中可以看出，在平均资产利润率指标上，500 强企业平均为 1.53%，辽宁省入选中国 500 强企业的该指标值为 2.72%，高于全国平均水平 78%，因此尽管吉林和黑龙江两省都低于全国的平均水平，但是东北三省的平均资产利润率高于全国 0.5 个百分点。单从这一指标来看，辽宁省入选中国 500 强企业经营效率比较高。但是深入分析却发现，辽宁省入选中国 500 强企业平均资产仅为全国平均水平的 21.6%，而平均利润只是全国平均水平的 38.4%，这说明辽宁省入选中国 500 强企业相对于全部 500 强企业而言，只是较小规模上的高效率；在平均收入利润率上，全国 500 强企业平均为 4.63%，而辽宁省、吉林省和黑龙江省均低于全国平均水平，东北三省入选中国 500 强企业的平均收入利

---

① 资产周转率指标是用收入除以资产总额。

润率还不到全国平均水平的一半；在人均收入上，全国平均水平为 74.38 万元/人，在东北三省中，只有吉林高于全国平均水平，达到了 92.58 万元/人，这主要得益于中国第一汽车集团公司的贡献，该公司的人均收入达到了 126.84 万元/人。东北三省的平均人均收入也不到全国平均水平的一半；在人均利润上，全国平均水平为 3.44 万元/人，而东北三省平均仅为 0.74 万元/人，还不到全国平均水平的 1/4。结合企业纳税情况进行分析，我们发现，东北三省入选中国 500 强企业的经营成本要比全国平均水平高，这反映出东北三省入选企业的经营效率比较低。黑龙江省入选企业仅为 0.17 万元/人的人均利润，这从另一个侧面说明了劳动密集型企业的绩效相对比较差；从资产周转率指标来看，东北三省的平均值为 1.00 次，比全国平均的 0.33 次要高，这也主要得益于东北三省入选企业的平均资产比全国平均水平低很多。总之，从上述五个指标的总体来看，东北三省入选企业的绩效与全部 500 强企业的平均水平相比还存在着很大的差异。

（二）东北企业与中国东部沿海地区企业的比较

改革开放以来，我国区域经济发展速度不断加快，逐渐形成了各具特色的经济区，其中影响最广泛、发展最快的三个区域是珠三角、长三角和环渤海经济区。珠三角地区主要是广东省；长三角地区的主要代表省份为上海、江苏和浙江；环渤海经济区的主要代表省份是北京、天津和山东。① 将东北三省入选中国 500 强企业与"三大增长极"中上述 7 个代表省份的 500 强企业进行比较分析，可以得出很多有价值的结论。

1. 总体比较。从全国各省份入选中国企业 500 强的基本情况可以看出，北京、江苏、广东、浙江、山东、上海和天津入选中国 500 强的企业数分列第 1 至第 7 位，这也从一个侧面反映了东部沿海地区对中国经济成长的巨大贡献。其中北京以 96 家高居榜首，排在第 7 位的天津也有 28 家企业入选。东北三省中，辽宁省以 18 家企业入选排在第 8 位，吉林和黑龙江两省各有 4 家企业入选，并列第 22 位。虽然中国第一汽车集团公司和鞍山钢铁集团公司进入了前 50 名，但是从总量上看，东北三省入选企业总计 26 家，比排在第 7 位的天津市还少 2 家。从平均数来看，东北三省平均每省 8.67 家入选企业，还不到排名第 7 位的天津的 1/3，更不到北京市的 1/10。② 这充分说明东北三省与东部沿海地区代表省份在经济发展水平和大型企业数量等方面存在的差距。

2. 行业分布比较。根据东北三省和东部沿海地区代表省份入选中国 500 强

---

① 环渤海经济区包括东北三省的辽宁省。

② 根据《中国企业发展报告（2007）》（企业管理出版社 2007 年版）第 193 页数据整理得出。

企业的行业分布可以发现，北京市入选中国 500 强企业的数量在其他行业、制造业和服务业这三大行业的比重为 21.9∶29.2∶49.0；江苏为 8.2∶71.4∶20.4；广东为 8.9∶48.9∶42.2；浙江为 11.1∶66.7∶22.2；山东为 15.8∶73.7∶10.5；上海为 6.5∶45.2∶48.4；天津为 7.1∶68.9∶25；辽宁为 5.6∶77.8∶16.7；吉林为 25∶50∶25；黑龙江为 50∶50∶0；东北三省平均为 15.4∶69.2∶14.4。[①] 综合来看，首先，上海入选中国 500 强企业的行业分布在这 10 个省份中最为合理，然后是北京和天津，最差的是山东；其次，东北三省的总体情况略微比山东合理一些，这是因为平均来看，东北三省其他行业和制造业的比重比山东低，而服务业的比重比山东高；第三，在东北三省中，辽宁的企业分布要比吉林和黑龙江两省更合理。

3. 规模比较。按照平均销售收入和平均资产两个指标排名比较企业规模（见表 4-7），北京入选中国 500 强企业规模最大，上海次之，吉林主要得益于中国第一汽车集团公司而排名第 4，黑龙江、东北三省平均数以及辽宁的排名基本上位于中游，山东、江苏和浙江则位列最后三名。虽然前面已经得出东北三省入选中国 500 强企业的平均规模比全国平均水平低的基本结论，但是，与现在的结论并不矛盾，这只能反映出北京和上海不仅入选中国 500 强的企业数量多，而且其企业规模巨大，从而拉高了入选中国 500 强企业的平均规模。在 30 个有企业入选中国 500 强的省份中，只有北京和上海的平均销售收入和平均资产都高于全部 500 强的平均水平。而东北三省入选中国 500 强企业平均规模最小的辽宁省，在平均销售收入方面只比北京、吉林、上海、湖北、广东、黑龙江、山西和天津低，平均资产只比北京、上海、广东、海南、湖北、吉林、山西、黑龙江、甘肃、四川和云南低。从各个省份的平均规模看，东北三省入选中国 500 强企业在全国居于中上游水平。

表 4-7　　　　东部沿海地区代表省份和东北三省入选中国
500 强企业规模比较

名次	省　份	入选企业数（家）	平均销售收入排名	平均资产排名	得分	得分排名
1	北京	96	1	1	2	1
2	江苏	49	10	10	20	10
3	广东	45	4	3	7	4
3	浙江	45	11	11	22	11
5	山东	38	9	8	17	9
6	上海	31	3	2	5	2
7	天津	28	7	9	16	8

①　根据《中国企业发展报告（2007）》（企业管理出版社 2007 年版）第 193 页数据整理得出。

续表

名次	省　份	入选企业数（家）	平均销售收入排名	平均资产排名	得分	得分排名
8	辽宁	18	8	7	15	7
22	吉林	4	2	4	6	3
22	黑龙江	4	6	5	11	5
东北三省平均数		8.67	5	6	11	

资料来源：根据中国企业联合会、中国企业家协会的《中国企业发展报告（2007）》（企业管理出版社 2007 年版）第 193～205 页中的中国企业 500 强有关数据整理计算得出。

4. 绩效比较。东部沿海地区代表省份和东北三省入选中国 500 强企业在平均资产利润率、平均收入利润率、人均收入、人均利润和资产周转率等企业绩效指标的排名情况如表 4 - 8 所示。按照两个指标排名数值相加得分少者为优的标准①来看，天津、江苏和浙江分别排在前三名，而辽宁、吉林和黑龙江三省则分别排在 10 个省份的后三名。这说明尽管东北三省入选中国 500 强企业的规模与东部沿海地区代表省份的企业规模相比比较高，但是其总体经营绩效较差，这应该是东北三省未来企业改革与发展所急需解决的重要问题。

表 4 - 8　　　　东部沿海地区代表省份和东北三省入选中国
500 强企业的绩效比较

省　份	平均资产利润率排名	平均收入利润率排名	人均收入排名	人均利润排名	资产周转率排名	得分	得分排名
北京	9	1	7	4	11	32	7
江苏	2	4	4	5	4	19	2
广东	6	2	6	3	9	26	5
浙江	3	8	3	6	2	22	3
山东	4	5	8	7	5	29	6
上海	8	3	2	1	10	24	4
天津	1	6	1	2	1	11	1
辽宁	5	7	9	8	7	36	8
吉林	11	11	5	10	3	40	9
黑龙江	10	10	11	11	8	50	10
东北三省平均数	7	9	10	9	6	41	

资料来源：根据中国企业联合会、中国企业家协会的《中国企业发展报告（2007）》（企业管理出版社 2007 年版）第 193～205 页中的中国企业 500 强有关数据整理计算得出。

---

① 这实际上是将平均资产利润率、平均收入利润率、人均收入、人均利润和资产周转率这五个指标对企业绩效的影响权重各赋值为 20%。

（三）东北企业在中国制造业 100 强中的位次

如前所述，作为老工业基地，东北三省对制造业依赖程度比较高，因此，下面对东北企业在中国 2007 年制造业 100 强中的位次进行简要的分析。

2007 年，我国有 23 个省、市、自治区企业入选按照销售收入排序的中国制造业 100 强。与中国企业 500 强一样，北京依然以 18 家企业名列第 1。入选企业家数的前 7 名仍然是前述的东部沿海地区的代表省份，只不过其位次发生了一定的变化：位列第 2 至第 7 名的省份依次是上海（11 家）、江苏（9 家）、天津（9 家）、山东（8 家）、广东（6 家）和浙江（6 家）。在东北三省中，辽宁省有 5 家入选，排名第 8，吉林和黑龙江两省各有 1 家入选，并列第 18 位。从平均数来看，东北三省平均每省入选 2.33 家企业，而全国平均每个省份入选 3.23 家。这反映出东北三省尽管制造业比较发达，但是与东部发达省份相比还存在一定的差距。值得一提的是，中国第一汽车集团公司在中国制造业 100 强中名列第 2，鞍山钢铁集团公司名列第 16 位，另外，大连西太平洋石油化工有限公司、北台钢铁（集团）有限责任公司和本溪钢铁（集团）有限责任公司都进入了中国制造业 100 强前 50 名（见表 4-9）。

表 4-9　　　　　　　东北企业入选中国制造业 100 强名单

名　　次	总部所在地	企业名称
16	辽宁	鞍山钢铁集团公司
43	辽宁	大连西太平洋石油化工有限公司
45	辽宁	北台钢铁（集团）有限责任公司
47	辽宁	本溪钢铁（集团）有限责任公司
52	辽宁	华晨汽车集团控股有限公司
2	吉林	中国第一汽车集团公司
56	黑龙江	哈尔滨电站设备集团公司

资料来源：中国企业联合会、中国企业家协会，《中国企业发展报告（2007）》，企业管理出版社 2007 年版，第 206~207 页。

从东北三省入选中国制造业 100 强企业的行业分布来看，主要是黑色冶金及压延加工业（3 家）、汽车及零配件制造业（2 家）、石化产品、炼焦及其他燃料加工业（1 家）和电力、电气机械设备、器材、线缆制造业（1 家），这一特点与中国 500 强企业的行业分布基本一致。但美中不足的是，作为全国装备制造业最为发达的地区，东北三省没有一家机床制造企业能够入选中国制造业 100 强。

　　从入选企业的平均规模来看，在东北三省中，仅有一家入选的吉林省凭借中国第一汽车集团公司雄厚的实力名列平均销售收入指标的榜首，湖北、北京和上海分列第2至第4名，辽宁省略低于全部500强企业的平均销售收入，处于全部省份的中游，而黑龙江省则处于各省份的下游。总体上看，东北三省入选中国制造业100强企业的平均销售收入在全国各省份中居于前列，高于全部省份的平均水平。从入选企业的平均资产规模来看，湖北省名列第1，吉林省第2，辽宁省和黑龙江省均略低于全部省份的平均水平。总体上看，东北三省入选中国制造业100强企业的平均资产居于前列，高于全部省份的平均水平。总之，从平均销售收入和平均资产来看，东北三省入选中国制造业100强企业的平均规模在各省份中比较大（见表4－10）。

表4－10　　　　全国各省份入选中国制造业100强情况

名次	省份	入选企业数（家）	平均销售收入（万元/家）	平均利润（万元/家）	平均纳税总额（万元/家）	平均资产（万元/家）	平均所有者权益（万元/家）	平均从业人数（人/家）
1	北京	18	6 200 739.4	119 710.39	289 560.78	7 070 709.8	1 676 397.6	103 239.12
2	上海	11	5 899 008.4	304 909.6	668 343.8	6 855 360.4	2 964 824.2	46 049.82
3	江苏	9	2 950 595.1	95 942.33	90 023.67	1 791 772.8	599 578.67	13 081.11
3	天津	9	3 998 157.9	133 265.63	148 708.75	2 197 842.6	840 474	23 565.89
5	山东	8	4 608 968.8	105 512.88	191 949.75	2 982 279.4	709 500.25	46 689.88
6	广东	6	4 927 394.5	192 450.5	347 169.33	3 403 210.2	945 563.33	47 263.17
6	浙江	6	2 406 841.2	69 324	246 915.67	1 500 248.3	483 282.5	8 597.67
8	辽宁	5	4 118 943.8	155 053	320 736.2	4 292 144.4	1 699 631.2	45 872
9	四川	4	2 664 501	63 278	188 918.75	3 291 338	859 781.75	47 857.5
10	安徽	3	3 244 205.7	98 839	210 421.3	3 700 108	778 034	38 899
10	云南	3	3 304 429	179 828.33	1 150 953.3	3 742 805.7	2 336 884.7	15 253.67
12	甘肃	2	2 866 300	189 598	218 233	3 155 876	926 474.5	31 610.5
12	河北	2	5 244 803	188 053	372 951.5	5 201 119	1 350 617	53 856.5
12	河南	2	2 350 997.5	54 755	143 816	1 346 645.5	456 048.5	36 103
12	湖北	2	9 867 925	630 323	1 295 610.5	11 358 791	4 746 512	122 595
12	湖南	2	3 268 873	192 061.5	1 030 601.5	3 588 328.5	1 436 121.5	27 597.5
12	江西	2	3 125 508	285 181	191 220	2 464 324.5	910 786	38 789
18	福建	1	2 880 036	22 420	70 123	895 062	155 646	10 000
18	广西	1	2 069 660	98 946	148 479	1 664 743	720 732	14 028

名次	省份	入选企业数（家）	平均销售收入（万元/家）	平均利润（万元/家）	平均纳税总额（万元/家）	平均资产（万元/家）	平均所有者权益（万元/家）	平均从业人数（人/家）
18	黑龙江	1	3 086 553	42 138	65 671	3 951 571	298 388	25 280
18	吉林	1	14 916 914	55 793	1 970 698	11 320 331	1 550 029	117 600
18	内蒙古	1	2 802 392	10 858	251 386	4 144 426	1 366 640	57 000
18	山西	1	5 343 272	282 173	309 066	6 536 176	1 846 958	48 210
东北三省平均数		2.33	5 514 026.57	124 742.29	520 007.14	5 247 517.70	1 478 081.90	53 177.14
全部平均数		3.23	4 553 646.09	153 111.11	354 686.64	4 311 340.4	1 354 532.3	48 248.374

资料来源：根据中国企业联合会、中国企业家协会的《中国企业发展报告（2007）》（企业管理出版社 2007 年版）第 206～207 页中有关数据整理得出。

就中国制造业 100 强的绩效而言，在平均资产利润率指标上，江西省名列第 1。东北三省只有辽宁省略高于全部省份的平均水平，黑龙江和吉林两省在 23 个省份中名列第 21 和 22 名，尤其是代表吉林的中国第一汽车集团公司的资产利润率仅为 0.49%，从而导致东北三省入选中国制造业 100 强企业的平均资产利润率指标在全部省份中排在倒数第 6；在平均收入利润率指标上，江西省名列第 1。与资产利润率指标相似，辽宁省略高于全部省份的平均水平，黑龙江名列第 20 名，吉林省倒数第 1。正因为如此，东北三省入选中国制造业 100 强企业的平均收入利润率指标在全部省份中排在倒数第 6；在人均收入指标上，福建省排名第 1，吉林和黑龙江两省分列第 8 和第 9 位，均高于全部省份的平均水平，而辽宁则低于全部省份的平均水平，导致东北三省的平均人均收入位于全部省份的中下游水平；在人均利润指标上，云南省名列第 1。在东北三省中，辽宁省略高于全部省份的平均水平，位居全部省份的第 14 名，而黑龙江和吉林都低于全部省份的平均水平，吉林更是在 23 个省份中名列倒数第 2，平均人均利润指标位于全部省份的中下游水平；在资产周转率指标上，福建排名第 1。东北三省中，吉林名列第 8，高于全部省份的平均水平，辽宁略低于全部省份的平均水平，黑龙江位列倒数第 2，东北三省的资产周转率排在全部省份的中游水平。总之，通过这五个绩效指标的考察可以看出，东北三省入选中国制造业 100 强企业的平均绩效在 100 强企业中总体上处于下游水平，经济效益和经营效率都比较低（见表 4 - 11）。

表 4 – 11　　　　全国各省份入选中国制造业 100 强绩效状况

省　份	平均资产利润率（%）	平均收入利润率（%）	人均收入（万元/人）	人均利润（万元/人）	资产周转率（次）
安徽	2.67	3.05	83.40	2.540	0.88
北京	1.69	1.93	60.06	1.16	0.88
福建	2.50	0.78	288.00	2.242	3.22
甘肃	6.01	6.61	90.68	6.00	0.91
广东	5.66	3.91	104.25	4.07	1.45
广西	5.94	4.78	147.54	7.05	1.24
河北	3.62	3.586	97.38	3.49	1.01
河南	4.07	2.33	65.12	1.52	1.75
黑龙江	1.07	1.37	122.09	1.67	0.78
湖北	5.55	6.39	80.49	5.14	0.87
湖南	5.35	5.88	118.45	6.96	0.91
吉林	0.49	0.37	126.84	0.47	1.32
江苏	5.35	3.25	225.56	7.33	1.65
江西	11.57	9.12	80.58	7.35	1.27
辽宁	3.61	3.76	89.79	3.38	0.96
内蒙古	0.26	0.39	49.16	0.19	0.68
山东	3.54	2.29	98.71	2.26	1.55
山西	4.31	5.28	110.83	5.85	0.82
上海	4.45	5.17	128.10	6.62	0.86
四川	1.92	2.37	55.68	1.32	0.81
天津	6.06	3.33	169.66	5.66	1.82
云南	4.80	5.44	216.63	11.79	0.88
浙江	4.62	2.88	279.94	8.06	1.60
东北三省平均数	2.38	2.26	103.69	2.35	1.05
全部平均数	3.55	3.36	94.38	3.17	1.06

资料来源：根据中国企业联合会、中国企业家协会的《中国企业发展报告（2007）》（企业管理出版社 2007 年版）第 206～207 页有关数据整理得出。

三、东北地区企业规模特点分析

通过对国外发达国家和国内发达地区企业规模的分析比较，可以发现东北地区企业在规模上存在一些特点。

（一）大型企业行业分布单一，主要集中于少数几个行业

多年来，东北老工业基地产业结构呈现非均衡发展的态势，主要表现为重化工业较为发达，大型企业主要集中于重化行业，包括冶金、石化、汽车、装备制造等，而轻工、电子、高科技、服务等行业的大型企业较少。2007 年，东北地区共有 26 家企业进入中国企业 500 强，其中钢铁企业 5 家，装备制造业企业 4 家，原材料企业 4 家，汽车企业 2 家，煤炭企业 2 家，石化企业 1 家，仅有 8 家非重化工企业进入中国企业 500 强，重化企业的比重高达 69%。[①]

东北地区大型企业主要集中于重化工业是多种因素造成的：一是新中国成立之前，日本占领东北期间，为了掠夺东北的资源，建立和开发了很多依托于东北地区丰富资源的重化工企业，如鞍钢、抚顺煤矿、鹤岗煤矿等；二是新中国建立后，国家在计划经济时期，对东北地区重化工业投入了巨额资金，包括从苏联引进的 156 个重大工程项目，有 56 个安排在了东北，建立了一批大型重化工企业，如大庆油田、一汽等；三是改革开放以来，东北地区各级政府重视发挥自身的比较优势，对原已形成规模的大型重化工企业给予了多方面的支持，特别是调整改造阶段，鼓励和推动企业兼并重组，企业自身也进行了一系列改革，使原有企业的规模不断壮大，如鞍钢和本钢的合并、一汽集团在省内外的兼并、哈尔滨电站设备集团的扩张等。

（二）大型企业数量处于国内中下水平，近年来呈不断减少之势

东北地区大型企业数量总体上处于全国中等偏下水平，同国内发达地区相比有较大的差距。2007 年，东北地区进入中国 500 强企业共计 26 家，其中辽宁 18 家，排全国第 8 位；吉林 4 家，排全国第 22 位；黑龙江 4 家，排全国第 22 位。

东北地区大型企业数量近年来呈现出逐步萎缩之势，主要表现在进入中国 500 强企业的数量逐年减少。2002 年，首次评定中国 500 强企业时，东北地区有 32 家企业入选，而 2007 年仅有 26 家企业上榜，下降幅度为 18.75%。[②]

---

①②　根据《中国企业发展报告（2007）》（企业管理出版社 2007 年版）第 193 页数据整理得出。

从自己本身对比来看，近年来东北地区的大型企业通过改组改造，企业面貌发生了较大变化，各项经营指标不断改善，企业效益逐年上升。然而，同一时期，中国经济增长最快的东部沿海地区的企业，呈现出更快的发展势头，各种经营指标快速提升，企业竞争力大幅提高，企业规模迅速扩展，这导致这些地区企业在国内外排行的位次不断前行，越来越多的企业跻身于世界和中国 500 强的行列，结果使东北地区企业的位次不断后移。此外，近年来，煤炭、有色金属等各种资源类产品的价格快速上涨，有的已翻了几倍，由此导致从事这些产品开发和生产的企业的收入和效益随之大幅提升，根据总产值、利润总额等指标所确定的企业规模也迅速扩展。由于很多资源类企业位于中西部地区，因而这些地区相关企业的排名位次也呈现出了前移的态势。

（三）中型企业快速发展，对地区经济的贡献不断增大

以重化工业为支柱的东北地区，大型企业长期以来一直处于举足轻重的地位，在地区经济发展中发挥着十分重要的作用。然而，近年来此种状况发生了一些变化，主要表现为中型企业成长迅速，在经济发展中的地位明显提升，成为推动地区经济增长的重要力量，这是近年东北地区企业规模结构变化的一个显著特点。2006 年，东北地区工业总产值中，大企业占 54.25%，中型企业占 20.13%，小型企业占 25.63%，而 2001 年的比重分别为 69.47%、7.51% 和 21.37%，5 年间中型企业份额提高了 12.62 个百分点。2001～2006 年期间，大、中、小型企业的工业总产值分别增长了 118.03%、648.19% 和 210.9%。[①]

东北地区中型企业的快速增长，得益于两方面因素的推动：一是企业所有制的改革。东北地区近年来大力推进企业所有制改革，中小型企业普遍实行了股份制。所有制的改革大大增强了中型企业的活力，使企业各个方面的积极性得以充分调动。通过股份制的形式，企业吸引了大量外部投资，促进了规模的扩张。企业通过收购、兼并、参股等方式，外延式发展明显加快，整体实力不断增强。二是新兴产业的发展。近年来，东北地区在产业结构调整过程中，新兴产业出现了较快发展的势头，在电子信息、新材料、航空、仪器仪表、生物医药等领域，初步形成了一批在国内有较大影响的企业。新兴产业中企业的规模最初一般都是中小型的，但其成长性非常好，一旦立住脚，小型企业很快发展成中型企业，但由于其产业特点，很少能够发展成为与装备制造、石化等企业相媲美的大型企业。这就导致东北地区新兴产业中的绝大部分企业是中型企业，这些企业的建立和发展促进了中型企业对东北地区总体经济做出了越来越大的贡献，但从百强企业中看不出起作用。

---

① 根据《中国工业经济统计年鉴》（2002、2007）中相关数据整理得出。

（四）绝大部分大企业为国有或国有控股企业，其他类型企业规模较小

东北地区大型企业的产权结构比较单一，绝大多数企业是国有企业，其中不少是中直企业。虽然这些企业近年来大都进行了股份制改造，有的已经在证券市场公开上市，但国有股份仍然处于支配性地位，其他类型企业，包括民营、外商投资企业等，规模都不大，很少跻身于国际、国内百强企业排行榜中，而且东北地区有些民营企业的私密性较强，无法准确判断其规模。2007 年进入中国企业 500 强的 26 家东北企业，国有及国有控股企业 21 家，占总数的 80.77%；民营企业 4 家，占 15.38%；中外合资企业 1 家，占 3.85%。[①]

国有经济处于举足轻重地位一直是东北经济的主要特征。改革开放以来，东北三省在企业所有制改革方面做出了一系列努力，取得了一些成效，但同南方先进省市相比，产权制度改革滞后，像商业、服务业等国有经济应该逐渐减少乃至退出的非国计民生行业，国有经济仍然占有较大的比重。此外，东北地区的很多大型企业处于国民经济的命脉行业，如钢铁、石油石化、矿山、军工等。这些企业关系到国家的经济安全，一直由国家掌握和控制。因此，东北地区大型企业的国有化特征，既有进一步改革的必要，也有继续保持的客观需求。

东北地区国有企业比重过高的另外方面的原因是民营企业和外资企业规模不大。东北地区民营企业虽然在改革开放初期即开始出现，但受到政策、技术、人才等方面因素的限制，始终难以做强做大。东北民营企业对国有企业的依附性较强，也是其难以做强做大的客观原因。这一切限制了东北地区民营企业规模的不断扩张，导致了在国内外具有重大影响的大型民营企业凤毛麟角。

东北地区较大规模外商投资企业数量较少的原因，一是大型跨国公司很少在东北设立地区总部，所建立的企业很多都是生产配套产品的附属性企业；二是外资进入东北地区所采取的形式主要是新建企业，通过收购兼并现有企业所建立的外资企业较少，而后一种形式是目前国际资本流动的主要形式，通过并购国内现有大型企业所建立的外资企业，在建立伊始即可以达到较大的规模。

（五）东北三省发展不平衡明显，辽宁省总体情况好于其他两省

多年来，东北三省经济发展水平存在着较大的差异，其中辽宁省一直处于领先地位，这种差异也体现于企业规模上。2007 年东北三省进入中国 500 强企业

---

① 根据《中国企业发展报告（2007）》（企业管理出版社 2007 年版）第 11、193 页数据整理得出。

26 家，其中辽宁 18 家，全国排行第 8 位，吉林 4 家，黑龙江 4 家，并列第 22 位。辽宁省上榜企业数是吉林、黑龙江二者之和的 2.5 倍。同年，东北三省进入中国制造业企业 500 强 33 家，其中辽宁 27 家，吉林 2 家，黑龙江 4 家；进入中国服务业企业 21 家，其中辽宁 16 家，吉林 3 家，黑龙江 2 家。①

从上榜企业的经济效益来看，按照平均资产利润率、平均收入利润率、人均收入、人均利润、资产周转率五个指标等值权重计算，辽宁高于吉林 11.1%，高于黑龙江 38.9%（见表 4 – 11）。

第三节　东北企业做强做大的制度创新

东北振兴在一定意义上取决于企业，尤其是大企业的核心竞争力。东北企业要进一步做强做大，就需要进行制度创新。

一、东北企业做强做大的制度性障碍与创新路径

（一）制度变迁的路径依赖理论

科斯由于 1937 年在其经典论文中将边际分析引入制度分析，建立起边际交易成本概念，开辟了制度分析的新领域，被诺斯称为"新制度经济学"的开端。而以诺斯和舒尔茨为代表的制度变迁理论，是新制度经济学的进一步发展。青木昌彦、诺斯还将博弈论引入制度分析，将制度看作是一种内生的博弈规则，诺斯进一步将这种博弈规则分为两大类：一是正式制度，包括成文的宪法、产权制度、契约制度、市场规则、法律制度等；二是非正式制度，包括作为文化形态的价值观、习惯和习俗等。二者之间的相互作用，其协调性和适应性决定着制度发挥作用的水平。制度经济学曾对制度、制度环境和制度变迁等做过解释，后者被理解为制度的替代转换与交易的过程，或者称之为一种更有效益制度的产生过程。②

对于东北企业遇到的制度困境或制度性障碍，可用新制度经济学的路径依赖理论进行分析。所谓路径依赖（Path Dependence）是一个具有正反馈机制（Positive Feedback System）的体系，一旦在外部偶然性事件的影响下被系统所采纳，

---

① 根据《中国企业发展报告（2007）》（企业管理出版社 2007 年版）第 11、193 页数据整理得出。
② 参见卢现祥：《西方新制度经济学》，中国发展出版社 2003 年版。

便会沿着一定的路径发展演进，而很难为其他潜在的甚至更优的体系所取代。路径依赖最先是被生物学家用以描述生物演进路径的，后来被用来描述技术变迁过程的自我强化、自我积累性质。[①]

诺斯（1994）把技术变迁的上述机制扩展到制度变迁中来。他指出，在制度变迁中同样存在着报酬递增和自我强化机制。这种机制使制度变迁一旦走上某一路径，它的既定方向会在以后的发展中得到强化。所以，人们过去作出的选择决定了他们现在可能的选择。沿着既定的路径，制度变迁可能进入良性循环的轨道，迅速优化；也有可能顺着错误的路径走下去，甚至被锁定在某种无效率的状态中。而一旦进入锁定状态，需走出这种境地就非常困难。具体地说，这种自我强化机制可概括为四种形式：（1）制度重新创立时的建设成本；（2）与现存的制度框架和网络外部性以及制度矩阵有关的学习效应；（3）通过合约与其他组织和政治团体在互补活动中的协调效应；（4）以制度为基础增加的签约由于持久而减少了不确定性的适应性预期。[②]

（二）做强做大东北企业的制度性障碍

东北老工业基地企业在向市场经济转轨过程中暴露出来的问题不仅仅是经济发展上的差异，从本质上来看，是制度安排、制度结构和制度利用效率的差距。东北的制度困境并不是一个新问题，早在20世纪90年代，在体制转轨和市场化过程中，东北老工业基地就出现了严重的不适应症——企业步履艰难、经济效益严重下滑、转制困难、债务负担严重等，人们就将之称为"东北现象"。东北老工业基地调整改造首先要重点解决的就是制度失衡问题。从本质上说，东北改革和发展中出现的制度失衡问题，从正式制度来看主要表现为体制问题，从非正式制度来看主要表现为观念问题。前者主要涉及改革和完善东北地区的市场经济体制、国有企业体制、技术创新体制等；后者主要是解放思想，摒弃传统观念，使市场精神和法制观念深入人心。

1. 正式制度的失衡是困扰东北经济发展的核心问题。东北老工业基地正式制度的失衡，主要表现在以下三个方面：

（1）产权制度改革变迁缓慢。改革开放以来全国各地都采取了一系列措施发展三资企业和民营企业，非国有经济已成为推动地方经济发展的重要力量。但由于种种原因，东北地区的产权制度改革与经济发达地区相比，显得缓慢许多。据有关资料显示，1978~1997年，全国国有工业产值比重下降了52.3%，年均下降3.3个百分点，而同期东北地区仅下降了27.8%，年均下降1.6个百分点，

---

①② 参见卢现祥：《西方新制度经济学》，中国发展出版社2003年版。

只相当于全国平均水平的一半。2002 年，东北三省规模以上国有控股工业企业增加值占规模以上工业的比重依次为：黑龙江 89.3%、吉林 77.8%、辽宁 62.7%，均远高于全国 52.8% 和平均水平。[①]

（2）市场制度变迁滞后。中国的改革开放实质上是市场化改革的过程。根据樊纲和王小鲁（2003）的统计，2000 年东北三省市场化指数和市场化排序分别为：辽宁省指数为 6.4，排名第 10 位；吉林 5.5，排名第 18 位；黑龙江 5.16，排名第 21 位。东北三省市场化指数远低于广东（8.41，第 1 名）、浙江（8.32，第 2 名）、福建（8.10，第 3 名），江苏（7.90，第 4 名）等经济发达地区；并且除辽宁外，其他两省均低于全国平均水平（5.81）。[②]

（3）地方政府制度供给不能满足制度变迁对新制度的需求。由于东北的特殊情况，政府不能向深圳和南方一些省份的政府那样及时退出，致使东北地区的制度变迁与东部沿海省份有所不同。

2. 非正式制度的失衡是东北地区经济发展滞后的重要环节。由于长期处于计划经济体制下，东北企业和职工"等、靠、要"思想比较严重，对政府依赖程度比较大。再加上东北地区在历史上思想比较保守，接受新事物比较慢，容易安于现状，如只讲"就业"。因此，振兴东北既要进行正式制度的改革，也要高度重视非正式制度领域的变革和进步。

（三）做强做大东北企业的制度创新路径

由于东北企业和经济发展上的差异，从本质上来看，是制度安排、制度结构和制度变迁绩效方面的差距，所以，做强做大东北企业的制度创新应沿着以下三条路径进行：（1）利用国有经济战略性调整机遇，调整东北老工业基地的所有结构；（2）通过国有企业的改组改制，实现企业产权结构的多元化，建立现代企业制度；（3）积极引导非公有制经济健康发展，通过不同的形式与公有制经济相互渗透、相互融合，加快东北振兴步伐。

二、东北企业做强做大与国有经济的战略性调整

（一）国有经济的功能与地位

随着非公有制经济比重的不断上升，东北的国有经济也逐渐从一般竞争性领

---

① 高闯等：《辽宁企业改革与发展问题研究》，辽宁大学出版社 2006 年版。

② 樊纲、王小鲁：《中国市场化相对进程报告》，《经济研究》2003 年第 3 期；胡浩志、彭云汉：《刘志聪制度变迁中的路径依赖与我国国企改革》，《晋阳学刊》2004 年第 6 期。

域中退出，但由于东北国有经济在落实国家重大发展战略中的特殊地位，国有经济必须继续发挥主导和核心作用。结合东北经济的实际状况，国有经济功能主要定位于以下三个方面：

1. 增强能源、重要原材料和重大技术装备的持续供给能力。东北的能源、原材料资源相对丰富，工业基础雄厚，多年来一直是"共和国的长子"、"新中国的装备部"。改革开放后，虽然国有经济的格局发生了一定变化，但东北对全国的重要性没有发生根本变化，在某种意义上说，仍将对整个国民经济发展具有十分重要的作用。从这个意义上说，国有经济仍占有重要的地位。

2. 增强关键产业技术的自主创新能力。增强关键产业技术的自主创新能力，是推动我国经济发展方式转变，实现由经济大国向经济强国跨越的重要途径。在经济全球化趋势日益强化的情况下，综合国力的竞争主要以科技实力作支撑。发达国家的经验表明，企业是技术创新的主体，大企业又是企业创新的骨干力量。当今世界科技研发投资的80%、技术创新的70%均由世界500强企业创造和拥有，62%的技术转让在世界500强企业间进行。2000年全世界科研经费约5 900亿美元，其中60%左右分布在发达国家的大企业。发达国家500家大跨国公司拥有全世界90%的生产技术和75%的技术贸易。[①] 东北振兴显然也需要大企业的支撑，大企业、企业集团也是自主创新的重要力量。东北大企业在东北振兴中的作用不仅表现出替代进口商品等，也可以为从引进创新逐渐转化为自主创新提供模式和路径。

3. 增强对国民装备、国家安全和国家竞争力的支撑能力。从更深层次意义上说，东北的国有经济除了自身发展，更多的是对共和国所肩负的责任，即对国民装备、国家安全和国家竞争力的增强发挥重要作用。以"东北制造"、"东北创造"支撑"中国制造"和"中国创造"；壮大军事工业保持国家安全；增强区域竞争力以增强综合国力和国家竞争力。在这些方面，东北的国有经济具有不可替代的作用。

东北国有经济的这三种能力，是互相促进、互相关联的。关键产业技术的创新能力直接关系到能源和重要原材料、重大技术装备供给能力的增强；而上述能力的强化可以极大地增强对国民装备、国家安全和国家竞争力的支撑能力。同样，综合国力的增强也有利于对东北振兴注入强大的动力。

（二）国有经济调整对东北企业做强做大的战略意义

1. 优化东北企业中国有经济的产业分布。总的原则是要使国有资产从分散

---

① 尚启君：《对新发展观下国有经济功能定位的思考》，《产权导刊》2007年第1期。

的中小企业向大型和特大型的企业集团集中、从低效的劣势企业向高效的优势企业集中、从一般竞争性领域向需要国有经济发挥作用的战略性领域集中，通过适当减少国有经济介入的行业和企业，达到集中力量、保障重点、提高效率、增强竞争力的目的。国有经济应该主要集中在那些关系到国家安全、经济命脉和国计民生的产业中，而在其他的产业中应该有所选择地进行必要调整或者退出，这不仅对东北经济的健康发展具有长远的战略意义，而且对国有企业的快速、优质发展也具有重要的现实意义。特别需要注意的是，东北三省的国有经济产业结构调整不能简单地演绎为"国退民进"，笼统地说"国有企业要从一切竞争性领域退出"，"进"与"退"、"为"与"不为"，是一个有机的整体。"进"和"有所为"是发展，"退"和"有所不为"也是发展，有时是为了更好地发展，目的都是为了增强国有经济的控制力，提高国有经济的质量，更好地发挥国有经济在国民经济中的主导作用。

2. 调整东北企业中国有企业的规模结构。东北目前的国有工业企业有两个典型特征：一是国有大中型企业在国有工业中具有特别重要的地位。按照"抓大放小"的原则，一方面，国有大中型企业在东北发展一批骨干力量，有计划有步骤地在关系国计民生的重点产业和关键行业推行规模战略，充分发挥一部分国有企业在科技、管理和资金方面的优势，形成自己的拳头产品和品牌产品；另一方面，政府实行政策倾斜，壮大国有企业的基础实力，通过国家的资本注入和贷款倾斜，加快企业技术改造，解决国有大企业设备老化问题，增强大企业的经济实力；二是小企业具有自己的特点，而且也有其成长壮大的过程。在大型国有企业从竞争性领域向战略性领域集中的同时，国有中小企业根据自身需要，采取租赁、承包、联合、股份合作制、委托经营和出售等方式进行改制，改制后的国有小企业在一般竞争性和盈利性较好的领域实现以民营经济为主体发展的局面，国有小企业根据自己的特点，使国有资本全部抽回或者部分退出，这对小企业的成长具有重要的战略意义。

根据以上情况，必须调整东北国有工业企业的规模结构，"抓大"与"放小"协调进行，最终形成一批拥有自主知识产权、主业突出、核心能力强、具有国际竞争力的大公司和企业集团，发挥它们在资本营运、资源配置、技术创新、市场开拓等方面的优势，增强国有经济的竞争力和控制力。

（三）国有经济布局战略性调整的基本途径

1. 从以行政性调整为主向以市场调整为主转变。调整国有经济布局有两种思路：一是以行政性调整为主的方式。在这种方式下，由各级政府提出哪些国有企业应该加强，哪些国有企业应该合并，哪些国有企业应该关闭等，然后再通过行政调整方式加以执行；二是以市场为主的调整方式。在这种方式下，政府只提出总体规划，而主要通过市场方式得以实现。借鉴市场经济国家的通行做法，结合我国已有的一些成功经验，在东北地区国有经济布局的战略性调整中，最理想的方式是依托现有国有企业的基础，在国家产业政策的引导下，充分利用市场的力量，以达到国有资产的战略重组带动国有经济布局和经济结构优化的目的。

对国有经济布局进行战略调整，主要有以下几种具体形式：

（1）兼并收购。兼并收购的含义是企业被重组后失去了法人资格的"兼并"和保留法人资格的"收购"。国有或非国有的优势企业对经济效益欠佳的国有企业进行兼并收购，并在新的控股企业的主持下重振雄风。

（2）债务重组。"拨改贷"后，一些国有企业由于经济效益差，为此背上了沉重的债务包袱，而这些债务又是由国有银行的贷款形成的。对这类过度负债的企业进行债权与股权的置换，以增加银行对国有企业的控制与监督，或通过银行将债权以拍卖的方式出售给合格的买主，以便控股股东可以对企业和经理人员进行更好的控制与监督，从而改善公司的治理结构。

（3）售股变现。无论在国家的层次上或是在国有控股公司的层次上，都可以采取这种形式扩充非国有资本的参与和取得可供国家机动支配的资金，用于急需国有经济涉足的领域。

（4）扩股融资。主要指对经营效益好、产品市场占有率高、经营管理水平高的国有企业通过证券市场募股融资，吸收非国有资本参股，从而改善公司的股权结构和增强国有企业的实力。

（5）破产清盘。即对那些设备老化、产品无销路、经营管理水平低且扭亏无望的国有企业，严格依法实行破产清盘，促进其存量资产流向优势企业。

2. 国有经济的调整与国有企业的改革、改造和加强管理相结合。进一步推进国有企业改革，必须明晰产权，明确国家和企业的权利和责任。国家在公司制企业中，按投入企业的资本额享有所有者权益，对企业的债务承担有限责任；企业依法自主经营、自主盈亏。政府不能直接干预企业经营活动，企业也不能不受所有者的约束，损害所有者的权益。通过多种形式的公司制改革，充实企业资本金，培育和发育多元化投资主体，推动政企分开和企业经营机制的转变。

3. 全面深化改革，为调整国有经济战略布局创造良好的外部环境。

（1）加紧建立健全社会保障体系。以医疗、养老、失业等社会保险为核心，包括政府救济和社会福利在内的社会保障体系，是国有经济布局战略调整顺利实现的必要保障。采取切实可行的措施加速建立适合我国国情的社会保障体系显得尤为迫切：一是可以为加快经济发展，为提高保障水准创造物质基础；二是有助

167

于解决东北国企改革后出现的失业、下岗问题，有效地降低失业率；三是充分调动国家、集体、个人及其家庭的积极性，多方筹措社会保障基金。

（2）加快财政、金融体制改革的步伐。必须加快实行财政体制改革：一是理顺政府与国有企业的关系，把国家作为社会经济管理职能与国家作为国有资产所有者代表职能严格区别开来；二是通过对包括国有企业在内的市场主体征税来实现国家的社会经济管理职能，通过对国有资产按市场的原则取得资本收益来实现国家的国有资产所有者职能；三是严格实行复式预算，把经常性预算与建设性（资本性）预算严格划分开来，同时，由于国有经济布局的战略调整客观上要求资金运动按社会资源的优化配置和经济协作过程全方位流动，要求有健全的资金渠道和工具。因此必须深化金融体制改革，加强金融市场的发展和专业银行商业化的步伐：一是理清并处理好债权债务问题；二是发展包括股票市场在内的资本市场。

（3）加强对下岗职工的再就业培训。伴随国有经济布局的战略性调整，必然有一些职工要失去原来的工作，因而再就业问题显得十分突出。为此，要建立各级各类职业学校，加强对职工的培训，想方设法提高他们的素质，提高其适应市场的能力。

三、东北企业做强做大与国有企业的改组改制

（一）国有企业改组改制对东北企业做强做大的战略意义

调整改造以来，东北的国企改革取得了重大突破。截至 2006 年底，辽宁省85% 以上的国有大型工业企业实现了股份制改造，国有中小工业企业产权制度改革基本完成；吉林省列入攻坚计划的 816 户国有工业企业改制全面完成，目前正着手解决改制后企业的后续有关问题，以及推进商业、建筑业等行业国有企业改革改制工作；黑龙江省完成改制企业 3 302 户，占应改制企业的 96%，国有企业改制工作基本完成。此外，企业联合重组步伐加快。鞍钢与本钢联合重组为鞍本钢铁集团，大连造船和新船两大船舶生产厂合并成立大连船舶重工集团，大重和大起合并为大重·大起集团，沈重和沈矿重组为北方重工集团，沈阳鼓风机、水泵、压缩机厂合并为沈鼓集团，中铝集团收购了抚顺铝业有限公司的全部股权，中国兵器工业集团重组了辽宁华锦化工集团，中钢集团公司重组了原吉林碳素股份有限公司，中煤能源集团公司接收了哈尔滨气化厂、哈尔滨煤炭工业公司等单位的资产，沈阳机床、大连机床分别成功收购了德国希斯公司、美国英格索尔集

团机床公司，一批大型企业集团公司正在积极推进由大向强的转变。[①]

国有企业的重组对东北企业做强做大具有重要意义：首先，可实现企业产权结构的多元化，投资者根据自身经验和价值判断及对企业利润要求，通过对企业产权的转让交易发现企业的真实市场价值，能够有效地对经营者业绩作出正确判断；其次，形成规范公司治理结构，通过董事会和监事会中股东之间的利益博弈实现对企业经营者的有效激励和约束；再次，通过引进战略投资者带来先进的管理理念，引起对企业固有文化和习惯的冲击，促进企业职工转变观念适应市场经济的要求，提高企业内部管理水平和工作效率，整合企业的资源，促进企业经济效益的提高；最后，通过企业增资扩股，扩大国有企业规模，利用投资者带来的资金、先进技术和设备，实现规模经济效益，并补充企业的流动资金，改善企业债务结构。

（二）国有企业改组改制的基本模式

1. 直接改制模式。直接改制模式是指以评估后的国有净资产作为员工补偿金和各项经费的来源，通过经营者、普通员工或外部投资者现金出资购买剩余国有净资产的方式，达到国有资本部分或全部退出、股权多元化的目的。直接改制模式按照国有资本对改制企业的影响力，可分为国有资本控股模式、国有资本参股模式和国有资本退出模式（其特点和适用范围见表4-12）；按照改制范围则可以分为整体改制、部分改制、分立改制和合并改制，模式的比较如表4-13所示。

表4-12　　　　以国有资本存在形态划分的改制模式比较

序号	改制模式	主要特点	适用企业
1	国有控股	国有资本占改制企业30%以上股权，国有资产管理部门对改制公司的经营管理具有控制权	公用事业行业及关系国计民生、政府必须进行控制的领域或行业的国有企业
2	国有参股	国有股占有一定比例，但不起控制作用；国有资产管理部门采取"搭便车"的方式实现股权保值增值	绝大多数行业中的国有企业
3	国有退出	国有资本完全退出，改制企业为非国有	完全竞争性领域或政府认为可以完全退出行业中的国有企业

资料来源：文宗瑜，《产权制度改革与产权架构设计案例教程》，经济管理出版社2003年版，第126~127页。

[①] 孟韬、于立：《资源型国有企业的改制重组：来自东北三省的调研》，《社会科学战线》2006年第5期；高闯等：《辽宁企业改革与发展问题研究》，辽宁大学出版社2006年版。

表 4-13   以企业改制范围划分的改制模式比较

序号	改制模式	主要特点	适用企业
1	整体改制	公司整体进行改制，全面承接原有企业的资产、人员、债务等	资产规模相对较小的中小国有企业
2	部分改制	公司以部分优质资产作价连同外部投资者成立新公司，新公司承接部分资产、债务和人员	资产规模相对较大的大中型国有企业
3	分立改制	公司由一个分为多个，分别进行改制；各改制公司分别承接相应资产、债务和人员	涉及多领域下属分（子）公司较多的大中型国有企业
4	合并改制	公司与其他公司合并后改制，改制公司承接原有各公司的全部资产、债务和人员	资产规模相对较小且相互间具有一定互补性的几个中小国有企业

资料来源：文宗瑜，《产权制度改革与产权架构设计案例教程》，经济管理出版社 2003 年版，第 127 页。

2. 脱壳式改制模式。脱壳式改制是指拟改制企业的经营者和员工共同出资成立新公司，新公司租赁、逐步收购原公司的有效资产，新公司发展到一定阶段后，将原公司进行改制，并将两个公司合并为一个公司进行管理。这种改制模式适合于国有企业资产规模过大，国有股权一次转让难度较大的情况。采用这种改制模式，可以通过新公司灵活的市场运行机制，在发展中逐步完成对原有企业的改制。

3. 破产不停产改制模式。破产不停产改制模式是最大限度地利用破产企业的有效资产，在此基础上最大程度地安置职工、保护债权人合法权益的改制模式。按照改制主导者不同可以分为以债权人债务重组为主导的模式、以企业经营者与员工资本运作为主导的模式、以外部投资者收购为主导的模式和以信托机构实施资产信托为主导的模式四种，其相互关系如表 4-14 所示。

4. "一次承接，二次重组"改制模式。"一次承接，二次重组"的改制模式的突出特点是企业的改制实际是通过两次改制最终完成。所谓"一次承接"是指将国有企业一次性整体改制为有限责任公司，原有公司的所有资产、人员、债务等全部进入有限责任公司，员工持有一定股份；"二次重组"指经营者员工出资购买有限责任公司的主要经营性资产，设立股份有限公司，择机上市，有限责任公司则对非经营性资产逐步进行剥离，进行分（子）公司的改制。"一次承接，二次重组"的改制模式实际上也是在完成直接改制模式后进一步深化改制。

170

表 4 – 14　　　　　　　　**破产不停产改制模式比较**

模式	债权人债务重组			经营者员工资本运作		外部投资人收购	信托机构资产信托
	债权转股权	债权互换	债权合理减值	补偿金受让股权	增量资产盘活存量		
基本操作	不良债权转为存续公司股权	原有债权收回转为存续公司债权	在合理减值范围内，部分债权豁免	经营者员工以安置补偿金受让存续公司股权	经营者员工以融资注入增量资金盘活存续公司的存量资产	外部投资人以零资产收购方式获得有效资产并承担等量债务	信托公司以资产信托方式盘活有效资产
是否需要破产	不需要			需要	需要	需要	需要
最大受益群体	债权人			政府及经营者员工		外部投资人	无

　　资料来源：文宗瑜，《产权制度改革与产权架构设计案例教程》，经济管理出版社 2003 年版，第 166 页。

　　"一次承接，二次重组"改制模式符合大型国有企业改制后由经营者员工持大股份的改制方向。国有大型企业资产规模一般较大，直接改制很难实现经营者持大股，通过"一次承接，二次重组"，可以有效地保证改制方向，促进主要经营性资产的保值增值。

　　在经营者持大股的改制方式中，管理层收购（MBO）是一种更深化的形式。管理层收购指目标公司管理层或经理层，利用借贷所融资本收购公司的股份，从而改变公司所有权结构、相应的控制权格局和资产结构，进而获取相应收益的一种收购行为。实施 MBO，将经营管理者身份变为企业的所有者，达到企业经营目标和管理者自身利益的一致，降低委托代理成本，激励管理者的积极性和创造性，有利于企业长期稳定发展。

四、东北企业做强做大与非公有制企业的发展

（一）非公有制企业的发展

　　4 年来，东北的非公有制经济快速发展。2006 年，辽宁、吉林和黑龙江三省国有及国有控股工业企业增加值占全省工业增加值的比重分别比 2002 年下降

11.5、15.0 和 2.0 个百分点。与此同时，东北三省非公有制经济快速发展：辽宁、吉林和黑龙江三省非公有制经济分别完成增加值 4 800 亿元、1 570 亿和 2 340 亿元，同比增长 17.0%、25.5% 和 20.1%，占全省 GDP 的比重达 51.8%、37.0% 和 37.6%。而且民营企业积极参与国企改革改组改造，加快了老工业企业的结构调整。如山东晨鸣纸业收购了吉纸股份重新启动了生产，浙江逸盛公司在大连建设 50 万吨 QTA（苯二甲酸）项目，特变电工与沈变实现了战略重组。还有一大批中小型民营企业参与了国企股份制改造。①

（二）非公有制企业发展对东北企业做强做大的战略意义

非公有制经济快速发展对东北企业做强做大的重大意义，主要有：

1. 为分流国企富余人员创造条件。国有企业富余人员过多，已成为东北国有企业改革中的突出难题。仅以辽宁省为例，就有离岗职工 150 万人，低保对象 160 万人，位居全国第 1 位。富余人员的清退，具有很敏感的社会效应，特别是在人数较多时，如果采取措施不当，极易引起冲突甚至社会秩序的紊乱。因而，下岗职工再就业，不仅是国企改革的一个难点，也成为一个严重的社会问题。非公有制经济作为社会主义市场经济的重要组成部分，毅然担负起分流国企部分富余人员的任务，为推进国企改革做出了贡献。

2. 为国企重组提供条件。当前不仅东北国企不断发展，而且南方的大量资本开始大量输入。民间资本进入的领域，已从传统第三产业、农业向第二产业、装备制造业转变。比较典型的例子是新疆特变电工收购沈阳变压器厂。沈电长期以来一直是全国企业排头兵，以前曾错过几次合资合作的机会。2003 年提出实行重组，结果中标的不是德国西门子，而是过去名不见经传的民企特变电工。目前，东北的民企已从过去独资经营、生产经营向企业购并、重组收购上市公司等资本经营转变。

3. 有利于国有企业经营观念的转变。从东北近几年国有企业改革的实践看，有的企业在竞争中如鱼得水，有的企业曾一度十分被动，原因之一是经营观念守旧，缺乏市场竞争意识。非公有制经济的发展为国有企业提供一个参照系，即没有国家包办的企业，也可以在市场经济中快速发展。这种比较更有利于国有企业改变经营观念，树立研究市场、研究用户、自主经营、自我发展的思想，建立自负盈亏、自担风险机制，并通过企业求生存、要效益的内在动力和市场竞争的外在压力，极大地激发了东北国有企业的生机和活力。

---

① 《中国统计年鉴（2007）》，中国统计出版社 2007 年版。

第四节　东北企业做强做大的战略重组

一、战略重组是东北企业做强做大的唯一出路

企业做强做大主要可通过两种方式得以实现：一种是内涵式成长方式，即依靠自身积累做强做大企业；另一种是外延式成长方式，即通过战略重组实现企业做强做大。企业自身积累是一个渐进的过程，实现企业做强做大需要较长时间，战略重组是企业"超常规"成长方式，可以在较短时期内实现企业做强做大。振兴东北老工业基地离不开大企业的支撑和带动，因此必须做强做大东北企业。

在做强做大东北企业的方式选择上，战略重组是唯一出路。这是因为：首先，战略重组可以在相对较短时期内提升企业竞争能力，从而改变企业竞争地位。在经济全球化大背景下，企业竞争日趋激烈，依靠传统的自身积累方式很难使企业迅速成长，并在国内外竞争中赢得竞争优势，企业只有通过战略重组在较短时期内做强做大，才能在竞争中获得有利地位。其次，欧美等发达国家著名大企业成长历程表明，战略重组是做强做大企业的主要方式。比如美国的五次兼并浪潮造就了通用等一大批世界 500 强企业。芝加哥大学斯蒂格勒教授也认为，几乎所有大企业的成长都采用了战略重组，没有哪个大企业单纯依靠自身积累做强做大。最后，战略重组是东北企业抓住并利用国际制造业转移机遇的切实选择。制造业转移为新兴工业化国家及地区创造了难得的发展机遇，只有通过战略重组迅速做强做大企业才能抓住并充分利用本次机遇。东北地区作为我国重要的老工业基地，基础雄厚，优势明显，发展潜力巨大，必须加大企业战略重组力度，做强做大东北企业，承接发达国家制造业转移，打造世界级的制造业基地。

二、东北企业做强做大与企业兼并

近几年由于中国经济始终保持良好的增长势头，同时国际竞争又不断加剧，国内企业兼并行为开始逐渐增多。东北企业恰逢党中央、国务院实施振兴东北战略，这大大激活了东北企业的活力，通过兼并做强做大东北企业成为落实振兴东北战略的重要举措之一。

(一) 东北企业兼并的条件

对市场经济条件下成长起来的企业而言，企业兼并的条件主要涉及企业的资金实力、盈利能力、管理能力和整合能力等。拥有充足的资金或具有较强的融资能力毫无疑问会有助于兼并的实施与成功。盈利能力强、管理水平高和整合能力强也会促进企业实施兼并。但对东北企业而言，除了要考虑以上这些条件外，还要结合我国经济转轨的大背景分析东北国有企业改组改制现状，特别是现代企业制度的建立情况。几年来，党中央、国务院实施振兴东北战略成效显著，东北企业逐渐具备了实施兼并的条件。

1. 产权制度改革基本完成，具备了实施兼并的基本条件。计划经济色彩浓厚的东北企业如果不进行产权制度改革，没有明确、科学的产权界定，经济运行中的交易费用难以降低，企业兼并将难以正常进行。因此，产权制度改革对东北企业实施兼并意义重大。根据国务院振兴东北办综合组 2007 年发布的东北振兴三年评估报告，截至 2006 年底，辽宁省 85% 以上的国有大型工业企业、吉林省全部列入攻坚计划的国有工业企业、黑龙江省占应改制企业 96% 的企业实现了改制，国有企业改制工作基本完成。这表明东北企业产权制度改革的目标基本实现，从而具备了实施兼并的基本条件。[①]

2. 拥有一批具有较强国际竞争力的龙头企业，具备了实施兼并的经济条件。近几年东北地区涌现了一批具有较强国际竞争力的龙头企业，如沈阳、大连两大机床公司产量双双进入世界机床 10 强；齐一、齐二年产重型数控机床能力突破百台，居世界首位；大连船舶重工手持订单跃升至全球第 5 位。这些企业融资能力和盈利能力强，管理水平与整合能力高，具有较强的国际竞争力，从而使其具备了实施兼并的经济条件，其中一些企业已经实施了跨国兼并，比如大连机床兼并了美国英格索尔公司的机床制造公司和德国兹默曼公司，沈阳机床兼并了德国希斯公司等。

3. 政府及相关部门引导并支持企业兼并，具备了实施兼并的政策条件。在企业改制过程中，地方政府及相关部门的支持为企业兼并创造了有利的政策条件，如沈阳机床兼并德国西斯公司得到了辽宁省、沈阳市两级政府的资金与政策支持。辽宁省 2008 年政府工作报告明确提出全年政府工作重点之一就是要推动企业兼并重组。政府支持为企业实现兼并提供了有力保障。

总的来说，随着东北国有企业改革的不断深化，大部分国有企业逐步建立了现代企业制度，企业债务负担得到有效解决，经济效益得到显著提高，管理水平

---

① 国务院振兴东北办综合组：《"发展加快 后劲增强 社会进步 民生改善"——东北振兴三年评估报告》，2007 年 5 月。

不断提升，员工观念逐渐转变，这些都为东北企业实施兼并创造了有利条件。

（二）东北企业兼并的方式与途径

如上所述，企业兼并方式包括横向兼并、纵向兼并和混合兼并。从欧美等西方发达国家的五次兼并浪潮可以发现，每次兼并浪潮都有侧重的兼并方式，并且兼并途径在随后的金融创新中也有所突破。目前东北企业兼并方式以横向兼并为主，辅以纵向兼并与混合兼并。

1. 东北企业兼并方式。

（1）横向兼并。从东北企业兼并实践中可以发现，横向兼并是东北企业采用的主要方式，如沈阳机床集团兼并德国希斯公司、大连机床集团兼并美国英格索尔公司等。横向兼并是指生产同类产品或生产工艺相近的企业之间的并购，它是竞争对手之间的合并。横向兼并所具有的优势在一定程度上体现了东北企业实施兼并的动机。横向兼并的优势有三：首先，通过横向兼并可以实现规模经济，规模经济意味着对生产成本的有效控制，目前东北企业的规模在总体上还无法与世界名副其实的大企业相提并论，因此，通过横向兼并扩大生产规模，实现规模经济是东北企业兼并的主要动机之一；其次，通过横向兼并可以减少竞争对手，目前经济的全球化使同行业企业间的竞争不断加剧，东北企业同样面临这一严峻的生存环境。减少竞争对手意味着在同行竞争中胜出的几率更大，横向兼并恰好是一条可选的企业经营战略；最后，通过横向兼并可以提高企业竞争力，使企业迅速获得了目标企业的技术与市场，这对提升企业竞争力大有裨益。东北企业一直强调竞争力的提升，尤其是国际竞争力的提升，通过横向兼并，尤其是对具有较强国际竞争力的大企业进行兼并，会显著提升东北企业的国际竞争力。

（2）纵向兼并。纵向兼并在东北大企业兼并实践中采用的相对较少，它是指生产过程或经营环节相互衔接、密切联系的企业之间，或者具有纵向协作关系的专业化企业之间的并购。主要是加工制造企业与它有联系的原材料、运输、贸易公司实行的兼并。它又分为向前兼并和向后兼并：前者是指生产原材料的企业通过兼并向经营第二次加工阶段的业务扩展；后者是指装配或制造企业通过兼并向零件或者原材料生产等业务扩展。纵向兼并发生在企业与其供应商或客户之间，实质是市场交易的内部化，关键取决于交易成本的高低，而交易成本与相关行业的集中度有密切联系，当供应商或客户所处行业集中度提高，会导致企业交易成本提高，企业就可能产生纵向兼并的动机。其中，行业集中度的提高很可能就是横向兼并的结果，而这在一定程度能够解释为什么发生在欧美等国的第二次兼并浪潮会以纵向兼并为主。按照这一逻辑，东北企业第二阶段的兼并将会转向以纵向兼并为主。

（3）混合兼并。混合兼并常被东北地区一些中小型企业所采用，通过这种兼并形成企业多元化经营格局，分散经营风险。混合兼并是指横向兼并和纵向兼并相结合的企业兼并，其主要目的在于减少长期经营一个行业所带来的风险。在现代科技不断发展进步的情况下，一种原材料可以应用于几个不同的行业，一个行业的副产品乃至废品可能是另一个行业不可缺少的原材料，因此，充分利用原材料已成为混合兼并的一个重要原因。混合兼并又可以分为三种形式：产品扩张型兼并、市场扩张型兼并和纯粹的混合兼并。产品扩张型兼并是指相关产品市场上企业间的兼并；市场扩张型兼并是指一个企业为扩大其竞争地盘而对它尚未渗透的地区生产同类产品的企业的兼并；纯粹的混合兼并是指那些生产和经营彼此间毫无联系的产品或服务的若干企业的兼并。这种兼并方式虽然不会成为东北企业兼并的主流方式，但也不可或缺。

2. 东北企业兼并的主要途径。

（1）购买资产。购买资产就是兼并方出资购买目标企业的资产。这是东北企业实施兼并最常用的途径。购买资产一般以现金为购买条件，将目标企业的整体产权买断。这种购买只计算目标企业的整体资产价值，依其价值而确定购买价格。兼并方不与被兼并方协商债务如何处理。企业在完成兼并的同时，对其债务进行清偿。购买式兼并，可使目标企业丧失经济主体资格。兼并企业的购买价格实际上是被兼并企业偿还债务以后的出价。因此，兼并企业即使承担目标企业的债务，目标企业的资产仍大于债务，而使兼并企业获得实际利益。这种方式适合资产大于负债的东北企业。

（2）承担债务。承担债务是兼并方以承担目标企业的债务为条件接受其资产。这种兼并途径的特点是：兼并企业将目标企业的债务及整体产权一并吸收，以承担目标企业的债务来实现兼并。兼并行为的交易不是以价格为标准，而是以债务和整体产权价值之比而定。通常目标企业都还具有潜力或还有可利用的资源。东北国有企业的债务负担曾一度束缚东北国有企业的改革，该途径对以前东北地区较多资不抵债的国有企业比较适用。

（3）吸收股份。通过吸收股份实现企业兼并，即将目标企业的整体财产并入兼并企业，目标企业作为经济实体不复存在。这种方式一般发生在目标企业资产大于负债的情况下。目标企业所有者与兼并企业一起享有按股分红的权利和承担负债的义务。在市场经济比较发达的国家和地区，多采取这种途径的兼并，具体又可分为资产入股式和股票交换式等。

（4）实施控股。一个企业通过购买其他企业的股票达到控股，实现兼并。目标企业作为经济实体仍然存在，具有法人资格。兼并企业作为目标企业的新股东，对目标企业原有债务不负连带责任，其风险责任仅以控股出资的股份为限。

这种兼并不再是以现金或债务作为必要的交易条件，而是以所占企业股份的份额为主要特征，以达到控股条件为依据，实现对目标企业的控制。这种控股兼并一般都发生在企业正常运行中，而不是以企业的停产实现转移。

在东北企业兼并实践中，购买资产和承担债务是主要途径，而吸收股份和控股两种途径与资本市场发展情况相关，目前在东北企业兼并实践中采用相对较少。

三、东北企业做强做大与企业重组

在欧美等西方发达国家中，兼并实际上包括在企业重组之中，企业重组是一个内容更广泛的概念，它是从发展战略出发，在充分分析外部环境和内部条件的基础上，为提高企业运行效率和市场竞争力而对企业内部或企业之间的经营资源进行整合的优化组合过程。除企业兼并以外，企业重组还包括发盘收购、联营公司、分立、资产剥离、交换发盘、股票回购以及杠杆收购等。从东北企业重组实践来看，前一阶段主要是对国有企业内部进行重组，如进行的主辅分离，剥离非核心业务，提高企业的核心竞争力，主要目的在于做强企业；目前来看，东北企业重组正从单个企业内部重组向企业之间的重组发展，其中以大中型国有企业的联合重组为主要特征。由于更多的企业重组发生在企业之间，因此，企业重组也正在从同一区域向跨区域重组发展，这一阶段企业重组的目的在于做强做大东北企业。

（一）东北企业重组的条件

企业改制的基本完成为东北企业进行大规模重组奠定了基础。政府为东北国有企业重组提供了强大的政策支持，在 2008 年辽宁、吉林和黑龙江的政府工作报告中，都将促进企业联合重组作为全年工作重点。东北地区一些国有企业之间的联合重组实践，为进一步全面推进大企业重组提供了丰富经验，尤其是跨区重组为提升东北企业整体竞争力开辟了新思路。

（二）东北企业重组的方式与途径

1. 东北企业重组的主要方式。

（1）分裂重组。分裂重组是东北企业重组的主要方式之一，这种方式是将被改组企业的专业生产经营和管理系统与原企业的其他部门相分离，并分别以此为基础成立两个（或多个）独立法人，直属于原企业的所有者，原企业的法人地位不复存在，再将专业生产的经营管理制度重组为股份有限公司。如大连金牛股份有限公司的重组上市。这种重组方式的优点是可以通过合理剥离非经营性部分，优化内部资产、资本结构，提高竞争力，解决"企业办社会"等问题。这种方式对促进东北国有企业改革，建立现代企业制度起到了重要作用。

（2）主体重组。主体重组是东北地区一些大企业实施集团改组上市的主要方式。这种方式将被改组企业的专业化生产经营系统改组为股份有限公司，原企业变成控股公司，原企业非专业生产经营系统改组为控股公司的合资子公司的重组方式。这种方式保留了原企业的法人地位，一般把主要生产经营资产投入了上市公司，在具体运作上和分裂重组模式基本相同，关键区别在于控股公司是原企业。主体重组方式和分裂重组方式均属分拆重组，主体重组方式适合于大型企业集团的改组上市。如沈阳机床股份有限公司（000410）的上市等。

（3）联合重组。联合重组正在成为东北大企业重组的主要方式。这种方式以全部投入被改组企业的资产并吸收其他权益作为共同发起人设立股份有限公司。联合重组后增加了公司发起人净资产，因而能够更好地进行公司内部优化组合，以提高经济效益，也增加了筹资数量。经过合并后的公司在企业的体制框架结构、内部管理制度、人员结构等均发生较大的变化，从而有利于公司按照新的运行方式运作。如黑龙江乳业集团总公司、黑龙江省乳业技术开发中心、哈尔滨龙泽科技有限公司、黑龙江北大荒包装有限公司和潮安县亨得利印务实业有限公司共同发起设立了黑龙江龙丹乳业科技股份有限公司。

2. 东北企业重组的途径。企业重组的途径主要包括股权有偿转让、无偿划拨、二级市场收购、资产置换、债转股、企业托管和司法裁定等。东北企业中国有大中型企业占绝大比重，企业重组主要途径是无偿划拨和托管等。

（1）无偿划拨。无偿划拨是东北企业进行重组的主要途径之一，主要是指地方政府或主管部门作为国有股的持股单位直接将国有股在国有投资主体之间进行划拨的行为，带有极强的行政性，政府色彩较为浓厚。目前一些国有上市公司控股股东的变更，主要是通过国家股无偿划拨和国家股、法人股的有偿转让来实现的。股权无偿划拨是政府（上市公司的所有者）通过行政手段将上市"壳"公司的产权无偿划归收购公司的行为。股权无偿划转一般由地方政府和行业主管部门牵头实施，无偿划转的股权只能是国有股权，股权变动对上市公司的持有者没有损失。这种做法的目的在于通过股权持有者的改变来强化对上市"壳"公司经营管理的控制，提高资产运营效率。

（2）企业托管。企业托管本质上是将被托管企业的资产委托给托管企业经营，其产权并没有进行交易，故并不属于企业并购范畴。但托管企业不仅控制了被托管企业的经营权，而且往往还会出现先托管后并购的行为。不少地方政府十分提倡这种方式，所以它也是目前企业重组的可行方式。如在组建东北特钢之前的辽宁特钢对北满特钢的托管。

（3）二级市场收购。通过二级市场收购上市公司一定数量和比例的流通股，进而成为上市公司的大股东，获取控制权，是国外市场经济成熟国家的普遍做法。我国上市公司股权分置改革实现了股份的全流通，这为今后东北企业通过国内二级市场收购上市公司提供了可能。

第五节　东北企业做强做大与大中小企业的协调发展

从区域经济的发展历史来看，大中小企业在区域经济发展中扮演的角色不同，并且在不同发展阶段扮演的角色也不相同，它们之间的协调发展对区域经济的健康发展具有重要的战略意义。

一、大中小企业协调发展规律

企业规模结构主要指不同规模企业（大中小企业）在数量、占有要素及产出能力上的比例关系。作为衡量市场结构的一个总体指标，企业规模结构可以从某种程度上集中反映出市场结构及行业生产的许多信息，包括行业的规模经济状况、市场竞争状况、企业自由进出度甚至行业的技术与组织管理以及政府产业组织政策的实施方向等。从生产角度来看，企业规模结构是指产业内不同规模企业间的生产联系和构成。在市场上则体现为以企业规模和企业数目决定的同一产业中的垄断和竞争的关系结构。企业规模大、数目少、垄断性就越强。否则，竞争性就越强。企业规模结构是行业、市场上生产要素在企业内的配置以及由此决定的企业间的配置、组合的格局。一般分为三个层次：一是规模经济决定的单个企业规模；二是由单个企业规模整合而成的企业规模构成；三是各种规模企业组合而成的企业规模组织。

大中小企业协调发展，最重要的一点就是能够实现以上三个层次的规模经济。在前面初步讨论大企业的优势时，谈到非常重要的一点就是大企业更能实现规模经济。但从产业组织的发展来看，随着专业化分工的不断加强，中小企业越来越多地为大企业配套生产零部件，而且它们的灵活性不断增强，生产效率不断提高，产能不断攀升，这样就出现了第三层次的规模经济，也就是由各种企业规模组合而成的企业规模组织。同时，规模大企业之间的兼并重组能够实现第二个层次的规模经济，并且还能获得 $1+1>2$ 的协调效应。这些由小到大、由弱到强、由局部规模到整体规模的演化过程，切实地实现了产业规模的不断扩大和竞

179

争力的不断提升。

大中小企业协调发展还能够优化产业结构，提高市场竞争效率。大中小企业协调发展，能够使产业的市场集中度相对适中，企业间的竞争也会相对激励，这就促使企业不断加大创新投入、提高创新效率，进而增强企业的竞争力。同时，还能够促进知识、信息和人才这些重要资源在企业间自由流动，从而促进整个产业快速发展。企业规模结构是国民经济的重要基础，其合理与否直接关系到产业结构的合理化和存量资源配置效率的高低。由此观之，在整个产业和国民经济的发展中，大中小企业的协调发展具有十分重要的作用。

此外，从我国工业企业规模结构现状来看，大中小企业的协调发展对国民经济的健康发展意义重大。在表 4 – 15 中，从 2000 年开始，全国各种经济类型的工业企业总数快速增长，而大中型企业数虽连年增加，但增速慢于企业总数的增长，致使大中型企业所占比重逐年降低（2001 年和 2005 年除外），到 2006 年，所占比重仅为 10.89%。相应地，全国小型工业企业数量正在迅速增加，占企业总数的近九成。不过，通过表 4 – 16，我们可以清晰地认识到，尽管大中型企业在数量上所占比重不足 11%，但 2005 年和 2006 年两年的主营业务收入在全国工业企业主营业务总收入中所占比重却超过 2/3，数量上占据绝对优势的小型企业只贡献了不到 1/3。再分别从大、中、小型企业的贡献率来看，它们的比率接近 1∶1∶1，只是大型企业更高一些。以上比较数据从一个侧面说明了大型企业在工业（尤其是重工业）发展中的重要作用，国家应该打造更多实力雄厚、发展快速的大型企业；但同时也不能忽视中小企业的作用，特别是小型企业，它们的成长速度及对整个工业经济的贡献不容小觑，要更加重视大中小企业的协调发展。而且，还更要加快那些具有重大发展潜力的小型企业的成长，通过多种高效率（内生成长和外生成长并举）途径，促使其快速向大中型工业企业演进。

表 4 – 15　　　　2000～2006 年全国各种经济类型工业企业和
生产单位数统计　　　　　　单位：万个，%

年　份	企业总数	大中型企业数	大中型企业比重
2000	16.29	2.17	13.3
2001	17.13	2.3	13.4
2002	18.16	2.33	12.8
2003	19.62	2.36	12.2
2004	27.65	2.77	10
2005	27.18	2.98	11
2006	30.2	3.29	10.89

资料来源：根据《中国工业经济统计年鉴（2007）》中相关数据整理得出。

表4-16　　　　　2005年和2006年全国规模以上工业企业
主营业务收入及比重　　　　　单位：亿元，%

	2005 年		2006 年	
	主营业务收入	所占比重	主营业务收入	所占比重
大型企业	93 688.64	37.69	116 301.72	37.09
中型企业	75 549.23	30.40	94 575.41	30.16
小型企业	79 306.13	31.91	102 715.32	32.75

资料来源：根据《中国工业经济统计年鉴（2007）》中相关数据整理得出。

二、东北企业做强做大对大中小企业协调发展的要求

通过分析全国工业企业的规模结构，可以发现大中小企业协调发展是一个重要的经济发展规律。下面，进一步研究东北企业规模结构及东北企业做强做大对大中小企业协调发展的要求。对于东北企业的规模结构，主要以最具代表性的东北工业第一大省辽宁为例。根据表4-17，2006年，辽宁大中型企业数量增幅不大，而小企业数量却大幅增加，一年时间内增加了3 172家，是当年大中型企业数之和的近两倍。从大、中、小型工业企业总产值来看，大型企业的贡献率最高，达46.1%，中、小型企业分别贡献22.4%和31.5%。大型企业的产值增加23.34%，但贡献比上年下降近3%；中型企业产值增加21.84%，贡献率比上年下降1.68%；而小型企业产值增加了53.11%，贡献率上升4.53%，增幅最大，增速最快。这些数据突出说明了大型企业对区域经济和产业经济的重要性，同时也说明小型企业对地方经济和产业发展功不可没，必须兼顾大中小企业的协调发展，才能够促进区域经济的稳健发展，不断提升产业竞争力和区域竞争力。基于此，东北企业做强做大对大中小企业协调发展提出以下基本要求。

表4-17　　辽宁省国有及规模以上非国有工业企业数及总产值

	2005 年		2006 年	
	企业数（家）	工业总产值（亿元）及比重（%）	企业数（家）	工业总产值（亿元）及比重（%）
大型企业	114	5 294.03（48.95）	118	6 529.85（46.1）
中型企业	899	2 604.07（24.08）	967	3 172.77（22.4）
小型企业	10 497	2 916.41（26.97）	13 669	4 465.33（31.5）

资料来源：根据《辽宁统计年鉴（2007）》中相关数据整理得出。

1. 促进大中小企业协调发展，实现三个层次的规模经济。按照三个层次规模经济的实现方式，首先，应加快扩大大企业的规模，增强企业实力，实现其规模优势。与世界 500 强企业相比，我国企业的规模还很小，还不能充分获得规模经济带来的竞争优势。因此，要求大企业通过内生成长和外生成长的方式，如扩大在投资、并购同类大企业、并购重组不同规模的同类企业等，以不断扩大自身规模，实现规模经济，真正做强做大。

此外，还要提高中小企业的专业化协作水平。专业化协作是发挥第三层次规模经济的前提。合理的企业规模应以生产的专业化为基础，通过专业化协作，大企业可以把工艺、零部件、生产服务以及非主要产品扩散到中小企业去协作生产，发挥中小企业的作用，使同类产品的小批量、分散生产，集中成为经济批量的生产，从而有利于采用先进技术、先进工艺、设备，提高产品质量，增加品种，降低成本，提高企业的经济效益，并使大企业与中小企业相互协作发展，形成有机的生产网络。

2. 加大大企业技术创新的扩散效应，加快技术升级。大企业本身具备的资金、人才和技术等独特优势，使其成为产业创新系统中的重要主体。与之相比，为大企业配套的广大中小企业的技术创新能力显然逊色不少。如果广大中小企业不能紧跟大企业技术创新步伐，最终会造成整个产业创新效率的下降。这是因为，创新是一个由产业链条上各种类型企业共同参与的一个闭环，它起始于企业的技术创新，经过整个产业链条各个节点的同步响应，最终实现创新成果的商品化。围绕大企业的技术创新，其上、下游配套企业必须与之形成同频共振。换句话说，中小企业相应的创新活动必须与大企业步调一致，才能实现技术创新效率的最大化。因此，要求大企业不断加大对中小企业的技术创新扩散效应，并通过共同学习，不断提高企业竞争实力，进而增强产业的技术创新能力，提升产业的技术水平，增强产业的国际竞争力。

3. 加快中小企业发展速度，提高中小企业发展质量。目前，东北地区的中小企业产能和产值都不高，特别是小企业，虽然总数上大概接近大企业的 100 倍，但产值却还不到大企业的 70%。因此，无论从资源配置效率还是经济增长质量来讲，都要进一步加快中小企业的发展速度，提高中小企业的发展质量。中小企业应坚持技术创新与制度创新相结合的发展道路，抓住振兴东北老工业基地的重大历史机遇，充分利用自身在灵活性、柔韧性方面的优势，加快技术创新与成果转化步伐，在管理水平、人才结构和产品竞争力等方面得到迅速提升和优化，不断提升整体实力，加快成长壮大。也只有如此，才能够真正实现大中小企业协调发展，才能够不断将企业做强做大。

三、东北企业做强做大与大中小企业的协调发展

伴随市场竞争的愈演愈烈，依靠企业自身单打独斗很难在残酷的市场竞争中站稳脚跟。当前，竞争形式正由传统的单个企业间竞争转向不同地域内多个企业聚合体之间的竞争，即从单兵作战转向兵团作战，而且，大中小企业的协调发展对企业做强做大区域经济的发展至关重要。全球有很多国家在大中小企业协调发展方面取得了重大成功，并且打造了一大批实力雄厚、遥遥领先的国际知名大公司。

东北老工业基地拥有一大批大中小型企业，这些企业间业已形成了较为完整的配套生产体系和全球化的市场。目前，东北地区已经形成了大连船舶制造基地、鞍山钢铁基地、沈阳装备制造基地、大庆和盘锦的石油石化基地、长春和沈阳的汽车制造基地等。但是，东北老工业基地的国际竞争力仍需不断提升，企业的做强做大成为当务之急。为此可借鉴大中小企业协调发展的国际经验，在重视主导大企业自身发展时，应进一步加强关联产业链的构建，加强专业化分工协作，并从技术、人才、资金、原材料和产业政策等方面进行全方位配套，为龙头企业的成长创造良好环境，同时也为广大中小企业与大企业的协调发展创造良好的环境。大中小企业协调发展，最终实现企业不断地做强做大，为提升企业竞争力、振兴东北老工业基地、促进区域经济的可持续发展做出更大的贡献。

第五章

东北老工业基地自主创新

东北振兴在很大程度上取决于主导产业中优势企业的核心竞争力，包括企业技术创新的能力。在技术革命和技术进步条件下，自主创新能力是企业核心竞争力的重要标志。企业自主创新既是一个技术问题，也涉及到制度创新，其中一个很重要的问题就是技术创新体制和技术创新体系。在一定意义上说，以制度创新为保障的企业自主创新是东北振兴的重要一环。

第一节　东北老工业基地自主创新水平评价

一、东北地区整体自主创新能力在全国属于中等偏上水平

（一）区域自主创新能力衡量需要采用系统性指标

科技进步和创新已经成为经济社会发展的首推力量，自主创新能力正在成为调整经济结构、转变增长方式、提高国家竞争力的中心环节，建设创新型国家和创新型地区将是面向未来的重大战略选择。在国家相关政策文件中，自主创新包括三方面的内容：原始性创新、集成创新和引进、消化基础上的再创新。从理论

184

上看，自主创新是一种创新模式，它强调的是一种"以我为主、为我所用、我尽其用"的创新，其本质是技术创新的组织或动员能力（王伟光，2006）。按照创新的发动者和主要行动者不同，可以分为国家层面、区域（地方）层面、产业层面和企业层面的自主创新。依据不同的分工，不同层次的创新主体（政府、企业、科研机构、高等学校和其他力量）可以相互协调，围绕某种目标配置科技资源（科技人力、物力和财力），实现科技资源配置的社会最优化。

自主创新是以一种国家科技发展战略提出的，就其实质和内涵而言，自主创新与技术创新存在着很大的相似性，其基本机理大致相同。在没有形成一个统一的自主创新能力评价指标体系之前，许多学者都是在利用技术创新测度指标来衡量自主创新。目前存在着许多不同的技术创新衡量方法和测度指标，可以将这些方法和指标分为三个层次、三个方面，如表 5 – 1 所示。在技术创新研究中，许多经济学家喜欢使用 R&D（研究与开发）、专利、生产率等指标。而创新系统方法则向人们展现了另外一种测度创新的新思路。相比而言，R&D 指标侧重于从"投入"方面测度技术创新，专利指标关注的是技术创新产出以及制度的影响，[①]创新的系统方法则是把技术创新视为一种知识创造过程（Niosi et al. 1993；Kristensen and Lundvall，1991；Pavitt and Patel，1988；Dalum et al.，1988；Lundvall，1992），倡导从多层面来"综合"解释创新（见表 5 – 2）。关于区域自主创新的衡量，可以沿着上述技术创新测度思想，基于系统的视角，从投入、产出、环境等层面进行。

表 5 – 1　　　　　测度技术创新能力的层次和主要指标

测度层次＼指标内容		测度层次			备注
		企业	产业	国家	
测度指标	投入	R&D、资本、劳动力、教育、工程技术人员比例、FDI/MNEs			还包括一些无法在"量"上进行测度的因素
	产出	专利（在国外申请或授权数）、新产品、新工艺、出口、技术贸易、科技/学术论文、高技术产品、经济增长/生产率			
	环境	政治法律、社会文化、经济规则、网络、学习机会/能力、市场结构、政策、科技体制			直接或间接地影响投入和产出

资料来源：王伟光，《中国工业行业技术创新实证研究》，中国社会科学出版社 2003 年版。

---

① 当然，这种划分是相对的，有些指标之间存在着一定的相容关系，如 R&D 和专利；有些指标可能具有投入和产出的双重身份，例如，有些研究就把专利视为一种投入。

表 5 – 2   国家创新系统的测度内容

衡量创新单位	有 R&D 设施的私人企业数，政府实验室，大学，其他研究组织 创新机构的产权控制（私有、公共、合作或混合形式） 创新机构的地区分布
衡量流动指标	公共或私人对研究活动的融资 技术流动：大学研究和工业 R&D 之间的知识流动（专利的学术引用数，科学出版物等）以及企业间的许可协议 国民经济内的合作：反映创新企业之间的网络 国内社会创新的扩散 人员流动：大学—产业，企业—企业，老企业—新企业
衡量绩效指标	直接指标：研究人员人均专利授权数，或每百万美元经费的专利授权数，专利、科技论文占世界总量的份额 间接指标：高技术产品的进出口，技术贸易余额，国际支付余额

资料来源：根据 Niosi et al.（1993：222 – 224）整理得出。

（二）东北地区总体自主创新能力不强，且内部高度不均衡

1. 自主创新投入：中等偏上。东北地区自主创新投入处于全国中等偏上水平。在所有衡量自主创新能力的指标中，创新投入是东北地区表现最为突出的一个指标。尽管辽宁和黑龙江两省创新投资排名均有所下降，但是，东北三省创新投入排名均高于 15 位，即该区域投入水平至少高于我国其他 16 个省区（见表 5 – 3）。

表 5 – 3   东北地区自主创新的投入水平

地　区	2006 年		2005 年	
	得分	排名	得分	排名
辽宁	55.47	7	54.95	5
吉林	37.78	15	33.7	15
黑龙江	44.53	10	40.42	9
上海	68.87	1	—	—
北京	—	—	63.5	1
全国平均	47.74	—	42.08	—

资料来源：根据科技部《全国综合科技进步监测研究报告》（2005、2006）中相关数据整理得出。

2. 自主创新产出：中等偏下。东北地区自主创新活动的产出水平与全国平

均水平存在很大差距，居于全国中等偏下水平（见表5－4）。2006年东北三省的自主创新活动产出水平较2005年均有小幅度提高，除辽宁省创新产出水平相对较高之外，吉林、黑龙江两省仅为全国平均水平的60%左右。值得注意的是，东北三省创新产出水平与发达地区的差距很大，即使是创新产出水平较高的辽宁省，其得分也仅为上海的45%左右，另外两个省则仅为30%左右。这表明，尽管东北三省创新产出水平有所提高，但由于增长幅度较小，与那些创新活动效果提高幅度大的发达地区相比，创新产出的落后差距更大了。

表5－4　　　　　　　　　东北地区自主创新的产出水平

地　区	2006 年		2005 年	
	得分	排名	得分	排名
辽宁	42.57	5	39.03	7
吉林	22.49	20	26.99	18
黑龙江	28.55	15	27.5	17
上海	88.61	1	86.96	1
全国平均	42.26	—	45.37	—

资料来源：根据科技部《全国综合科技进步监测研究报告》（2005、2006）中相关数据整理得出。

3. 自主创新环境：下游偏上。东北地区自主创新环境处于全国下游偏上水平。与2005年相比，2006年东北地区的自主创新环境没有多大程度的改善。除了辽宁省科技进步环境排名有所上升之外，其他两个省却出现了较大幅度的下降，而且与全国平均水平还有一段差距（见表5－5）。

表5－5　　　　　　　　　东北地区自主创新的环境水平

地　区	2006 年		2005 年	
	得分	排名	得分	排名
辽宁	55.57	5	49.78	7
吉林	42.73	21	42.29	17
黑龙江	39.53	27	38.99	22
北京	77.47	1	77.68	1
全国平均	51.06	—	48.67	—

资料来源：根据科技部《全国综合科技进步监测研究报告》（2005、2006）中相关数据整理得出。

4. 东北地区内部自主创新能力高度不均衡，辽宁省自主创新能力最强。东北地区内部自主创新能力高度不平衡，辽宁省自主创新能力显著优于其他两省，吉林和黑龙江则各有优势。根据 2006 年自主创新的 12 个指标排名分布情况可以发现，辽宁省 58.3% 的指标排名位于前 10 名，而排名在全国下游水平的指标仅有一个，是东北地区此类指标最少的一个省份，另外两个省有 25% 以上的指标属于全国落后水平（见表 5 - 6）。

表 5 - 6 　　　　2006 年东北三省自主创新 12 个指标的排名分布 　　单位：个

地　区	排名 1 ~ 10	排名 11 ~ 20	排名 21 ~ 31
辽宁	7	4	1
吉林	3	5	4
黑龙江	4	5	3

资料来源：根据科技部《全国综合科技进步监测研究报告（2006）》中相关数据整理得出。

5. 东北地区自主创新能力的总体判断。综合东北地区自主创新的投入、产出与环境状况（见表 5 - 3、表 5 - 4 和表 5 - 5），尤其从所有评价指标看，东北三省 77.8% 的指标排在前 20 名之内。更考虑到辽宁省自主创新能力在全国的水平（见表 5 - 6），我们认为，东北地区自主创新能力总体上在全国属于中等偏上水平。

二、重化工业主导东北地区自主创新

（一）东北创新资源主要集中在重化工业部门

围绕自然资源开发、采掘、加工与制造，东北三省借助早期工业的发展和国家的支持，沉淀了一批优秀的科技资源，积累了较为雄厚的研发力量，形成了基于资源禀赋的创新体系。这种情况在重化工业部门表现得最为突出，如材料技术体系（见表 5 - 7）。辽宁省目前拥有与材料有关的国家及省属研究机构 21 个，设有材料学科的高等院校近 20 所，如中科院金属所在新型纳米材料、金属功能材料等领域在国际上居于领先地位。

表5-7 东北区域创新体系：材料产业

机 构	研究方向	基础条件
中国科学院金属研究所	高性能金属材料、新型无机非金属材料和先进复合材料	沈阳材料科学国家（联合）实验室、金属腐蚀与防护国家重点实验室、高性能均质合金国家工程研究中心、腐蚀与防护国家工程技术中心等
中国科学院长春应用化学研究所	高分子化学与物理，稀土化学与物理和电分析化学	2个国家重点实验室和1个中国科学院开放实验室
沈阳化工研究院	农药、染料及有机中间体为主的精细化学品的研究与开发	农药国家工程研究中心和染料国家工程研究中心
哈尔滨焊接研究所	电站、核能、石油、石化、煤炭、冶金、矿山、船舶、汽车、摩托车、工程机械、机车车辆、建筑、桥梁、海洋工程、航天航空、仪器仪表、电子部件、轻工机械及日用家电等各行业	

这种技术体系为东北材料产业发展创造了有利条件，孕育和成长了一批新型材料企业，并在全国具有举足轻重的地位。例如，沈阳金昌普新材料公司的耐热合金，依托沈阳金属所的科研成果在全国具有非常强的竞争力；大连振邦氟涂料公司是国内最早实现氟涂料生产的企业，也是世界上第一个实现水性氟涂料产业化的企业；大连路明公司是国内稀土发光材料及制品领域的龙头企业；中科英华是亚洲热缩材料产销基地，创立了中国的热缩产业。

（二）装备制造企业自主创新活动最为活跃

装备制造企业是东北地区自主创新活动最为活跃的创新主体。根据2007年辽宁省统计局对全省规模以上大中型企业和部分小型工业企业在2004～2006年期间进行的技术创新情况的抽样调查，2006年，辽宁装备制造企业的技术创新水平较高，在被调查的813家企业中，有技术创新活动的装备制造企业有484家，占59.5%，比全国制造业平均水平高出11.3个百分点。[①] 装备制造业的7个行业中，只有金属制品业略低于全国制造业的平均水平，其他6个行业均高于全国制造业的平均水平，其中仪器仪表及文化、办公用机械制造业有技术创新活动的达到41家，占82.0%，比制造业平均水平高出33.8个百分点。[②]吉林省的

---

①② 《辽宁企业技术创新活跃 研发形式灵活多样》，www.stats.gov.cn/tjfx/dfxx/t20071107_402443194.htm。

调查也显示，自主创新资源和活动绝大多数集中在制造业部门，而制造业的自主创新活动又有绝大多数比例集中在重化工业部门。

（三）部分大型重化工骨干企业自主创新能力较强

随着国家产业技术政策的完善和强化，东北地区装备企业普遍进行了新一轮的技术改造，装备水平和工艺技术有了相当程度的提高，部分生产工序实现了自动化程度很高的高速数控加工。一些企业的关键设备和工艺达到了国际先进水平，开始从生存型企业向发展型企业转变。例如，北方重工集团有限公司拥有200 余项专利和专有技术，先后有 111 台（套）新产品填补国内空白，有 104 项产品技术获得国家、部、省、市奖励。[①] 这些大型骨干企业一方面将对东北区域创新体系建设提出新要求，同时，作为区域创新体系的重要行为主体和基础力量，它们也将促进东北区域创新体系的战略转变。更为重要的是，这些大型重化工业企业将是决定和制约东北地区"再工业化"过程的重要微观经济单元。也就是，东北地区"再工业化"过程、结果以及未来前景，在很大程度上取决于这些大型重化工业企业自主创新能力的提升水平。

三、自主创新尚未成为东北地区发展的根本力量

（一）东北地区重化工业优化升级的自主创新需求强烈

1. 东北地区"再工业化"亟须自主创新强力服务。围绕地方资源禀赋与传统产业发展，东北地区形成了资源型的区域创新体系。随着社会主义市场经济体制的逐步建立与完善，以及经济全球化与科技发展新趋势，东北地区的经济社会与科技系统正处于剧烈的变革过程中——"再工业化"的新阶段。其中，作为区域经济社会发展的重要组成部分，东北区域创新体系也需要进行深刻变革，优化科技资源配置，促进"再工业化"进程，形成有利于区域经济结构转变、产业结构优化升级、综合竞争力提升的创新驱动型的区域创新体系。

"再工业化"是基于东北地区工业化阶段、资源禀赋、市场需求与技术基础的阶段性选择，东北地区"再工业化"在本质上是经济结构调整和产业结构优化，后者最主要的原动力来自于自主创新。从根本上来说，产业的形成、分解和新兴工业的诞生都是技术进步的结果。以自主创新推动经济结构调整和产业优化升级，主

---

① 《北方重工集团有限公司简介》，http：//www.china-sz.com。

要表现在两方面：提升原有传统产业和发展壮大高新技术产业。东北地区自主创新能力在全国处于中等偏上水平，拥有较为雄厚的科技资源优势和良好的科技基础，企业技术创新水平呈上升趋势，科技与经济结合取得了显著进展。但是，这些要素和基础并没有更多、更大范围地转变为现实生产力。东北地区重化工业部门更大规模发展、更高质量发展和更加协调发展，亟须自主创新的服务、支撑与引导。

2. 资源型产业转型亟须自主创新引擎驱动。依托自然资源禀赋，东北地区形成了50多个资源型城市，资源型产业成为支撑这些城市发展的主导力量。例如，黑龙江七台河煤炭工业占工业产值的比重高达80.2%；鹤岗为50.2%；大庆石油采掘业占工业产值的比重是72.8%。① 与此同时，也造就了全国重要的原材料与加工产业基地。其中，石油化工就是东北地区重要的支柱型基础产业之一。

由于缺乏强大的自主创新支撑，在一定程度上延缓了这些资源型城市产业发展和经济转型。尽管资源型产业对东北经济社会发展做出了历史性贡献，但是随着大部分地区资源开发进入后期阶段（见表5-8），这些资源型城市正处于产业转型阶段。在资源型城市中，第二产业中的采掘业与配套产业作为主导产业形成了紧密的产业链，产业关联度大，配套产业的依附性强，整个城市经济发展对资源具有高度的依赖性，产业转型的基础薄弱。在这种宏观背景下，如何转变经济发展模式，尽快摆脱资源性束缚，强化自主创新，走出一条新型工业化道路，就成为当务之急。

表5-8　　　　　　　　　东北地区矿业城镇的类型

类型	幼年	中年	老年
非金属	八道沟镇、刘房子镇	大石桥市、海城市、瓦房店市、蛟河市、九台市、郭家店镇、阿城市	
化工		宽甸县、凤城市	
黄金		桦甸市	清原县、呼玛县
煤炭	铁法市、七台河市	舒兰市、珲春市、双鸭山市	抚顺市、阜新市、南票区、北票市、鹤岗市、鸡西市
冶金		鞍山市、本溪市	
石油	松源市	盘锦市、大庆市	
有色		葫芦岛市、磐石市、通化县、红旗岭镇、嫩江县	
综合		白山市、辽源市	

资料来源：中国社会科学院工业经济研究所，《东北资源型城市产业转型的科技支撑战略研究》，2005年2月。

① 中国社会科学院工业经济研究所：《东北资源型城市产业转型的科技支撑战略研究》，2005年2月。

3. 装备制造业综合竞争力亟须自主创新支撑提升。装备制造业是东北老工业基地的优势产业，然而，东北老工业基地的装备制造业多以传统技术为主，总体技术与国际先进技术水平有较大差距，大约落后 20 年，大多数先进电子信息设备的核心技术和机械产品技术主要依靠国外引进。造成这种状况的一个主要原因，就是东北装备制造业目前还不具备很强的、系统的产品自主开发能力，特别是配套和支持产业发展滞后，客观上也限制了东北装备制造业自主创新的成长空间。例如，船舶产业的配套设备装船率仅为 15% 左右，吉林汽车零部件产业尽管有一批行业龙头企业，但没有企业形成 500 万~1 000 万辆的整车配套能力。此外，基于传统技术的东北装备制造业对现代技术的吸纳能力不强，也极大地限制了其新型装备制造业或者先进制造技术应用与发展。例如，东北装备制造业相当一部分企业甚至部分骨干企业仍然沿用传统方式处理信息，在产品设计、制造、物流、营销环节，信息应用程度和制造技术水平比较低，对市场需求进行快速反应的能力差。

工业增加值是衡量一个地区工业发展质量，特别是自主创新能力和价值创造能力的重要指标。尽管东北三省工业生产总规模在全国位居前列，但是由于传统产业的结构性影响以及区域产业创新体系内在的薄弱环节，使得该地区的工业竞争优势没有与规模优势结合起来。2005 年，东北三省共实现工业增加值 6 374.5 亿元，占全国工业增加值的 9.6%，这一比例仅为广东该比值的 75%，江苏的 79%，这意味着东北三省一年的工业增加值总量上不足广东或者江苏一个省的 80%（见表 5－9）。东北地区工业结构变革与升级势在必行，而基于区域产业创新体系的企业自主创新能力培育，则是促进结构变革与优化升级的关键因素。

表 5－9　　　　　　　东北地区工业发展质量（2005 年）

	工业增加值 （亿元）	比上年同期 增长（%）	各地区工业增加值 所占份额（%）	各地区增速为 全国增速的倍数
全国总计	66 425.2	16.4	—	—
河北	3 219	22.9	4.8	1.40
辽宁	3 007.4	20.1	4.5	1.23
吉林	1 200.8	11	1.8	0.67
黑龙江	2 166.3	15.3	3.3	0.93
上海	3 994.7	12.5	6.0	0.76
江苏	8 054	22.5	12.1	1.37
浙江	4 904.7	18.1	7.4	1.10
河南	3 228	23.3	4.9	1.42
广东	8 290	17	12.5	1.04

资料来源：根据《中国统计年鉴（2006）》中相关数据整理得出。

（二）东北地区自主创新能力无法满足和支撑"再工业化"发展
需求

1. 自主创新规模和强度无法满足和支撑东北地区"再工业化"发展需要。尽管东北地区总体自主创新能力在全国处于中等水平，但是，东北地区自主创新投入的规模和强度与全国平均水平还有很大差距，无法满足东北地区"再工业化"过程中重化工业高级化、集约化和知识化发展的需求。近年来，东北地区高度重视自主创新，自主创新投入规模不断扩大，2005 年东北三省的研发经费支出、科技活动经费支出和地方财政科技拨款分别达到 212.9 亿元、370.6 亿元和 46.8 亿元，并保持着 15% 以上的增长幅度，促进了东北地区自主创新能力的提高。然而，2005 年东北三省的研发经费支出、科技活动经费支出和地方财政科技拨款的增长速度不仅远远低于北京、上海、广东等经济发达地区，也低于全国平均水平（见表 5 - 10）。

表 5 - 10　　　　东北地区自主创新的投入规模与强度（2005 年）

地　　区	地方财政科技拨款		科技活动经费支出		研发经费支出	
	金额（亿元）	排序	金额（亿元）	排序	金额（亿元）	排序
辽宁	28	6	203.14	8	124.71	7
吉林	6.9	20	90.1	17	39.3	18
黑龙江	11.9	13	77.38	18	48.91	15
东北合计	46.8	—	370.62	—	212.92	—
东北占全国比例（%）	8.9	—	7.7	—	8.7	—

资料来源：根据《中国科技统计年鉴（2006）》中相关数据整理得出。

2. 高新技术产业还没有成为区域经济发展的新兴力量。随着工业化进程的加速，特别是随着"再工业化"广度的扩展和深度的强化，代表工业结构优化升级和经济发展质量的高新技术产业，将在地方经济发展中扮演着越来越重要的角色。高新技术产业自身的扩散性和高增长性，以及自主创新投入强度的增强，将共同对地区经济结构变化产生积极作用。如果利用 R&D/GDP 比例代表一个地区的自主创新投入强度，用高新技术产业产值占 GDP 比例表示一个地区产业结构和经济发展的质量，自主创新与经济发展质量之间存在着较强的相关性。基于地区层面的数据分析，结果显示，2005 年我国自主创新与经济发展质量之间的相关系数达到了 0.558。[1] 这说明，自主创新水平的提高对地方经济发展具有显

①　在 0.01 显著水平下通过了双尾检验。

著的正向影响。

总体上看，东北地区的高新技术产业规模比较小，竞争力弱，还无法充分释放其对地方经济发展的支撑作用，更无法引领经济发展。2005 年，全国高新技术产业产值占 GDP 的比重为 18.8%，东北三省该指标仅为全国平均水平的 30% 左右。与全国快速发展的良好势头相比，东北地区高新技术产业发展较为落后（见表 5 – 11）。这说明，东北地区的高新技术产业在全国不具有比较优势，围绕东北地区"再工业化"合理选择重点领域，优先发展现代医药、新材料、现代装备制造等部门，将是东北地区未来一段时间经济发展的重点。

表 5 – 11　　东北地区自主创新的投入强度与经济发展质量（2005 年）

地区	R&D/GDP（%）	高新技术产值/GDP（%）	高技术产业产值排序	GDP 排序
辽宁	1.56	8.0	9	8
吉林	1.09	5.1	18	22
黑龙江	0.89	5.5	14	14
全国	1.34	18.8	—	—

资料来源：根据《中国科技统计年鉴（2006）》中相关数据整理得出。

第二节　东北老工业基地自主创新模式选择

一、多样化的技术创新模式

起源于熊彼特开创性研究的创新，是指对新产品、新过程的商业化以及新组织结构等的搜寻、发现、开发、改善和采用等一系列活动的总称。熊彼特创新的本质，是建立一种新的生产函数或供应函数，即把一种从来没有过的生产要素和生产条件的"新组合"引入生产体系。这种创新既包括科学技术上的发明创造，也包括科学技术的商业化过程，如引进新产品、引进新技术等[①]由于不同时期技术发展特点和组织方式的差异、产业发展趋势的不同，技术创新的模式也存在较大差异。许多研究者沿着熊彼特的开创性研究，开始深入分析技术创新的不同模式，提出了许多有参照意义的创新模式。

① 熊彼特：《经济发展理论》，商务印书馆 1990 年版，第 73～74 页。

（一） 技术推动的线性模式

技术推动的线性创新模式最早可以追溯到熊彼特的创新思想，并于20世纪50年代为学界和政界广为推崇。这一观点认为，技术创新从基础研究开始，而后经历应用研究、开发研究、创新、生产，最后止于销售，各环节间保持一种直线联系（见图5-1）。技术推动的线性模式对第二次世界大战后世界各国技术创新活动影响较为深远。总体来说，这是一种动态一维"线性模式"，即基础研究引起应用研究与开发，再把创新转到生产或经营领域。随着科学的进步，对基础科学投入的那些国家或地区能通过技术转化过程将科学成果转化为技术创新，进而在技术方面取得回报。

图5-1 技术推动的线性模式

（二） 市场需求拉动模式

第二次世界大战后至20世纪60年代中期以前，技术创新线性模式被普遍接受，很少有人对此提出质疑，但是这一模式在60年代末和70年代初开始遇到挑战。这一时期的技术创新研究广泛应用了统计和计量等分析方法，以确定技术创新与经济增长的定量关系。美国宾夕法尼亚大学的施穆克勒教授通过对1948～1951年间美国铁路、石油提炼、农业机械和造纸等四个资本货物部门以及其他一些消费品相关工业部门中专利与投资关系的实际考察，提出了市场增长和市场潜力是决定发明活动的速度与主要方向的新观点，并认为技术创新是市场需求引发的结果，市场需求在创新过程中起了关键性作用。

基于施穆克勒的研究，后来的学者提出了技术创新过程的需求拉动模式，并将施穆克勒模式简化为一种线性模式，以与技术创新线性模式相对应。市场需求拉动模式强调市场是R&D构思的来源，市场需求为产品和工艺创新创造了机会，并激发企业为之寻找可靠的技术方案的研究与开发活动（见图5-2）。这种模式的一个显著特点是，市场需求主导创新目标和过程，该模式是一种实用型的技术服务型创新模式。

图5-2 技术创新的市场需求拉动模式

（三）技术与市场混合作用模式

市场需求拉动模式的提出受到人们普遍关注，但也存在着反对意见。莫厄里和罗森伯格（1979）认为，在有关市场需求拉动的数据分析中，由于数据被看做是与任何经济成分无关的"完全科学事件"，技术推力的因素常常被忽视。在研究和发展已经组织化的世界中，这种事件是很少见的，"需求拉动"结论有失偏颇。他们的研究结论是，技术与市场的配合对技术创新的成功是决定因素。美国学者司托克斯（1999）在承认技术推动与需求拉动两种创新模式基础之上，认为两种模式的混合比较符合技术创新一般规律，应该是推动技术创新的最重要模式，并进一步将技术创新的一维线性模式修改为二维模式。

（四）技术创新网络化模式

随着对技术创新模式研究的深入，人们越来越发现技术创新是一个复杂过程，率先将这一复杂过程归纳为网络化模式的经济学家是罗斯韦尔（1994）。技术创新网络化模式的特征表现为企业间密切的战略合作，更多地利用外部专家作为辅助开发力量，利用仿真模型代替实物原型，并采用技术创新过程一体的计算机辅助设计与计算机集成制造系统。这种模式不但把技术创新看做一个跨部门的过程，而且看做跨机构的网络过程，可以视为一种"协整式"创新方式。因为技术创新过程是在不断变化的，研究开发与生产组织也因此随之改变，创新过程也越来越多地使用技术战略和企业间联系——纵向的客户和供应商联系以及横向的战略伙伴联系，这种联系加快了企业与外部的信息交换及协调，对于创新具有重要影响和作用。在整个技术创新过程中，企业间密切的战略一体化和不断提高的创新过程电子化，极大地改变了技术创新过程的线性模式。技术创新网络模式最先应用在国家层面，形成了国家创新系统理论。随着某些重要区域的经济发展在整个国家经济发展中的重要性日益显现，技术创新网络模式又被应用到区域层面，形成了区域创新系统理论，这是国家创新系统理论的进一步发展。

（五）集群式创新模式

许多学者以国家创新系统理论和区域创新系统理论为基础，进一步推进了网络化创新模式的研究。他们发现，创新网络的成效似乎与创新主体的空间分布有很大关系，特别是美国硅谷和欧洲产业集群的成功为上述观点提供了强有力的支持，在区域发展理论和国家创新理论的基础上形成了集群式创新理论。国家创新模式并不等同于集群创新模式，在库克和逊斯托克（Cooke and Schienstock，

2000）看来，集群创新模式是由具有明确地理界限和行政安排的创新网络与机构组成，这些创新网络和机构以正式和非正式的方式相互作用，从而不断提高内部企业的创新产出。该创新系统内部的机构包括研究机构、大学、技术转移机构、商会或行业协会、银行、投资者、政府部门、个体企业以及企业网络和企业集群等。[①] 从这个意义上讲，国家创新模式与集群创新模式之间存在着显著的区别。前者的产业可能比较分散，不一定集中于某一产业，而后者主要集中于某一产业；从地域范围来看，前者的范围可能弹性更大。

集群创新模式的提出是基于知识的不同传递特性。创新过程涉及大量隐性知识的输入，而这类知识必须通过面对面的人际交流才能被有效地获取，为了提高创新收益，创新主体需要在地理上与相关知识源邻近从而能够与之进行频繁互动来获得所需的隐性知识。巴普丝蒂塔和斯旺（Baptista and Swann，1998）指出，技术的可编码化程度越低，相关创新主体的地理集聚就越迫切。[②] 施托普尔（Storper，1995）也在分析了四种类型的生产系统后指出，无论是小规模定制、高科技，还是大规模生产或是大规模精益生产，每种生产系统都存在使技术学习活动本地化的动力因素，关键原因仍然是隐性知识的存在以及面对面交流的必要性。[③]

（六）技术创新进化模式

在上述所有技术创新模式的研究中，技术创新都被看做是一个复杂的过程，研究重点也都侧重于描述这一过程中的各个组成部分以及导致这一过程出现的外部因素，很少涉及导致技术创新产生的内在因素，而技术创新进化模式则在一定程度上解决了这一问题。技术进化论将技术定义为一组关于生产中如何做事的指令，即可行技术集合，其基础是一个更大的集合——有用知识集合。[④] 技术创新就是从有用知识集合到可行技术集合的映射过程，在这一过程中，有用知识集合的变化成为影响技术创新的重要因素。有用知识集合的变化一方面是通过盲目变化和选择性保留而产生的，另一方面则表现为对新知识的有意识的探求，而新知识又赋予技术创新一种先验的方向性。

技术进化论认为，有用知识集合中的大多数知识是"中性的"，即它们没有

---

① Cooke, Schienstock, *Structural Competitiveness and Learning Region*. Enterprise and Innovation Management Studies. 2000，1（3）：pp. 266 – 280.

② Baptista, R., Swann, G. M. P., *Do Firms Inclusters Innovate More? Research Policy*，1998，27：pp. 526 – 540.

③ Storper, M., *Regional Technology Coalitions*：*Anessential Dimension of National Technology Policy. Research Policy*，1995，24：pp. 896 – 911.

④ 约翰·齐曼：《技术创新进化论》，上海科技教育出版社 2002 年版，第 60 页。

得到应用，也没有即刻影响生产技术，而且中性知识被创造的速度也比技术知识快得多。如果中性知识不能在生产中得以应用，便不能被视为技术进化的一部分，但是从有用知识集合到可行技术集合的映射过程是多种多样的，即技术创新的产生方式是多种多样的：首先，技术创新可以通过知识重组来实现，也就是实体结合现存的知识而以新的形式出现；[①] 其次，技术创新也可以通过"杂交"产生，即将现有技术结合而产生新技术；第三，技术创新还可以是技术的超适应现象的结果[②]，即最初因为某种性状而被选择的一项技术，却因为它恰好拥有的另一种性状而获得其后来的成功和发展。这三种技术创新方式都被称为技术进化的结果。另外，有时技术创新是突然发生的，并且没有利用太多先前的知识，但这种创新一经出现，就超越先前已存在的技术而被选择，故这类技术创新被视作技术突变。

二、逆向式自主创新模式的基本内涵与实现方式

（一）逆向式自主创新模式的提出

1. 逆向式自主创新模式选择的国际技术转移背景。以往的创新模式大多是基于发达国家先进企业的一种新产品开发方式，强调的是产品开发领先、技术控制的一种方式。对于大多数发达国家企业，这种方式具有一定的合理性，因为大多数企业有着较为完善的研究开发基础和较强的研发能力。即使是那些研发基础较弱、研发能力差的企业，也可以在其创新体系下相对容易地获取外部技术。也就是说，在一个相对完善的制度环境下，特别是某一个或某一类创新型国家，其内部的技术交流与扩散基本上可以是无障碍的。在这种制度环境下，只要拥有一定的实力，企业的创新战略和组织方式就可以采用产品开发领先、技术控制式的模式。当这些技术输出与流动将对某一个或一类国家产生不可预期的影响时，这些国家也将采用各种措施进行控制。对于一些发展中国家以及发展中国家处于中等发达程度的地区而言，那些领先、控制式的创新模式就缺乏了现实的技术与制度基础。特别是在我国快速发展过程中，来自国外的技术遏制势力还十分强大，包括东北地区在内的许多企业，根本无法相对

---

① Mokyr, J., *Evlution and Technological Change: A New Metaphor for Economic History*, *Technological Change*, London: Harwood Publishers, 1996: pp. 6 - 19.

② Gould, S. J. and Vrba, E. S., *Exaptation-a Missing Term in the Science of Form*, Palaeobiology, 1982, 8 (1): pp. 4 - 15.

"自由"地获得国外技术，即使是那些高技术含量相对低的实用型技术也是如此。这种国际技术转移的宏观背景，决定了发展中国家必须选择一种适合其自身特点的自主创新模式。

2. 逆向式自主创新提出的国家科技发展战略背景。新型工业化发展离不开强大的自主创新能力作为基础。实现经济社会又好又快的发展，也同样离不开自主创新。作为我国经济发展总体战略的重要组成部分，东北地区改造、振兴与建设新型产业基地，更需要自主创新。自主创新是指通过拥有自主知识产权的独特的核心技术以及在此基础上实现新产品的价值的过程。自主创新包括三种具体形式：一是原始创新，是指重大科学发现、技术发明、原理性主导技术等原始性创新活动。在本质上原始创新是"元创新"（Meta-innovation），即是一种观念上的根本性创新，元创新将会诱致更多更大范围的"衍生创新"；二是集成创新，主要是把各个已有的技术单项有机地组合起来、融会贯通，构成一种新产品或经营管理方式，创造出新的经济增长点；三是引进技术再创新，即指在引进国内外先进技术的基础上，学习、分析、借鉴，进行再创新，形成具有自主知识产权的新技术，其中隐含了两个重要的过渡阶段——消化和吸收。消化是指通过反复学习与实践，达到对引进技术的熟练使用，并且能够使引进的技术创造出效益，这是熟练掌握引进技术的使用方法的过程。吸收是指在消化基础上，通过对引进技术的分析与研究最终掌握其核心技术，并将之与自身的技术特点结合形成自己的技术，这也就是技术国产化的过程。

上述三种自主创新的基本模式，是基于我国整体经济发展、科技基础而进行的总体科技发展战略部署。不同发展程度的地区，其自主创新模式的内涵与形式将各具特点。

3. 逆向式自主创新的基本内涵。逆向式自主创新是一种强调利用现有创新基础，广泛吸收各种技术，立足相对成熟市场，从现有成熟产品出发，从掌握加工组装技能、生产组织技术等简单的技术应用者，逐渐转变为以更大规模新产品开发、新工艺改善甚至成为技术输出者的一种技术创新战略。针对重点领域的集中攻关、旨在强化创新参与者之间联系的合作创新和集成创新，以及在某些技术环节的跨越式创新，都是保障和促进逆向式自主创新的战略导向和实施指导思想。在多样化自主创新的实施路径中，企业应强化自有知识产权意识和策略，以逐渐获得、拥有、掌握和控制核心技术，最终成为市场竞争中的技术领导者。

从技术创新的基本理论模型看，这是一种"逆向化"的线性创新模式。线性创新模式强调的是，技术创新是由基础研究到应用研究，再到开发研究，最后形成创新成果和实现产业化。与之不同，逆向式创新则是指先从现有产品生产与改善出发，围绕市场需求变化，不断做出产品和工艺等方面的改进，并对现有生产体系进行"适宜性"调整。当遇到技术难题，将逆向寻求创新前端——掌握创新源头知识的科研机构或高校的支持，或者依托其工程技术机构，进行"应用性研究"，甚至进行原理性的、概念化的"准基础性研究"。

从创新主体技术创新演化的实践阶段看，与领先企业技术推动式的产品开发、生产组织不同，从事逆向式自主创新的企业基本上处于跟踪、模仿、学习先进企业阶段，限于技术积累、创新条件和开发能力约束。这类企业基本上是从成熟技术的引入、学习出发，先追求大规模的生产能力和快速满足既定市场需求，然后随着"学习效应"的增强以及竞争的加剧，开始进行大规模的渐进式的增量创新，最后演化成为一个具有技术自生能力的大企业或领先企业。在这个意义上，逆向式自主创新类似于"反求工程"，但两者又不完全相同。

反求工程早在20世纪60年代就为日本所采用，它是指以现代设计理论和方法为基础，通过反求分析、反求设计、探索消化、吸收他人的先进技术和设计理念的一种产品生产方法。它主要是通过对引进技术和设备的解剖分析，掌握其功能原理、结构参数、材料、形状尺寸，尤其是关键技术，进行产品再设计。这种适用于20世纪的反求工程却难以大规模地适用于东北地区，因为当今世界对于知识产权保护的强度与广度远高于20世纪。但是，无论是反求工程还是逆向式自主创新，都是技术后进者追赶甚至赶超领先者的一种途径。

（二）逆向式自主创新模式的实现方式

作为一种技术进步的实现途径，逆向式自主创新模式的具体实践方式不是单一的而是多元化的，不存在所谓的最优模式，只存在适用模式。具体采用何种模式，取决于企业资源条件、技术基础、产业特点和市场环境等多种因素的交互作用。结合已有研究成果，可将逆向式自主创新的具体实现方式，概括为如下几种类型：①

1. 渐进性创新。渐进性创新方法适用于在多方面技术和多个产品领域与发达国家都存在较大差距的企业。由于我国企业与发达国家企业的技术差距较大，而且该产业的技术构成又较为分散，因而企业想通过单一技术项目的引进而实现跨越式增长是不现实的。所以，企业应立足现有基础，通过有计划、有重点、有步骤地对系统技术进行学习与创造性应用，不断增加技术积累，最终实现总体技术创新实力的提升。当然，如果存在某项技术对其他技术有很强的带动作用，也

---

① 关于东北地区自主创新模式的选择，将在本章第三节借助案例，对不同类型行业创新途径进行实证分析。

不妨通过引进重点技术项目的办法带动相关技术的积累与发展，这可能会收到事半功倍的效果。

2. 并购式创新。并购式创新适用于规模比较大，资金比较雄厚，企业文化比较成熟的企业。如果被并购方的技术与原并购方的技术存在一定的互补性，那么并购后的创新效果可能会更理想。企业的技术积累经常是一个缓慢的过程，但是一次成功的兼并或收购，可以迅速扩大企业的技术拥有量、产能和市场份额，而这一前景总是很有诱惑力。然而，并购不可避免地会带来管理成本的提高。在欧洲和美国进行的研究都表明，并购带来的益处很少有期望中的那么大。美国著名企业管理机构科尔尼公司多年的统计数据显示，只有20%的并购案例能够实现最初的设想，大部分的并购都以失败告终。因此，企业在采用并购式创新方法时一定要慎重。

3. 联盟式创新。联盟式创新适用于具有一定技术实力与规模的企业，它对企业自身条件的要求比并购要宽松，但效果可能会更好些。与并购相比，企业技术联盟的风险要小很多，而且也同样可以迅速增加企业的技术拥有量。技术联盟是介于市场与企业之间的一种中间组织，联盟中的企业可以将部分知识、技术共享，这当然可以扩大企业的技术量，而且又可以避免因并购带来的管理成本的增加。企业通过技术联盟来增强技术创新能力，其成功率要高于并购这种途径。另外，联盟也可以作为企业并购的前期准备阶段，这可以大大提高并购的成功率。

4. 自我完善式创新。自我完善式创新适用于技术创新能力较强，与发达国家技术差距不大的企业。由于企业与发达国家企业并无明显技术差距，因而不需要再引进技术。如果该企业与其他企业不存在技术互补性，那么从技术创新角度看也没有并购的必要。对于自身技术创新能力较强的企业来说，重要的工作是不断发现现有技术的缺陷与漏洞，然后再通过不断的自我完善来改良现有生产工艺、作业组织方式等，并逐渐发展新技术。该类企业应该动员所有能够动员的力量来查找缺陷与漏洞，并让大家群策群力，共同寻找解决办法。只有这样，它才能充分利用现有技术，挖掘现有技术的潜在发展机会，使现有技术利用效果达到最大化。当然，如果采取与自己具有相同技术实力的企业进行技术联盟，通过相互比较来查找缺陷与寻求解决路径，也不失为一个好的办法。

5. 探索式创新。探索式创新适用于具有一定的技术实力和较好经济实力的企业。如果某项技术对于企业非常重要，企业没办法通过引进技术、并购其他企业或与其他企业联盟等形式从外部获得该技术，而且该项技术又无其他相近或相似技术可以替代，那么它就只能进行探索式创新。

三、逆向式自主创新模式：基于东北"再工业化"进程的阶段选择

（一）逆向式自主创新是后发地区实现技术追赶的重要途径

国际经验表明，逆向式自主创新是许多技术后发国家赶超技术领先国家的一种战略选择。20 世纪 50、60 年代的日本之所以能够在较短时间显著地提高了生产率和竞争力，在很大程度上源自其对美国等技术领先国家的先进技术的吸纳与再创新，使之逐渐从一个"技术应用国"转变为了"技术创造国"，成为当今少数几个具有强大创新能力的技术强国。韩国技术能力的形成与强化，也是一种典型的逆向式自主创新模式。我国目前正处于创新型国家建设的重要阶段，东北地区自主创新能力的提升是实现国家宏观创新战略的重要组成部分。如何根据我国创新型国家建设的整体战略部署，结合东北地区特点，走出一条符合东北地区经济、社会发展需求的自主创新之路，是全面振兴东北的决定性要素之一。

从东北地区"再工业化"面临的生产集约化、生态化等诸多挑战看，自主创新能力的提升将为东北老工业基地改造与振兴和进一步发展提供新的驱动元素。东北地区的总体自主创新能力处于全国中等偏上水平，但是，与发达地区相比，东北地区的技术进步基础条件还很差。东北地区目前的自主创新的基础和制度禀赋尚不足以支持大规模的"独创式"创新或者根本性创新，也即基于"原始创新"的技术进步道路，并不适合东北地区。从东北地区科技条件和产业基础看，进一步加强与规范引进技术的消化吸收与再创新，实施"逆向式自主创新"，将是一种较为现实的技术选择。

（二）逆向式自主创新模式选择符合东北地区重化工业发展的内在要求

重化工业是东北地区重要的支柱产业之一，由于缺乏较高水平的技术能力作为基础，许多产品的竞争力不强。薄弱的技术能力尚无法转变为企业生产能力和水平显著提高的引擎，无法形成产业的规模优势。在石油化工业领域，合成氨和乙烯是最为重要的两种化工产品，但东北地区在这两个化工产品的生产能力上并不占优势。2006 年东北三省合计生产合成氨 197.15 万吨，这个水平仅相当于山东一省的 1/4，河南省的 1/3，山西、四川、河北各省的一半左右。2006 年东北三省合计生产乙烯 176.12 万吨，这一水平还不足上海一市的产量水平，仅比江

苏、广东各省略强。① 东北地区重化工业的技术弱势主要表现为，拥有自主知识产权的核心技术少，一些关键技术和核心技术以及大型生产装置，如大型合成氨、乙烯制造等，仍然主要依靠从国外进口。目前外国重化工企业在中国有机化工、合成材料等领域申请的专利已占国内同类专利总数的 60% 左右，这对东北地区重化工业的产品价值链升级、价值链深化和产业链延伸十分不利。重化工产业的这种发展现状，决定着东北地区技术创新还将在相当一段时间内依靠国外技术引进。引进消化吸收并逐渐实现"进口替代"和国产化，是当下东北地区自主创新的主要任务。

重化工产业基本上属于成熟技术、适用技术主导的一个工业部门，它并不需要大量的根本性创新。基于市场的渐进性的增量创新将是主导技术路线，而那些能够变革现有生产体系的根本性创新，由于投资巨大和风险高，只能使那些巨型跨国集团关注的焦点，而且开发周期将很长。对于技术落后者和跟随者的大多是东北企业而言，国际领先企业的技术创新战略并不适用，而选择增量式创新模式，逐步逆向推进到更高层级的技术平台，则是较为可行的一种路径。增量创新的最大好处是，任何一个国际产业分工链条上的参与者都有机会在某个环节创造出符合本地化特点的专有技术，比较容易实现局部重点技术发展，突破技术限制。在国际产业转移和我国工业化快速发展的过程中，东北地区正在承担着为我国甚至世界提供现代重化工装备与材料的历史使命，通过大规模的外包、生产将有助于东北地区企业获得学习效应。多种类型的学习效应及其基础上的技术积累，将促进东北地区重化工企业从逐渐掌握外围技术过渡到创造和控制核心技术，为技术能力的跃升创造条件，这是东北地区又快又好发展所必需的初始技术条件之一。

基于东北地区重化工业整体技术实力不强的事实，让其致力于开发原始创新显然是不现实的。东北地区重化工业应该从实际出发，以发达国家重化工业现有先进技术为目标，遵循逆向式自主创新模式，强化模仿学习、消化吸收先进技术和有重点地实施某些关键领域的局部突破和重点跨越，从而逐步提升整体技术创新实力。

（三）逆向式自主创新将为未来东北地区全面技术进步奠定新基础

根据产业发展和工业结构演化的一般规律，东北地区"再工业化"将随着市场发展、技术进步融入新的内容，进入到更新的发展阶段。其中的一个重要标志就是重化工业的集约化、高技术化和高新技术产业的规模化发展，这意味着以

---

① 国家统计局：《中国工业统计年鉴（2007）》，中国统计出版社 2007 年版。

重化工业快速发展为特点的东北地区"再工业化",将面临和进入到一个新的创新时期。另一方面,现代技术的快速发展以及技术生命周期的缩短,技术进步与产业之间的连接日益紧密,一些新兴产业部门不断出现,这意味着基于产业内部的结构演进,将为东北地区的技术学习、技术积累和技术创造提供技术进步的新机会。

20 世纪 90 年代以来,R&D 全球化趋势开始增强,为东北地区全面技术进步创造条件。一般地,创新全球化包括三个方面的内容:一国生产的技术在全球范围内的利用、创新的全球性和全球技术合作。在创新资源的全球范围流动过程中,东北地区可以凭借其原有技术和产业基础,从技术的国际流动以及技术引进获得更多的学习机会。最近,跨国公司对东北的关注,将进一步增强这种机会。当然,东北地区能否从这种机会实现创新效益的最大化,不仅取决于相关的制度安排,也取决于企业自身学习的动力和偏好。当企业获得某种技术的机会增多和成本下降时,也存在着外资"挤出"本地企业自主创新的可能。但无论如何,旨在实现技术、产品"进口替代"和国产化,甚至"出口替代"的逆向式自主创新,将为东北地区未来发展奠定新的技术基础。也就是说,逆向式自主创新不过是基于东北目前发展阶段的一种阶段性选择,我国现代化的战略任务和东北地区的战略地位,决定着未来东北走向全面的技术创新阶段,并逐渐成为技术领先地区。

第三节　东北老工业基地自主创新的基本路径

一、高速铁路行业——长春轨道客车股份有限公司的引进技术再创新

(一)我国高速铁路列车领域的技术背景

从 1978 年到 2003 年的 25 年间,中国 GDP 增长了近 3 倍,但中国铁路除了京九线外,没有大量新线投入运营。人均线路不到一只香烟长(57 毫米)的中国铁路,已经难以满足中国经济迅猛发展的需要,其中原因之一就是我国机车车辆装备工业技术水平还很落后,仅相当于发达国家 20 世纪 70 年代的水平。如果不能在短时间内迅猛发展,未来 5~10 年,作为国民经济大动脉的铁路将成为经

济发展的新瓶颈。面对高速列车所涉及的诸多技术难题，"强调单一的原始创新既无法及时满足现实的迫切需求，又不能很好发挥后发优势。"①

近年来，虽然国内陆续推出了自主研制的"蓝箭号"、"中华之星"等动车组样车，但在系统集成、转向架等关键技术上还不够成熟，技术标准、可靠性试验验证数据积累等更是缺乏。在国内关键技术尚为空白的状况下，我国高速铁路行业利用市场优势和后发优势，选择了引进、消化吸收、再创新道路。在"引进先进技术，联合设计生产，打造中国品牌"技术发展目标指导下，用最小的代价、最短的时间，实现了中国铁路机车车辆水平的飞跃。东北地区的长春轨道客车股份有限公司（以下简称"长客"）在促进我国高速铁路行业技术创新方面做出了卓越贡献。

（二）长客引进技术再创新的实践过程

通过引进吸收国外先进技术，提高企业技术创新能力，一直是长客技术创新战略的重要组成部分。20 世纪 80 年代，长客引进英国样车开发、生产了"168"国际招标车；1995 年与韩国一家公司合作生产了 30 辆不锈钢车体客车；2002 年从加拿大庞巴迪公司引进了广州 2 号线铝合金地铁车制造技术，为大批量生产世界先进水平的铝合金车体车辆积累了经验。这几次成功的技术引进增强了长客的新产品研发能力、加工工艺和制造水平，极大地缩短了产品的开发研制周期，实现了产品的更新换代，使公司的产品质量和档次全面提升，增强了公司的技术实力。从 25B、25G 型到 25K、25T 型，长客在全国铁路五次大提速中发挥了积极的作用，企业的核心竞争能力也得到了很大的增强。

关联企业系统化的技术引进与消化吸收，在给长客带来巨大发展的同时，也促进了我国高速铁路整体技术水平的提升。长客是国内铁路客车、城轨客车的研发、生产基地。该公司与阿尔斯通共同制定了技术引进和国产化的方案，通过联合设计、合作生产、技术培训、技术支持、提供技术图纸文件的方式，在少量引进整车、部分散件组装、大规模国内生产的过程中，阿尔斯通公司将逐步向长客转让动车组总成、车体、转向架、牵引控制系统和列车网络控制系统等技术。在技术引进和国产化进程中，阿尔斯通公司不仅把其拥有的系统集成、转向架、车体技术向长客转让，并且也将牵引变流器、牵引电机等技术向中国北车永济电机厂、铁道部科学技术研究院等企业、科研机构转让。通过技术引进及其基础上的再创新，长客和其他关联企业在设计理念、管理思想、装备能力等方面缩短了与国际先进水平的差距，并积累了大量技术开发经验，逐渐拥有了独立完成动车组

---

① 周伟：《动车组技术引进揭秘：一夜砍掉法国 15 亿报价》，《中国青年报》，2007 年 6 月 4 日。

速度提升的持续研制和开发能力。

（三）长客在生产技术方面取得的成绩

由中国北车集团长春轨道客车股份有限公司研制的首列国产化高速动车组（CRH5），在 2007 年 4 月 18 日开始施行的中国铁路第六次提速过程中作为主力车型投入运营。它的成功研制标志着我国高速动车组的国产化取得了重要突破，也是实现我国铁路装备制造业现代化、跻身国际一流水平目标的一个重要里程碑。CRH5 型动车组是由长客和法国阿尔斯通公司联手合作、倾力打造的中国时速 200 公里动车组品牌。该动车组为全新设计的动力分散型电动车组，由于依照一系列国际通用标准生产，实现了列车的智能化自动控制和状态监测，安全可靠。在牵引方面，当动车组有一个动力车发生故障时，仍然能够在 12‰ 的坡道上以 200 公里/小时的速度运行；当有两个动力车发生故障时，仍然能够在 30‰ 的坡道上启动。最为可喜的是，下线的首列国产化 CRH5 动车组，从车体、转向架等主要部件到整车的组装制造都是由长客自行完成的。按照合同，后续车辆的国产化率将超过 70%。目前，国内已有 12 个省 150 余家企业为动车组生产提供配套，这种基于技术引进消化吸收的集成式、群体式创新，将有力地促进国内整车企业、配套企业技术水平的提升，拉动国内相关产业的发展。

二、石化行业——吉林石化公司的渐进性创新

（一）我国石化行业的总体技术背景

从我国石化产业总体上看，除炼油工业外，其他行业 80% 左右的技术及装备还依靠从国外进口，与国际水平相差 20 年左右。[①] 我国石化产业涉及产品多，整体工艺技术、装备落后，仍处于较低水平。目前全行业只有 1/4 行业的技术、装备达到国际先进水平，相当一部分企业，特别是老化工基地的技术、装备水平仍停留在 20 世纪 60、70 年代的水平。落后的工艺技术和装备导致资源、能源消耗高。如我国乙烯原料消耗比国外高 1/6，轻油回收率只相当国外先进水平的 3/4。[②]

基于我国石化产业整体技术水平相对落后的事实，又由于该产业产品与技术

① 科技部专题研究组编：《我国产业自主创新能力调研报告》，科学出版社 2006 年版，第 39 页。
② 科技部专题研究组编：《石油和化工工业自主创新能力调研报告》，《我国产业自主创新能力调研报告》，科学出版社 2006 年版。

东北老工业基地改造与振兴研究

相对分散的特征，采用类似高速列车行业通过重点项目引进而快速提高整体技术水平的路径是行不通的。而通过自身努力，在石化行业相关领域持续进行分散式技术改进活动，历经积累和整合，达到阶段式大幅提升该产业整体技术实力的目标，这就是渐进式创新的思路。

（二）吉林石化公司的渐进性创新实践

吉林石化公司技术创新的显著特点有两个：一是拥有明确的技术开发战略。合理的创新战略导向及其有效的组织设计，是保障吉林石化公司技术创新获得长足进展的前提之一。吉化在技术攻关和新产品开发工作中，以解决生产技术难题、增加高端产品、增强竞争优势为目标，优选科研课题，加强与重点大学、科研院所的紧密联系，实行产学研联合，大力组织实施产品开发和技术攻关，先后有高密聚乙烯新牌号、高活性聚异丁烯等 12 项成果实现了产业化，环保阻燃 ABS 配方及工艺研究等 13 项关键技术取得了重大突破。这些新产品和新技术的开发成功，形成了吉林石化公司新的专有技术，有效地改变了吉林石化公司高端产品和高附加值产品相对较少的生产状况，使主导产品的市场竞争力得到了不断增强。

二是激励全员参与创新。为此在研究院制定实施了科研、攻关项目经理制，在给项目经理以人员使用、材料领用、奖励分配等权力的同时，实施科研成果经济风险责任制考核。在精细化工技术中心实施科技人员课题制，建立以基本工资和课题津贴为主的新的分配制度。这些激励机制，有效激发了科研人员的积极性和创造性，保证了新产品开发和技术攻关任务的顺利完成。

（三）吉林石化公司在技术创新方面取得的成绩

由于采用了渐进性创新方法，吉林石化公司近年来在多个领域取得了诸多技术创新成果。吉林石化公司是国内唯一生产乙丙橡胶的厂家，共生产 12 个牌号产品，主要应用在汽车部件、建材、电线电缆、耐热胶管、汽车密封件及润滑油添加剂和聚烯烃改性等方面。

吉林石化公司通过技术创新，填补了多项国内空白，丰富了我国原材料工业的产品谱系，为精细化工等下游产业高级化发展提供了高质量供给品。随着高分子材料向功能性发展，乙丙橡胶在树脂改性中的应用将越来越广泛，国产乙丙橡胶缺乏相应的牌号，制约该领域的快速发展，新产品开发迫在眉睫。为此，吉林石化公司有机合成厂与研究院联合研发了乙丙橡胶新牌号 J－3060P，该产品各项主要指标都达到国际同类产品先进水平，填补了国内乙丙橡胶在高档树脂改性领域的空白。在渐进性创新过程中，吉林石化的自主知识产权水平也得到了大幅提高。仅 2007 年 1～11 月，吉林石化公司就申请专利 22 项，其中有 6 项专利被国家专利局授权。①

三、钢铁行业——鞍山钢铁集团公司的自我完善式创新

（一）我国钢铁行业的总体技术背景

近年来，我国钢铁工业发展迅速，钢铁产业技术实力大为提升，这集中体现在近年来国内钢铁产品结构的变化上。从 2004 年起，我国钢铁工业产品结构有了显著改善，高附加值产品比例上升，具备了在某些方面实现"进口替代"和初步开拓国际市场的能力。我国钢铁工业已能够生产包括高温合金钢、精密合金钢和低温合金钢在内的 1 000 多个钢种，能够轧制、加工的钢材和金属制品品种规格超过 4 万个，国民经济各行业所需的钢材品种大多可以国内生产。一些过去依靠进口的短线产品，现在已经可以基本立足国内解决。

我国钢铁行业技术实力提高的另一个表现是，已经拥有一批高素质的科研队伍。2004 年全国重点钢铁企业科技活动人员总数约为 11 万人，其中直接参与科研项目的人数约为 6.7 万人，参加科技活动人员中有高、中级技术职称的占43.74%，约有 3.9 万人直接参加研究与开发工作，研发人员占从业人员的2.3%。尽管如此，我国钢铁产业在一些高附加值产品的生产技术上仍与发达国家有一定差距。板管比（板管材占全部钢材的比重）是衡量一个国家钢铁工业发展水平和钢材消费层次的重要指标之一，世界工业发达国家的板管比一般超过60%，但我国的板管比却一直在 40% 左右徘徊。②

（二）鞍山钢铁集团公司的自我完善式创新实践

一是科学制定企业技术创新目标。从 2005 年起，鞍钢确定的技术创新方向主要是从企业发展和市场竞争的需要出发，紧密追踪世界钢铁科技发展的最新动态，把钢铁工业的新工艺、新装备、新技术、新产品作为科技创新的方向，将自主创新的重点放在钢铁行业前沿技术、关键技术、可持续发展支撑技术的研究和应用上，力争在一些关键技术领域成为"领跑人"，在钢铁科技重要领域形成与世界先进企业的竞争优势。

二是建立企业为主体的技术创新体系。为实现以上创新目标与具体任务，鞍

---

① 《吉林石化技术创新势头强劲》，《江城日报》，2007 年 8 月 15 日。
② 科技部专题研究组编：《钢铁工业自主创新调研报告》，《我国产业自主创新能力调研报告》，科学出版社 2006 年版。

钢强调发挥联合企业的整体优势，进一步建立健全适应市场经济要求的具有企业特色的科技创新体系和机制，深化内部产销研运作，加强外部产学研合作，抓好重点工艺技术、产品技术攻关和研发项目的立项与推进，做到研发一代、生产一代、储备一代，为鞍钢可持续发展提供技术储备和保证。

三是充分调动全体员工的创新积极性，优化新产品开发设计。为进一步完善创新技术的细节，2007年初鞍钢集团公司工会、科技质量部等五部门联合开展了具有鞍钢特色的"万人献万计，岗位创效益"群众性合理化建议活动，进一步激发职工群众的创造力，大力推进技术、管理和体制创新。鞍钢各级工会组织也在职工中开展形式多样的竞赛活动。在围绕提高企业自主创新能力、开展创新创效竞赛中，鞍钢积极引导广大职工"提出一条新建议，掌握一门新技术，推广一项新技法，创造一项新纪录"，掀起群众性提合理化建议活动的热潮。

（三）鞍钢在技术创新方面取得的成绩

目前，鞍钢股份已经掌握了全连铸、全转炉、全炉外精炼的先进炼钢工艺，主要生产工艺和装备达到世界先进水平。在先进技术的支撑下，公司产品档次逐年提高，产品竞争力与日俱增，2006年74.25%的产品质量达到国际先进水平，同比提高3.74个百分点。[①]

鞍钢自行研发的多项产品填补了国内空白，有力地支持了国内重点工程建设，有些产品已经具有较强的国际竞争力。2004年三峡水利枢纽工程急需水轮机蜗壳钢时，国内钢铁企业尚无生产此种钢材的先例，但鞍钢股份在较短时间内自主研发成功并替代进口。鞍钢自主创新建成的集烧结、炼钢、热连轧、冷连轧为一体的西部500万吨板材精品基础吨钢投资为国内最低，比国际水平低2 000元以上。此外，鞍钢股份高端产品已经远销美国、英国等30多个国家和地区。2006年实现出口订货330多万吨，出口占商品材比例23.82%，钢材出口数量和比例居国内同行业首位。[②]鞍钢股份国际影响信誉空前提高，为其参与国际竞争赢得了"话语权"。

据统计，"十五"期间，鞍钢共取得重要科技成果334项，其中71项达到国际先进水平，获国家科技进步二等奖2项，冶金科学技术特等奖3项。[③] 2007年上半年，鞍钢通过群众性技术创新开展双增双节活动，为企业创效益1.06亿元。[④] 自我完善式技术创新已成为鞍钢产品结构升级、业绩提升的原动力，公司

---

①② 《鞍钢股份2006年业绩大幅度增长》，www. assteel. com/newsinfo2. asp?id = 25756。

③ 《鞍钢新轧钢股份有限公司》，www. aswjm. gov. cn/docc/about/newsContent. asp?lsh = 2551。

④ 《鞍钢广大职工上半年双增双节创效1.06亿元》，www. caq. org. cn/html/in_qy/2008 - 9/11/142628. shtml。

也由此具备了与国内外先进钢铁企业竞争的雄厚实力。

四、数控机床行业——沈阳机床集团公司的并购式创新

(一) 我国数控机床行业的总体技术背景

我国数控系统的开发与生产，通过"七五"引进、消化、吸收，"八五"攻关和"九五"产业化，取得了很大的进展。国内产品在性能和质量方面已显著提高，功能价格比已具有较明显优势。我国具有自主版权的数控系统产业开始形成，在市场上具有一定竞争力，市场占有率也有稳步提高。国产低档产品（经济型）已占领了国内市场，并广泛用于改造旧机床和装备新机床。国产中档产品（普及型）已于 20 世纪 80 年代初期批量进入市场，至今已销售 5 000 台以上。但是，一些高档产品（高级型）的对华输出还面临着诸多限制。

可靠性曾是国产数控系统致命的弱点，但这个技术问题已获得解决。我国普及型以上的系统开发，完成了转向"基于 PC（第六代）"的技术跨越。从 20 世纪 90 年代初期起，世界数控系统进入到基于 PC 的新一代水平。我国数控系统产业在"八五"攻关中，普及型以上的系统全部实现了这种技术跨越，转向了"基于 PC"。近 10 年来，我国数控系统产业根据用户特殊的要求开发了百余种的专用系统，如等离子切割机、火焰切割机、激光切割机、曲轴磨床等专用的数控系统。国产化产品的开发成功和进入市场，降低了我国相关产业的生产成本，例如，配有"华中数控"专用系统的汽车工业专用扇形齿插齿机的售价，仅为国际同类产品价格的 1/8。[①]

(二) 沈阳机床集团公司并购式技术创新实践

一是基于企业内外环境，合理确定技术创新战略。沈阳机床集团在面向现实市场，努力实现企业当前和近期目标的同时，也在面向未来发展，着眼于全球产业方向和技术前沿，为提升企业未来竞争力提供技术支持，并逐渐构建起自主技术创新的跨越式通道。

二是以并购方式获得互补性技术和品牌。德国希斯公司的自有技术与沈阳机床集团公司有很强的互补性。希斯公司以生产重大型机床设备为主，产品主要应用于船舶、重型机械、电力装备等重工领域，是世界机床行业从事这一领

---

① http://www.ca800.com/news/detail.asp? id = 28411.

域制造的两大品牌之一。希斯公司所涉猎的技术和市场领域恰恰是沈阳机床所没有的，而又是沈阳机床走向世界所必需的。2004 年 10 月 29 日，沈阳机床集团全资收购希斯公司全部资产，包括 8 万平方米厂地、2.8 万平方米厂房、44 台大中型加工设备和全部产品的全套技术，还包括"希斯"这个百年老字号品牌。①

三是强化并购中的文化整合。沈阳机床集团公司在解决文化冲突问题上，显示出非凡智慧。中国和德国的文化差异明显，但是中德双方逐渐达成共识：让"混合文化形态"成为新希斯公司未来的个性化优势，即把德国员工做事严谨认真的态度与我国员工吃苦耐劳的精神结合起来；把德国员工按部就班、循规蹈矩完成计划的习惯与中国员工工作热情、快速应变能力结合起来。为实现此目标，沈阳机床集团决策层确立了"3C 原则"，即只有相互沟通、信任、合作，才能提升企业的运行效率，获得更好的经济效益。

（三）沈阳机床集团公司技术创新成果

尽管沈阳机床集团公司与德国希斯公司并购的时间不长，但是在技术创新方面已经获得了可喜的成果。在上海举行的 2006 中国数控机床展上，沈阳机床集团第一机床厂利用希斯公司技术开发的 GTM320140 龙门移动式车铣加工中心，在来自 13 个国家和地区的 80 多家知名机床企业展出的所有产品中，技术含量最高——采用静压导轨，可进行车、镗、钻、攻丝及铣削，实现五轴的完全加工。

借助希斯公司这一新的技术资源，沈阳机床正着手打造一个面向国际的开放式创新体系。2006 年初，沈阳机床集团斥资上亿元的"PRD 计划（新产品研发计划）"已全面启动，该自主创新计划将面向汽车、航空航天、船舶、电站、电子等领域，开发具有针对性和竞争力的高中档产品。为确保"PRD 计划"的顺利实施，沈阳机床正在搭建一座国际化平台，集团作为技术研发总部，在上海、北京及德国设立分部，形成包括当地优秀人才在内的技术创新团队。

并购德国希斯公司后，沈阳机床集团公司的技术实力明显提升。在十几年前，沈阳机床的世界排名还在 40 名以后，但到 2004 年，排名已升至世界第 15 位，2007 年时又进一步升至世界第 9 位。预计到 2010 年时，沈阳机床将跻身于世界前三强。②

---

① 《走出去，让民族品牌叫响世界》，www. smtcl. com/web/news/nr/daily_1. htm。
② 李春林：《沈阳机床控股昆明机床 形成南北两大产业集群》，www. cnr. cn/tfmb/syjc/cxzl/200604/t20060417_504195100. html。

五、汽车行业——华晨的联盟式创新

(一) 我国汽车行业的总体技术背景

近年来，我国汽车工业发展迅速，在汽车安全、节能、整车匹配、车身设计制造、发动机开发、汽车电子技术等领域取得了一批创新性成果。但是我国汽车工业总体创新能力还不强，与发达国家相比，存在大约 10 年左右的差距。[①]

在众多车型中，我国在轿车自主创新方面能力较弱。由于缺乏产品研发实践，我国轿车企业经验数据积累严重不足，尚不能满足整车研发要求，例如，还没有掌握开发过程管理技术，缺乏产品开发所需的技术数据和针对我国国情的修改能力等。汽车零部件的技术创新能力也较弱。我国零部件研发能力还不足以支撑汽车产业的技术进步，在标准技术领域（车轴、活塞、散热器、制动器等）与发达国家差 3 年以上，而在超高级技术领域（发动机控制器元件、自动变速器、液压转向器、安全气囊等）则与发达国家存在近 10 年的差距。[②]

此外，由于基础性研究工作没有被引起足够重视，应用研究工作也没有形成完善体系，因而我国许多汽车基础性技术不能满足现代高水平汽车生产需要。我国汽车企业为了提高技术创新能力，也曾尝试过引进技术再创新的办法，但效果却不尽如人意。而一些后进入该领域的汽车企业则采用了与外国汽车企业技术联盟的方法，收到了较好效果。

(二) 华晨的联盟式创新实践

选择重点产品开发领域，在全球范围整合创新资源，是华晨联盟式创新的显著特点。发动机是汽车领域技术最密集的关键部件，更是自主开发轿车企业核心竞争力不可互换的资源，所以有"得发动机者得天下"之说。2006 年 6 月 26 日，随着我国第一台具备独立知识产权的自主品牌涡轮增压汽油发动机——华晨 1.8T 在沈阳华晨金杯发动机厂的正式投产，宣布我国汽车工业核心技术取得重大突破。华晨 1.8T 系列发动机是由华晨汽车联手世界三大权威内燃机研发机构之一——德国 FEV 发动机公司历时三年倾力打造，采用全铝高性能紧凑型结构。其单缸 4 气门技术、双顶置凸轮轴技术等近 10 项技术皆代表了国际发动机技术的领先水平，各项动力经济性指标均超过了德国大众公司的同级同类产品，是一

---

①②　科技部专题研究组编：《汽车产业自主创新能力调研报告》，《我国产业自主创新能力调研报告》，科学出版社 2006 年版。

款真正满足欧Ⅳ排放标准的"绿色高能"发动机。①

在整车研发过程中，华晨采用了相同的方法，例如，华晨新车骏捷由意大利平尼法瑞那（PININFARINA）设计公司设计，同时中方人员全程参与；与德国保时捷合作开发底盘设计；骏捷的关键零部件全部由国际知名供应商提供，等等。骏捷与宝马使用同一质量控制系统进行检测，使骏捷的生产装配质量进一步向国际汽车制造水平看齐。骏捷通过了世界著名第三方验证机构——英国米拉（MIRA）公司的验证，保证了整车的可靠性，确保了骏捷的国际品质。

（三）华晨的技术创新成果

华晨 1.8T 发动机的创新成功，宣告了我国汽车自主品牌在新一代高性能汽油发动机领域"零"的突破，开创了汽车工业的"中国动力"时代：一是将技术先进性和升级性高度统一。华晨 1.8T 汽油机不仅有涡轮增压及中冷技术等代表了国际发动机领先技术，还考虑了无级可变气门正时、缸内燃油直接喷射等最新技术的升级空间，随时可加装更为先进的 GDI（缸内直喷）、VVT（可变气门正时）等系统，动力更加强劲。二是将性能与品质高度统一。从性能上看，华晨 1.8T 动力达到 2.5 升的功效，满足欧Ⅳ排放标准，并在多项指标上超越了国外品牌的同级同类产品。从品质上看，华晨 1.8T 发动机以高于国家标准 1 倍的 800 小时耐久性测试、400 小时可靠性运行检测，保证了 30 万公里无大修的国际领先水准，高于整车平均寿命 1 倍以上。三是将项目开发与团队建设高度统一。由于在 1.8T 的开发过程中，华晨"以我为主"全程参与了从设计、试制、试验、标定等所有过程，培育出一支精英研发团队，基本形成了发动机自主开发的能力，为新产品规模化生产创造了条件。2007 年 7 月，新车型骏捷以其旺盛的销售势头位列我国汽车销售排行榜第 9 名。

六、精细化工行业——攀钢锦州钛业公司的探索式创新

（一）我国钛白粉生产的通志技术背景

钛白粉是一种白色颜料，学名二氧化钛，是广泛应用于涂料、塑料、造纸、橡胶、日用化工、玻璃、电容器、感光材料、化纤、化妆品、太阳能电池和集成电路等领域的基础精细化工原料。一个国家的钛白粉消耗，是社会消费水平

---

① 陈佳琪：《技术联盟创新论》，经济科学出版社 2007 年版，第 157～162 页。

的重要标志之一。钛白粉生产法有两种：硫酸盐法和氯化物法。世界上约有47%产能采用硫酸盐法，53%产能为氯化物法，而我国几乎都是使用硫酸盐法。[①]

20世纪90年代以来，世界环保要求日益严格，工业发达国家新上的钛白装置多数采用氯化法，只有欠发达的国家才继续上硫酸法钛白厂。氯化法钛白粉是一种高科技的精细化工产品，国内长期以来一直依赖进口，外国担心技术泄漏，对我国实行严密的技术封锁和垄断，在这种情况下，国内企业只能依据现有经验进行探索式创新。

（二）攀钢锦州钛业公司的探索式创新实践

一是选择合理的技术路线。氯化法钛白生产技术与硫酸法钛白相比，自动化程度高，规模大，三废少，产品质量高，具有特殊的环保和产品质量优势，是钛白生产的首选技术。但是氯化法钛白生产技术难度大，到目前为止，仍被西方少数发达国家掌握，尤其是对其关键技术与设备——氧化反应器，更是严格保密。

二是在探索中积累经验。锦州1.5万吨/年氯化法钛白项目于1986年开始筹建，1993年底建成，整个工程总投资6.5亿元，其中包括技术咨询费600万美元。[②] 这项工程是在国内万吨级技术尚未成熟，国外技术严密封锁，而且通过正常渠道不能引进的情况下，大胆地通过技术咨询的方式引进的。锦州钛白公司既没有生产氯化法钛白的实践经验，又没有吸收国内长期从事氯化法钛白的有经验的科技人员参与工作，因而造成在随后两年多的试车过程中吃尽苦头。1996年初，不得不停产整顿，总结经验教训。

三是争取国家支持，组建开放式创新团队。1997年国家拨款5 000万元作为改造、联合技术攻关的科研经费，组成锦州钛白粉技术攻关专家组，通过对存在问题的工艺、设备、仪表进行详细分析，分项攻关，严格检查，整改有问题的设备、仪表，加强对试车人员的培训，制定严格的工艺纪律和奖罚制度，调动试车人员的积极性和创造性，企业于1998年11月15日又重新试车，克服了一个又一个的困难，攻克了一道又一道的技术难关，逐步实现了全流程的连续、稳定运行，产量逐年增加，产品质量逐步提高，目前接近或达到世界先进的美国杜邦R-902水平。

[①] 《2005年中国钛白粉行业研究咨询报告》，www.51report.com/research/detail/3474871.html。
[②] 刘文向：《国内外氯化法钛白发展概况及技术经济评价》，《氯碱工业》2004年第9期，第2页。

（三）攀钢锦州钛业公司的创新成果

攀钢锦州钛业公司在探索式创新过程中，先后开发了具有我国独立知识产权的三氯化铝发生器、氧化反应器等一系列新技术和新设备，并成功地获批 8 项国家专利。在众多技术创新成果中，氧化反应器是氯化法钛白生产最核心的技术装备。该企业花了 5 年时间，开发出了具有我国知识产权的氯化法钛白喷粒除疤氧化反应器。该项技术创新的成功，推动了我国整个钛白行业的大发展。

基于以上案例，我们对东北地区的部分重化工企业的逆向式自主创新模式进行了实证分析。正如前面所提到的那样，无论哪一种创新模式，本质上都是企业立足自身资源禀赋、技术基础和市场环境所做出的一种技术选择。既然是一种技术发展路线选择，其具体实施途径或者达到目标的方式是多样化的。也就是说，尽管我们力图对每种不同类型的技术创新进行分类，但实际上，这些创新模式之间存在着一定的交叉，这是技术创新本身的属性以及企业技术选择战略所决定的。

第四节　东北老工业基地自主创新体系建设

一、强化国有企业自主创新主体地位

（一）充分释放国有企业在自主创新体系建设中的支柱性效应

1. 正确认识国有企业在自主创新中的基础性作用。新中国成立初期我国在东北地区进行了大量投资，形成了庞大的国有资产，东北地区成为国有企业最为集中的地区之一。许多大型国有企业分布于冶金、石油化工、装备制造等重化工业部门，拥有相对丰富的资源和较好的自主创新基础。国有企业是东北区域创新体系的中坚力量，在东北区域企业自主创新主体中居于主导地位。统计显示，37.4% 的国有及国有控股企业集中了东北地区 50.5% 的企业科研机构、53.9% 的科技人员、61.9% 的科技经费、52.5% 的专利申请、49.2% 的发明专利授权，提供了 46.7% 的就业，创造了 70.4% 的工业产值（见表 5 - 12）。

表 5 - 12　　　　　　基于企业类型的创新资源结构（2002 年）　　　单位：%

指　标		国有及国有控股企业	三资企业	其他企业
科技资源	企业科研机构	50.5	4.8	44.7
	科技活动人员	53.9	2.7	43.4
	科技活动经费内部支出	61.9	1.6	36.5
	科技活动项目数	52.5	2.0	45.5
	专项申请数	51.9	0.8	47.3
	发明专利申请数	45.3	0.8	53.9
	发明专利拥有数	49.2	1.4	49.4
企业概况	企业数量	37.4	14.7	47.8
	产值	70.4	17.7	11.8
	从业人员	46.7	2.5	50.8

资料来源：根据《中国科技统计年鉴（2003）》中相关数据整理得出。

2. 进一步深化改革，强化国有企业创新的投入、应用与扩散的主体作用。旨在强化国有企业自主创新主体地位的改革主要集中在两个方面：一是进一步明晰产权，实现自主创新与企业整体发展战略高度统一，承认知识产权，支持创新者依此参与生产和分配；二是鼓励做强做大优势重化工大型骨干企业，支持企业基于市场机制，通过兼并重组等方式，扩大规模。

（二）形成国有企业与民营科技企业协同发展的良好局面

作为创新重要源泉和产业发展重要驱动要素，东北民营科技企业近几年发展迅速，取得了显著的成绩，展现出了相当的活力。结合国有企业深化改革和国有经济战略调整，为了进一步激发国有企业科技资源存量优势，并释放其对民营科技企业的辐射和带动作用，东北地区可以运用灵活机制和政策，大力加强国家和省级高新技术产业园区、大学科技园、创业服务中心（孵化器）和民营科技企业创业中心建设，调动民营科技企业创新积极性，重点在电子信息、现代装备、新材料等领域培育一批年产值规模较大、竞争力较强的大型民营科技企业（集团），初步形成多层次、宽领域、相互竞争、聚集发展的民营科技企业群，使之逐渐成为东北区域创新体系的一支有影响的主力军。其中，进一步发展高新区将是一个重要手段。经过多年实践，东北高新区在建立和发展过程中不断完善市场机制，大力发展民营高科技企业，成为东北地区民营科技企业的重要栖息地和集聚区。目前，东北地区的 7 个国家高新区内的经济结构以民营企业为主，民营企业占主导地位；产业结构以高新技术产业为主，高新技术产业占据主导地位，整个经济结构和产业结构充满活力。

二、优化自主创新支持方式

（一）实施区域重化工业重大科技项目工程

充分发挥政府资金示范与引导作用，是优化自主创新支持方式的重要途径。自主创新的知识外溢性以及局部赶超的战略性，客观上需要政府在充分发挥市场对创新资金配置作用的基础上，优化自主创新资助、支持方式。设立创新专项资金，集中财政力量，并广泛吸收社会资金，加大事关东北地区重化工业技术改造与升级的关键技术开发，是一种最为直接有效的方式。

组织实施重大科技项目是另外一种发挥政府集中性财力，引导和聚集社会资源，实现重点技术领域跨越式发展的重要手段。国家重大项目因其战略性、牵动性和示范性强，一直是发达国家和地区促进重大科技发展的战略举措。能够承接和组织这类项目，不仅需要一定的技术基础和较好的产业配套体系，更需要高效、开放的组织与协调。承接这类项目不仅是实现关键技术突破的有利时机，也是围绕关键技术形成新兴产业体系或者更新原有技术体系的一个机会窗口，同时更是以新组织模式促进科技——经济结合，将潜在生产力转变为显性生产力的重要契机，从而在重大科技项目的组织实施过程中，实现国家利益与地方利益、科技利益与经济利益的高度统一。目前，国家正在组织实施大飞机、核聚变等一批重大科技工程项目，将为东北地区整体技术能力的提升创造良好的机遇。

（二）打造多层次区域性创新公共服务平台

经过近几年的产业布局与区位结构战略性调整，东北老工业基地振兴和改造过程中的"再工业化"进入到了一个重要转折阶段。为了促进生产型、制造型工业区域向创新型产业基地过渡与转变，包括公共研发、公共试验制造、公共技术服务等在内的自主创新公共服务平台与体系的构建，将成为东北地区"再工业化"高级化发展战略实施的重要任务。我国大型工程或基础设施建设步伐加快以及重化工业化的阶段性特点，对一些初级装备及其产品的需求旺盛，这些产品大多数可以依托东北现有重化工业基础，实现加工和制造，并输送全国。因此，在市场需求确定的情况下，旨在追求生产规模扩大的产业发展的公共需求，主要集中在了加工、制造领域，而对支撑加工与制造的长期战略投资——技术创新公共服务平台，缺乏预先部署。即使有此种意识，规模较大以及带有某些公共性特点的投资，使得任何一家企业都没有能力或不愿意投资，这种市场失效必须通过政府参与的公共服务供给来满足，这种做法在经济发达国家和地区十分普遍。而且，经济愈是发达，对这种公共投资的需求愈大、愈高。

区域性自主创新公共服务平台建设，是东北地区自主体系建设的基础和保障。东北地区可以鼓励和引导各级生产力促进中心、孵化器、科技园、创业中心等，围绕装备制造、冶金和石油化工等区域优势重化工业部门（见表5－13），开展相关领域重点、关键和核心技术开发活动。同时，采用政府出资、吸收社会资金参与、半市场化运作等方式，创新区域性自主创新公共服务平台建设模式，组建一些跨地区、跨行业、跨企业等共性技术开发平台。例如，鼓励东北三省联合申报和组建区域性的国家级工程技术（开发）中心、国家重点实验室、重点产业竞争前技术开发与工程化平台等，为地方重点产业部门自主创新能力提升创造良好条件。

表5－13　　　　基于东北地区重化工业基础的自主创新的公共平台

	建 设 重 点
产业技术创新平台	建设装备制造、石化、精品钢材、汽车、光电工程、现代农业等工程中心
应用基础研究平台	建设纳米材料、清洁能源、光机电一体化、机器人、航空航天、生物医药工程等实验室
科技企业孵化平台	建设软件、光电子、生物医药、新材料、精细化工、新兴环保、现代农业等特色孵化器群体
科技创新服务平台	建设社会化、网络化的科技中介服务体系
国际科技合作平台	建设国际科技合作示范基地

资料来源：根据《东北地区振兴规划》整理得出。

三、引进与培养创新型团队

（一）人力资本与创新型团队是东北地区自主创新体系建设的基础

从企业层面看，如何释放人力资本潜能，发挥人力资本优势，是许多企业自主创新过程中面临的一个重要课题。对于东北这样一个正处于"再工业化"发展关键阶段的区域而言，如何围绕现有产业基础和未来发展需要，激发原有人力资本存量和优化整合人力资本增量，将是影响和制约东北地区自主创新功能释放的一个基础性因素。东北老工业基地从过去的调整、改造到现在的全面振兴，均离不开甚至越来越离不开高素质的人力资源、创新倍增效应显著的人力资本和协同效应突出的创新型团队的强力支撑。

（二）加强东北地区人力资本投资

加强人力资本投资是提升东北地区自主创新能力，推进东北地区老工业基地改造，促进"再工业化"发展，使东北地区成为技术先进、结构合理、功能完善、特色明显、机制灵活、竞争力强的新型产业基地和新增长区域的战略保障。结合东北地区"再工业化"的发展任务，依托大型骨干企业，协调高等院校与职业培训学校等组织，围绕重化工部门的技术人才、管理人才、知识产权保护人才等方面的需求，加大人力资本投资力度，采用专业化培养、定制化培养和合作化培养等方式，不断扩大人才培养规模。政府可以通过人力资本投资减免税或者专项补贴等形式，鼓励企业加大自主创新人才培养力度。此外，通过建立基于绩效考评的、与岗位责任、风险和经营业绩挂钩的薪酬激励和约束机制，形成一个全员创新的良好氛围，将各种类型的自主创新人才聚集到东北地区、聚集到重化工产业、聚集到企业中来，为东北地区自主创新提供持续的人力资本支持。

（三）多层次多方式培养与引进关键领域创新型团队

东北地区，特别是重化工业部门的自主创新，更需要多层次多类型的创新团队。东北地区创新型团队培养和引进可以采用"任务导向"和"重点培养"两种基本方式。所谓任务导向，是指根据东北地区"再工业化"发展的某些专有技术需求，采用国内外公开招标，以外部领军型专家为核心，自主组建团队，但必须有本地区企业技术人员参与的一种方式。这种方式的最大优势是能够以最快的速度解决技术问题，同时，地方参与单位也可以在"创新中"、"合作中"获得便捷的学习效应。所谓重点培养，是指结合东北地区产业技术发展需求，围绕优势领域、优势产品和优势工艺，持续重点培养一批创新型高级人才，特别是战略型专家队伍。建议东北地区整合和优化"新世纪百千万人才工程"、"高等学校创新团队计划"、"东北地区人才培养特别计划"等现有资源，引导和协同企业、高等学校、科研机构等其他创新单元，针对东北地区自主创新需求，实施"重点技术攻关"、"先进技术突破"等创新型团队培养与引进工程。围绕实施重大专项，成建制从外部引入人才，将项目、人才、产业与区域经济发展高度统一协调起来，实现集群效应，推动企业提高自主创新能力和地区综合竞争力。

四、吸引创业投资进入东北

创新投入规模与强度是制约东北地区自主创新能力提升的一个重要原因，而缺乏多层次融资渠道，可供支配的创新资金缺乏，则是东北地区自主创新投入规模小、投入强度低的关键原因。近几年，中国快速经济发展和良好的重化工业体系，使得冶金、石油化工和装备制造等传统产业成为创业投资的新热点。东北是全国最为重要的重化工业基地，拥有一批具有广阔投资前景的大型企业。对于东北大企业而言，特别是那些国有大型企业，可以通过内部制度创新与机制创新，完善企业治理结构等方式，吸引创业投资。小企业则要选择好产品开发方向，组建优秀团队，为吸收创业投资创造条件。创业投资进入东北重化工业企业，不仅有助于改善这些企业的资本结构，也有助于推动国有企业深化改革，加快现代企业制度建设步伐，更有助于自主创新能力的提高和先进实用成果的转化，培育新的经济增长点。目前，东北正在成为国内外创业资本关注的一个新兴区域。鼓励建立和发展一批本地化的创业投资机构，能够为其他地区尤其是国际大型创业投资机构的进入提供必要条件。因为，作为化解市场风险、管理风险与政策风险的一种途径，国际大型创业投资机构在项目选择时，常常选择一些本地的创业投资机构作为投资伙伴。缺乏适量的本地创业投资机构，将延缓区域外有影响的创业投资机构大规模进入东北的步伐，既不利于本地创业投资产业的健康发展，更不利于东北地区多层次、多元化的自主创新融资体系建设。

五、加强知识产权保护，创造良好的创新氛围

与我国许多地区一样，企业、科研机构知识产权总量少、技术含量偏低、核心技术知识产权受制于人等，也是东北地区知识产权保护工作面临的主要挑战。参照发达地区经验，东北地区可以从如下几个方面加强知识产权保护工作：鼓励企业实施专利和知识产权战略，把是否拥有自主知识产权视为是否给予科技计划或相关政府支持的重要标准；进一步积极开展和支持企业获取、形成和应用自主知识产权的试点工作，在高新技术产业和部分重化工业部门，培育一大批具有自主知识产权的骨干企业和领先企业；协同行业协会和企业制定专利产业化和防范应对国际技术壁垒的战略措施，同时完善东北地区省、市专利信息平台建设，开展重点企业的专利服务活动，引导、扶持企业加强职务发明专利的申请与实施；健全知识产权法庭和知识产权保护法律援助中心，依法打击侵权、盗版、制假贩假等违法活动。此外，在自主创新过程中，要特别重视引导企业实施专利与技术

标准战略。例如，辽宁省通过加强国际标准化总体发展动态和我国标准化战略研究，每年还安排几千万元专项资金，重点资助企业、行业组织等研制结合自主知识产权的国际、国家标准。

第五节　促进东北地区技术创新的制度安排

一、强化区域创新体系的宏观协调

强有力的宏观科技指导、监督与服务，是区域创新体系战略转变的制度保障。只有加强区域宏观协调，发挥各自优势，才能够将科技资源的规模优势转变为创新优势和竞争优势，才能将科技资源的集成与优化配置转变为激发科技经济整合的基本动力，才能将科技经济整合转变为区域竞争优势的根本源泉。面对我国区域创新竞争的新特点和东北地区老工业振兴的需要，在国家东北振兴战略和科技部"振兴东北老工业基地科技行动"指导下，东北三省于 2004 年 3 月签署了《东北三省联合建立区域科技创新体系协议》，这标志着东北三省共建区域创新体系的工作正式启动。这种机制有助于解决科技研发中各自为战的弊端，整合科技资源，挖掘科技潜力，发挥科技在振兴东北老工业基地中的支撑作用。2006 年 7 月，辽宁、吉林、黑龙江三省政府，签署了中国首部区域性立法协作框架协议，目的在于实现东北三省的政府法制资源共享，协调东北地区政府规章，降低立法成本，提高立法质量。通过这种合作框架安排，有助于形成有利于区域产业创新体系的政府部门间的协调机制、区域立法参与机制、区域间的行政执法协调机制，也有助于建设区域间统一高效的信息资源共享网络平台、创新综合服务平台等创新支持体系。从而，最大限度地释放制度创新的溢出效应，引导东北地区自主创新的方向，扩大创新规模，提高集成创新的效率。

二、优化创新参与者联系机制

当前，应抓住发达国家产业发展重点转向新兴产业的国际产业分工变化的有利时机，将资金、资源、技术密集的重化工业产业部门作为参与国际分工的外向型主导产业部门。利用地缘区位优势，通过国际贸易逐步扩大矿产品等资源性产品的进口，增强东北地区产业发展的资源持续供给能力，加强与东北亚各国的国际经济合作。鼓励实力较强的企业对发达国家的夕阳型企业进行收购与兼并，以技术、劳动力、资金投入等参与发展中国家的资源开发，这是东北地区产业外向化及盘活资产的一个重要途径。围绕大型成套设备、精密仪器、电子信息、核能等高成长的战略性行业，依托一些大项目、大工程等吸引更多的生产要素特别是资本和人才向重点地区流动和聚集，形成一种开放性的生产性资源与创新性资源的集中和集群大氛围，是将资源聚集优势和存量优势转变为区域竞争优势的前提条件。通过参股控股、外包、研发联合体等交互性战略投资，促进工业企业组织变革与内部机制创新，则是内部各种资源要素释放竞争潜力，并与外部资源形成新的发展动力群组的有效手段。

三、构建与区域资源——产业相称的企业自主创新机制

结合现代科技发展特点和产业分工深化趋势，依托东北区域 7 个国家级高新技术产业开发区，围绕装备、石化、钢铁、农产品深加工、医药等优势产业，数控系统、电子信息、生物和医药、新材料等高新技术产业领域，抓住传统产业升级改造和新兴高增长型产业发展机遇，进一步整合优化科技资源，促进科技和经济社会发展紧密结合，建立以市场为导向、企业为主体、高等院校和科研院所为依托、技术市场和中介组织为纽带的开放型应用技术创新体制。最终形成科技创新与经济发展协调与互动的机制，实现从注重引进、跟踪模仿向以自主创新为主的路径转变，实现从注重单项技术突破向注重集成创新方向的转变，实现技术优势向产业优势的转变，促进科技成果转化和产业化，促进区域经济结构优化与升级，最终全面振兴东北老工业基地。在东北现代装备制造产业技术创新机制中，要特别重视创造一种创新文化氛围——造就一批敢于承担风险，愿意和有能力创新创业的企业家群。同时，通过自主创新激励机制的构建，激活创新资源存量，优化科技资源增量，使东北区域的科技资源优势转变为竞争优势。

四、促进基于产业融合的创新集聚

信息化与工业化融合是现代经济发展的一个必然过程，也是产业发展界限日渐模糊的一种表象，是产业融合的驱动力。基于现代技术的效率改善与产业融合，是信息化与工业化融合的本质。其中，效率改善是这种融合的最大魅力。由于电子信息等新技术的迅速发展和扩散，许多企业在不同产业间实现了技术、产

品、业务和市场等多个层次的融合。产业融合化成为当今国际产业转型又一趋势。[①] 20 世纪中期之后，计算机、现代信息技术（IT）等科技创新及其扩散，诱发和促使部分工业化国家进入了新的发展阶段，即知识型企业和产业驱动经济发展的新时期，有的称之为知识经济或者信息化，其中的一个显著标志就是催生了现代服务业。从长远看，这种类型产业的发展将显著扩展东北地区自主创新空间，为东北地区"再工业化"注入新的活力和动力。

---

① 邓伟根：《20 世纪的中国产业转型：经验与理论思考》，《学术研究》2006 年第 8 期。

第六章

东北老工业基地金融深化

第一节　东北老工业基地振兴中金融深化的作用

一、东北老工业基地振兴中金融发展的意义

金融创新是消除金融抑制，实现金融发展的过程。理解东北老工业基地振兴中金融深化的作用，首先要理解东北老工业基地振兴中金融发展的意义。金融市场作为要素市场的重要组成部分，是连接商品市场和其他各种要素市场的枢纽，也是贯通生产、流通、分配、消费各个环节的桥梁。金融活动贯通整个国民经济，在资源配置中起着核心作用。资源配置的优化程度直接影响整个国民经济的效率和发展速度。因此，金融是国民经济的血脉，金融的健康规范运作滋润着整个国民经济的正常运转，有助于促进和加快社会生产力的发展。东北老工业基地金融发展对于东北老工业基地全面振兴具有十分重要的意义。

（一）促进产业升级

产业升级是指产业之间比例关系朝着一定的方向变化。从产业部门特征看，是从一次产业为主向二次产业、三次产业为主的过渡过程，相应地称为农业社

会、工业社会和后工业社会。伴随三次产业的比例和格局从低级向高级演进的过程，产业呈现出从产品技术含量、经营管理水平到劳动生产率、综合效益的现代化和高级化。我国推进产业结构升级的总体目标是促进一、二、三产业健康协调发展，逐步形成以农业为基础、高新技术产业为先导、基础产业和制造业为支撑、服务业全面发展的产业格局。东北老工业基地振兴和产业结构升级，离不开金融业的支持，这主要体现在两个方面：一是在市场机制作用和政府政策指导下，金融机构和金融市场将资金配置到附加值高且具有良好发展前景的企业、项目和产业上，从而推动新兴产业、高级产业和支持产业的快速发展，促进产业升级；二是作为现代服务业的龙头和重要组成部分，现代金融业的发展壮大将直接扩大第三产业的规模，增加第三产业在整个国民经济中的比重。

（二）促进结构调整

经济结构调整包含产业结构升级，但更重要的是指产业素质与效率的提高。只有不断提高产业素质和效率，才能为经济的快速增长、协调发展创造更多的条件。金融业的发展有利于促进东北老工业基地产业结构调整。一方面，金融机构的自主选择和合理的政策引导，将金融信贷和投资增加到鼓励和支持发展的具有先进生产能力的产业上，较少配置到限制和淘汰的生产能力落后的产业上，有利于防止盲目投资和低水平重复建设，切实推进产业结构优化调整。另一方面，金融市场能够提供更多的金融工具和交易机制，推动企业并购、重组、联合，支持优势企业做强做大，提高产业集中度和竞争力，促进优势企业和产业的发展。

（三）促进经济增长

早期经济增长理论如哈罗德—多马增长理论，主张依靠投资来促进经济增长；而现代经济增长理论如索洛经济增长模型，主张依靠技术进步和效率提高来促进经济增长。金融发展促进东北老工业基地经济增长的路径有三：一是增加资本存量。经济增长首先取决于资本和劳动等要素投入量的增加。劳动的增长取决于劳动人口的增长，资本的增长首先要求有足够的储蓄，并且储蓄能够通过适当渠道转化为投资，用于投资的资本增长是经济增长的重要源泉。金融发展有利于储蓄的增加以及提高储蓄向投资转化的效率，因而，金融发展直接促进资本存量的增加，进而促进经济增长。二是提高全要素生产率。金融发展通过促进社会分工、改善公司治理结构、提高管理水平、引导科学技术创新与制度创新等途径提高全要素生产率来推动经济增长。三是金融发展壮大了金融业。金融业通过经营金融服务产品本身也创造增加值，直接促进经济增长。据估计，2005 年东北老工业基地金融业增加值占 GDP 的比重平均为 1.9%，明显低于 3% 的全国平均水平，这表明东北老工业基地金融业整体上发展显著滞后，对区域经济增长的直接促进贡献还不明显。①

（四）促进社会和谐

金融发展有利于增加就业。金融业传统上属于劳动密集型产业，吸纳较多的社会就业。现代金融服务业正逐渐变成知识密集和技术密集的产业，人力资本的专业素质决定着金融企业价值创造能力以及金融企业的生存和发展前景。因此，金融业的就业贡献在规模上的优势已经弱化。2005 年我国金融业就业人数仅占全国就业人数的 2.7%，低于其增加值占全国 GDP 的比重。2005 年东北老工业基地金融业就业人数占区域全部就业人数的 2.7%，高于其增加值占区域 GDP 的比重。②

金融发展有利于减少贫困。贫困人口缺乏常规金融机构贷款所要求的合格抵押品，因而难以获得金融服务尤其是获得所需贷款的机会。微型金融是减少贫困的有效金融机制，它通过一系列创新措施如团组贷款、定期储蓄计划和建立贫困客户与微型金融机构之间的密切联系等，有效地克服了贫困人口获得金融服务的障碍。微型金融机构向贫困人口和微小企业提供一系列的金融产品与服务，主要是小额贷款，从而使得贫困人口能够抓住经济机会，积累资产和财富。

金融发展有利于社会公众提高生活质量，促进社会和谐。随着人口寿命的延长，个人对资产管理、税收规划、保险产品和其他金融服务产生了更大的需求。放松金融管制以及由信息技术和通讯技术的发展所引起的成本下降使得金融新产品和服务迅速增加，增加了消费者对这些产品和服务的可得性，同时新金融产品和服务的多样性也为消费者提供了更多的选择性。这些都有利于提高社会公众的生活质量，促进社会和谐。

二、东北老工业基地振兴呼唤金融深化

（一）振兴战略实施前的东北老工业基地金融抑制

首先，东北老工业基地金融业存量规模大，增量发展速度慢。作为老工业基地，东北地区金融业存量规模大，与其他经济发达地区相比，金融发展水平并不落后。表 6-1 列出了 1998~2002 年我国四个地区金融相关比率的变动情况。

---

① ② 根据《中国统计年鉴（2006）》数据计算得出。

1999～2001 年间，四个地区的金融相关比率位次保持稳定，环渤海地区最高，珠三角次之，东北地区第 3，长三角第 4。到 2002 年，金融相关比率此前一直较低的长三角超过了东北地区，东北地区金融发展水平位列最后。在 1998～2002 年间，东北地区金融相关比率的平均增长率只有 5.31%，而长三角、环渤海地区和珠三角在此期间的平均增长率分别达到了 35.22%、31.37% 和 15.90%。这一期间，东北地区金融发展水平的落后正是东北经济发展水平不断落后的反映。

表 6－1　　　　　　　东北地区与三大经济中心地区的
　　　　　　　　　　　金融相关比率（1998～2002 年）　　　　单位：%

年份 地区	1998	1999	2000	2001	2002	2002 比 1998 提高（%）
东北三省	2.26	2.37	2.3	2.32	2.38	5.31
长三角	2.01	2.13	2.13	2.29	2.72	35.22
珠三角	2.89	3.07	3.01	3.17	3.35	15.9
环渤海地区	2.84	3.1	3.21	3.39	3.73	31.37

资料来源：冯玥、王如渊，《东北地区与三大经济中心金融发展水平比较》，《统计与决策》，2007 年 3 月。

其次，东北老工业基地金融业资产质量差，整体效率低下。由于历史、体制等多种原因，伴随着东北三省经济在全国位次的后移，三省金融部门也出现了不良贷款占比高、效率低下等问题。2003 年底，全国主要金融机构不良资产余额 2.44 万亿元，东北三省为 3 100 亿元，占 12.7%；全国主要金融机构不良贷款率为 17.8%，东北三省为 23%，其中黑龙江、吉林甚至超过 30%。[①] 东北地区银行体系的不良资产，有相当比率是因为国有企业长期积累下来的历史包袱、社会保障体系的资金缺口、资源型城市发展持续产业的资金缺口和环境保护的资金缺口等"历史包袱"在银行体系的表现。此外，就是金融业经营不善、效率低下，形成了一定的不良资产。2003 年底，东北三省 4 家国有银行的亏损共计 70 多亿元，而这个数字与 2002 年相比，已经减少了 50 多亿元。[②]

第三，东北老工业基地金融功能弱化，整体贡献能力不大。东北振兴战略实施之前，东北地区金融业的状况决定了区域金融业功能减弱，对区域经济的贡献能力也大大地弱化了。表 6－2 给出了四个地区金融保险业产值贡献度。比较来

---

①② 高露、刘振东、方烨：《振兴东北全面推进三千亿不良资产有望二次剥离》，《经济参考报》，2004 年 10 月 12 日。

看，各地区金融保险业产值贡献的差距很大，而且经济的发达程度与金融保险业产值贡献程度大致保持一致，说明区域金融保险业的发展和贡献率与区域经济发展水平呈明显的正相关性。就东北地区而言，金融保险业产值贡献度与长三角、环渤海地区的差距悬殊，与珠三角相比也有较大差距。

表 6 – 2　　　　　　　东北地区与三大经济中心地区金融
保险业的产值贡献程度（1999～2002 年）　　　单位：%

地　区	1999 年		2000 年		2001 年		2002 年	
	金融保险业占本地GDP 比重	金融保险业占第三产业比重	金融保险业占本地GDP 比重	金融保险业占第三产业比重	金融保险业占本地GDP 比重	金融保险业占第三产业比重	金融保险业占本地GDP 比重	金融保险业占第三产业比重
东北三省	3.52	9.77	2.28	6.4	1.78	4.8	1.69	4.51
长三角	6.79	17.57	6.91	17.41	6.2	15.24	5.85	14.19
珠三角	3.35	8.92	3.85	9.79	3.47	8.58	3.38	8.29
环渤海地区	7.63	18.21	6.72	15.88	6.59	15.11	6.38	14.3

数据来源：根据《中国统计年鉴（2000～2003）》相关数据整理得出。

以上对东北区域金融业状况的分析表明，东北区域金融业自身受诸多严重问题的困扰，呈现明显的金融抑制，不可能满足东北老工业基地调整、改造和全面振兴的要求。基于此，为实现东北老工业基地全面振兴这一国家战略，必须对东北区域金融业进行改革创新，将其纳入正常、健康、可持续发展的轨道上，促进金融发展和金融深化，进而全面发挥金融对区域经济社会发展的促进作用，促进和加快东北老工业基地全面振兴的步伐。

（二）金融深化、资本深化与"再工业化"

金融深化要求放弃利率限制和信贷配给等金融管制政策，发挥金融体系引导社会储蓄和进行生产性投资的功能，以推动经济增长，同时使金融体系自身也获得发展。由于利率能够反映资金供求，因此发展中国家往往是放松金融管制，通过提高市场利率，使得实际利率为正，促进国内储蓄率的提高，进而提高投资水平，实现金融深化。金融深化实际上就是金融资产积累的过程，也是金融业在社会资源配置中的作用不断提升的过程，反映为金融资产或金融业增加值在国民生产总值中的比重加大，社会各层面能有机会享有更多可选择的金融服务。

资本深化是指资本密集度的提高。从微观角度看，它表示一个工人所使用的资本装备增加。从宏观角度看，它是指在社会生产中，相对于劳动力规模的增长，资本规模的增长更快。因此，作为一个宏观概念，资本深化就是资本积累的过程，昂贵的资本装备越来越多，劳动工资支出的增加相应地减少。因此，资本深化就是工业化。

20世纪90年代以来，中国经济明显呈现出资本深化的特征。资本深化的主要表现形式是工业部门的劳动生产率相对于非工业部门的劳动生产率增加。在中国，这个指标在1978~1990年期间趋于下降。相反，自20世纪90年代以来，该指标持续上升，表明中国经济正在进行"再工业化"。

按照新古典贸易理论，作为发展中国家的中国，应该主要扩展劳动密集产业，这才符合中国的国际比较优势。一些经济学家据此认为，中国资本深化增长模式违背了资源禀赋决定的比较优势原则，是低效率的从而也是不可持续的。按照新古典的增长理论，经济增长的动因是劳动、资本和技术进步等生产要素投入增加以及制度效率改进，如果资本深化超出了相对稀缺性的制约，就会导致资本边际生产率递减，经济增长缺乏效率。我们认为，资本密集型产业更具动态规模收益递增特性，因此，资本深化虽然牺牲了静态资源配置效率，却获得了动态生产性效率。同时，资本并非禀赋资源，而是生产出来的，经济增长与资本积累是一种相互因果关系，因此，如果资本深化确实带来动态规模收益递增，就不会出现资本稀缺制约经济增长的情况。

传统货币主义认为金融资产积累与资本积累之间存在"替代效应"。随着物质资本投资收益的上升，持有金融资产，如货币的机会成本上升，理性的选择是减少对货币的需求而增加对物质资本的投资，反之亦然，从而导致了二者之间此消彼长的关系。

麦金农（McKinnon）抛开"替代效应"的严格假设，提出金融资产积累与资本积累之间存在"互补效应"。他指出发展中国家由于金融体系不完善，内源式融资依然是企业和个人融资的主要渠道，而投资本身具有不可分割性，在这种情况下，金融资产积累无疑是企业资本投资的唯一积累渠道。① 较高的投资意愿导致较高的货币需求，而较高的货币余额的积累可以保证较高的投资行为顺利进行。这种实际货币余额对资本投资的促进作用，称为货币对资本积累的"渠道效应"，货币积累与资本积累的这种正相关关系称为货币与资本的互补性。这说明，金融资产积累有利于促进资本积累，并通过"渠道效应"提高资本产出比，促进资本深化；金融资产积累又通过"渠道效应"，即金融资产的积累有利于经济主体资本积累的顺利进行，也使得资本积累成为可能，促进资本深化。总之，金融深化通过促进资本深化，推动工业化和"再

---

① 参见麦金农：《经济发展中的货币与资本》，上海三联出版社1988年中文版。

工业化"。① 而这正是东北老工业基地金融深化的作用所在。

三、东北区域金融业的时代使命

（一）构筑支持东北振兴的区域金融制度

经济发展水平总体上决定了金融发展水平，而金融发展水平也在相当程度上促进了经济发展。在各国经济增长的实践中，金融发展的策略有两种模式：一是需求跟随型金融发展模式，指相对于经济增长，金融发展处于一种需求跟随的地位。经济增长是金融发展的原因，经济增长带动了金融的发展。英国、美国等老牌资本主义国家大致上都是采用这样的模式。二是供给引导型金融发展模式，金融适度超前发展推动经济增长，金融发展是经济增长的一个必要条件。因为良好的金融体系有利于资本的积累和资源的优化配置，便于资金的融通和储蓄向投资的转化，从而对经济增长起促进作用。这也意味着，落后的金融发展水平会严重障碍经济增长。日本和一些发展中国家大致上采取了这样的模式。

动态地看，需求跟随型和供给引导型的金融发展可以在一国不同的经济发展阶段扮演不同的角色。供给引导型的金融发展在经济增长的初期处于主导地位，一旦经济发展进入成熟阶段，需求跟随型的金融发展将成为主流。因为在经济规模达到某一水平之后，才能产生更多的金融需求，金融业的发展才会对经济增长产生更大的促进作用。此时，金融发展与经济增长相互促进的良性循环才更为明显。

一是建立起产融结合的新模式。根据东北经济和金融环境现状，首先要充分发挥开发性金融的独特作用，以融资推动为杠杆，发挥组织增信的优势，进行信用建设和制度建设，切实解决东北老工业基地调整、改造和经济社会发展中面临的诸多难题，从而为东北老工业基地全面振兴奠定良好基础，并为商业性金融的适时进入创造良好条件。其次，在此基础上，通过推进金融改革和创新，健全完善区域金融发展的政策和机制，改善区域金融生态环境，培育发展地方金融机构，实现商业性金融的全面进入，进而形成开发性金融突前、商业性金融跟进的动态接续产融结合新模式。

二是健全区域产业金融体系，密切产融联系，实现双赢。在全面振兴进程中，

① 丁从明、陈仲常（2006）研究了中国 20 世纪 90 年代前后资本产出比的变化，他们发现在这两个阶段货币产出比的作用非常不同。在 1979~1990 年这个阶段里，金融资产积累对资本积累事实上可能并不起约束作用，即渠道效应在这一阶段并不明显。主要是因为，在这一阶段资本产出比事实上是在不断下降的。但是进入 90 年代之后，资本产出比再一次上升时，金融约束对资本积累的渠道效应明显开始起作用。货币产出比每上升 1 个百分点，将引起资本产出比上升 0.22 个百分点，从而证实了上述推论。

面对更高的、更全面的金融需求，需要有各种类型的金融机构和金融市场，也就是需要一个健全的区域金融体系。根据东北经济结构特点，区域金融体系应该具有较强的产业导向性。不仅要大力发展商业银行，而且要发展各类非银行金融机构和区域资本市场，逐步构筑起能够满足各种金融需求的区域产业金融体系。

三是发展地方产业金融机构。建立产业投资基金、风险投资机构、金融租赁公司、企业财务公司等一系列产业金融机构，完善产业融资机制；金融机构与企业之间建立起基于市场的、较为密切的业务伙伴关系。金融机构能够通过深度切入产业链条，缓解金融机构与产业内企业之间的信息不对称，形成信息流、物流和资金流的统一，在有效控制风险的前提下为企业提供包括融资支持在内的全面金融服务。在促进产业发展、加快老工业基地振兴步伐的同时，也将促进金融机构的健康发展，实现两者的双赢。

（二）形成东北区域金融业健康发展机制

东北老工业基地振兴战略的实施对区域金融业提出了更全面的需求，也为区域金融业的发展提供了难得的机遇和广阔的空间。

一是要全面推进金融改革发展，着力加强现代金融体系和制度建设，创新金融组织体系和发展模式，创新金融产品和服务，创新金融调控和监管方式。要充分发挥金融服务功能，更加注重发挥金融配置资源、调节经济、服务发展的功能，更加有效地运用金融手段搞好宏观调控，推动解决经济运行中的突出矛盾和问题，保持经济平稳快速发展。

二是推进区域金融中心建设，促进金融聚集，打造竞争优势。产业聚集是产业发展的一个内在规律，区域金融中心建设就是推动区域金融聚集发展的途径。区域金融中心的成长可以促进区域金融业的成长，并对区域经济产生集聚和辐射效应，对区域金融和经济的发展有着重要的促进作用。区域金融中心也是发挥东北中心城市服务功能的重要载体，并成为发展现代服务业的龙头。不同层次的金融中心可以有效地分工和协作，形成完善的金融体系和金融辅助产业体系，促进区域金融体系的健康、规范和可持续发展。

三是优化区域金融生态，构建和谐友好的金融发展环境。深化国有企业改革，继续推进股份制改革，着力完善产权结构、公司法人治理结构和激励约束机制，形成有效的制衡机制；加大执法力度，依法保护产权和交易，维护债权人和投资者的合法权益，打击各种金融犯罪活动，切实纠正地方保护主义和解决金融案件执行难的问题；建立和完善诚信激励和惩戒制度，综合运用法律、制度和经济手段激励守信，惩戒失信，从根本上提高失信者的失信成本，以形成诚信建设的良性循环机制。

第二节　东北老工业基地区域产融
结合动态接续模式创新

一、中国开发性金融的独特优势

中国开发性金融在实践中形成颇具创新意义的运营管理模式，具有独特的优势，在支持东北老工业基地全面振兴中大有作为。

（一）政府目标

开发性金融是以国家信用为基础，以市场业绩为支柱，通过建设制度、建设市场实现政府的发展目标。这是开发性金融的核心内容，也是开发性金融对政策性金融的深化和发展。其机制是"政府选择项目入口、开发性金融孵化、实现市场出口"。政府选择项目入口，就是由地方政府选择确定项目，申请开发性金融借款；开发性金融孵化，就是以融资推动项目建设和融资体制建设，使项目逐步由收支流量平衡式的法人向资产负债表式的法人形式转化；实现市场出口，就是针对借款性质、用途和使用情况设计不同的偿还机制。[①]

（二）融资推动

开发性金融主要向国家基础设施、基础产业和支柱产业（"两基一支"）提供长期资金支持，主要用于基础设施、基础产业和支柱产业的基本建设和技术改造项目。以开发性金融的融资为杠杆，推动项目建设和制度建设，促进市场主体的形成，引导社会资金投向，缓解经济发展瓶颈制约；针对集中大额长期信贷风险，开发银行建立起应对集中大额长期风险的独特制度优势，有助于有效地应对这些风险。除运用组织增信，提高资产质量和资金效益，通过严格的本息回收实现损益平衡外，还利用风险投资的大数法则降低企业经营失败的风险。

---

① 《开发性金融知识问答》，www.cdb.com.cn/web/newsinfo.asp?newsid=90。

（三） 组织增信

在地方政府调控的范围内，通过政府组织增加企业信用的社会功能，构造一个政府、企业、市场机制相结合的信用主体；组织增信是开发性金融的一个重要基本原理和方法。将开发性金融的融资优势与政府的组织增信相结合，就可以达到以政府承诺、政府信用和政府协调来弥补体制性缺损的目的。在组织增信中，政府和银行也不再是一个互相分离的关系，而是形成合力。通过组织增信，能够充分发挥政府的组织优势和政治优势。将政府组织协调优势与开发银行融资优势相结合，推动经济发展和市场发展。这是开发银行的成功经验，也是我国同西方国家的根本区别。

（四） 平台建设

通过将政府承诺、政府信用、政府协调能力与企业和市场的力量结合起来，促进项目的市场主体的发展和发育，形成有效的融资平台。通过平台建设，增强融资能力，促进市场主体业绩和核心竞争力的全面提升，信用就可以从无到有、从弱到强地发展起来，进而促进区域经济社会发展。

（五） 制度建设

针对融资主体治理结构落后、法人建设不完善、现金流不足和信用建设缺损等问题，开发性金融坚持建设制度、建设市场的方法，这是开发性金融的重要手段，也是与商业性金融的重要区别。商业性金融是被动地运用制度和市场，而开发性金融是主动地运用和依托国家信用建设制度和市场，在没有市场的地方建设市场，在有市场的地方充分利用和完善市场。以融资推进治理结构、法人制度、现金流制度和信用制度四个方面的建设，弥补制度缺损，最终使企业信用成为资源配置的基础平台，实现了政府意志、项目建设和制度建设的共赢。

二、东北区域产融结合动态接续模式

（一） 开发性金融突前的产融结合

老工业基地振兴离不开产业振兴，离不开产业资本与金融资本的密切结合。珠三角的模式是产业资本当先，金融资本后进；长三角的模式是金融资本突前，产业资本跟进。归根结底是产业资本与金融资本的结合与共荣。东北老工业基地

233

振兴要以重化工业和装备制造业的发展为重点，必须走产业资本与金融资本同步结合的路子。东北产业聚集度较高，资产存量较大，自然资源丰富，基础设施良好，人才技术雄厚，产业发展潜力大，前景好；但是，历史遗留问题多，历史包袱沉重，市场化程度较低，体制、机制和观念落后，内生金融资本规模小，活力不足，对外部金融资本又缺乏足够的吸引力，这些问题严重阻碍了产融资本的互动、结合与共荣。这就需要结合东北实际，构建先是产业资本与开发性金融资本结合，后是产业资本与商业性金融资本结合的动态接续产融结合新模式。

通过搭建融资平台、培育投融资主体、发挥政府组织优势，继续更多、更好地利用开发性金融。通过发挥开发性金融的融资优势和政府的组织协调优势，共同推进区域市场化建设和制度建设，深化经济社会体制改革，促进市场机制的发育与完善，形成市场优势，解决亟待解决的热点难点问题，突破阻碍经济增长和社会和谐发展的瓶颈制约，将经济社会发展新理念付诸实现。

开发性金融全面参与东北振兴，实现了优势互补、互利互惠，为进一步扩大合作打下了良好基础。要紧紧抓住东北振兴和环渤海经济发展的有利时机，充分发挥开发性金融的支持作用，有效运用开发性金融推进区域经济开发，加快重大基础设施建设，推动国有企业股份制改造、中小企业和地方金融业发展，努力构筑沿海与内地互动发展的新格局，推动区域经济社会实现快速和谐发展。

（二）商业性金融接续的产融结合

开发性金融的有效利用，在促进区域经济社会发展的同时，也构造了商业性金融全面进入并发挥作用的市场条件。通过发展地方金融机构、构建产业金融体系、建设区域金融中心和优化金融生态环境，为商业性金融的发展壮大奠定了良好基础，必将引导商业性金融适时跟进。商业性金融的跟进，标志着东北区域市场化融资机制和体制趋于健全与完善，进而推动产业资本与商业性金融的结合。通过这样一个动态接续的机制，形成产融资本结合、互动与共荣的良性循环过程。目前国有商业银行和股份制商业银行等金融机构纷纷提出与辽宁省签订金融合作协议，这表明商业性金融全面跟进并发挥作用的时机已经来临。

开发性金融突前、商业性金融跟进的动态接续产融结合的新模式既解决了短期内融资需求问题，又为国有商业银行处理历史遗留问题提供了时间。开发性金融的先导性融资构造了市场融资的平台，又产生了进一步的资金需求，为商业性金融带来了新的业务来源，创造了新的业务空间。可见，二者职能各异，不仅不会相互替代，且可在时空上互补。值得指出的是，形成这样一种产融结合模式，并不意味着改善投融资环境问题可以拖延下去，恰恰相反，它为边发展边改善投融资环境，优化金融生态环境提供了重要机遇。

三、开发性金融与商业性金融的互补关系

金融交易具有不同的属性，不同的治理机制存在着治理能力的差别，需要在交易属性与治理能力之间进行匹配。通过采用与交易属性相适应的治理机制，各种类型的交易以最具成本－效能的方式得到治理。可以看出，不同类型的金融交易之间并非是替代的，而是存在着互补关系。

（一）开发性金融与商业性金融的静态互补

开发性金融与商业性金融具有不同的运营特征。（1）从经营目标和经营原则上看，开发性金融和商业性金融有很大的差异。开发性金融的经营目标是集中资金支持基础设施、基础产业和支柱产业建设，并对所投项目在资金总量和资金结构配置上负有宏观调控的职责，其经营原则是不以追求利润最大化为目的。而商业性金融按照盈利性、安全性和流动性的方针来经营管理。如何在保持安全性和流动性的前提下追求最大的利润，是商业性金融基本的经营原则。（2）从经营基础来看，开发性金融的经营基础是国家信用，开发性金融以国家信用筹集资金，在发放贷款的同时，致力于推动市场建设和制度建设，以实现政府政策目标为己任。而商业性金融主要凭借自有资本、资产和企业信誉来开展业务活动，获取经营利润，实现经营目标。（3）从资金来源上看，开发性金融不吸收公众存款，而是依靠发行金融债券来筹措资金。而商业性金融的资金来源主要是吸收存款，此外还包括一些非存款性负债，例如银行同业拆借等。由于资金来源渠道不同，二者在负债业务上不存在竞争关系。（4）从资金运用上看，开发银行主要发放中长期贷款，重点支持"两基一支"和高新技术产业及其配套工程建设，致力于缓解国民经济发展的"瓶颈"制约，支持产业结构调整，并对所投项目在资金总量和资金结构配置上负有宏观调控职责。近年来，开发银行在继续支持"两基一支"的同时，又将推动区域经济发展、支持中小企业成长、支持老工业基地改造与振兴、支持社会事业的发展和解决三农问题等作为贷放业务的重点，致力于促进地区间、产业间和经济与社会的协调发展。而就商业性金融而言，商业银行主要对符合其信贷原则的客户提供中短期贷款，主要用于增加企业的流动资金，满足企业的流动性需求。开发性金融的贷款以批发性贷款为主，商业性金融的贷款以零售性为主。二者在业务上具有明显的静态互补性。开发性金融的存在和发展有益地补充了商业性金融的不足，对于促进我国经济发展和社会进步具有独特的作用。

（二）开发性金融与商业性金融的动态互补

首先，动态互补的含义。默顿（Merton，1993）认为，伴随着经验的积累，一些非标准化交易会转化成为标准化交易，可以更有效率地加以处理，这样它们就可以被看做是标准化交易。按照默顿的说法，标准化交易和非标准化交易能够实现动态上的互补。我们可以看出，所谓动态互补性的含义是，起初为非标准化的交易经过一段时间后会转化成为标准化交易。也就是说，如果非标准化交易的标准化进行得很充分，最终这些交易中的一部分可以转化为标准化交易。在这种情况下，起初的非标准化交易就是与最终呈现的标准化交易动态互补的。开发性金融和商业性金融之间动态互补关系体现在：开发性金融率先进入存在市场缺损、法人缺损、缺乏业绩等投资领域，这些领域是商业性金融按照其经营原则难以进入的领域，经过开发性金融的孵化，在满足商业性融资标准之后，吸引商业性金融进入，而开发性金融实现退出。由此，我们可以说，起初的开发性金融交易，最终呈现为商业性金融交易，因而二者是动态互补的。

其次，开发性金融与商业性金融动态互补的实现机制。通过政府选择项目入口来体现政府意志和贯彻政府政策，通过开发性金融的孵化促进项目的发育和逐步成熟，通过吸引商业性金融的进入来实现项目的市场化融资三个环节，进而实现商业性金融的进入和开发性金融的退出。简单地说，就是"政府入口、开发性金融孵化、市场出口"。

最后，开发性金融与商业性金融动态互补的实现途径。（1）开发性金融支持"两基一支"建设，为商业性金融的进入奠定基础。开发银行重点在基础设施、基础产业和支柱产业领域内发放贷款，通过融资推动，国家开发银行与地方政府和行业部门共同建设信用制度和投融资体制，提升了这些领域的整体竞争力，建立和健全了包括信用制度、法人制度等在内的一系列制度，融资市场化程度得到提高，步入一个良性的发展轨道。在这种背景下，商业银行才得以进入这些领域。国家开发银行在此起到了"铺路"和"搭桥"的作用，这样才使得商业银行敢于进入过去风险大、不成熟、融资困难的基础设施领域，开展商业性金融业务活动。三峡工程就是开发性金融支持基础设施建设并为商业性金融的进入奠定基础的一个典型例子。（2）开发性金融支持落后地区开发建设，为商业性金融开拓市场空间。开发性金融支持落后地区的开发建设，促进了落后地区的社会信用建设和制度建设，极大地改变了落后地区的整体面貌和招商引资的软硬环境，改善了金融生态环境，为商业性金融开拓了市场空间，为商业性金融的顺利进入创造了条件，加快了落后地区资本形成和经济社会发展进程。开发性金融在东北老工业基地大规模棚户区改造和资源枯竭型城市发展接续产业中发挥了自身的优势作用，初步构造了开发性金融与商业性金融在区域经济发展中的动态互补关系。（3）开发性金融支持中小企业成长，为商业性金融培育未来合格的客户。中小企业在促进经济增长、繁荣市场、扩大就业、增加税收、提高城乡居民收入等方面做出了重要贡献，为构建和谐社会发挥了积极作用。但是，中小企业发展仍面临诸多困难和问题，融资难仍是制约中小企业发展的"瓶颈"。商业银行对于向中小企业贷款面临着较高的成本和较高的风险。开发性金融致力于解决中小企业融资难的问题，填补中小企业信贷缺口。开发银行直接或间接地为中小企业的融资问题提供解决方案，扩大了商业性金融的市场，同时促进中小企业的成长，也为商业性金融培育了未来的合格客户。

开发性金融和商业性金融之间不仅存在着传统理论认为的静态互补关系，而且还存在着动态的互补关系。这一点深化了对开发性金融和商业性金融之间关系的认识，对于科学地认识开发性金融的成功实践具有重要价值。由于存在动态互补关系，开发性金融的成功实践，扩大了商业性金融的行为边界，拓展了商业性金融的市场范围，使商业性金融逐步能够进入以前不敢、不能或是不愿进入的领域。开发性金融与商业性金融的某些冲突大多是在动态转换过程中出现一些业务交叉，这些问题并不能否定二者之间的互补性。需要解决的问题是，要建立健全开发性金融和商业性金融的动态转换机制，这方面还需要结合实际，不断地进行理论研究和探索，促进实践的创新。

（三）二者动态互补关系的实践意义

开发性金融与商业性金融的动态互补，促成了二者之间的纵向合作。开发性金融从事前期的融资服务，商业性金融从事后期的融资服务，这就使得它们形成了纵向合作的关系。二者之间的纵向合作既有利于实现开发性金融的目标，又有利于完善我国的信用体系结构，切实发挥金融对老工业基地振兴的支持作用。

首先，开发性金融与商业性金融合作有利于完善市场信用期限结构。一般来说，在金融体系中，商业银行系统主要提供短期信用，资本市场主要提供中长期信用。我国的金融体系是以银行为主体的，商业银行是市场信用的主要提供者。由于商业银行大多提供短期信用，而资本市场尚不发达，这使得我国金融体系中出现长期信用不足的问题。商业银行主要提供短期信用是由其负债结构所决定的，商业银行吸取的存款中有很大一部分都是活期存款和短期存款，负债的短期性就要求资产必须保持比较高的流动性，所以，从商业银行资产负债期限结构的匹配来看，持续发放长期贷款风险很大，必然力不从心。商业银行的经营目标是盈利性、安全性、流动性的统一，不易大范围长时间涉足风险较大的长期信贷业务。开发性金融从事中长期信用，发放中长期项目贷款，正好在信用期限结构上弥补了商业银行的不足。在开发性金融的支持下，商业银行也可以发放更多的长期贷款。开发性金融与商业性金融合作，完善了金融市场信用期限结构。

其次，开发性金融与商业性金融合作有利于完善市场信用规模结构。商业银行主要从事金融零售业务，出于分散风险的考虑，其单笔贷款规模一般不大。开发银行经营批发性贷款业务，单笔贷款规模比较大，以满足基础设施、基础产业和支柱产业的大额融资需求。开发性金融与商业性金融合作，使得金融市场形成了比较合理的信用规模结构。并且在开发性金融的支持下，商业银行也增大了单笔信贷规模。总之，通过开发性金融与商业性金融合作，金融市场信用规模结构得以进一步健全和完善。

第三，开发性金融与商业性金融合作有利于完善市场信用地理结构。开发性金融不仅在信用期限、规模上弥补了商业性金融体系的不足，而且在市场信用的地理结构上也进一步改善了由于商业性金融缺位造成的缺欠。随着市场经济的深入发展，商业性金融出于盈利性和安全性的要求在风险较大和社会基础设施落后的地区有收缩的趋势，而在经济发达和社会基础设施较好的地区呈现出聚集的趋势，由此造成市场信用的地理结构出现不均衡的状态。开发性金融本着"商弃开予"的原则，通过融资来推动制度建设和信用体系建设，致力于构建金融业赖以生存和发展的社会基础设施，必将带动商业性金融的发展，有利于完善我国市场信用的地理结构。

信用体系结构的改善，可以提供更为公平的融资机会，实现经济均衡发展和社会和谐。和谐社会建设的核心就是处理好效率与公平的关系，体现社会公平。金融是现代经济的核心，金融公平是实现社会公平和社会和谐的重要内容和实现途径。我国金融组织体系在不同地方之间的差异不大，甚至在许多经济很不发达的偏远落后地区，各类金融机构与经济相对发达的地区也极为相似，原因就在于金融组织体系的空间结构行政化。如全国性商业银行在各地按照行政区划设置分支机构。这似乎是在寻求一种相对均衡合理的金融组织体系空间地理结构，来体现金融公平和融资机会平等。但实际上，在这样的模式下，一些全国性商业银行总行出于资金使用效益最大化的考虑，通过资金的统一调度和高效使用，使资金从相对更为紧缺的老工业基地流向了收益较高的发达地区，使发达地区资金聚集，使原本就急需资金支持的老工业基地面临"失血"问题。开发性金融活动直接向老工业基地投放资金，间接地吸引、诱导商业性金融机构和私人部门在老工业基地开展投融资活动，不仅提高了宏观资源配置效率，而且增大了老工业基地的融资机会，促进了金融公平，有利于推动和谐社会的建设。

四、开发性金融支持东北老工业基地振兴的实践及其效应

辽宁省与国家开发银行签订使用 500 亿元软贷款合作协议后，在辽宁省委、省政府的组织引导下，通过搭建沈阳平台、大连平台、鞍钢平台和交通平台等，使得开发性金融稳步进入辽宁省经济建设和社会发展的重要领域。在软贷款的支持下，辽宁省在重大基础设施、支柱产业发展等多个领域启动了一批关系辽宁老工业基地振兴全局和长远发展的重点项目，如铁西工业区改造、"五点一线"沿海经济带开发建设、集中连片棚户区改造和高校贷款置换等，带动了社会资本的流入，奠定了发展基础，创造了环境，加快了老工业基地调整、改造和全面振兴的步伐。

（一）开发性金融促进了东北老工业基地的调整改造

作为东北老工业基地的缩影，铁西区以国家开发银行的前期贷款为基础，通过改造实现企业重构和产业升级，实现装备制造业的做强做大，再造老工业基地辉煌。现在铁西新区内在增长机制已初步形成，成为辽宁乃至东北最具产业发展活力的区域，被国家命名为"振兴东北示范区"和"装备制造业示范区"。其效应体现在：

一是以国家开发银行的贷款为基础创造级差地租，筹集企业搬迁改造资金。铁西新区提出了以产业升级为主线，综合实施"搬迁、并轨、合资、转制"的战略决策，从盘活存量资产入手，加大老工业区中心城区土地置换力度，将老工业企业全部搬出中心城区，到地价较便宜的开发区重新买地建厂房。两者的土地差价可产生数十亿元的级差地租收益，从而为企业解决了改造发展的资金，并使得两个区域的资源实现优化配置。

二是依靠开发银行的贷款转变体制机制，使企业在搬迁中进行脱胎换骨式改造。企业搬迁是改制、改造和结构调整的过程，加快实现了产业升级、企业重构和环境改善。在通过搬迁解决改造资金问题的同时，铁西新区还以开发银行贷款为契机，以搬迁为手段，推动企业在搬迁中升级，着力解决企业的改造与发展问题。即在企业搬迁的同时，通过并轨，下岗职工与企业脱离了关系，解决了企业冗员包袱；通过资本运营，盘活土地资产，基本化解了债务问题；通过合资、转制和劣势企业的退出，解决了企业结构和机制问题。这一系列综合配套改革措施，使国有企业焕发了新的生机和活力，机床集团、东药集团、鼓风机集团等一大批骨干企业的竞争实力明显增强，数控机床、超高压变压器等一大批工业产品在国内国际市场上又重新占据了重要位置。不仅如此，磁悬浮轨道梁连续加工生

239

产线、双进双出磨煤机等一个个填补国内空白的重大技术装备，也纷纷在国字号企业中诞生。

三是以国家开发银行贷款为契机实施壮大第二产业，搞活第三产业的措施，解决企业并轨后"人往哪里去"的问题。针对企业并轨后产生的失业人员，新区利用新增工业项目壮大第二产业，利用工业腾迁土地发展第三产业的新兴业态，从而吸纳一批、安置一批。全区开发就业岗位 2.3 万个，安置就业 6.2 万人，系统解决了失业人员再就业和生活保障问题。与此同时，植入的新兴第三产业，又成为新的经济增长点。可以这样说，铁西老工业区实现了用开发区体制机制优势"嫁接"铁西老工业区巨大工业存量，实现了"双赢"的战略初旨，初步走出了老工业基地改造的新路子。经过对老城区内的企业"东搬西建"、重新招商引资后，铁西老城区已由工业老区成功转型为沈阳市瞩目的商业新区①。

（二）开发性金融促进了东北老工业基地的经济增长

几年来开发性金融对城市集中连片棚户区改造、沿海开发"五点一线"建设、打造装备制造业基地、资源枯竭型城市转型、扶植民营中小企业发展等振兴战略的一系列重大战役和标志性项目给予了积极的支持。自 2005 年初到 2007 年 6 月末，开发银行累计向辽宁投放各类贷款 1 120 亿元②。在软贷款使用中，有关方面建立有效的协调机制，认真筛选公益性项目、基础设施建设项目、经营性项目及其他各类项目，明确资金使用范围，确保资金投向正确，保证软贷款合理有效地使用，使之形成了杠杆作用，产生了良好的经济效益和社会效益。开发性金融对辽宁老工业基地经济增长做出了重大贡献。

（三）开发性金融促进了东北老工业基地社会和谐的建设

从棚户区改造的综合效应来看：一是棚户区改造极大地改善了居民的居住条件，提升了辽宁城市功能和形象。据统计，辽宁棚户区改造后原棚户区居民的人均使用房屋面积可达 11.2 平方米，人均使用面积增加了 4 平方米以上。同时，改善了城市基础设施，完善了城市功能，优化了存量土地结构，提升了土地开发价值。二是棚户区改造工程极大地增强了社会的凝聚力，营造了和谐社会氛围。全省各市都把棚户区改造作为"一号工程"、"民心工程"，举全省之力强势推进棚户区改造，省市政府为确保棚户区改造的顺利进行，在制定政策和具体操作上

---

① 程刚：《143 家大中型企业迁移突围，沈阳铁西区全面复苏》，《中国青年报》，2005 年 4 月 11 日。
② 《国家开发银行辽宁分行积极参与我省老工业基地振兴工作》，www. lnzxb. gov. cn/n5591c84. ? spx。

都给予倾斜，使棚户区的老百姓由此看到了新生活的希望，密切了政府和群众的关系。三是棚户区改造激活了辽宁相关产业，进一步拉动了区域经济的发展。辽宁棚户区改造预计总投资 187 亿元，如此巨大的资金量，对于激活辽宁相关产业，形成新的经济增长点，无疑将起到巨大的拉动效应。四是棚户区改造盘活了城市土地资源，为辽宁各地区城市中长期发展提供了空间。虽然棚户区改造作为辽宁省公益性项目进行投入，当期经济效益不明显，但据统计，目前已改造的棚户区土地可腾空 1/4 左右的可利用空间，这部分土地作为城市的稀缺资源，随着城市规划布局的调整和招商引资的需要，在未来 4～5 年间将发挥潜在的作用，为城市振兴和发展拓展出新的空间①。

第三节　东北老工业基地新型产业金融体系构建

一、产业金融的概念框架

（一）产业金融的存在理由

产业金融是指依托并促进产业发展的金融活动总称。纵观各主要工业国家工业化进程，产业金融不同规模地存在，且在工业化进程中程度不同地发挥了促进作用。即便是在现代金融体系趋向综合化的今天，产业金融仍有强大的生命力。比如住房金融、汽车金融，就是在依托并促进住房和汽车业发展的同时自身也得到较快发展。再如高科技产业投资具有高风险和高收益的特点，风险投资基金采取与商业银行审慎原则不同的做法，促进了高科技产业的迅速发展，自身作为一个行业也发展壮大起来。

金融机构一般具有风险厌恶的偏好，从安全性角度出发，只愿意为成熟产业的公司提供短期信贷。② 金融机构为防范和管理面临的各种风险，采用各种通用程序、财务标准和拇指规则也称经验法则，指从经验实践中总结得出的方法、规

---

① 参见《辽宁彻底改造城市棚户区投资 187 亿惠及 80 多万人》，《人民日报》2006 年 2 月 21 日和《发挥开发性金融优势　支持辽宁棚户区改造——开发银行支持辽宁棚户区改造工作纪实》，www.bankln.com/news/ls/hyyx/200606/1626.html。

② 最早的金融机构是为此类公司提供贸易信贷，因为这种信贷具有自偿性。

则，寻求有利可图的贷款投资机会，由此可能会产生两种"市场失灵"：一是某些项目能够盈利但不能满足这些标准，无法得到融资。金融机构往往按照通用的标准来寻求"安全"的项目，一般不会广泛搜索有利可图的贷款投资机会，也不会对贷款投资项目实施延伸的审查程序。这意味着，在信贷紧缩期间，有些项目能够盈利，但由于不能满足这些标准，也就无法获得融资；相反，在信贷膨胀期间，有些项目可能并不具有可靠的优势，也可能会获得融资，因为此时金融机构往往愿意"将资金推出门外"。二是产业的长期资本需求和某些产业的正常资本需求不能得到满足。虽然产业存在长期资本需求，但金融体系更愿意提供短期信贷，使得产业的长期资本需求难以得到满足，这在中小企业长期资本融通方面表现得尤为明显；对于新兴产业和衰退行业，其风险难以适用通用的标准和程序来评估，金融体系就难以向这些产业提供正常的资本融通。由此，在不同类型的资本之间形成了实际上的分割。

为了促进产业成长和经济增长，需要金融体系克服这些障碍，健全和完善金融体系，全面提高金融体系支持产业发展的能力，而产业金融恰被作为提高金融体系整体能力的重要措施。一般来说，产业金融要实现三个任务：（1）为成熟产业的稳定发展提供各类融资；（2）为衰退产业的调整、改造和重组提供融资；（3）为新兴产业成长提供各类融资。这些目标可以由国家直接通过有意识地运用干预手段指导金融机构向特定产业和公司配置资金来实现（东亚产业金融模式），也可以间接地通过影响金融机构的经营目标、业务运作和风险偏好的框架来实现（欧美产业金融模式）。

（二）产业金融的主要模式

产业金融活动的开展方式等在不同类型金融体系下具有不同的特点，并与各国工业化推动力的类型密切相关。前者决定了产业金融的主要渠道是以银行等金融机构为主导，还是以资本市场等金融市场为主导，后者决定了政府在产业金融中发挥干预或影响作用的大小。由此形成了不同的产业金融模式。具体包括：（1）德国产业金融模式。德国实行以银行为主体的金融体系，其工业化进程中政府发挥了很大的作用，但总体上仍然是市场演进型工业化国家，其产业金融体系明显地反映了这两个特点。其产业金融的运行基本上是基于市场机制的，且主要依靠银行等金融机构，形成了基于市场化的间接金融为主的产业金融模式。（2）英美产业金融模式。英国和美国实施市场为主体的金融体系，并且是市场演进型工业化国家，其产业金融的运行基本上都是基于市场机制的，且主要依靠资本市场，形成了基于市场化的直接金融为主的产业金融模式。（3）东亚产业金融模式。以日本为代表的东亚国家较晚地开始工业化进程，始终是赶超式工业化。在市场经济因素不充分和市场经济体制不健全的情况下，政府作为工业化的主要推动者对产业金融活动进行较强的干预，形成了政府强烈干预下的间接金融为主的产业金融模式（见表6-3）。

表6-3 产业金融模式划分

	银行等金融中介为 主体的金融体系	资本市场等金融市场为 主体的金融体系
市场演进型工业化	德国产业金融模式	英美产业金融模式
政府主导型工业化	东亚产业金融模式	

（三）东亚产业金融模式与金融约束

在以日本和韩国为代表的东亚产业金融模式下，政府对金融体系施加强烈干预和限制。产业金融的功能就是强力动员储蓄，并将资金配置于主导产业上。为贯彻和配合政府产业政策目标，必然要实施金融约束，金融约束也就成为东亚传统产业金融体系进行资源动员和配置时不可或缺的制度条件。

首先，产业金融体制曾经对利率和直接金融严加限制。较高的利率水平会限制企业对银行贷款的需求，不利于储蓄向投资的转化。因此，为满足赶超型工业化对低成本资金的大规模需求，需要实行适度的金融约束，以用较低的利率获得较高的储蓄动员水平的目的。此外，证券市场的交易成本高、效率低，其发展也受到了明显的压制。应当说，这些约束对于保证低利率下的储蓄增长起到了重要作用。美国经济学家斯蒂格利茨等人在一项关于东亚金融约束的研究中指出，对发展中经济而言，由政府出面维持一种垄断性的制度框架将比竞争性的制度框架更有利于吸收储蓄，关键在于如何赋予银行部门扩大吸收储蓄的激励。为了形成这种激励，政府有必要为银行创造一种租金机会，这种租金机会来自使实际存款利率低于市场均衡利率的金融约束。

其次，采取"关系型融资"（Relational Financing）制度，将金融资本与产业资本紧密结合。在银企关系上，相对于英美市场导向型模式的"保持距离型融资"（Arm's Length Financing），东亚国家盛行银企之间通过相互持股等手段保持密切关系，其具体形式有日本的主银行制度、韩国财阀与银行之间的主体交易银行制度以及东南亚华人企业集团内部的银企相对型交易关系等。尽管这些关系型融资的具体制度安排不尽相同，但都存在交易关系长期化、交易对象集中于大企业等特点，反映了东亚地区金融资本与产业资本的紧密结合。

最后，市场主体行为扭曲，商业金融体系发育成长受到影响：一是居民资产选择受到限制；二是企业过度融资；三是风险集中于银行体系；四是金融市场尤

243

其是资本市场不发达。这些都严重抑制了金融发展。

（四）新型产业金融的基本特征

我国社会主体市场经济体制得以确立并逐步健全完善，市场机制的作用越来越得以充分发挥，产业金融不能完全照搬东亚模式；同时，尽管我国金融市场的发展越来越受到重视，其地位逐步上升，但总体上，我国金融体系目前仍然是以银行等金融中介为主体。因此，在东北区域金融体系构建中，应该构建基于市场机制运行的且以间接金融为主的新型产业金融模式，在促进国家"再工业化"进程和实现东北老工业基地全面振兴的同时，实现区域金融发展和深化。其特征为：

首先，坚持间接金融为主，提高直接金融的比重。适应我国金融体系的基本机构特征，应坚持间接金融为主，建立、培育和发展多种新型产业金融机构；同时，注重发挥金融市场尤其是资本市场的作用，多渠道、多形式提高产业金融中直接金融的比重，促进间接金融和直接金融的和谐发展。

其次，推动产融结合，实现产业金融和商业金融的融合。一是产业金融往往是产业资本与金融资本结合的结果。由于金融机构对一些产业尤其是新兴产业的风险特征难以把握，对公司企业真实经营情况难以完全掌握，因此，评估这些风险和缓解这种信息不对称需要金融机构付出相当大的成本，所以，金融机构往往与公司企业进行资本结合和人事参与，由此形成了金融资本与产业资本的密切结合。二是产业金融与商业金融也是融合的。我们把以满足生产者的融资需求为主要功能的金融体系称为产业金融体系（Industrial Finance System），而把以满足储蓄者的投资效用为主要功能的金融体系称为商业金融体系（Commercial Finance System）。产业金融体系包括开展产业金融活动的金融机构、相应的金融工具和金融市场等，它与商业金融体系并非分割而独立存在的，而是与商业金融体系融合交织在一起，相互补充合作，共同构成完整的金融体系，进而提高了金融体系的整体功能。只是在不同的时期，二者的比例关系和相对地位会有相应的变化。一般来说，在工业化或"再工业化"时期，产业金融体系规模更为庞大，地位更加重要。

第三，坚持标准化，允许差异化。产业金融面临诸多特异风险，这就限制了通用风险管理技术在产业金融中的运用。因而，产业金融难以向商业金融活动那样实行标准化运作和管理，具有非标准化的性质。也正是这个原因，各国和地区产业金融活动、机构、体系构成和运作方式具有很大的差异。这意味着，对于能够实施标准化运作或管理的产业金融活动，要建立统一的监管标准，实施标准化的管理；而对于特异化较大的产业金融活动，在机构审批、业务模式要求和监管架构上都不宜采用统一模式，尤其是不应该采取与商业金融机构一致的标准化模式。

第四，新型产业金融具有阶段性。金融体系是实现资金从储蓄者到投资者的流动和转移的系统。在工业化进程中，金融体系的首要功能是使生产者（尤其是需要优先发展的主导产业部门）的融资需求得到满足，而对于满足储蓄者的投资效用则作用有限。相比之下，后工业化国家的金融体系则更多地侧重于增大储蓄者的资产选择自由和投资效用，资金供给方在储蓄向投资转化的过程中居于主导地位。因此，随着工业化或"再工业化"的完成，一些产业金融机构将通过退出、重组或转型等方式，为商业金融的发展铺平道路。

二、产业金融实践的国际经验

（一）产业金融与成熟产业发展

金融体系通常最有能力为成熟产业中的公司或企业提供外部资本。这在很大程度上是因为，金融机构可以将公司或企业的信用记录作为未来还款概率的指标。通过考察公司或企业的信用记录，可以洞察借款人的"特征"（如是否是一个可信赖的借款人），了解公司或企业的资金实力。此外，行业的增长特性也是金融机构所考察的一个重要内容。由于成熟产业的公司企业累积了可供考察的信用记录，加上产业发展前景的稳定性，成熟产业中的公司企业是金融机构的理想客户。

商业银行和资本市场是成熟产业外部资本的主要渠道。商业银行一直是并将继续是成熟产业短期信贷的提供者，这一点在各个模式之间的差异不大。这是因为，短期贷款具有期限风险低、利率风险低和违约风险低的特点，信用评估比较容易，主要取决于借款人的财务记录、资产负债表及其与同行业其他公司的比较。此外，一些国家如英国和德国，大公司也依靠货币市场来融通短期资金。

在长期资本融通方面，股份公司和证券交易所的发展使得各国成熟产业的大公司可以在资本市场上筹集到大笔股权资本，表明金融体系已经具备强大的能力来为成熟产业的大公司提供长期资本。但是，各国金融体系为中小企业提供长期资本的能力比较薄弱。在德国，大银行为参股中小企业成立了投资公司，但参股的数量仍然很小。在采取了一些措施来便利中小公司上市的情况下，只有数量极少的中型公司能够公开上市。英国、美国和日本的中小企业也难以从商业银行和主板资本市场上得到足够的长期资本。正因为如此，中小企业长期资本的募集问题则成为一个公共政策问题。德国成立了复兴银行（Bank for Reconstruction）和工业信贷银行（Industrial Credit Bank），美国成立了小企业管理局，日本设立了中小企业融资公库和中小企业信用保险公库等专门机构，来解决中小企业长期资本融通的问题。

（二）产业金融与衰退产业调整

衰退产业按其产生的原因大体可分为两类：一类是自然衰退产业，主要指采掘工业等资源型产业，随着资源的日趋减少乃至枯竭，这类产业必然要走向衰退；另一类是非自然衰退产业，主要指一些传统产业，这类产业长期需求减少，产能过剩，也走向衰退。由于衰退产业的生产者争夺日渐萎缩的市场，从而加剧价格竞争，并减少了利润。利润下降削弱了这些行业中公司企业的内部财务投资能力，同时，由于支付股息和利息能力的下降，金融机构提供外部融资的意愿降低。这两个方面使得衰退产业中的公司企业陷入一种低收益、低投资和低创新的恶性循环。

衰退产业给产业金融带来了一系列的问题。应对产业的自然衰退，主要是发展接续和替代产业，需要促进新兴产业成长和壮大；而应对产业的非自然衰退，主要是进行产业调整、改造和创新，减少过剩的产能，增加创新产品。这显然不是金融体系独自能够解决的问题，例如，减少过剩的产能有利于提高产品价格，进而提高边际收益和融资能力，但由于每个企业都愿意其他厂商减少产量，而产生"搭便车"的现象，因此，就需要协调不同的生产商减产或者转移风险，提高金融机构提供资金的意愿。此时，需要公共机构或公共政策的介入、支持和配合。

在为衰退产业的大企业提供融资方面，德国产业金融体系要比英国产业金融体系更具能力。英国金融体系中，企业所有权的分散化以及企业对银行持股受到限制，使得银行难以影响到企业的决策。在德国，这些企业同大型全能银行联系紧密，并且德国的全能银行可利用广泛的持股关系和通过公司监事会来协调减少过剩产能的问题。即便如此，德国的银行在自主协调能力方面仍面临限制，如果国家未进行干预，他们通常不愿干预过多。国家作为协调人召集各方制定和支持重组计划，协调减少过剩产能，并分担未来投资的部分风险，复兴银行和区域性公众储蓄银行（Regional Public Savings Banks）是资金的主要提供者和贷款的主要担保人，吸引并促进私人股权参与产业结构改造、调整和重组。相比之下，由中小企业占主体地位的衰退产业面临更加困难的金融问题，因为，为数目庞大的中小企业制定一项统一的和可执行的重组计划是较为困难的。尽管如此，德国公共储蓄银行和合作银行向衰退产业的中小企业提供贷款的意愿要高于德国的私营银行，因为区域公共储蓄银行有义务顾及他们所在地的经济发展利益，而合作银行就是由中小型企业所拥有的，将扶持其会员视为银行的首要目标。

（三）产业金融与新兴产业成长

新兴产业的成长对于产业结构调整升级乃至国民经济的长期可持续增长都具有重要意义。但是，商业银行一般并不愿意为这些行业中的公司提供资金，一是因为新兴产业中的公司通常是新建企业，缺乏财务记录，而商业银行一般把公司财务记录作为公司财务能力和管理可靠性的考察对象；二是新兴产业的公司往往将资金投向于研发或投资于专用设备，这些难以重估价值的资产不宜用作贷款抵押品；三是商业银行一般缺乏新产业的专业知识，很难判断新产品的市场潜力，即便借助于外部技术专家，可能也难以判断新产品的市场潜力；四是即使公司成功开发了新产品，但在新兴产业中，产品更新换代和工艺创新速度很快，商业银行很难评估企业在多大程度上能够跟得上创新的步伐。

产业金融机构在向新兴产业的公司提供融资的时候，一般对高风险项目都有明确的期望，即从少数几个项目中获得的收益能够涵盖其他失败项目的损失。产业金融机构通常具备特殊的专长来判断和评估这些风险，并且参与和增强公司的管理能力，通过股权或期权方式以分享项目取得成功的收益。此类产业金融机构在传统上是工业银行或开发银行占据主体地位，目前则是风险资本更具优势。

日本在工业化时期，实行三个优先：一是生产者优先，就是把生产者的利益放在首位，消费者的利益服从于生产者的利益；二是大企业优先，优先保证大企业发展；三是制造业优先，优先发展重化工业。为保障三个优先，日本建立起以关系型融资为基础的产业金融体系。为了保证生产者优先，建立了以管制利率和抑制资本市场发展为内容的金融约束体系和间接融资为主导的融资结构，以保证对企业提供低成本的资金，以支持大规模的设备投资。为保证大企业优先获得低成本的资金支持，建立起以大企业为融资重点对象并强调融资关系长期化的主银行制度。同时建立了日本开发银行等一系列政策性金融机构。总的来看，以主银行体制为代表的关系型融资的日本产业金融模式能够在一定程度上降低金融交易的代理成本和信息成本，具有一定程度的隐含的风险分担功能，并且使得银行在日本特殊的企业治理结构中扮演了主要的外部监控者的角色。

在向新兴产业提供产业融资方面，英国和美国的金融体系具有相对比较优势。美国和英国具有发达的风险资本市场，有利于建立风险投资基金。在美国，投资基金的法律称谓是"投资公司"，截至 1995 年，全美共有 500 家风险投资公司累计向 7 万多个从事高新科技研究和新产品开发的小企业直接投资了不低于 110 亿美元的资金，培养出了英特尔、苹果电脑、微软公司、联邦速递等一系列高新技术公司。英国风险资本市场仅次于美国。在 20 世纪 80 年代，机构投资者大幅度增加风险资本基金，到 20 世纪 80 年代末，总额超过 10 亿英镑。在新兴产业中如电子、计算机、生物技术和医学技术，大约有 1/5 的项目在启动阶段得到过支持。因此，在向新兴产业提供产业融资方面，英美金融体系具有较强的能力[①]。

三、东北区域产业金融体系的构建

（一）金融体系的构建原则

构建金融体系要遵循两个原则：一是外部相容性。这是指金融体系要与经济体系结构性特征相适应，并在这种适应性生存状态下得到发展。二是内部互补性。金融体系内部各种类型机构之间，以及机构与市场之间是互为补充的，而非相互替代的，这样才能形成竞争性合作的格局，切实有效地发挥金融体系的功能。

从中国实际和世界潮流来看，我国金融体系发展的大目标应该是建设商业金融体系。但在东北老工业基地等产业集中区域，应该并可能建立起符合区域实际的产业金融体系，提升金融体系的整体功能。在东北老工业基地，成熟产业、衰退产业和新兴产业并存，中小企业与大型企业并存，装备制造企业与高新技术企业并存，国有企业和民营企业并存。在这样的产业结构下，需要构筑起新型产业金融体系，与商业金融、政府资金和民间资金等形成互补合作关系，为产业结构调整、改造以及新兴产业的成长壮大开辟广泛的融资来源渠道，提高企业融资便利度。

（二）新型产业金融体系的基本特点

新型产业金融体系区别于东亚传统产业金融体系，也不同于商业金融体系，其各自的特点归纳如表 6－4 所示。

---

① Vitols, Sigurt, Financial Systems and Industrial Policy in Germany and Great Britain: The Limits of Convergence (November 1995). WZB Discussion Paper No. FSI95－311.

表6-4   新型产业金融体系与传统产业金融体系和商业金融体系的比较

	传统产业金融体系	商业金融体系	新型产业金融体系
体系构成	以银行为主体	以资本市场为主体	商业银行、资本市场尤其是创业板市场、开发银行等
融资方式	间接融资比重大	直接融资比重大	间接融资与直接融资并重
银企关系	长期且紧密的关系，具有资本和人事参与	等距离的短期联系	银企结成合作伙伴
运行基础	市场机制为主，有较强的政府干预和金融管制	市场机制，政府干预很少，公平、透明的金融监管	市场机制，政府适当支持，适宜的金融监管
运行效应	融资成本低、期限长，向重点产业倾斜，支持产业高速成长；金融创新缓慢，银行经营绩效与产业状况高度关联；易成为新企业的进入壁垒。这种金融体系往往被认为是产业竞争优势的来源，但系统性风险较大	产业或行业融资机会均等，金融创新活跃，投资者绩效与经济周期状况高度关联；市场风险外显，交易主体自由选择权大；新企业易于进入。从产业竞争角度来看，这种金融体系存在比较弱势的问题，但系统性风险较小	金融体系与经济体系相适应，体系内部各种类型机构和市场之间互为补充，可以满足不同产业的企业、企业不同成长阶段对资金的需求

（三）东北产业金融体系构建的基本思路

东北老工业基地应该通过区域金融体系创新，充分利用金融资源，支持现代装备制造业和高加工度原材料工业的发展、支持科技自主创新和产业结构调整升级。装备制造和原材料工业等产业的特点是企业规模大、资金和技术密集、投资回收期比较长，这就决定了东北老工业基地振兴需要金融的支撑和拉动，需要采取符合东北地区实际的金融优先发展型发展模式，构建满足生产者融资需求为主要功能的产业金融体系，加快东北老工业基地振兴的步伐。

在构建区域产业金融体系的思路上，（1）作为产业金融体系的传统主体，商业银行尤其是地方商业银行应通过组织结构和业务模式创新，担当起金融企业支持产业发展的重要角色。（2）建立多种类型的产业金融机构，鼓励金融机构围绕产业金融进行金融创新，形成适合于产业金融的体制、业务模式，以及金融新产品，尤其是金融衍生品，便利融资和风险管理。如增加企业的债券融资、权证融资，争取发行市政债券，尝试发行抵押债券，推动资产证券化，创新养老金融产品。（3）积极培育和完善货币市场、产权市场、证券市场。其中应做强做

249

大沈阳产权市场,发挥产权市场多种功能;审时度势地发展 OTC 交易,建立多层次的场外交易市场。(4)建立专门金融机构,加快衰退产业调整和改造,促进新兴产业快速成长,同时健全和完善中小企业长期资本融通机制。(5)构造清晰、透明、公开和创新相容型的地方金融监管体系。制定和保持一套清晰、透明、公开的金融创新监管规则和程序,鼓励和激励金融创新,给予金融创新主体一个清晰的创新预期和稳定的创新环境。同时,根据产业金融的特点,实施适宜的监管架构,切实改善区域金融治理。

第四节 东北老工业基地地方金融机构改革

一、发展多种产业金融机构

为健全完善区域金融体系,切实发挥产业金融对东北老工业基地振兴的支持作用,应通过产业资本与金融资本的结合,培育和发展多种产业金融机构。

(一)产业投资基金

产业投资基金(Industrial Investment Fund),简称产业基金,国外通常称之为私募股权投资基金(Private Equity Fund),是指一种对未上市企业进行股权投资和提供经营管理服务的利益共享、风险共担的集合投资制度。[1]

为推动国家振兴东北老工业基地战略的顺利实施,应加快推动在东北地区设立产业投资基金的试点工作。通过设立产业投资基金,有利于引导和调动一切合适的国内外资本和政府资金进入产业投资领域,推动东北老工业基地产业结构调整、产业资源整合和优化升级,促进东北老工业基地全面振兴;同时通过产业投资基金的经营管理服务功能,促进资产管理业等高端现代金融、中介等服务业的发展。结合东北区域经济和产业发展实际,可以重点考虑设立三类产业投资基金:一是装备制造产业基金,主要支持还没有上市的大中型骨干装备制造企业,支持其重组、改制、改造和加强经营管理;二是新兴产业基金,主要支持、培育和扶持东北老工业基地高新技术产业,通过促进新兴产业的发展来改善区域经济

---

[1] 2005 年 10 月 31 日国家发改委发布的《产业投资基金试点管理办法(征求意见稿)》,按照投资方向将其分为创业投资基金、企业重组投资基金和基础设施建设投资基金。

结构；三是基础设施建设基金，主要支持东北地区能源、环保、水利、交通、城市公用设施等在内的基础设施建设。

（二）创业投资基金

随着《创业板发行上市管理办法》（草案）于 2007 年 8 月 22 日获得国务院批准，我国多层次资本市场建设即将迈出重要步伐，筹划近十年之久的创业板可能将很快登陆深圳证券交易所。创业板的推出，既为中小企业特别是高科技企业的上市融资开辟了渠道，也为风险资本营造了一个正常的退出机制，必将大大促进我国创业投资基金业的发展。

创业投资（Venture Capital，简称 V. C.）也称之为"风险投资"或"风险资本"，是一种主动承担可能的高风险损失，以追求高风险收益为目标的风险资本，其主要投资于新兴的高成长性的中小型高科技风险企业。创业投资基金是专门用于创业投资事业的资本。创业投资基金在中国刚刚兴起，而在欧美已是一种十分成熟的投资方式。根据美国环球通视咨询公司（Globle Insight）最近公布的数据显示，创业投资背景企业对美国经济做出了巨大贡献。2006 年创业投资背景企业营收总额达到 2.3 万亿美元，为美国国内生产总值的 17.6%。随着中国投融资体制改革的深入发展，以及我国对发展高新技术产业的迫切需求，创业投资将会越来越受到政府、企业及金融界的重视。

东北老工业基地振兴，在改造和发展装备制造、石化、钢铁等传统产业的同时，更需要大力培育发展生物医药、电子信息、新材料等新兴高科技产业。因此，东北老工业基地振兴离不开创业投资基金的大发展。在东北老工业基地振兴进程中，一方面政府应当把发展创业投资基金纳入经济金融发展的总体规划，积极发展本土创业投资基金，积极引进外资创业投资基金、合资创业投资基金来东北兴业；另一方面加快发展区域创业投资基金中介机构，大力培育风险投资服务公司、风险投资咨询顾问公司等，如信用评级机构、投资咨询机构、会计师事务所、审计事务所、律师事务所、标准认证机构、科技项目评估机构、无形资产评估机构等，营造创业投资基金发展的良好基础环境。

（三）金融租赁公司

金融租赁是一种特殊的金融产品，是将传统的租赁、贸易与金融方式有机组合后而形成的一种新的交易方式，也称融资租赁。金融租赁是 20 世纪 50 年代兴起于美国的新型租赁方式，是指出租人根据承租人对出售人、租赁物的选择，向出售人购买租赁物件，提供给承租人使用，向承租人收取租金的交易。以出租人保留租赁物的所有权、处置权和收取租金为条件，使承租人在租赁合同期内对租

251

赁物取得部分或全部占有、使用和受益的权利。金融租赁不仅可以使承租人获得全额或部分融资，节省资本支出，无须提供额外的抵押和担保品，而且可以降低企业的现金流量压力，并可用作长期贷款的一个替代品。经过 50 多年的发展，金融租赁已经成为承租方设备投资的主要方式之一，发达国家租赁市场的渗透率（租赁设备投资占全部设备资产投资的比率）已高达 20% ~ 30%。同时，金融租赁已经发展成为仅次于银行信贷的第二大融资方式，目前全球近 1/3 的设备投资是通过金融租赁方式完成的。

一般来说，单位价值大、投资期限长的大型成套设备销售极其依赖金融租赁。金融租赁是银行资本、工商业资本相结合的产物，可在制造业、商业和金融业三大行业之间发挥传承转合的功能。国际经验证明，租赁在促进设备销售进而拉动经济增长方面可以发挥巨大的作用。据悉，奔驰公司 2004 年生产的汽车就有 55% 是通过金融租赁形式卖出的。在航空领域，截至 2006 年 1 月底，我国拥有客运及货运飞机 863 架，其中 2/3 以上是通过金融租赁方式引进的。[①] 东北老工业基地以装备制造业作为支柱产业，具有发展金融租赁业务的先天优势。在东北老工业基地振兴过程中，大型成套设备的销售、出口以及开拓产品市场等方面，金融租赁大有可为。

中国银监会明确商业银行可设立金融租赁公司[②]。东北老工业基地应当抓住这一历史机遇，大力支持和引导商业银行、东北地区大型设备制造商发起设立金融租赁公司，鼓励国内外金融租赁公司到东北老工业基地发展兴业。同时，积极探索支持金融租赁业务发展的财税政策，促进金融租赁业务繁荣发展，提高金融租赁的宽度和深度。

（四）财务公司

财务公司（Fninaee Company），也称"金融公司"，目前国际上尚无对财务公司的统一定义。由于各国市场经济发展水平不同，金融制度不同，财务公司的业务功能也有差异。比如美国财务公司是一种非银行金融机构，它往往依附于大型耐用消费品制造商，是为了推销其产品而设立的受控子公司，这类财务公司主要是为制造商提供融资服务的。而英国财务公司基本上都依附于商业银行，其组建的目的在于规避政府对商业银行的监管。因为按照英国的法律传统，商业银行不得从事证券投资业务，而财务公司不属于银行，所以不受此限制。在我国，通常将其称作企业集团财务公司，是为企业集团成员单位提供财务管理服务的非银

---

① 温秀：《租赁业涨潮，银行、AMC 抢进》，《中国经管报》，2007 年 6 月 11 日。
② 银监会于 2007 年颁布《金融租赁公司管理办法》。

行金融机构。它是我国企业体制改革和金融体制改革的产物，目的是为加强企业集团资金集中管理和提高企业集团资金使用效率。

东北老工业基地聚集了全国很大一部分工业资产存量，拥有众多关系国民经济命脉的战略产业和骨干企业，是我国重化工业的重要基地。东北振兴战略的实施，要求这些大型企业联合重组，企业综合化、集团化趋势日趋明显。国际经验表明，财务公司作为关系型融资的主要中介，是支持大企业快速发展的重要金融安排，更是大企业在国际化进程中降低运营风险和运营成本的需要。[1] 因此，东北振兴需要其结合企业集团数量多、规模大的产业特点，加快金融创新，组建更多的企业集团财务公司，通过企业集团财务公司这一关系型产业金融服务机构，促进产业资本与金融资本的有机结合，对企业集团金融业务进行聚合，并开展专业化管理和市场化服务。

二、创新地方商业银行组织结构与业务模式

地方商业银行是东北区域金融体系的重要组成部分，地方商业银行的改革与发展对于完善区域金融体系，振兴老工业基地和促进和谐社会建设都具有重要的意义。截至 2006 年底，东北老工业基地拥有地方商业银行 17 家，其中辽宁省 11 家，黑龙江省 4 家，吉林省 2 家，资产总额 3 443.4 亿元。随着金融改革的深入，地方商业银行资本规模大幅增加，资产质量显著提高，资本充足率基本达到监管要求，经营绩效明显好转。东北共有 7 家地方商业银行跻身英国《银行家》杂志发布的 2007 年度中国银行业 100 强之列。[2] 虽然可以说地方商业银行改革取得了阶段性成果，但与东北老工业基地振兴对金融业发展的需求相比还有较大差距。东北地方商业银行仍需进一步深化改革和加快发展，逐步建立现代银行制度，在实现自身健康可持续发展的同时，对老工业基地全面振兴做出更大的贡献，重点推进组织结构改革和业务模式创新。

（一）商业银行业组织形式和组织结构改革与优化

首先，进一步深化地方商业银行组织形式改革。一是地方金融机构积极引进境内外资本实力强、市场信誉好、管理水平高的金融资本和战略投资伙伴，以及先进的经营理念、管理人才、治理机制、管理技术和业务品种，为未来跨区域经

---

[1] 全球 500 强中，2/3 以上的企业均有附属的财务公司。
[2] 分别是：大连市商业银行第 20 位，哈尔滨市商业银行第 27 位，鞍山市商业银行第 54 位，营口市商业银行第 74 位，大庆市商业银行第 80 位，阜新市商业银行第 90 位，葫芦岛市商业银行第 92 位。

营奠定基础。二是鼓励地方金融机构在综合处置不良资产的基础上，按照市场配置资源的原则进行重组改造和重组联合，积极推动各城市商业银行之间相互持股，通过资本参与使城市商业银行之间建立起长期稳定的联系，以克服城市商业银行势单力薄、经营范围狭窄的缺陷。三是在此基础上争取组建城市商业银行的省级联合机构，积极推动地区性股份制商业银行的建立，① 经过几年的努力，培育部分地方金融机构成长为环渤海经济区、泛东北亚经济区的区域化、全能化、公众化的现代金融企业。

其次，进一步深化地方商业银行组织结构改革。一个合理、高效、严谨的组织结构架构对商业银行经营管理的有效运行至关重要。组织结构就是表现企业组织各部分排列顺序、空间位置、聚集状态、联系方式以及各要素之间相互关系的一种模式，简单地说，就是决定企业内部分工与协作关系的基本框架。一个金融机构能否顺利达到经营目标，在很大程度上取决于其组织结构的完善和优化程度。

地方商业银行传统上采取集中统一的指挥系统和组织体系，即"金字塔"式的层级式组织结构。这种结构组织链条较长，信息反馈渠道不畅，专业化程度不高，决策反应速度较慢，风险防范能力较差，是一种典型的产品导向型管理架构，与现代商业银行所面临的复杂多变的外部环境、高度竞争的市场格局以及以客户为中心的经营理念很不相称。

东北地方商业银行组织结构的改革优化，应充分结合其规模较小、分支网络较多的特点，顺应现代金融业发展的新要求，突出体现"以客户为中心，以市场为导向"的经营理念，依托现代信息技术，以价值链为导向，实施企业资源管理和业务流程再造，将组织结构由"金字塔"式向"扁平化"方向发展，逐步采用准"矩阵式"的组织结构②。在按照现代企业制度进行股权多元化改革的基础之上，牢固树立"以市场为导向、以客户为中心"的现代经营理念，根据巴塞尔新资本协议的精神，构建"组织科学、战略清晰、目标明确、职责到位"的风险管理体系，合理构建横向网点布局调整。实施业务流程再造，不同的职能部门采取不同的管理方式，产品管理向垂直专业管理推进。在后台支持与前台客户服务合理划分的基础之上，应将客户服务流程合理整合，以客户为中心，大力推行客户经理制，提供"一站式"的全方位和个性化服务。

---

① 2007 年，由长春市商业银行、吉林市商业银行、辽源市城市信用社联合重组成为吉林银行，这是继徽商银行、江苏银行之后，全国第三家省级股份制商业银行。由沈阳商业银行和大连市商业银行改制的盛京银行、大连银行也已经成立，并在天津开设分行，取得跨省经营的资格。
② 矩阵式组织结构是指在组织结构上既有按职能划分的垂直领导系统，又有按产品（项目）划分的横向领导关系的结构，矩阵式结构的出现是企业管理水平的一次飞跃。

（二） 商业银行业务模式创新：产业链金融

产业链是指各个产业部门之间基于一定的技术经济关联，并依据特定的逻辑关系和时空布局关系客观形成的链条式关联关系形态。产业链是相关产业活动的集，其构成单元是若干具有相关关系的经济活动集合，即产业环或者具体的产业部门；而产业环（产业部门）又是若干从事相同经济活动的企业群体。从事相似或相同经济活动的企业为实现自身利益最大化，必然努力探寻自身经济活动的最优区位。在这种"循优推移"过程中，一方面，产业环（产业部门）的微观构成单位——企业，为了获取集聚经济效益，逐步聚集到适合其发育成长的最优区位，即原先分布于各区域的同类企业在最优区位实现"企业集群"（Clusters）；另一方面，各个产业环（产业部门）为了获取地域产业分工效益，追求各自的最优区位而在空间上趋于分散。这样，产业链系统内企业和部门循优推移的空间经济结果是，产业链的各环节分别布局或配置到适合其经济活动特征的特定地点（Specific Locations）。产业链主要是基于各个地区客观存在的区域差异，着眼发挥区域比较优势，借助区域市场协调地区间专业化分工和多维性需求的矛盾，以产业合作作为实现形式和内容的区域合作载体。

构建产业链包括接通产业链和延伸产业链两个方面。接通产业链是指将一定地域空间范围内的产业链的断环和孤环借助某种产业合作形式串联起来。延伸产业链则是将一条已经存在的产业链尽可能地向上游延伸或下游拓展。产业链向上游延伸一般使得产业链进入到基础产业环节或技术研发环节，向下游拓展则进入到市场销售环节。产业链拓展和延伸的过程中，一方面接通了断环和孤环，使得整条产业链产生了原来所不具备的利益共享、风险共担方面的整体功能；另一方面，衍生出一系列新兴的产业链环，进而增加了产业链附加价值。

东北老工业基地振兴是要围绕骨干企业构建包括装备制造、能源化工、汽车、新材料等在内的较为完善的优势产业群，培育其产业核心竞争能力。这是因为，产业链的延伸和接通构成一个区域产业发展的核心竞争能力，区域内产业链的大量存在，正是区域经济一体化的最好体现。地方商业银行要切实支持区域产业发展，增强金融服务能力，必须要有一系列创新，构建产业链金融就是其中重要的一项。所谓产业链金融，是指银行的金融活动不是仅仅着眼于单个项目，而是围绕整个对象产业链来展开。银行选择产业链条中的核心企业和关键环节，对掌握关键环节的核心企业直接授信；或者银行与之结成合作伙伴关系，联合对与之相关的上下游企业授信，核心企业协助银行进行业务推动或者协助银行进行业务管理。对上游供应商，商业银行大力发展应收账款质押、商业承兑汇票贴现、国内保理等业务，创新超短期应收账款质押、保证金质押等产品，增强企业融资能力；对下游经销商，则充分利用核心企业信用和仓单等权利质押，提供担保贷款和票据融资，降低企业融资成本。按照这一思路，银行可以实行"1+N"产业链金融服务。该模式中的"1"，指的是产业链中的核心企业，一般是大中型企业；"N"指的是产业链中的上下游周边企业，往往是中小企业。

产业链金融改变了以前银行和授信企业之间信息严重不对称的现象，实现了银行对授信资金和授信项下商品的封闭式管理，最终形成信息流、物资流和资金流的高度统一。商业银行通过金融服务把处于产业链上下游的企业紧密联系起来，在有效控制风险的前提下可以为产业内企业提供有力的融资支持，整体上降低企业间交易成本，扩大产业规模，加速资金、物资周转，减少财务费用，降低经营风险，实现对企业的各种个性化增值服务。

该模式的核心是依托大企业的实力和信用，将银行业务拓展到与该企业发生业务往来的中小企业。向上延伸到上游供应商，向下延伸到经销商乃至最终用户。一旦供应商和销售商的资金问题解决了，核心企业的资金压力也就减轻了。这种建立在风险管理体系创新基础上的业务模式创新，将帮助区域内中小企业获得资金支持，加速融入东北区域经济一体化的进程，加快培育主导产业。在这个过程中，地方商业银行业也将实现自身的发展和壮大，进而实现银企双赢。

三、组建地方金融控股公司

（一）地方金融治理的困境与选择

地方金融机构一直以来被视作金融系统的弱势群体，资产规模小而分散，不良资产比例较高，历史包袱沉重，经营绩效不强，金融业务种类较少，非银行金融机构功能弱化，造成区域金融风险居高不下。由于历史原因，地方金融机构和地方政府之间在很长一段时间存在"剪不断、理还乱"的关系。传统上，地方政府倾向于将金融业作为为地方经济输送资金血液的载体，直接干预地方金融机构的经营管理，使得地方金融机构带有行政化倾向。近年来，随着政府行政管理体制改革的推进和金融改革的深入，地方金融机构正在逐步摆脱行政干预，回归市场轨道，按照现代企业制度改制重构。地方政府金融治理问题就被提到重要议程上来。

地方金融治理并非易事。一方面，地方经济的发展迫切需要地方金融的支持，而地方金融的市场化改革又可能使地方金融机构无法完全满足地方的金融需求。如地方金融机构的逐利性可能会使其退出或缩减对欠发达地区的金融服务。另一方面，随着地方经济金融的发展，金融服务的需求也日趋多样化，传统的以银行信贷为主的金融服务需求逐步扩展到保险、证券、理财、信托、担保等综合金融服务，地方金融机构也迫切需要顺应这一市场转变。此外，随着地方金融机构增资扩股，越来越多的民营资本参股地方金融机构。在这种情况下，如何加强地方金融治理是地方政府面临的重要问题。我们认为，在构建地方金融治理机制和框架中，组建地方金融控股公司是一个明智的选择。政府通过地方国有资产管理公司等投资参股组建金融控股公司，并由金融控股公司通过股权联系和人事参与来影响地方金融机构的发展方向和战略决策，服务地方经济发展。地方金融机构可以通过金融控股公司实现资本联合，谋求做强做大，并可以在此基础上，在现有监管政策下实现金融混业经营，并实现产业资本与金融资本的有机整合。

（二）以金融控股公司为核心形成地方金融治理新模式

金融控股公司，又称混合性金融集团，是一种金融组织创新，一般是指以控股母公司为主体，全资拥有（或控股）专门从事具体业务（如银行、证券、保险等）、具有独立法人资格的各个子公司，来从事多元化经营的金融集团。在金融控股公司框架下，金融业务的经营牌照与其股权相分离，子公司分别经营其企业，而控股集团却是全能的，既能发挥金融集团综合经营的优势，又能在不同金融业务之间形成良好的"防火墙"，继承分业经营的传统，最大限度地降低风险，这种金融制度安排实现了由单一全能制银行向多元化金融集团的飞跃，在一定程度上兼顾了安全与效率，具有其他金融组织形式所不具备的独特优势。

上海以行政力量整合区域金融资源，组建金融控股公司——上海新国际集团，一方面通过国资注入形成政府与金融控股公司的联系，另一方面，通过资本参与和人事参与形成金融控股公司与附属公司、金融机构的联系，打造一个集银行、证券、保险和资产管理业务于一身，资产将达到几千亿元，具有金融投资、资本运作和管理职能的金融平台。

在金融控股公司的组建中，单纯依靠市场力量形成具有规模效应的金融集团还是相当困难的，需要一个较长的过程。因此，政府在组织和调动资源具有效率上的优势，能够在较短时间内形成金融控股公司的框架。在这个过程中，政府只是主导推进金融控股公司的组建进程，而不是干预企业自身的正常运营。实际上，金融控股公司的架构设计也有利于阻隔政府对开展业务活动的金融机构的直接干预，形成政府—金融控股公司—金融机构—市场的新模式。当金融控股公司发展到相对成熟阶段时，政府及时退出，就可以使金融控股公司回归市场化运作的正常轨道。

第五节　东北老工业基地区域金融中心建设

一、金融集聚与区域金融业成长路径

（一）市场经济下区域金融资源分布

改革开放以来，随着市场机制作用的加大，基于市场基础、原始积累和区位优势等因素的差异，我国地区间经济发展水平差距迅速扩大，形成了东部沿海、中部、西部、东北等经济带，不同经济带之间的金融发展水平也产生了较大差距。

首先，考察我国主要经济区间的金融资源分布情况。表 6-5 表明，在 20 世纪 90 年代末期，我国仍处于计划经济向市场经济转轨的关键时期，地区金融业发展呈现出明显的特点：（1）各地区金融业发展水平与经济发展水平相关联。东部沿海地区人均生产总值超过 1 万元，是我国经济最发达地区，其金融增加值占地区生产总值的比率达 5.97%；西部地区人均生产总值仅为 0.43 万元，是我国经济最不发达地区，其金融增加值占地区生产总值的比率为 3.53%，明显低于 4.92% 的全国平均水平。（2）各地区金融业发展水平差异明显。东部沿海地区生产总值占全国 GDP 的比率为 51.83%，而其金融业增加值占比则达到 63%，经济发达的东部沿海地区的金融业地位领先。东北地区、中部地区和西部地区金融增加值占比均低于其地区生产总值占比 2~3 个百分点，尤其是西部地区生产

表 6-5　　1999 年中国 GDP 与金融业增加值的地区分布结构

地　区	GDP（亿元）	地区 GDP 占比（%）	金融业增加值（亿元）	金融业增加值占比（%）	金融业增加值/GDP（%）	人均 GDP（万元）
东部沿海	45 439.26	51.83	2 711.95	62.90	5.97	1.08
东北地区	8 738.66	9.97	308.31	7.15	3.53	0.82
中部地区	18 139.19	20.69	749.95	17.39	4.13	0.51
西部地区	15 354.02	17.51	541.59	12.56	3.53	0.43
全国	87 671.13	100.00	4 311.80	100.00	4.92	0.71

资料来源：根据《中国统计年鉴（2000）》中相关数据计算得出。

总值占比为 17.51%，其金融业增加值占比仅为 12.56%，低 5 个百分点，西部地区金融业的地位相对更加落后。（3）东北地区金融业的经济贡献率最低。东北地区人均生产总值超过全国平均水平，经济相对于中部、西部地区而言比较发达，但其金融增加值占地区生产总值的比率仅为 3.53%，经济贡献率与西部持平，表明东北地区金融业的效率低下。

表 6-6 表明，到 2005 年，随着我国市场经济深入发展，地区金融业区域格局没有发生根本改变，但一些变化值得关注：（1）国民经济快速发展，国民生产总值翻了一番多，但金融业增加值仅增长了 51%，金融发展整体上明显滞后于经济发展，各地区金融业的经济贡献率普遍下降。（2）各地区金融发展水平进一步拉大。东部沿海地区金融业增加值的占比进一步提高，达到 68.3%，超过了 1/3 强；东北地区和中部地区金融业增加值占比明显下降，尤其是东北地区的占比下降到 5%，低于其地区生产总值占比 3.6 个百分点。这说明，东北地区金融业的份额和经济贡献率均呈下降趋势。

表 6-6　　　2005 年中国 GDP 与金融业增加值的地区分布结构

地　区	GDP（亿元）	地区 GDP 占比（%）	金融业增加值（亿元）	金融业增加值占比（%）	金融业增加值/GDP（%）	人均 GDP（万元）
东部沿海	109 924.6	55.6	4 452.16	68.3	4.05	2.38
东北地区	17 140.78	8.7	329.83	5.1	1.92	1.59
中部地区	37 230.3	18.8	736.87	11.3	1.98	1.06
西部地区	33 493.31	16.9	997.49	15.3	2.98	0.93
全国	197 789	100	6 516.35	100	3.29	1.54

资料来源：根据《中国统计年鉴（2006）》中相关数据整理得出。

其次，我们考察东北老工业基地金融资源分布情况。表 6-7 和表 6-8 给出了 1999 年和 2005 年东北地区 GDP 与金融业增加值分布结构情况。从东北地区生产总值的分布来看，2005 年的分布结构与 1999 年的分布结构没有太大的变化，辽宁省仍占近一半的份额。但金融业增加值的分布结构则发生了较大变化，辽宁省金融业增加值占比提高了 25 个百分点，占 64.5% 的份额，而黑龙江则下降了 28 个百分点，仅占 1/10。这种此消彼长的结构变动说明金融资源正在向优势地区集中，金融资源分布的不均衡不仅没有减小，反而有所扩大。截至 2006 年底，东北地区金融机构本外币存款余额为 26 207.3 亿元，其中，辽宁 14 102.8 亿元，占 53.8%；东北地区金融机构本外币贷款余额为 20 301.2 亿元，其中，辽宁 9 456.2 亿元，占 46.6%；东北地区银行业金融机构资产总额为

31 452.2 亿元，其中，辽宁 16 828.8 亿元，占 53.5%。辽宁的金融资源占据东北的半壁江山。

表6-7 　　　　1999 年东北地区 GDP 与金融业增加值的分布结构

	地区生产总值（亿元）	地区生产总值占比（%）	金融业增加值（亿元）	金融业增加值占比（%）	金融业/GDP（%）	人均 GDP（万元/人）
辽宁	4 171.69	47.7	125.12	40.6	3.00	1.00
吉林	1 669.56	19.1	65.44	21.2	3.92	0.63
黑龙江	2 897.41	33.2	117.75	38.2	4.06	0.76
东北地区	8 738.66	100.0	308.31	100.0	3.53	0.82

资料来源：根据《中国统计年鉴（2000）》中相关数据整理得出。

表6-8 　　　　2005 年东北地区 GDP 与金融业增加值的分布结构

	地区生产总值（亿元）	地区生产总值占比（%）	金融业增加值（亿元）	金融业增加值占比（%）	金融业/GDP（%）	人均 GDP（万元/人）
辽宁	8 009.01	46.7	212.72	64.5	2.70	1.90
吉林	3 620.27	21.1	83.63	25.4	2.30	1.33
黑龙江	5 511.5	32.2	33.48	10.2	0.60	1.44
东北地区	17 140.78	100.0	329.83	100.0	1.92	1.59

资料来源：根据《中国统计年鉴（2006）》中相关数据整理得出。

（二）金融集聚：金融业成长的内在规律

金融业集聚发展是市场经济下金融业成长的内在规律。产业集聚是特定领域内相互关联的公司、供应商、服务商及相关机构（如大学、标准制定机构和贸易组织）在地理上的集中，他们相互竞争并且相互合作。产业集聚的原因主要包括：（1）专业人才市场的形成。同类企业的集聚带来专业人才的集聚，并且有利于专业人才的培养和人才的流动，同一地区众多企业也为人才的发展提供了更为广阔的空间。（2）成本优势。同类企业的集聚可以降低供应商和服务商的成本。（3）竞争。区域内集聚众多企业，必然加剧竞争，不断淘汰落后企业，促进效率的提高。（4）提高分工水平带来的效率。当某一产业集中于某一区域时，原本企业内部的分工往往演化为企业之间的分工。而企业间的分工有利于各个生产环节的规模经济。（5）提供协同创新的环境。一个企业的创新方法和理念会迅速为别的企业所学习和接受，并不断改造更新，不断地产生创新。

金融集聚可以用产业集聚的原理来解释，同时由于其产业特殊性，金融集聚还有其自身的特点：一是金融服务业的集聚往往是伴随着实体经济的集聚而形成的。金融业是服务业，它是为实体经济提供金融服务的。在现实中，金融业的发展往往伴随着实体经济的发展，反过来，金融业的发展又对实体经济的发展提供支撑和拉动。无论国内国外，金融中心往往也是实体经济发达的地区（离岸金融中心除外）。一个明显的例子是，在企业聚集的地区同样聚集着较多的银行机构，这是因为银行往往追随其客户企业，这是银行为了保住原有客户资源不流失而采取的防御性竞争策略，即客户追随策略。二是金融集聚往往带来相关产业的集聚。金融业与商贸业、中介服务业和交通通讯有着密切关联，尤其是与提供咨询、律师和会计服务的中介服务业有着更为紧密的联系，因此，金融集聚往往伴随着商贸业、中介业等的产业集聚，进而推动高端服务业集聚。

（三）区域金融中心建设：金融业成长路径

金融业作为一个产业也有集聚的趋势。全球金融业务集中在主要发达国家，英国、美国、日本、法国和德国占据全球主要金融业务份额的 1/2 ~ 2/3 左右，有的甚至占到 90% 以上，如表 6 - 9 所示。金融集聚的区域被称为金融中心。在国际上有伦敦的金融城、纽约的华尔街、德国的法兰克福，国内有上海的陆家嘴、北京的金融街。据估计，英国伦敦金融城占据英国城市类金融服务份额的41%，因此成为国际金融集聚地和进入国际资本市场的门户。如果没有伦敦城，欧盟将失去 330 亿欧元的国际金融业务。[①] 在当前的网络时代，计算机和网络技术使得信息的传递速度大大提高，这在一定程度上使得金融服务突破了地域的限制，似乎地理意义上的金融中心已经不再重要了。实际上，金融业是信息密集型产业，金融机构在提供服务时需要大量的信息，也产出大量的信息。但网络传送的信息是标准化的编码信息，而大量的非编码信息是无法或者不能很好地通过网络传送的，这些信息需要面对面的交流，因而地理意义上的金融中心仍然是必要的。

实现振兴东北老工业基地这一战略目标，必须依靠金融和技术两个轮子，进而通过"核心产业 + 高新技术 + 资金"的结合，实现东北的"再工业化"。我们认为，必须采取金融主导模式，适度优先发展金融业，通过金融的支持和拉动作用，加快东北老工业基地全面振兴的步伐。既遵循金融业发展规律，又符合东北老工业基地实际的区域金融发展战略路径则是建设东北区域金融中心。

---

① Treasury, H. M. , *The UK Financial Services Sector：Rising to the Challenges and Opportunities of Global-ization*, March 2005.

表6-9　　　　　　　主要金融中心的全球市场份额　　　　　　单位：%

业务类型	时间	英国	美国	日本	法国	德国	其他
跨境银行间同业拆借	2004年3月	20	9	8	8	11	44
外国股票成交额	2004年1~9月	43	31	—		3	23
外汇交易	2004年4月	31	19	8	3	5	34
衍生工具成交额							
其中：交易所交易	2003年	6	26	2	3	12	51
OTC交易	2004年4月	43	24	3	10	3	17
国际债券—二级市场	2003年	70	—	—	—	—	—
对冲基金资产	2004年6月	14	74	1	1	—	10

资料来源：International Financial Services London（IFSL），Bank for International Settlements，London Stock Exchange，Bank of England.

二、东北区域金融中心建设的可行性

（一）中心城市的功能：从生产向服务的演变

按照经济史学家格拉斯（Gras, 1922）提出的都市发展阶段论，城市发展可以分为四个阶段：第一阶段是商业，第二阶段是工业，第三阶段是运输业，第四阶段是金融业，而且金融业比商业、工业和房地产业具有更大的集中度。一般城市都会经历相似的发展阶段。在前工业化阶段，以劳动力密集型家庭小生产为主。在第三阶段，随着工业生产机械化程度的增强与资本比例的提高，制造业产量的增长可以在劳动力少量增长甚至减少的情况下取得。交通网的完善使得大型生产企业迁往城市边缘地区，其在市中心的位置被知识密集型公司所取代。主要城市的功能逐渐由产品加工和低层次服务业向信息处理和高层次服务业过渡。因此，对于中心城市而言，将金融中心建设作为其都市发展规划的重点是有其历史和理论依据的。

从这个城市发展阶段过程，可以看出随着城市经济结构的变化，推动城市发展的力量、方式、功能、聚集要素类型也会发生相应的动态变化。区域性中心城市能优先聚集推动经济快速发展的主导产业或有创新能力的企业和企业家集团，从而形成"磁场极"式的多功能经济发展极。

作为发展极的中心城市对该区域的经济发展会产生三种影响：一是支配效应。作为发展极的中心城市由于在技术、知识、信息等方面具有先进性，能够通过与周边地区的要素流动和商品供求关系，对经济区域的经济活动产生支配作用，即周边地区的经济活动以发展极的变化而发生相应的变动。二是乘数效应。发展极一经形成就会对周边的经济发展起示范、组织和带动作用，加强与周边的经济联系。在这个过程中，由于循环累积因果机制的关系，发展极对周边经济发展的作用会不断扩大，最后影响范围和程度随之增大。三是溢出效应。发展极的极化效应和扩散效应的综合影响称为溢出效应。如果极化效应大于扩散效应，则溢出效应为负值，结果有利于增长极的发展。反之，如果极化效应小于扩散效应，溢出效应为正值，结果对周边的经济发展有利。发展极的形成、发展、衰落和消失，都将引起区域空间与经济结构发生变化。

发展极正是通过上述三个方面对区域的产业发展及其空间分布与组合发生作用，在不同的区域形成以发展极为中心的各具特色的区域空间结构。所以，从发展极看，中心城市有如下三个特点：从产业发展看，发展极通过与周边的经济技术关系而成为区域产业发展的组织核心；从地理角度看，发展极通过周边的空间关系而成为支配经济活动空间分布与组合的重心；从空间形态上看，发展极就是区域性中心城市。

区域金融聚集地往往就是区域中心城市。区域金融中心是指以某一经济发达的中心城市为依托、以区域经济为基础而形成的金融机构集中、金融市场发达、金融信息灵敏、金融设施先进、金融服务高效、金融影响面较大的资金融通和聚散的枢纽。在这个意义上，作为东北中心城市，沈阳有理由也有条件成为东北区域金融中心。

（二）区域金融中心地理位置的定性与定量评估

区域金融中心的建设至少需要四个条件：一是区位优势，包括自然区位优势、经济区位优势和行政区位优势等，往往是以经济实力雄厚的中心城市为依托；二是区域金融体系健全完善，结构合理，形成了明显的金融聚集；三是具有先进完善的基础设施；四是具有足够的专业人才。沈阳是东北中心城市，是辽宁省政治、经济和文化中心，是东北金融行政管理中心，也是装备制造中心。以沈阳为核心与周边7个城市共同构成了一个辽宁中部城市群，形成沈阳经济区[①]。该经济区大中城市高度集中、重化工业比较发达、产业关联互补性强、资源和技术互补性强、交通运输网络密集、科教人才优势突出。这也凸显了沈阳区位优势明显，辐射范围广大，带动作用更为有效。在金融中心主要影响因素中，经济区位便

---

① 以沈阳为核心与周边7个城市共同构成了一个辽宁中部城市群。在辽宁中部，以沈阳为中心的百公里半径内，汇集了超百万人口的特大城市3个（沈阳、鞍山、抚顺），人口在50万以上的大城市本溪、营口、阜新和辽阳以及中等城市铁岭。这8个市总面积7.5万平方公里，占全省50.8%；人口2 354万人，占全省55.6%；2005年GDP占全省60.1%。

利度的贡献弹性较大，而且这是很难改变的指标，其他指标通过努力是可以较易变动的，这说明沈阳优势明显，更具潜力，经过努力，沈阳有条件成为东北金融中心。沈阳已集中了中资、外资各类金融机构 40 多家，特别是随着众多外资银行和证券公司、保险公司的进入，标志着沈阳作为东北区域金融中心已初露端倪。

通过对形成金融中心的要素进行分解，形成评价指标，就可以对评价指标进行量化，进而得出金融中心定位的基本结论。根据《中国城市竞争力报告》中的资料，选取影响金融中心形成贡献弹性较大的指标进行分析，我们发现，前 6 个指标的贡献率最大，故而以这六个指标为依据，对若干城市进行了度量和比较，排名和结论如表 6 - 10 和表 6 - 11 所示。

表 6 - 10　　　　　　　金融中心主要影响因素的贡献弹性

影响因素	贡献弹性	排　　名
金融资本数量	0.675	1
国际金融产业聚集	0.634	2
经济区位便利度	0.588	3
国内金融产业聚集	0.55	4
金融人才规模	0.489	5
法制健全程度	0.42	6
政府管理优势	0.187	7
自然区位便利度	0.178	8
政府服务能力	0.144	9
金融产业比例	0.015	10

资料来源：倪鹏飞主编，《中国城市竞争力报告》No.2，社会科学文献出版社 2004 年版。

表 6 - 11　　　　　　中国若干城市金融中心定位指数及排名

指标	金融资本数量	国际金融产业聚集	经济区位便利度	国内金融产业聚集	金融人才规模	法制健全程度	综合分数	排名
上海	0.96	1	1	1	1	1	5.96	1
北京	1	0.747	0.872	0.8	0.734	0.99	5.143	2
广州	0.587	0.247	0.8	0.53	0.47	0.87	3.504	3
沈阳	0.186	0.017	0.47	0.4	0.386	0.611	2.07	4
大连	0.194	0.152	0.38	0.4	0.227	0.632	1.985	5
哈尔滨	0.11	0.006	0.308	0.32	0.242	0.557	1.543	6
长春	0.118	0	0.314	0.3	0.18	0.465	1.377	7

资料来源：倪鹏飞主编，《中国城市竞争力报告》No.2，社会科学文献出版社 2004 年版。

由表 6 - 11 可以看出，上海、北京建设金融中心的综合指标在全国来说处于绝对领先地位。上海将自己定位在国际金融中心、北京定位在全国金融中心，沈阳将自己定位在东北区域金融中心是比较合适的。

三、东北区域金融中心建设的战略措施

（一）加快基础设施建设，推动金融集聚

在全世界来看，金融聚集的空间位置就是中央商务区（CBD）。沈阳建设东北金融中心，首先就是建设好沈阳中央商务区，建设健全完善的基础设施。目前，沈阳中央商务区已经初具规模，具备了接纳金融中心的物质条件，初步树立起东北区域金融中心的形象标志。在注重物质基础建设的同时，还应格外重视社会基础设施的建设。要深化诚信体系建设，改善金融环境，成为金融生态最佳示范区。

金融中心的金融聚集不能简单地理解为银行的聚集，而是金融交易规模庞大，各类金融机构和中介机构齐全，金融创新活跃，金融人才汇集。一是要健全金融机构体系，除支持建立地方控股的股份制商业银行、综合性证券公司和保险公司外，还应组建或引进信托公司、产业投资基金、融资租赁公司、保理公司、养老基金和金融控股公司等符合产业发展融资需要的、与银行业务相配套的金融机构。二是创新金融产品和交易工具，增加金融交易规模。鼓励和激励金融创新，给予金融创新主体一个清晰的激励预期和稳定的创新环境；同时，制定和保持一套清晰、透明、公开的金融创新规则和程序，构造清晰、透明、公开和创新相容型的金融监管规则。三是积极发展区域金融市场。培育和完善货币市场、票据市场、产权市场和场外证券市场，其中应做强做大沈阳产权市场，发挥产权市场的多种功能；审时度势地发展 OTC 交易，建立多层次的场外交易市场，从而构建一个产业导向的、服务功能完善的区域金融中心。四是汇集金融人才。积极培育金融研发人才、金融实践人才和金融管理人才，要健全相应的制度、机制和政策环境，吸引和留住金融人才，要提供干成事业、成就人才的各种环境和氛围。

（二）服务区域经济社会发展，推进区域金融一体化

市场经济下，区域经济一体化是一个大趋势，也是辽宁中部城市群的必然选择。依靠市场机制和政府推动，促进辽宁中部城市群的整合，促进辽宁中部的崛起，将对东北老工业基地全面振兴产生强大的推动作用。一是建设沈阳至各城市城际轨道交通和环经济区高速公路，尽快形成经济区城际快速轨道交通系统，打

造沈阳与七城市之间"一小时经济圈";二是依托优势产业和龙头企业,重点推进经济区内装备制造业、汽车工业、钢铁工业、石油化纤和精细化工等产业整合,加强产业链对接,增强配套能力;三是共同打造区域商品流通一体化格局,消除贸易壁垒和商品流通的地区障碍,建立功能完善、覆盖面广的区域物流网络,加快建设统一开放的大市场。

东北区域金融中心应首先将辽宁中部城市群作为自身辐射服务的范围。鼓励支持金融机构在经济区各城市设立分支机构,共建区域性产权交易市场,扶持经济区各城市中小企业健康发展,共享区域金融中心的金融商贸中介服务,推进经济区内金融业一体化。

(三) 发挥政府推动的优势,加快金融中心建设步伐

实践表明,政府在推动金融中心的建设上发挥着举足轻重的作用。国际上众多的区域金融中心(包括新加坡、巴林、中国香港等)都是政府采取一系列政策措施直接推动形成的,因此,东北金融中心建设也必须将市场选择与政府推动相结合:一是借鉴和引进伦敦金融城模式,较快地形成和规范金融中心的运作模式;二是要强化服务意识,提高行政效率,简化审批、注册登记手续,为金融产业发展提供良好的政府服务,切实维护和优化金融生态环境;三是健全和完善政府与银监会、证监会、保监会的工作协调机制,及时研究解决金融改革和发展中遇到的困难和问题,加强对金融企业的引导和服务;四是遵循金融产业发展规律,制定实施有利于支持金融业发展的指导性政策。鼓励和支持沈阳和大连出台有关资金补助、购房补贴、税收优惠、人才及家属安置等方面的优惠政策,为吸引金融机构尤其是国际性和全国性金融机构的区域总部落户区域金融中心创造条件。

第六节　东北区域金融生态环境优化

一、东北区域金融生态环境:评估、原因与影响

(一) 金融生态环境、金融发展与经济增长的相互关系

从金融体系的外部环境看,金融业的生存发展依赖于适宜的社会经济环境。从这个意义上说,稳定的经济环境、完善的法制环境、良好的信用环境、协调的市场环境和规范的制度环境共同构成了良好的金融生态。良好的金融生态有利于

266

金融主体的生存和发展，有利于金融体系的结构优化和良性运转；反之，则制约金融主体的生存与发展，甚至成为金融业发展的桎梏。

从金融机构的外部环境看，金融机构的生存发展依赖于适宜的社会经济环境，同时也依赖于其所在的金融体系的状况。金融体系内部各要素通过资金循环和信息流动形成了一个相互依存、相互作用、相互影响的系统。在一个成熟的金融体系中，金融机构种类多样，金融市场发育健全，金融工具、金融产品丰富完善，它们之间高度关联、功能互补和共生共荣。金融系统自身的稳定性与金融体系内部主体的多样性、系统结构的复杂性紧密相关。如果金融体系存在结构性缺陷，就会使金融生态链条断裂，降低抵御外部冲击的能力和金融体系的效率，弱化金融体系的功能，阻碍金融机构的健康持续发展。

改善金融生态环境，优化金融生态，对于促进金融业健康持续发展进而促进经济社会发展具有重要的现实意义。一是金融生态环境状况直接影响地区经济的运行质量。良好的金融生态环境有利于金融发展，促进内源性储蓄增长以及从储蓄到投资的转化。二是金融生态环境状况直接影响并决定区域投资环境状况。金融生态环境构成区域投资环境，良好的金融生态有利于形成投资的"洼地效应"，促进金融资源的流入和优化配置。三是良好的金融生态环境有利于维护区域金融稳定。金融业具有良好的生存发展状态才能提供高效率的金融服务，促进企业成长，从而在为整个经济社会运行和发展提供有力支持的同时，实现自身的有序均衡发展，保持区域金融稳定，促进金融、经济与社会和谐发展。

（二）东北振兴战略实施初期东北金融生态环境状况的评估

2005 年，中国社会科学院金融研究所经过详细的调查，发布了《中国城市金融生态环境评价》报告。这一报告以地区层面的金融生态为立足点，以各地区的大中城市为分析对象，以经济基础、企业诚信、地方金融发展、法治环境、诚信文化、社会中介发展、社会保障程度、地方政府公共服务、金融部门独立性等九大因素为分析指标，以非结构化（非参数化，数据包络分析技术）为评估方法，以城市金融资产质量状况（由测评指标测度生成）为产出，以城市金融生态的九个构成维度（由分析性指标体系生成）为投入，运用数据包络分析模型（DEA），构建了一个刻画"金融生态环境边界"的超曲面，得出了一套刻画城市金融生态环境的综合性评价指数，并运用 2003 年、2004 年的数据对全国 50 个城市进行了金融生态环境评价。在全国的 31 个省、市、区的金融资产质量排名中，辽宁、吉林、黑龙江分别处在 29 位、30 位、31 位，位居全国最末。另据资料显示，2003 年底，全国主要金融机构不良资产余额 2.44 万亿元，东北三省为 3 100 亿元，占 12.7%；全国主要金融机构不良贷款率为 17.8%；东北三省为

23％，其中黑龙江、吉林甚至超过 30％。[①]

（三）东北区域金融生态环境不佳的原因与影响

首先，正确认识东北区域金融生态环境不佳的原因。东北地区是全国计划经济管理体制影响时间最长的区域之一，金融是国民经济运行的综合反映，老工业基地存在的体制性、机制性和结构性矛盾在金融领域也得到了充分反映。东北老工业基地以资源型、重化工产业为主导，长期以来以局部经济利益的牺牲承担着国家执行非均衡区域发展战略的成本，历史包袱沉重。此外，在计划经济下逐渐形成的体制、机制以及文化心理等因素合成的"东北现象"，在该区域的金融领域同样明显。诸如重国有、轻民营，重行政手段配置、轻市场规则调配等多方面因素同时存在，造成该地区不良资产比例远高于全国其他地区，区域金融生态环境状况在全国居于末位。

其次，金融生态环境不佳使得投入的金融资源未能形成有效资产。长期以来，东北地区金融资源利用水平并不低，但相当部分的金融资源利用未能形成有效资产，资源利用效率不高。究其原因，一些企业内部治理机制不完善，运转效率比较低，产品缺乏市场竞争力，加上经营决策失误等原因，经营困难甚至破产倒闭。在这一过程中，资金投入没有完全形成有效资产，相当比例的投入资金成为呆账、坏账[②]，有的甚至化为乌有。

最后，金融生态环境不佳抑制了金融机构的贷放能力。域内商业银行不良贷款比例偏高，不仅严重影响了企业改革进程，也极大地影响了银行的经济效益，弱化了商业银行的生存能力和贷放能力，从而抑制了银行贷放能力。商业银行呈现明显的"惜贷"和"畏贷"的倾向，整体上看，商业银行的授信规模不断下降，阻碍了社会储蓄向投资的转化，影响了金融对老工业基地全面振兴的推动作用。

二、改善东北区域金融生态环境的主要措施及其效果：以辽宁省为例

（一）强化诚信体系建设，建立和完善社会信用体系

一是加强领导，政府推动。省、市政府成立金融生态建设领导机构，主要领

---

① 《振兴东北全面推进　三千亿不良资产有望二次剥离》，《经济参考报》2004 年 10 月 12 日。
② 来自中国人民银行一项研究显示，2002 年、2003 年两年里，形成金融不良资产的原因 20% 来自于金融部门，80% 来自于非金融部门。

导同志亲自挂帅，掌握信用信息的工商、税务、法院、技术监督、统计、银行等部门共同参与，协调解决信用体系建设中的有关问题，促进信息共享，避免重复建设和信息分割，形成政府强力推进的态势。同时，加强政府诚信建设，为诚信体系建设提供示范和导向。二是继续推进信用社区建设试点，培育诚信个人、诚信企业、诚信社区。各市政府与当地人民银行分支机构加强配合，逐步扩大试点范围，完善试点评审制度，加大对试点工作的宣传力度，切实将培育、评审等各项工作落到实处。三是建立和完善诚信激励和惩戒制度，综合运用法律、制度和经济手段，加快诚信建设。在诚信建设上，法律是底线，制度是保障，道德是关键，只有三管齐下，坚持不懈，才能形成区域诚信文化，进而营造出真正的社会诚信氛围。

（二）加快国企改革，构建基于市场的新型银企合作关系

加快企业改革尤其是国有企业改革是改善金融生态的重要举措。按照建立现代企业制度的政策目标，积极推进国有大中型企业规范改革，完善公司法人治理结构，加快经营机制转换，加强和改善管理，加快技术进步，提高盈利水平，强化预算约束，提高信用等级；同时，银行转变业务模式，构建以客户为中心的新型经营战略，努力提升客户价值，进而建立平等、互信、互利的新型银企关系，实现银行和企业平等合作、双向选择、共生共荣的新局面。

（三）进一步完善制度和机制，防范化解金融风险，切实保障区域金融安全

一是完善相关的法律规章制度，强化执法、司法机制建设，依法维护金融债权和银行资产的安全；二是积极化解历史遗留金融风险，同时，建立健全区域金融风险预警机制，加强对区域金融风险的前瞻性研究和市场监测分析，及时处置新的金融风险；三是建立健全防范和化解区域金融风险的组织协调机制，加强省金融办、人民银行沈阳分行、金融监管部门、司法部门的沟通与协作，形成快速、高效的金融风险处置机制；四是加强区域金融体系发展趋势的前瞻性研究和发展动向的监测分析，密切跟踪观察区域金融生态的变化。

（四）深化金融改革与创新，构建稳定、高效的区域金融体系

金融机构是金融生态链上的主体，金融生态建设更需要金融部门的积极努力和主动作为。自然生态建设的一个原则是因地制宜，区域金融体系构建也应该适应辽宁省区域经济和社会结构特点，才能形成区域金融体系与区域经济社会环境

的相容相通、共生共荣。这就要求通过金融改革和创新，健全完善区域金融体系。一是配合进行国有商业银行改革；加快城市商业银行改革、改组和改造进程，向区域性股份制商业银行迈进；努力发展非银行金融机构，扩大证券、保险、信托等行业的份额；二是推进资本市场发展，提高直接融资比重。此外，金融机构按照现代金融企业制度的要求，完善公司法人治理结构，健全内部控制机制，转变经营机制，创新业务模式，提高金融服务水平，改进服务质量，创造更好的经营业绩。

（五）东北区域金融生态环境已经发生了本质变化

首先，历史遗留金融风险得到有效化解。近几年来，辽宁省集中力量，处置各类金融风险 3 650 多亿元，5 年累计压缩和剥离银行业金融机构不良贷款 3 000 多亿元；全省共化解历史遗留个人债务等风险 261 亿元，是全国唯一全部偿还个人债务的省份。长期困扰辽宁发展的历史遗留金融风险得到有效化解。不良贷款余额由 2002 年末的 1 851.2 亿元减少到 2007 年 9 月末的 1 477.0 亿元；同期，不良贷款率由 30.2% 降至 14.16%，并实现了被撤销信托、证券公司的平稳处置。[①]

其次，地方金融机构可持续发展能力明显增强。通过完善法人治理结构、置换不良资产、加大清收力度、充实资本金、引进战略投资者、明确市场定位、加强风险控制等措施，地方金融机构得到长足发展。截至 2007 年 9 月末，辽宁全省城市商业银行、城乡信用社本外币存贷款余额分别达到 3 720.6 亿元和 2 584.6 亿元，分别占全省金融机构各项存贷款余额的 24.0% 和 23.9%；2007 年前 9 个月共新增贷款 469.5 亿元，占全省金融机构新增贷款的 34.7%，地方金融机构对区域经济发展的贡献明显增强。[②]

第三，金融机构资本充足率和经营业绩显著提高。辽宁全省金融机构资本充足率明显提高。城市商业银行资本充足率由 2004 年末的 −3.8% 提高到目前的 7.2%；农村信用社资本充足率由 2002 年末的 −33.3% 提高到目前的 12.1%。全省金融机构盈利能力显著增强。2002 年半数以上的银行亏损，2007 年在辽银行全部实现盈利。[③]

第四，区域经济与金融良性互动、协调发展的格局初步形成。金融业对地方经济发展的服务能力和贡献明显增强。2007 年，辽宁经济在连续 3 年高增长的基础上，继续保持又好又快的良好发展态势，经济整体运行质量达到改革开放以

---

①②③　参见辽宁省副省长鲁昕在"新农村金融体系建设与农村信用社发展战略"主题年会开幕式上的讲话，2007 年 11 月 16 日，辽宁省人民政府网站 http：//www.ln.gov.cn。

来同期最高水平。全省生产总值跨越 10 000 亿元大关，地方财政一般预算收入超过 1 000 亿元，社会消费品零售总额超过 4 000 亿元，一些主要经济指标增幅达到或超过东部地区平均水平，经济发展的协调性不断增强，增长质量和效益明显提高，进一步奠定了可持续发展的坚实基础。①

中国社会科学院金融研究所对全国各省级行政区金融生态环境进行了最新的评估，按照中国地区金融生态环境综合指数（2006），辽宁省排列第 10 名，比 2003～2004 年上升了 20 位次，这再一次有力地表明辽宁省金融生态环境发生了本质性变化。辽宁省的经验也充分说明，东北地区金融生态环境不仅是必要的，而且是可行的。②

三、实现东北区域金融生态环境可持续优化的方略

优化金融生态环境，对于吸引利用金融资源具有根本性的促进作用。打造良好的金融生态环境，是东北老工业基地一项长期而艰巨的任务，需要政府领导、社会各界长期共同努力。

（一）建立和完善区域社会信用体系

和谐社会建设要以诚信建设为切入点，围绕诚信政务、诚信商务和诚信民务三个方面建立健全和完善社会诚信体系。诚信政务为主导、诚信商务为重点，诚信民务为基础。在有限的立法权限和国家现有的金融法律框架范围内，尽快制定和颁布相关法规和规章制度，如《投资者保护条例》、《打击金融诈骗条例》等，切实保护债权人和投资者的合法权益。切实纠正地方保护主义和解决金融案件执行难的问题，综合运用法律、制度和经济手段，激励守信，惩戒失信以形成诚信建设的良性循环机制。

（二）建立和完善区域金融生态环境评价、监督和风险处置体系

金融生态环境评价应坚持科学性、真实性、可操作性、连续性的原则，采取宏观与微观相结合、定量与定性相结合、动态与静态相结合的评价方法，对区域金融生态环境状况定期进行评价。一方面，及时反映金融生态环境中存在的突出

---

① 参见 "2008 年辽宁省政府工作报告"，2008 年 1 月 21 日，辽宁省人民政府网站 http：//www. ln. gov. cn。

② 黑龙江省和吉林省分别位列第 25 名和第 27 名，位次均有提升。参见刘煜辉主编：《中国地区金融生态环境评价（2006～2007）》，中国金融出版社 2007 年版。

问题，准确把握金融生态环境变化的方向，以便采取有针对性的措施；另一方面，可以对金融生态环境建设主体的工作进行考核，通过正向激励和反向约束，不断推动金融生态环境的改善。

金融安全区是降低地方金融风险、优化金融生态环境的重要保证。应进一步建立和完善金融生态环境监督体系：一是以银监局、证监会和保监局等监管机构为主，完善金融监管联席会议制度，建立地方金融风险监测预警系统。二是完善银行业协会、证券业协会和保险业协会等行业组织的自律监督，制定和实施行业内的规章制度，有效地规范各种金融机构的行为，共同防范金融风险；三是金融机构自身应全面建立健全内控制度，防范金融风险；四是发展社会中介机构，加强信息披露制度，建立全方位的社会监督网络。大力发展会计师事务所、审计师事务所、资信评估机构等社会中介机构，定期对省内金融机构进行审计和资信评价，并强化信息披露制度，建立全社会联合监管的风险防范体系，以增强金融生态环境监管的有效性。此外，建立健全快速、高效的金融风险处置机制，在密切跟踪观察和监督区域金融生态变化的基础上，及时发现和处置金融风险。

（三）健全和完善金融生态环境协调共建机制和法律保障环境

金融生态建设涉及面广，解决金融生态问题不仅需要金融业自身的改革创新，更需要全社会的共同努力来推进金融生态建设。应建立健全有效的协调机制，制定配套措施，做好协调共建的工作。

法制是维护市场经济秩序的基石，推动金融生态建设要突出法制的优先地位。要完善金融生态法律制度环境，尽快出台社会信用法律，严厉打击破坏社会信用的行为。积极推动出台新的《破产法》，解决清算程序中涉及抵押、质押的债权在清算中的次序问题和破产条件。要着力优化金融发展的司法环境，建立突破地方行政干预的诉讼管辖机制，金融债权案件的受理突破传统的属地管辖原则，实行异地立案审理，不断提高金融案件的立案率、结案率和执行率。深化司法机关人事制度改革，加大司法机关领导干部异地交流力度，摆脱地方行政干预，进一步增强司法的独立性，加强对执法情况约束和监督，严肃处理执法者违法行为。

此外，深入推进企业改革，切实解决国有企业深层次矛盾和问题，按照现代企业制度的要求，完善公司法人治理结构，健全内部控制机制，转变经营机制，创新业务模式，提高经营业绩，进一步提高国有企业竞争力乃至国有经济整体素质。此外，要加快转变政府职能，最大限度地减少对经济活动的行政干预，主要提供公共物品，同时降低行政成本，提高政府服务效率。

第七章

东北老工业基地人力开发

人力资本是现代经济发展中的核心要素，一个地区或国家人力资本的状况决定了其经济发展的速度和质量。进入 20 世纪 90 年代以来，世界经济发展的知识化特征和新经济特征越来越显著，其中，以人力资本为载体的知识资本在创造出以信息经济为主要内容的新经济形态的同时，也日益影响到传统经济形态（包括农业经济、工业经济和服务业经济）的成长方式、核心内涵和发展前景，知识成为决定国家竞争力的核心因素，人力资本的重要性更加突出。在经济全球化和知识经济时代，人力资本在区域经济发展和区域间、国际间经济竞争中具有决定性意义。在某种程度上，国家间的竞争正在演变为以人力资本为主要内容的竞争。

东北老工业基地振兴是在经济全球化和知识经济快速发展的大背景下，以科学发展观为指导的全面振兴，是以新技术改造传统产业的"再工业化"振兴，因而对人力资本的诉求强烈。可以说，东北老工业基地的全面振兴有赖于区域内人力资本水平的改善与提高。

第一节　东北老工业基地人力资本发展现状

一、东北老工业基地人力资本发展的比较优势

对人力资本的评价主要从人力资本存量、人力资本投资和人力资本效率三个

层面加以考察。人力资本存量是指人力资本投资形成的知识和技能的总量,主要反映该区域劳动力的知识水平、技能状况及健康水平。人力资本投资是人力资本发展水平的物质基础和来源,是提高未来人力资本水平的重要因素,它主要考察该区域的教育水平、科技投资及医疗保健等。人力资本效率是反映人力资本配置效率的指标,反映影响该区域人力资本效率的制度、环境及经济发展状况等因素。

从基本现状来看,东北老工业基地在人力资本存量方面具有明显的比较优势。人力资本存量指标体系包括以下几方面指标:(1)反映知识水平的指标:平均受教育年限;① (2)反映人力资本技能状况的指标:每万人拥有的大专人口数、② 每万人拥有的科学技术人员数、③ 每万人专利授权量;④ (3)反映区域人力资本健康状况的指标:人口平均预期寿命⑤和婴儿存活率。⑥

表 7 - 1 显示了东北老工业基地人力资本存量这三方面指标的基本状况⑦。

表 7 - 1　　　　中国 31 个省（自治区、直辖市）区域人力
资本存量指标比较（2003 年）

地　区	人均受教育年限（年）	万人拥有大专人口数（人）	万人专利授权量（项）	万人拥有专业技术人员数（人）	人口平均预期寿命（年）	婴儿存活率（‰）
北　京	100	100	100	100	100	100
天　津	90.4	54.1	57.8	46.5	98.44	99.7
河　北	80.3	32.3	7.1	23.3	95.32	99.9
山　西	79.6	26.0	4.5	27.9	94.15	99.8
内蒙古	75.1	26.9	5.1	30.4	91.81	99.9
辽　宁	87.1	44.7	27.6	32.3	96.37	99.9
吉　林	85.2	32.1	16.5	32.5	96.06	100.1
黑龙江	82.0	24.4	11.1	30.1	65.10	99.9

① 根据各类受教育程度的人口,用以下公式计算出反映人均受教育程度:(小学文化程度人口 ×6 + 初中文化程度人口 ×9 + 高中文化程度人口 ×12 + 大专以上文化程度人口 ×16)÷区域总人口。

② 该指标反映投资于教育方面形成人力资本的状况。

③ 该指标反映投资于科研方面形成人力资本的状况。

④ 该指标反映区域人力资本的创新能力。

⑤ 该指标反映区域人力资本的身体素质和健康状况。

⑥ 该指标反映区域卫生保健投资形成的状况。

⑦ 表 7 - 1 以北京为 100 对原始数据进行了标准化处理。

续表

地 区	人均受教育年限（年）	万人拥有大专人口数（人）	万人专利授权量（项）	万人拥有专业技术人员数（人）	人口平均预期寿命（年）	婴儿存活率（‰）
上 海	96.2	80.8	112.1	44.4	102.68	100.0
江 苏	74.8	24.6	21.3	22.1	97.12	99.5
浙 江	74.5	30.2	39.3	24.3	98.16	99.7
安 徽	72.9	23.8	3.6	15.9	94.42	99.5
福 建	72.6	22.8	17.7	25.0	95.34	99.5
江 西	77.7	24.8	4.9	19.4	90.60	99.2
山 东	74.6	26.6	14.8	25.2	97.14	99.7
河 南	75.5	15.5	4.6	19.6	94.01	99.9
湖 北	76.9	26.9	9.5	21.8	93.40	99.6
湖 南	76.7	22.8	7.8	19.2	92.85	99.0
广 东	74.9	24.2	46.5	24.7	96.28	100.0
广 西	73.3	21.7	3.9	18.7	93.68	99.7
海 南	77.1	27.8	4.8	21.6	95.82	99.9
重 庆	73.5	17.6	12.6	19.7	94.26	98.9
四 川	70.9	18.2	7.4	17.9	93.56	99.3
贵 州	63.8	25.0	2.7	16.0	86.68	98.1
云 南	55.7	8.6	3.9	19.5	86.06	97.7
西 藏	36.0	3.9	0.8	14.9	84.59	97.7
陕 西	78.3	31.4	8.0	27.4	82.08	99.6
甘 肃	67.0	21.5	3.2	20.3	88.66	99.7
青 海	62.3	23.9	2.7	25.6	86.77	98.7
宁 夏	67.3	25.8	6.5	29.5	62.21	98.9
新 疆	77.4	47.1	6.5	35.9	88.58	96.3

资料来源：根据徐莉、王芬，《我国 31 个省（自治区、直辖市）区域人力资本的样本聚类实证分析》，《科技进步与对策》2006 年 1 月，第 69～72 页统计数据整理。

首先，从区域人力资本知识水平指标看。2003 年人均受教育年限以北京为 100，辽宁、吉林、黑龙江省分别为 87.1、85.2、82.0，在全国 31 个省（自治区和直辖市）中分别居第 4、第 5、第 6 位，仅次于北京、上海和天津 3 个直辖市。这说明东北老工业基地人力资本的知识水平在全国处于较为领先的地位。

其次，从区域人力资本技能状况指标看。2003年万人拥有大专人口数以北京为100，辽宁、吉林和黑龙江分别为44.7、32.1、24.4，在全国分别居第5、第7、第18位；在万人专利授权量指标方面，辽、吉、黑三省分别为27.6、16.5、11.1，在全国分别居第6、第8、第12位；在万人拥有专业技术人员数指标方面，辽、吉、黑三省分别为32.3、32.5、30.1，在全国居第6、第5、第7位。总体而言，东北老工业基地在人力资本的技能状况方面在全国处于前列。

最后，从区域人力资本健康状况指标看。2003年人口平均预期寿命以北京为100，辽、吉、黑三省分别为96.37、96.06、65.10，分别在全国居第7、第9、第30位；在婴儿存活率上，辽、吉、黑三省分别为99.9、100.1、99.9，在国内居领先地位。总的来讲，除黑龙江省在人口平均预期寿命指标方面处于较低水平外，东北老工业基地在人力资本健康状况上处于全国前列。

二、东北老工业基地人力资本发展存在的问题

尽管东北老工业基地在人力资本存量方面具有一定的比较优势，但其人力资本发展仍然存在某些不容忽视的问题，主要表现在两个方面：人力资本开发不足和人力资本利用效率不高。

（一）人力资本开发不足

对于人力资本开发，可以用人力资本投资指标体系加以考察。人力资本投资指标体系由以下几方面指标构成：（1）反映教育投资水平和质量的指标：人均教育支出[1]、教育经费支出占GDP的比重[2]和教育人口比重[3]；（2）反映科技投资的指标：R&D支出占GDP的比重[4]；（3）反映医疗保健投资的指标：人均医疗保健费[5]、每万人拥有床位数[6]、每万人拥有医生数（人）[7]；（4）反映劳动力迁移投资的指标：每百万人口拥有的职业介绍机构数[8]。表7-2显示了东北老工业基地人力资本投资的基本情况。

---

[1] 该指标反映各区域居民个人教育投资水平。
[2] 该指标反映区域政府教育投资力度。
[3] 该指标反映教育从业人员与区域总人口之比。
[4] 该指标反映区域的科技投资状况。
[5] 该指标反映用于医疗卫生保健方面形成人力资本的私人投资。
[6] 该指标反映用于医疗卫生保健方面形成人力资本的设备投资。
[7] 该指标反映用于医疗卫生保健方面形成人力资本的人力投资。
[8] 该指标反映用于劳动力迁移的投资状况。

表 7-2　　　　中国 31 个省（自治区、直辖市）区域人力
资本投资指标比较（2003 年）

地　区	教育支出占 GDP 比重（％）	人均教育支出（元）	教育人口比重（％）	R&D 经费支出占 GDP 比重（％）	人均医疗保健支出（元）	每万人拥有卫生机构数（个）	每万人拥有卫生技术人员数（人）	每百万人拥有职业介绍机构（个）
北　京	100	100	100	100	100	100	100	100
天　津	97.0	43.2	132.85	23.6	70.2	202.6	78.1	55.1
河　北	81.6	31.2	239.22	7.7	55.4	38.2	41.7	90.1
山　西	103.0	53.0	180.61	9.1	37.0	112.4	56.4	100.1
内蒙古	94.6	44.8	190.74	4.3	42.8	48.9	55.3	208.9
辽　宁	95.3	32.3	152.68	19.7	53.8	85.6	65.1	129.2
吉　林	88.4	49.6	180.03	15.7	46.5	81.9	61.8	162.1
黑龙江	89.5	37.1	130.39	10.6	45.9	63.8	51.1	117.0
上　海	87.4	46.0	118.96	29.4	60.6	125.9	77.7	87.4
江　苏	74.9	34.5	196.38	17.3	49.7	34.5	42.6	112.0
浙　江	21.7	39.6	185.53	11.4	74.3	38.5	48.1	160.3
安　徽	81.2	41.8	235.31	11.7	32.0	70.4	31.0	117.5
福　建	111.1	34.5	180.61	10.3	35.1	70.1	36.1	85.6
江　西	79.4	43.3	237.92	8.6	26.6	22.7	35.1	53.8
山　东	79.7	28.7	195.37	11.9	44.7	15.2	43.9	62.4
河　南	89.4	33.7	217.80	7.0	44.6	40.5	37.5	42.0
湖　北	82.2	42.1	181.33	14.4	40.0	45.4	45.0	52.1
湖　南	86.8	44.1	456.15	9.3	39.4	62.6	41.4	43.1
广　东	102.7	40.1	169.46	18.9	62.1	47.7	44.7	69.1
广　西	75.9	49.8	285.09	5.9	32.5	39.1	31.6	17.2
海　南	74.0	44.7	164.83	2.6	41.6	690.1	46.6	18.7
重　庆	75.1	49.1	208.68	11.0	46.2	34.2	32.2	31.7
四　川	77.9	45.4	225.47	20.9	42.8	55.4	36.0	58.3
贵　州	70.2	66.5	263.39	8.3	29.4	98.0	26.0	37.2
云　南	89.2	52.7	265.56	6.4	54.9	19.8	33.4	133.9
西　藏	127.7	79.5	247.18	2.3	31.2	549.4	39.9	24.8
陕　西	84.5	71.3	206.37	40.6	49.4	111.9	47.5	215.8
甘　肃	82.6	65.4	199.28	14.0	43.7	88.7	41.1	75.5
青　海	101.0	50.7	210.56	8.9	45.4	514.5	48.3	186.3
宁　夏	91.1	63.3	179.88	8.9	45.3	445.2	51.8	145.8
新　疆	81.6	51.5	185.24	2.9	36.0	142.9	64.4	82.1

　　资料来源：根据徐莉、王芬，《我国 31 个省（自治区、直辖市）区域人力资本的样本聚类实证分析》，《科技进步与对策》2006 年 1 月，第 69~72 页统计数据整理。

　　首先，从教育投资水平和质量指标看。2003 年教育支出占 GDP 比重以北京为 100，辽宁、吉林、黑龙江分别为 95.3、88.4、89.5，在全国排名为第 8、第 14、第 10 位；人均教育支出方面，辽、吉、黑三省分别为 32.3、49.6、37.1，在全国排名为第 29、第 11、第 25 位；在教育人口比重方面，辽、吉、黑三省分别为 152.68、180.03、130.39，在全国排名为第 27、第 24、第 29 位。从总体来看，东北老工业基地教育投资水平及质量在全国处于落后地位。

　　其次，从科技投资指标看。2003 年 R&D 支出占 GDP 的比重以北京为 100，辽宁、吉林和黑龙江分别为 19.7、15.7、10.6，在全国排名为第 6、第 8、第 15 位。

　　再其次，从医疗保健投资指标看。2003 年人均医疗保健支出以北京为 100，辽、吉、黑三省分别为 53.8、46.5、45.9，在国内分别居第 8、第 11、第 12 位；每万人拥有卫生机构数，辽、吉、黑三省分别为 85.6、81.9、63.8，在国内排名为第 13、第 14、第 17 位；每万人拥有卫生、技术人员数，辽、吉、黑三省分别为 65.1、61.8、51.1，在国内分别居第 4、第 6、第 10 位。总的来看，东北老工业基地在人力资本医疗保健投资方面居全国中上游水平。

　　最后，从反映劳动力迁移的投资指标看。2003 年每百万人口拥有的职业介绍机构数以北京为 100，辽、吉、黑三省分别为 129.2、162.1、117.0，在国内分别居第 8、第 4、第 10 位。

　　表 7-3 显示了东北老工业基地人力资本投资指标标准化处理后在国内的总体排名情况。由该表可见，在综合考虑教育投资水平、科技投资、医疗保健投资水平和劳动力迁移等指标情况下，辽宁、吉林和黑龙江省的人力资本投资水平并不高，在国内排序分别为第 21、第 12、第 27 位。这说明，东北老工业基地在人力资本的开发力度上还不够大，需要进一步加强。

表 7-3　　　　　中国 31 个省（自治区、直辖市）区域人力
资本投资指标总体比较（2003 年）

地　区	人力资本投资指数	排名	地　区	人力资本投资指数	排名
北　京	100	17	湖　北	108.0	4
天　津	87.8	18	湖　南	71.5	25
河　北	101.0	15	广　东	101.0	16
山　西	81.4	20	广　西	67.1	28
内蒙古	102.0	13	海　南	102.0	14
辽　宁	79.2	21	重　庆	61.0	31

续表

地　区	人力资本投资指数	排名	地　区	人力资本投资指数	排名
吉　林	103.0	12	四　川	103.0	11
黑龙江	68.2	27	贵　州	74.9	24
上　海	104.0	8	云　南	104.0	9
江　苏	70.2	26	西　藏	137.7	2
浙　江	105.0	7	陕　西	103.4	10
安　徽	77.6	22	甘　肃	76.3	23
福　建	106.0	6	青　海	145.7	1
江　西	63.4	30	宁　夏	126.4	3
山　东	107.0	5	新　疆	82.4	19
河　南	61.1	29			

资料来源：根据徐莉、王芬，《我国31个省（自治区、直辖市）区域人力资本的样本聚类实证分析》，《科技进步与对策》2006年1月，第69～72页统计数据整理。

（二）人力资本利用效率不高

我们选取了以下几个指标加以考察：（1）人均生产总值；（2）在岗职工平均工资和国有在岗职工平均工资；（3）市场化指数。其中前两项指标基本上反映了区域经济发展水平与劳动生产率，第三项指标即市场化指数则从体制变革（包括经济结构变动）角度反映了全要素生产率的变动，如表7-4所示。

表7-4　　　　中国31个省（自治区、直辖市）区域人力资本
效率指标比较（2006年）

地　区	人均生产总值		在岗职工平均工资		国有在岗职工平均工资	
	绝对值（元）	位次	绝对值（元）	位次	绝对值（元）	位次
北　京	49 505	2	40 117	2	43 298	2
天　津	40 961	3	28 682	4	31 240	6
河　北	16 894	11	16 590	26	17 152	26
山　西	14 106	15	18 300	16	18 719	19
内蒙古	20 047	10	18 469	15	19 386	16
辽　宁	21 802	8	19 624	10	20 681	13
吉　林	15 625	13	16 583	27	17.118	28

续表

地 区	人均生产总值		在岗职工平均工资		国有在岗职工平均工资	
	绝对值（元）	位次	绝对值（元）	位次	绝对值（元）	位次
黑龙江	16 268	12	16 505	28	16 374	30
上 海	57 310	1	41 188	1	44 097	1
江 苏	28 685	5	23 782	7	28 722	7
浙 江	31 684	4	27 820	5	42 962	3
安 徽	10 044	28	17 949	18	17 755	23
福 建	21 152	9	19 318	11	23 926	9
江 西	10 679	24	15 590	31	16 491	29
山 东	23 546	7	19 228	12	22 804	10
河 南	13 279	16	16 981	23	17 886	22
湖 北	13 150	17	16 048	29	18 064	21
湖 南	11 830	20	17 850	20	18 862	18
广 东	28 077	6	26 186	6	31 352	5
广 西	10 240	27	18 064	17	18 972	17
海 南	12 650	18	15 890	30	15 398	31
重 庆	12 437	19	19 215	13	21 402	11
四 川	10 546	25	17 852	19	20 230	14
贵 州	5 750	31	16 815	25	17 638	25
云 南	8 961	29	18 711	14	20 017	15
西 藏	10 396	26	31 518	3	32 355	4
陕 西	11 762	22	16 918	24	17 139	27
甘 肃	8 749	30	17 246	22	18 108	20
青 海	11 753	23	22 679	8	24 984	8
宁 夏	11 784	21	21 239	9	21 370	12
新 疆	14 871	14	17 819	21	17 704	24

资料来源：根据《中国统计年鉴（2007）》中有关数据整理得出。

在人均生产总值方面，2006 年辽宁、吉林和黑龙江分别为 21 802 元、15 625 元、16 268 元，在国内分别居第 8、第 13、第 12 位；在岗职工平均工资方面，辽、吉、黑三省分别为 19 624 元、16 583 元、16 505 元，居全国第 10、第 27、第 28 位；国有在岗职工平均工资方面，辽、吉、黑三省分别为 20 681 元、17 118 元、16 374 元，居全国第 13、第 28、第 30 位。总体而言，东北老工业基地尤其是吉林和黑龙江两省的劳动生产率不高，反映了人力资本的利用效率相对较低。

市场化指数在这里用于反映人力资本利用效率的制度环境。它是通过对市场化改革的五个方面共 23 个指标和分指标构成的一个指标体系，这五大方面包括：政府与市场的关系、非国有经济的发展、产品市场的发育程度、要素市场的发育程度和市场中介组织发育和法律制度环境。通过考察我们可以发现，辽宁、吉林和黑龙江市场化指数分别为 5.60、4.51、3.97，在全国排序为第 13、第 21、第 24 位。市场化指数不高，这也反映了东北老工业基地人力资本的利用效率不高，如图 7-1 所示。

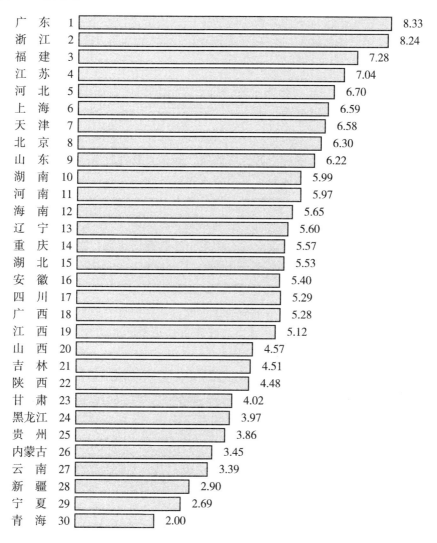

广　东　1　8.33
浙　江　2　8.24
福　建　3　7.28
江　苏　4　7.04
河　北　5　6.70
上　海　6　6.59
天　津　7　6.58
北　京　8　6.30
山　东　9　6.22
湖　南　10　5.99
河　南　11　5.97
海　南　12　5.65
辽　宁　13　5.60
重　庆　14　5.57
湖　北　15　5.53
安　徽　16　5.40
四　川　17　5.29
广　西　18　5.28
江　西　19　5.12
山　西　20　4.57
吉　林　21　4.51
陕　西　22　4.48
甘　肃　23　4.02
黑龙江　24　3.97
贵　州　25　3.86
内蒙古　26　3.45
云　南　27　3.39
新　疆　28　2.90
宁　夏　29　2.69
青　海　30　2.00

图 7-1　中国各地区市场化指数（2000 年）

资料来源：转引自樊纲、王小鲁，《中国各省区市场化相对指数：2001 年报告》，经济科学出版社 2001 年版。

三、制约东北老工业基地人力资本开发与利用的因素

由以上分析可知，与全国相比，东北老工业基地在人力资本存量方面具有一定的比较优势，但同时在人力资本开发与利用方面也存在较为突出的问题。这些问题实质上反映了东北老工业基地调整改造阶段在社会经济各方面的深层次矛盾，深入分析这些矛盾与制约因素将有助于更好地促进人力资本的开发与利用。目前制约东北老工业基地人力资本发展的因素主要有以下几方面：

（一）人力资本投资机制不完善

人力资本投资和开发是否与经济社会需要相吻合，是决定人力资本实际利用效率高低的基本前提。一般而言，一个国家或地区的人力资本投资能否与经济社会相吻合，在很大程度上受制于其经济体制，即人力投资机制，它包括教育、培训、收益分配和医疗保健等体制。人力资本投资机制的完善与否直接决定了人力资本投资的质量，进而影响人力资本利用的效率。

东北老工业基地的人力投资机制长期以来是在计划体制的框架下运作的。以教育制度为例，学校和专业的设立完全由政府主管部门决策，缺乏市场调节，与社会需要脱节严重。20 世纪 80 年代中期，辽宁省共有 38 所地方高等院校，而工科高等院校仅一所，这种格局明显存在着工科短缺、财经不足、师范过剩的倾向，与辽宁工业大省对人才的需求格局极不吻合。这使得原本就十分短缺的教育资金未能形成有效的人力资本供给，造成严重的浪费。80 年代中期以后，随着经济、科技、教育体制改革的逐步深入，辽宁人力资本的开发开始逐步融入市场调节机制。主要表现为学校自主权的扩大、办学形式的多样化和人力资本价值的逐步提高，这使得原来计划体制下人力投资结构失衡的局面得到某种程度的扭转。但是，由于在体制转轨时期，市场发育不成熟、运行不规范，人力投资机制仍存在较大的不完善之处：缺乏配套措施，缺乏有效的鉴别、竞争与淘汰机制。在人才培养得以加强的同时，却在社会上出现了单纯追求文凭而忽视真实人力投资的功利倾向，使人才教育难以形成对于经济社会应有的贡献率。

当前，东北老工业基地的部分国有企业依然缺乏对人力资本战略性发展的举措，缺乏相应的制度和机制来吸引、保留和增加人力资本，造成人力资本数量的减少和质量的下降。这种情况使得东北老工业基地发展过程中缺乏人力资本投资的积极性和有效性，难以在市场经济的区域性竞争中获得技术和创新的优势。此外，社会、社区以及企业本身缺乏足够的培训机制，导致了东北老工业基地人力资本的个体性减少与整体性落后。许多企业缺乏对职工的有效管理和系统培训，

历年来企业人事部门针对的只是对全厂在职干部的管理和统计，没有系统的调查、整理工人的资料和数据，对工人的管理使用缺位。培训工作往往与人事部门分离，一般都由各业务部门分别举办各种短期的培训，培训对象也只局限于在职干部，没有形成合理的培训制度。针对辽宁某大型国有铝厂的调查显示，在入职某一职位之前未曾参加过培训的人占 42.86%，在所调查的技术工人中未曾参加过培训的技术工人占 72.72%，反映出技术工种工人培训的欠缺，其工作方式主要还是以传统的师徒相承方式进行，急需以科学的培训方式予以取代。该企业 64.9% 的人认为目前人事管理制度不能适应当前生产经营管理的现状；80.4% 的人认为体制、机制问题严重影响科技人员的积极性，成为企业人才流失的重要原因（李希茜，2005）。

（二）人力资本配置呈刚性

人力资本配置是人力资本开发与人力资本利用的关键环节。东北老工业基地既定的体制环境和资源依赖型产业链造成了东北老工业基地人力资本存在不同类型和不同程度的专用性，进而导致人力资本配置的刚性。

国有企业在东北老工业基地建立最早，持续时间最长，影响面最大，影响程度最深。长期以来，东北老工业基地在人力资本配置上实行的是一种高度集中的由国家和地方政府统调、统配、统一安排的人事与劳动就业制度。各种专业技术人员的分配、干部的调配、劳动力的就业，都是由人事、组织、劳动部门根据指标计划来安排办理，且一旦安排后就很难再调整。尽管近年来东北老工业基地人事与劳动制度正逐步向市场化方向转轨，但就总体来看，特别是就东北老工业基地国有企业事业单位而言，人力资本配置方式仍带有较明显的计划经济时代特征，从而形成"体制专用性资本"（赖德胜、孟大虎，2006）。

而在转轨时期，中国存在明显的劳动力市场制度性分割，国有企业构成了东北地区主要劳动力市场的主体，其他类型企业则形成了外部的次要劳动力市场。体制专用性人力资本的存在导致人力资本对国有企业的"黏性"，长期在国有企业所形成的内部劳动力市场活动，使他们深受内部劳动力市场人力资本制度的影响，对外部次要劳动力市场的制度规范则相当陌生，最终导致部分劳动力宁愿在主要劳动力市场失业，也不愿意在次要劳动力市场就业，从而造成人力资本利用效率的低下。

资源依赖性产业链是造成东北老工业基地人力资本配置刚性的另一重要原因。东北老工业基地城市化进程大都不是依靠市场力量，更多的是依赖行政性资源配置手段，从而形成了众多的资源依赖型城市，这类城市的普遍特点是城市功能过于单一。单一的投资结构造就了单一的经济结构，随着这种单一的投资结构和经济结构的推进和不断强化，服务于资源依赖型产业链的劳动力就形成了依赖于这种产业链的单一的专用性人力资本结构。然而，随着特定矿产资源的逐渐枯竭，整个资源依赖型产业链的长期维持就变得不可预期，所积聚的专用性人力资本随之会成为沉淀成本。下岗失业劳动力无法搜寻到匹配岗位以发挥人力资本的潜在价值，从而形成人力资本"黏性"和人力资本"失灵"（李培林、张翼，2003）。仅以阜新市下辖的新邱区为例，2001 年该区国有煤矿全部破产，造成 1.5 万名煤矿职工失去工作岗位，在全区 6 万多城市人口中，各类下岗失业人员达 2.3 万余人，占有劳动能力人员的 52%（王憧、陈僖，2004）。

（三）国有企业缺乏有效的人力资本提升机制

东北国有企业改革是东北老工业基地振兴的核心，如何盘活国企人力资本的历史积淀，增加国有企业人力资本的总量，就成为东北老工业基地人力资本发展的重要任务。但是，在东北老工业基地的国有企业中，人力资本提升发展的机制却仍未形成，人力资本基本上呈自然发展的状态。表现为国企职工缺乏提升自身人力资本的途径和可摄取信息技能资源的途径，从而在一定程度上损害了国有企业人力资本的总量提升和更新与整合能力。其中一个重要影响因素就是东北地区社会资本的匮乏性。这种匮乏性不仅表现在东北老工业基地整体性的人力资本上，也表现在部分国有企业职工群体性的人力资本上，即在干部群体和职工群体中出现了社会资本的显著性差异，这种匮乏状态导致了职工人力资本提升发展的缓慢与低效。

20 世纪 80 ~ 90 年代，美国学者普特南等先后提出了社会资本理论，并将社会资本理论作为人力资本理论的基础理论。按照普特南的定义：社会资本是指社会组织的那些可通过促进协调行动而提高社会效能的特征，比如信任、规范及网络。波茨认为："社会资本指的是，处在网络或更广泛的社会结构中的个人动员稀有资源的能力。"人力资本与个人的社会资源、社会关系、社会阶层、生活环境以及身处其中的运作能力紧密相关，而社会资本恰恰是这些因素的一种综合运用过程的体现。

在东北老工业基地国有企业中，随着国有企业制度和社会配套制度的全面改革，出现了人力资本的两极分化现象。职工的人力资本和干部的人力资本出现较大的差异，这种差异使干部群体在社会交往频率、社会网络规模、社会网络接触的行业与范围等方面都远远地高于普通职工的社会资本参数。在同一个国有企业内部，与干部群体相比，普通职工群体人力资本的获得和更新提升要付出更多的代价。

当社会资本在群体内部出现不平等的时候，特别是其中部分群体出现社会资本匮乏的时候，社会资本对相应人力资本提升发展的作用就要受到较大的限制。因此，东北老工业基地国有企业干部职工之间出现的社会资本差异就相应限制了部分人的人力资本获取、更新、提升和发展，加剧了企业内部的情绪对立，并影响了企业内既定人力资本可能达到的工作效率和社会效益，从而造成国有企业人力资本整体数量和质量的下降。

可见，在东北老工业基地振兴的初级阶段，由于不完善的人力资本投资机制、刚性的人力资本配置机制和缺乏有效的人力资本提升机制，使得东北老工业基地人力资本的开发与利用还存在一定问题。随着东北老工业基地全面振兴阶段的到来，需要进一步深化与完善教育体制、收入分配体制和就业体制改革，促进东北老工业基地人力资本的健康发展。

第二节 人力资本开发与利用的教育体制改革

一、东北老工业基地教育的相对优势

教育，是人类学习和传授科学社会文化与技术知识、更新道德观念和提高认识能力的专门活动。[①] 在人类社会发展的历史进程中，教育发挥着十分重要的作用。教育促进经济和社会进步的核心机制是通过促进"人的劳动能力的生产"来实现的。关于教育在社会经济发展中的作用和功能，各个时期的思想家都曾给予过高度重视，并从不同角度做出过精辟论断。现代经济增长理论、人力资本理论以及教育经济学理论方面的著名学者，如卢卡斯、舒尔茨、丹尼森、贝克尔等，不仅从定性的角度阐述了教育对于经济发展的重要作用，而且还建立了有关教育与经济增长、教育投资的成本收益分析等各种模型，从定量的角度计量和估计了教育对经济发展的贡献度。可以说，教育是劳动力再生产的重要手段和最主要途径。东北老工业基地的改造与振兴，必须依托人力资本的支持，必须依托教育的支持。教育是人力资本开发和形成的最主要途径，东北作为计划经济时期形成的全国工业化和城市化水平最高的地区之一。由于城市密集，城市人口受教育程度较高，以中心城市为依托，形成了各具特

---

① 张凤林等：《人力开发/探索与途径》（程伟主编《振兴辽宁老工业基地》之四），辽宁教育出版社 1998 年版，第 100 页。

点的教学、科研、开发、咨询、信息中心和研发基地。虽然改革开放后，东北地区的经济发展逐渐落后于东南沿海地区，但人才资源存量和教育资源存量仍在全国居于相对优势地位，这是东北振兴的重要依托。这种优势表现在数量和结构两个方面。

（一）东北老工业基地人才与教育的相对数量优势

东北老工业基地教育资源的相对数量优势可以用 2003 年中央关于振兴东北战略决策实施时的一些数据来说明，然后运用 2006 年的数据说明东北教育相对优势地位的变化及其面临的挑战。我们选用四项可比指标对此加以说明：[1]

一是从全民的角度来看，选择"每 10 万人口拥有高中以上受教育程度人口"为比较指标。2003 年，全国每 10 万人口拥有大专以上受教育程度的人数 3 611 人，辽宁 6 182 人，高于全国 72.2%；吉林 4 926 人，高于全国 36.4%；黑龙江 4 797 人，高于全国 32.8%。每 10 万人口拥有高中和中专人数，三省也分别高于全国 18.5%、35.3%、24.4%（见表 7 – 5）。

表 7 – 5　　　　东北三省每 10 万人拥有高中以上受教育
程度人口（2000 年）　　　　　　　单位：人

	大专及以上	相当于全国（%）	高中和中专	相当于全国（%）
全　国	3 611	100.0	11 146	100.0
辽　宁	6 182	172.2	13 205	118.5
吉　林	4 926	136.4	15 076	135.3
黑龙江	4 797	132.8	13 866	124.4

资料来源：根据《中国统计年鉴（2003）》中相关数据整理得出。

二是从就业的角度看，选择"第一、第二、第三产业就业人员人均受教育年限"为比较指标。2003 年全国就业人员受教育年限平均为 7.99 年，其中，第一、第二、第三产业分别为人均 6.79 年、9.44 年、10.79 年。按此四项指标，辽宁分别高于全国 1.02 年、0.69 年、0.63 年、0.33 年；吉林分别高于全国 0.76 年、0.52 年、1.10 年、0.62 年；黑龙江分别高于全国 0.92 年、0.68 年、0.84 年、0.55 年（见表 7 – 6）。

---

[1]　这部分的分析借用了邓晓春在《抓住振兴东北老工业基地的契机、加速构建具有区域优势的东北人才和教育高地》（载《辽宁教育研究》2004 年第 3 期，第 17 页）一文中的部分研究成果。

表7-6　　　　　　东北三省就业人口人均受教育年限

（分三次产业）（2000 年）　　　　单位：年

	合 计	第一产业	第二产业	第三产业
全国	7.99	6.79	9.44	10.79
辽宁	9.01	7.48	10.07	11.12
高于全国	1.02	0.69	0.63	0.33
吉林	8.75	7.31	10.54	11.41
高于全国	0.76	0.52	1.10	0.62
黑龙江	8.91	7.47	10.28	11.34
高于全国	0.92	0.68	0.84	0.55

资料来源：全国第五次人口普查数据。

三是从专业技术人员数量来看，选择"专业技术人员占总人口比例"为比较指标。全国专业技术人员占总人口比例为 2.4%；东北三省为 3.24%，高于全国 0.84 个百分点。辽宁、吉林、黑龙江三省分别高于全国 0.93、0.96、0.67 个百分点（见表 7-7）。

表7-7　东北三省专业技术人员及其占总人口的比例（2002 年）单位：万人

	全国	东北三省	辽宁	吉林	黑龙江
总人口	128 543	10 715	4 203	2 699	3 813
专业技术人员	3 089.3	347.7	139.9	90.6	117.2
占总人口比例	2.4%	3.24%	3.33%	3.36%	3.07%
高于全国	—	0.84 个百分点	0.93 个百分点	0.96 个百分点	0.67 个百分点

资料来源：根据《中国统计年鉴（2003）》中相关数据整理得出。

四是从教育发展程度来看，选择"每万人人口中高中以上学校在校生数"为比较指标。全国每万人人口中普通高校在校生为 70.8 人；每万人人口中成人高校在校生为 43.8 人；每万人人口中普通中专在校生为 35.8 人；每万人人口中普通高中在校生为 131.9 人；每万人人口中职业中学在校生为 40.1 人。按以上五项指标，辽宁分别高于全国 51.8%、9.6%、1.2%、-6.2%、-2.1%；吉林分别高于全国 38.9%、30.7%、-11.9%、-7.2%、-10.3%；黑龙江分别高于全国 24.1%、3.3%、-10.7%、-17.8%、-44.4%。由此可见，越是高层次教育；三省比较优势越明显（见表 7-8）。

表7-8　　东北三省每万人人口中高中以上学校在校生数（2002年）

单位：万人

	普通高校本专科	成人高校本专科	普通中专	普通高中	职业中学
全国	70.78	43.81	35.76	131.93	40.08
辽宁	107.42	48.00	36.20	123.70	39.16
相当于全国	151.8%	109.6%	101.2%	93.8%	97.9%
吉林	98.35	57.27	31.50	122.43	35.97
相当于全国	138.9%	130.7%	88.1%	92.8%	89.7%
黑龙江	87.81	45.25	31.94	108.44	22.27
相当于全国	124.1%	103.3%	89.3%	82.2%	55.6%

资料来源：教育部发展规划司，《中国教育事业发展统计简况》，2003年2月。

（二）东北老工业基地人才和教育资源的相对结构优势

东北老工业基地人才与教育资源的相对结构优势主要表现在：第一，东北三省是高等教育大省。在全国1869所普通高等学校中，188所位于东北，其中有4所"985"学校和10所"211"院校。而且，东北地区高校在学科建设和高层次学历教育方面发展较快。第二，专业学院齐全。特别是改革开放后，直接为经济发展培养合格劳动力和中级技术人才的职业教育也发展起来，从而在东北地区形成了拥有综合、理工、农业、医药、政治、财经、语言、体育、艺术、民族、师范等科类齐全的完整院校体系。基础教育发达，职业技术教育完善。仅辽宁省中等专业技术学校就将近200所，职业中学500多所。高职教育和其他专业培训性教育完整发达。

（三）东北老工业基地教育相对优势面临挑战

改革开放后，特别是最近这些年来，全国其他地区经济快速发展正推动着当地的教育以更快的速度发展，东北地区教育的优势也正在逐步变小。例如，仅从每10万人拥有高中以上受教育程度人口这个指标看，从2003～2006年，辽宁相对全国的优势，大专及以上的比例从172.2%下降到157.34%，高中和中专的比例从118.5%下降到115.82%，吉林大专及以上比例从136.4%下降到114.82%，高中及中专比例从135.3%下降到133.0%，黑龙江大专及以上比例从132.8%下降到100.1%，高中及中专比例从124.4%下降到116.8%（见表7-9）。

根据东北老工业基地"再工业化"振兴的要求，对照当前东北地区教育的现状，可以发现当前教育体系存在如下主要问题：

第一，部分学科和专业结构设置不够合理。产业结构变化及其对人才需求的变化，反映到高校学科结构上，就要求学科建设应与社会经济发展紧密结合，形成一批能够支撑东北老工业基地新经济增长点的新兴学科。另外，发展紧缺的学科专业（如信息科学、生命科学、生态农业、材料科学以及现代管理类、经济类、法律类等），还应该进一步加强整合和提高质量。

第二，高校整体实力和影响力亟待提高，对区域经济的贡献程度还有很大的提升空间。首先，东北地区高校虽然数量规模尚可，但随着近年来国家高等教育管理体制改革的深入进行，东北地区的高校的影响力亟待提高；重点学科的建设已经显现出较为落后的状况，对区域经济的贡献程度还有很大的发展空间。其次，东北地区有些大学之间虽然已经实行相互选课、相互开放图书馆等合作形式，但全方位合作还很不够，部分高校仍实行"区域自治"。

表 7 - 9　　　　　　东北三省每 10 万人拥有高中以上受

教育程度人口（2006 年）　　　　　单位：人

	大专及以上	相当于全国（%）	高中和中专	相当于全国（%）
全国	5 834	100.00	12 129	100.00
辽宁	9 179	157.34	14 048	115.82
吉林	6 695	114.76	16 127	132.96
黑龙江	5 842	100.14	14 167	116.80

资料来源：根据《中国统计年鉴（2007）》中相关数据整理得出。

第三，高校科研成果转化为生产力的渠道还不是十分畅通。高校与所在区域的发展应互动共荣、相得益彰。从目前的状况分析来看，部分高校在深化教学与企业合作方面尚需进一步提高。大学科技园区建设还应该进一步解放思想，在体制和机制建设上还应该进一步加大改革力度。

第四，成人教育和民办教育发展模式需要进一步创新。目前，为了适应高等教育大众化的发展需要，不断提高广大适龄学生接受教育的机会，成人高校和民办大学近年来得到了很大的发展。但在成人教育和民办大学的办学过程中，东北地区民办高等教育在发展数量和发展理念上，还需要实现跨越式发展。

第五，高校发展和服务问题应从战略高度认真研究。目前，由于各高校管理体制不同，学校的投资渠道、招生重点、学科布局、服务面向等都存在着很大的不同。应从长远角度、战略高度认真研究高校的发展和服务问题，有效协调各方面的关系，为东北老工业基地振兴、发展以及高校的双赢提供一个宽松、顺畅、完善的发展机制。应该承认，目前在鼓励大学生创业机制和环境的形成上，还缺乏有力度的导向政策，这在一定程度上影响名牌学校毕业生留在东北创业。

二、深化教育体制改革，提高人力资本生产效率

（一）进一步推进东北地区高等教育改革

东北老工业基地以重化工业为主导产业的"再工业化"道路，对高等教育的改革和高等教育资源配置提出了相应的要求。

第一，坚持制度创新，建立与社会主义市场经济相适应的高等教育运行机制。总体上，包括东北地区在内的我国高等教育仍是由政府主导的公共物品生产活动。虽然在教育管理体制改革方面进行了一些积极的探索，如高校办学自主权改革、学校人事制度改革等，并取得了巨大成就，但管理高度集中、统得过死、脱离实际和缺乏活力的问题仍然存在。特别是在专业设置、教育资源分配、教学内容设定等环节还留有浓厚的计划经济的痕迹。另一方面，要认识到，高等教育不是一种经济活动，高等教育产品具有公共产品和个人产品的双重属性，以市场作为高等教育资源配置的唯一方式显然是不可能的。因此，要重视高等教育管理和运行的非市场方式和社会抉择。

东北地区的市场化改革相对滞后于国内其他地区，特别是滞后于东南沿海地区，迄今为止，计划经济体制及其观念对东北地区高等教育的影响仍然十分巨大。东北老工业基地的改造与振兴，是一个制度创新过程，要求教育体制也要适应市场经济发展的需要，进行制度创新。消除计划经济的影响，发挥市场机制在高等教育资源配置中的重要作用，按市场的需求设置专业和确定人才培养规格，使高等教育作为公共物品的生产者在市场内在逻辑下体现效率和公平的双重目标。

第二，坚持需求导向的学科专业发展方向。东北地区的装备工业、石油化工工业、原材料工业在国内处于重要地位，资源密集型和技术密集型产业是东北地区的主导产业。基于新技术的重化工业"再工业化"振兴模式，必然对专业科技人员和技术工人提出更高要求。

东北振兴政策实施三年多来，在职科研人员和技术工人知识技能亟待提高，后备力量不足等问题已经显现出来。东北地区高等教育需要重新重视工科教育，改变目前东北高校中与主导产业相关的工科专业萎缩的局面。要做到这一点，必须从以下几点入手：重视东北地区工科高等教育的发展，大力扶植和发展与装备制造业等东北地区主导产业相关的专业，提高培养质量。以工科为主的多科性大学和单科性工科院校，应办出特色，提高办学质量，避免低水平重复；重视农科和生态类专业，重点研究东北地区农林业发展和生态建设中遇到的科技和社会问

题；重视高新技术人才的培养，发展与高新技术相关的学科；加强贸易、金融、法律、管理类学科建设，这类学科近年来发展较快，但除少数学校外，多数学校存在教学内容陈旧，师资水平不高等问题；重视社会科学、人文科学学科的建设，发挥其在研究和解决社会问题中的作用；高等职业教育的科类专业设置，围绕东北地区的主导产业设置，充分考虑市场需求，利用学校和企业两方面的资源。

第三，树立长远的人力资源战略指导思想。东北老工业基地的"再工业化"，是对既有工业基础的根本性改造。从发展水平和发展阶段看，重化工业和装备制造业等主导产业将引领区域内产业结构向更高的工业化程度和工业化水平方向发展。产业链延长，对于人才需求的层次、规格和种类也会相应增多，需要培养从高级研究开发人才到高质量的技术工人的各级各类人才。东北地区高校要多层次、多规格培养不同层次和规格的人才，承担培养高质量的技能型操作型人才的任务，积极参与企业与社会有关部门的人员培训。因此，在区域内高等教育改革与发展的下一步战略安排中，必须满足教育资源多层次配置的要求，对于高级研发人才、战略管理人才和技术工人的培养予以特别重视。

第四，明确高校的办学定位，调整学科结构，提高办学水平，打造国内和世界知名高校。东北地区高等教育规模和数量居于全国前列，但名校强校少，这是东北高等教育发展的一个有待突破的瓶颈。要实现这一突破，就要明确高校各自的定位和办学方向。不同学校在高等职业教育、研究生教育和本科教育等领域应有侧重。

东北地区已形成了门类较为齐全的高等教育体系。目前需要解决的主要问题是：层次不明确，培养目标与规格趋同。东北地区高等学校应明确不同层次学校的发展任务和培养目标，分类规划。研究型大学，如哈尔滨工业大学、吉林大学等，应以培养创新型高层次人才为主，博士、硕士研究生应占在校学生总数的较大比重，科研工作是学校的基础性工作，担当起知识创新的艰巨任务；教学研究性大学，本科生教育与研究生教育并重，具有一定的研究生培养能力，科学研究的重点是结合地方需要和行业需要进行，这类学校也是少数；教学型大学或学院，以本科教学为主，承担少量硕士研究生培养任务，这类学校要在东北地区高等学校中占较大比重；高等职业学院和社区学院，这类院校以培养技能型操作型应用类人才和各类能为当地经济社会发展服务的人员，其在校生应逐步达到普通高校在校生的半数。东北地区研究生教育应重视发展专业学位硕士研究生教育，加强与企业主要是大型企业在培养专业学位硕士研究生方面的合作，使专业学位研究生教育成为高层次专业人才成长的重要途径。

第五，适应老工业基地振兴的要求，调整东北地区高校空间布局。改革开放以来，东北地区高等教育经历了优质高等教育资源向中心城市集中和高等教育资源向中小城市扩散的双向过程。国家和省级政府通过"211"工程和"985"工程，以及重点学科、重点专业建设，使优质教育资源向国家和省级重点建设大学集中，这些重点建设的大学均在中心城市。与此同时，很多新建普通高校分布在中小城市。大连、沈阳、长春、哈尔滨基本上集中了东北地区全部研究型和教学研究型大学，构成了一个科教走廊，集中了东北地区经济、文化与高等教育的精华，这四座城市的高校应充分发挥科技进步的推进器和社会发展的思想库的作用。东北地区应重视中等城市的高等学校的发展，在东北地区工业化、城市化、农业产业化的过程中，中等城市也有不可替代的作用。特别是东北地区资源型城市较多，又多数是中等城市，这些城市大多数已进入了资源衰落期，急需发展后续产业或替代产业，资源型城市的高等学校要为发展这些产业培养人才和提供科技服务。

（二）深化职业教育改革

职业教育在东北老工业基地具有特殊重要的地位。这一方面是因为，东北老工业基地是我国产业工人数量在人口中占比最高的地区，职业教育对于提高人力资本的质量至关重要；另一方面，东北老工业基地的改造与振兴必然伴随着进一步的企业改制、兼并重组和产业调整，这一过程必然伴随大规模的就业人员就业岗位和就业专业技能的转换。这都需要对那些从原有企业、产业中分离出来的人员提供及时的职业培训和教育，使其具备重新就业的能力和素质。概括起来，搞好职业教育改革，需要做好以下几个方面的工作。

第一，大力发展职业教育，加强下岗失业人员的职业教育培训。东北地区是企业改制和产业调整任务最为艰巨的地区，也是下岗失业情况比较严重的地区。在下岗失业人员中，往往受教育程度比较低，专业技能比较单一，这样，对他们进行再培训就成为职业教育的核心任务。根据《中国劳动统计年鉴（2006）》的数据，2005年辽宁登记失业率5.6%，吉林4.2%，黑龙江4.4%，全国为4.2%，东北的失业率高于全国平均水平。在2005年登记失业人员中，初中教育程度占比48.4%，高中32.2%，大学专科为7.6%，大学本科2.3%，研究生及以上0.1%。[①] 要使那些只有初、高中教育水平的下岗失业人员顺利实现再就业，必须及时对其进行职业再培训。而这一部分劳动力已经具有的基础教育水平，也给职业再培训提供了可能性和巨大空间。

第二，在职业教育中发展多种类型的培训教育模式，满足不同类型的培训需要。其中，要注意使培训短期培训与长期培训相结合，初级、中级、高级培训相结合。

---

① 《中国劳动统计年鉴（2006）》，中国统计出版社2006年版，第115页。

东北老工业基地的产业结构特征决定了，这一地区包括简单技工和高级技工在内的职业技术人员需求是市场人力资本需求的非常重要的组成部分。因此，职业培训需求潜力巨大。根据《中国劳动统计年鉴（2006）》的数据，辽宁、吉林和黑龙江的职业技术培训规模在全国居于前列。在职业培训类型中，从培训期限看，6个月以下的短期培训是目前培训需求的主体，2005年辽宁省6个月以下培训人数为288 200人次，吉林85 557人次，黑龙江134 531人次，分别是6个月以上和1年以上培训人次的数十倍和数百倍。在职业培训中，初级、中级和高级培训需求依次升高。[①]

第三，免费培训和有偿培训相结合，逐步推动有偿培训的发展。在通常意义上，基础教育部分属于纯公共产品性质的义务教育，职业技术培训作为劳动技能教育属于有偿教育。但在目前东北老工业基地调整尚未完成的特殊时期，国有企业改制、资源性枯竭城市衰退导致的下岗失业具有特殊的历史背景和原因，那么再就业培训的成本纯粹由劳动者个人承担显然有失公平。因此，一段时间内，公益性的再就业免费职业培训还应当在职业教育中占据一席之地。东北三省职业培训经费情况反映了这一现实。据《中国劳动统计年鉴（2006）》的数据，东北三省中，辽宁2005年职业培训经费来源总计10 352.6万元，其中财政补助费5 253.2万元，职业培训补贴4 385.1万元，有偿培训收入151.8万元，其他收入562.5万元。吉林分别为2 525.6万元、535.3万元、588.7万元、1 376.6万元和25.0万元。黑龙江分别为2 652.3万元、1 930.9万元、543.4万元、110.4万元和67.6万元。在不久的将来，随着辽宁老工业基地调整任务的完成，职业技能培训还是要遵循"谁受益，谁支付"的原则，实行有偿培训。

第四，大力发展民办职业培训机构和培训师资队伍建设。实行培训主体多元化，除了继续加强传统职业技术学校的建设之外，大力发展各种职业培训中心和就业技能教育机构，以适应老工业基地振兴对人力资本的多元化要求。同时，还要加强职业培训师资队伍建设，提高职业技能培训的质量和效率。

三、优化教育投资，提升人力资本开发水平

（一）教育投资优化的含义和标准

在任何特定的时空条件下，每一个社会所拥有的经济资源都是数量既定因而是有限的。为了使既定数量的资源的使用能够带来最佳的经济效率与福利，每一

---

① 《中国劳动统计年鉴（2006）》，中国统计出版社2006年版，第484～487页。

个社会都需要对资源进行合理配置。教育作为一个人力资本开发的产业或部门，也有一个投资优化与资源合理配置的问题。

教育投资是一个国家或地区，根据教育事业发展的需要，向教育领域内投入的人力、物力和财力的总和及其货币表现。[①] 教育产品既具有公共产品属性，又具有私人产品属性，是典型的介于二者之间的混合产品。义务教育和特殊教育是公共产品，职业教育和高等教育接近于私人产品。

所谓教育投资优化含义指的是整个社会的资源在教育部门的配置达到了这样一种状态，它使得教育的发展与整个社会经济的发展完全相协调，或教育的发展对人才的供给与整个社会经济的发展对人才的需求彼此相吻合。[②] 资源合理配置是指社会的人力、物力和它们在价值上反映的资金等有限的资源得到优化配置和高效利用，合理的教育投资配置结构是指一种既能符合教育自身发展，又能符合社会经济发展的分配结构。[③]

目前判断教育投资或资源配置是否实现最优的标准还没形成具有较强可操作性的指标体系。特别是由于区域经济在发展阶段、经济特点等诸多方面的不同，衡量区域教育投资或资源配置最优化的指标很难标准化。目前使用的指标主要有：教育投资或公共教育投资占 GDP 的比重、教育投资收益率、不同层次的国民教育普及率、技术性与结构性失业率，等等。

（二）东北地区教育投资优化战略

第一，规范东北地区政府投资行为，促进投资合理化。首先，政府的投资行为必须按《教育法》规定，教育经费应占 GDP 的 4%；其次，建立完善的监督管理机制，有效控制投资方向，提高投资效率，杜绝"只投资、不管理、没效益"的现象；最后，政府要制定相关政策法规，合理引导投资方式，切实保护投资者的权益，确保各种投资形式都能够取得相应的回报，最大限度发挥各投资主体的积极性和主动性。

第二，加大政府教育投资总量。随着对教育的社会功能与经济功能认识的深化，政府对教育的投入在不断提高。2007 年辽宁财政性教育支出 252.86 亿元，占地区生产总值 2.29%，占地区财政一般预算收入的 23.37%；吉林省相应指标为 144.42 亿元、2.76%、45.06%；黑龙江相应指标为 223 亿元、3.15%、50.66%。东北地区的财政性教育支出占地区生产总值的比重为 2.66%，只略高

① 靳希斌：《教育经济学》，人民教育出版社 2004 年版。
② 张凤林等著：《人力开发/探索与途径》（程伟主编《振兴辽宁老工业基地》之四），辽宁教育出版社 1998 年版，第 125 页。
③ 裴景州：《教育投资经济分析》，中国人民大学出版社 1996 年版。

于全国的 2.47%（见表 7 - 10）。如果将上述指标与世界其他国家相比，可以看出无论我国整体，还是东北三省的教育投入不足。① 教育经费的不足不仅会是制约我国和东北地区教育发展的"瓶颈"，而且是影响我国经济增长和东北地区振兴的关键因素。

表 7 - 10　　　　　2007 年全国、东北三省财政性教育支出总量与比重

	生产总值（亿元）	财政一般预算收入（亿元）	财政性教育支出（亿元）	教育投资占 GDP 比重（%）	教育投资占地方财政比重（%）
辽宁	11 022	1 082	252.86	2.29	23.37
吉林	5 226.08	320.5	144.42	2.76	45.06
黑龙江	7 077.2	440.2	223	3.15	50.66
东北三省合计	23 325.28	1 842.7	620.28	2.66	33.66
全国（前 11 个月）	226 067	44 064.85	5 978.19	2.47	12.66

资料来源：财政部网站，http://www.mof.gov.cn/caizhengbuzhuzhan/。

第三，建立多层次教育投资渠道，促进教育投资主体多元化。从目前我国教育资金的来源看，教育经费主要来自各级政府的财政性投资。我国每年的财政性教育投入在教育经费来源中占有绝对比重，平均达到 60% 以上。2005 年我国全国教育经费为 8 418.84 亿元，其中国家财政性教育经费 5 161.08 亿元，占总经费的 61.3%②，2006 年，全国教育经费为 9 815.31 亿元，其中国家财政性教育经费为 6 348.36 亿元，占总经费的 64.7%③。东北地区情况与全国情况基本相同，即教育经费的主要来源是地方各级政府的财政性投入。投资渠道单一，也是造成我国和东北地区教育资金不足、人力资本生产不能满足经济增长需要的一个重要原因，所以应打破教育发展过于依靠政府投入的单一模式，建立多层次的教育投资渠道，提倡和动员社会力量办学。要采取降低教育投资成本、提高教育投资回报率等有效措施，通过公办民助、民办公助、共建联办、中外合作、股份制等多种办学形式，实行办学主体的多元化。

在东北地区，职业教育对老工业基地的振兴具有重大意义。而职业教育的科目往往是针对区域内重点行业和大型企业所设立，具有针对性强、实用性强的特

① 1980 年，世界发展中国家的教育投资占 GDP 的比重就已达到 4%，发达国家则达到 6.1%，见苌景州：《教育投资经济分析》，中国人民大学出版社 1996 年版，第 82~85 页。
② 《2005 年全国教育经费执行情况统计公告》，http://www.edu.cn/jiao_yu_jing_fei497/20070102/。
③ 《2006 年全国教育经费执行情况统计公告》，http://www.edu.cn/jiao_yu_jing_fei497/20071231/。

点，因此承办职业教育具有较好的收益。在这种情况下，应鼓励民办的职业培训机构的发展，吸引民间资本投资职业教育。在某种程度上，职业教育的一个主要受益者是企业。因此，在推动职业教育的发展中，应鼓励企业投资职业教育和培训。

第四，改善教育投资结构，调整教育投资方向，兼顾教育的效率与公平。东北地区人口数量较多，因而基础教育，特别是普及九年制义务教育所要求的教育投入较大。而同时高等教育又是培育高水平人才的摇篮，对高等教育的投入水平直接决定了地区人力资本的状况。所以平衡初等、中等和高等教育之间的投资比例，是优化教育投资结构的关键。东北老工业基地全面振兴的攻坚阶段，重化工业的发展需要大量的技术人员和技术工人，这就形成了对职业技术教育的强烈要求。遵循东北地区产业发展的规律和特色，应特别加强职业教育的投入。

在强调教育投入效率的同时，要兼顾教育公平问题。东北区域内部经济发展也是不平衡的，地区之间、城乡之间，甚至阶层之间还存在或多或少的种种差别，特别是要弥补落后地区教育资金自我积累能力低的缺陷，教育的投入上向经济落后地区特别是农村困难地区倾斜，加大资金投入，重点解决教学设施落后、办学条件差、环境简陋、学生上学难、教师待遇低等问题，加快这些地区基础教育的发展。同时，东北地区各级政府还应通过加大投入，保障受教育者的机会均等和弱势群体的受教育权利，减少教育不公平现象，体现教育的公益属性。

第三节　东北老工业基地人力资本开发与利用的公共政策

收入分配制度建设是人力资本开发与利用的必要保障，合理的收入分配制度安排将有效推动人力资本投资，体现人力资本价值，促进人力资本形成。东北老工业基地实施"再工业化"战略，充分发挥人力资本的作用，收入分配制度的完善是其中的重要环节。

一、人力资本投资的外部效应与公共政策

一项人力资本投资所产生的收益不仅局限于给投资者本人带来的经济利益，它通常会给投资者以外的其他人带来某种利益或好处，这就是人力资本投资的外部效应。例如，教育投资以及各种培训不仅会给个人带来工资收入及社交、审美

能力的改进等内部收益，还会给整个社会带来外部收益。个人教育程度越高，技能水平越高，通常会给社会带来积极的绩效影响，其知识或技能会产生"溢出"效应而影响整个社会技术水平的改进与提高。国民教育水平的提高，不仅会增进文明程度与道德水准，还会对促进社会秩序的和谐与规则化产生积极的意义。再如，医疗保健投资不仅会提高投资者本人的健康水平与生命质量，还会对周围的人群产生良好的影响。因此，人力资本投资通常会产生正的外部效应，即它所带来的社会边际效益大于私人的边际效益；而且，人力资本投资所产生的外部性要比物质资本所产生的外部性更广泛、更重要。

人力资本投资具有外部性，其原因在于，作为人的智力和体力外化形态的知识和技术具有非竞争性和非排他性，从而具有公共物品的属性。所谓非竞争性，指的是某一主体所创造或拥有的知识与技术可以在不增加任何成本的情况下为其他主体所利用。所谓非排他性，则是指一个主体创造或拥有的知识与技术难以得到有效的保护，而有可能为其他主体所拥有或分享。物品的非竞争性为外部效应的存在创造了技术条件，而非排他性则为外部效应的产生创造了制度或经济上的条件。正是知识或技术所特有的这种非竞争性与非排他性，导致了人力资本投资及其相关知识与技术创新上的产权界定面临困难，从而一方面使得在人力资本投资的外部效应更为广泛地存在，另一方面这种投资的外部效应又主要表现为正效应，即知识与技术的外溢。

外部性的存在将使市场机制出现失灵，从而使资源配置偏离帕累托最优。具体而言，当出现正的外部性的时候，如果单纯任凭市场机制调节，则理性的经济主体将把其投资需求确定在私人边际收益等于私人边际成本的一点。从社会角度看，却意味着边际收益大于边际成本，即资源配置出现不足。这时，政府需要出面采取措施增加投资，以矫正资源配置不足的状态，恢复到帕累托最优。对于正的外部效应，政府采取的矫正措施通常有两种：一种是降低私人边际成本，如补贴，从而刺激私人投资的增加；另一种是直接增加政府的公共支出，以弥补私人投资的不足。

就人力资本投资而言，由于其发生的偏离帕累托最优的情况常常具有外部正效应，容易导致私人投资从而资源配置的不足。所以，在这一领域中公共政策的基本导向应是积极、扩张型的，即努力通过各种政策措施和手段刺激私人投资并增加公共支出。例如，由于教育具有强烈的正的外部效应，就需要政府出面大力发展教育事业，实行不同程度的免费义务教育制度，以及提供图书馆等科技文化设施的无偿服务等。

因此，在人力资本投资领域，公共政策的职能是不可或缺的。这一政策职能的基本点就在于对私人要有效地鼓励其人力资本投资，对社会要充分利用人力资本投资的外溢效应。在现代社会的市场经济条件下，人力资本投资并不单纯是一种私人行为，政府作为社会的公共代表，也是人力资本投入需求的重要主体之一。

二、东北老工业基地人力资本开发与利用的收入分配对策

由前面可见，人力资本投资作为公共物品需要公共政策予以必要的调节，而目前我国教育等人力资本投资的收益率在总体上与世界相比还存在一定差距，这必然制约东北老工业基地人力资本投资的水平。因此，东北老工业基地需要进一步完善收入分配制度，推进教育的发展和企业自主创新，提升人力资本投资水平，从而实现东北老工业基地的全面振兴。

（一）在政府层面上，促进国民收入分配向教育投资倾斜

教育作为人力资本投资的重要层面，是一种公共性程度很高的"准公共产品"，存在着市场失效状态。因此，不可能通过完全产业化的方式来解决教育供需的矛盾。教育外溢性的存在决定了作为公共利益代表的政府必须介入，对教育实行补贴，以矫正其外部经济效应；而且由于教育对经济和社会发展的重要作用，政府资金应当是高等教育资金的主要来源之一。

随着经济的持续快速发展，我国财政性教育经费不断增长，从 1995 年至 2005 年，国家财政性教育经费支出由 1 412 亿元增加到 5 161 亿元。[①] 但是，目前比较突出的问题是，我国财政性教育支出占国内生产总值的比重一直较低，而且，从 2002 年以来，这一比重开始持续走低。表 7 – 11 显示了我国近年来财政性教育支出占国内生产总值的比重，表 7 – 12 显示了世界公共教育投资占其国内生产总值的比重。

表 7 – 11　　　　　中国财政性教育支出占 GDP 的比重　　　　单位：%

年　份	百分比	年份	百分比
1995	2.46	1998	2.55
1996	2.44	1999	2.79
1997	2.49	2000	2.87

---

① 　教育部、国家统计局、财政部：《1995 年全国教育经费执行情况统计公告》、《2005 年全国教育经费执行情况统计公告》。

年　份	百分比	年份	百分比
2001	3.19	2004	2.79
2002	3.32	2005	2.81
2003	3.28	2006	3.01

资料来源：根据教育部、国家统计局、财政部历年《全国教育经费执行情况统计公告》。

表 7 – 12 　　　　世界公共教育投资占国内生产总值的比重　　　单位：%

年　份	1980	1985	1990	1995	2000
发达国家	5.1	4.9	5.0	5.1	5.3
欠发达国家	3.8	3.9	3.8	3.9	4.1
最不发达国家	2.8	2.7	2.3	2.1	2.5
所有国家	4.9	4.8	4.7	4.7	4.5

资料来源：根据《国际统计年鉴（2002）》中相关数据整理得出。

　　国家教育财政资源短缺的总体状况也制约着地方政府的财政性教育支出。东北老工业基地近年来预算内教育经费绝对额一直在不断增长，2006 年辽宁、吉林和黑龙江预算内教育经费比 2005 年分别增长 18.8%、20.27% 和 19.37%，[1]但是，东北老工业基地财政性教育支出占 GDP 比重却不高，2006 年，辽宁、吉林和黑龙江财政性教育支出占 GDP 比重分别为 2.2%、2.6% 和 2.4%，[2]都未达到 4% 的目标。

　　有效地开发人力资源、培育人力资本是东北老工业基地实现全面振兴的战略选择，而教育则是有效开发人力资源的重要途径。教育部《国家教育事业发展"十一五"规划纲要》明确提出"坚持教育优先发展"、"加大教育投入"。我们认为，在国家财政提高对教育整体投入比重的同时，东北老工业基地各级政府也需要进一步加大公共财政对教育投入的力度，充分挖掘财政对教育发展的主导作用。在安排预算时，各级政府要在保证落实《教育法》规定的教育经费"三个增长"的基础上，不断提高地方财政支出中教育经费所占比重，地方财政的超收部分也应更多用于教育投入。

　　由于财政资源有限，东北老工业基地地方政府需要完善公共财政支出的途径，以保证有限资源的优化配置。例如，可以"外部性"为依据对不同阶段教

---

① 教育部、国家统计局、财政部：《2007 年全国教育经费执行情况统计公告》。
② 根据《中国统计年鉴（2007）》相关统计数据计算得出。

育实行支持强度不同的财政支出政策，以外部性的高低来确定政府财政拨款（或补贴）与收费的比例；完善教育税收优惠政策，鼓励企业、社会团体和个人对教育的投资；建立规范的教育财政转移支付制度，促进地区间教育的均衡发展；实行教育预算单列，促进教育财权与事权的统一等，从而确保财政支出更加趋于合理。

（二）在企业层面上，促进收入分配向在职培训倾斜

在职培训指劳动者在完成正规教育后，在劳动力市场上获得的知识和技能的发展。在职培训是企业人力资本投资的重要形式，它能够增加企业人力资本存量，提高人力资本质量水平。随着各国对人力资本因素的日益重视，企业在职培训投资对经济增长的作用也越来越大，它对提高劳动生产率、提高产品技术含量和竞争力、提高科技成果的转化率及管理水平与管理效果将产生重要影响。由于教育活动具有较大程度的正的外部性，企业是外部性收益的获得者，特别是岗位技能的人力资本投资具有很强的资产专用性特性，如果单纯由个人投资，往往会导致人力资本投资的严重不足。因此，需要企业进行人力资本投资，将更多的企业收益分配于在职培训。

发达国家企业为了适应迅速变化的市场需要，应付日益激烈的国际竞争，非常重视企业员工的在职培训，形成了内涵丰富的职业培训体系。许多大型企业中设有专门的培训部门，有专职的培训经理、培训主管和培训员、教导员和培训管理人员等，从而使培训工作专业化。企业培训的主要目的是从各层次级别的职工中获得效益，培训的对象不仅是第一线的工人，而且包括各级管理人员和专业技术人员，对不同培训对象，规定了不同的培训内容，形成了全员化培训体系。

以摩托罗拉公司为例，摩托罗拉公司通过摩托罗拉大学和本地的高校及海外院校向员工提供各类培训。经过 20 多年的发展，摩托罗拉大学已成为摩托罗拉公司变革过程中不可缺少的一部分。目前摩托罗拉大学在全球设有 100 多处分校，遍布全球 24 个国家，被公认为全球企业大学中的佼佼者。[①] 经过不断发展，摩托罗拉公司已拥有非常完善和全面的培训体系。在每年年初，摩托罗拉都会结合公司、事业部、部门的工作重点、发展方向及员工个人目标，制定出有针对性的公司年度培训计划及员工个人发展计划。并跟踪培训与发展计划的落实，评估培训的质量与收益等。摩托罗拉大学还拥有很多经过多年实践与经验积累发展出来的较优秀的培训项目，比如公司系列的"六西格玛绿带/黑带项目"、"领导人

---

① 《摩托罗拉公司的培训体制》，training. cyol. com/content/2005 – 01/21/content_901700. htm。

培养项目"等为员工提供了丰富的培训资源。

与发达国家比较，我国企业在培训的普及程度和培训投资总额方面都较为落后，突出表现在：

1. 培训普及程度低。在我国，企业实施培训的普及程度很低，即使是实施比例最高的外商投资企业，其实施比例也未超过 25%，[①] 远远落后于西方国家。例如，1993 年就已有 70.9% 的美国企业向员工提供了有计划的正式培训，50 人以上的美国企业中提供正式培训的企业的比例高达 90% 以上；日本在 1976 年就已经有 76.7% 的企业向其雇员提供了某种形式的培训，1985 年这个比例进一步上升到 83.9%，100 人以上的企业几乎 100% 地实施教育培训。

2. 培训投资总额严重不足。我国企业职工培训投入较之发达国家也相差甚远：美国工商企业每年用于在职培训的经费已达 2 100 亿美元，分别超过中等教育及高等教育的经费；英国每年用于在职培训方面的费用约为 330 亿英镑；而我国在这方面的投资无论从绝对量还是相对量上看，都明显落后：我国有近一半企业的职工年均在职培训经费在 25～50 元之间，有 30% 左右的企业，其职工年均在职培训经费在 25 元以下。[②] 据对 282 家企业的调查，人力资本投资经费只有工资总额的 2.2%（职工人均年教育经费仅 49.50 元），远低于发达国家 10%～15% 的水平。[③] 企业在职培训滞后的情况也同样在东北老工业基地工业企业中普遍存在。

为此，东北老工业基地企业需要进一步加大对在职培训的力度，使企业收入分配向员工培训倾斜，促进人力资本形成。这可以考虑采取以下几方面措施：

第一，确保企业职工教育经费至少按上年工资总额的 1.5% 提取和支出。对于不提取的单位，或不按规定支出的单位，加重征收税金。而对于那些所提教育经费超过工资总额 1.5% 的企业，政府应给予政策支持，作为监督其培训支出，应要求企业严格经费使用审批制度，严格执行财务制度，并采取培训经费单列的形式以供审计部门备查。

第二，建立企业发展教育基金。其主要来源是，企业每年提取的折旧费中按 5% 提取；企业生产发展基金中按 5%～10% 提取，专款专用，主要用于培训设施的更新、改造。各行业公会、总公司可从中提留 30%，用于行业教育发展需要。

第三，解决企业间教育经费支出的不均问题。各大企业集团在实行兼并重组

---

① 刘湘丽：《我国企业职工培训现状分析》，《中国工业经济》2000 年第 7 期。
② 李玲：《中国企业在职培训投资困境分析》，《中国人力资源开发》2004 年第 1 期。
③ 周荣蓉：《在职培训——企业人力资本投资的有效途径》，《哈尔滨职业技术学院学报》2007 年第 2 期。

过程中，应该考虑到对原有员工按照集团化的统一要求，进行职业培训，应按一定比例从所属企业教育经费中集中部分资金，统一掌握使用，根据开展培训情况予以返回和重点培养急需人才。

第四，企业可考虑将用于科研开发和技术推广的费用适当调剂一部分用于企业职工培训。

（三）在个人层面上，促进收入分配向科技创新型与经营管理型人才倾斜

现代人力资本理论表明，人力资本从一种普通的、无差别的生产要素资源发展到一种特殊的、对企业和社会创造产生决定作用的生产要素，按照其贡献参与收入分配是所有者权益的体现，也是生产方式发展的必然结果。党的十六大报告中明确提出，要"确立资本、劳动、技术和管理等生产要素按贡献参与分配的原则，完善按劳分配为主体、多种分配方式并存的分配制度"，从而确立了人力资本也应按贡献参与收益分配的基本原则。

科技创新型人力资本是指通过其充满创新型智慧的劳动，其劳动成果能促进生产劳动、服务劳动提高效率，促进经营、管理提高水平的一种人力资本。科技创新型人力资本具有高强度、复杂的脑力劳动的技能，是创新型的人力资本，其劳动具有风险性和不确定性，其人力资本的获得需要经过长期艰苦的投入和积累。管理型人力资本主要是指运用现代科技进行经营与管理活动的智力劳动者，其劳动具有非程序性劳动的特点、创新性、决策性、风险性和随机性等特点，也是企业中要求最高的人力资本。科技创新型和经营管理型人力资本创新劳动的含量很高，在加快产业优化升级、提高企业竞争力、推动技术创新和科技成果转化等方面具有不可替代的重要作用。按照人力资本的贡献，科技创新型与经营管理型人才显然应该在收入分配中获得更多的报酬。

但目前来看，我国人力资本参与收益分配还存在范围较窄、比例较低，人力资本市场缺乏效率、收益分配制度缺乏保障等问题。一项关于中国企业家的调查显示：只有 7.1% 的企业经营者认为自己的责任与风险"全部得到了报酬"，而认为"只是部分得到报酬"和"基本没有得到报酬"的分别占 63.2% 和 29.7%；有 59.3% 的国有企业经营者认为自己的收入水平低或偏低。[1] 东北老工业基地国有企业收入分配制度同样存在忽视创造性劳动、缺乏对经营管理型和科技创新型人才的有效激励等问题，收入分配难以反映人力资本的

---

① 岳琳琳：《中国人力资本收益分配研究》，中国期刊网，中国优秀硕博士学位论文全文数据库，2006 年。

真正价值。

我们认为，东北老工业基地需要按照人力资本贡献，进一步完善个人收入分配制度，使收入分配向科技创新型和经营管理型人才倾斜。为此，地方政府和企业可以考虑从以下几方面入手：（1）转变收益分配理念，营造良性社会氛围。一方面政府应当加大按照人力资本贡献参与收入分配的理念；另一方面大力发展知识经济，为人力资本收益分配奠定经济基础。（2）加强人力资本收益分配制度建设。一方面按照增值性分配方式和辅助性分配方式重构人力资本收益分配制度；另一方面确立新的人力资本产权制度，这包括改革现存人力资本投资制度，建立企业新的产权制度和建立与国际接轨的企业法人制度等。（3）完善人力资本收益分配制度相关保障体系。这包括完善人力资本流动、使用的法规、完善社会福利制度、建立人力资本收益分配的约束与监督机制等。（4）建立完善的人力资本市场，解决人力资本市场化定价问题。要确立独立的人力资本市场供给和需求主体，加强人力资本市场的信息建设和声誉机制建设，充分发挥人力资本价格的市场调节机制，使其成为人力资本市场化配置的信号。

第四节　提高人力资本配置效率的策略选择

从人力资本的供给到人力资本的需求，中间需要经过人力资本配置这一环节。人力资本配置的功能就是将每一种类型的人力资本都投入到对其最需要的地方，实现"人尽其才、人尽其用"。如果这一环节的功能发挥得不好，人力资本配置不当，便可能导致人才供求的总量和结构失衡。目前，东北老工业基地人力资本配置效率偏低，为更好地服务于重化工业结构升级的目标，优化人力资本配置成为亟待解决的问题。

一、人力资本的流动及其配置效率

在经济全球化和知识经济日益发展的大背景下，人力资本的跨区域和跨国流动日益频繁，这既给东北老工业基地带来了人力资本流失的挑战，也为有效利用外部人力资本带来了机遇。

（一）人力资本流动是人力资本优化配置的杠杆

市场经济体制中，所有生产要素的配置都主要靠市场来完成。流动是任何市场的共性，人力资本的优化配置是以其能够自由流动来保证的。只有在自由流动的条件下，人力资本市场的供给和需求才能趋向于均衡，市场中各种行为主体才有可能达到约束条件下的最优化。人力资本流动是劳动者为满足自己需要与自身愿望的一种行为选择。人力作为资本形态来展现，说明它具有资本的属性，即能带来价值增值。人力资本在流动中，能够为其所有者和使用者带来丰厚回报。市场经济条件下，劳动者和使用者是两个平等的市场主体，二者通过市场交易，使人力资本转变为现实的生产力。

人力资本流动以市场规律为基础，也是市场规律发挥作用的一种具体体现。在一些发达国家的人力资本市场，作为需求方几乎在任何时候都可以找到所需要的专业化人力资本，通过规范的程序引进或通过目标市场竞争获得。① 劳动者也会根据自身条件选择人力资本使用者，即使已经投入工作，若对自身的潜能有了新的认识，现有环境不再适合自己，也会选择流向其他地方。这样，在流动的过程中，劳动者不断地调整自己以适应不断变化的需求，需求者根据自身情况变化寻找劳动者，这一过程不断地循环往复，人力资本配置效率就会不断提高。从欧美国家的情况看，经济越发达，表明其人力资本配置效率越高，人力资本流动越频繁。美国的人力资本流动率为 20%，英国的人力资本流动率在 25% 左右，加拿大、法国的人力资本流动率至少在 12% 以上。② 因此，人力资本流动是人力资本优化配置的杠杆。

（二）人力资本流动的成因及其方式

1. 人力资本流动的成因。关于人力资本流动的成因，可以从宏观层面和微观层面分别考察。

从宏观层面来看，人力资本流动是由不同地区或不同国家间人力资本供求不均衡引起的。经济发展速度较快的地区，对人力资本的需求量比较大，本地区人力资本供给不足时，就会在更为广阔的市场上寻找合适的人才。比如，近些年，我国东南沿海省份经常在东北、中西部地区招聘高水平技工和高层次复合人才。经济发展速度较慢的地区，由于现实和预期的收入水平低、工作和生活环境不理想，虽然对高层次人才有很强烈的需求，却难以得到外部的人力资本供给。这是因为，劳动者是"经济人"，基于个人价值和利益最大化的动机，流动与否要看能否改善自己的现有处境。按照帕累托资源配置效率理论，在自由竞争的市场经

---

① 李薇辉：《论人力资本流动全球化趋势及相应对策》，《上海师范大学学报》（社会科学版）2002年第4期。

② 凌云、王立军：《先进制造业基地建设的理论与实践》，中国经济出版社2004年版，第241~242页。

济体制下，只要收益大于成本的潜在空间存在，劳动者就会做出合乎理性的选择，向收益更高、更能发挥自身能力的市场转移。

从微观层面来看，人力资本流动既有经济原因也有非经济原因。经济原因中，薪酬收入、预期收入、货币福利等"利益诱导"因素是现阶段我国人力资本流动的直接诱因。从非经济原因看，专业选择、晋升机会、生存条件、家庭因素、学术环境等是导致人力资本流动的重要成因。国内外均有学者认为，非经济原因比经济激励更严重地影响人力资本的流动。

2. 人力资本流动的方式。人力资本流动的方式主要有本地流动、跨区域流动和跨国流动三种。本地流动即劳动者在同一区域内不同行业或不同部门、单位间变换工作。这是人力资本流动的主要方式。就多数劳动者而言，他们更愿意在自己居住的区域内工作，而不愿承受较大压力去进行跨区域迁移。人力资本的跨地区流动是指劳动者放弃在本地区寻找工作的努力，转而在其他地区寻找工作。由于新的工作地点位于其他地区，涉及家庭是否迁移，这种流动方式较第一种而言将给迁移者带来较大的成本和压力。人力资本的跨国流动一直是个热点问题。有史以来，人力的跨国流动从未停止过，某些时候甚至在世界范围内形成大的移民潮。移民可能通过合法的途径，也可能通过非法偷渡，从一国流向另一国。

（三）人力资本流动的经济效应

关于人力资本流动的经济效应，长期以来颇有争议，国内外学者从理论方面和实证方面都进行了探讨。

国外学者中，哈佛大学教授米希尔·德塞（Mihir Desai）指出，损失大量的"最优秀和最聪明"的人才会给一个国家或地区带来难以估量的负面影响，这些损失会伤害所谓的"协助性因素"——高技能人才、普通工人、企业家和资本提供者的整合。受过高等教育的人才的大量流失甚至会导致一个国家或地区无法满足达到形成人才群体"关键性集合"的最低需要。托马斯·谢林（Thomas Schelling）研究了"关键性集合"理论后指出智力流失有可能导致一国陷入恶性循环：高素质人才的流失会导致越来越多的人才的流失，每个人的去留都有连锁反应。贝克（Beck）认为，人力资本的流失不仅仅是"智力的流失"，而且是"变革的流失"，高层次人力资本应该发挥对本地区改革和振兴的关键作用，他们的离开在一定程度上带走了"创新"的素质和影响，会限制流出地制度创新和技术创新的步伐。

国内学者中，刘锦雯（2005）认为，我国人才流动的"孔雀东南飞"趋势愈演愈烈，人力资本流动的"马太效应"使东北和中西部地区人力资本匮乏的情况愈加严重。[1] 还有一些学者研究了人力资本流动对我国不同区域经济增长的影响，比如吴慈生、李兴国（2006），[2] 段平忠（2007），[3] 赖德胜、孟大虎（2006），[4] 王琳（2006），[5] 郑丽琳（2007）等，这些研究得出了一些有启示的结论。

从理论上看，人力资本流动存在扩散效应和回波效应。[6] 扩散效应是指不发达地区通过人力资本扩散提高本地的劳动生产率，提高本地居民的收入水平；发达地区向周围地区的人力资本扩散提高了周围地区的技术水平，发达地区生产、生活需要的迅速增长扩大了对其他地区人力资本素质的进一步需求，从而促进了其他地区的发展。回波效应是由于发达地区和其他地区之间在投资收益上存在差异，导致高素质人力资本、资金、技术、资源等生产要素由落后地区向发达地区流动，发达地区越来越发达，落后地区越来越落后，地区间经济发展水平差距趋于扩大，不利于落后地区经济发展。

从实证上看，对人力资本流动对流入地、流出地经济发展的影响采用灰色关联分析法，[7] 得出的实证结论是：首先，我国省际间人力资本流动与流入地经济增长具有极高的关联性。其次，省际间人力资本流动与流出地经济增长关联性快速上升。最后，人力资本流入对经济增长的贡献优于人力资本流出，但优越比例趋于缩小。总的来说，我国区域间人力资本的扩散效应低于回波效应，从而加大了东北、中西部与东南沿海的经济发展差距。

二、东北老工业基地人力资本配置效率的基本态势

从一定意义上讲，现时人力资本配置效率是过去经济发展战略和绩效的结果。由于一系列因素的影响，目前东北地区人力资本配置效率不高。

---

① 刘锦雯：《人力资本流动的"马太效应"及政府的应对策略》，《山西大学学报》（哲学社会科学版）2005 年第 5 期。

② 吴慈生、李兴国：《区域人力资本流动对经济增长的影响研究》，《现代管理科学》2006 年第 12 期。

③ 段平忠：《人力资本流动对地区经济增长差距的影响》，《中国人口·资源与环境》2007 年第 4 期。

④ 赖德胜、孟大虎：《专用性人力资本、劳动力转移与区域经济发展》，《中国人口科学》2006 年第 1 期。

⑤ 王琳：《区域间人力资本的非均衡配置与改善措施》，《山东财政学院学报》2006 年第 1 期。

⑥ 冈纳·米尔达尔：《一国地区经济不平等的趋势》，转引自郭熙保：《发展经济学经典论著选》，中国经济出版社 1998 年版，第 349、352 页。

⑦ 灰色关联分析法是根据灰色系统理论研究变量序列之间关联程度的一种数量分析方法，这种分析在某种程度上能判断比较因素对参考因素的重要性。郑丽琳：《人力资本流动对区域经济增长的影响效应分析》，《特区经济》2007 年第 5 期。

（一）人力资本配置效率总体偏低

对于东北老工业基地来说，判断人力资本配置效率高低的主要标准就是是否将已经形成和引进的人力资本配置到"再工业化"最需要的地方，这可以从人力资本流量、存量及其结构和使用效率的变动趋势判断出来。

从人力资本的流量看，由于东北地区人力资本平均工资低于东南沿海地区，所以人才流动长期呈逆差状态。从人力资本流出量看，资料显示，近20多年，东北高层次人才特别是中青年专业技术骨干人才外流十分严重。其中，黑龙江省在过去的20年里，高层次人才流失达到20万人。[1] 吉林省每年流失的高级人才达9 000人左右，流失率达10%。辽宁的人才外流也比较严重，近年来流出4.76万人。[2] 从需求角度看，根据东北三省人才市场2007年发布的信息，黑龙江省急需五大类人才，即高层次的党政干部人才、经营管理人才、专业技术人才、专门人才和专业技能人才。吉林省人才需求量最大的前五个专业分别为机械加工、企业管理、市场营销、化工、药学专业，占需求总量的近1/3。[3] 2006年11月，吉林省政府共调查单位近700余个，提出人才需求的单位近400个，占调查单位总数的57.1%，各级重点项目紧缺各类人才10 780人。[4] 辽宁人才与劳动力市场提供的统计显示，技术工人的缺口已经达到50万人。其中，维修电工的供需缺口为1∶2，机械设备装配工的供需缺口为1∶7，焊工、机修钳工的供需缺口为1∶8，数控铣工的供需缺口高达1∶21。与老工业基地振兴密切相关的先进装备制造、电子信息、汽车、生物工程与制药、新材料、新能源等十大领域，技术工人都面临紧缺局面。从人力资本流入量看，东北三省在全国的排名勉强属于中等水平（见表7-13），说明东北地区对劳动力的吸引力比较低。

表7-13　　　　　　　2000年我国各地区劳动力跨省
流动情况（流入量）　　　　单位：万人，%

地区	跨省迁移	比重	名次	地区	跨省迁移	比重	名次
全国	4 241.86	100	—	江苏	253.69	5.9806	4
广东	1 506.48	35.5146	1	北京	246.32	5.8069	5
浙江	368.89	8.6964	2	福建	214.53	5.0575	6
上海	313.49	7.3904	3	新疆	141.11	3.3266	7

① 赵卓莉：《对黑龙江省人才流失情况的调查分析》，《哈尔滨市委党校学报》2006年第5期。

② 高欣：《从"孔雀东北飞"中探寻辽宁人才战略》，《辽宁日报》2008年8月3日。

③ 常兴华：《东北老工业基地的人才去了哪？》，《中国经济导报》2004年11月27日。

④ 《吉林省发布2006～2007年度紧缺人才需求目录》，吉林省人民政府门户网站，2006年11月13日。

续表

地区	跨省迁移	比重	名次	地区	跨省迁移	比重	名次
云南	116.44	2.745	8	贵州	40.85	0.963	20
辽宁	104.52	2.464	9	重庆	40.32	0.9505	21
山东	103.32	2.4357	10	黑龙江	38.66	0.9114	22
河北	93.05	2.1936	11	海南	38.18	0.9001	23
天津	73.5	1.7327	12	湖南	34.88	0.8223	24
山西	66.74	1.5734	13	吉林	30.86	0.7275	25
湖北	60.97	1.4373	14	江西	25.31	0.5967	26
内蒙古	54.79	1.2917	15	安徽	23.01	0.5425	27
四川	53.62	1.2641	16	甘肃	22.79	0.5373	28
河南	47.62	1.1226	17	宁夏	19.19	0.4524	29
广西	42.82	1.0095	18	青海	12.43	0.293	30
陕西	42.6	1.0043	19	西藏	10.87	0.2563	31

资料来源：第五次全国人口普查资料。转引自：《京津冀地区人力资本形成模式》，http：//bbs. econchina. org. cn/sitea/docs/。

从东北三省人力资本总的存量、结构及使用效率看，呈现出量大不强、使用效率偏低的特点。比如，据统计，辽宁省 2004 年有专业技术人才 199.8 万人，两院院士 57 人。在全国人才高密度区中居第五。但是，用人才使用效益的 GJ 模型[1]来测量，结果显示，辽宁人才使用效益却是 −0.35，而江苏是 0.66，浙江是 0.81，广东是 0.90。[2]

从人力资本结构看，存在着高低结构失衡、地区结构失衡、部门结构失衡的特点，从而导致人力资本配置结构失衡。高低结构失衡指的是高层次人力资本严重短缺，低层次人力资本过剩。以吉林省为例，2006 年在全省 136 万人才中，高层次人才仅占全省人才总量的 4.5%。低层次人力资本过剩导致东北三省的失业率一直居全国首位。2006 年，辽、吉、黑三省城镇登记失业率分别为 5.0%、4.2%、4.4%，高于全国平均 4.1% 的水平。同时，东北地区的工业结构以重化工业为主，属于资本和技术密集型产业，创造就业岗位和吸纳就业的能力较低。据统计，重工业部门每亿元投资提供 0.5 万个就业机会，只及轻工业的 1/3。

---

[1]　测量值大于零，说明人才的使用效益发挥得比较正常，人力资本配置效率高；小于零，就说明人力资本配置效率低。

[2]　姬养洲：《警惕人才远离制造业》，http：//www. hao86. com/job-dynamic/10585. htm。

2006 年，东北地区的国有企业、集体企业的失业人员约有 300 万，此外每年还有近百万的农村富余劳动力向城镇和非农业转移。东北地区庞大的失业大军造成劳动力整体价格便宜，低收入群体较多，形成了一个较大的产业后备军，这对提高城镇居民收入和农村富余劳动力的转移形成了很大的困难，是东北地区促进社会公平、构建和谐社会的最大障碍之一。[①] 地区结构失衡是指人力资本主要集中在大中城市。比如，辽宁省约 50% 的人才集中在沈阳和大连，吉林省约 47% 的专业技术人才集中在长春、吉林两市，其余地区的人才十分匮乏。[②] 部门结构失衡是指高层次人力资本流向党政机关和事业单位的比较多，企业的骨干人才流失严重，优秀人才不愿意到企业发展。据调查，辽宁专业技术人员 68% 在事业单位，其中正高级职称人才 98% 在事业单位；研究生以上学历人才 57% 在机关和事业单位。辽宁省 14 个城市中，机关的工作岗位需求不到 1%，但是大学生就业时首选政府机关的却占 60% 以上。吉林省政府发展研究中心调查显示，全省制造业占工业比重为 89%，制造业人才只占工业人才的 24%，专业技术人员 74% 在机关和事业单位。[③]

（二）影响人力资本配置效率的因素分析

东北老工业基地人力资本配置效率总体偏低，既有历史原因，又有现实原因。既有经济原因，也有非经济原因，概括起来主要有以下几个方面：

1. 制度环境。首先，全社会对提高人力资本配置效率紧迫性的认识还不够充分，存在着振兴主要依赖资本、技术、自然资源等生产要素的思想。其次，关于提高人力资本配置效率的法律法规不健全。我国现在已颁布了一些关于人力资本方面的法律法规。全国人大及其常委会制定的《公务员法》、《教师法》、《高等教育法》等；国务院制定的一些关于人事管理的行政法规，如《国家科学技术奖励条例》。国务院所属部门颁布的人事管理的规范性文件 1 000 多件，如《人才市场管理规定》。另外，东北三省地方人大和地方政府还制定了一些人才管理方面的规章和政策。上述法律法规在提高人力资本配置效率方面发挥了一定作用，但仍存在很多问题。比如，制定法律法规的主体较多，"法出多门"的现象比较严重；又如，政策性文件较多，不能及时地上升为法律；还有些政策法规的内容显现出滞后性。最后，中央政府对东北地区的支持政策中，和人力资本配置效率有关的比较少。

---

① 鲍振东等：《2007 年：中国东北地区发展报告》，社会科学文献出版社 2007 年版，第 16 页。

② 田富：《论振兴东北老工业基地经济的人才战略》，《集团经济》2007 年第 10 期。

③ 李亚彪、于力、徐宜军：《东北振兴到底缺什么样的人才？》振兴东北网，http://chinaeast. xinhuanet. com/2005 - 03/14/content. 3866850. htm。

2. **市场主体地位的缺失。** 振兴战略实施以来，政府把更多的精力放在了建立企业的市场主体地位、建立有形生产要素的市场调控机制上，而较少关注对人力资本的市场调控。因此，在东北老工业基地，市场在人力资本配置中的主体地位没有确立，50% 以上的人力资本特别是高级人力资本的配置权仍掌握在政府手中。[①] 这样，市场对人才的需求，不能快速、有效地转化为市场信号，进而指导人才的培养和流动。比如，东北三省虽然早已发现技工类人才缺乏，但由于现存的人力资本开发和培养机制并未跟上市场信号的指导，无法做出适当的反应。同时，市场机制未发挥主导作用，导致人力资本定价存在着扭曲现象，人力资本的定价不是以质量和绩效为基础，而是以地区、部门、行业的地位、经济实力为基础。另外，政府监督和管理人力资本配置的权利过大导致人力资本中介组织极不规范，人力资本市场行政性垄断较为严重，形成"一家天下"的局面，不能为异质型人力资本提供良好的市场配置服务。由于监管不到位和重视不够，普通人力资本市场上小中介机构和非法职业中介鱼龙混杂，严重损害了市场的声誉。在东北地区，劳动者对市场信誉的担心阻碍了其就业范围的选择，在跨区迁移和跨国就业的选择上变得更加谨慎，限制了市场配置人力资本效能的发挥。

3. **政府职能的错位。** 人力资本的主导权应该在于市场。然而，现阶段，政府承担了相当多的人力资本配置监督、管理职能，协调和服务的职能体现不够，口头承诺过多，后续行动和配套措施不到位。结果是，某种程度上存在这样的局面，人才不愿来，来了留不住，留得住的工作效率低。

三、提高东北老工业基地人力资本配置效率的对策

（一）完善人力资本优化配置的制度环境

高层次人力资本短缺是老工业基地振兴中必须面对的客观现实，其供给增加除了靠教育、培训外，还应该重视外部引进。当前，人才流失的主要原因和引进人才的最大障碍，在于东北地区人力资本优化配置的制度环境存在缺陷，应尽快加以弥补。

1. 创新人力资本配置理念。如果说科学技术是第一生产力，就可以说人力资本是第一生产要素。根据世界银行专家对世界各国资本存量做过的一项统计得出的"国民财富新标准"，认为当今世界人力资本、土地资本、货币资本三者的

---

① 姬养洲：《警惕人才远离制造业》，http：//www.hao86.com/job-dynamic/10585.htm。

构成约为 64∶20∶16。① 在东北老工业基地振兴中，目前普遍存在过分重视土地资本、自然资源等物质资本的投入，热衷于上项目、搞标志性工程的现象，人力资本的开发利用和优化配置被放在从属地位。由于人力资本配置效率的提高见效慢且不易量化测度，因而实际工作往往停留在政策宣传的层面上，落到实处的不多。可以设想，如果第二次世界大战后德国的战争废墟不是由德国人来重建，而是由原始社会时期的人来重建，恐怕今日的德国仍然是原始部落而不是世界一流的经济发达国家。老工业基地的振兴，关键的要素是人才，是高水平的人力资本。只有高水平的人力资本与技术、物质资本和金融资本的结合，才能完成"再工业化"的艰巨任务。所以，包括政府在内的社会各界应牢固树立"人力资本是第一生产要素"的理念。充分发挥人力资本在经济社会发展中的基础性、战略性、决定性的作用。这不仅符合"以人为本"的科学发展观的要求，也符合建设"和谐社会"的客观要求。由此，必须把提高人力资本配置效率作为推进社会经济发展的关键因素，在全社会形成重视人力资本投资、尊重人才的社会风气，努力造就高素质劳动者和各类专门人才，开创人才辈出、人尽其用的新局面。如果东北老工业基地从人力资本大区转变为人力资本强区，重化工业就会获得源源不断的技术创新和制度创新能力，不再走第一次工业化的老路。

2. 健全人力资本优化配置的法律法规。人力资本的优化配置以人力资本的自由流动、双向选择、自愿签约为基础。在这一过程中，如果各行为主体能确认每个环节都有法可依，就会大大降低流动过程给未来收益造成的不确定性，增强人力资本市场的透明度，简化交易程序，降低人力资本配置成本。因此，建立健全人力资本优化配置的法律法规十分重要。考虑到我国人力资本立法的现状及缺陷，我国应整合现有的关于人事、劳动方面的法律法规和政策，建立并完善以"人力资本促进法"为核心的法律体系，以便解决现有政策法规体系中存在的问题。具体来说，"人力资本促进法"应以平等、竞争和合理流动为原则，在教育、考试、人力资本的招聘和使用上切实保障所有公民的合法权益，逐步缩小最后消除户口、档案、社会保障、住房、子女入学等因素对人口流动构成的障碍。② "人力资本促进法"应对人力资本的开发、利用和流动作出合理规定，以法律的手段为人力资本配置效率的提高提供支持。就人力资本的开发来说，要保证教育尤其是高等教育经费的投入、支持和鼓励发展职业教育、推行继续教育。就人力资本的利用来说，应以收入分配机制为重点保证人力资本获得适当的激

---

① 柳中权：《发挥人才优势创新发展模式》，http：//kjrc. dlinfo. gov. cn/rcdt. htm。

② 但是，法律也应对人力资本无序和非正常流动进行一定的约束，因为人力资本流动可能会带走国家核心机密、企业的核心技术或者商业秘密，因而以法律手段加以限制已成为世界各国的通例。我国《公务员法》即有相关规定，应将这一规定扩展以适用于其他劳动者。

励。就人力资本的流动来说，应逐渐并最终取消户口、档案、社会保障的限制，减少用人单位对人才流动采用非市场的阻碍手段，逐步消除就业歧视，建立高效公正的争议解决机制。

3. 中央政府应提供人力资本支持政策。振兴东北老工业基地是国家战略，"再工业化"急需的顶尖人才供给不足，中央政府应适当考虑给予东北地区人力资本倾斜政策。

首先，对振兴主导部门提供人力资本支持。如前所述，机床设备制造、电力成套装备制造、重型机械装备制造、飞机汽车等交通运输设备制造、石油化工装备制造、能源和化工产业、黑色金属冶炼及压延加工业等是"再工业化"的主导产业，无论从研发到生产，都存在着人力资本需求缺口大的问题。可考虑由政府出面组建以专业对口的两院院士为主的技术协作组，以财政资金提供研究与开发经费和实验条件的方式，加快技术成果转化为现实生产力的过程，同时，延续目前对高水平技术人才和一线技术工人的扶植政策。

其次，可考虑设立国家级的东北老工业基地振兴奖。对振兴做出重大突出贡献的自然科学和人文社科类的专业技术人才给予精神和物质奖励。对于高层次人才来说，精神奖励具有特殊的激励作用，通过授予荣誉称号和表彰先进事迹，可以使人才的价值得到社会承认，改变社会公众的成才价值观念，改善人力资本配置的软环境。

最后，应逐步建立有利于人力资本引进的移民和留学体制，特别是规定技术移民的优惠政策和便利条件，以鼓励"再工业化"急需人才的流入。

总之，要营造良好的人力资本环境，包括软环境和硬环境，让高层次的人才能走进来、留得住，尽力发挥自己的潜能。

(二) 确立市场配置人力资本的基础地位

在欧美发达国家，人力资本的优化配置主要靠市场来解决，我国南方一些省份已开始了人力资本配置方式的改革。实际上，作为生产要素之一，人力资本的配置主要应由市场来完成。目前，东北三省虽然都已建立了省级、市级人才市场和劳动力市场，但只是为人才的交易双方提供了相遇的场所。而市场就其本身含义来说指的是一种使人力资本的买方和卖方相互协商义务并约定利益分配方式的机制，东北的现实情况与真正的市场机制相比还有很大的差距。

1. 加快建立和完善人力资本市场。东北老工业基地受计划经济体制的影响时间最长、程度最深，而且由于产业结构偏向重化工业，因而造成了人力资本的专用性较强。也就是说，东北的人力资本具有较强的体制专用性、资源依赖型产业专用性和重化工业专用性，在人力资本市场上表现出明显的人力资本黏性和人力资本失灵现象。[1] 这既给东北的"再工业化"提供了丰富的人力资本存量，又使失业工人的再就业难度加大，在搜寻匹配岗位时遇到了很大阻碍。因此，建立统一的、层次合理的、市场定价的人力资本市场十分迫切。首先，从中央政府的角度讲，应尽快撤除各种分割人力资本市场的障碍，建立全国统一的人力资本市场，促进人力资本流通，这有利于东北从全国各地包括国际市场吸纳人才，也有利于遏制各省份在人才引进方面存在的恶性竞争倾向，同时也有利于东北地区的劳动者在全国范围内寻找就业机会，甚至依托对外投资或劳务合作到国外就业。其次，应建立结构合理、多层次的人力资本市场。人力资本的层次不同，决定了人力资本市场的层次也不同。按人力资本层次划分，人力资本市场也可分为普通人力资本市场、具有专业技能的人力资本市场、具有管理才能的人力资本市场、经营决策的企业家人力资本市场。前一种是同质型人力资本市场，后三种又称为异质型人力资本市场。基于东北老工业基地目前异质型人力资本市场短缺和不完善的现状，特别要加强专业技术和管理技能的人力资本市场和企业家人力资本市场的整合和建设。

2. 建立合理公平的人力资本定价机制。由于全国统一的人力资本市场尚未建立，因而在很大程度上存在着人力资本定价机制扭曲的现象，高层次人才工作积极性未充分发挥。解决这一问题应从两方面着手，其一是确立人力资本价格的市场调节机制，即由人力资本市场的供求机制和竞争机制来形成和调节，逐步减少最后消除政府在人力资本定价方面的垄断权；其二是形成人力资本价格的供求双方协商谈判机制，双方在各自预期收益水平基础上经过合理合法的协商形成双方都能接受的均衡工资。为此，应借助和规范猎头公司和职业介绍机构的经营行为，增进人力资本市场的活力。

3. 发挥市场解决就业主渠道的作用。不管是普通劳动者还是高级劳动者，都是人力资本的有效组成部分，其配置都应由市场进行。东北老工业基地失业率高于全国平均水平，为了稳定和社会和谐，地方政府已经采取了多项措施扩大就业。今后，在社会保障制度日益完善的基础上，应充分发挥市场解决就业主渠道的作用，鼓励普通劳动者到国内其他地区或国外就业。目前，长三角和珠三角对人力资本的需求量依然比较大，东北亚国家中的日本、韩国、俄罗斯都存在劳动力短缺的问题。政府应及时向劳动者提供当地政策和信息，支持职业中介机构拓展区域和国际劳务合作，扩大劳务输出的力度，缓解就业压力。

---

[1] 赖德胜、孟大虎：《专用性人力资本、劳动力转移与区域经济发展》，《中国人口科学》2006 年第 1 期。

（三）强化政府人力资本配置的服务职能

引进人才、留住人才、用好人才都需要完善的人才服务来保障，这种服务作为公共产品应由政府提供。长期以来，在人力资本配置上，东北地区一直存在着政府错位的问题。根据发达国家的经验，政府在人力资本配置中的作用主要是协调和服务，而目前东北三省的政府在人力资本的监督和管理方面做得过多，协调和服务职能发挥得不够。

1. 树立依法服务的行为规范。政府应依据人力资本方面的法律法规和优惠政策行政，依法健全人力资本配置的软环境和硬环境，迅速改变依靠"红头文件"开展人才工作的习惯，为人力资本的全面发展提供广阔的空间，鼓励劳动者到重化工业第一线去创造财富。同时，政府应保证人力资本市场的公平和有效，依法实施奖惩，以明确政府、用人单位和人才在违反法律规定的义务时所应承担的法律责任。这样既增强了人力资本法律法规的权威性和约束力，也树立了政府依法服务的行为规范，符合市场经济体制的要求。

2. 建立服务东北振兴的人力资本储备体系。东北老工业基地的全面振兴是一个长期的过程，对高层次人力资本的现时需求和潜在需求都是巨大的。随着人力资本市场化的推进，人才加速流动，人力资本流失的现象还将存在，建立急需专业的人力资本储备体系是十分必要的。现阶段应加强人力资本存量、流量的结构统计和分析工作，建立人力资本信息数据库，找出差距，有针对性地选择专业和目标，以自主培养和引进为主，建立高级人力资本的储备体系，随着老工业基地全面振兴进程的推进而及时更新。政府驻外部门工作人员应及时收集和了解驻在地人力资本供求信息，并迅速传递给相应部门，抓住机会，及时反应。

3. 强化后勤保障服务职能。人力资本的配置效率，不仅与激励机制、其本身的素质和能力有关，而且还取决于"协助性"的其他资源和条件。政府应充分考虑劳动者生活中遇到的实际困难，在科研、生产和经营中遇到的各种问题，以及对现行人力资本政策的各种意见和建议，为其提供充分发挥才能的软件和硬件设施，消除其后顾之忧。这样才能留得住人，充分调动其工作的积极性，减少浪费，提高人力资本配置效率。

第八章

东北老工业基地社会保障

第一节　东北老工业基地社会保障改革试点实践

在东北老工业基地全面振兴过程中，面对就业压力、人口老龄化等严峻挑战，建立与完善社会保障体系显得尤为重要。2001 年国务院选择辽宁省作为唯一省份进行完善城镇社会保障体系的试点工作，目标是建立独立于企事业单位之外、资金来源多元化、社会保障规范化和管理服务社会化的社会保障体系。2003 年底，辽宁试点基本结束。从 2004 年开始，在东北三省全面展开社会保障制度改革。

一、统账结合的养老保险改革

与其他省市相比，东北地区国有企业多，下岗失业人员多，在全国具有一定的典型性。为此，国务院于 2001 年选择辽宁省作为唯一省份进行城镇社会保障体系改革试点。其中，养老保险实行社会统筹与个人账户相结合的部分积累制模式。辽宁试点的实践证明，这一模式是符合中国国情和经济发展水平的理性选择。

315

（一）养老保险改革试点模式

辽宁养老保险制度改革试点在模式、缴费与给付以及管理体制等方面进行了全方位改革。

城镇养老保险制度实行社会统筹与个人账户相结合的模式，社会统筹账户与个人账户分设，并将个人账户做实。城镇基本养老保险的保障对象是国有企业、城镇集体企业、外商投资企业、城镇私营企业和其他城镇企业及职工、企业化管理的事业单位及职工和城镇个体工商户业主及雇员、自由职业者等。

城镇基本养老保险的缴费是在规定的期限内向社会保险经办机构和地方税务机关双重申报应缴纳的养老保险费金额，并及时向地方税务机关足额缴纳。企业缴纳的基本养老保险费，在税前列支；缴费个人应缴纳的保险费，由所在单位从其本人的工资中代扣代缴，不计征所得税，与统筹部分同步缴纳。保险费实行属地征收原则，不得减免，同时对缴费基数和缴费比例作了如下规定：企业基本养老保险费社会统筹部分以上月工资总额作为缴费基数，职工、自由职业者、城镇个体工商户业主及其从业人员以上年职工月平均工资作为缴费基数。企业的缴费比例一般为企业工资总额的20%。从2001年7月1日起，职工个人缴纳基本养老保险费的比例统一调整为本人缴费工资的8%，并全部计入个人账户。自由职业者、城镇个体工商户业主按本人缴费基数的18%缴纳，其中8%计入个人账户，10%划入社会统筹基金；城镇个体工商户雇用的从业人员按本人缴费基数的8%缴纳，全部计入个人账户；城镇个体工商户业主按全部从业人员缴费基数的10%缴纳，划入社会统筹基金。

城镇基本养老保险待遇的给付，是由基础养老金和个人账户养老金组成，职工达到法定退休年龄且个人缴费年限（含视同缴费年限，下同）满15年的（个人缴费年累计12个月为1年），按月领取基本养老金。个人缴费不满15年的，不发给基础养老金，个人账户全部储存额一次性支付给本人。建立个人账户前参加工作的人员退休后，在发给基础养老金和个人账户养老金的基础上，再发给过渡性养老金。

2004年，国家在吉林和黑龙江省推广辽宁试点模式。在辽宁试点方案的基础上，吉林和黑龙江两省对养老保险缴费和给付进行了部分调整，个人账户缴费率由辽宁试点方案的8%下调为5%。

（二）养老保险运行状况

1. 养老保险统筹层次。根据辽宁省养老保险制度改革试点经验，目前东北三省养老保险基金实行的是市级统筹，同时向省上解调剂金制度。这种制度统筹范围小、层次低，基金管理分散，调剂力度小，抗风险能力弱。另外，省级调剂金制度并不等同于养老保险基金的省级统筹制度，存在调剂金难以收缴、基金结余分散、经济结构调整和经济发展水平不同使各地养老保险基金收入增减变动不同而影响调剂金的作用、基本养老保险统一政策难以落实等问题。从辽宁省的情况来看，为建立和完善长期稳定的养老保障机制，养老保险实行省级统筹是完全必要的。

2. 养老保险覆盖面。2006 年辽宁省城镇基本养老保险参加人数为 1 248.8 万人，其中在职职工人数 865.8 万人，离退休人员 383 万人；吉林省城镇基本养老保险参加人数为 480.2 万人，其中在职职工人数 341.4 万人，离退休人员 138.9 万人；黑龙江省城镇基本养老保险参加人数为 801 万人，其中在职职工人数 564.5 万人，离退休人员 236.5 万人。从东北三省近 6 年的总体趋势看，虽然参保人数和离退休人员均有所增加，但二者增速不平衡问题比较突出。其中，辽宁省基本养老保险参加人员年平均增长率为 4.08%，而离退休人员年平均增长率高达 5.80%；吉林省基本养老保险参加人员年平均增长率为 4.30%，而离退休人员年平均增长率却高达 6.88%；黑龙江省基本养老保险参加人员年平均增长率为 2.95%，而离退休人员年平均增长率高达 5.79%。[1]

3. 养老保险基金收支。2006 年辽宁省养老保险基金收入为 424.5 亿元，基金支出为 351.63 亿元，累计结余为 350.4 亿元，与 2004 年相比分别增长了 45.38%、43.16% 和 73.21%，年平均增长率分别为 20.57%、19.65% 和 31.61%；吉林省养老保险基金收入为 158.1 亿元，基金支出为 111 亿元，累计结余为 150.92 亿元，与 2004 年相比分别增长了 31.75%、24.44% 和 66.61%，年平均增长率分别为 14.78%、11.55% 和 29.08%；黑龙江省养老保险基金收入为 279.6 亿元，基金支出为 203.7 亿元，累计结余为 215.42 亿元，与 2004 年相比分别增长了 62.56%、37.82% 和 120.92%，年平均增长率分别为 27.5%、17.4% 和 48.13%（见表 8 - 1）。

表 8 - 1　　　　　　　东北三省养老保险基金收支状况　　　　单位：亿元

年份	辽宁省			吉林省			黑龙江省		
	基金收入	基金支出	累计结余	基金收入	基金支出	累计结余	基金收入	基金支出	累计结余
2000	181.28	166.17	15.11	63.59	58.87	4.72	104.47	100.35	4.12
2001	191.80	179.26	41.15	69.25	68.45	7.94	125.37	109.76	39.34

---

[1] 《中国统计年鉴（2007）》，中国统计出版社 2007 年版。

续表

年份	辽宁省			吉林省			黑龙江省		
	基金收入	基金支出	累计结余	基金收入	基金支出	累计结余	基金收入	基金支出	累计结余
2002	249.65	200.69	109.95	86.50	79.77	14.67	135.13	125.88	54.10
2003	262.31	217.38	155.79	92.34	81.11	25.90	154.76	135.18	73.25
2004	292.14	245.57	202.26	119.99	89.24	56.64	171.97	147.75	97.47
2005	353.94	287.19	277.49	148.04	100.78	103.90	209.33	167.25	139.55
2006	424.50	351.63	350.40	158.05	111.04	150.92	279.58	203.71	215.42

资料来源：根据《中国统计年鉴》（2001～2007）中相关数据整理得出。

二、统账结合的医疗保险改革

东北地区目前已经初步建立了城镇职工基本医疗保险制度。该制度覆盖城镇所有在职和退休职工，实行用人单位和职工共同缴费，建立个人账户和社会统筹模式，退休人员不缴费。制度运行的实践证明，这种社会统筹和个人账户相结合的基本医疗保险制度，对保障职工基本医疗，抑制医疗费用过快增长，发挥了积极的作用。

（一）医疗保险改革试点模式

医疗保险改革模式，是统筹基金和个人账户相结合。职工个人缴纳的基本医疗保险费，全部计入个人账户。用人单位缴纳的基本医疗保险费用于建立统筹基金。

医疗保险的保障对象，是城镇所有用人单位，包括各类企业、机关、事业单位、社会团体、民办非企业单位及其职工。

医疗保险的缴费，是由用人单位和职工共同缴纳。用人单位缴费率大约为职工工资总额的6%左右，职工缴费率一般为本人工资收入的2%。用人单位和职工缴费率可随经济发展做相应调整。

医疗保险设立了统筹基金和个人账户各自的支付范围，分别核算，不得互相挤占。个人账户上的资金主要用于支付门诊小病及一部分住院费用，统筹基金主要用于支付住院费用及门诊大病。统筹基金设立了起付标准和最高支付限额，起付标准控制在当地职工平均工资的10%左右，最高支付标准控制在当地职工平均工资的4倍左右。起付标准以下的医疗费用，从个人账户中支付或由个人自付。起付标准以上、最高支付限额以下的医疗费用，主要从统筹基金中支付，个人也要负担一定比例。

（二）医疗保险运行状况

1. 医疗保险统筹层次。医疗保险实行"属地原则"。目前，东北三省医疗保险统筹层次是市（县）级统筹，未来目标是省级统筹。较低的统筹层次意味着社会保险风险分散的功能没有完全发挥，社会统筹医疗保险基金使用范围过小，不能充分发挥统筹基金的功能。

2. 医疗保险覆盖面。近年来，东北三省城镇基本医疗保险制度迅速建立，扩大了覆盖范围，无论是参保人数还是基金数量都有了大幅度的提高（见表8–2）。

表8–2　　　东北三省基本医疗保险年末参保人数　　　单位：万人

年份	辽宁省			吉林省			黑龙江省		
	合计	职工	退休	合计	职工	退休	合计	职工	退休
1998	61.6	40.4	21.2	44.3	36.3	8.0	25.2	18.0	7.2
1999	63.9	42.2	21.7	46.1	37.4	8.7	38.3	28.8	9.5
2000	109.5	72.9	36.6	40.2	31.7	8.5	52.1	37.0	15.1
2001	313.6	223.2	90.4	124.2	96.4	27.8	308.3	219.1	89.2
2002	619.0	430.3	188.7	176.9	137.1	39.8	392.8	284.6	108.2
2003	697.7	480.5	217.2	230.8	175.5	55.3	435.2	313.1	122.1
2004	783.7	536.4	247.3	270.0	202.5	67.5	544.1	392.5	151.7
2005	864.2	584.2	280.0	283.0	209.1	73.9	603.9	432.5	170.4
2006	959.3	376.3	708.2	651.9	275.1	515.3	307.4	101.2	192.9

资料来源：根据《中国劳动统计年鉴》（2000～2007）中相关数据整理得出。

表8–2的数据表明，在1999年、2000年、2001年中，东北老工业基地基本医疗保险的参保人数迅速增加。以辽宁省为例，1999年辽宁省参保人数63.9万人，2000年参保人数109.5万人，增长比例为71.36%；2001年对比2000年，增长比例为65.1%。如此迅速的扩展，将更多的劳动者纳入基本医疗保险范围中。吉林和黑龙江参保人数与辽宁的总体趋势相同，但两省增长幅度要略慢于辽宁省，这与辽宁省率先在东北实行试点改革有直接关系。进入2002年后，东北三省医疗保险参保人数呈稳定增长态势。

由上可见，虽然东北老工业基地医疗保险改革进程很快，但是同东北老工业基地整体状况相对比，医疗保险覆盖面依然较窄。表8–3列举了辽宁省近年来

年末基本医疗保险在职参保人数与城镇就业人员的数量，可以看出两者依然存在
巨大差距。这主要是由未参加城镇基本医疗保险的个体私营业主，失业人员，务
工人员等造成的。

表 8 - 3　　辽宁省城镇基本医疗保险参保职工人数与就业人员数　单位：万人

年　份	在职参保人数	城镇就业人员数
1998	40.4	884.9
1999	42.2	857.5
2000	72.9	846.6
2001	223.2	855.9
2002	430.3	848.5
2003	480.5	845
2004	536.4	867.8
2005	584.2	865.1

资料来源：根据《中国劳动统计年鉴》（2000～2006）和《中国统计年鉴》（2000～
2006）中相关数据整理得出。

3. 医疗保险基金收支。伴随更多的劳动者和企业加入城镇基本医疗保险体
系，东北老工业基地基本医疗保险基金收入、支出数额和医疗保险基金累计结余
不断增加，如表 8 - 4 所示。以辽宁省为例，在 2001～2006 年中，基本医疗保险
基金结余由 8.16 亿元增加到 85.0 亿元，增长 10 倍之多。东北城镇基本医疗体
系不断扩面，使东北城镇地区社会保障体系抵御疾病等风险的能力正不断增强。

表 8 - 4　　　　　东北老工业基地基本医疗保险基金收支情况　　　单位：亿元

年份	辽宁省			吉林省			黑龙江省		
	基金收入	基金支出	累计结余	基金收入	基金支出	累计结余	基金收入	基金支出	累计结余
2001	11.59	6.96	8.16	2.47	0.7	1.82	3.86	2.73	2.59
2002	27.08	15.51	19.66	6.39	3.16	5.04	9.98	6.32	7.28
2003	38.0	26.3	30.9	9.9	7.1	7.9	15.5	11.2	11.5
2004	53.7	39.8	46.9	14.8	10.2	12.5	34.7	26.8	22.8
2005	68.6	55.2	60.2	18.0	13.4	17.1	42.3	33.2	31.9
2006	91.4	66.6	85.0	24.3	16.2	25.2	56.0	37.7	50.1

资料来源：根据《中国劳动统计年鉴》（2000～2007）中相关数据整理得出。

三、下岗出"中心"和失业保险改革

东北老工业基地是全国老工业基地的典型代表，在转型过程中，计划经济体制下积累的深层次的结构性、机制性矛盾，使东北老工业基地受到非常大的冲击，导致大量的企业职工下岗，仅 1999 年就新增下岗职工 164.2 万人，占全国新增下岗职工总数的 1/4[①]。劳动力供求矛盾突出，成为制约东北老工业基地经济社会发展的重要因素。

（一）下岗出"中心"的并轨改革

按照中央政府的要求，为切实保障国有企业下岗职工基本生活，东北三省建立了下岗职工再就业服务中心，作为在政府指导下，依托企业主管部门组建的对企业结构调整中下岗职工进行托管的中介机构。再就业服务中心的职能是保障接受托管的下岗职工的基本生活，帮助下岗职工再就业。再就业服务中心的经费由政府、社会、企业共同负担。经过实践证明起到了"保持稳定、促进改革、促进就业"的积极作用。

但在实施过程中，再就业服务中心的缺陷也逐渐暴露出来：首先，企业利用现有的场地、人员以及资金建立了再就业服务中心，其目的是为了保障下岗职工的基本生活，同时促进其就业。然而实践表明，再就业服务中心的建立加大了企业和地方的财务负担，下岗人员通过再就业服务中心进行再就业的就业率并不高；其次，职工进入再就业服务中心后，与原单位仍然保持着劳动关系，在这种情况下，很多下岗职工已经再次就业，但却成为隐性就业者，既可以从再就业服务中心领取基本生活保障金，又有工作收入，而与之建立新的劳动关系的用人单位可以不与其签订正式的劳动合同，从而逃避各种社会保险费用的缴纳。因此，再就业服务中心只能是一种过渡性产物。

2000 年底，国务院颁布的《关于完善城镇社会保障体系的试点方案》中提出：推动国有企业下岗职工基本生活保障向失业保险并轨，2001 年国有企业原则上不再建立新的中心，原有中心逐步关闭，其中的下岗者逐步与原企业解除劳动关系，向失业保险并轨，建立社会化的失业保障体系。再就业中心关闭是剥离企业政策性负担，转变政府职能，社会保障社会化的重要措施。

[①] 《中国统计年鉴（2000）》，中国统计出版社 2000 年版。

2001 年，国务院决定在辽宁省进行完善城镇社会保障体系试点，从 2001 年 1 月 1 日开始，国有企业不再建立再就业服务中心，企业新裁员不再进中心，原来在中心的下岗职工协议期满后按规定出中心、享受失业保险和最低生活保障。

（二）失业保险模式

东北三省失业保险制度经过多年改革实践，现在已经形成了比较完善的制度体系。

失业保险采取现收现付的模式。按照规定，失业保险基金必须存入财政部门在国有商业银行开设的社会保障基金财政专户，专款专用，实行"收支两条线"管理，由财政部门依法进行监督。

失业保险的保障对象，是城镇企业事业单位失业人员。城镇企业是指国有企业、城镇集体企业、外商投资企业、城镇私营企业以及其他城镇企业。

失业保险的缴费是由用人单位和职工共同缴纳，单位按照本单位工资总额的 2% 缴纳失业保险费，职工按照本人工资的 1% 缴纳失业保险费。

失业保险的给付，是按照低于当地最低工资标准、高于城市居民最低生活保障标准的水平发放，发放时间的长短主要依据其缴费的情况，失业人员失业前所在单位和本人按照规定累计缴费时间满 1 年不足 5 年的，领取失业保险金的期限最长为 12 个月；累计缴费时间满 5 年不足 10 年的，领取失业保险金的期限最长为 18 个月；累计缴费时间 10 年以上的，领取失业保险金的期限最长为 24 个月。重新就业后，再次失业的，缴费时间重新计算，领取失业保险金的期限可以与前次失业应领取而尚未领取的失业保险金的期限合并计算，但是最长不得超过 24 个月①。

（三）失业保险运行状况

1. 失业保险统筹层次。按照现行制度，失业保险目前实行的是市级统筹，即把征收的失业保险基金集中到市里，由市里统一安排调度，虽然比起以前统筹层次有了一定的提高，但仍较低，部分地区还实行县级统筹。在市、县的范围内统筹，不能充分体现失业保险制度的社会性和统一性，从而出现了老工业基地失业问题严重而且失业保险金严重短缺，而一些新兴工业基地失业率相对较低，失业保险金出现较多结余的情况，相互之间得不到有效调剂使用，降低了失业保险的调剂功能和稳定功能。

---

① 1998 年国务院颁布的《失业保险条例》。

2. 失业保险覆盖面。失业保险的本质特征之一是普遍性，这意味着所有具备劳动能力且愿意就业的劳动者均应包含在失业保险的保障范围之内。从辽宁省的情况看，即使在城镇，失业保险的参保人数与就业人数之间相差也很大（见表 8 - 5）。这说明，虽然东北老工业基地的失业保险覆盖范围已经彻底改变了过去那种只局限于国有企业的做法，但现行失业保险制度覆盖的还主要是城镇有单位依托的就业人员，失业保险的覆盖面还比较窄，存在覆盖正规就业人员但不覆盖非正规就业人员，覆盖城镇而不覆盖农村，国有企业高覆盖而其他所有制企业低覆盖的问题。

表 8 - 5　　辽宁省城镇失业保险参保职工人数与就业人员数　　单位：万人

年　份	年末参保职工人数	城镇就业人员年末数
1998	714.1	884.9
1999	695.5	857.5
2000	693.7	846.6
2001	656.7	855.9
2002	591.2	848.5
2003	622.2	845.0
2004	616.2	867.8
2005	607.7	865.1

资料来源：根据《中国劳动统计年鉴》（2000～2006）中相关数据整理得出。

随着企业结构调整和经济转型以及不可逆转的城镇化进程，今后不仅大量的下岗失业人员、部分城镇新增劳动力要进入灵活就业领域，而且随着农村劳动力向城镇转移速度的加快，大量农村劳动力、农转非人员、失去土地的农民也将主要依靠这种形式就业，而目前的失业保险低覆盖情况无法化解劳动者的市场风险，满足劳动者频繁流动的保障需求，不利于统一劳动力市场的形成。

3. 失业保险基金收支。失业保险基金是失业保险制度得以持续发展的物质源泉，基金的收支状况会直接影响失业保险功能的发挥。1999 年国务院颁布的《失业保险条例》规定，企业事业单位按工资总额的 2%，职工按本人工资的 1%，分别缴纳失业保险费，地方政府在资金不足时要予以财政补贴。从表 8 - 6 的数据可以看出，吉林和黑龙江两省的失业保险基金年末累计结余从 2001 年到 2006 年增加的幅度较大，分别为 11.38 亿元和 23.81 亿元。

表 8 – 6　　　　　东北老工业基地基本失业保险基金收支情况　　　　单位：亿元

年份	辽宁省			吉林省			黑龙江省		
	基金收入	基金支出	累计结余	基金收入	基金支出	累计结余	基金收入	基金支出	累计结余
2001	9.71	9.64	6.13	3.32	3.67	3.42	6.01	5.31	8.79
2002	13.09	15.35	3.88	4.33	4.50	3.24	6.51	5.16	10.14
2003	16.81	25.57	– 4.88	—	—	—	—	—	—
2004	25.56	29.53	– 7.91	5.64	3.56	6.56	8.30	4.62	19.33
2005	25.49	23.97	– 8.10	6.58	2.72	10.43	9.91	3.40	25.85
2006	20.50	15.60	– 3.20	6.60	2.20	14.80	11.10	4.40	32.60

资料来源：根据《中国劳动统计年鉴》（2001～2005，2007）和《中国劳动和社会保障年鉴（2006）》中相关数据整理得出。

作为失业问题最严重的重工业基地辽宁，失业保险基金的年终滚存结余在2003 年出现了负值并且还有继续扩大的趋势，到 2005 年失业保险基金缺口竟增至 81 035.0 万元，2006 年虽有下降但仍存在缺口。这主要是因为，近年来国有企业亏损或经营困难，无法或不愿为职工缴纳失业保险费；地方政府虽负有补充失业保险基金的义务，但一些地方政府受经济不景气的影响，没有多余的财政资金用来补贴失业保险基金，造成了一方面是失业保险基金由于经济的不景气而导致的供给减少。另一方面，由于经济的不景气使失业人员增加，对失业保险基金的需求随之大幅增加。这些因素共同作用的结果，使失业保险基金的增长低于失业保险金需求的增长，失业保险基金陷入困境，甚至基金的结余出现了负数，严重阻碍了失业保险功能的发挥。如果不积极采取措施弥补失业保险基金的不足，将不能保证失业人员的基本生活需要，影响社会的稳定和持续发展。

四、关注民生的最低生活保障改革

东北三省作为传统的重化工业基地，虽然在计划经济时期拥有资源优势、企业优势和农业优势，但经济体制转轨和社会结构变迁使这些优势逐渐转化为沉重的负担，其经济转轨成本显然要比其他省市更大，面临着国有企业改革步履维艰，下岗职工多，贫困群体大等诸多困难。居民城乡最低生活保障制度，作为一种有效的再分配手段，被誉为"最后一道安全网"。

（一）最低生活保障模式

最低生活保障对象主要是那些家庭收入水平低于基本生活需求支出的居民，其确定方法是以家计调查为前提的选择性救助。

最低生活保障的给付标准是依据恩格尔系数和"菜篮子"方法具体确定。目前，东北三省最低生活保障的给付标准在 153～193 元之间，具体标准如表 8－7 所示。

表 8－7　　　　东北三省最低生活保障标准比较　　　单位：元/人、月

年份 \ 地区	全国	辽宁省	吉林省	黑龙江省
2005	156.0	174.0	142.2	126.0
2006	169.6	185.9	144.6	162.3
2007	182.4	192.61	153.02	178.42

资料来源：国家统计局网，www.stats.gov.cn，2008 年 1 月。

最低生活保障的给付方式以现金补贴为主，实物补贴为辅，根据不同的家庭状况和贫困程度实行分类补贴，确保低保对象的基本生活。最低生活保障的资金来源实行的是中央、地方各级政府按一定比例分担的模式，中央财政是主要承担者。

（二）最低生活保障制度运行状况

东北三省分别设立了相应的低保管理机构，实行动态化管理。辽宁省低保机构设置模式是：在民政厅、局中增设行政机构，一般称为"城市居民最低生活保障管理处（省级、副省级）、科（地市级）或股（县级）"。吉林省既设行政机构，又设事业单位。省民政厅成立低保处以及低保中心，2 个地级市和 9 个县级市也成立了低保机构。黑龙江省在民政厅、局之下设事业单位"城市居民最低生活保障管理服务中心"，省里成立了"省城市低保信息服务中心"。

东北三省的最低生活保障制度形成了覆盖城乡居民的制度体系。2006 年东北三省城镇享受低保人数为 417.3 万人，农村享受低保人数为 207.2 万人。辽宁省、吉林省和黑龙江省城镇享受低保人数分别为 140.36 人、132.5 万人、144.2 万人，农村享受低保人数分别为 51.1 万人、81.4 万人、74.7 万人。辽宁省享受低保人数由 2003 年的 160 万人增加到 2006 年的 191 万人①。

① 鲍振东等：《2007 年：中国东北地区发展报告》，社会科学文献出版社 2007 年版，第 358 页。

目前低保资金采取的是政府分级负担的原则，由地方各级政府列入预算，低保资金分别所属财政来负担。从负担比例来看，中央支出比例越来越大。以辽宁为例，1999 年国家开始对低保调标以后，中央财政补助比例由 2000 年的 30% 提高到 2003 年的 69%，年增长率达到了 13%（见表 8 - 10）。

显然，中央财政已经成为低保制度资金的主要承担者。从目前的保障情况看，中央财政转移支付比例越来越大，地方财政的压力也比较大。尤其是作为传统的重工业基地、能源基地的东北三省，面对制度变迁、经济转轨的巨大成本，财政更是困难。而且，由于国有、集体企业普遍不景气，市区级财政所依赖的财源也较难保证。这样就容易造成在制定最低生活保障标准时"量布裁衣"，而不是"量体裁衣"，根据财政保障资金来确定保障人数和标准，与实际消费水平存在较大差距。

（三）农村最低生活保障

辽宁省是我国实施农村最低生活保障制度的试点省之一。2004 年，辽宁省就针对全省农民生活现状进行了调查，针对贫困农民人口较多、生活困难的状况，通过了《辽宁农村居民最低生活保障暂行办法》，建立了辽宁省农村居民最低生活保障制度。2005 年《吉林省农村居民最低生活保障办法（暂行）》在 9 月 7 日正式出台，标志着吉林省开始全面建立农村低保制度的开始。2006 年，黑龙江继辽宁和吉林之后也全面建立的农村低保制度。

到 2006 年，辽宁、吉林、黑龙江各有农村低保对象 66.7 万人、80 万人、88.3 万人，占农业人口的 4%。同城市居民低保制度一样，农村低保标准较低。目前，辽宁省农村低保标准平均在每人每年 650 元左右，占 2005 年辽宁农村居民家庭人均纯收入 3 690.21 元的 17%；吉林省农村低保平均标准为每人每年 612 元，占 2005 年农村居民家庭人均纯收入 3 263.99 元的 18.8%；黑龙江省农村低保标准为每人每年 680 元，占 2005 年黑龙江农村居民家庭人均纯收入 3 221.27 元的 21%[1]。

五、新型农村合作医疗保险改革

近年来，药品价格的上涨，农民医疗费用的攀升超过了农民实际人均收入的增长幅度，农民因病致贫或因病返贫的现象严重，极大地影响了全面建设社会主义新农村的进程。2003 年，国家开始在东北三省和其他地区实施新型农村合作

---

[1] 鲍振东等：《2007 年：中国东北地区发展报告》，社会科学文献出版社 2007 年版，第 356 页。

医疗制度改革试点，并提出拟在 2010 年实现新型农村合作医疗制度基本覆盖农村居民的总体目标。

（一）农村合作医疗保险制度发展历程

东北三省于 1965 年底开始实行合作医疗制度，从 1965 年到 1976 年的 11 年间，农村合作医疗制度在三省稳步发展，其行政村覆盖率达到 90%，从而基本解决了广大农村社会成员看病难的问题①。

20 世纪 80 年代以后，东北老工业基地农村实行了以联产承包责任制为核心的体制性变革，使合作医疗失去了组织和经济依托而趋于解体。从 1980 年到 1983 年的短短 3 年时间，覆盖率从 68.8% 骤降到 20% 以下，80 年代中期，达到谷底的 5% ~6% 左右②。

20 世纪 90 年代，伴随着医药卫生体制改革，医药价格增长迅猛，农民医疗费用支出急剧增加，医疗费用攀升的幅度超过了农民实际收入增长的幅度。无钱看病买药、无钱住院治疗的农民增多，因病致贫，因病返贫现象极为普遍。1997 年卫生部《关于发展和完善农村合作医疗的若干意见》，提出建立新型农村合作医疗制度。但是，除部分试点地区和城市郊区之外，农村合作医疗制度并没有恢复和重建起来，即使是在恢复高潮期的 1997 年，覆盖率仅占行政村的 17%，制度内农民仅为 9.6%③。

2003 年起，在东北三省陆续展开新型农村合作医疗制度试点改革，每个省选择 3~6 个县进行试点。新型农村合作医疗是农民在自愿和互助共济的原则下，通过集体和个人筹集合作医疗基金，由合作医疗基金组织和个人按一定比例共同负担医疗费用，中央和地方财政给予补贴的健康保障制度。

（二）新型农村合作医疗保险模式

新型农村合作医疗制度的模式，是由政府组织、引导、支持，农民自愿参加，个人、集体和政府多方筹资，以大病统筹为主的农民医疗互助共济制度。

其保障对象，是全部农村户口的居民（不含正在服役的义务兵），每人均可以户为单位，在其户口所在地每年自愿缴纳保费。

其缴费机制，是个人缴费、集体扶持和政府资助相结合。农民个人每年的缴费标准不应低于 10 元，经济条件好的地区可相应提高缴费标准；有条件的乡村集体经济组织应对本地新型农村合作医疗制度给予适当扶持。扶持新型农村合作医疗的乡村集体经济组织类型、出资标准由县级人民政府确定。地方财政每年对

---

①②③　国家计划生育委员会重点研究课题：《东北地区人口发展战略研究报告》，2004 年。

参加新型农村合作医疗农民的资助不低于人均 10 元，具体补助标准和分级负担比例由省级人民政府确定。

新型农村合作医疗的给付主要用于补助参加新型农村合作医疗农民的大额医疗费用。各地区结合当地社会经济发展水平、农民意愿和筹资情况，选择合适的合作医疗补偿范围，实行门诊医疗费用补助和住院医疗费用补助相结合的办法。新型农村合作医疗大额医疗费用补助的起付线、封顶线、封顶线以下的费用支付比例等具体补助办法由地区自行确定。

（三） 新型农村合作医疗保险的运行

东北三省合作医疗试点地区建立起了合作医疗的组织管理体系，各项管理制度不断完善，管理资源的数量和质量不断提高；因地制宜形成了多样化的补偿模式；初步建立了较为有效的管理监督机制，特别是资金的封闭运行管理和信息公开、公示制度，为加强基金管理和群众监督发挥了较好的作用。

东北三省从 2005 年开始，新型农村合作医疗保险试点全面推广。

2007 年黑龙江省 132 个县区的农村居民进入新型农村合作医疗政策覆盖范围，参加农民人数为 1 312.88 万人，参合率达到 92.12%。已拨付中央和省级财政补贴资金 23 344 万元，累计为参合农民核销医疗费 13 493 万元，占其医疗总费用的 34.8%[1]。

2007 年吉林省率先实现新型农村合作医疗制度 100% 全覆盖，即在全省 64 个县市及 4 个国家级开发区全部建立起新型农村合作医疗制度。筹资标准为每人每年 50 元，其中省市县三级地方财政每人每年补助 20 元。参保农民达到 1 162 万人，比 2006 年增加了近 500 万人，参合率达到 82%；参合农民人均报销补偿比达到 33.56%，同比增加了 3 个百分点；农民平均住院补助达到 811 元，同比增加了 220 元，增幅达 37%[2]。

2005 年辽宁省新型农村合作医疗试点改革深入展开，每市都选择一个县（市）作为试点并将改革范围逐渐扩大。辽宁省 2005 年农村合作医疗试点基金支出总额累计为 3 601.71 万元，其中住院补偿 52 301 人次，总补偿金额 3 182.73 万元，占基金支出总额的 88.4%，次均住院补偿费用为 608.55 元；门诊补偿 247 657 人次，补偿总金额为 418.98 元，占基金支出总额的 11.6%，次均门诊补偿费用为 16.9 元，累计体检 4 980 人，体检费用 17.5 万元。2006 年 10

---

① 王超超、史紫薇：《天外天实践队走访调查 新农合任重道远》，www.022net.com/2008/8 - 8/492628182930887.html。

② 黄敬生：《要进一步完善我省新型农村合作医疗制度》，《吉林人大工作》2008 年第 8 期。

月，全省97个县（市、涉农区、涉农开发区）全部启动新型农村合作医疗工作，参合农民近1 810万人，参合率达84%①。其中44万五保户、低保对象等特困农民每人10元的费用全部由民政部门掏腰包，特困农民免费参加了新型合作医疗。

2007年，全省新型农村合作医疗筹资标准已达到年人均50元。其中农民个人缴费10元，其余部分由各级政府负担。参合农民在乡级医疗机构住院起付线大部分为0～50元，在县级医疗机构住院起付线为100～200元，全年累计可封顶报销1.5万元。全省补偿支出5.57亿元，累计受益618.39万人次，受益人口比例为32.66%；住院补偿54.92万人次，平均住院费用2 769元，比2006年下降152元，住院次均补偿830元，比2006年增加98元，实际住院补偿比例为30%，比2006年提高2.5个百分点②。这说明，新型农村合作医疗保险的保障水平在不断提高，为保障农民的身体健康和生存质量发挥了越来越重要的作用。

第二节　东北老工业基地社会保障改革绩效

一、减轻企业负担，提高企业效率

（一）社会保障制度改革有助于减轻企业负担

1. 城镇养老保险制度实行社会统筹与个人账户的部分积累制模式，实现了企业养老保障模式向社会化保障模式的转变。这一模式将原来由企业负责的养老保障责任改变为由国家、企业和个人三方负担，企业只负责社会统筹部分的缴费，而且缴费率大约为工资总额的20%，③从而极大减轻了企业的养老负担。

2. 城镇医疗保险制度改革也改变了传统的企业负担职工医疗费用的模式，建立了社会统筹与个人账户的模式。企业只负责社会统筹部分的缴费，缴费率为企业职工工资总额的6%。这一模式实现了企业负责职工医疗费用的模式向社会

---

① 何勇：《辽宁特困农民免费参加合作医疗　全省农民参加率达84%》，《人民日报》2006年11月18日。

② 蒲若梅、朱勤、谢文君、王笑梅：《跨越2007特别报道　新农合高增长提升农民幸福指数》，www. nen. com. cn/77970767572107264/20080128/2391091. shtml。

③ 《国务院关于完善企业职工基本养老保险制度的决定》，国发〔2005〕38号。

化医疗保险模式的转变,有利于减轻企业负担。

3. 为减轻企业负担,实现社会保障责任的国家、企业与个人的合理分担,城镇养老保险与医疗保险制度都建立了个人账户,并将原来由企业负担个人账户缴费改变由个人负担,从而将个人账户做实。个人账户一步到位完全做实,由个人缴费,缴费率为8%[1]。东北三省养老保险个人账户基金积累规模不断增长,不仅有利于应对未来人口老龄化危机,而且也相对减轻了企业的养老保障和医疗保障的负担。

4. 国有企业下岗职工基本生活保障向失业保险并轨,直接减少了企业的富余人员,对建立社会化社会保障模式、减轻企业负担和企业减员增效都起到了十分重要的作用。2002年辽宁省累计有124万国有企业下岗职工与原企业解除了劳动关系,实现了从"中心"向失业保险制度的并轨。截止到2006年底,东北三省共完成491万下岗职工基本生活保障向失业保险并轨,基本完成了国有企业下岗职工的并轨工作。

5. 在东北地区社会保障制度改革过程中,在制度设计、管理体制、基金运营、社会化管理等方面,形成了规范的制度体系。从社会保障制度的基金征缴到社会保障待遇的核定和给付,都由社会化的专门机构来完成。社会保障制度的社会化管理也有利于减轻企业负担,降低企业的管理成本,提高企业的效率。

(二) 社会保障制度改革有助于提高企业效率

1. 养老保险制度改革对企业收益的影响。养老保险制度是伴随经济体制改革的进程不断建立和完善起来的,它将原来由企业负担的养老问题转交由社会来完成,切实减轻了企业的负担,促进了企业效率的提高。因此,我们把企业利润作为衡量企业效率的指标来分析养老保险制度改革对企业效率的影响。如果养老保险制度改革试点模式有助于企业增加利润,那么,它就提高了企业效率。反之,它就降低了企业效率。[2] 下面,我们以辽宁省为例,对养老保险制度试点模式对企业效率的影响进行实证分析。

(1) 模型的建立。辽宁省从2001年开始进行养老保险制度改革试点,因此以2001年为界限考察不同基本养老保险模式对企业效率的影响。选取1998~2006年辽宁省中型工业企业的全年产品销售收入和利润总额作为样本数据来进行相关回归分析。

---

[1] 《国务院关于完善企业职工基本养老保险制度的决定》,国发〔2005〕38号。
[2] 实际上,养老保险制度改革对企业效率的影响应该通过多个指标体系考察,譬如说企业资产状况、竞争能力等因素。为使问题简化,采用了企业利润作为衡量指标。

为了区别 2001 年前后部分积累制的基本养老保险制度的差异引进一个虚拟变量 D_i，从而构建回归方程为：

$$\pi_i = \alpha_1 + \alpha_2 D_i + \beta y_i + \mu_i$$

式中，π_i——工业企业的利润总额；

y_i——工业企业的产品销售收入；

$D_i = 1$，表示 2001 年以后的养老保险制度改革模式；

$D_i = 0$，表示 2001 年以前的养老保险模式。

根据上述回归方程，利用 1998～2006 年的数据进行回归估计，得到中型工业企业利润的回归方程为：

$$\hat{\pi}_i = -11.289 + 0.036 y_i + 10.481 D_i$$
$$\text{Beta} \quad (0.905) \quad (0.123)$$
$$t \quad (-2.747) \quad (11.635) \quad (3.586)$$

（2）基于回归模型的实证分析。通过虚拟变量的回归系数可以看出辽宁省基本养老保险制度试点模式对以中型工业企业为代表的企业效率的影响，它表示基本养老保险制度改革的实施使企业效率每年都会增加。从回归分析的结果看，辽宁养老保险制度改革试点模式对用利润作为效率衡量指标的大中型工业企业效率的促进作用是十分明显的。这主要是因为：

第一，辽宁省基本养老保险改革试点模式实行分账管理，这是辽宁省基本养老保险改革试点模式与以前基本养老保险制度的主要区别之一。所谓分账管理，就是企业缴费部分不再划入个人账户，全部纳入社会统筹基金，社会统筹基金也不能占用个人账户基金。这种分账管理模式对两个账户的基金分别进行核算，不会因为个人账户的基金缺口而挪用社会统筹基金以至于导致企业缴费率的提高。虽然辽宁省基本养老保险改革试点模式对社会统筹基金和个人账户基金的分账管理模式设计的初衷主要是为了防止社会统筹基金挤占个人账户基金，但是这种制度设计客观上有助于企业负担的减轻和企业效率的提高。

第二，养老保险费的征缴、扩面工作力度进一步加强。这可以从辽宁省参加企业基本养老保险的人数来说明。1998～2006 年，辽宁省企业基本养老保险参保在职职工人数逐年增加，其中 1997 年为 566.2 万人，2006 年增加到 865.8 万人，平均每年几何增长速度为 4.34%[①]。基本养老保险覆盖面扩大，遵缴率提高，在总体上增加了基本养老保险基金数额，减缓了由于基本养老保险基金缺口增大而迫使企业缴费率提高的压力，有助于企业效率的提高。

---

① 《中国统计年鉴（2007）》，中国统计出版社 2007 年版。

第三，个人账户做实有助于企业效率的提高。员工是企业的主体，辽宁省基本养老保险改革试点模式将个人账户进一步做实，增加了企业员工对未来领取稳定的养老保险金的预期，激发了其缴费的主动性，同时也有利于提高其劳动积极性，这对于企业效率的提高是很重要的。

第四，财政支出结构不断调整，逐步增加了社会保障支出。国务院《关于完善城镇社会保障体系的试点方案》规定："各级财政必须进一步深化财政支出管理改革，严格实行部门预算，加大调整财政支出结构的力度，转化企业亏损补贴，压缩部分事业性支出，逐步将社会保障支出占财政支出的比重提高到15%～20%。今后，预算超收的财力，除了保证法定支出外，主要用于补充社会保障资金。"辽宁省自实行基本养老保险制度改革试点以来，财政对企业基本养老保险的补助在逐年增加，这是基本养老保险制度向公平的部分回归，填补了养老保险基金缺口，客观上间接地缓解了企业缴费率提高的压力，有助于企业负担的减轻和企业效率的提高。

2. 下岗职工基本生活保障向失业保险并轨对企业减员增效的影响。东北地区是中国重要的老工业基地，国有企业多，下岗职工多。即使企业已经不用原来由劳动部门安排的劳动力，也无法辞退，只好进"中心"发一定的生活费加以供养。这无形中增加了生产成本和企业负担，降低了企业的市场竞争力。在这种情况下，东北地区进行社会保障制度改革，其中原来进"中心"的下岗职工的基本生活保障向失业保险并轨。这项改革减轻了企业负担，理顺了劳动关系，有利于企业提高经济效益和增强企业的竞争能力。目前，东北三省企业下岗职工基本实现了从"中心"向失业保险制度的并轨。通过并轨，企业的劳动生产率有所提高，企业效益也得到了明显改善。以辽宁省为例，1995年就已经进入半停产状态险些破产的大连钢铁集团公司，由于并轨，在岗人员减少了63%，在岗职工从过去的1.4万人减少到并轨后的4 861人，累计减少工资成本2.8亿元，极大地减轻了企业负担。全员劳动生产率比过去增长了3.13倍，达到14.87万元，2002年上半年企业实现盈利389万元。据初步统计，与试点前比较，辽宁省国有企业人工成本实际每年减少了57亿元，全员劳动生产率同比提高了19%。通过下岗职工出"中心"向失业保险并轨，辽宁省国有企业的劳动效率有了明显提高，全省国有企业全员劳动生产率由2000年的1.6万元/人年提高到2002年的2.5万元/人年，提高了56%[①]。

由此可见，东北地区的社会保障制度改革有助于减轻企业负担，提高企业效率，提升企业的市场竞争力，从而推动东北地区的快速和稳定发展，实现东北老

---

① 侯仰德等：《社会保障创新之路》，辽宁人民出版社2004年版，第149～150页。

工业基地的全面振兴。

二、推动劳动力市场健康发育

东北地区的社会保障制度改革，不仅为劳动者在遭遇年迈、失业、疾病等社会风险时提供了一定的经济保障，而且对劳动力市场健康发育起到了积极的促进和推动作用。

（一）社会保障改善了劳动力供求关系

社会保障制度为劳动者提供了有效的保障。在劳动者失去劳动能力后，可以继续获得社会帮助，或者从自己劳动所得的积累中使自己的生活得到一定程度的改善，使劳动者能够在劳动期间免除后顾之忧，激发劳动者的积极性，进而保证劳动力的供给。但是在现实中，社会保障运行的各个阶段对劳动力供给的影响是不同的。在中国，社会保险费用的收缴，虽然可以为劳动者提供一个长期稳定的工作环境，但是对个人当期收入而言，减少了个人收入总量，降低了当期消费水平，劳动者会选择闲暇替代劳动，从而减少工作并抑制劳动力供给；另一方面，由于缴费使当期收入减少，影响到缴费者的生活水平，会使劳动者为弥补收入下降而努力工作，从而增加劳动力供给，最终结果要看替代效应和收入效应之差。

从东北三省的情况来看，社会保障制度的建立与完善并未扭曲劳动力的供给，相反引起就业人数的增加。2006 年末，辽宁省就业人员为 2 128.1 万人，比 2005 年末增加 7.8 万人，增长 0.37 个百分点。吉林省就业人员为 1 250.9 万人，比 2005 年末增加 11.6 万人，增长 0.98 个百分点。黑龙江省就业人员为 1 784.1 万人，比 2005 年末增加 35.2 万人，增长 2.0 个百分点[①]。

社会保障制度是一种再分配制度，无论它采取任何方式的财务制度，社会保障支出都会成为劳动力成本的一部分。因此，社会保障必然会增加劳动力成本，从而影响雇主对劳动力资源的需求。社会保险费用虽然是由雇员和企业或雇主共同承担，但是由于雇员和雇主所处的地位不同，两者所具有的供给弹性不同，社会保险费对雇员或劳动力的影响更大。因为劳动力的供给弹性相对较小，甚至没有弹性，这使劳动者相对资本而言缺乏转嫁能力，而资本常常可以通过其他方式如降低工资、减少劳动力需求等措施将大部分缴费转嫁给劳动者。鉴于此，社会保障通常会导致劳动力的需求减少，只是减少的幅度在不同的国家或地区不同而已。与此同时，社会保障责任的代际转移还可能造成劳动者代际之间的矛盾。因

---

① 《中国统计年鉴（2007）》，中国统计出版社 2007 年版。

此,可以把社会保障水平视为劳动力价格的一种信号,并通过社会保障水平来影响劳动力市场的供求关系。

在东北地区,社会保障制度的建立与完善会增加劳动力的供给,但对劳动力需求也不会产生消极影响。相反,社会保障制度的完善会改善劳动力市场的供求关系,有利于企业与劳动力之间契约关系的建立。以辽宁省为例,从 2000 年到 2005 年,国有和集体企业的工业产值所占比重逐年下降,而其他企业的工业产值所占比重逐年上升。这表明,私营及其他经济私营及其他经济成分的快速增长将刺激劳动力的需求。在这种情况下,企业吸纳人才不仅要提供较好的薪酬待遇,而且还要提供较完善的社会保障待遇。另外,东北地区随着社会保障制度的发展,社会保障机构也在不断扩展,相应地建立了与之配套的劳动就业服务体系、职业培训机构、医疗机构、养老保险机构和老年人服务等第三产业。这些机构的建立增加了就业岗位,创造了相当多的就业机会,在一定程度上扩大了劳动力市场的需求。

(二) 社会保障促进了劳动力资源的合理配置

东北地区社会保障制度改革不仅未对劳动力供求产生某种扭曲,而且对劳动力资源的合理配置具有积极作用。主要表现在以下三个方面。

一是社会保障促进了劳动力资源的合理流动。东北老工业基地的国有企业无论是为了承担社会职能,不把富余职工推向社会而继续保持冗员状态,还是以再就业服务中心的形式为下岗职工支付部分生活补贴,都意味着沉重的政策性负担。在这种情况下,企业之间、部门之间、行业之间劳动力的正常流动机制没有建立起来,劳动力市场不能正常发挥作用,妨碍劳动力资源的有效配置,同时劳动者的各种所有制身份也未完全消除,不能平等地竞争就业岗位。东北老工业基地国有企业下岗职工基本生活保障向失业保险并轨工作的进行,一方面使下岗职工与原企业脱离了关系,并享受失业保险等社会保障,大大减轻了国有企业的包袱,另一方面对促进劳动力的合理流动和劳动力市场的健康运行也产生了积极的作用。另外,完善的社会保障体系也有利于城乡之间、各地区之间劳动力的合理流动,实现劳动力资源的有效配置。

二是保证和促进了劳动力的扩大再生产。东北地区的社会保障制度为全体劳动者提供了养老、医疗、失业、工伤等制度体系,为保证和促进劳动力的扩大再生产提供了一定条件。当劳动者年迈退休、遭遇疾病和工伤时,可以分别享受养老保险、医疗保险和工伤保险待遇。在东北地区,保障失业人员的基本生活,目前主要体现在为符合条件的失业人员定期发放失业保险金,为领取失业保险金期间生病的失业人员支付医疗补助,为领取失业保险金期间死亡的失业人员的直系亲属提供丧葬补助和抚恤金。社会保障正是通过为劳动者及其家属提供基本生活保障，排除了他们的后顾之忧，促进劳动力的扩大再生产。

三是有利于提高劳动力素质。东北老工业基地随着产业结构大规模的调整，许多传统产业部门日渐衰落，对劳动力容纳能力不断下降。与此同时，许多新的产业部门崛起，急需大批高素质人才。因此，与产业结构调整同期发生的是对劳动力素质要求的普遍提高，加强职业培训正是提高劳动力素质、解决失业问题最重要的途径之一。失业保险作为一项保险项目，除了具有保障基本生活这一功能外，还通过对失业人员开展就业服务，提供再就业培训等实现促进就业的功能。通过再就业培训劳动力可以在较短的时间内掌握一门实用技术，把握学习的重点，增强适应市场的能力，有利于劳动力素质的提高，寻找新的适合个人自我发展的工作岗位，保证劳动力市场供给的有效性。2006 年辽宁省有 57.1 万人接受免费就业培训，其中下岗失业人员培训 30.1 万人[1]。2006 年吉林省共培训下岗失业人员 17.03 万人，培训后就业率为 70.3%，比上年提高 0.1 个百分点[2]。

（三）社会保障对就业再就业起到了重要的支撑作用

东北地区的社会保障制度改革，不仅建立起比较完善的养老保险、医疗保险等制度体系，而且实现了下岗职工基本生活保障向失业保险制度并轨，促进了以市场为导向的就业机制的逐步形成。与此同时，东北地区社会保障制度改革不断扩大养老、医疗、失业、工伤等社会保险覆盖面，规范了劳动关系，也有助于以市场为导向的就业机制的形成和发展。

社会保障制度的建立与完善不仅吸引劳动力就业，而且为劳动者提供了退休、医疗、失业和工伤等各种保障。同时，各种社会保障补贴政策也有利于促进就业和再就业。例如，2006 年辽宁省财政共投入资金 2.5 亿元，补助各市开发12.5 万个公益型岗位。2006 年吉林省新发《再就业优惠证》38.2 万个，有 12.8万人享受税收扶持政策，62.1 万人享受社保补贴政策，其中 54.2 万灵活就业人员得到社保补贴，直接拉动社保缴费 12 亿多元。黑龙江省到 2006 年末，共安置社区公益型岗位及其他形式就业人员 149.1 万人，比上年增加 26.1 万人，增长 21.2%。对并轨的灵活就业人员也给予就业补贴，更好地鼓励和促进了灵活就业。

2006 年末，辽宁省实名制就业再就业 120 万人，稳定就业率达到 40%，比上年提高 10 个百分点。登记失业率为 5.1%，比上年同期下降 1.6 个百分点。

---

① 张莉莉：《辽宁省在全国率先实行普惠制就业培训》，liaoning. nen. com. cn/77970767572107264/20070530/2234485. shtml。

② 《吉林省 2006 年度劳动保障事业发展统计公报》，www. jl. gov. cn/zwxx/zwhd/zwdt2006/t20070306_222131. htm。

2006 年吉林省创造就业岗位 57.56 万个，完成年计划的 115.12%。城镇新增就业 45.19 万人，比上年增加 0.29 万人，增长 0.6%。城镇登记失业率为 4.16%，比上年下降 0.04 个百分点。黑龙江省 2006 年城镇新增就业 70.8 万人，下岗失业人员实现再就业 58.9 万人，其中"4050"人员再就业 16 万人。城镇登记失业率为 4.35%，比上年减少 0.5 个百分点[①]。

三、增加居民收入，缩小收入差距

社会保障制度通过横向公平原则的缴费、财政补贴、对低收入群体的给付等各种形式，可以实现不直接参与物质生产或在初次分配中获得相对较低收入的社会成员从在初次分配中获得相对较高收入的社会成员那里获得收入，同时也可以实现劳动生产要素和其他生产要素的所得之间进行国民收入的再分配，从而提高主要表现为通过社会保障缴税（费）和社会保障支出使一部分财产性收入和国家税收向劳动生产要素进行再分配。因此，社会保障制度兼具提高社会成员绝对收入水平和缩小社会成员之间相对收入差距的功能。

（一）社会保障制度改革是东北居民收入增加的重要因素

社会保障制度的改革与完善，成为提高东北三省居民收入水平的一个重要因素，这主要表现在以下两个方面。

一是各种保障支出的增加。完善城镇社会保障体系试点改革以来，东北地区城镇基本养老保险制度参保人数逐步增加，各年养老基金支出和人均养老金水平显著提高。基本养老保险制度覆盖范围的扩大以及给付水平的增加，都直接提高了退休人口的收入水平。城镇基本医疗保险覆盖人口、各年医疗保险基金支出和人均医疗保险支出的水平也呈逐年上升趋势。基本医疗保险对参保对象医疗费用的给付，有效提高了居民应对疾病风险的能力，避免医疗费用支出而导致的收入损失。城镇最低生活保障制度可以弥补"社会保险"和"就业与再就业"政策的不足，解决低保对象生活困难问题，对保障弱势群体基本生活收入来源具有突出的作用。另外，东北地区普遍建立了农村最低生活保障制度，将符合条件的农村贫困人口纳入保障范围，有效地提高了农村贫困人口收入，保证农村贫困人口基本生活，一定程度上提高了农民收入。

二是社会保障财政支出的增加。财政对社会保障的支持力度增加了，社会保障制度对居民的各种支出才有可能得以实现，居民收入水平增加才有了保证。从

---

① 鲍振东等：《2007 年：中国东北地区发展报告》，社会科学文献出版社 2007 年版，第 355 页。

地方财政支出结构分析，财政支出中用于社会保障支付的项目主要有：抚恤和社会福利救济费、行政事业单位离退休经费以及社会保障补助支出。近年来，东北地区财政支出中社会保障支出项目合计规模不断提高，确保了东北地区社会保障制度的顺利运行，促进了社会保障制度在提高居民收入水平方面的作用。

（二）社会保障制度改革有效地缩小了居民收入差距

社会保障制度通过财政、税收、缴费、给付等手段，以社会保险、社会救助、社会福利等途径，利用政府的力量使收入分配向中低收入阶层倾斜，从而缩小各阶层的收入差距，因此成为降低收入差距的重要政策工具。近年来，东北老工业基地社会保障制度不断改革完善，顺利完成了结构调整过程中新旧福利制度的转换，养老保险制度、医疗保险制度、就业制度、最低生活保障制度、农村社会保障政策、教育政策等一系列制度建设逐步完成，对调节东北地区居民收入差距发挥了重要作用。

以辽宁省为例，最低收入组家庭的收入与最高收入组家庭的收入之比呈下降趋势，从 2000 年的 19.79% 下降至 2005 年的 13.79%[①]，这个比较结果可在一定程度上反映出近年来辽宁地区城镇居民收入差距存在扩大的趋势。同时，低收入家庭社会保障收入占家庭总收入的比重均高于同年的高收入家庭社会保障收入占家庭总收入的比重。这说明社会保障制度在提高居民收入水平的功能发挥上，更偏重于低收入家庭，在一定程度上降低了居民收入差距。

缩小城乡居民之间的收入差距是降低居民收入差距的又一重要内容。近年来，东北老工业基地逐步加大农村地区社会保障制度的建立与完善，农村养老保险、新型农村合作医疗、农村最低生活保障等各项制度，对提高东北地区农民收入、缩小城乡居民收入差距，发挥了重要的重用。

四、缓减老龄化对未来社会形成的巨大压力

根据全国老龄工作委员会办公室 2006 年 2 月发布的中国人口老龄化百年预测，目前我国已进入老龄社会并且正处于快速老龄化阶段。东北地区人口老龄化各项指标均高于全国的平均水平。

（一）人口老龄化对社会保障的巨大冲击

人口老龄化对社会保障的冲击主要表现为养老保险和医疗保险的支付压力。

---

① 根据《中国统计年鉴》（2001~2006）相关数据计算得出。

在现代社会中，人口老龄化对退休金的影响主要体现在退休者增加导致退休金支出的快速膨胀上。一般来说，在人口老龄化时代，老年人口比重提高的过程也就是退休人员快速增加的过程。这样就使养老金支出占社会保障费用的比重快速提高。进入 20 世纪 70 年代，发达国家由于人口老龄化，支付养老金的数量和水平不断提高，在经济不景气和增长缓慢的情况下，最终引发"养老保险支付危机"。

东北三省在完善社会保障体系改革试点之前，由于历史欠账过多，养老保险中个人账户长期空账运行，社会统筹基金向个人账户基金大量透支，最终使统账结合蜕变为养老金的一种计发办法，部分积累制将名存实亡。如不尽快实施以做实个人账户为重点内容的基本养老保险制度完善改革，势必引致养老金支付风险，很难安全跨越老龄化高峰。

医疗费用支出与年龄结构高度相关，一般来说，60 岁以上年龄组的医疗费用是 60 岁以下年龄组医疗费用的 3～5 倍。按 1998 年的医疗实际费用支出计算，人口老龄化带来的医疗需求量负担到 2025 年将增加 47%；如果考虑到各年龄组的医疗实际费用按 GDP 年增长率同比增长，我国医疗需求量费用到 2025 年将达到 6 万亿元以上，占当年 GDP 的 12% 左右[①]。

从政治层面上来说，中国民主化步伐正在逐步加快，发达国家经验表明，在一个民主社会尤其是在民选政府领导下的社会，老年人的需求一般会引起政府当局的高度重视，老年人口规模越大，老年人对社会保障制度安排的影响力就越大。

（二）社会保障制度改革是应对人口老龄化的有效手段

通过完善城镇社会保障体系试点工作，到 2004 年底，东北三省城镇社会保障体系已初步形成，对于老年人来说，以统账结合为基本模式的养老和医疗保险制度尤为重要，这主要是因为：

第一，改革降低了养老金的支付风险。通过养老保险改革，基本实现了社会保障责任主体的根本转变，理顺了社会保险费用的征缴体制，强化了各级政府的社会保障责任，保证了社会保障资金的不断扩大。由于各方责任明确之后形成的激励机制，使得企业和个人等缴费主体主动参保缴费的积极性得到充分发挥。仅辽宁省在试点期间，社会保障征缴收入平均增长就达 17.4%，社保费收入占社保基金支出的比重达到 71.3%。继辽宁之后，国家在黑龙江、吉林两省相继推广了完善城镇社会保障体系试点工作，按照 5% 起步做实个人账户，其中中央财

---

① 宋晓梧：《社会保障体系建设任重道远》，《中国社会科学院研究生院学报》2008 年第 4 期。

政补助做实 3.75%，吉林和黑龙江两省的地方财政负担做实 1.25%①。这样一来，东北三省基本形成了以社会保险费征收为主、以财政补助为辅、企业筹集和社会支持为补充的多元化筹资渠道，不仅降低了人口老龄化高峰带来的预期支付风险，而且还促进了养老保险基础工作水平的逐步提升。如果养老金果真出现支付风险，东北地方政府就有可能通过某种强制手段把本来用于生产投资的资金转而投入退休金而引致资本短缺，这对于东北老工业基地的改造与振兴是极为不利的。

第二，改革促进了传统养老方式的转变。老年人口的养老方式分为自我养老、家庭养老和社会养老三种方式。自我养老是依靠老年人自己的劳动收入和前期积累养老，家庭养老是依靠家庭其他成员的供养，而社会化养老则是通过再分配从国家和社区中获得养老资源的方式。随着生育率下降、独生子女增加和人口老龄化的不断加剧，东北三省的家庭平均规模逐步缩小，核心家庭却在增多，分户速度也在加快，所有这些都松懈着家庭的传统供养关系，削弱着家庭的养老功能。空巢家庭的大量增加，导致家庭赡养负担的加重和越来越多的老年人需要通过养老保障制度获得照料和看护，以解决其养老和医疗问题。因此，健全和完善养老保障制度，改善家庭养老结构，可以大大减轻家庭赡养的压力和负担，使劳动适龄人口有更多的时间和精力去从事更为有意义的工作，为东北社会经济发展提供强有力的人力资本支持。

第三，改革减轻了老年人在就医看病方面的后顾之忧。在完善城镇社会保障体系的试点实践中，医疗保险制度由于其公平性和有效性未能达到令人满意的效果，遭到普遍质疑。但通过进一步深化改革和完善，城乡居民，尤其是老年人看病难、看病贵的问题将逐步得以缓解。例如，辽宁省计划在未来 3 年将城镇医疗保险的覆盖范围扩大到 90%，针对的主要对象就是老年人。

不仅如此，改革还加快了老年服务产业的发展。当人口结构发生重大变化时，市场需求也必然随之做出反应。作为未来社会一个庞大的消费群体，老年人口在物质生活和精神生活方面都有其自身需求和消费特点，必将对东北老工业基地"再工业化"过程中的市场和产业结构产生越来越大的冲击，使原有的市场机构和产业结构不再适应人口老龄化社会的需要。但老年人的这种需求如果没有社会保障制度的强大支持，就不会转化为现实的消费需求。只有通过社会保障的转移支付和延期消费功能使老年人没有了后顾之忧，他们才能够踏实地去购物、去旅游，这样既可以使老年人开心地享受晚年生活，又促进了老年产业的不断发

---

① 辽宁省劳动和社会保障厅，http://www.ln.lss.gov.cn。
　　吉林省劳动和社会保障厅，http://ldbzt.jl.gov.cn。
　　黑龙江省劳动和社会保障厅，http://hl.lss.gov.cn。

展。从东北目前的情况来看，老龄产业远远滞后于人口老龄化迅速发展的客观要求，今后，随着社会保障制度、特别是养老保险和医疗保险制度改革的不断深化，老年人消费需求、消费水平、消费结构变化对老龄产业的影响就会逐步显露出来，这对于保证东北经济增长的有效需求，推动东北消费市场的结构优化都会产生积极的影响。

五、构建和谐东北，促进社会稳定

构建社会主义和谐社会，是党中央从全面建设小康社会、开创中国特色社会主义事业新局面的全局出发提出的一项重大任务。和谐社会的核心是人与人的和谐、人与社会的和谐，前提是维护和实现社会公平与正义、促使经济社会协调发展，让全体人民共享经济社会发展成果，从而形成一个全体人民各尽其能、各得其所而又和谐相处的社会。

（一）社会保障与和谐东北

作为政府干预收入分配和协调社会经济全面发展的基本工具和主要手段，社会保障具有维护社会公正、化解社会矛盾、缩小贫富差距、实现共享发展成果等多方面的社会、政治和经济功能。社会保障体系中的最低生活保障制度和社会救助系统，主要是以公共财政作为经济保证，通过对低收入群体和特殊困难群体的经济援助和精神慰藉，维护他们的生存权利、解除他们的生活困境。社会保障体系中的社会保险系统，通过各种社会保险费用的筹集与给付，既可以有效解除劳动者在养老、医疗保健、失业、工伤和生育等方面的后顾之忧，还可以起到缓减劳资矛盾、预防贫困发生、增进劳动福利的作用；社会保障体系中的社会福利系统，通过各种不同层次、不同形式的社会服务网络，能够最大限度地使全体社会成员分享社会经济发展的成果，并通过这种成果分享提高社会成员的行为能力和发展机会。总之，社会保障与社会和谐以及社会稳定存在着一种天然的互促共进的正向关系。社会保障对社会公正、经济公平以及通过相应的制度安排来实现国民共享发展成果，都集中体现了和谐社会的核心价值取向。因此，构建和谐社会，促进老工业基地全面振兴，离不开社会保障制度的润滑和维系作用。

从历史上看，东北地区的城市化、工业化、就业企业国有化程度较高。新中国成立后，随着与国防工业密切相关的重化工业在东北地区的建立，东北地区的城市化和工业化达到了全国较高的水平，国有企业较为集中，国企成为职工就业的主渠道。由于重化工业是技术密集型行业，要求从业人员素质较高，受教育年限较长，导致东北地区人口的受教育水平较高。因此，东北地区一直以"吃皇粮、铁饭碗、工资高、人员好"为自豪。改革开放以来，东北老工业基地国民经济持续快速发展，城乡居民的收入水平与生活水平大幅度提升，社会主义物质文明、政治文明、精神文明建设取得了巨大成就。然而，随着社会主义市场经济体制改革的逐步深化与完善，东北地区大部分老国有企业由原来的比较优势成为比较劣势。东北国有企业一直承担者职工养老、冗员、医疗，以及其他一系列福利性和政策性的责任，使其无法与非公有企业公平竞争，而这又会进一步加剧国有企业的困境，增加下岗和失业人员。另外，东北地区历史形成的采煤沉陷区、棚户区多，比全国其他地区的创伤深得多，造成了东北地区社会保障的沉重负担。不但制约着全省经济的发展，也成为和谐社会建设的"不和谐"因素。通过社会保障实现社会经济的和谐稳定发展，在东北老工业基地的改造与振兴中显得尤为重要。

（二）和谐东北进程中的社会保障

为了着力解决好人民群众最关心、最直接、最现实的利益问题，使东北发展振兴成果惠及更广大的人民群众，充分发挥社会保障在和谐东北进程中的作用，近年来，东北三省省委、省政府在巩固社会保障改革原有成果的基础上，进一步实施了一系列以关注民生、以人为本为核心的社保会保障改革的新举措，倾力解决了一系列关系人民群众切身利益的实际问题。

一是扩大覆盖面。社会保障覆盖面的大小，集中反映了一个国家或地区社会保障的总体状况，同时也是这个国家或地区社会保障绩效的标志性指标。覆盖面越大，受益的群体越多，社会保障促进社会稳定的作用就会越强。2005 年 12 月，国务院下发《关于完善企业职工基本养老保险制度的决定》中重申了要扩大基本养老保险覆盖范围，指出："当前及今后一个时期，要以非公有制企业、城镇个体工商户和灵活就业人员参保工作为重点"。东北三省在社会保障事业的发展中，始终将以扩大养老保险覆盖范围为重心的扩面工作作为重要任务之一。到 2006 年末，东北三省参加基本养老保险的总人数达到了 2 530 万，辽宁、吉林、黑龙江分别比上年末增加了 4.5%、5.3% 和 4.1%[①]。另外，东北三省采取目标定位、责任落实、领导包干、专项检查等有效措施，并注重通过对劳动、财政、医疗、人事、税务、工商等职能部门的协调和评价，使得东北三省在失业保险、医疗保险以及个体工商户和灵活就业人员的参保覆盖范围进一步扩大，社会保障在和谐东北进程中的稳定作用得到了进一步地加强。

二是关注弱势群体。社会保障的核心理念是实现社会公正。社会公正涉及的

---

① 《中国统计年鉴（2007）》，中国统计出版社 2007 年版。

是社会成员权利、财富、机会等最重要的基础性社会资源，它反映的是人类共同生活方式所认同的一般特征，是社会本原的道德诉求，是植根于人性之中的理性结论，是任何一个社会成员选择其行为所依据规则的推理源头。一般认为，从深层次上来说，社会公正有两个核心内容：一个是保障居民的一系列基本权利（如自由选择职业的权利、自由获得收入和财富的权利、自由选举和被选举的权利）；另一个是当社会成员无法实现其最基本权利的时候对他们的物质帮助。也就是说，社会公正是一个全面而系统的概念，它既要求保证社会成员在基本权利拥有方面的平等，而且还包括在适度水平上对结果的平等分配。在现实生活中，虽然社会的基本制度给了每个人获得收入和财富的权利，给了每个人成就伟大事业或成为伟大人物的机会，但如果仅此而已，如果的确给足了一个人自由选择和自由生活的权利，但对这个人是否有能力来实现这种权利视而不见，那么就可能出现一个社会对一个即将因为饥饿而面临死亡的人的不闻不问，这个社会既难称公正，更谈不上和谐。

东北老工业基地由于国有企业转轨改制和资源枯竭型城市结构调整而发生的失业、下岗现象较为严重，导致城市中的一部分居民陷入贫困或半贫困化状态。尤其是资源型城市的居民大多属于低收入人群，如果对这部分社会底层弱势群体的生存和发展诉求视而不见，东北三省的改造与振兴就会遭遇巨大阻力，并有失去社会支持的可能。因此，近年来，东北三省通过不断推进的最低生活保障制度和医疗救助、棚户区改造、社会互助、就业指导、法律援助、慈善救助和应急救助等措施，着力解决社会贫困人员的基本生活保障问题。既有利于最广大人民群众都能够分享经济增长和社会发展的成果，缓解利益矛盾，又有利于缓减整个东北社会在"再工业化"过程中所承受的经济转轨和市场机制带来的风险与压力，从而极大地提高了全面振兴东北的整合力、凝聚力和向心力。

三是提高保障水平。在扩大覆盖面的同时提高社会保障水平，是实现社会保障在关注民生方面绩效的又一重要内容。东北三省在这方面都做了大量卓有成效的工作。例如，继连续 3 年为企业退休人员调整基本养老金之后，2006 年末，根据全国统一部署，辽宁省再次提高企业退休人员养老金水平，并提前到 2007 年 1 月 1 日进行。截至 2007 年 1 月末，辽宁省调整待遇的企业退休人员总人数为 375 万人，共筹措资金 37 564.8 万元，已发放 37 315.8 万元，发放金额占应发放金额的 99.34%[1]，完成了全省企业退休人员待遇调整任务。又如，近年来黑龙江省不断加大就业困难人员就业工作力度，将就业困难人员就业援助工作列

---

① 唐成选：《辽宁企业退休人员待遇调整全面完成》，www.xinhuanet.com/chinanews/2008 - 02/04/content_12411645.htm。

为各级政府工作目标责任制的重要考核内容，通过政府购买公益性岗位、对就业困难人员优先发放小额担保贷款等各种手段，开展了一系列再就业援助行动，对就业困难人员进行妥善安置。

东北三省通过实施一系列社会保障体系改革与完善的举措，充分发挥了社会保障在润滑社会关系，促进社会和谐，保持社会稳定，增进国民福利方面的独特作用，使东北老工业基地的改造与振兴能够在一个平稳和良好的社会环境中进行。

第三节　东北老工业基地社会保障收支预测分析

在东北老工业基地社会保障制度改革过程中，遇到的最核心问题是资金收支平衡问题。资金平衡问题是社会保障制度可持续发展的关键，也是东北老工业基地改造与振兴的重要保障条件。

一、养老保险收支预测分析

（一）基于合意条件的养老金收支总体预测分析

在人口老龄化进程加快的严峻形势下，东北老工业基地城镇养老保障体系将面临养老保险基金筹集以及养老金给付的两难困境。在辽宁、吉林和黑龙江人口模型的基础上，对东北老工业基地城镇养老保险基金收支均衡进行长期预测。在基金收支预测中，重点考察城市化上升中的人口迁移、个体工商户等从业人员缴费10%、扩大覆盖面、提高征缴率等因素的影响。一方面，分析东北老工业基地人口老龄化对养老保险基金收支均衡的影响；另一方面，基于相关数据分析，为完善养老保险制度提供理论依据。

1. 统账模式养老金收支预测分析。我们把覆盖率和遵缴率100%设定为养老金收支均衡分析的合意条件。在合意条件下，分别对东北地区、辽宁省、吉林省和黑龙江省2005~2050年"统账"模式养老金收支状况进行了预测。

根据测算结果，在2018年以前，东北老工业基地养老保险制度本身仍然存在基金积累，总量为5 222.44亿元；从2019年开始出现年度赤字，累计债务为21 387.1亿元。如果用2005~2018年的基金积累弥补2019年开始出现的年度赤字，大约2031年开始收不抵支。2005~2050年净债务总量为16 164.7亿元，占

343

2050 年东三省 GDP 的比重为 15.14%。从中可以看出，东北地区养老金收支缺口到 2045 年达到峰值，为 838.04 亿元，以后各年出现减缓趋势。从东北地区各省份的情况来看，基金缺口从大到小的排列顺序依次为辽宁省、黑龙江省和吉林省，2005～2050 年的基金缺口分别为 21 160.8 亿元、12 034.1 亿元和 9 102.01 亿元[①]。

2. 养老金供求与 GDP 的关系。养老金水平的衡量标准是养老金给付占 GDP 的比重，通过养老金的需求、供给以及供需差额与 GDP 的比例关系分析，可以发现养老金的收支平衡在东北老工业基地经济可持续发展中的重要地位和作用。依据相关的人口数据和辽宁试点模式的相关标准，我们对东北地区养老金的收支占 GDP 的比重关系进行了预测分析。

根据东北老工业基地 2005～2050 年养老金收支与 GDP 的关系，养老金需求占 GDP 的比重呈抛物线状变化趋势，在 2030 年左右达到峰值，以后的年份开始下降。这表明 2030 年左右东北三省人口老龄化程度加重，养老金收支均衡面临极大的压力。与此同时，养老金供给占 GDP 的比重却呈下降的趋势。从 2019 年开始，养老金年收支将出现缺口。此后，养老金缺口占 GDP 的比重在 2030 年左右达到峰值，以后的年份开始逐年上升[②]。

（二）基于现实条件的社会统筹养老金收支预测

1. 不包含农村迁移老年人口。根据中国城市化率在 2050 年达到 60% 左右的目标，到 2050 年，辽宁省城市化率为 70% 左右、吉林省城市化率为 65% 左右、黑龙江省为 60% 左右[③]。伴随城市化进程的加快，相应地带来农村迁移老年人口的社会保障问题。

根据预测分析，在合意条件下，如果将农村迁移老年人口纳入到城镇养老保险制度，社会统筹基金从 2011 年开始出现年度赤字，累计净债务缺口总量为 39 206.89 亿元；否则，社会统筹基金缺口从 2014 年开始出现年度赤字，累计净债务缺口总量为 27 817.62 亿元，缺口减少了 29.05%[④]。从东北三省的情况看，无论是否包括农村迁移人口，辽宁省将最早出现基金缺口，吉林省和黑龙江省基金缺口出现的年份略晚。

在加快城市化建设的进程中，要正确处理农村迁移老年人口的社会保障问题。在现阶段，农村尚未建立基本的养老保险制度，这部分迁进来的老年人口可视为没有缴纳养老金，因此就不应该被包含在现行养老保险制度中。这部分农村迁移人口保持原来的养老模式，但是政府可以根据情况发放一定的补贴，以保证

---

①②③④　根据国家计划生育委员会重点研究课题：《东北地区人口发展战略研究报告》，2004 年。

他们能够维持正常的生活需要。

2. 个体工商户等从业人员缴费 10%。根据辽宁省城镇养老保险制度改革试点方案，个体工商户等从业人员的缴费率为 18%，其中 10% 划入社会统筹，8% 记入个人账户，养老金待遇不变。假定养老保险制度不包含农村迁移的老年人口，在合意条件下，如果个体工商户缴费 20%，则社会统筹基金从 2014 年开始出现年度赤字，累计净债务缺口总量为 27 817.62 亿元；如果个体工商户缴费 10%，则社会统筹基金从 2010 年出现年度赤字，累计净债务缺口总量为 35 953.54 亿元，缺口增加了 29.24%。在个体工商户缴费 10% 的情况下，辽宁省将最早出现基金缺口，吉林省和黑龙江省基金缺口出现的年份略晚[①]。

如果个体工商户缴费 10%，将导致社会统筹基金缺口加大。伴随城市化进程的加快，城镇中个体工商户等从业人员的比重将在 2035 年左右大幅增加，而这一时期正是人口老龄化的高峰期。这将给中国养老保险制度的收支平衡带来巨大压力。个体工商户等从业人员由于缴费率低造成的基金缺口或者由政府财政支出解决，或者对制度进行重新设计：一是从基金筹集上提高其缴费率，二是从养老金给付上降低其享受养老金的标准。

3. 覆盖面。假设 2005 ~ 2050 年遵缴率为 90%，可以预测不同覆盖率对社会统筹养老金收支均衡的影响。

根据预测，当覆盖率为 70% 时，2004 年出现基金缺口，累计缺口为 59 406.1 亿元；当覆盖率为 80% 时，2005 年出现基金缺口，累计缺口为 53 701.37 亿元；当覆盖率为 90% 时，2005 年出现基金缺口，累计缺口为 47 996.73 亿元。覆盖率提高 10 个百分点，将使基金缺口减少了 11%[②]。从东北三省的情况看，在覆盖面逐步扩大的情况下，基金缺口出现最早的是辽宁省，其次是黑龙江省，较晚的是吉林省。

从以上分析可以看出，东北城镇养老保险制度从现收现付制向统账结合的部分基金制转轨，由于存在着巨额的隐性债务，未来 50 年内社会统筹养老金仍然存在一定的缺口。为减少或消除社会统筹养老金缺口，改善养老金收支均衡，政府应该采取积极的公共财政政策，加大对养老保险基金的财政支持力度，以确保养老保险制度的健康、持续运行。同时，扩大覆盖面和提高征缴率有利于社会统筹养老金的收支平衡。但是，在扩大覆盖面的过程中，如果实行差别费率或者不能保证较高的征缴率，那么扩大覆盖面将不利于养老金收支的长期平衡。辽宁省社保局与世界银行合作项目利用 PROST 精算模型也证明了这一趋势。

---

①② 根据国家计划生育委员会重点研究课题：《东北地区人口发展战略研究报告》，2004 年。

二、医疗保险的收支预测分析

城镇职工基本医疗保险制度与其他社会保险的项目一样，制度的运行和功能的发挥主要是依靠保险基金的收支来实现的。没有充足的基金作保证，基本医疗保险制度的建立与运行就会出现问题。基本医疗保险制度的实质就是在调整基金收支主体以及收支水平的前提下确保社会保险基金的收缴与发放。

城镇职工基本医疗保险的基金收支主要取决于社会统筹，下面，对东北三省的基本医疗保险基金收支进行预测分析。

（一）东北三省基本医疗保险基金收支总体预测分析

1. 基本医疗保险基金支出需求预测。根据 1990 年以来的相关数据，建立一元线性回归方程，回归方程为：$Y = 329.829 + 59.578X（x = 1，2，3，\cdots，1990$ 年为基年）。通过回归方程，求出 2005 ~ 2050 年各年份的退休人员人均医疗费用支出（计算结果见表 8 - 8）。

表 8 - 8　　　　　　2001 ~ 2050 年退休人员人均年医疗费用支出预测

年　　份	退休人员人均年医疗费用支出（元）
2001	1 044.77
2005	1 283.09
2010	1 580.99
2015	1 878.89
2020	2 176.79
2025	2 474.69
2030	2 772.59
2035	3 060.49
2040	3 348.39
2045	3 636.29
2050	3 924.19

数据来源：利用 1990 年以来的相关数据，建立回归方程计算得出。

进一步把退休人员和在职人员的医疗需求的权重分别设定为 3 和 1，可以求出医疗保险的人均费用支出和总支出需求（见表 8 - 9）。

表 8 – 9　　　　　　　2005 ~ 2050 年东北老工业基地年各年医疗保险基金需求

年　　份	实际人均医疗费用支出（元）	医疗保险总支出需求（亿元）
2005	634.932	308.5706
2010	817.0774	424.1571
2015	1 037.956	559.8443
2020	1 284.775	701.5837
2025	1 534.765	862.3953
2030	1 775.286	1 014.246
2035	2 001.005	1 163.847
2040	2 206.734	1 287.342
2045	2 550.518	1 379
2050	2 550.518	1 469.165

　　2. 基本医疗保险基金收入预测。根据现行的基本医疗保险缴费办法和劳动力缴费人数，我们对未来一段时期的基本医疗保险基金收入进行了预测（见表 8 – 10）。

表 8 – 10　　　　东北老工业基地各年基本医疗保险基金收入

年　　份	基本医疗保险基金收入（亿元）
2005	357.8951
2010	423.903
2015	472.9561
2020	508.2328
2025	561.9206
2030	627.2472
2035	716.8377
2040	825.2601
2045	950.2288
2050	1 132.4

　　3. 基本医疗保险基金收支综合分析。把基本医疗保险的需求预测和收入预测进行综合汇总可以看出，从 2010 年开始，基金支出需求开始大于基金收

入，这表明基本医疗保险基金收入开始不能满足制度覆盖人口的医疗需求。基金收支缺口在 2035 年最大，从 2035 年开始，基金收支缺口开始减小，这主要是由于人口老龄化高峰度过之后，人口老龄化对基本医疗保险基金的压力开始变小。

（二）分省基本医疗保险收支预测分析

1. 辽宁省基本医疗保险收支预测分析。根据 2001～2004 年的医疗保险收支的相关数据，对辽宁省基本医疗保险收支均衡状况进行了预测分析（见表 8 - 11）。

从表 8 - 11 可以看出，辽宁省的医疗保险基金收支从 2003 年开始，基金盈余规模开始下降，大约从 2015 年开始出现资金缺口，2035 年之后，资金缺口开始逐渐缩小。

表 8 - 11　　　　　　　辽宁省各年医疗保险收支预测结果

年份	医疗保险基金支出需求（亿元）	基本医疗保险基金收入（亿元）	基本医疗保险基金节余（亿元）
2005	130.5659	155.9144	25.3485
2010	181.2389	183.126	1.8871
2015	238.7833	201.6203	-37.163
2020	298.0119	214.6086	-83.4033
2025	365.8017	238.7301	-127.072
2030	429.8997	270.0807	-159.819
2035	490.93	311.6008	-179.329
2040	540.9647	360.964	-180.001
2045	578.0163	419.4802	-158.536
2050	615.3835	503.0431	-112.34

2. 吉林省基本医疗保险收支预测分析。根据 2001～2004 年的医疗保险收支的相关数据，对吉林基本医疗保险收支均衡状况进行了预测分析（见表 8 - 12）。

吉林省医疗保险基金收支在 2009 年之前，医疗保险资金存在盈余；从 2009 年开始，医疗保险资金出现缺口；从 2030 年开始，医疗保险资金缺口规模之间缩小。

表 8 - 12   吉林省各年医疗保险收支预测结果

年　份	医疗保险基金支出 需求（亿元）	基本医疗保险基金 收入（亿元）	基本医疗保险基金 节余（亿元）
2005	70. 17704	78. 83084	8. 6538
2010	98. 66973	94. 1008	- 4. 56893
2015	132. 9604	106. 1111	- 26. 8493
2020	169. 102	115. 3898	- 53. 7122
2025	208. 8734	128. 576	- 80. 2974
2030	250. 2104	144. 0392	- 106. 1712
2035	288. 7236	164. 7954	- 123. 9282
2040	323. 9402	189. 1657	- 134. 7745
2045	350. 3088	217. 5485	- 132. 7603
2050	375. 4426	260. 088	- 115. 3546

3. 黑龙江省基本医疗保险收支均衡预测分析。根据 2001~2004 年的医疗保险收支的相关数据，对黑龙江省基本医疗保险收支状况进行了预测分析（见表 8 - 13）。

表 8 - 13   黑龙江省各年医疗保险收支预测结果

年　份	医疗保险基金支出 需求（亿元）	基本医疗保险基金 收入（亿元）	基本医疗保险基金 节余（亿元）
2005	100. 769	108. 4667	7. 6977
2010	138. 2292	129. 0601	- 9. 1691
2015	181. 7694	145. 1766	- 36. 5928
2020	227. 3133	156. 3949	- 70. 9184
2025	279. 4566	170. 69	- 108. 7666
2030	328. 7921	186. 9594	- 141. 8327
2035	377. 1762	210. 9747	- 166. 2015
2040	421. 3572	241. 5352	- 179. 822
2045	449. 7483	275. 0889	- 174. 6594
2050	478. 7785	324. 3242	- 154. 4543

2008 年之前黑龙江省基本医疗保险资金存在盈余；从 2008 年开始，医疗保险资金开始出现缺口；从 2030 年开始，医疗保险资金缺口开始缩小。

综合以上分析可以看出，在 2010 年左右，东北三省在现行的医疗保险制度下，会出现医疗保险资金缺口。资金的缺口在 2030 年之前会越来越大，2030 年之后缺口会逐渐减小。

三、失业保险的收支预测分析

失业保险是针对失业问题建立起来的项目，其制度理念不仅是给予失业者一定的生活保障的失业保险金，而更主要的目的则是如何促进失业者再就业。失业保险制度的运行和功能的发挥也与其他社会保险项目一样，主要依靠失业保险基金的收支来实现。

（一）失业保险基金和失业率的回归分析及失业率假设

1. 失业保险基金和失业率的回归分析。根据 2000 ~ 2006 年东北三省的失业率和失业保险基金支出，对东北三省的失业率与失业保险基金支出进行回归预测，回归方程分别如下：

辽宁省失业保险基金支出（Y_1；单位：万元）与失业率（X_1；单位:%）的回归方程：

$$Y_1 = 1\ 757.693 + 29\ 259.05X_1$$

吉林省失业保险基金支出（Y_2；单位：万元）与失业率（X_2；单位:%）的回归方程：

$$Y_2 = -30\ 412.5 + 16\ 139.15X_2$$

黑龙江省失业保险基金支出（Y_3；单位：万元）与失业率（X_3；单位:%）的回归方程：

$$Y_3 = 12\ 238.83 + 20\ 604.58X_3$$

2. 失业率假设。根据辽宁、吉林、黑龙江三省的 2008 年政府工作报告提出的 2008 年和 2010 年工作目标，辽宁 2008 年失业率控制在 4.5% 以内，2010 年控制在 4% 以内；吉林 2008 年失业率控制在 4.4% 以内；黑龙江 2008 年失业率控制在 4.6% 以内，2010 年控制在 4% 以下。另外根据东北三省的人口预测，2015 年达到"人口红利"期之后劳动力人口逐年减少，失业率也在"人口红利"期达到峰值，分别对三省的失业率做出低方案假定（见表 8 - 14）。

表 8 - 14 东北三省失业率低方案假设 单位：%

年　　份	辽宁	吉林	黑龙江
2008	4.5	4.5	4.40
2010	4.0	4.0	4.60
2015	4.3	4.3	4.00
2020	4.2	4.2	4.30
2025	4.0	4.0	4.00
2030	3.5	3.5	3.80
2035	3.0	3.3	3.50
2040	2.9	3.1	3.20
2045	2.8	3.0	3.00
2050	2.7	2.8	2.90

另外，根据东北振兴规划，要实现东北地区 2010 年失业率控制在 5% 以内的目标，以及到 2015 年达到"人口红利"期后劳动力人口逐年减少的预测，对三省的失业率做出高方案假设（见表 8 - 15）。

表 8 - 15 东北三省失业率高方案假设 单位：%

年　　份	2008	2010	2015	2020	2025	2030	2035	2040	2045	2050
东北三省失业率	4.50	5.00	5.30	5.20	5.10	5.00	4.80	4.50	4.30	4.00

（二）失业保险基金收支预测分析

1. 辽宁省失业保险基金收支预测分析。根据辽宁省失业保险基金支出和失业率的回归方程，分别通过低方案和高方案，对辽宁省失业保险基金支出规模进行预测，并根据辽宁省失业保险基金收入的发展规律，采取时间序列分析的方法对辽宁省失业保险基金收入进行预测（见表 8 - 16）。

表 8 - 16 辽宁省失业保险基金收支预测结果 单位：万元

年　　份	低方案支出	高方案支出	收入
2006	156 104.5	156 104.5	205 056.0
2008	133 423.4	133 423.4	257 793.6
2010	118 793.9	148 052.9	310 531.2

351

续表

年　　份	低方案支出	高方案支出	收入
2015	127 571.6	156 830.7	366 142.4
2020	124 645.7	153 904.8	421 753.6
2025	118 793.9	150 978.8	477 364.8
2030	104 164.4	148 052.9	532 976.0
2035	98 312.6	142 201.1	588 587.2
2040	92 460.7	133 423.4	644 198.4
2045	89 534.8	127 571.6	699 809.6
2050	83 683.0	118 793.9	755 420.8

　　根据预测结果，2008 年辽宁省失业保险基金收入 257 793.6 万元，2010 年收入
310 531.2 万元，2015 年收入 532 976.0 万元，2050 年收入 755 420.8 万元。根据
低方案预测结果，2008 年辽宁省失业保险基金支出 133 423.4 万元，2010 年支出
118 793.9 万元，2015 年支出 366 142.4 万元，2050 年支出 83 683.0 万元。而根据
高方案预测结果，2008 年辽宁省失业保险基金支出 133 423.4 万元，2010 年支出
148 052.9 万元，2015 年支出 156 830.7 万元，2050 年支出 118 793.9 万元。

　　根据辽宁省失业保险基金收支预测结果，计算出失业保险基金当年结余，并
根据 2006 年的滚存结余推算出未来的失业保险基金的滚存结余（见表 8 - 17）。

表 8 - 17　　　　　辽宁省失业保险基金结余预测结果　　　　单位：万元

年　　份	低方案当年结余	高方案当年结余	低方案滚存结余	高方案滚存结余
2006	48 951.5	48 951.5	- 62 083.5	- 62 083.5
2008	124 370.2	124 370.2	62 286.7	62 286.7
2010	191 737.3	162 478.3	254 024.0	224 765.0
2015	238 570.8	209 311.7	492 594.8	434 076.7
2020	297 107.9	267 848.8	789 702.7	701 925.5
2025	358 570.9	326 386.0	1 148 274.0	1 028 312.0
2030	428 811.6	384 923.1	1 577 085.0	1 413 235.0
2035	490 274.6	446 386.1	2 067 360.0	1 859 621.0
2040	551 737.7	510 775.0	2 619 098.0	2 370 396.0
2045	610 274.8	572 238.0	3 229 372.0	2 942 634.0
2050	671 737.8	636 626.9	3 901 110.0	3 579 261.0

辽宁省失业保险基金在 2006 年出于亏空状态，到 2008 年得到扭转。不论是高方案还是低方案，辽宁省失业保险基金滚存结余都呈逐年上升、规模不断扩大趋势，到 2050 年，失业保险基金将达到 358 亿~390 亿元。

2. 吉林省失业保险基金收支预测分析。采用与辽宁省同样的预测方法，对吉林省失业保险基金进行收支预测分析（见表 8 - 18）。

表 8 - 18　　　　　吉林省失业保险基金收支预测结果　　　　单位：万元

年　份	低方案支出	高方案支出	收　入
2006	36 747.0	36 747.0	65 754.0
2008	40 599.8	42 213.7	76 346.0
2010	40 599.8	50 283.3	86 938.0
2015	50 283.3	55 125.0	108 061.0
2020	47 055.4	53 511.1	129 184.0
2025	42 213.7	51 897.2	150 307.0
2030	38 985.8	50 283.3	171 430.0
2035	34 144.1	47 055.4	192 553.0
2040	29 302.4	42 213.7	213 676.0
2045	24 460.6	38 985.8	234 799.0
2050	18 004.9	34 144.1	255 922.0

根据预测结果，2008 年吉林省失业保险基金收入 76 346.0 万元，2010 年收入 86 938.0 万元，2015 年收入 108 061.0 万元，2050 年收入 255 922.0 万元。根据低方案预测结果，2008 年吉林省失业保险基金支出 40 599.8 万元，2010 年支出 40 599.8 万元，2015 年支出 50 283.3 万元，2050 年支出 18 004.9 万元。而根据高方案预测结果，2008 年吉林省失业保险基金支出 42 213.7 万元，2010 年支出 50 283.3 万元，2015 年支出 55 125.0 万元，2050 年支出 34 144.1 万元。

根据吉林省失业保险基金收支预测结果，计算出失业保险基金当年结余，并根据 2006 年的滚存结余，推算出未来的失业保险基金的滚存结余（见表 8 - 19）。

表 8 - 19　　　　　吉林省失业保险基金结余预测结果　　　　单位：万元

年　份	低方案当年结余	高方案当年结余	低方案滚存结余	高方案滚存结余
2006	29 007.0	29 007.0	133 274.0	133 274.0
2008	35 746.2	34 132.3	169 020.2	167 406.3

353

年 份	低方案当年结余	高方案当年结余	低方案滚存结余	高方案滚存结余
2010	46 338.2	36 654.8	215 358.5	204 061.1
2015	57 777.8	52 936.0	273 136.2	256 997.1
2020	82 128.6	75 672.9	355 264.8	332 670.0
2025	108 093.3	98 409.8	463 358.1	431 079.8
2030	132 444.2	121 146.8	595 802.3	552 226.6
2035	158 408.9	145 497.6	754 211.2	697 724.2
2040	184 373.6	171 462.3	938 584.8	869 186.5
2045	210 338.4	195 813.2	1 148 923.0	1 065 000.0
2050	237 917.1	221 777.9	1 386 840.0	1 286 778.0

从表 8 - 18 可以清楚地看到，不论是高方案还是低方案，吉林省失业保险基金滚存结余规模不断扩大趋势，到 2050 年，失业保险基金将达到 128.7 亿 ~ 138.7 亿元。

3. 黑龙江省失业保险基金收支预测分析。采用与辽宁、吉林省同样的预测方法，对黑龙江省失业保险基金进行收支预测分析（见表 8 - 20）。

表 8 - 20　　　　　　黑龙江省失业保险基金收支预测结果　　　　　单位：万元

年 份	低方案支出	高方案支出	收 入
2006	44 314.0	44 314.0	111 402.0
2008	47 219.9	46 459.4	142 259.8
2010	42 657.2	50 261.7	173 117.6
2015	46 459.4	52 543.1	247 097.2
2020	44 938.5	51 782.6	321 076.8
2025	42 657.2	51 022.2	395 056.4
2030	41 136.2	50 261.7	469 036.0
2035	38 854.9	48 740.8	543 015.6
2040	37 333.9	46 459.4	616 995.2
2045	35 813.0	44 938.5	690 974.8
2050	35 052.6	42 657.2	764 954.4

根据预测结果，2008 年黑龙江省失业保险基金收入 142 259.8 万元，2010 年收入 173 117.6 万元，2015 年收入 247 097.2 万元，2050 年收入 764 954.4 万元。根据低方案预测结果，2008 年黑龙江省失业保险基金支出 47 219.9 万元，2010 年支出

42 657.2 万元，2015 年支出 46 459.4 万元，2050 年支出 35 052.6 万元。而根据高方案预测结果，2008 年黑龙江省失业保险基金支出 46 459.4 万元，2010 年支出 50 261.7 万元，2015 年支出 52 543.1 万元，2050 年支出 42 657.2 万元。

根据黑龙江省失业保险基金收支预测结果，计算出失业保险基金当年结余，并根据 2006 年的滚存结余，推算出未来的失业保险基金的滚存结余（见表 8－21）。

表 8－21　　　　　黑龙江省失业保险基金结余预测结果　　　　单位：万元

年　份	低方案当年结余	高方案当年结余	低方案滚存结余	高方案滚存结余
2006	8 503.0	8 503.0	325 568.0	325 568.0
2008	35 239.9	37 300.4	360 807.9	362 868.4
2010	78 460.5	57 855.8	439 268.4	420 724.2
2015	146 258.7	125 654.1	585 527.1	546 378.3
2020	226 419.6	201 694.2	811 946.7	748 072.5
2025	304 520.2	277 734.2	1 116 467.0	1 025 807.0
2030	384 681.1	353 774.3	1 501 148.0	1 379 581.0
2035	464 842.1	431 874.8	1 965 990.0	1 811 456.0
2040	542 942.6	512 035.8	2 508 933.0	2 323 492.0
2045	618 982.7	590 136.3	3 127 915.0	2 913 628.0
2050	695 022.7	670 297.3	3 822 938.0	3 583 925.0

不论是高方案还是低方案，黑龙江省失业保险基金滚存结余规模有不断扩大的趋势，到 2050 年，失业保险基金将达到 358 亿～382 亿元。

通过对辽宁、吉林和黑龙江三省失业保险基金收支的综合预测分析，2008～2050 年期间，在低方案和高方案两种情况下，失业保险基金都不存在缺口，失业保险基金完全可以支付所有失业人员的失业保险费用，且失业保险基金滚存结余均呈现逐年上升趋势。

针对辽宁、吉林、黑龙江三省失业保险基金在未来有相当规模的结余态势，东北三省应充分合理地使用失业保险基金，将更有力地发挥失业保险促进失业人员再就业的作用，降低失业率，进而达到良性循环。

四、新型农村合作医疗保险的收支预测分析

新型农村合作医疗保险的资金问题是该制度顺利有效实施的关键问题。根据历史的有关数据，我们对新型农村合作医疗资金的收支进行了预测分析。

355

（一）东北三省新型农村合作医疗收支总体预测分析

利用 1990～2000 年东北地区农民人均医疗费用支出、农村人口等数据，通过建立数学模型，预测 2001～2050 年东北分地区农村医疗费用支出趋势。通过 SPSS 软件分别作时间 x 与东北地区、辽宁、吉林和黑龙江农村人均医疗费用支出 y 的相关回归分析，建立回归方程，y 与 x 之间在均具有较高的相关系数（东北 0.938，辽宁 0.958，吉林 0.933，黑龙江 0.901），且均成直线趋势，并有较好的拟和优度。

根据 2001～2050 年东北老工业基地乡村人口预测数据，结合东北三省已经实施的农村合作医疗制度改革的方案。假设合意的条件为：制度内人口为 18～80 岁农村人口；农民个人缴费比例为上年人均纯收入的 0.7%；财政的筹资比例为上年人均纯收入的 4.3%；制度覆盖面为：2001～2005 年 80%；2006～2010 年 90%；2011～2050 年 100%；农民人均纯收入增长率为 3.3%。在合意条件下，预测东北老工业基地农民合作医疗保险基金收支情况（见表 8-22）。

表 8-22　　　　　2001～2050 年东北三省医疗保险基金收支预测

年份	制度内农村人口（万人）	农村人口医疗支出（亿元）	农村人口医疗支出年增长率（%）	合作医疗保险基金收入（亿元）			合作医疗保险基金收入增长率（%）	资金缺口（亿元）
				个人缴纳	财政筹资	合计		
2001	3 026.89	39.36	—	4.76	25.98	30.74	—	8.62
2005	3 136.43	52.94	10.16	5.80	35.64	41.44	13.01	11.50
2010	3 669.55	79.72	9.44	7.98	49.04	57.02	12.06	22.07
2015	4 008.78	106.51	6.27	10.25	63.00	73.25	8.77	33.26
2020	3 920.06	123.15	4.69	11.79	72.45	84.24	6.82	38.91
2025	3 822.43	138.61	4.05	13.52	83.07	96.59	5.93	42.02
2030	3 695.44	151.89	3.61	15.38	94.46	109.84	5.18	42.05
2035	3 553.05	163.27	3.29	17.38	106.79	124.17	4.55	39.10
2040	3 350.89	170.22	3.06	19.28	118.50	137.78	4.03	32.44
2045	3 096.83	172.32	2.94	20.95	128.73	149.68	3.63	22.64
2050	2 830.57	171.20	-2.90	22.52	138.37	160.89	3.34	10.31

注：1. 人口数据来源于辽宁大学人口研究所预测，采用 People/SPSS 软件处理。

　　2. 2000 年东北地区农村居民人均纯收入为 2 175.43 元。

根据表 8 - 22 的有关数据，按照现行新型农村合作医疗保险的方案，2001～2050 年基金收支趋势具有以下特点：

1. 农民医疗费用支出增长速度呈逐年缓慢下降趋势。医疗支出增长率由 2005 年的 10.16% 下降到了 2050 年的 - 2.90%，2005～2010 年下降 0.72 个百分点。随着城市化进程的加快，农村人口不断向城市迁移，迁移到城镇的农民则进入到了城市医疗保险体系中，则制度内人口不断减少，农民医疗费用支出呈下降趋势。同时，由于迁移人口多为农村中青年劳动力，导致农村老年人口系数增加，而老年人疾病发病率和医疗费用支出水平较高，因此农村老年人的医疗消费总额逐年上升。这样，农村医疗费用支出增长率在人口老龄化和城市化的背景下，呈缓慢下降趋势。2020～2050 年，医疗支出增长率基本以每年 0.2 个百分点下降。

2. 基金收入高增长率和高赤字并存。随着制度覆盖面的不断扩大，合作医疗基金收入的迅速增加，其增长速度均超过了同期农民医疗消费支出的增长比例。这期间制度本身存在当期资金缺口，仅 2005～2010 年赤字就由 11.5 上升到 22.07，增长了 11 亿元。之后的年份虽然缺口的增长速度减慢，但缺口总量仍呈上升趋势，直到 2045 年以后才下降。合作医疗基金在这一阶段的发展趋势说明，虽然制度在发展过程中迅速积累资金，但随着农民整体医疗需求的增加和医疗卫生成本的上涨，合作医疗基金呈现高收入增长率和高赤字并存的特征。

（二）分省新型农村合作医疗保险收支预测分析

根据合意条件，预测 2001～2050 年辽宁、吉林和黑龙江三省农村合作医疗保险基金收支状况（见表 8 - 23、表 8 - 24、表 8 - 25）。

表 8 - 23　　辽宁省农村合作医疗保险基金收支预测（2001～2050 年）

年　份	制度内农村人口（万人）	农村人口医疗支出（亿元）	合作医疗保险基金收入（亿元）			资金缺口（亿元）
			个人缴纳	财政筹资	合计	
2001	1 140.01	13.95	1.94	9.01	10.95	3.00
2005	1 167.50	18.18	2.26	11.04	13.30	4.88
2010	1 353.42	26.71	3.09	15.23	18.32	8.39
2015	1 477.28	35.30	3.96	19.57	23.53	11.77
2020	1 429.10	40.10	4.51	20.79	25.30	14.80
2025	1 380.45	44.49	5.12	26.41	31.53	12.96
2030	1 320.91	48.07	5.79	30.25	36.04	12.03

续 表

年 份	制度内农村人口（万人）	农村人口医疗支出（亿元）	合作医疗保险基金收入（亿元）			资金缺口（亿元）
			个人缴纳	财政筹资	合计	
2035	1 252.47	50.80	6.43	34.66	41.09	9.71
2040	1 165.61	52.13	7.04	45.88	52.92	− 0.79
2045	1 061.58	51.90	7.54	43.10	50.64	− 1.26
2050	947.24	50.25	7.92	47.07	54.99	− 4.74

注：1. 人口数据来源于辽宁大学人口研究所预测，采用 People/SPSS 软件处理。

　　2. 2000 年辽宁农村居民人均纯收入为 2 355.58 元。

表 8 - 24　　　　吉林省 2001 ~ 2050 年医疗保险基金收支预测

年 份	制度内农村人口（万人）	农村人口医疗支出（亿元）	合作医疗保险基金收入（亿元）			资金缺口（亿元）
			个人缴纳	财政筹资	合计	
2001	805.42	10.71	1.17	7.23	8.41	2.30
2005	842.29	14.78	1.45	8.94	10.39	4.39
2010	947.57	21.66	1.91	11.77	13.68	7.98
2015	1 087.91	30.65	2.59	15.89	16.48	14.17
2020	1 055.99	35.36	2.95	18.14	21.09	14.27
2025	1 033.55	40.10	3.39	20.88	24.27	15.83
2030	1 003.15	44.25	3.87	23.81	27.68	16.57
2035	964.17	47.66	4.38	26.94	31.32	16.34
2040	906.07	49.60	4.84	29.78	34.62	14.98
2045	833.47	50.06	5.24	32.21	37.45	12.61
2050	767.33	50.16	5.67	34.87	40.54	10.06

注：1. 人口数据来源于辽宁大学人口研究所预测，采用 People/SPSS 软件处理。

　　2. 2000 年吉林农村居民人均纯收入为 2 022.50 元。

表 8 - 25　　　　黑龙江省 2001 ~ 2050 年医疗保险基金收支预测

年 份	制度内农村人口（万人）	农村人口医疗支出（亿元）	合作医疗保险基金收入（亿元）			资金缺口（亿元）
			个人缴纳	财政筹资	合计	
2001	1 081.46	14.57	1.91	9.01	10.92	3.65
2005	1 126.65	19.74	2.34	11.04	13.38	6.36

续表

年　份	制度内农村人口（万人）	农村人口医疗支出（亿元）	合作医疗保险基金收入（亿元）			资金缺口（亿元）
			个人缴纳	财政筹资	合计	
2010	1 320.98	29.83	3.23	15.23	18.46	11.37
2015	1 443.59	39.90	4.15	19.57	23.72	16.18
2020	1 434.97	46.91	4.85	20.79	25.64	21.27
2025	1 408.43	53.17	5.60	26.41	32.01	21.16
2030	1 371.79	58.72	6.41	30.25	36.66	22.06
2035	1 336.41	63.96	7.35	34.66	42.01	21.59
2040	1 279.21	67.69	8.27	45.88	54.15	13.54
2045	1 201.78	69.67	9.14	56.16	65.30	4.37
2050	1 116.00	70.34	9.98	61.33	71.31	-0.97

注：1. 人口数据来源于辽宁大学人口研究所预测，采用 People/SPSS 软件处理。

2. 2000 年黑龙江农村居民人均纯收入为 2 148.22 元。

根据以上数据，综合比较东北三省新型农村医疗保险收支状况分析如下：

1. 新型农村合作医疗制度覆盖人口比较。从总体上比较，新型农村合作医疗制度覆盖人口，黑龙江省位居第一，其次是辽宁省和吉林省。另外，在城市化进程中，辽宁省农村人口迁移规模最大，因此，辽宁省农村人口递减速度最快，新型农村合作医疗制度覆盖人口下降也最快。2001～2050 年，新型农村合作医疗覆盖人口从 1 140.01 万人下降到 947.24 万人，下降了 192.77 万人，吉林省和黑龙江省分别下降了 38.09 万人和 34.54 万人[1]。

2. 新型农村合作医疗费用支出比较。东北老工业基地的医疗支出总额 2011～2015 年间增加最快，5 年内辽宁省增加 8.59 亿元，吉林省 8.99 亿元，黑龙江省增加 10.07 亿元。吉林省和黑龙江省的医疗支出总体上呈逐年上升趋势，但增长的幅度逐渐下降；而辽宁省从 2040 年以后，支出逐年减少[2]。

3. 新型农村合作医疗资金缺口比较。从东北老工业基地的资金缺口比较来看，黑龙江省的资金缺口最大，其次是吉林省和辽宁省。辽宁省的资金缺口从 2020 年达到最大值 14.80 亿元，之后开始逐年减少，到 2040 年开始出现盈余，到 2050 年制度基金积累 4.74 亿元；吉林省于 2030 年以后资金缺口开始减小，基本以每年 0.4 亿左右的速度递减，但制度内一直存在赤字；黑龙江省从 2025 年以后缺口开始缓慢减小，2035 年后迅速递减，年均减少 1.7 亿元，到 2050 年基金盈余 0.97 亿元^①。

从上述合意条件的资金收支预测可知，按现行方案实施的农村新型合作医疗制度存在很大的资金缺口，即使是在城市化进程中将一部分人的医疗负担转移给城市医疗保障体系，制度也只有在 2040 年以后才有可能出现资金积累。由此，我们可以得出结论：一是新型合作医疗保险模式必须建立科学合理的筹资机制；二是单一合作医疗保险制度不能够满足农民的医疗需求，应根据各省实际情况因地制宜地建立多层次的医疗保险体系。

第四节　东北老工业基地社会保障制度完善的对策

一、健全覆盖城乡的养老保险制度

为了构建和谐东北，实现中央提出的在 2020 年建立覆盖城乡居民的社会保障体系目标，东北三省要在城镇社会保障试点的基础之上，进一步完善城镇养老保险制度，建立农村养老保险制度，最终实现覆盖城乡的养老保险制度。

（一）继续扩大城镇养老保险的覆盖范围

作为我国传统的老工业基地，东北三省在经济结构的调整过程中，就业方式呈现多样化的状态，原来以国有、集体企业职工为主要参保对象的养老保险制度面临着新的问题。国有、集体企业职工越来越少，非公有制经济从业人员、城镇个体劳动者和灵活就业人员大量增加，他们当中的相当一部分人还没有参加养老保险。因此，东北地区养老保险今后的重点任务是继续贯彻落实《社会保险费征缴暂行条例》，以非公有制企业从业人员、城镇个体工商户和灵活就业人员为重点，不断扩大养老保险的覆盖范围。另外，要进一步建立健全激励约束机制，调动职工和企业参保缴费的积极性，改变政府在社会保险方面对企业的软约束为硬约束，强调企业在养老保障中承担的责任，实现应保尽保，应缴尽缴。

（二）拓宽投资渠道，实现养老保险基金的保值增值

由于城镇养老保险个人账户基本做实，个人账户的积累将使养老金的资产规

---

① 根据国家计划生育委员会重点研究课题：《东北地区人口发展战略研究报告》，2004 年。

模迅速扩大，截至 2005 年，东北三省累计做实个人账户基金 260 多亿元。由于政策规定养老保险基金实行"收支两条线"管理，基金节余额除预留两个月的支出费用外，全部用于购买国债和存入银行，使养老保险基金保值增值受到局限。在过去几年中，养老保险的名义收益率为 2.18%，但加权通货膨胀率却为 2.22%，因此，养老保险基金实际上是在不断的贬值和缩水①。如果大规模的养老保险基金始终维持在较低的收益水平，这种贬值的风险将增加政府在养老金支出方面的压力。也表明现行的投资取向、较低的收益率等都将难以保证养老保险基金的保值增值及养老金的目标替代率的实现。因此，今后应当采取多元化的投资组合，在现有的基础上，扩大一些风险较低、收益相对稳定的投资品种，比如金融债券、定向国债、甚至投资基金等，一方面可以有效地规避风险，另一方面还可以获得较高的收益率。

（三）全面推进农村养老保险制度建设

城乡二元经济结构的长期存在，使得中国社会保障制度长期以城镇居民为核心，对农民实施的社会保障主要立足于农民自我保障。改革开放以来，联产承包责任制的实施瓦解了集体经济体制，动摇了传统的农村社会保障制度的经济基础，导致农村社会保障制度大面积滑坡，呈现出一种有名无实的状态，农村老年人主要靠家庭养老。东北三省农村养老保险的现状同样令人担忧，处于一种工作开展没方向、农民参保没热情的进退两难的尴尬境地。作为拥有众多农业人口的东北地区，建立农村养老保险制度显得尤为重要。

目前，东北农村养老保险存在三大主要问题：一是保障覆盖面过小，导致农村养老保险缺乏社会保障应有的社会性。截至 2006 年底，东北三省参加农村养老保险的人数为 408.9 万人，较 2002 年参保人数仅增加 1.5 万人，明显落后于全国平均水平②；二是养老保障水平低，难以达到保障农村老年人基本生活的根本目的。按照民政部 1992 年颁发的《县级农村社会养老保险基本方案》通知规定，农民可以根据自己的实际情况按 2～20 元等 10 个档次分月缴费。但由于东北三省农村经济发展水平低，大多数地区农民投保时都选择了保费最低的 2 元/月的投保档次。在不考虑通货膨胀等因素的情况下，如果农民在缴费 10 年后开始领取养老金，每月只可以领取 4.7 元，难以起到养老保障的作用。即使按最高标准缴纳，也难以从根本上解决农民的养老问题；三是养老保险资金筹集方式单

---

① 乔倩倩：《我国拟扩大养老保险基金投资范围实现基金增值》，http：//www.cnwest.com. 2007 年 8 月 29 日。

② 鲍振东等：《2007 年：中国东北地区发展报告》，社会科学文献出版社 2007 年版，第 359 页。

一。由于农村经济发展的具体情况，决定了农村养老保险一般是以"个人缴纳为主，集体补助为辅，国家给予政策扶持"为原则，国家财政支持力度有限，因而资金筹集只能依赖集体和个人。由于大多数集体无力或不愿对农村养老保险给予补助，绝大多数普通农民得不到任何补贴。在这种资金筹集方式下的农村社会养老保险实际上只能是一种自我储蓄或鼓励性储蓄，难以达到农村养老保险对公共财政的基本要求。

针对以上问题，东北农村今后在全面推进养老保险制度建设中应该着力解决以下两方面的核心问题：

一是在养老保险的基本模式方面，应本着"广覆盖、保基本、多层次、可持续"的原则，注重统筹兼顾，区别对待，实现农民最基本的生活需求。借鉴城镇养老保险的模式，实行社会统筹与个人账户相结合的模式。个人账户以个人缴费为主，政府按农民缴费额的一定比例给予补贴，集体经济给予适当补助。社会统筹账户由政府从财政中划拨固定的比例，用于应对养老保险基金出现贬值风险等各种不确定情况的发生。根据农村各地的经济发展情况，因地制宜，建立与之相适应的管理体制与配套机制。通过农村养老保险个人账户的建立，改变农村世代依靠家庭养老的传统，使广大农民融入现代社会，共享社会发展成果。

二是在养老保险基金的供给方面，应加强集体补助和政府财政的直接投入。东北三省农村养老保险发展十多年的经验表明，农村养老保险在国家原有政策和方针指导下发展缓慢，甚至出现后退的趋势。究其原因，是由于原有的农村社会养老保险完全靠农民个人积累，集体补贴微乎其微，政府不直接承担财政支持。实际上，加强集体补助、地方政府的财政直接投入，是实现农村养老保险可持续发展的必然措施。就公平原则而言，政府对城镇养老保险实行财政担保，同样也应对农村养老保险给予扶持和补贴。传统的按照 2~20 元分十个档次缴费的模式对于不断提高的农民收入来说，无异于杯水车薪，需要不断探索新的缴费模式以保障农民的最基本生活需要。黑龙江省率先做出了探索，强调了政府在农村养老保险中承担的责任。最近新出台的《农村社会养老保险暂行办法》规定，农民参加养老保险采取个人缴费、集体补助和财政补贴相结合的方式。个人年缴费标准从 200~800 元分 4 个档次，参保者可自愿选择，同时县财政和乡镇、村以及乡镇企业要视承受能力分别按农民缴费额的 10% 或 20% 比例补助或补贴，记入农民个人账户。这样，可以形成与城镇社会养老保险基金筹集相近的多元化、多渠道的模式，真正体现农村养老保险的社会性。

二、强化政府主导的医疗保险制度改革

通过完善城镇社会保障体系试点工作以及后续的各项建设，东北三省在城镇职工基本医疗保险、公务员和企业补充医疗保险、新型农村合作医疗保险、城镇居民和农民工医疗保险等诸多方面均取得了长足的进步。但城乡医疗资源配置的巨大反差和医疗保险在覆盖人群方面的巨大差异致使医疗保障制度的公平性难以得到体现。今后，东北三省在医疗保险制度的进一步改革与完善过程中，一定要把政府主导的公平理念始终融入到各项改革政策的具体落实当中，强化公共财政的主体责任，全面提高医疗保障制度的社会效率。

（一）政府积极引导，扩大医疗保险覆盖面

扩大基本医疗保险覆盖面的核心是将城镇所有人群都纳入基本医疗保险范围。把无经济收入来源的儿童、学生纳入基本医疗保险。对城镇所有机关、企事业单位职工实行基本医疗保险，国家及地方财政应该对困难企业职工和破产改制企业职工实行基本医疗保险津贴，帮助其按照规定参加基本医疗保险。另外，还应该努力将乡镇企业及其职工、城镇个人经济组织业主及其从业人员纳入基本医疗保险体系。为了进一步规范扩大医疗保险覆盖面的具体实施，2007年7月，国务院下发了《关于开展城镇居民基本医疗保险试点的指导意见》，依据该指导意见，并结合东北老工业基地未来医疗保险基金收支状况的发展走向，东北三省应分别制定扩大基本医疗保险覆盖面的分步骤实施进程。

吉林省由于制度基础比较好，到2007年底，城镇居民基本医疗保险参保人数达到405万人，在已参保的人员中，有336.7万人享受到政府财政缴费补贴，占参保人数的85%；共有4.3万人次享受到了城镇居民基本医疗保险待遇。因此，可以在2008年内实现城镇居民基本医疗保险"全覆盖"，并将医保管理服务工作向社区延伸。

辽宁省政府已经出台相关政策，计划到2007年底，要有半数以上的市启动城镇居民基本医疗保险，其他市和县级统筹地区也要在2008年逐步跟进，有望在2010年将城镇居民都纳入到基本医疗保险的覆盖范围之中。不属于城镇职工基本医疗保险制度覆盖范围的中小学阶段的学生（包括职业高中、中专、技校学生）、剩余将近800万的少年儿童和其他非从业城镇居民的医疗保险，则可以通过自愿参加的方式予以解决。

黑龙江省政府也颁发相关文件，对于参保范围规定，对有城镇户籍的不属于城镇职工基本医疗保险制度覆盖范围的中小学阶段的学生（包括职业高中、中专、

技校学生）、少年儿童和其他非从业城镇居民都可以参加城镇居民基本医疗保险，大学生按原来的保障办法执行。城镇暂住人口的参保问题由当地人民政府确定。

（二）增加政府投入，构建社覆盖全民的医疗保险体系

近几年，医疗保险的公平性受到普遍质疑。看病难、看病贵、因病致贫、因病返贫、甚至因病导致家庭不和、离异自杀者屡屡发生。特别是在东北老工业基地，重化工业化和高速城市化齐头并进，导致工矿企业的医疗风险逐年增大，农民工已经成为其中一个不可忽略的就业力量和风险承担者，如果他们的后顾之忧不解决，其就业意愿和热情就会降低，东南沿海日益严重的"民工荒"也必然会在东北地区蔓延。另外，根据我们在第三节中所作的分析，东北三省未来若干年基本医疗保险供不应求的资金缺口将长期存在，因此，确立公共卫生和医疗保险关注民生的基本理念、强化政府的主导地位和公共财政的主要资金供给责任，是构建覆盖东北全民医疗保险体系的关键所在。

从具体数据来看，2006 年，东北三省公共卫生经费占财政支出的比例为 3.44%，不仅低于发达省市（北京为 6.71%、浙江为 5.67%、江苏为 4.55%），而且还低于全国平均水平（4.26%）[1]。因此，东北三省地方政府在加大公共卫生资金投入方面任重而道远。各级政府除了要在医疗保险制度建设中承担相应的资金统筹责任外，还应该在公共卫生计划项目，包括政府对疾病预防控制机构的投入以及对公立医院的投入、基本医疗保险补助经费、医疗救助经费投入等。特别是在新型农村合作医疗保险制度的全面推进中，各级政府的资金投入和补助显得尤为重要。根据我们在辽宁省的辽阳、朝阳等农村所作的抽样入户调查研究，当地农民对新型农村合作医疗保险的需求可以说是如饥似渴，政府的投入不仅被老百姓看做是救命钱，而且还直接决定着政府在百姓心目中的形象和地位。另外，一定要消除仅仅以新型农村合作医疗保险制度内部的收支平衡为依据来满足农民对医疗保险需求的误区，不断强化各级政府在农村公共卫生、医疗保险和医疗救助方面的资金供给作用。

（三）突出政府责任，加快医药卫生体制配套改革

东北老工业基地基本医疗服务提供者（医院），现在实行的都是医药合一的做法。药品销售收入在其收入中占有相当大的份额。由于国家允许将药品销售收入按照 15% ~ 20% 的比例进行提成，这使药品销售收入成为大多数医院最主要的经济来源。药品价格太高是造成目前医疗费用过高的主要原因。医药流通环节

---

[1] 《中国统计年鉴（2007）》，中国统计出版社 2007 年版。

过多，医药流通速度较慢，医药核算不分开，使医疗机构与药品营销之间的直接经济利益联系，导致城镇居民的医疗费用高速增长。可见，医疗保险制度改革必须与医药流通体制改革同步进行，具体政策如下：

第一，政府要出台详尽的医药管理办法，力争尽快实现医院药品"收支两条线"管理，对医院药品收入扣除药品支出后的纯收入，严格实施"收支两条线"管理，统筹安排，合理返还。

第二，政府要规范医疗机构购进药品行为，加快对药品集中招标采购，真正达到让利于民，降低药品费用。必须解决当前存在的以药养医问题，必须切断医疗机构和药品营销之间的直接经济利益联系。

第三，政府要引导医疗资源分配，缩小各级医院的医疗资源和医疗人员的差距，从而方便居民就近就医，降低医疗诊疗检查费用，以减轻患者的医疗费用负担。

第四，合理配置大型医用设备资源。对大型医用设备资源实施总量控制，合理布局，规范管理，以提高设备使用效率。

三、增强失业保险制度的就业、再就业功能

综观世界各国的失业保险制度，失业保险的基本目标是通过提供经济援助为失业者赢得求职的缓冲，让失业者有时间寻找"适合"自己的工作重新就业。在振兴东北老工业基地的过程中，要从根本上完善失业保险制度，必须坚持把扩大就业、再就业放在突出的位置，因为良好的失业保险体系不是简单地发放失业保险金，而是通过消除失业保险在地区之间、所有制之间、行业之间、城乡之间的差别，实现公平与效率兼顾，进而达到有效促进就业和再就业的根本目的。

（一）适当扩大失业保险的覆盖面

近年来，随着东北三省国有企业的资源整合和战略重组以及资源型城市的结构调整，东北三省的就业方式逐步向多元化方向发展，从事非正规就业的人越来越多，为达到失业保险促进就业和再就业的基本目的，失业保险的范围应尽可能涵盖多种新的就业方式。结合经济发达国家和转型国家的经验，考虑到东北地区的实际情况，可按以下思路进行进一步的改革和完善：第一，失业保险享受范围覆盖整个工薪阶层，包括不同所有制性质的所有企业（单位）和所有职工。城镇国有、集体、股份制、私营企业职工和外商投资企业中的职工，都应能享受一定期限的失业津贴、失业救济和再就业机会。这既是保障公民基本权利的需要，也是增加非国有单位吸引国有企业富余人员能力的需要。第二，对于个体工商户和就业稳定性差的个人，可以借鉴养老保险的办法，开设专门的窗口，为个人建

立缴费账户，个人可以自行到窗口办理缴费手续；第三，对于目前矛盾比较突出的农转非人员，可以考虑在其土地补偿费中留出一部分失业保险费，主要通过一定积累为这部分人员建立职业培训基金，及时向这部分失业人员提供转业培训和职业介绍。这样，失业保险作为社会"安全网"和"稳压器"的作用才能充分发挥出来，并且还有助于扩大失业保险费的征缴范围，增强失业保险基金的给付能力，积极促进失业者的再就业。

（二）建立多渠道的失业保险筹资机制

失业保险金的筹集是失业保险制度的核心，其中经费来源又是首要的问题。为了保证失业保险基金有充足、稳定的来源，现阶段，必须按照三方共同负担的原则筹集失业保险基金。国家作为失业保险的举办者，在社会化的失业保险体系中应该扮演重要角色。面对失业保险基金的不足，政府对失业保险进行投入的可行途径主要有：减少国家财政对部分亏损企业的补贴，并将这部分资金用于失业保险，作为筹集失业保险基金的重要渠道；把部分国有资产存量变现收入转化为失业保险基金；从国债和政府债券收入中拿出一部分用作保险基金。就职工个人而言，缴纳一定费用，不仅能减轻国家财政和企业的负担，增加基金来源，而且还有利于增强职工的自我保障意识和责任感。同时，从我国经济发展和职工收入不断增加的趋势来看，这种办法也是可行的。另外，还可通过购买国家债券和企业债券、直接投资等多种途径来寻求失业保险结余基金的保值增值。

（三）调整失业保险基金的使用方向，积极开展再就业培训

中国失业保险制度自1986年国务院颁布《国营企业职工待业保险暂行规定》诞生之日起，就确定了在保证基本生活支出的前提下，基金可用于转业训练、建立培训设施、扶持待业职工进行生产自救等方面。但从实践看，我国的失业保险目前还基本停留在生活保障的层面上，并且保障时间较长，而在促进就业方面的作用却相当有限。例如，辽宁省在失业保险基金的支出中，用于促进职工再就业的基金所占的比重不高。这种保障制度在就业压力长期存在的东北老工业基地，显然不利于整个社会的和谐发展。

今后在失业保险基金的使用上，要调整其使用的方向，在失业人员基本生活得到保障的前提下，适当增加就业服务方面的支出比重，为实现就业保障型的失业保险制度提供资金上的保证，让劳动者掌握基本的职业技能。并相应建立就业培训及职业介绍和信息服务等一系列就业服务制度，使失业保险和职业介绍机构根据劳动力市场供需信息，有针对性地为失业人员开展转业训练、生产自救等再就业服务工作。

四、推进最低生活保障制度的有效实施

东北老工业基地正处在体制改革和社会转型的关键时期，伴随着大规模的经济结构重组和利益关系调整，满足社会弱势群体的基本生存需求和发展机会必将成为东北三省社会稳定和全面振兴的关键问题。

（一）科学确定最低生活保障标准

最低生活保障标准的确定是实施最低生活保障制度的最基本要求。应定期组织开展家计调查，摸清各低收入家庭的具体收入情况，结合东北三省各地区经济发展水平、居民收入状况以及物价水平，并考虑低保对象也能分享经济发展成果，制定符合本地区的最低生活保障指导性标准，在公布最低生活保障指导性标准的同时也公布制定该标准的相关依据，以便调整最低生活保障标准时有充分的说服力和公信度。

在界定救助对象时，应摒弃根据单一的收入指标加以界定的方法，采用家计调查的形式，以合理界定保障对象，避免有限的资金用于养懒汉，减少因救助机制本身产生的社会不公平。低保要确保所有达到最低生活保障标准的人们能够享受到保障，做到"应保尽保"。尤其是农村的人口多，分布广，低保制度必须覆盖到所有需要救助的人们。这就需要各级政府做好全面、合理的调查。

（二）加快低保工作管理的信息化进程

低保信息管理系统在东北三省的大中城市已投入运行，应尽快普及与推广，并加快数据的采集和录入，以便实现信息资源的共享，提高低保工作的效率。为提高信息资源的质量，可以考虑在统计低保人数时，在方法上作某些改进。对低保对象建立档案，将那些通过就业脱贫的低保对象和连续分享低保的对象加以区别。这样，人们可以根据低保人数的统计数据对最低生活保障的有效性进行测算，也可据此从宏观上预测出最低生活保障的资金需求。

经合理分类的统计数据便于人们进行数量研究和证实分析，以便从量的方面为政府有关部门的决策提供依据。为此，必须进一步充实基层低保工作的力量，可以考虑按户籍人口的比例安排专职的低保工作人员，并加强对基层工作人员的业务培训，提高他们掌握政策和运用政策的能力。

（三）完善最低生活保障资金的管理

首先要加大对最低生活保障制度的资金投入。资金问题是制约东北三省最低

367

生活制度进一步发展完善的关键。不论是调整最低生活保障标准，还是建立城乡一体化的最低生活保障制度，都离不开充足的资金支持这一要素。最低生活保障制度是关系国计民生的大事，需要中央和地方财政的共同支持，其中最重要的是中央财政的大力支持。由于东北三省地方财政资金不足，对这部分缺口，应主要由中央财政进行弥补；特别是建立城乡一体化的最低生活保障制度以后，由于农村基层政府财政收入有限，不可能完全满足农村居民的低保要求，这部分缺口也需要中央财政的支持。另外，要规范低保资金的发放、监督与管理，坚持依法救助，注重执法监督，建立监督机制，向社会公开低保的审批程序和投诉渠道。规范低保资金的发放，定期向社会公开低保资金的使用情况，做到低保资金的使用公开化、透明化，避免低保资金被挪作他用。

（四）实施就业援助，建立"渐进机制"

对低保对象的救助措施，不应该局限于现金和实物的救助，更应该考虑民生方面的救助措施。就业是民生之本，要把促进低保对象就业作为推进最低生活保障工作的重点，积极依托街道社区开展再就业援助，努力构筑对低保对象的就业援助体系，并出台相应的政策对救助对象再就业实行"救助减退"机制。政府可为低保对象提供免费就业培训，以提高他们就业和创业的能力。农村的政府也应积极地帮助低保对象开展生产，发展副业，这才是解决贫困的根本出路。

（五）规范工作程序和运行机制，建立完善的法律法规体系

要不断改进工作方法和手段，规范工作程序和运行机制，提高准确性和工作效率。建立健全居民最低生活保障对象审批制度和档案管理制度，强化内部管理监督机制，严格规范保障金申请、评议、张榜公布、审批和发放程度，做到公开、公平、公正、准确审核保障对象的家庭收入，深入调查、实事求是、严格把关，加强对居民最低生活保障资金使用情况的监督，保证专款专用，对玩忽职守、徇私舞弊和贪污、挪用、扣押、拖欠最低生活保障款物等行为予以查处。要建立完善的法律法规体系，健全居民最低生活保障制度的法律法规。要加强立法，将最低生活保障管理逐步全面纳入到法制受救济行为的法律制约，对实施机构行为的法律制约、对社会帮困尤其是社会募捐行为的法律制约等各个方面。这些法律的制定一方面可以借鉴发达国家的经验；另一方面，可以将在实施过程中已较为成熟、并证明可以用法律形式固定下来的有关政策规定，纳入相关的法律法规之中。

第九章

东北老工业基地政府作用

第一节 东北老工业基地政府职能

一、转变政府职能的依据

（一）地方政府作用的比较

东北老工业基地振兴离不开政府的作用，包括中央政府和地方政府。在东北振兴的过程中，地方政府职能的定位离不开市场，但又不能简单地定位于传统的"市场失灵"的领域。在调整改造阶段，东北地方政府在区域经济社会发展中的作用非常明显，与东亚政府在"东亚奇迹"中所起的作用相似。关于东亚经济发展中政府的作用，学术界主要有三种观点：一是"政府推动论"，认为东亚经济的成功归因于"强政府"的作用，它克服和弥补了"市场失灵"；[①] 二是"市场亲善论"（Market-friendly View），认为东亚经济之所以表现不俗，是由于政府极少干预经济，或者说，如果政府对市场干预更少，东亚经济将发展更快；[②] 三

---

① 李晓：《东亚奇迹与"强政府"——东亚模式的制度分析》，经济科学出版社 1996 年版。
② 世界银行：《1991 年：世界发展报告》。

是"市场增进论",认为政府经济职能主要在于促进和补充民间部门的功能,它所强调的是建立一种机制,通过这种机制,政府政策的目标被定位于改善民间部门解决协调问题和克服其他市场缺陷的能力。[①]

同长三角、珠三角地区进行比较发现,地方政府作用的发挥主要呈现出四种不同的形式:一是苏州政府的"理性执政",这是建立在"理性人"基础上对于政府职能和角色的把握,基于对民众理性的尊重和公共利益最大化而采取的政府行为,具体表现为"一个为本,四个崇尚",即坚持以人为本的发展理念,崇尚创新、崇尚完美、崇尚温雅、崇尚廉洁。苏州政府的理性执政意识,为苏州经济的快速发展奠定了坚实的基础。二是温州政府的"无为而治",这是一种建立在"经济人"基础上的执政理念,地方政府的作用主要体现在对"市场失灵"的补充上,具体体现为两个转变:其一由"全能政府"到"服务政府"的转变,放手发展个体私营经济,做到由政府对民间社会的"无所为"而使民间社会"有所为";其二从"管制政府"到"服务政府"的转变,做到政府"既无所为,又有所为",对民间社会不能管的事务由政府管起来,主要是保护民营企业产权、提供地方公共物品和解决负外部性问题(如当时的产品质量问题)等。三是东莞的"服务型政府"。主要为台商、港商及其他外商投资者和本地企业提供软硬环境、行政服务和社会服务,同时注意发挥民间团体和市场中介组织的作用。四是上海的"强政府"。这一点与东北的地方政府颇为相似,政府在重大问题决策和重大项目建设方面发挥了重要作用,如在宝钢、嘉定汽车工业、松江大学城、金山石化、徐汇副中心、南汇洋山深水港及海港城建设方面取得了明显的效果,最能代表上海制度变迁的是"浦东模式",其背后折射的是政府的效率。

从地方政府制度竞争力的角度看,[②] 珠三角、长三角和京津冀地区的特点有所不同。由于率先在全国走向改革开放和市场经济,珠三角地方政府呈现出较强的制度竞争力。虽然珠三角缺乏明显可用的政治资源,但"先行一步"为珠三角提供了地方政府制度创新的必要条件,"深圳速度"体现在制度层面就是高效政府,务实的市场经济观点使珠三角地方政府较早地摆脱了计划经济时期几乎无所不在的审批程序,高效为先的竞争准则又使各级政府学会了将政治智慧应用于商场、把商业价值应用于官场。与其他地区热火朝天的自上而下的改革过程不同,珠三角改革更多的是自下而上的改革,中央政府的"积极不干预"方针反而造就了珠三角的经济发展与繁荣。

---

① 青木昌彦等:《政府在东亚经济发展中的作用——比较制度分析》,中国经济出版社1998年版。
② 在这里,地方政府竞争力表现为政府管理的水平和能力或效率,它是综合运用政治资源、经济资源和社会资源等的结果。

相对而言，以上海为中心的长三角地区一直是中国最大的、也是最重要的核心区之一，只是在改革开放的最初 10 年，被湮没在珠三角的"奇迹"之中。上海纺织、服装、汽车工业等发展也非改革开放 20 年的成果，很大程度上是受惠计划经济时代中央倾斜政策的结果。而地处长三角外围的江苏、浙江则是计划经济较为薄弱的地区，在上海深陷原有体制束缚发展受阻之时反而得到了较快的发展。但 20 世纪 90 年代之后，在浦东开发的进程中，政府发挥了重要作用，上海市政府的市场替代不仅表现在基础设施建设、国企改革、招商引资和大市场建设上，而且体现在产业结构调整方面，涉及 20 万人的上海纺织业"壮士断腕"就是悲壮的一笔。上海的"强政府"既影响到本市的发展，其产生的制度竞争力也影响到江苏和浙江。

与珠三角、长三角地区相比，京津冀地区长期在"天子"脚下，一直是计划经济重点的发展地区。北京作为全国的政治中心，不仅享有得天独厚的政治资源，而且更容易得到一些稀缺资源，不过由于离中央政府太近，地方政府作用的发挥反而受到一定的限制。区内另一核心是拱卫京畿的天津，洋务运动、发展官办军事工业是天津近代工业的发端，多年来，天津的工业化进程一直在全国各省区中排名第 3，位居上海、北京之后。

三者比较，京津冀北地区的制度竞争力最强，但这种竞争力并非仅仅来自区内自有的凝聚力，很大程度来自首都独一无二的政治文化背景；长江三角洲的制度竞争力更多源于区内自身的工商业的发展和上海作为全国经济中心的地位，这一地区既是计划经济的受惠者，又是市场经济的受益者；而珠三角的制度竞争力来自于毗邻港澳的区位优势和改革开放"先行一步"的特殊机遇，深圳乃至珠三角是计划经济最薄弱地区，反而成就了其改革开放后经济发展最快地区的地位。

（二）东北地区政府转变经济职能的主要依据

虽然东北地区有与其他地区（如上海）的某些相似之处，但更多的是与东部沿海其他地区的不同之处，同时在政府作用和政府职能方面自有特点。从与国外比较来看，东北地方政府与东亚政府相比，更多的是"推动"市场和地方经济社会发展的政府，因为不具备其他条件；而"亲善"市场政府的前提条件是要有健全的市场体系和完善的市场机制作为支撑，东北地区目前还达不到这样的水平；"增进"市场的政府则以民间部门的存在和有较高的发展水平为前提，目前东北地区的民营经济和社会组织虽有很大发展，但不仅与发达市场经济国家和后起工业国（或地区）不同，与国内东部沿海地区的其他省份（如广东、江苏、浙江和福建）相比也有很大的差距。从这个意义上说，东北地区政府虽然类似于前面所说的"强政府",但与计划经济体制下的管制(或管理)型政府有本质区别,其职能不是强力干预经济,而是在尊重市场经济规律前提下不断提高驾驭市场经济运行的能力;在东北振兴的现阶段,东北地区政府也不可能是当下许多文献所说的"服务型"(或公共服务型)政府,那只是东北地方政府未来的发展目标。因此,如果我们将计划经济体制下的地方政府界定称为"管理型"政府,将社会主义市场经济体制下作为目标模式的地方政府称之为"服务型"政府,那么,将"再工业化"进程中的东北地方政府称之为"管理服务型"政府或许更为贴切。

从"管理型"政府到"管理服务型"政府,这是东北地方政府角色的变换和经济职能的转变,之所以发生这样的转变是因为,与珠三角、长三角和京津冀北地区相比,东北老工业基地地方政府所处的制度环境和所面临的情况有所不同:

1. 制度变迁的"路径依赖"。根据诺思(1994)的观点,在经济发展史上的制度变迁能否成功,主要取决于两个因素的共同制约:一是复杂的、信息不完全的市场;二是制度在社会生活中给人们所带来的收益递增。市场状况的复杂性要求制度的初始设计必须尽可能地与市场实际相吻合,以保证制度实施的可行性,但由于信息的不完全,往往一个偶然的事件就可能极大地改变制度变迁的方向。而制度变迁的共同规律是,制度的收益递增决定了制度变迁的方向,当收益递增发生时会出现一条"路径依赖"(Path Dependence)轨迹,而当收益递减时,则出现另一条"锁定"(Lock-in)的轨迹。要改变这种状况,往往需要借助于某种外部力量,即引入外生变量或依靠政权的变化。

东北地区的制度变迁存在着典型的"路径依赖"。东北"最早进入计划经济,最晚退出计划经济"。计划经济体制在东北最全面、最彻底,东北地区是计划经济的受益者,"一五"、"二五"时期国家在东北最早实施"赶超型战略",最早建立起重化工业体系,当时是"全国支援东北"。但当传统的计划经济体制开始出现收益递减时,东北又成了传统体制的受害者、改革成本的承担者。许多人过去一直埋怨东北人的市场观念淡薄,政府从市场领域退出太晚、步伐太慢。殊不知当计划经济体制过于强大时,市场建立和新制度的形成往往面临巨大的障碍,其难度远比计划经济体制薄弱地区复杂得多,也困难得多;东北地区不是不想"退出",而是缺乏条件退出,或者很难退出,抑或退不出来。进而言之,这种退出是有成本有代价的,单靠国有企业和职工根本难以为继。因此,要建立社会主义市场经济体制,实现新制度的收益递增,除了依靠市场之外还必须借助于政府。而政府不仅有这方面的责任而且有这方面的义务,因为东北的国有企业和职工在给本企业、本地区做出贡献时,更多的是给国家做出了巨大的贡献,即"东北支援全国"。据不完全统计，1952～1994年，辽宁省累计上交中央财政3 234亿元，占同期地方财政预算收入的71.5%，扣除国家对辽宁的支出1 037亿元，42年间累计净上缴中央财政2 197亿元，相当于国家对辽宁投入的3倍，还有调往全国的物资和人才。黑龙江也是如此，40多年来，仅大庆油田就向国家缴纳税金4 061亿元，是国家对大庆投资的87倍。但同时，过重的财政上缴（如辽宁1997年时的税负水平仍高于全国平均水平1.7个百分点）和沉重的历史包袱，以及所承担的巨大改革成本，使东北老工业基地面临着极大的困难和压力。因此，在东北地区老工业基地制度变迁过程中，政府（包括中央政府和地方政府）应承担相应的责任，发挥其应有的作用，避免使东北步入"锁定"的轨迹而不能自拔。

2. 改变经济重心的沉淀成本。在东北老工业基地的调整和改造过程中，主要有两种选择：一是改变传统经济重心，调整东北的产业结构。东北老工业基地历史形成的传统重心是重化工业，核心是装备制造业。对于老工业基地的调整改造，不排除个别地区改变经济重心获得较快发展（如上海，但上海的以金融资本带动产业资本的道路其他地区根本无法仿效），而对整体而言特别是对东北地区而言，改变重心是不现实、不经济的。这是因为，既然东北老工业基地传统的经济重心是重化工业，由于重化工业的技术专用性、资产专用性以及人才专用性（东北的许多高等院校和科研院所都是为重化工业配套服务的），如果放弃这个重心，另起炉灶，像江浙或珠三角起步初期那样大力发展消费品工业，或将重心转向第三产业，那么，原有庞大的重化工业基础就会处于报废和萎缩状态，无数的机器设备将会成为废物，厂房和土地将会闲置，技术人员和工人将无用武之地。如果对东北老工业基地实行这种改变重心的脱胎换骨式的调整和改造，它所带来的制度收益很大程度上将被巨大的沉淀成本所抵消。二是在"再工业化"进程保持原有的经济重心，通过改革开放进一步加快重化工业的发展，使之适应新形势下市场经济发展的需要。这是老工业基地改造与振兴的一条新路，也是国外绝大多数老工业基地改造所没有走过的道路。相比之下，第二种选择是一种比较符合实际的现实选择。

而实现"再工业化"、加快发展重化工业，单靠市场和企业的力量也是远远不够的。国内外的实践都证明，重化工业基地的建立离不开政府的力量，重化工业的大发展同样离不开中央政府的支持和地方政府强有力的领导，以及政府间的相互配合和协调。其实不仅东北振兴如此，而且珠三角、长三角和京津冀等大部分地区发展重化工走的也是这样一条路子。

3. 国有经济存在的客观现实。东北老工业基地另一个重要的特点是国有企业多、国有经济比重大，在全国来说堪称东北特色。国有经济（国有企业）

在计划经济下的作用自不待言，在转轨过程中虽然面临着巨大的考验（出现了"东北现象"和"新东北现象"），但在市场经济下、尤其在"再工业化"进程中仍有其不可替代的重要作用。从东北老工业基地调整改造4年的实践看，在市场竞争大潮中能够生存下来的国有企业无不体现出其较强的生命力和竞争力，而且大多是大型国有重化工业企业，这些企业过去曾是全国的行业"排头兵"、"龙头老大"，经过市场经济的洗礼仍不减当年本色，经过体制、机制创新在"再工业化"中正在发挥重要的作用。这既体现在产值方面又体现在效益方面，有些则更多地体现在战略意义上。从全局和整体上来说，看东北、看东北的国企、看东北国有经济对全国的贡献"既要看总量，更要看含量"，主要是对国计民生、国家安全、国民装备和国家竞争力这"四国"的贡献。在坚持以国企为主导实现"再工业化"、混合经济振兴东北老工业基地的背景下，地方政府的作用主要体现在：一是作为国有资产的代表，通过国有资产管理部门承担国有资产保值增值的责任；二是选拔股份公司的主要领导者，在公司治理结构中发挥作用；三是在国企改组改制改革过程中，为解决企业历史欠账承担责任，同时为企业发展提供良好的软硬件条件。

国内外的经验都证明，在发展中国家和欠发达地区（或后发地区），"管理服务型"政府在特定历史条件下对地方经济社会发展的推动作用是十分明显的，东北老工业基地改造和振兴同样离不开地方政府的作用。

二、东北老工业基地政府职能定位

（一）东北地方政府经济职能的定义

东北地方政府转变经济职能，首先应明确自己的定位，为此应明确以下含义：一是政府的含义。这里所说的地方政府主要是指具有政府经济职能、对经济运行具有较强驾驭能力和调控能力的省、地级市、县级市、区级政府。二是作为行为主体的政府，其目的主要是为达到一定时期的政府目标，这里主要是指在转轨时期、"再工业化"条件下的政府目标，具体地说就是东北地区在工业化中期阶段、城市化中级阶段、市场化处于由初级到中级的转化阶段的政府目标。三是地方政府行为的对象是区域经济，在与宏观经济目标产生不一致的情况下要主动服从于宏观经济目标，同时通过与中央政府的沟通协调解决区域经济发展中存在的一定问题。四是地方政府履行经济职能所采取的方法和手段具有综合性、前瞻性和全局性，包括规划指导、区域经济政策协调、经济杠杆和经济手段调节、地方法律法规调节以及必要的行政干预等。

由此决定了东北地方政府的角色定位：现阶段东北地方政府更多的是经济发展的推动者，地区经济结构的调节者，市场的建设者，市场调控主体和市场运行的规制者，国有资产管理者，地方公共物品的提供者，地方制度的供给者，资源环境的保护者和社会公平的保障者。也就是说，在东北经济发展的现阶段，地方政府更多地扮演掌舵者而不是划桨者，建设者而不是助推者，地方政府的角色不是"全能"的，也不是"无能"的，这一点既区别于传统体制又区别于目标模式。适应于这一需要，东北地方政府的经济职能必须进行相应的转变。

（二）东北地方政府经济职能的定位

党的十六大和十六届三中全会确定的政府职能为经济调节、市场监管、社会管理和公共服务四个方面。与此相适应，现阶段东北地方政府的经济职能为促进经济发展、优化经济结构、加强市场建设和提供公共服务。具体地说：

1. 促进经济发展。除了政治目标外，各级地方政府现阶段的最大一个目标莫过于经济发展、特别是经济增长。这是由现行的经济体制、尤其是财政分权体制所决定的。不仅东北如此，就连北京亦如此（北京市曾提出北京虽然不是全国的经济中心，但不能不以经济建设为中心）。对于东北地区而言，经济增长水平高低，既是东北振兴的一个重要标志，也是东北地方可持续发展的重要基础。目前，东北三省中只有辽宁一个省地区生产总值（GDP）达到 1 万亿，加入全国"GDP 万亿俱乐部"，但三省 GDP 总量尚不及广东一个省的水平。因此，在今后相当长一个阶段，GDP 增长仍然是东北地方政府的一项重要目标。

不仅如此，经济增长虽然是一个重要的指标，却不是唯一指标。因为"增长不等于发展"，世界上一些国家和地区过去虽曾有过 GDP 的快速增长，但也出现过"有增长而无发展"、"增长中的贫困"等问题。因此，全面建设小康社会、实现现代化不能只讲增长不讲发展，东北地方政府的目标不仅仅是经济增长而必须是经济发展。即使是增加 GDP，也必须是"绿色 GDP"、"幸福 GDP"。

与其他一些地区相比，东北地区实现这一目标有更大的难度。就资源而言，东北的重化工业本身就是资源依赖型的，历史上东北的工业布局就是围绕资源而展开的，当时有丰富的自然资源；但经过多年的开采，东北的很多资源已经枯竭或接近枯竭，如矿产资源，过去鞍钢依鞍山、辽阳等地的铁矿而建，现在由于矿产资源紧缺，在很大程度上依靠进口，不得不改在营口港附近建立 500 万吨的生产基地。东北的水资源也开始出现短缺。与资源问题相比，环境污染问题更大。由于重化工业特点，东北的空气、水、土地、工业固体废物污染远比其他地区严重。同时，东北的人均收入水平不仅低于其他沿海省份，有些城市人均可支配收入甚至低于全国平均水平。

由单纯强调经济增长转向促进经济发展，这是东北地方政府经济职能的重要转变。造成东北地区人口资源环境等问题有许多原因，归纳起来主要有三个方面的约束：一是经济发展阶段和技术条件的约束。由于东北目前正处于以重化工业为代表的工业化中期，由这一阶段和技术基础所决定，宏观上必然要经历较长时期的高能耗、高污染时期，为此只能通过加快发展加以解决。二是资源与环境承载容量的限制。主要是指区域资源与环境系统所能承受的人类各种社会活动的能力，即区域环境系统结构与区域社会经济活动的适宜程度，当社会经济活动接近或超过资源与环境的承载容量时，就要相应地调整经济活动的方式，也就是要转变经济发展方式。三是制度约束。这是产生各种问题最主要的根源，东北经济发展最根本的出路在于制度创新。这些都是摆在东北地方政府面前亟待解决的问题。

2. 优化经济结构。东北老工业基地振兴既要解决总量问题，又要解决结构问题，而且结构调整往往是一个中长期的任务，不可能一蹴而就。从最直接的意义上说，东北振兴首先要解决的是产业结构、尤其是工业结构的优化问题。这里既涉及工业布局，又涉及产业发展。通过前面的分析我们发现，东北地区的产业结构虽然也存在同构化问题，但工业部门结构的相似系数不是很高，无论从横向还是从纵向相比，东北地区工业部门的区域协调性明显好于长三角地区，也就是说，东北的工业布局相对合理，分工比较明确，这显然与历史上的产业布局有关。但当时主要考虑的是产地化原则，将来还有一个如何适应市场化的原则进行重新布局的问题；东北的重化工业生产能力强、尤其是主干厂、龙头企业的生产能力、配套能力、总装能力强，但相对说来缺乏本地的配套企业，所以难以产生协同效应，亟须进行产业链整合。同时，还涉及企业组织结构的调整。东北振兴必须建立产业基地、发展产业集群，但装备制造业产品生产、大企业集群如何在地方政府的扶持下尽快发展，这是国内其他地区尚未遇到的难题，这既是一个很好的课题，又是一个棘手的难题，这是对东北地方政府的一个考验。

从深层意义说，东北振兴要解决的关键问题是所有制结构调整。东北老工业基地所有制结构调整既是一个区域性的问题，又是一个全国性的问题，从更大的范围来看，很可能是一个世界性的问题。其中一个带有挑战性的问题是，起码从目前的情况看，东北的一些国有企业不是"退不出去"，而是根本"不能退"。除去军工企业、造币厂不说（在国外，甚至许多军事产品也可以由民营企业提供），在一些重大装备制造领域，国有企业还要充当"主力军"的角色，这既是出于经济的考虑，有时也是中央政府出于政治上的安排，毕竟重大装备制造业不能完全依赖进口，装备制造业是大国兴衰的重要标志。与此同时，东北振兴必须引进民营资本和国外资本，提高区域开放度和产业开放度。这是一物两面，东北地方政府必须把握好这些原则和分寸，拿捏得当，方能将国企改革和混合经济的发展沿着正确的轨道前行。

对于区域技术结构的调整，东北地方政府面临的一个现实问题是，东北的装备制造业（包括能源原材料工业）需要有自己的核心技术，为此需要进行自主创新，但囿于投入和现有技术水平的限制，完全靠自主创新是不现实的，也不可能一味地追求传统的线性式技术创新模式，因此必须实行"逆向式自主创新"；而对地区结构的调整、尤其是"大东北群市群"（或哈大经济带）的建设而言，东北区域一体化是大势所趋，而且"大东北城市群"是其中的核心地区，而如何建立真正行之有效的跨省（市）的行政协调机制（行政单元），不仅是东北、也是国内其他经济区（城市群）难以破解的一道难题。

由单纯强调工业结构转向全面优化经济结构，这是东北地方政府在经济转轨、地区和城市转型过程中必然经历的经济职能转变过程。由于这一地区的特殊性，在东北实行这一转变比其他地区要经历更为复杂的问题，在某种意义上将成为中国经济转轨和转型的一个典型地区。

3. 加快市场建设。加快市场建设是地方政府义不容辞的重要经济职能。在市场培育方面，东北地方政府在许多方面并不落后：在商品市场发展上，全国第一个城市农贸市场是在沈阳北行建立起来的；农村专业市场建设，辽宁辽中茨榆坨、辽阳的刘二堡皮具市场、海城的西柳服装市场，在东北乃至全国并不落后；沈阳五爱小商品市场一度辐射全东北，曾与浙江义乌小商品市场齐名，至今仍在全国排名第二。在要素市场方面，沈阳曾率先建立了新中国第一个债券交易市场，沈阳证券交易中心曾在全国建立排名靠前，期货交易市场最多时在沈阳、大连、长春、哈尔滨都曾进行过全国商品交易所试点，最后一轮调整后全国硕果仅存的三家期货交易所中，大连交易所还榜上有名，东北还有中国沈阳劳动力市场、中国沈阳人才市场、中国沈阳科技市场等，这些都是"国"字号的要素市场，至少也是"北方"、"东北"区域性的市场。

然而东北的市场有时只开花不结果，或者结果时间不长，抑或成果大多都被外地厂商"摘"走。究其原因：一是东北的商品市场大多是"批发型"而非"产地型"的市场，市场虽然办起来了，但都没有带动起一批本地企业的发展，相反，却为外地厂商创造了大量效益（如五爱市场最初发是从广州、深圳进货）；二是起步虽早但好景不长，后来因各种原因经营不下去（如辽中茨榆坨市场）；三是品种不全，如大连商品交易所只从事农产品期货交易，而对东北急需的能源期货、金属期货却由于国家政策的限制迟迟无法进行交易，因而无法充分发挥对东北原地区材料工业、装备制造业的价格发现、套期保值等功能；四是缺乏区域性联网，如东北各主要中心城市都办人才市场、劳动力市场、科技市场和信息市场，而不能有效地开展地区交易或交流；五是其中一个最重大的损失，在于错失在东北（沈阳）建立证券交易所的良机。同时，东北一些城市进行股份制试点虽早，也发行了许多内部股票，但在上报"问题股"时不敢多报，结果在最后按比例公开上市时吃了大亏。

东北市场培育和市场建设问题在地方，根子在政府：一是眼光不远，魄力不足。当时中央看到东北（如辽宁）债券市场起步最早，国有企业实行租赁经营、资产经营责任制、股份制改革试点效果颇佳，最初设想在东北建立证券交易所，结果某些地方领导人以"看不准"、"弄不清"股份制和股票市场姓"资"姓"社"一直拖延不报，最终使证券市场与东北失之交臂。二是缺乏长远规划和区域协调。只看到市场一时办得红火，没有考虑到如何带动本地企业和当地经济长远发展，或者只顾本地市场建设，忽视区域联网，逐使市场发展缺乏后劲。三是市场重建设轻发展、重管理轻扶持。四是市场观念淡薄，用计划经济办法和手段进行管理。因此，在加快市场建设方面，地方政府必须切实转变经济职能和工作作风。

4. 提供公共服务。东北地方政府目前虽还不是"服务型"政府，但不等于不提供公共服务。由产品生产管理者向服务供给者转变，这是东北地方政府转变经济职能的重要方面。

相对说来，东北地方政府在地方公共物品提供的大部分领域在全国并不落后，有些甚至是超前发展：一是在基础设施建设方面，东北在全国率先建成了沈阳—大连全长375公里的高速公路，号称"神州第一路"，改建后实行双向8车道与发达国家相比毫不逊色；二是在社会服务方面，东北的教育、体育设施先进，设备齐全，据此培养出众多的体育人才并向全国输送；三是科学文化与传媒发达，为全国培养出许多文艺名流。当前，主要是社会管理类地方公共物品供给明显不足，此外还存在区域、城市（乡）发展不平衡等问题。

相比之下，东北地方政府在完善制度环境方面存在着较大缺陷和不足，特别是与国内先进地区相比差距较大，如在软性地方公共物品、服务的提供上存在明显差距。为了吸引国外资本和民间资本振兴东北，各级地方政府必须努力营造良好的外部环境：一是健全法制环境，减少诉讼成本；二是规范政策环境，减少摩擦成本；三是优化执法环境，减少办事成本；四是完善投资环境，减少企业投资的直接成本；五是改善人文社会环境，减少外来投资者的居住、工作和子女教育等成本，增加对外来投资者的吸引力和亲和力，等等。东北地方政府建设的目标是打造责任政府、诚信政府、政策连续性政府，而最根本的一条是建立法制型政府。①

第二节　东北老工业基地区域经济政策

一、区域产业政策

振兴东北老工业基地的区域产业政策主要完成三个任务：一是改善产业环境，诱致市场发育，以促进区域内产业的自我调整；二是调整产业结构，扶植重点产业，援助衰退产业，促进资源枯竭型城市发展持续产业，并加快发展高新技术产业；三是优化产业组织结构，实施企业集团化战略和集群化战略。

（一）调整工业结构，扶植重化工业发展

1. 扶植重化工业，促进资本双向流动，鼓励企业有进有出，谋求制造企业的"东北装备化"。

第一，选择和确定重化工业的支柱产业地位，并重视其相关支持产业中的高新技术产业和现代服务业的发展：一是高新技术的发展，以高新技术改造传统装备制造业；二是要求具有较高的金融业发展水平和社会服务水平，以形成产融的密切结合。

第二，形成对重化工业实行倾斜型战略的共识，采取各种扶植性政策，解决品牌、技术和市场问题，使重化工业真正成为支柱产业。同时注重区域产业政策和国家产业政策的衔接，争取获得国家的支持。

第三，在产业技术政策方面，把自主创新作为重化工业竞争力的关键环节，坚持引进创新与自主创新相结合。具体途径是技术引进、消化和吸收，并支持二次创新和集成创新。

2. 促进新材料、电子信息和先进制造等高新技术产业发展。

第一，加速科技体制改革，推动科技企业民营化。科技体制改革除延续现有的大力发展民营科技企业的决定外，也要加速科研机构转型为民营科技企业的步伐，不但在制度上鼓励科研机构转型为民营企业，同时也要给予经营管理上的协助与财务上的支持。

---

① 林木西：《东北老工业基地制度创新》，辽宁大学出版社 2007 年版。

第二，发展风险投资基金，加大科研投入。区域产业政策应鼓励风险投资的建立和引入，同时积极推进高科技企业到海内外科技板块上市。与此同时，地方政府应加大对高科技产业研究的投入，并在区域产业政策的指导下，鼓励产学研合作，重视企业在高新技术产品联合开发中的主导作用，以增加技术移转的绩效。

第三，推动衍生公司催生高科技产业，重点发展科技园区。对于一些民营企业尚无力发展的重要产业技术，政府可考虑动用政府研发基金主导大型科技企业的成立与发展，并要求大企业以转移研究机构人员、技术、设备的方式，成立衍生公司来扮演催生科技产业发展的角色。

第四，吸引海外科技人才回国，鼓励外商科技企业投资。在海外科技人才与国内高科技产业之间建立交流桥梁，协助海外科技人才认识国内科技产业实况以增加合作机会，并鼓励其及早参与国内高科技产业发展的行列或归国创业。

3. 大力推进生产性现代服务业的对外开放，吸引外国直接投资、特别是发达国家的直接投资。

第一，加快推进和完善垄断性服务行业的改革。除个别涉及国家安全和必须由国家垄断经营的领域外，都要进一步放宽市场准入，引入竞争机制。

第二，扩大开放领域。扩大开放的领域不仅包括金融、保险、贸易、零售商业等外资已经进入较多的行业，而且包括通讯、会展、旅游、专业商务服务等以往开放程度较低的行业。要特别强调允许进入和竞争并重，即准许新的市场主体特别是非国有市场主体进入。

第三，在与服务业相关行业中加快建设信用评价体系、服务标准和符合国际规范的服务贸易统计体系。信用评价体系的建立应与企业绩效、个人信誉和政府公信力等紧密联系；服务标准既要立足于现实又要着眼于市场经济发展的需要。与此同时，可在东北率先进行建立符合国际规范的服务贸易统计体系试点。

第四，重点鼓励承接服务外包和现代物流相关外贸的进入。东北要围绕重化工业发展，抢占国家开放政策变化带来的服务业发展先机。依托大连等服务外包基地城市，积极响应商务部服务外包"千百十工程"，从推动服务外包企业承接在华跨国公司服务外包入手，扩大东北服务业外包的市场份额，提高国际竞争力。

4. 实施"政府主导转型"战略，对资源枯竭型城市产业进行调整。援助衰退产业政策在东北体现为资源枯竭型城市发展接续产业的支持政策，主要有：

第一，区域产业政策的介入时机应选择在资源型城市的成熟期，这样可以积极主动地进行转型，较早地进行产业布局、规划，推出可行性、效益性高的项目，同时积极争取中央财政和货币政策的支持。

第二，区域产业政策的基本方式为三种，即发展接续产业、发展替代产业和市场选择辅以政府援助。发展接续产业是一种"小转型"，发展替代产业是实行"大转型"。基于东北的现状，当下应主要采取这两种方式。

（二）优化产业组织结构，实施企业集团化和集群化战略

1. 重化工业的大中型企业进行战略型对外直接投资，以获取国外先进技术、品牌和分销渠道，在全球范围内选取最优区位进行生产。

第一，积极鼓励国内企业境外上市，建立现代公司治理结构。东北重化工业的大中型企业应确定适合自身的上市方式，如境外直接公开发行上市、涉及境内权益的境外公司在境外上市、买壳上市、存托凭证（DR）上市等。并根据自身的特点、投资者的认可程度、市场供需状况等，在全球范围内选择交易所。

第二，运用系列措施促进具备现代公司治理结构的重化企业对外直接投资。这些措施大致可以分成四类：

一是设立对外投资信息咨询中心。可与海外大型投资咨询公司、投资担保公司等合作开展对外投资咨询业务。该中心可以建立在政府机关或专业机构已有的经济、商业情报中心基础之上，负责处理各东道国的政治、经济、社会各方面的信息，还可为境外投资者提供相关信息等。

二是设立重化企业对外直接投资战略专项基金。该基金可以设在中国进出口银行或东北地区区域性产业银行——盛京银行之下，对建立起现代公司治理结构的重化企业的符合境外投资条件的项目给予一定的财政补贴或提供贷款贴息，降低企业海外投资的成本。

三是设立重化企业对外直接投资保险公司。海外投资保险涉及的险种包括国有化险、战争险和投资收益的汇出险等。

四是充分利用国际税收的"相互协商程序"，维护境外投资经营主体的权益和利益。在东道国，有关政府部门要与东道国政府谈判、协商，给在海外投资重化工业的企业争取更多的优惠条件和政策。在国内，对于在海外投资重化工业的企业在本国经营部分的税收同样给予优惠。

第三，在东北亚以至全球范围内选择最优区位进行生产。东北重化企业对外直接投资的生产环节可以考虑选择一些主要发展中国家，潜在东道国范围还可以包括朝鲜（经济开发区）和蒙古。

2. 产业组织政策的核心是推出一批国际大企业，其关键在于识别并鼓励一

批富于创新和创业精神的"内企业家"①。

东北急需重化企业内部的具有创新意识和创新精神的管理者，也就是企业家型的管理者。这些内企业家在现行公司体制内，富有想象力，有胆识，敢冒个人风险来促成新事物的出现。政府可以在科研管理政策上适当向那些为内企业家成长提供充分舞台的企业倾斜，激励内企业家进行企业内创业，在企业内部建立创新和创业的战略态势，创造新的增长点，形成业务的"增长阶梯"，增强核心竞争能力。

3. 促进富于技术创新和创业活力的产业集群的发展。

第一，建立"重化工业产业集群基金"，吸引国内外企业和风险基金的参与，特别是企业研发资金的参与。其资金来源包括现有的政府科研投入资金、孵化器资金和海外学子创业资金。各级政府的出口加工区和开发区在筛选招商引资项目过程中要以形成产业集群为导向。政府可以作为首次出资人，动用"重化工业产业集群基金"，注入促进重化工业产业集群形成的启动资金；然后政府逐步退出，企业则根据项目的阶段性成果决定是否为下一段出资，以及给谁出资。

第二，完善重化工业产业集群发展的支撑体系，降低交易成本。支撑体系包括五大子系统：信息服务体系、风险投资支撑体系、金融服务体系、产权交易服务体系和人才服务体系。政府还应该通过减少行政审批、降低各项收费等措施来降低区域内的交易成本。

二、区域财政政策

东北老工业基地的区域财政政策可遵循"优先推进"、"协调配合"、"诱导激励"、"稳定保障"的原则，在履行收入、支出和转移支付三个基本职能时，为东北老工业基地的"再工业化"发展战略提供财政支持和保障。

(一) 优先推进

1. 鼓励跨国资本并购，实现产权国际化。一方面，鼓励重化工业的大中型企业在境外上市，并可收购国外的重化企业，以获取技术、品牌和分销渠道；另一方面，政府要为国有大中型企业的转让、合资创造必要的条件。这都需要财政政策和货币政策协调配合，解决企业债务、冗员、办社会等问题。

2. 为重化企业战略型对外直接投资提供税收保护。

① 内企业家（Intrapreneur），也翻译为内部创业者，最早是由美国学者吉福德·平肖第三在其著作《创新者与企业革命》中提出。

（1）充分利用国际税收"相互协商程序"，维护境外投资经营主体的权益和利益。东北地区可采取集体谈判策略，由政府牵头，有关政府部门和企业与东道国政府协商，为在海外投资重化工业的企业争取更多的优惠条件和政策。

（2）通过谈判避免双重课税，减轻企业成本和促进海外再投资。为了避免双重课税，国际上通常采取两种方式：一是税收抵免，即对外投资者在东道国已纳的税款，可以在母国应纳税额中相抵扣减，这种政策有利于维护母国的征税权；二是税收减免或税收豁免，即只承认东道国的征税权，对外投资者的所得无论是按高于或低于母国的纳税生产率，只要是在东道国已纳税者，视同在母国已履行了纳税义务，不再另征或补税。

3. 设立"优质区域公共物品专项财政拨款"，提供优质公共物品。利用"优质区域公共物品专项财政拨款"，进行企业国际化和创新所需要的智力资本和人力资本投资。大学是产业集群和智力资本和人力资本投资最重要的主体之一，东北要培养企业家特别是"内企业家"，必须充分利用区内的优质教育资源、高等院校由此成为内企业家的摇篮，为重化工业的大中型企业战略型对外直接投资培养国际管理人才。政府财政拨款可以充当"种子资金"，以后逐步引入民间资本和国外资源兴办东北的顶尖商学院。

4. 采取倾斜型政策措施鼓励重大装备国产化并提高东北重化产品的市场占有率，促进产业链向后端延伸。首先是政府采购政策。可规定政府投资的项目必须购买一定比例的国产设备，特别是大型成套设备。重点工程采用国产装备比例大于60%、70%、80%的，国家财政分别给予差别贴息。其次，妥善解决首台首套国产设备的使用问题。有关部门应出台规定，对国产"首台"、"首套"设备，国家将组织风险担保，并且在项目投产后几年内实行税收优惠政策；也可以考虑使用首台国产重大装备的企业允许结合增值税转型改革的办法，对购进的重大装备所含增值税税金予以抵扣。第三，对进口成套装备或国内已能制造的设备要提高关税，对装备制造业为国产化需要进口的部分材料或配件，应减免关税和进口环节增值税，理顺重大技术装备的进口关税结构，拉大成套设备、主机、关键零部件、关键原材料的进口关税税率梯度，促进国外先进技术的转让进程。在市场营销上，政府支持装备制造企业建立技术支持和售后服务体系。

5. 加强研发能力，建立技术支持体系，促进产业链向前端延伸。东北的装备制造业必须从以模仿为主向自主研发转变。为此，可由地方财政建立企业研发和技术改造专项基金，重点用于装备制造业技术研发和技术改造创新项目的贷款贴息与补助。对科技含量高的重大装备产品给予必要的重大装备科研经费扶持，提高企业研发水平。

6. 改变外商投资优惠方式，鼓励外资投向装备制造业的研发环节。应改变吸引外资的政策导向，将由按企业性质给予优惠政策转变为按产业给予优惠政策，要根据国家产业政策有关将外商投资项目分为鼓励、允许、限制和禁止类的规定制定相应的分类管理政策。对外商投资于装备制造业、尤其是建立技术研发机构的可以享受一定的待遇。

7. 运用"拉平"政策和其他隐性补贴来支持扶持产业的发展壮大。WTO 允许采取经济政策来拉平不同区域间的发展水平。为拉平东北老工业基地与东南沿海等发达地区的经济差距，可以采取直接的财政补贴政策来扶持相关产业的发展。这种补贴应该是有引导性的和补偿性的，用以引导民间资本和外资的投资方向，以及对重大技术的研发风险进行补偿等。此外，对于装备制造业的投资和成套设备产品的出口，还可以分别给予国家开发银行和中国进出口银行的政策性融资支持，优惠贷款利率和融资便利。在国际日益重视反补贴的情况下，也可以通过东北老工业基地政府与国家开发银行的合作机制，展开委托贷款，提供优惠利率融资，实施隐性补贴。

（二） 协调配合

1. 建立"区域合作协调与发展基金"。具体做法是：可以尝试成立一个在中央政府协调下的跨行政区协调管理机构，该机构负责使用区域合作协调与发展基金（即类似于欧盟的"聚合基金"和"结构基金"），其内容应该包括投资贸易促进基金、研发创新基金、项目风险基金、产业发展协调基金、人才培养和就业指导基金等，以建立在区域合作中产生的区域利益分享和补偿机制。中央政府可以提供种子基金，区域内地方政府以地方财政收入的一定比例上缴后续基金。中央政府对区域内大型建设项目的拨款可直接拨至该机构管理。

2. 合理协调划分地方和中央政府的事权与财权。地方政府财权上移而事权下移的现象必须得以扭转，地方政府的事权和财政支出范围主要是提供地方公共物品，相应的，地方政府应有自己稳定的收入来源。因此，可考虑增加开征新的地方税种，从发展前景来看，不动产税有望为省以下地方政府的主体税种。

3. 与区域产业政策和区域货币政策相协调。除了优先推进大中型企业的战略型对外直接投资战略和创新主导的产业集群战略之外，财政政策投资应该以基础性和公益性投资项目为主，竞争性投资项目可以由区域性货币政策来调节。

（三） 诱导激励

1. 诱导民间资本进入基础设施和公用设施建设。东北地区各级政府在进行基础设施建设时，可采取多种吸引民间资本的政策，倡导新型的融资方式，强化市场在资源配置中的地位，从根本上减轻财政负担，同时促进民营经济的发展。

重新定位政府职能，转为研究制定较为完善的法律法规，注重完善公用事业的监管体系等。

2. 制定激励民间资本发展教育的优惠性税收政策。鼓励中外企业设立教育基金会，向大学捐款。对资助教育的企业优先给予"优质区域公共物品专项财政拨款"。政府通过各种优惠政策引入民间和国外资本投资教育，并对符合投资要求的基金再注入40%的股份，实现多种资本的相互融合。

3. 优化科技资源配置，加大对企业技术创新的引导。确定科技计划时，优先支持企业承担和企业牵头、产学研联合承担的竞争前沿技术与共性关键技术研发，引导战略产业的原始创新和重点领域的集成创新。

4. 加强面向技术创新的公共服务平台建设。建立和完善科技中介服务体系，加大对技术市场、生产力促进中心、科技企业孵化器、科技咨询机构和创业风险投资服务机构等科技中介机构的政策扶持；鼓励社会力量参与技术创新服务人才的培训工作。

选择高新技术产业的若干重点领域，以共性技术和重要标准为纽带，以大中型骨干企业和行业龙头为核心，形成各种产学研相结合的战略联盟，并给予优先支持。以高新区等产业集群中的技术联盟企业为主体，配合国家和各省科技计划、重大专项和条件平台项目，采用竞争机制，组织产学研联合开展对引进先进技术的消化吸收和再创新。

5. 推进技术标准和知识产权战略。引导企业将有利于本地区发展的技术法规、技术标准及检测方法纳入国家和国际标准，掌握技术和经济竞争的主动权。从专利、技术标准等角度出发，支持一批在战略或关键领域拥有自主知识产权的核心技术。鼓励有条件的企业把自主研发形成的专利技术实施对外专利许可或专利权转让，使专利技术产业化。鼓励企业采用国际标准，对参与国际标准制定和发起制定国家或行业标准的企业予以重点支持。与有关部门协调一致，形成合力，推动专利、名牌产品、驰名商标等建设。

6. 诱导民间资本和海外资本进入风险投资领域。当前应大力发展风险投资产业，财政投入可作为种子资金开发创新风险投资基金，并承诺一定时期后会退出，由社会资本以成本价或加一个较小的收益率回购政府股份；吸引到民间和海外资本后，可以通过优惠政策及股权担保等措施，确保这类基金投资于科技企业初创期，改变商业性投资基金经常投资于项目中后期的状况，将投资阶段向前推移，从而弥补创新投资的不足。

（四）稳定保障

1. 改善生态系统。治理环境污染，推动资源枯竭型城市接续发展和转型，是东北地方财政政策必须解决的问题，具体做法包括：

建立一个有效的污染治理机制。按照污染者付费的原则研究提高排污费的征收标准，使企业从生产理念、工艺设计、产品设计到生产都走上循环经济之路。

改革资源类产品的价格形成机制。将目前矿业企业无偿和有偿取得资源的双轨制统一改为有偿，建立矿业企业矿区环境治理和生态恢复的责任机制，强制规定企业销售收入中提取一部分资金用于矿山的环境恢复、生态补偿以及资源枯竭后的转产。同时，提高目前矿产资源生产和销售过程中的税费标准。

调整税收政策，支持资源节约和环境保护。制定一系列有利于资源节约和环境保护的政策，包括企业利用"三废"等取得的收入给予适当的减免税优惠；对企业用于环境保护、节约能源和安全生产等专用设备投资给予投资抵免税的优惠政策；控制资源产品的出口，降低乃至取消部分资源性产品的出口退税。

完善支出结构，加大对循环经济的资金支持力度。设立清洁生产的专项资金，重点支持清洁生产的规划、培训、技术标准的制定，以及冶金、纺织等污染相对严重行业中的中小企业清洁生产示范项目的建设。同时建立可再生能源发展专项资金，重点支持可再生能源开发利用的科学技术研究、标准制定、资源勘察和示范工程等。

2. 关注民生保障。财政政策需侧重解决的民生保障问题包括城乡和地区差别、收入分配和社会保障。具体做法包括：

加大财政投入力度，增强欠发达地区的自我保障能力。如增加扶助贫困人口、农民工转移培训、九年义务教育补助、社会保障费补助等方面的投入，并从项目立项、政策优惠、资金扶持上给予重点倾斜，改善其基础设施条件和公共服务环境，逐步增强其自我保障能力；调整转移支付政策，缩小区域经济发展差距。合并简化现行的多种转移支付形式，实行以纵向转移支付为主、横向转移支付为辅、以"因素法"为依据的均等化转移支付制。

建立良好的收入分配机制。支持建立与经济发展水平相适应的工资制度，提高工资所得税起征点（高于沿海发达地区）；将垄断收益纳入财政收入，有效调节因行业性质导致的行业收入差距；深化农村税费改革。完善财政促进就业长效机制，实施财政补贴、税收优惠、金融支持等政策措施，刺激服务业和民营企业发展，促进其吸纳更多的剩余劳动力；加大对就业再就业的支持力度。

实行向民生倾斜的财政援助政策。财政支出向社会事业倾斜，特别是向义务教育、公共卫生、社会保障和"三农"等方面倾斜；促进低收入群体的住房、医疗和子女就学问题的解决；支持公共卫生和医疗服务体系建设，提高疾病预防控制和医疗救治服务能力；增加公共教育投入。扩大城镇基本养老、基本医疗和失业保险覆盖范围；推进新型农民合作医疗制度、农民最低生活保障制度和农村养老保险制度的改革试点；按属地原则逐步将异地务工的农民工纳入务工所在地的社会保障体系。

三、区域货币政策

货币政策是调节社会总供给和总需求平衡的总量政策，是市场经济条件下国家实施宏观调控最重要的经济政策之一。现行统一货币政策与区域经济的不平衡发展之间的矛盾越来越突出，实行区域性货币政策以协调地区经济不平衡发展有其必要性和现实性。通过实施区域货币政策创新，缩小货币政策执行效果的区域差距，对于助推东北老工业基地全面振兴十分重要。在坚持货币政策统一性的前提下，从东北老工业基地实际出发，从一般性货币政策和选择性货币政策入手，认真研究和解决货币政策各项可以区域化的管理行为和相应的政策措施，更好地发挥人民银行九大区分行的自主权，采取适度差别的区域货币政策措施，使货币政策能较为平等地作用于不同区域经济金融的发展，服务东北老工业基地的振兴。从国内外一些实践经验和研究来看，目前可以主要考虑从数量控制型货币政策工具入手，进行适当差别化操作，以支持东北老工业基地全面振兴。

（一）差别存款准备金政策

存款准备金是指金融机构为保证客户提取存款和资金清算需要而准备的资金，金融机构按规定向中央银行缴纳的存款准备金占其存款总额的比例就是存款准备金率。存款准备金制度是在中央银行体制下建立起来的，世界上美国最早以法律形式规定商业银行向中央银行缴存存款准备金。存款准备金制度的初始作用是保证存款的支付和清算，之后才逐渐演变成为货币政策工具，中央银行通过调整存款准备金率，影响金融机构的信贷资金供应能力，从而间接调控货币供应量。我国的存款准备金制度是在 1984 年建立起来的。

差别存款准备金政策在国外已有先例。例如，美国会员银行法定准备金额，不但根据银行规模大小，而且根据银行所处的三类地区分别制定。如 1935 年纽约、芝加哥、圣路易斯的国民银行都属于"中央储备城市银行"，活期存款准备金率为 26%；其他 16 个城市较大的国民银行为"储备城市银行"，准备金最高为 20%；其余不发达地区如阿肯色、俄克拉荷马、得克萨斯国民银行为"乡村银行"，准备金限额为 14%。这一措施极大地促进了落后地区的开发。

我国央行从 2004 年 4 月 25 日起也实行了差别存款准备金率制度。但这种差别存款准备金率制度主要是基于金融机构资本充足率、资产质量状况等差异执行不同的存款准备金率。金融机构资本充足率越低、不良贷款比率越高，适用的存款准备金率就越高；反之，金融机构资本充足率越高、不良贷款比率越低，适用的存款准备金率就越低。实行差别存款准备金率制度可以制约资本充足率不足且资产质量不高的金融机构的贷款扩张。此项政策调整不影响企业和居民的经济生活。我国中央银行可以考虑在此基础上实行区域差别准备金政策，在确保银行资产流动性和清偿能力、保证银行安全、保护存款人利益的前提下，适度降低东北等欠发达地区符合条件的金融机构的存款准备金率，同时把调控权交给各大区分行。这样就可以通过中央银行的调节，适度增加东北等欠发达地区资金流入，增加东北地区的资金供给，从而起到支持东北老工业基地振兴的作用。以东北三省为例，区域银行业金融机构 2006 年底各项人民币存款余额 2.6 万亿元，存款准备金率降低 0.5 个百分点，也就是增加 260 亿基础货币的供应量，是东北地区 2006 年度新增贷款总额（0.2 万亿元）的 6.5%。[①] 如果再考虑货币乘数效应，货币供应量放大就会更多，政策效果相当明显。

此外，也可以对存款准备金使用期限做区域差异化操作，在可控风险的前提下，给予东北地区银行业金融机构在存款准备金使用期限上相对宽松的条件。

（二）差别再贴现政策

再贴现系指金融机构为了取得资金，将未到期的已贴现商业汇票再以贴现方式向中国人民银行转让的票据行为，是中央银行的一种货币政策工具。从形式上看，再贴现与贴现并无区别，都是一种票据和信用相结合的融资方式。但从职能上看，再贴现则是中央银行执行货币政策的重要手段之一。在再贴现过程中，中央银行根据执行货币政策的需要，买进商业银行等持有的未到期票据，让渡现实货币；商业银行等则为解决资金短缺而出让已贴现票据。所以，再贴现是商业银行及其他金融机构与中央银行之间的票据买卖和资金让渡的过程，是商业银行和其他金融机构向中央银行融通资金的重要方式。除起到融通资金的作用外，再贴现作为中央银行执行货币政策的重要工具之一，还可以起到扩张或收缩社会信用的作用。当中央银行需要收缩银根，抑制经济过快扩张时，就可提高再贴现率，使商业银行和其他金融机构向中央银行融资的成本提高，从而抑制信贷需求，减少货币供给。另外，再贴现率可以影响市场利率，通过调整再贴现率，能及时将货币政策的意图传递给社会，并引导人们的投资、消费行为，推动货币政策目标的实现。

[①] 银行业金融机构包括东北三省区域内的政策性银行、国有商业银行、股份制商业银行、城市商业银行、农村商业银行、城市信用社、农村信用社、邮政储汇局、外资银行和非银行金融机构。资料来源自中国人民银行：《2005 年中国区域金融运行报告》和《2006 年中国区域金融运行报告》。

目前，我国实行的基本上是统一再贴现政策，但在行业、企业和产品目录上有稍微差别。按照中国人民银行颁布实施的《商业汇票承兑、贴现与再贴现管理暂行办法》有关规定，中国人民银行可以根据金融宏观调控和结构调整的需要，不定期公布再贴现优先支持的行业、企业和产品目录。各授权窗口须据此选择再贴现票据，安排再贴现资金投向。可以进一步把这种差别转向到区域差别，实行区域差别化再贴现政策。可以主要考虑从以下四个方面做起：一是再贴现规模的区域差别化，适当向东北地区倾斜，给予东北地区更多的再贴现资金额度，以此增加东北地区基础货币投放；二是再贴现率的区域差别化，[1] 在同等条件下，对于出自东北地区的再贴现票据给予更低的再贴现率进行再贴现，以此来推动东北地区票据融资业务发展。2006 年末东北地区票据贴现余额仅占全国的 8%，后续发展潜力非常之大；三是再贴现条件的区域差别化，调整具有再贴现资格的票据种类和票据期限，以此体现政府区域经济发展政策意图，引导金融机构和社会资金投向，适当放宽东北地区票据再贴现条件；四是加快再贴现管理体制改革，适时把东北地区再贴现转授权窗口下放给中国人民银行沈阳分行，给予其部分的调控浮动权。

（三）差别再贷款政策

再贷款，即中央银行贷款，是指中央银行对金融机构发放的贷款，是中央银行调控基础货币的重要渠道和进行金融调控的传统政策工具，习惯上称作再贷款。一般来讲，中央银行贷款增加是"银根"将有所放松的信号之一；反之，则是"银根"将可能紧缩的信号之一。

目前，中国人民银行再贷款主要包括分行短期再贷款，有的也称头寸再贷款，系指中国人民银行为解决辖区内商业银行的资金头寸不足而对其发放的期限不超过 3 个月的贷款；紧急贷款，系指中国人民银行为帮助发生支付危机的上述金融机构缓解支付压力、恢复信誉，防止出现系统性或区域性金融风险而发放的人民币贷款；中国人民银行对农村信用社贷款，有的也称支农再贷款，系指中国人民银行为解决农村信用社或农村信用社联社（以下称借款人）发放农户贷款的合理资金需要而对其发放的贷款。该再贷款不包括紧急贷款。

由此可以看出，分行短期再贷款和紧急贷款都是为了维护金融秩序稳定的特殊贷款，一般来说不可盲目搞区域差别化。差别再贷款政策应该主要从两个方面

---

[1]　在美国，各个区域性联邦储备银行根据各地区经济开发的不同程度，可以自行确定不同的贴现率，通过对贴现率的调整以期促进区域性投资的增长和区域经济的发展。参见孙天琦：《货币政策：统一性前提下的区域差别化研究》，《西安金融》2004 年第 5 期。

做起：一是实行农村信用社贷款的区域差别化，对东北等相对落后地区的支农再贷款的额度、范围、利率和期限给予政策倾斜，适当扩大东北地区支农再贷款的额度，并把贷款范围向整个农业产业链延伸，实行适度的贷款优惠利率，把目前支农再贷款"最长期限为1年，展期不得超过1年（可跨年度使用）"扩展到3~5年，以顺应现代农业发展的需要。二是实行区域振兴专项再贷款，对东北老工业基地振兴过程中，国有大中型企业技术改造、更新、产业升级、国有农场改制、基础设施建设、区域金融机构发展和资源枯竭型城市转型发展等融资需求给予专项再贷款扶持。

（四）差别信贷政策

信贷政策是中国人民银行根据国家宏观调控和产业政策要求，对金融机构信贷总量和投向实施引导、调控和监督，促使信贷投向不断优化，实现信贷资金优化配置并促进经济结构调整的重要手段。中国目前的信贷政策大致包含四方面内容：一是与货币信贷总量扩张有关，政策措施影响货币乘数和货币流动性。比如，规定汽车和住房消费信贷的首付款比例、证券质押贷款比例等。二是配合国家产业政策，通过贷款贴息等多种手段，引导信贷资金向国家政策需要鼓励和扶持的地区及行业流动，以扶持这些地区和行业的经济发展。三是限制性的信贷政策。通过"窗口指导"或引导商业银行通过调整授信额度、调整信贷风险评级和风险溢价等方式，限制信贷资金向某些产业、行业及地区过度投放，体现扶优限劣原则。四是制定信贷法律法规，引导、规范和促进金融创新，防范信贷风险。信贷政策作为我国宏观经济政策的重要组成部分，信贷政策和货币政策相辅相成，相互促进。中国区域经济发展不平衡，金融市场不够发达，利率没有市场化，单纯依靠财政政策调整经济结构受财力限制较大，信贷政策发挥作用是经济发展的内在要求，在相当长时期内将会存在。

差别信贷政策可以从信贷总量控制、信贷投放控制等方面进行区域差异化操作，对东北地区给予适度增加信贷额度，在信贷投放上引导信贷资金投向老工业基地振兴过程中国有大中型企业技改贷款、基础设施建设贷款等项目。可以仿效国外有关做法，探索制定限制本地区信贷资金外流的管理措施，要求银行必须为所在地提供高比例贷款。在宏观调控过程中，继续贯彻"区别对待、有保有压"的调控方针，加大信贷结构调整的力度，不搞全国"一刀切"，确保东北老工业基地振兴战略的顺利实现。同时，积极探索建立分层次的中央银行"窗口指导"体系，建立和完善人民银行分支行对辖区内商业银行落实货币政策考核评价体系，以保证信贷政策的有效实施，进一步发挥中央银行各大区分行"窗口指导"的能力与水平，引导区域商业银行按照中央银行货币政策的意图开展其信贷业务。

第三节　扶植企业发展

一、扶植大企业集团发展

在东北老工业基地全面振兴的攻坚阶段，做强做大一批技术先进、结构合理、机制灵活、核心竞争力强的大企业，对于提高东北老工业基地的整体竞争力，实现东北老工业基地的"再工业化"，具有十分重大的战略意义。政府对于扶植大企业集团的发展具有不可替代、不可或缺的作用，特别是在国有企业分布集中，国有企业贡献大的地区更是如此。为了切实为大企业集团的做强做大提供服务，地方政府需要在以下几个方面做出特别安排：

（一）成立专门机构，搭建扶持企业做强做大的区域性政府工作平台

首先，建立由各省省长任组长、相关省领导及有关部门参加的国有企业改革领导机构，并将地方各级国有资产监督管理委员会作为东北地区国有企业重组与改革的专门机构。其职责体现在两个方面：一是领导和推进国有企业的改革，制定政策措施规划引导，出台优惠政策扶持减负，及时有效地解决重组和改制中遇到的各种问题；二是有效监管，严把"六关"（清产核资和审计评估关、改制方案论证和审批关、债务处理关、民主参与和职工安置关、产权交易关和管理层收购关），防止出现企业自行改制、自卖自买、隐匿资产、人为压低国有产权转让价格、损害职工合法权益等违规行为，确保国有资产不流失，保障出资人、债务人、企业和职工的合法权益。

其次，东北三省地方政府应从破除行政壁垒和地方保护主义的目的出发，通过构建跨行政区的公共平台和协作网络，建立省区间高层协调会议制度，协商解决跨省区的企业兼并重组问题从而使跨省区的企业兼并重组初见成效。如在国家有关部门的支持下，辽宁省和黑龙江省从振兴东北地区老工业基地和特钢产业发展的大局出发，重组辽宁特钢集团和北满特钢，成立了东北特殊钢集团有限责任公司，其注册资本36.4亿元，拥有全资子公司6家、控股子公司11家和参股子公司1家，成为我国第一大特殊钢生产企业并进入世界前五名行列。

（二）制定针对性政策措施，规划和引导大企业集团发展

1. 支持在重要行业、关键领域的国有大企业继续做强做大。着力推进石油石化、重大装备、钢铁、汽车、造船、航空产品和军工等重点行业的调整改造，培育和发展一批具有地方特色和优势并有较强竞争力和辐射带动力的国有大公司、大企业集团。

2. 支持有条件的非公有制企业通过兼并、收购、联合等方式，进一步壮大实力，发展成为主业突出、市场竞争力强的大公司、大集团。东北振兴需要解决大中型国有企业问题，又要加快非公有制经济的发展。支持非公经济的发展，使之不但为东北地区的经济增长贡献力量，同时还成为吸纳就业、保持社会稳定的重要渠道，也使得非公有制企业扩大规模，获得自身发展。

3. 积极吸引区域外资金，同时鼓励企业走出去，利用区域外资金和大市场使企业做强做大。

二、助推中小企业成长

（一）解决中小企业融资难问题

1. 拓宽融资渠道。主要有：整合和规范现有产权交易市场，为非公有制企业股权转让提供服务；加快建立中小企业上市育成和辅导体系，帮助中小企业上市融资，特别是帮助有条件的中小企业境外上市；鼓励符合产业政策的中小企业以股权融资、项目融资等方式筹集资金；探索符合条件的中小企业债权融资方式；通过税收减免政策促进风险投资公司对中小企业投资等。

2. 建立中小企业信用体系。东北地方政府可通过积极推进中小企业信用体系，减轻融资人与投资人或债权人的信息不对称，使投资人和债权人加大对中小企业的融资力度；研究建立适合东北地区中小企业特点的信用征集、评级、发布制度以及奖励惩戒机制，建立和完善企业信用档案数据库，推动中小企业信用档案试点；对资信等级高的中小企业，简化工商年检手续，逐步实行备案制；加强中小企业内部信用制度建设，培育信用需求、规范信用市场、完善信用制度、营造信用环境。

3. 建立多层次的担保和再担保体系。为此可积极推进建立中小企业信用担保机构，从组织形式上保证信用辅助制度的落实。其重点工作是：鼓励非公有制经济设立商业性或互助性信用担保机构，以中小企业为服务对象的信用担保机构

经核准可免征营业税；根据我国有关中小企业的相关法律，加快建立中小企业信用担保基金制度，建立和完善信用担保的行业准入、风险控制和损失补偿机制；在中央政府领导下，设立东北老工业基地区域性再担保机构等。

（二）促进产权明晰化

中小企业产权关系模糊的典型是"红帽子"现象，东北地方政府可以通过制度创新实现中小企业的产权明晰：政府有关部门应在调查研究的基础上，出台符合当前实际的合理界定产权关系、有效解决产权纠纷的法规，使摘掉"红帽子"有章可循；鼓励全民企业变成法人有限公司，集体企业变成私人有限公司，从而达到产权清晰化；鼓励中小企业通过股份制明确持股主体，进而明晰产权，特别是要为民营的中小企业的制度创新提供一个相对适宜、公平的外部政策环境，同时在税收、劳动及其他政策上实现一视同仁，做到更加透明和公平。

（三）协调大企业与中小企业之间的关系

东北地区中小企业与大企业的合作可以通过不同的方式进行。例如，可在专业化协作的基础上，通过中小企业为大企业提供原材料、零部件和劳务的分包经营方式与大企业形成产业链。在这种方式下，大企业可以利用中小企业的优势弥补自身能力的不足，降低市场成本，进一步发挥自身的专长；中小企业可以降低市场经营风险，减少企业经营的不稳定性和不确定性。同时，大企业与中小企业之间也可以缔结研发联盟，从而将中小企业的创新精神与大企业的资金、设备等实现有机结合，做到两者之间的优势互补和利益同享。

（四）营造良好的投资环境

第一，降低中小企业的市场准入门槛。主要从两个方面入手：一是放宽中小企业进入的领域，特别要放宽个体私营企业经营范围；二是简化中小企业进入的审批手续，这是降低中小企业与政府有关的交易成本的重要环节。

第二，建立健全中小企业的自律性组织。具体通过建立企业协会和行业协会等形式，加强中小企业与政府之间的沟通，以减少交易成本。

第三，发展服务市场，建立完善中小企业服务体系。这里所说的服务市场，主要是指为中小企业提供各种服务的社会关系，它是中小企业文化环境的组成部分。狭义的服务即围绕企业经营管理的具体业务展开的服务，如融资、财务、营销、人才培训、客户资源管理、物资配送、广告宣传、产品设计等；广义的服务还包括法律法规、行政管理、司法等。由于从事这些服务的也几乎都是中小企业，所以要以优惠政策促进其发展。同时要推行规范服务、诚信服务、优质服务，使服务市场真正成为中小企业发展的助推器。

第四，切实减轻中小企业税费负担。可以根据各地的具体情况适当减少税费收缴，通过促进发展涵养税源，中小企业可以运用法律手段抵制乱摊派、乱收费行为。

第四节　增强政府组织动员金融资源的能力

一、增强政府组织规划项目能力

优质重大项目是实现金融资源转化为有效资产的转化器，对加快东北老工业基地具有明显的牵动作用。东北地区各级政府应进一步增强政府组织和规划优质项目的能力，为加快金融资源向有效资产的转化提供经济上合理且财务上可行的重大项目。

（一）提高重大项目的策划能力

一是着眼国家振兴战略。策划项目要围绕国家经济社会发展战略需求的能源、资源、环境、农业、信息等关键领域和生命、空间及新材料等战略领域，以及产业结构调整、国企战略性重组、发展现代农业、振兴装备制造业和原材料工业、资源枯竭性城市转型、提升产业技术水平等老工业基地振兴战略需求的领域。

二是符合国家产业政策。策划的项目要重点考虑装备制造业中的高效清洁发电和输变电、大型石油化工、先进适用运输装备、高档数控机床、自动化控制、集成电路设备和先进动力装置，高新技术产业中的信息、生物、新材料、新能源、航空航天，信息产业中的集成电路、软件、数字化音视频、新一代移动通讯、高性能计算机及网络设备，生物产业中面向健康、农业、环保等领域的相关产业。

三是满足老工业基地公共产品需求。重点满足经济社会发展对稳定经济清洁能源、水利设施、交通运输等公共产品的需求和改善民生对教育、科技、文化、卫生、社区服务、劳动保障平台等公共服务的需求。同时，要围绕形成产业聚集来合理布局，并选择产业链长、牵动性强、具有较好基础的产业项目，形成产业化基地，通过做大来做强。对于交通、电力、通讯、能源、水利等基础设施项目和关系民生的教育、文化、卫生等社会事业项目，应超前策划、超前建设；对于现代装备制造业、高加工度原材料工业、高新技术产业和现代服务业等重点发展的产业，要着眼于增强自主创新能力，提高产业核心竞争力。

做好项目可行性研究，既要经济上合理，又要财务上可行。所谓经济上合理：一是要符合国家经济建设的指导方针和任务、国家经济和社会发展的长期规划、国家部门规划、东北地区振兴规划以及国家和区域产业政策、投资政策和技术经济政策等；二是要符合由国家颁布的建设项目可行性研究及经济评价的有关规定。而财务上可行是指项目财务方案合理，具有财务盈利能力和债务清偿能力，在财务上具备投资价值。

（二）提高重大项目的推介能力

一是概念推介。通过优异的概念设计，提升项目的文化层次、技术层次和知识含量，进而增强项目的吸引力。二是项目包装。项目包装要反映项目规划意图，展示项目未来前景和相应的财务测算。委托知名专业咨询机构编制项目计划书。三是投资引导。政府可通过财政补贴、土地核拨、公共产品定价等方式为公共设施项目带来稳定的预期收益和可预见的现金流，增强投资的可行性，引导和带动社会资金的投入。

（三）提高重大项目的管理能力

一是做好项目信息管理。要对重大项目有关信息资料进行管理，在保守项目机密的基础上进行合理的信息披露。二是做好项目储备管理。建立项目储备库，按照规划一批、论证一批、批准一批、实施一批的思路，实现项目储备库的动态管理。每年列入政府投资计划的项目，首先从投资项目储备库中选取，通过各种媒介发布信息，向省内外投资者进行推介。对项目储备库内因国家政策调整已不符合要求的项目，或因资金、建设条件长期无法落实难以实施的项目，要及时进行整理和更新。三是做好项目组织管理。可由政府发改、财政、国资、工业、金融、国土等有关部门及主要金融机构共同组建项目规划协调小组，根据国家战略、国家产业政策、域内公共产品需求，负责项目组织、筛选和论证，牵头组织项目审批和申报，协调做好项目管理、监督和服务工作。

总之，要通过地方政府智慧策划融资概念、科学规划投资项目、加强地方政府投资引导，发挥好财政建设资金和开发性金融资金的引导和带动作用，以切实发挥大项目对老工业基地振兴的牵动作用。

395

二、培育投融资主体

(一) 政府投融资主体的角色

这里所说的投融资主体，是指由政府组建的国有独资或控股、专门开展政府导向的投融资活动的投资公司。投融资体制改革的基本方向是，在国家宏观调控下更好地发挥市场机制的调节作用，确立企业的投资主体地位，规范政府投资行为，逐步建立投资主体自主决策、银行独立审贷、融资方式多样、中介服务规范、政府宏观调控有力的新型投融资体制。投融资体制改革是对政府经济行为的根本调整，政府要从"前台"回到"幕后"，通过培育政府控制的投融资主体来引导社会投资活动。国内外经验证明，在市场失灵领域和体现政府产业政策的某些关键领域，通过政府独资或控股的投资公司开展市场化投融资活动，是市场经济条件下引导金融资源转化为有效资产以及加强国有经济控制力的重要途径。这样的投融资主体在国外有新加坡淡马锡公司这样比较成熟的例子，国内有上海久事公司这样比较成功的例子。

(二) 政府投融资主体的运作特点

总的来看，这种国有独资或控股的投融资主体具有以下特点：一是政府出资。出资形式可以是经营性国有资产，也可以是政府财政拨款、土地资源和公共产品经营收益权。二是以实现各级政府不同时期的产业政策目标为经营宗旨。公司按市场化模式经营，对外是享有完全民事能力的企业法人，具体项目由政府根据中长期基本建设规划、产业发展规划、社会事业规划和市场变化进行选择，授权企业进行市场化融资、市场化投资和市场化经营。三是建立简单有效的公司治理结构和公司运营机制，政府对企业的管理集中在经营项目选择、预算控制、高管人员考核及选聘任免等方面。要求公司既要坚决贯彻政府意图，又要实现公司的经营目标和业绩。四是以雄厚的资本和良好的诚信记录，与开发银行、商业银行等金融机构建立较为密切的合作伙伴关系，增强融资能力，再以市场化方式对规划项目进行投资。五是公司不干预所投资企业的日常生产经营活动，只按公司法赋予的股东权利对其进行股权管理。六是阶段性持股，在完成产业发展目标后，转让股权，退出企业，转入政府确定的新项目中去。七是开展资本运营，国有独资或控股投资公司要采取多种市场化资本运营方式：在基础设施项目上，采取资产转换、直接投资、资本金注入等方式，把国有独资企业改造成股份制企业，并运用市场化方式融通全社会的金融资源参与项目建设；在拉长产业链项目上，先投资入股上游国有企业，然后与该上游企业合资注册新公司，进行下游产品开发生产，而后引入新的投资者，转让股权，退出企业；在资源性导向性产业项目上，采取股权投资、贷款贴息、资产转换、股权转让等方式，将企业改组成国有控股或参股公司，形成现代法人治理结构，增强企业竞争力，促进产业发展；在一般竞争性产业上，对相关企业进行法人治理结构改造，通过证券市场或产权交易市场将所持股权转让，逐步将国有资本集中到政府必须控制又具有国际竞争力的产业上，吸引国内外资本进入已具有一定规模的一般竞争性产业。八是开展资产经营。起初要把政府划拨的资源进行市场化经营，取得收益，增强偿债能力。当大规模投资活动完成后，可以将公共产品资产经营作为主要经营活动来开展，逐步成为公共产品资产经营公司，实现公司的战略转型。

（三）建立相应的投融资主体

首先，在基础设施和公共事业领域成立专业投资公司。将交通、能源、水利、环卫、卫生、教育等基础设施建设和社会事业发展领域的项目拆分整合，由政府通过财政性资金、政府借款、公共产品经营性资产划拨等方式注入资本金，成立若干承担专业领域建设的国有独资或控股投资公司。国有独资或控股投资公司可由省市政府新设，也可以在改造重组原有投资公司的基础上重新组建。其次，在产业领域组建政府控股或参股的投资公司。围绕重点产业领域，由政府组织引导民间社会资本，组建政府控股或参股的投资公司，实行市场化运作，对重点产业进行市场化投资。政府主要通过制定产业发展规划、规划重点产业项目来引导公司资金投向。产业投资公司按照商业性原则开展业务活动。最后，围绕重大项目组建专业项目投资公司。东北老工业基地各级政府可以围绕区域内重大项目组建专项投资公司，将政府投资作为"种子"投资，通过吸引社会投资参与项目建设，放大政府投资的作用。

三、搭建融资平台

（一）融资平台的运作机理

在经济转轨时期，市场缺失和制度缺损构成银行的"两难选择"：增加贷款助长盲目投资和重复建设，被动"惜贷"又脱离经济发展对融资的需求，这种现象在历次宏观形势波动和宏观调控中普遍存在，且有越来越严重的趋势。面对

397

老工业基地全面振兴目标的要求，金融体系既要积极支持经济社会发展，又要切实防范金融风险，并主动落实宏观调控的政策措施。在这样的背景下，搭建融资平台是解决这一矛盾的重要桥梁。

所谓融资平台，就是以指定的借款机构为核心，包括增信体系、评议体系、担保体系和最终用款单位在内的一整套融资安排。① 其中，指定的借款机构应是政府独资或控股的投资公司、国有资产经营管理公司或城市建设投资公司等。政府投融资主体是各级融资平台的核心，因而培育运作良好的投融资主体既是投融资体制改革的重要内容，也是融资平台建设的重要环节。

其运作机理是：指定的借款机构对银行统借统还，实行借款、用款、还款一体化；增信体系主要是指组织增信，即政府通过财政支持、税费返还、资源划拨和公共产品价格杠杆等赋予其合法稳定的收益权，以增加其预期现金流量，并允许其依法支配，向开发银行或商业银行等金融机构质押担保；增信也可以采取市场化的方式来进行，如建立担保体系，引入外部会计和评级公司，公开透明运作等，通过这些措施，增强公司的现金流和公司的信用等级，进而增强其融资能力；最终用款单位一般应为项目建设单位，要通过项目主体法人建设、治理结构建设、现金流建设和信用建设，构造借款偿还机制；要通过政府在政策、资源和资本等方面的支持，构造以政府信用为依托的融资保障机制。

（二）建立各级融资平台

融资平台分为省级投融资平台、地市级投融资平台和区县级投融资平台。省级和市级融资平台可以选择与开发银行或商业银行合作建立，区县级融资平台可以选择与开发银行、商业银行或城市商业银行等地方金融机构合作建立。

首先，省级融资平台建设。省级投融资平台，是指将隶属于省级政府的省级投融资主体作为指定借款机构。该机构一般具有政府背景，有省财政的一定支持，有部分固定的资金来源，具有一定整合全省项目资源的能力，可得到省政府的政策、资源、资本的支持。通过省级融资平台实现百亿元以上规模的资金融通，支持装备制造业基地建设、能源原材料基地建设、重大基础设施建设和社会事业等领域的发展。

省级投融资平台的构建，应按照深化国有资产和投融资体制改革的要求，积极落实省级投融资主体在政府授权范围内对国有资产经营、资本运营、盘活存量

---

① 融资平台是以指定的借款机构为核心的，因此在实际工作中往往将指定的借款机构称为融资平台。实际上，如果没有增信体系、评议体系和担保体系等一整套融资安排，指定的借款机构无法单独实现融资。

资产、对项目实行投资、参股、控股的职能。积极促进投融资主体按照市场化要求，加强一系列信用建设和制度建设，将政府在政策、资源、资本等方面的支持转化为公司的现金流和公司的信用，构建起省级投融资平台的市场化借款偿还机制和以政府为保障的信用结构。

应围绕东北老工业基地振兴的战略目标，建设现代装备制造业基地和重要原材料工业基地，发展高新技术产业并用高新技术改造和武装传统产业，规划一批经济上合理、财务上可行的重大项目，通过政府组织协调和增信，与开发银行、商业银行合作，建立一系列产业项目融资平台。这些平台是以项目主体为核心的，可以用项目收益来偿还贷款本金，因此，其市场化运作程度更高。政府在融资平台建设之初，要发挥组织协调作用，开展组织增信，并逐步向市场增信转变。

其次，市级融资平台建设。市政府也应该围绕基础设施、基础产业、支柱产业和中小企业发展建立融资平台，增加这些领域的投资，促进这些领域的快速发展，既拉动即期经济增长，又为未来经济可持续发展创造条件。市级政府既可以与开发银行合作建立融资平台，也可以与商业银行合作建立融资平台。目前，应着重建立城市建设融资平台和中小企业打捆融资平台。（1）城市建设融资平台。市级政府可以组建诸如城建投资公司之类的机构作为城市建设融资平台的借款主体，一方面政府授权其对城市存量资产进行统一的经营管理，另一方面以公司的存量资产为依托，并将其拥有的公共产品收费权和土地使用权等质押给银行，向开发银行或商业银行进行项目融资，为城市建设提供有力的资金保证，加快城市建设步伐，促进城市化进程，实现城市建设与城市经营的良性发展。（2）中小企业打捆融资平台。由于中小企业贷款风险大，成本高，中小企业单独融资比较困难。相对于单独融资而言，中小企业打捆融资可以降低办理成本，并通过大数定律来规避个别企业的违约风险。在政府组织协调和组织增信条件下，建立起中小企业融资平台，与开发银行或商业银行合作，通过中小企业打捆融资来畅通中小企业融资渠道，促进中小企业发展，围绕大企业形成产业聚集，增强产业竞争力。其流程为：一是组织增信。政府组织成立信用建设领导小组，开展组织增信；信用协会利用企业交纳的入会费和年费建立偿债基金，开展互保或联保；担保公司提供担保。二是贷款申请。申请贷款的中小企业必须加入信用协会，中小企业向信用协会提出贷款申请，信用协会对申请材料真实性进行民主评议，将评议通过的贷款申请报送政府指定借款人，由政府指定的专管机构负责贷款申请的审批，将审批通过的贷款申请打捆向银行提出用款需求。三是贷款发放。开发银行或商业银行对指定借款机构进行批发放贷；指定借款机构根据三方协议将款项交由代理经办银行；代理经办银行根据协议负责办理对项目企业的贷款发放、结算、管理和收回等业务，并对贷款资金进行监管。四是贷款偿还及违约风险分担。对中小企业贷款形成的不良贷款，经处置中小企业及借款保证、担保公司的担保责任后形成的损失，信用协会也须按一定比例承担；信用协会对不良贷款的代偿部分具有向用款违约单位或企业的追索权。通过搭建中小企业融资平台，缓解中小民营企业融资难、担保难的瓶颈问题，促进中小企业信用建设和中小企业的发展。

第五节　改善发展环境

一、提供优质高效的地方公共物品

地方公共物品大体包括四类：一是基础设施类，主要指公共工程类的公共物品，包括道路、交通、电力、电信、自来水、下水道、路灯、垃圾收集与处理、管道煤气、港口、机场和车站等；二是社会服务类，主要有基础教育、医疗卫生、社会保障与社会福利、气象预报、消防、公园、体育馆、公共交通、疾病防治等公共服务；三是科学文化与传播媒介类，主要有广播、电视、报纸、杂志、图书馆、文化艺术馆、博物馆、表演团体、文物与文化遗产发掘、科研投入等满足科技发展和居民精神需要的公共项目；四是社会管理类，包括由地方政府机关、各类行政管理机构、公共安全机构等提供的各类地方性的政策、法规、社会管理条例、公共秩序等软性公共物品。

东北老工业基地的地方公共物品存在低效供给问题，其背后有深层次的体制和制度背景，必须通过改革创新，提供更多高效优质的地方公共物品。

（一）解决导致东北老工业基地地方公共物品低效供给的体制和制度问题

1. 革除体制弊端，规范和完善有利于地方公共物品供给的财政分权体制。针对现行中国财政分权体制的制度缺陷，必须进行下列改革：在法律框架下按照公共物品和服务的属性，明确界定中央政府与地方政府及地方各级政府的支出责任；改革和完善地方税收体系，增加地方政府的税收自主权；规范和完善地方财政收入体系，从根本上遏制乱收费，控制非税收入规模，给予地方政府适当的发债权；建立省以下各级政府之间正式的收入分配机制；推进以公共服务均等化为目标的转移支付制度改革，包括以因素法取代基数法来确定转移支付的规模、提高一般性转移支付比例、规范与清理专项转移支付、逐步缩小直至取消激励地方政府追求经济总量的税收返还和原体制补助、大力推进省以下财政转移支付制度建设。

2. 创新制度安排，建立健全地方政府行为的约束机制。主要借助制度安排对地方政府行为进行必要的约束，包括建立健全社会公众对地方政府财政决策的约束和监督机制，改革地方官员考核机制和干部任免制度，加强社会公众对地方财政决策的监督，实现财政决策的民主化和科学化管理，形成对政治权力运作的根本约束限制机制及相关的政治制度与程序等。

（二）优化地方公共物品的供给结构，处理好总量和结构的关系

要实现地方公共物品的有效供给，在增加供给总量的同时，更要合理确定东北老工业基地公共物品供给中全国公共物品、地方公共物品和区域内私人物品的比例。比如，对于发展区域内部交通网络以及消除省内贸易壁垒等诸多问题，就需要东北三省政府和各市政府之间进行协调。对于需要分担"改革成本"或需要支持东北地方政府自身融资的中央政府投入等问题，中央政府和地方政府之间的协调就显得非常重要。

（三）加强信息体系建设，保证高质量的公共信息产品供给

从某种意义上说，促进经济发展、优化经济结构、加快市场建设和提供公共服务主要是以公共信息服务的形式表现出来的，如区域经济预测和监测信息、土地资源信息、农业发展信息等。各级地方政府要充分发挥已有各类数据库的作用，促进各部门区域对数据库进行补充、开发和运用，使过去沉淀在政府各相关部门的公共信息资源发挥出应有的价值。同时，强化政府的经济信息收集和发布职能，健全统计体系，提高统计的准确性，加强宏观调控部门的信息共享机制建设，对行政信息发布和使用实行规范化管理，完善经济和社会的监测体系。

（四）改善生态环境和基础设施，提高生活质量，建设和谐社会，增大地区投资吸引力

为了进一步改善投资环境，东北老工业基地政府应采取相应的措施，包括实行事业单位改革，理顺与政府的财务、资源和主要业务关系从而提高收入，将某些服务提供权下放给私企或国企，加强问责制等。减少空气污染、增加绿地也是东北城市亟须解决的两大问题。提高空气质量主要应侧重于建立"清洁发展机制"，包括提高道路管理和使用水平，发展公共交通；利用财政政策鼓励节约燃

401

料和使用更清洁的燃料；改善车辆技术、增加车辆维护、提高燃料质量。为了消除水污染和固体废物污染提高城市的生活质量，政府可通过制定法规政策促进地区间和部门间的合作；对当地废品回收行业进行产业升级；建立符合卫生标准的垃圾填埋场；增加对"特殊"废物的规划和预防；对由于处置不当或由于化学品泄漏遭到污染的工商业废弃用地进行补救等。

二、提供制度供给

（一）完善市场机制，建立以市场机制配置资源的通道

1. 健全市场体系，完善市场功能，全面有效地发挥市场的作用。东北应在强化资源配置功能方面，进一步发挥市场的作用。具体做法为：建立大宗初级产品市场，如玉米、水果、水产品和石油等初级产品大型现货批发市场，在此基础上尝试在大连商品交易所增加能源期货、尤其是石油期货交易，规避原油等国际初级品市场价格风险；进一步规范沈阳产权交易中心，增强存量资产的流动性，促进资本整合，健全区域性资本市场，重塑东北金融体系的新形象，当前应把建立区域性资本市场放在重要地位；加快中国沈阳人才市场和中国沈阳劳动力市场建设，努力实现区域性人才和劳动力市场的一体化，促进区域内人才和劳动力的自由流动。

2. 消除市场壁垒，打造共同市场。为了加强商品和生产要素流动，东北三省政府应联手消除行政管理体制隔阂，解除区域间市场壁垒，以区域市场之间的相互开放带动区域经济一体化，建立市场经济共同遵守的统一规则，协调产业规划，同时建立相互协调的监督机制，以市场一体化带动区域经济一体化。

（二）转变政府角色，降低政府行为导致的交易成本

1. 制定公平、稳定和透明的规则。例如，为了吸引优质外商投资于商业银行，其财务报表有必要按照国际会计标准进行制定和审计；为了进一步扩大开放，应提高关键法律法规的水平，确认担保债权人的优先受偿权；广泛发展和使用信用报告制度；推进修改《物权法》中的担保交易部分，更好地保护借贷双方利益，同时增加使用可移动资产作为抵押物（例如，应收账款、存货、设备、车辆）的机会等。

2. 强化对私人部门的支持，尤其要消除服务业中私人发展和外商参与的障碍。首先要创造平等的政策环境，放宽中小型私营企业发展的政策环境，避免政

策歧视；其次是创造平等的市场环境，当务之急是放松非公有制企业的市场准入，对非公有制经济实行更加灵活的政策；最后，建立和完善资本市场，扩大本地投资积极性，吸引外部资金进入东北地区。

3. 大力发展教育和科技，促进由"工业东北"向"知识经济"的转化。具体政策包括：改革现有教育体制，调整教育体系，大力发展民办职业教育，包括采取新的法规以促进私营部门融入正规教育体系，并开拓基于信息和交流技术进行学习的机会；通过强化技术标准，强化地方对信息产业的扶持；改革政府的研发计划以引进商业部门，增加对一些公立和私立大学的资助；大规模地培训政府官员，以适应以知识为基础来管理经济和社会等。

（三）以各种政策措施和制度安排促进区域创新体系的形成

建立以企业为主体、市场为导向、产学研相结合的技术创新体系是东北振兴的重要保证，强化和塑造企业创新主体地位是构建这一体系的重要内容。东北各级地方政府需要进一步探索产学研紧密合作的新机制和新方法，优化企业创新动力的体制机制，促使企业真正成为研发投入的主体、技术创新活动的主体和创新成果应用的主体。同时，政府要提供良好的科技公共服务和创新公共政策，满足社会共同需求。为此要协调区域创新体系建设，将创新体系政策与产业集群政策结合并互动，优化创新资源配置、提高创新创业效率和效益。政府应制定和实施科技中介组织的认证、投诉、评估和排名制度，制定和完善中介机构从业人员持证上岗制度和机构资质认证制度，以此实现对社会中介服务的监督和管理，加强科技中介服务的规范化和标准化。

第六节　优化空间布局

伴随着东北老工业基地调整改造、走向全面振兴，东北区域的空间格局需要不断优化：一是与"再工业化"道路相适应，走城市化发展道路；二是与大企业、企业集团发展相适应，加快县域经济发展。

一、推动大东北城市群建设

进入 21 世纪，区域经济竞争已由企业间竞争延伸到城市间乃至城市群之间的竞争。东北城市原有的优势（如辽宁中部城市群）要进一步提升为区域优势，必须开展大东北城市群建设，以与珠三角、长三角城市群、京津冀城市群形成合力竞争。要实现这一目标，应先要突破原有的城市（群）发展道路与模式。传统的工业城市发展模式曾为东北区域提供了发展先机，但各城市间缺乏沟通，生产要素难以自由流动，使得东北地区的城市化面临诸多问题。东北老工业基地的"再工业化"发展模式，从理论到实践都要求探索一条新型城市化与城市群的发展道路，即抓住东北老工业基地全面振兴的历史机遇，在大东北城市群建设中实现区域产业结构和城市空间的协调性高级化演进。

（一）城市群建设的国内区域比较

改革开放以来，尤其是近年来中国区域经济呈现多极化的发展趋势，逐渐形成了珠江三角洲城市群、[①] 长江三角洲城市群、[②] 京津冀城市群、[③] 大东北城市群等四大城市群。目前大东北城市群的概念在理论上还没有统一的界定，有关学者认为主要包括沈—大城市群（辽宁中部城市群—大连城市群）和长春城市群（长春—吉林）及哈尔滨城市群（哈尔滨周边6城市），该城市群是东北经济区的核心部分。[④] 实践表明，前三大城市群已成为中国经济发展的增长极。随着东北老工业基地的全面振兴，以"大东北城市群"为核心的东北地区有望成为中国经济增长的第四极。但目前，大东北城市群的建设无论在经济规模还是经济贡献率等方面，都与长三角、珠三角、京津冀三大发达城市群存在着一定的差距。

1. 四大城市群规模的比较。大东北城市群占地22.03万平方公里，在四大城市群中居首位，是长三角的2倍、珠三角的5倍、京津冀的1.2倍。但地区生产总值、贸易额和财政收入方面均落后于上述三个地区，仅在聚集人口方面略高于京津冀城市群，固定资产投资方面略高于珠三角城市群；与最发达的长三角城市群相比，大东北城市群的人口、GDP、固定资产投资均不到长三角一半，财政收入为长三角的1/5。[⑤]

2. 四大城市群经济贡献率的比较。2005年，长三角、珠三角、京津冀三大城市群的GDP占本地区生产总值的比重均超过了80%，说明其对其所在区域的

① 以广州为中心，包括深圳、珠海、佛山、江门、惠州、肇庆、中山、东莞9个城市在内的城市群。
② 以上海为中心，南京、杭州为副中心，包括江苏的扬州、泰州、南通、镇江、常州、无锡、苏州，浙江的嘉兴、湖州、绍兴、宁波、舟山，共15个城市。
③ 以京津两个直辖市为中心，另外包括河北的石家庄、唐山、保定、秦皇岛、廊坊、沧州、承德、张家口8个地其所属的通州新城、顺义新城、滨海新区和唐山曹妃甸工业新域。
④ 林木西：《东北老工业基地振兴与制度创新》，辽宁咨询网。
⑤ 根据2006年各省统计年鉴计算得出。

经济贡献率很高，城市群的快速发展在极大程度上促进了区域经济的发展；大东北城市群 GDP 占东北地区国内生产总值的比重为 64.1%，虽然相对水平较高，但是与其他三大城市群相比还存在很大差距，说明大东北城市群对整个东北地区经济发展水平的拉动还有很大的不足。①

3. 四大城市群城市化水平的比较。2006 年，无论从传统的城市人口占总人口比重指标，还是从现代服务产业发展水平指标来看，大东北城市群的城市化水平都相对较低。

从高科技人才的引进上来看，珠三角利用早期的政策优势最大限度地吸引了全国的人才，而且在这一地区生根、开花、结果，为珠三角的快速发展提供了强大的人力资本支撑；长三角与京津冀城市群是全国著名高校的集中地，在全国排名前六位的大学中，长江三角洲占了 4 所，京津冀占 2 所，② 全国几乎多半的名牌大学都集中在这两个地区，拥有全国最密集的技术人才群体；比较而言，虽然大东北城市群近年来加大了对人才的吸引力度，但是效果还很不理想。

上述分析表明，大东北城市群相对竞争力的差距，已成为东北老工业基地全面振兴的制约因素。但大东北城市群具有较大的发展和比较优势：一是区位优势。该城市群位于东北亚经济圈的腹地，连接京津环渤海地区，边境口岸资源丰富，目前中朝、中俄、中蒙边界有国家一类边界口岸 29 个，是与韩国、日本、俄罗斯及远东地区、朝鲜、蒙古等东北亚国家发展商贸关系的前沿地区，也是我国内地与上述国家开展经济交流合作的交通枢纽地区。二是产业集群优势。大东北城市群是东北地区区域经济的精华所在，主要有以鞍山、沈阳、本溪、抚顺、齐齐哈尔、吉林市为重点的冶金工业基地；以沈阳、哈尔滨、长春、大连为重点，包括交通运输设备、发电及输变电设备、大重型机床等装备制造业集群在内的机械制造工业基地；以粮食和农林木产品为原料的沈阳、吉林、哈尔滨的医药工业基地；以大连等沿海城市为主的造船、海洋产业等，业已形成一定规模的产业集群和产业基地将带动整个大东北城市群的发展。三是资源与基础设施优势。大东北城市群的腹地纵深，可依托开发的自然资源极其丰富，其中矿产资源十分可观，已探明的矿种约占全国的 2/3③，具有丰富的煤炭资源、土地资源、森林资源等，并形成了由铁路、公路、水运、航空、管道等五种现代化运输方式组成的综合运输网络，其中铁路通车里程居各大经济区之首，公路以哈尔滨、长春、沈阳为中心，以国、省干道为骨架，形成了贯通区域内各省市的公路运输网络，

① 根据《中国统计年鉴（2006）》、2006 年辽宁、吉林、黑龙江省统计年鉴数据计算得出。
② 《我国三大城市群如何均衡发展》，城市战略网，2008 年 1 月 7 日。
③ 《关于哈长沈大城市带建设的建议》，杨国俊在东北老工业基地区域经济发展政协论坛上的专题发言。

航空运输网络也初步达到了同世界和国内主要大城市沟通便利的目标。所有这些，都对大东北城市群的经济建设起到了重要的支撑作用。

（二）大东北城市群建设对东北老工业基地振兴的拉动作用

1. 通过发展大东北城市群为东北老工业基地全面振兴构筑发展空间。大东北城市群的构筑设想是逐渐形成大中小城市协调发展、完整的东北城市体系，为建成新型东北经济区奠定坚实依托。在这一过程中，将逐渐克服东北地区单个城市在资源、幅员等方面的不足，在更大的区域范围内调整资源配置，使人流、物流、资金流和信息流的运行，通过"发展极"的特殊功能向周围地区扩散，通过基础设施衔接配套、要素资源共享、产业分工合作，使城市群内各成员共同分享资源整合和协同效应带来的好处：一方面，城市群中的各中心城市作为重化工业发展的重要源头和产业梯度转移的制高点，具有广阔的腹地，不断推动其低端、非优势产业向周围地区转移，为其城市功能转型和产业高级化提供良好的依托；另一方面，其他城市充分利用核心城市的辐射，承接其转移出的生产能力，为其提供配套服务，并充分利用核心城市的综合服务功能为自己提供资金、信息和科技支持，以此促进城市群整体实力的不断提升，带动东北老工业基地的全面振兴。

2. 通过促进产业集群的发展提升老工业基地的竞争力。大东北城市群本身即是一个大的产业基地群，其内部包含各细分产业的产业基地和产业集群。产业集聚又是城市群形成的重要驱动力。可以说，大城市群与大产业集群互动是东北老工业基地"再工业化"发展模式的重要表现。由于城市群内部的城市之间交通发达，体系健全，其核心城市起到集聚作用，便于集中优势生产力，营造良好的生产、消费与投资环境，因此，城市群战略是促进新型地区经济关系——产业集群形成的最有效途径之一。而产业集群的形成与发展是推动区域经济增长、提高区域经济竞争力的重要因素。

随着大东北城市群的建设，内部各城市的经济联系将更加紧密，使得整个地区的产业规划与布局更加合理。目前以区域性中心城市（沈阳、大连、长春、哈尔滨）为依托，各经济区根据其地域资源条件和产业基础的差异性，选择各自相应的优势产业重点发展。如大连、辽中经济区在已有的钢铁、有色金属、装备制造等产业集群的基础上，将本区域定位于以船舶制造、机床和大型装备制造业为主的装备制造业基地，同时又提出以软件及计算机辅助配件为主的高新技术产业中心；长春和哈尔滨经济区也根据自身已有优势产业，分别提出将长春经济区建设成具有国际竞争力的汽车产业基地、全国综合性石化产业基地，将哈大经济区建设成为我国重要的重型装备制造业、石油化工和农产品加工基地。由于各经济区主导产业的定位明确且存在差异，因此避免了因低水平重复建设、无序恶性竞争而导致的资源浪费和集聚程度低等问题，同时还逐渐形成了具有一定规模和影响力的产业集群，发挥出一定的集聚效应，吸引了更多的优秀企业加入，推动了分工与专业化发展和企业竞争力的增强。随着大东北城市群建设的逐渐深入与发展，其产业集群的规模将越来越大，集群竞争力越来越强，从而有助于提升东北老工业基地整体产业竞争力，加快老工业基地振兴步伐，促进东北经济发展。

3. 通过促进第三产业的发展为老工业基地振兴提供服务支撑。随着大东北城市群的建设，区域内各城市，尤其是作为中心城市的沈阳、大连、吉林、哈尔滨四市，对其生产性现代服务业的需求规模及质量均提出了更高的要求，这与四市发展重化工业的目标也是相吻合的。其中，由于经济发展不平衡与差异化以及东北振兴中的资金短缺制约，使得建设东北区域性金融中心的重要性日渐突出。沈阳金融商贸开发区即是在此背景下发展起来，并随着大东北城市群建设的深入所引起的对金融需求的多样化，逐步发展成为以区域性金融调控和监管中心、信息中心、机构中心、票据交换中心、资金汇集中心、资本市场中心为主的金融业发展框架，为东北老工业基地振兴提供了金融服务支撑。

现代物流业的发展与完善，是对地区经济增长的另外一项重要的服务支撑点。近年来，与装备制造业、原材料工业发展相适应，东北现代物流业的网络和综合发展，不仅降低了物流成本，而且大大促进了重化工业的发展和区域一体化的进程。随着大东北城市群的形成与发展，东北四大中心城市将通力合作，共同打造东北物流大通道，建设交通运输一体化网络及物流业配套服务平台。今后东北四城市将充分发挥东北区域的交通优势，把辽宁的大连、营口等 6 大港口城市的口岸优势与沈阳、长春、哈尔滨腹地资源及货物集散地优势紧密结合起来，通过海铁联运和陆港联动，推进区域间物流一体化。同时通过联合、互动，推动四城市物流产业加快发展；积极争取启动建设哈——大高速铁路，扩建哈大高速公路，将"双向 8 道"由沈阳延伸到长春、哈尔滨，实现高速公路同等级连接；建设和完善各城市空港货运中心，拓展国内外航线，建立起联系东北亚及世界主要国家和地区的"空中走廊"，形成以东北地区国际机场和港口为依托，以铁路为动脉，公路为骨架，城市交通为基础的立体交通运输网络。通过打造东北物流大通道，将对促进东北老工业基地的振兴起到积极的促进作用。

（三）大东北城市群建设与区域经济一体化

随着大东北城市群建设的不断推进，其对区域一体化的促进作用也逐渐显现出来：

1. 东北区域基础设施一体化的重要载体。随着大东北城市群的建设，在东北区域内已经初步形成了交通、能源、电力、信息等基础设施的一体化态势，尤其是交通网络一体化的进程更为明显，已基本形成了由公路、铁路、水运、航运和管道等运输方式构成的相互衔接的区域交通网。在此基础上，为了满足大东北城市群经济建设的进一步发展，正在进一步构建更加完善的城市化体系：在交通运输方面，全面建设和完善覆盖三省的高速公路、铁路和其他快速干线路网，加快形成更为顺畅和便捷的物流网络，努力将大连港建设成为东北亚的国际航运中心，并通过东北"港口群"的资源整合和合理布局调整，进一步满足原油、矿石、集装箱等大宗进出口商品的接运需求，形成优势互补的港口集群，沈阳、大连、长春、哈尔滨等地机场进行资源合理利用，进一步加强与国际和国内主要城市的沟通；在能源建设方面，进一步调整能源结构，积极发展核电、风电，加强东北三省的合作，缓解局部能源供应的紧张局面；在电力方面，合理布局城市群电源项目，加快电源建设，推进覆盖整个大东北城市群的电网建设，提高东北地区电能保障能力和电力的应急水平；在信息建设方面，整合城市群信息资源，开发综合性和专业性的公共信息资源交换平台，实现信息资源的共享。

2. 建设推动东北区域产业一体化。在推进产业一体化进程中，东北三省之间应以各自的优势作为切入点，密切产业分工与协作，不断扩大产业链，使东北区域内产业一体化的进程明显加快。为了进一步落实中央对东北老工业基地的产业定位，把东北地区打造成具有国内国际影响的能源生产基地、石油化工基地、精品钢材生产基地、现代装备制造业基地、船舶生产基地、绿色农产品加工基地，东北区域一体化的产业整合方向应朝着进一步形成不同层次和梯度的产业结构，以各区内优势产业为主体形成垂直和水平一体化的方向来加强产业之间的联系与合作。

3. 为东北区域市场一体化提供条件。为此应充分发挥市场的基础和纽带的作用，优化资源配置，构建包括商品市场和要素市场在内的类型齐全、功能完备的市场体系。通过城市群建设进程的加快，打破以行政区划为界限的市场割据藩篱，开启市场大通道，构建覆盖大东北城市群的共同市场，促进各种生产要素的合理流动，并加大产品交流的广度和深度，形成东北区域商贸网络体系。

4. 加速整个区域一体化协调机制不断完善。由于大东北城市群涉及三省四市，必须有一个强有力的协调机构才能够保证区域合作政策的运行：首先应尽快成立区域经济一体化的协调领导机构，根据区域经济各地区分工特点，研究制定中长期区域经济发展战略规划，协调统筹区域内的重大建设问题和相应举措；其次要建立和完善利益补偿机制。须破除原来某些方面的隶属关系和利益分配格局，在产权制度、就业制度、医疗制度和社会保障制度等改革方面进行沟通与协调，形成与大东北城市群建设相适应的统一的制度框架，同时着力营造区域一体化的政策环境，为整个东北经济的健康发展提供良好的条件。

二、加速县域经济发展

东北老工业基地全面振兴不仅要发展城市（群）经济，而且要加快县域经济发展。与东部沿海省份相比，东北地区的差距不仅表现在城市经济、工业经济方面，而且也表现在县域经济发展上。在国家统计局公布的 2005 年全国最发达的 100 个县（市）名单中，东北三省仅有 2 个县（市）入围，排名最靠前的海城仅列第 77 位；而长三角、珠三角和京津冀分别有 49、10 和 7 个县（市）入选。东北地区县域经济发展水平远远落后于其他三大经济区，成为东北经济发展的重要制约因素。

根据第七届全国县域经济基本竞争力评价报告，东北地区县域经济有了进一步的发展。2006 年，东北地区进入全国百强县的从上年的 2 个县（市）增加到 5 个县（市），排位逐渐前移，分别为：辽宁的海城市（排名 34）、瓦房店市（排名 36）、普兰店市（排名 64）、庄河市（排名 67）和大石桥市（排名 84）。而同期山东、浙江、江苏三省县（市）进入百强的数量分别为 24、24、21；东北地区 GDP 超过 200 亿元的县只有海城市、瓦房店市、普兰店市 3 个，而同期山东、浙江、江苏三省 GDP 超过 200 亿元的县（市）数量分别为 16、15、13 个[①]。

（一）东北地区县域经济发展的问题与约束

1. 东北地区加速县域经济发展的主要问题。

（1）县域经济整体实力不强，地区经济发展不平衡。2006 年，辽宁、吉林、黑龙江三省县域经济的发展不仅整体实力不强，而且发展水平存在着很大差距。总体来讲，辽宁地区的县域经济发展水平明显高于吉林与黑龙江地区：辽宁省 44 个县实现地区生产总值 3 300.1 亿元，较上年增长 21.8%，占全省 GDP 比重的 35.6%，为吉林、黑龙江的 1.53 倍和 1.56 倍；辽宁的地方财政收入达 115.24 亿元，几乎是吉林与黑龙江地方财政收入的总和；另外在人均地区生产总值和农民人均纯收入两个指标上，辽宁也明显高于其他两省。[②]

（2）县域产业结构不合理，农民增收困难。2006 年，从东北地区三次产业的结构来看，辽宁省内县域的三次产业增加值占 GDP 的比重依次是 23.2∶44.9∶31.9，

---

① 《第七届全国县域经济竞争力评价报告》，中国县域经济网。
② 根据 2007 年辽宁、吉林、黑龙江三省统计年鉴计算得出。

409

黑龙江省为 36.9∶27.2∶35.9，吉林省为 27.0∶36.3∶36.7。尽管三省县域内三次产业的比重有所差异，但同时都表现出第一产业所占比重过大的问题，而且在这些县（市）的第一产业中，仍以农业为主，林牧渔业发展相对不足。东北三省县域第二产业比重最大的是辽宁省，为 GDP 比重的 44.9%，吉林为 36.3%，黑龙江为 27.2%。这种产业结构不仅制约了东北地区县域经济的发展，也限制了农民收入的增加。以辽宁为例，2003 年县域内的农民人均纯收入为 2 934.2 元，而城镇居民人均可支配收入为 7 240 元；到 2006 年，农民人均纯收入增加为 4 090 元，比 2003 年上升了 39.4%，同时期城镇居民可支配收入达到 10 370 元，比 2003 年增长了 43.2%。可见，城乡居民人居收入的差距在加大。①

（3）县级机构设置不合理，政府职能转变不到位。目前，东北多数县直部门都在乡镇设有分支机构，从而形成"七站八所"的局面。② 这种不合理的机构设置，往往引发相关部门为了完成分配任务，杜撰工作业绩，呈报虚假数据，进而使政府工作得不到落实，影响县域经济发展。

由于县乡镇政府职能转变不到位，职能转变滞后于农村改革发展的客观要求，出现了有的乡镇政府成为具有自身经济利益的主体，从而在不同程度上忽略、扭曲或者放弃了公共管理方面的职能；有的乡镇政府行为中带有明显和直接的地方利益动机，从而在不同程度上与其他方面的利益或整体的利益发生冲突，阻碍了地方经济、社会的发展。这种机构设置的不合理，政府职能转变的不到位，已对县域经济的发展和新农村的建设构成了障碍。

（4）县镇财政困难，基础设施建设投资不足。由于历史遗留的结构性矛盾，县乡镇机构设置不合理、人员过多，导致县镇财政收支矛盾异常突出。据测算，县乡镇收入增长与支出增长的比例达到 1∶2.3，收入增幅远远赶不上支出的增幅。③ 而且随着农村税费改革的进行，取消了农业税，切断了债务消化的"后路"，沉重的财政负担已经严重影响到了基层行政机构的正常运转，从而导致县域财政困难，农村基础设施建设资金缺乏，致使农村水利灌溉防涝工程年久失修、功能降低，公路建设的投资规模与实际需求之间矛盾加剧，直接制约了县域经济的发展和农村城镇化建设的进程。

---

① 根据 2007 年辽宁、吉林、黑龙江三省统计年鉴计算得出。

② 在不同的县镇，具体的名称不太一致。一般来说"七站八所"主要包括：农业技术推广站、林业站、果树站、水利站、渔技站（在沿海乡镇设立）、农业机械管理站、经管站、财政所、司法所、计划生育服务站、文化站、广播站、残联、农村养老保险管理所和科委。另外，上级政府有关部门在乡镇派出的工作机构有 16 个，即派出所、法庭、土地所、工商所、税务所、粮管所、食品站、公路站、交通管理站、农电站、供销社、物资站、农村信用合作社、邮政局、蚕茧站和畜牧兽医站。

③ 林木西、崔万田：《辽宁县域经济发展带动新农村建设的趋势及难点与对策研究》，《辽宁经济社会发展重大问题研究报告》，辽宁大学出版社 2007 年版。

2. 东北地区县域经济发展的制度约束。

（1）历史条件与思想观念的约束。由于长期受计划经济体制的影响，实行"重城轻乡、重工轻农"的城乡分割的二元管理体制，使得东北县域经济社会发展长期处于不利地位：长期以来，无论是国家的大型投资项目还是外资企业的投资项目，大部分集中在城市，造成产业布局集中偏向于城市；公共财政一直存在着"重城轻乡、重工轻农"的倾向，对农业和农村的投入比重较低；由于历史和地理的原因，东北区域深受游牧文化、殖民地文化和计划经济文化的影响，这些落后的思想观念在很大程度上制约了东北地区县域经济的发展，也阻碍了县域经济结构的调整。

（2）县域体制与生产要素的约束。目前东北地区正处于集中型城市化阶段，城市的集聚效应和规模效应也使得大中城市的投资收益普遍高于县级城市，从而导致县域大量资本和劳动力要素向大中城市集中，造成县域资金和人才的匮乏。由于资金匮乏，基础设施建设投资不足，人力资本短缺，培训能力不强，使得先进生产技术很难得到推广和运用。另外，联产承包责任制的局限性也阻碍了农村土地的合理流动，不利于农业产业化的进行，县域劳动力市场机制不健全也制约了大批农村富余劳动力向城镇二、三产业的转移，使小生产与大市场之间的矛盾成为现代农业和农村发展的一个"死结"。

现行财政分配体制存在的缺陷是县域财政困难的主要原因，也是造成农村经济社会发展落后的重要因素。各级地方政府先后仿效中央财政的做法上收财权、下放事权，形成了地方政府事权与财权的不对称。以前属于县乡级政府所拥有的权力现已大部分被上收。特别值得指出的是，在权和利上收的过程中，县级部门的工作非但没有比上收前减少，反而有所增加，加大了县域管理的难度。

（二）加快东北县域经济发展的对策与建议

1. 抓住东北老工业基地全面振兴阶段的历史机遇，推进县域产业结构调整，促进农业增效、农村增长和农民增收。目前东北老工业基地已经进入全面振兴的攻坚阶段，加速县域经济发展无疑是这一阶段的重要任务。解决好农业问题是发展县域经济的首要问题，产业立县、工业强县是加速县域经济发展的基本路径。面对新形势和新挑战，东北区域必须加快县域产业结构的调整，打破封闭型和有限开放型结构调整的陈旧思维，大胆改革农业生产方式、生产手段和生产过程，积极探索国际化、标准化和现代化的农业生产方式。产业化是实现农业现代化的必由之路，规模化是农业产业化的内在要求。推进产业化与工业化协调发展，壮大第二、第三产业是加速县域经济发展的必然选择。同时，加速农业和农村经济结构的战略性调整要以国内外市场需求为导向，立足各地资源优势，从培育优势产品入手，扬长避短，构建农业的区域优势和产业带优势，实现农业生产区域化布局、规模化生产、标准化管理、产业化经营，全面提升东北农产品在国际上的竞争力，促进农业生产效率的提高和农民收入的增加。

2. 深化行政管理体制改革，健全城乡一体化的行政管理体系。在东北老工业基地全面振兴的进程中，县域是发展经济、维护稳定、巩固政权的行政单元。在深化行政管理体制改革中，应该转变县级行政单位的经济管理职能，明确县级政府功能定位，该下放的行政权力坚决下放到位。对全国经济百强县，可赋予其地级市的行政事务管理权限和政治待遇。加快县域行政管理体制改革，按照统筹城乡发展的要求重新调整县级机构，建立和完善城乡一体化组织体系，形成县域中心城市、重点镇、中心村"三位一体"的行政管理体制，把农村综合改革与乡镇行政区划的调整结合起来。同时通过适当的撤乡并村，强化县镇政府职能，做到事权与财权的统一。

3. 深化城乡投资体制改革，建立城乡一体化的基础设施体系。为此应建立多元化的投资机制，把农村基础设施建设和发展公益事业逐步纳入公共财政范围，鼓励各种经济主体参与农村基础设施建设，加大对农村建设投入的力度。以村屯整治和新农村建设为契机，以提高农村基础设施建设水平为重点，统筹城乡基础设施和公用设施建设的财政投入，加强县域基础设施建设。把城市基础设施建设和公共服务向农村延伸，搞好城乡对接，加快推进城乡基础设施建设的一体化进程，让更多的农村居民能够分享到现代化建设的成果。同时，做好县域城镇规划与村屯布局规划的衔接，按照促进农民就地城镇化和"农民城镇农民建"的思路，加快县城和中心镇的建设，增强城镇的集聚和辐射功能。结合城镇规模的扩大和工业园区的扩容，把城中村、园中村整理改造成为城镇新社区，引导城郊村、园边村的农民向城镇居住区集中，以中心村建设为载体，促进小型村、自然村的合并。同时加强城乡生态环境建设，加强城乡环境治理和生态保护，推进城乡生态环境建设。

4. 深化农村土地制度的改革与创新，为农业产业化提供制度保障。为了加速东北县域城镇化建设的步伐，带动新农村建设，有必要对农村现有的土地制度进行改革与创新：（1）二次分离土地权属结构。通过承包权与经营权的再次分离，放活土地使用权，为实现土地资源的集中使用创造有利的条件；（2）培育土地使用权市场，推动多种形式的土地转包；（3）确立土地使用权流转制度、城镇落户制度和社会保障制度之间的联系。探索建立以农村土地使用权换取城镇永久居住权和社会保障权的有效方式，促使其自愿放弃土地使用权的农民能够实现向城镇居民的彻底转变。同时为农业产业化提供前提和保障，才能从根本上解决东北县域经济发展落后的问题，促进县域经济的快速发展，同时可以从根本上解决农民增收难的问题，进而加快新农村建设的步伐。

5. 深化户籍制度改革，实现城乡劳动就业体系的一体化。促进县域经济的长期发展，建设社会主义新农村，必须打破现有的城乡分割的就业制度和户籍制度，取消不利于农民进城务工的歧视性政策，扩大农民就业渠道。坚持就地城镇化和就地就业为主的方针，充分发挥区域块状经济对吸纳农村劳动力就业的巨大作用，利用县域与中心城镇吸纳农村人口门槛低的优势，把工业园区与城镇新区建设结合起来，把产业集聚与人口集聚结合起来，增强区域块状经济和城镇吸纳农村劳动力的能力，鼓励农民进城务工经商。以提高农村劳动力就业率为重点，按照"公平对待，合理引导，完善管理，搞好服务"的方针，建立统一、开放、竞争、有序的劳动力市场和城乡一体化的劳动力就业体制、就业体系和劳动就业政策，实现城乡劳动力就业的平等。采取"政府买单、市场运作"的方法，加强对农村劳动力人员的就业培训，积极引导农业劳动力向第二、第三产业转移，并保证农民享有与城镇劳动者同等的就业权，加快推进城乡劳动就业体系的一体化进程。

6. 强县扩权、壮大县域财政实力。为了改变县级政府"责任重大，权限不够"的现状，应该放权强县，健全县级政府职能：首先是"放权"，即赋予县级政府相应的经济和社会管理权限。减少管理层次，降低行政成本，提高行政效率，创造良好的体制和政策环境，激发县域经济发展的内在活力：其次是"脱钩"，即在有条件的县实行由省直接管辖，实现县市和所在地级市"脱钩"。同时，为了保持事权和财权的统一，应不断壮大县域财政实力。

（1）加快推进县级公共财政支出改革。调整县乡财政体制，积极推行乡财县管乡用，严格县乡机构编制的人事管理，控制财政供给人员增长，减轻县乡财政压力。今后省对县乡一级转移支付的资金分配，应一律与各地的"标准"财政供养人口挂钩，鼓励县乡节编减人，认真清理核实债务，严格控制新增负债，逐步化解县乡债务。建立县乡行政首长专项审计制度，对任期内的行政事业单位进入和政府债务进行年度审计，接受组织和社会的监督。

（2）按照事权与财权相统一的原则，积极调整和完善现有财政转移支付制度。按照确定基数、转移支付补助与收入增长挂钩、鼓励先进、鞭策后进的思路，充分调动县一级发展县域经济的积极性和主动性。

7. 因地制宜，壮大民营经济，发展地方特色产业。加速发展县域经济，关键在于合理选择适合本地特点、能发挥本地优势的经济发展模式。对于东北县域经济的发展来说，同样要结合各个县域的实际情况，围绕主导产业和特色产业，加快县域工业发展，大力发展以农产品精深加工为重点的龙头企业，加快县域产业结构调整的步伐，进一步延伸产业链条，促进特色产业的规模化发展。

413

第七节　促进区域经济协调发展

区域经济协调发展事关全局，影响深远。可以说，经济发展方式的转变、产业结构的调整、节能减排的落实、环境保护的加强等，以及国家全面振兴东北老工业基地的一系列重大政策的实现，都有赖于区域经济的协调发展。对此，东北地区必须从国家振兴东北老工业基地的战略高度谋划东北地区的发展，尤其在全面振兴东北老工业基地的攻坚阶段，必须从问题的源头抓起，尽快构建东北区域协调合作的框架和平台，并通过制度设计为区域协调提供具有约束力的制度保障，推动东北区域协调从渐次发展到跨越式发展转变，从局部合作向全方位合作转变，从经济合作到制度创新合作转变，加快区域规划、基础设施、环境保护、市场准入等方面的联动、联手、联合，加速交通一体化、市场一体化、产业一体化、信息一体化、科技一体化进程。

一、建立协调机构

区域经济协调发展的根本出路是政府协调基础上的市场整合。为了实现在更大范围内和更高层次上消除阻碍要素合理流动的行政区划壁垒，必须设计科学、合理、有效的制度安排。

（一）建立负责区域协调发展的权威机构

东北区域一体化有赖于高层次、高效率的区域协调机构的形成，为此，在中央政府和地方政府之间设立一个高于省级地方政府的权力机构，该机构应当在国务院主管领导的直接领导下，在国务院主管部门的统一协调下开展工作，以实现东北区域内超行政区划的协调与管理。具体来说，就是适当调整和改变现有地方政府的行政权力，将一部分重要的经济决策权集中，避免只有协调职能却无决策权力的尴尬局面。该机构从经济运行的全局出发，着眼于构筑区域经济的综合优势，负责确定区域协调发展目标，制定区域协调发展规划，制定区域公共政策，以及协调、控制、调节东北区域要素市场和产品市场、产业结构和产业布局、基础设施和环境保护、城市体系和城市布局、经济运行和管理机制、制度框架和政策措施等方面事关全局的重大事务。

（二） 编制东北区域总体发展规划

编制区域协调发展规划既是协调区域发展的重要手段，也是区域内各行政组织或部门制定政策的重要依据。因此，应该高度重视东北区域总体发展规划的编制，特别是涉及全局性、战略性和长远性的重大项目规划的编制工作，如东北区域重大产业布局规划、重大基础设施建设规划、资源合理利用规划、重大自主创新项目规划、跨区域企业联合与重组规划、跨地区公共平台和协作网络规划、交通发展规划、生态与环境保护规划等，加强区域发展的统筹安排。

（三） 制定高于各地方政府权力之上的法规性文件

在《东北地区振兴规划》和《东北三省政府立法协作框架协议》的基础上，应尽快制定具有法律效力的《东北振兴法》，同时制定具有仲裁性质、高于各地方政府权力之上的法规性文件——《东北合作与发展促进条例》，统一东北区域内的产业、贸易、服务规范、程序和标准，对区域内的经济合作形成制度性约束，避免"协议"的"空议"化倾向，为区域内企业获得公平的竞争环境提供法律保障。

（四） 建立跨省联动的异地认同制度

东北地区在产权制度、户籍制度、就业制度、住房制度、教育制度、医疗制度、社会保障制度等改革方面，要加强省际的行政协调，联合构建统一的制度框架和实施细则，实现区域内各地区制度构架的融合。此外，在国企跨省重组、协调统一环境规划和保护、招商引资、土地批租、外贸出口、人才流动、信息共享等方面联手制定统一政策，营造区域经济协调发展的政策环境。

二、完善协调机制

（一） 建立省际高层联席会议机制

为了进一步加强区域内各行政领导之间的直接对话，协商解决制约区域发展的重大问题，应建立以下制度：（1）行政首长联席会议制度。主要负责研究区域合作规划，解决区域合作中需要协调的重大问题，进行重大合作项目的决策。（2）政府秘书长协调会议制度。主要负责协调具体合作事宜，负责具体工作事项，指导政府各有关部门衔接、落实合作的具体项目及其他有关工作，定期或不

415

定期向行政首长报告合作进程中的有关情况和需要确定的问题，为行政首长联席会议做准备。（3）发改委主任联席会议制度。主要负责加强与本地区有关部门的沟通与联系，掌握本地区推进区域合作情况，研究提出加快推进区域合作的具体政策、措施和建议，编制本地区参与区域合作的发展战略、发展规划、工作方案，筹备秘书长协调会议，跟踪落实政府行政首长联席会议及政府秘书长联席会议确定的各项事宜。（4）部门衔接落实制度。区域内各方责成有关主管部门加强相互间的协商和落实，对具体合作项目及相关事宜提出工作措施，制定详尽的合作协议、计划和工作方案，组织实施本部门参与区域合作的战略规划。

（二）建立区域性产业协调组织

区域性产业协调组织应具体负责：（1）从总体上调整区域产业结构和空间布局，统筹安排和积极提高区域产业技术水平，使区域重点产品制造和产业发展合理分工，通过改革和重组，形成一批区域性的具有国际竞争力的大型企业集团和跨国公司，取得规模效益；（2）加强产业组织的协调，形成产业规模经济和范围经济，在东北区域内形成产业网络，使广大的中小企业在分散的同时交织出相对的稳固性，并使中小企业面对求新求变的市场趋势，能利用其生产组织形态的轻巧特色，灵活地变化其生产的产品，以适应市场的需求；（3）打破区域内各行政区划间的贸易壁垒，强化区域整体发展观念，形成区域发展的统一市场，促进区域内的生产要素自由流动，从而使区域内的整体效益达到最佳。

（三）建立民间团体协调机制

区域经济合作的非官方化是政府间协调的重要补充，也是区域经济一体化的重要内容，应充分发挥企业、高等院校及其他非政府机构（NGO）的作用，同时成立"东北区域经济协调咨询委员会"和"中国东北工经联席会"一类的民间和社会团体。这些民间组织的性质不同于一般的研究机构，是东北区域内各行政主体决策的咨询参谋机构，主要负责研究区域发展战略和推进地区协作工作。通过这些活动，既可以减少政府协调成本、提高协调效率，又可以成为沟通市场与政府关系的桥梁和纽带。

三、充实协调内容

近年来，东北区域各行政区划之间在经济协调方面进行了一些积极的尝试。如哈尔滨、长春、沈阳和大连四城市共同签署了《关于共同加快物流业发展的战略合作协议书》；有关部门制定了《东北地区电力工业中长期发展规划》、《振兴东北老工业基地公路、水路交通发展规划纲要》、《东北地区林业生态建设总体规划》以及《东北水资源开发利用规划》等区域规划；开展了《振兴东北老工业基地矿产资源勘查规划纲要》、《东北三省天然草原恢复与建设规划》、《东北地区林业生态建设总体规划》、《大连东北亚国际航运中心建设规划》等编制工作；联合开展"东北老工业基地工业结构调整规划前期研究"和"东北资源型城市可持续发展战略研究"等。今后，应进一步充实和完善协调内容：

（一）加强金融资源开发与合作

区域经济的协调发展，对区域内的资金、金融信息、金融人才跨地区流动和高效率配置提出了新的要求，对区域内金融基础设施的承载能力、金融市场的融合程度也提出了新的挑战。在这些方面，东北地区可以借鉴长江三角洲国内其他地区的某些做法和经验，加大金融协调力度，形成金融协调发展、支持区域经济一体化框架协议，明确建立推进金融协调发展工作联席会议制度，负责金融协调发展重大问题的组织和协调，并逐步完善东北地区金融协调发展推进机制，主要就金融基础设施建设、金融市场融合与创新、资金跨地区流动、金融机构发展合作、外汇管理改革创新、经济金融信息共享平台构建、改善金融发展环境、建立金融风险的共同预警和防范机制、加大金融人才引进和培训力度等重大问题，进一步制定和完善具体措施。

（二）加强科研资源共享与利用

东北区域科技与人力资源丰富，教育发达，高等院校云集，学科门类齐全，办学层次多样，在全国具有重要影响，有些高等学校或学科甚至处于全国领先地位，这些都是东北区域发展中不可或缺的重要资源之一。今后，应进一步加强区域内科研院所、高等院校之间的合作，优化科技和教育资源配置，建立东北地区高技能人才培训基地、公共实训基地和继续教育研修基地，联合培养高层次创新人才、紧缺专业技术人才、高技能人才培养及农村实用技术人才，为区域发展提供各类人才资源。

（三）加强信息资源共享与利用

为实现区域内信息资源共享与合作，应联合制定跨行政区的公共平台和协作网络方案，加快建设协调联动的政务、信用、交通、商贸、物流、旅游、金融等信息服务体系。同时，充分发挥媒体在信息资源和宣传资源方面的优势，积极参与有利于推进区域经济协调发展过程中的各类活动，长期跟踪报道，强化报道分量，引导舆论环境，进一步加深区域文化融合，增强区域文化认同，构建区域认识基础，形成全社会支持区域协调发展、合作共赢的良好氛围。

（四）联合开展经贸活动

区域内可联合举办大型招商和经贸活动，促进企业通过投资入股、兼并重组等方式开展合作。在"引进来"的同时实施"走出去"战略，鼓励区域内企业跨地区跨国投资与经营，积极开展多种形式的国际经济合作，建立海外能源、原材料和生产制造基地，带动商品、技术和劳务出口，参与国际分工与竞争。

第十章

东北老工业基地与东北亚经济合作

东北老工业基地振兴是在开放经济条件下进行的。经过 30 年的对外开放，特别是随着我国入世过渡期的结束，一个全方位、多层次的对外开放新格局已经形成。在这一过程中，中国国内市场成为世界市场的重要组成部分，通过贸易、投资和国际生产分工，国际经济和周边环境必然对东北老工业基地振兴产生重大影响。同时，东北的全面振兴必将带动中国的区域经济竞争力和国际经济竞争力的大幅度提高，从而进一步增强中国的综合实力和国际影响力。因此，振兴东北老工业基地必须考虑国际背景和周边环境，重中之重就是东北亚。[①]

第一节　东北老工业基地参与东北亚经济合作的背景及意义

东北老工业基地参与东北亚合作，必须考虑经济全球化和区域经济一体化的大背景。东北亚地域辽阔，大国较多，经济总量大，经济发展呈现梯形结构，相互之间的经济依赖日益增强。东北老工业基地以振兴为目标参与东北亚经济合作，既有理论和现实依据的支撑，又具有重大的理论和现实意义。

---

① 指中国、日本、韩国、俄罗斯、朝鲜和蒙古。

一、东北老工业基地参与东北亚经济合作的背景

(一)经济全球化与区域经济一体化条件下中国的适应性选择

1. 经济全球化与区域经济一体化的发展态势。20 世纪 80 年代末 90 年代初以来,经济全球化和区域经济一体化成为世界经济发展的显著特点,引起世界各国的广泛关注和积极参与。

经济全球化的发展是以持续了近半个世纪的东西方冷战的结束和原计划经济国家的市场化改革为起点的。冷战后时代,从政治上看,东西方严重对立的局面大为弱化。经济上,"两个平行的世界市场"并存的局面已不复存在。东西方之间的关系从对抗走向对话,从对立走向合作。如果说冷战时期的特点是经济政治化,那么,冷战结束后则出现了政治经济化的大趋势,和平与发展成为时代的主旋律,整个人类社会共同关注经济发展。20 世纪 90 年代初原计划经济国家开始进行大规模经济转型,以融入全球市场经济大系统中。这种转型在人类历史上第一次使得市场经济制度成为具有全球普遍性的资源配置方式,使人类经济活动第一次遵循共同的制度规范,从而标志着经济全球化时代的真正到来。

20 世纪 80 年代末 90 年代初以来,区域经济一体化浪潮再次出现。据世贸组织报告,其 95% 以上的成员参加了一个或多个区域经济一体化组织。经济全球化条件下国际市场竞争的加剧和贸易保护主义的新发展,不但使区域经济一体化的发展层次更高,而且突破了仅在"同质"国家间形成的传统惯例,出现了由经济发展水平悬殊的发达国家与发展中国家或转轨国家共同建立和形成区域经济贸易合作组织的新模式。欧盟第五次和第六次扩大吸纳的均为中东欧转轨国家,1994 年签署的北美自由贸易协定也是发达国家和发展中国家结成的区域经济一体化组织。

2. 中国的适应性选择。经济全球化的发展符合世界经济运行的发展规律,符合国际分工的发展规律,因而不可逆转,并日益成为各国经济发展的约束条件。对于世界市场的参与者而言,经济全球化更多的是一种现实而不是选择。经济全球化在增进人类总体福利的同时,并不是将所有福利平均地分配给人类总体,各国在全球化中获得福利的多少,取决于各国的应对能力和选择策略。

面对经济全球化和区域经济一体化浪潮,世界各国纷纷以最大化本国国家利益为目标,权衡利弊,结合本国实际情况采取不同的应对措施。为充分谋取自身利益,中国正在积极融入经济全球化与区域一体化进程中。在一定程度上,如果说中国参与经济全球化是带有被动性质的适应性选择,那么,参与区域经济一体

化则应该是带有主动性质的适应性选择。中国对区域机制性资源的掌握和利用，不仅是中国提高综合国力、成为全球性规则"适应者"制胜的资本，而且还将为东亚经济一体化提供有利的主导力量条件。

（二）东亚①经济合作是中国参与国际竞争的重要依托

1. 经济全球化条件下国家（地区）之间的竞争一定程度上转变为区域之间的竞争。在经济全球化进程中，各国（地区）经济的相互联系、相互影响和相互依赖不断加强，形成了"你中有我、我中有你"的基本态势，市场经济体制给各国（地区）提供了在相互竞争中合作、相互合作中竞争的平台。在这个过程中，全球化利益的分配有从"国家（地区）"福利单元向"区域"福利单元转变的趋势。因此，国家（地区）之间的竞争逐渐升级为区域集团之间的竞争，各国不仅要从国家（地区）的角度、而且要从区域的角度思考福利增进问题。现有区域经济一体化组织建立的目的之一，就在于以区域整体的力量应对外部竞争。20世纪50年代末欧共体的建立及90年代后欧盟在货币一体化方面的积极推进，北美自由贸易区和东盟的建立等，都反映了区内国家（地区）有要求联合起来应对外部竞争的强烈需求。

2. 东亚国家（地区）作为赶超经济群体需要通过合作来对抗全球化风险。东亚经济体的经济发展路径表明，这一地区属于赶超型经济体制，在一定的历史条件下，它促进了东亚经济的高度增长。然而，这种赶超型经济体制并非成熟的市场经济体制，在全球化条件下面临制度转型的新挑战。因此，东亚各国（地区）必须进行调整和改革，以与全球化时代成熟的市场经济体制对接。只有这样，才能具有持续发展的能力，才能适应全球化的发展趋势，从而在全球化时代的竞争中立于不败之地。由于东亚各国（地区）之间的经济依赖关系日益加深，决定了东亚经济体制的调整绝非单个国家（地区）的事情，有必要借助区域合作的途径加快实现。

3. 中国和平崛起为主导东亚经济合作提供了条件。当前，中国与东亚其他国家（地区）已进入共同崛起的互利时代。中国的发展离不开东亚，东亚的繁荣也离不开中国，中国和东亚同处在剧烈而深刻的变革中，巩固并加强中国与东亚的互利共赢关系理应成为各方必须认真面对的现实问题。

改革开放以来中国经济的快速增长，既给东亚各国（地区）的发展营造了良好的环境，也给世界经济创造了机遇。2007年，中国GDP达到30 100亿美元，比2006年增长了11.4%，排在世界第4位。截至2007年年底，中国外汇储

---

① 指东北亚、东盟、中国台湾、香港和澳门。

备达 1.53 万亿美元，比 2006 年增长 43.3%。1979 ～ 2007 年，中国实际利用外资累计达到 7 761.2 亿美元。[①] 2007 年中国进出口总额为 21 738 亿美元，其中出口 12 180 亿美元，升至世界第 2 位。中国经济的持续发展和由此产生的巨大进口需求，为东盟、日本、韩国和俄罗斯的各类产品尤其是工业制成品的出口提供了巨大而稳定的市场。中国在日、韩、俄和东盟国家对外贸易中的地位明显提升，表明中国经济高速发展带来的机遇已经被东亚各国（地区）所分享。由此可见，中国经济的和平崛起使东亚国家（地区）经济的凝聚力更强。要实现和平崛起的经济发展战略，中国也必须更加积极地参与到东亚区域经济整合之中，将区域经济合作作为发展战略中至关重要的一环加以考虑。

（三）参与东北亚经济合作是东北全面振兴的内在要求

对于振兴东北这个大局来说，参与东北亚经济合作是服务于"再工业化"的必要途径。从另一个角度说，东北振兴战略的实施增强了东北老工业基地参与东北亚经济合作的紧迫性，也优化了东北亚提升经济合作层次的时机。

1. 中国参与东亚区域经济合作需要寻求切入点。中国参与东亚经济合作，首先成为区域经济强国进而成为世界经济强国，是中国和平崛起的必由之路。在参与方式上，有全面推进和局部重点突破两种选择方案。全面推进即构建一个包括中日韩俄蒙朝和东盟 10 国的区域经济一体化组织，局部重点突破则应以东北亚为切入点，推进东北亚国家的制度性合作。综合考虑东亚地区的现实情况及地缘优势，局部重点突破是短期内比较可行的方案。

从东亚各组成部分看，东北亚是亚洲经济力量最强的地区，也是世界上最有潜力、最有发展前途的地区。2007 年，东北亚 6 国的 GDP 总量超过 10.45 万亿美元[②]而东盟 10 国 2007 年 GDP 总量仅为 1.15 万亿美元。[③] 同时，2007 年，中、日、韩三国各自的外汇储备都位列全球前 6 位，现实和潜在需求水平极高。[④] 如果东北亚地区真正实现一体化，将与欧洲、北美形成"三足鼎立"之势，因此，东北亚应成为中国参与区域合作的重中之重。尽管到目前为止东北亚经济合作还处于起步阶段，或者说正处在酝酿和启动的前期，但区域内的相互贸易、投资和生产分工发展较快，因而已经具有一定的基础。由于产业结构偏重于重化工业，

---

① 根据商务部网站公布的历年统计数据加总而来，www. mofcom. gov. cn。

② 指中国、日本、韩国、俄罗斯、蒙古和朝鲜。其中，蒙古和朝鲜的 GDP 为 2006 年数据。

③ 其中，文莱、老挝、柬埔寨和缅甸的 GDP 为 2006 年数据。各国 GDP 数据根据 IMF《世界经济展望》数据整理并计算，www. imf. org/external/pubs/weo/2008/01。

④ 2007 年年底中国外汇储备为 15 282.49 亿美元，居世界第一位，国家外汇管理局网站 www. safe. gov. cn。同期日本外汇储备为 9 733.65 亿美元，居世界第二位，日本财务省网站 www. mof. go. jp。同期韩国外汇储备为 2 622.2 亿美元，居世界第六位，新华网 www. xinhuanet. com。

东北老工业基地与日韩俄既具有互补性又具有竞争性，特别是中日韩俄企业在部分产业上是水平型分工的，各国企业可以在同一产业链条的不同环节上形成各自的比较优势，相互合作，以构建区域整体的竞争优势。

2. 东北振兴的使命要求其参与东北亚合作。为完成全面振兴东北老工业基地的目标，加强东北亚区域经济合作是必然的选择。东北地处东北亚的核心地带，积极参与东北亚区域合作将为东北振兴注入强大的动力。在经济全球化不断加深的大背景下，东北地区的"再工业化"过程应当在开放的视野下，充分利用国外的资金、技术及管理经验，特别是通过加强与东北亚国家的经济合作，积极扩大短缺资源的进口，推动东北地区加快技术改造与升级、加快产业结构升级，从而加快"再工业化"进程。同时，东北振兴战略的实施，也将为东北亚区域经济合作提供新的契机，优化东北亚经济合作的时机。

3. 要把东北老工业基地参与东北亚经济合作的思路放在国家整体对外战略层面上考虑。参与东北亚区域经济合作，不仅是东北振兴的必要手段，而且还将为中国对外战略带来可观的外溢效应，即东北亚区域合作可以满足中国的地缘战略——稳定周边的需要，尤其是建立中日韩自由贸易区可规避中美战略风险，弱化日美同盟和美韩同盟，使日韩两国降低对美国的依赖度，增强外交的自主性和独立性，提升其国际政治地位。这既符合日韩两国的国家利益，又放松了地缘政治因素的不利约束。同时，中日韩自由贸易区的建立还增强了东北亚经济的引力效应，使中俄经贸关系得以强化。东北老工业基地参与东北亚经济合作，提升东北亚经济合作层次，除了经济效应外，还会增强睦邻友好，巩固边防，具有重大的经济、政治和战略意义。

二、东北老工业基地参与东北亚经济合作的依据

（一）理论依据

1. 传统区域经济一体化理论对东亚经济合作的不适用性。传统区域经济一体化理论是以成员体的"同质"性为前提，通过区域内的核心力量来协调各成员利益，实现区域合作机制的构建。但这种传统理论构建的前提并不符合东亚现有的政治和经济条件。

（1）"同质"成员体的前提假设。传统的区域经济一体化理论有一隐含的前提假设，即区域经济一体化组织是由内部同一的、非多样性成员组成的，这能够减少区域合作的交易成本。"同质"成员主要指成员方在经济、政治及社会文化方面的条件基本相同。然而，东亚各国之间在经济规模和经济发展水平等方面却

存在巨大的差距；政治上则存在资本主义和社会主义两种不同的制度；意识形态、宗教信仰、生活习俗也是世界上最为参差不齐的地区。

（2）区域主导力量的先决条件。区域主导力量是推动一体化合作机制创建的主体。传统的区域一体化理论虽然没有明示区域主导力量这一先决条件，但从理论和实践上却暗含了区域主导力量不可或缺的作用。区域性经济集团内部客观上需要核心性经济力量的存在。成员方在参与区域一体化集体行动中"免费搭车"自利行为的存在，决定了必须由区域内核心国家提供一种类似"公共物品"的制度安排。区域内核心国家的职能在于承担区域组织的重大责任、协调成员国政策和稳定区域内经济运行，降低区域内各国经济往来的交易成本，促进相互合作的实现。区域合作的主导国家是区域内权力最大的国家，从区域合作制度中获得的收益也将最大，因此它有最强的动机去建立这一区域合作制度。

从东亚形势来看，中国是正在和平崛起的发展中大国，具有较强的经济实力和较大的国际影响力；日本是当今世界一流的发达国家，正在谋求由经济大国迈向政治大国。中日两国的政治影响力和经济实力决定了它们具备主导区域经济合作的实力，理应是区域一体化主要的制度供给主体。但两国的历史矛盾以及美国因素在东亚的影响，均限制了中日两国对一体化主导作用的发挥。

然而，随着时代的变迁，特别是欧盟和北美经济区的建立及扩大，无论在"同质成员"和"区域主导力量"上，都改写了传统区域经济一体化理论的前提假定，构成了传统理论约束条件逐步放松的明确例证。

2. 经济全球化和区域经济一体化实践对传统理论"前提"假设的放松。尽管东亚成员体"异质化"的现实与传统区域一体化理论对"同质成员"的假定不相符合，冷战结束后经济全球化的纵深发展却推动着区域一体化的制度变迁。区域经济合作的实践明显突破了传统理论范畴的限制，这突出表现在对传统模式"同质性"前提假定的放松。

（1）对"经济发展水平同质"成员体假定条件的放松。在经济全球化进程中，生产力的高速发展推动了不同发展水平国家之间密切的分工与合作，世界范围内的科技革命降低了各种资源和生产要素全球配置和国际分工的成本。在不同经济发展水平和发展阶段的国家之间，不仅可以进行以自然资源为基础的产业间分工，而且也开始了以现代工艺和现代技术为基础的产业内分工，实现了资源更加自由的流动和更为优化的配置。这使得发达国家之间、发达国家和发展中国家之间的联系日益紧密，区域经济合作的潜在利益随之增多，为不同发展阶段和不同发展水平的国家之间建立区域经济一体化组织提供了新的动力。当代，欧盟东扩与北美自由贸易区深入发展的事实已充分验证了，在经济全球化条件下，区域经济一体化传统的"经济发展水平同质"的前提假定已得以逐渐放松。

（2）对"制度和意识形态同质"成员体假定条件的放松。经济全球化条件下"两个平行的世界市场"的融合，市场制度在全球的扩张，打破了不同意识形态和社会制度国家之间的对峙。冷战时期的国际关系基本上是以制度选择和意识形态划线，或者结盟或者对抗，在壁垒分明的两端不存在对话与合作。20世纪80年代末90年代初，随着冷战的结束，"两个平行的世界市场"开始融合，经济全球化时代真正到来。尽管不同意识形态和社会制度的国家之间依然存在矛盾和分歧，但市场制度在全球的扩张打破了对峙的僵局，"经济优先"取代了意识形态束缚，从而加速了各国经济合作的步伐。过去各国在经济领域基于制度规则的对抗逐渐化解，都遵循日益趋同的全球经济制度而开展合作，增加了各国的收益，从政治条件上是对"同质"前提假设放松的进一步的佐证。欧盟吸收转轨的中欧和东欧国家加入，东盟自由贸易区吸收越南和老挝，以及中国—东盟自由贸易区的建立，都验证了经济全球化进程中制度规则对抗的弱化，各国不再以意识形态和社会制度划线，而是在市场制度的驱动下积极进行合作与对话。所以，经济全球化带来了各国经济上的联系与依存，也带来了政治关系的改善与优化。一体化不仅可以在"制度和意识形态同质"成员中进行，而且也包含了"制度和意识形态异质"成员间的合作。

（3）对"区域主导力量"先决条件的放松。从欧美一体化的实践来看，早已突破了"区域主导力量"的先决条件。欧盟一体化进程就是最好的实例。欧共体最初就是由两个在两次世界大战中彼此敌对且两败俱伤的法国和德国联合主导的，英国最初基于国家利益的考虑而未接受加入邀请，后来也是基于国家利益的考虑而加入，并参与了一体化主导权的争夺。德、法、英三国对领导权的争夺并未妨碍"欧元"的推出，也并未妨碍欧盟成为世界上一体化程度最高的区域经济合作组织。因此，"区域主导力量"的先决条件也同样可以在某种程度上被放松。

3. "同质"条件放松对东亚经济合作的启示。经济全球化既是生产力不断发展的结果，又是国际经济关系发展的产物。在经济全球化的进程中，不同经济发展水平、政治制度和意识形态的国家走向和平共处、促进共同发展，已是不可阻挡的历史潮流。"同质"与"异质"不再成为判断一体化能否成功的主要尺码，区域一体化已经突破了原来的理论框架。经济全球化对区域经济一体化"同质"前提条件的放松产生了在传统模式制度安排下无法获得的潜在利润，这表明资源的配置还没有达到帕累托最优状态。要实现帕累托改进和获取潜在利润，就必须进行一体化制度的创新，以推动"异质"经济体之间的合作。因而，东亚经济合作尽管困难重重，但一体化仍然可以前行。

（二）现实依据

1. 历史背景支撑。从历史上看，中国与东亚、特别是东北亚各国经贸交流关系源远流长，很早就有同俄罗斯、日本、朝鲜、蒙古国等民族之间的通商记载。冷战期间，中国与日本等周边国家的民间经济往来仍十分频繁。20世纪70年代末期开始，中国实行对外开放政策，主动加入到东亚国际分工中，实现了经济的快速发展。冷战结束后，中国在经济迅速崛起的同时，进一步加强了与周边国家睦邻友好的外交政策，与韩国、俄罗斯和东南亚国家关系不断改善。尽管中日关系的发展由于历史及现实矛盾与冲突受到严重制约，但随着两国经济相互依赖的加深，尤其是两国都意识到地区合作是共同利益所在的情况下，中日关系改善的苗头已经出现。

2. 发展进程支撑。在经济全球化的发展进程中，中国同东亚国家的贸易、投资、生产分工联系日益密切，这种相互依存关系日益加强的发展进程为东亚经济合作提供了充分的现实依据。仅2002～2007年5年间，中国与东亚各国的贸易额就成倍增长[①]。东北老工业基地自2003年实施"东北振兴"战略以来，对外贸易发展速度加快，吸收的外商直接投资也呈现迅猛上升趋势。从实际利用外商直接投资的增长速度看，东北老工业基地明显高于全国平均水平，对外资的吸引力显著增强。[②]

近年来，东北老工业基地对外投资也有显著增长，这意味着东北振兴战略的实施增强了老工业基地利用外部资源和技术的能力，对周边国家的经济辐射力和影响力不断增大，从而为东北三省参与东北亚经济合作提供了有力支撑。

3. 需求前景支撑。东北老工业基地参与东北亚经济合作，既是东北振兴的客观内在要求，也迎合了东北亚各国的需要。经过调整改造，东北老工业基地已开始进入全面振兴的攻坚阶段。攻坚阶段的主要任务是加快重化工业技术改造和升级的步伐，为"再工业化"夯实基础。机械装备制造业、能源和原材料工业改造升级所需要的资本和技术与东北亚各国的产业结构调整步伐相吻合，因为日本、韩国是依靠重化工业完成经济追赶任务的，俄罗斯的军工产业实力依然强劲，拥有大量适合于东北老工业基地技术改造和升级的适用技术。俄罗斯远东和西伯利亚地区、朝鲜和蒙古拥有丰富的矿产、木材和能源。东北亚是能够满足老工业基地振兴需求的最合适区域。同时，近年来日本、韩国向中国的出口迅猛增

---

① 根据中国商务部统计数据计算，中国与日、韩、俄、蒙、朝、东盟的贸易额增长了2～4倍左右。
② 国务院振兴东北办综合组：《发展加快　后劲增强　社会进步　民生改善——东北振兴三年评估报告》，2007年5月。

加，对中国市场的依赖程度增大，需要进一步借助中国广阔的国内市场和低廉的劳动力，扩展出口并转移其边际产业。此外，日韩两国也需要一个强大的中国而使其增强在全球事务中的平衡能力。俄罗斯要开发远东和西伯利亚地区，必须借助于中国东北的劳动力和资金，俄罗斯也需要加强与东北亚国家特别是同中国的战略合作，以增加同美国政治和外交抗衡的砝码。朝鲜和蒙古要发展经济，搞经济改革和创办经济特区，也需依靠中国的资金、资本和技术，同时也需要借助中国的影响力改善经济、政治和外交的周边环境。

目前，东北亚经济合作已具有一定的基础。一方面，这些国家都签署了许多支持双边交往的法律性文件，如《中日和平友好条约》、《中俄睦邻友好合作条约》、《俄朝睦邻友好合作条约》和《俄韩基本条约》等。此外，东盟一体化进程及 3 个 "10 + 3" 体制的创建也对东北亚合作产生了一定的促进作用。

三、参与东北亚经济合作对东北老工业基地振兴的促进作用

东北老工业基地的全面振兴是在中国全面融入经济全球化中进行的，日益开放的市场环境必然对东北老工业基地的振兴产生深远的影响。同时，东北振兴过程中也面临着资源、技术、市场和环境约束，且面临着产业结构改造升级的任务。利用国际和国内两种资源、国际和国内两个市场，是东北老工业基地实现全面振兴的必然要求。从地缘环境来说，东北地区既沿海沿江又沿边，经济腹地较深，可依靠的周边国家和资源相对较多，这是东北振兴的有利因素。积极参与东北亚经济合作，将对东北老工业基地的振兴起到推动作用。

（一）有助于改善生产要素供给和需求不均衡的局面

东北老工业基地的振兴，离不开自然资源和资本等生产要素条件的支撑，同时，东北地区拥有丰富的劳动力资源，存在巨大的就业压力。参与东北亚经济合作，有助于改善东北老工业基地在生产要素的供给和需求方面存在的不均衡局面。

1. 有助于缓解东北振兴中自然资源供需不平衡的压力。就自然资源来说，东北拥有丰富的石油、铁矿、木材、黑色金属等矿产资源，这是东北发展原材料等工业的优势。然而，半个世纪的过度开采和产业上的重复建设，使东北的煤炭、有色金属等矿产资源面临枯竭，供给不足而需求日益增长，严重制约了重大装备机械、交通运输机械以及先进原材料等行业的发展，影响了东北振兴的进程。资源供需不均衡要求东北参与区域经济合作，优化资源配置。在东北亚各国中，俄罗斯远东和西伯利亚地区、蒙古、朝鲜都拥有丰富的自然资源。东北亚国

家在自然资源方面得天独厚的条件，为东北老工业基地深入参与其中的经济合作奠定了基础。

2. 有助于缓解资本供需不平衡的压力。东北老工业基地的振兴对资本的需求是巨大的。由于东北老工业基地自身的资本积累水平低，中央政府所能提供的资本要素有限，从外部获取资本成为比较现实的选择。在东北亚邻国中，日本、韩国和俄罗斯拥有比较先进的用于重化工业生产的机器设备，其技术水平能够满足老工业基地振兴对适用技术设备的需求。目前，振兴东北的政策不仅鼓励外商投资建厂，还为外资企业收购、参股等多种形式参与国有企业重组开了绿灯。近几年来，东北地区对国外投资者的吸引力大大增强，实际利用外资金额的增长率高于全国平均水平，成为吸引外资的洼地，有助于缓解振兴过程中存在的资本供需不平衡的压力。

3. 有助于缓解劳动力要素供需不平衡的压力。东北老工业基地振兴还面临劳动力供给过剩的压力，解决这一问题不仅关乎经济振兴大局，也关乎社会稳定、社会和谐的大局。东北地区拥有 1 亿多人口，其中的熟练工人和工程技术人员的比例高于全国平均水平，劳动力素质相对较高。参与东北亚经济合作，是解决就业问题的重要措施。目前日本、俄罗斯和韩国都存在出生率下降和劳动力供给不足的难题，东北地区与上述国家间在劳动力要素的供需上存在着巨大的互补性。世界上较为成功、层次较高的区域经济一体化组织，都采取了各种便利人员往来和劳动力流动的政策措施。尽管目前东北亚地区还难以实现劳动力的自由流动，但加强区域劳务合作、逐步放宽对劳动力流动的限制，是区域经济合作的一个基本方向。加强区域劳务合作，将对东北地区劳动力资源的开发和扩大就业产生积极的促进作用。

（二）有助于促进产业结构升级

东北老工业基地的振兴就是"再工业化"过程，短期内的重要任务就是以适用技术改造现有生产装备，从而提升产业结构。从理论上讲，适用技术可以来自于自主开发创新和自主引进创新。由于自主开发创新耗时较长，且需要强大的基础研究作支撑，所以短期内应以自主引进创新为主。从根本上解决老工业基地传统产业自我生存与发展能力低下问题的最佳途径，是把技术引进和资本引进结合起来，在提高传统产业技术水平的同时优化产业结构。在东北亚地区，日本、韩国和俄罗斯的产业技术层次较高，机械、钢铁、化工等领域的技术较为先进，这些恰恰是东北地区产业升级和技术改造的重点。东北地区能否在提升重化工业技术水平的过程中实现振兴，在很大程度上取决于如何引进东北亚国家的先进技术，尤其是日本、俄罗斯和韩国的技术。从我国引进技术的现状分析来看，日本、韩国、俄罗斯也是我国引进技术的重要国家。因此，利用日本、韩国和俄罗斯的适用技术和资金，有助于东北老工业基地产业结构升级。

（三）有助于发挥东北区域的地缘优势

东北地区地处东北亚中心和腹地位置，在地理位置上与其他国家和国内一些地区相比更具有优势。东北的北部与东部与俄罗斯远东地区相接，西部与蒙古相近，东南部靠近日本、韩国和朝鲜。东北的铁路、河流与海域是沟通东北亚各国的交通运输要道，与欧亚大陆桥紧密相连，沿边拥有大小口岸43个，各口岸城市都设有边境经济合作区。有利的地理位置，将会给一国带来更多的经济利益。国际经济分析的引力模型证明，地缘因素对国际贸易、投资关系和国际生产网络的形成具有重要的影响。中国将参与东亚区域经济合作的重心放在东北亚地区，有助于充分发挥东北的地缘优势。

同时，东北老工业基地振兴的主导产业是重化工业，而重化工业对环境造成的压力已被人们充分认识。"再工业化"的内涵表明，绝不能走"高投入、高产出"和"先污染、后治理"的老路。东北地区要把自己的重化工业产品推向全国、进而推向世界，应以节能减排、清洁生产为重要先决条件，以顺应科学发展观和促进经济与社会和谐发展的内在要求。

东北亚国家由于地理上紧密相连，生存与发展资源共享，节能和环境合作大有可为。东北亚各国，尤其是日本拥有世界领先的节能技术，单位GDP能耗仅为我国的1/9。[①] 两国在这一领域的合作具有广阔的空间和潜力。另外，日本在经历环境质量恶化、大规模公害事件后，采取了一系列有效措施，从制度到技术层面两手抓，有效地遏制了环境恶化。与此同时，日韩俄等国对东北亚区域内的总体环境保护和环境合作也非常重视，日本在辽宁省大连市设立了大连市节能教育中心、中日环境友好中心等，以推进东北亚国家的环境合作。东北老工业基地振兴过程中关注生态环境建设，有效地开展与日本等国家的多层次合作，引入先进的环保生产技术设备、理念和环境管理经验，对"再工业化"的质量提升具有非常重要的作用。

（四）有助于提升老工业基地在东北亚生产分工中的地位

20世纪60年代到90年代初期，东亚存在一种被称之为"雁行模式"的国

[①] 中华人民共和国驻日本国大使馆经济商务参赞处：《2006年中日经贸合作情况简介》，jp. mofcom. gov. cn/aarticle/zxhz/hzjj/200701/20070104327705. html。

际生产分工关系，这种分工关系是以日本、四小龙、中国和东盟国家生产要素和产业结构的互补为基础的。90年代中期以来，随着日本经济结构调整放慢，韩国和中国技术水平的提升，"雁行模式"难以为继。如果再考虑到俄罗斯因素，东北亚国家的生产分工体系显然急需构建新的模式。东北振兴战略的全面实施，给东北亚经济合作新模式的构建提供了很好的时机。目前，中国产品因各国跨国公司来华投资而提高了技术档次，开始同日韩同类产品展开竞争。又因中国劳动力工资水平比较低，日韩产业界已感到压力，迫使日韩进一步向低工资地区转移其中高技术产业。在这种情况下，东北地区与日韩俄蒙朝等国应逐渐构筑从垂直型生产分工到水平型生产分工、共同发展的战略型格局。在这种格局下，东北地区既可以承接日韩俄转移出来的一部分技术和产业，加快与日韩俄资本密集型产业的产业内分工，发展产业内贸易；又可向蒙古、朝鲜及俄罗斯远东地区转让某些技术和产业，加快发展劳动密集型产业内分工和产业内贸易。由于合作各方实力对等性增强，相互依赖更大，利益分配更为均衡，合作关系维系时间长，因而更趋于稳定。

第二节　东北老工业基地在东北亚经济合作中的贸易发展策略

一、东北老工业基地与东北亚各国的贸易发展态势

（一）东北老工业基地的对外贸易发展现状

实施振兴东北老工业基地战略以来，东北三省体制改革、机制创新步伐加快，对外开放度提高，东北地区的对外贸易呈现出快速发展的势头。2007年东北三省进出口总额为870.8亿美元，同比增长25.9%，高出全国外贸增幅2.4个百分点，占全国当年外贸总额的比重为4%。其中，出口额为514.6亿美元，同比增长29.4%，高出当年全国外贸出口增幅3.7个百分点，占全国外贸出口额的比重为4.2%；进口额为356.3亿美元，同比增长21.1%，高出当年全国外贸进口增幅0.3个百分点，占全国外贸出口额的比重为3.7%。2007年，东北三省共实现外贸顺差158.3亿美元。辽宁省在东北三省中经济相对较为发达，是东北三省外贸进出口的中流砥柱。2007年，辽宁省进出口总额为594.8亿美元，占

东北地区对外贸易总额的 68.3%，比其他两省比重之和还要高出 36.6 个百分点。出口额和进口额占该地区相应贸易指标的比重分别为 68.7% 和 67.8%，都远远高于吉林、黑龙江两省。[①]。

从东北地区对外贸易的国别结构来看，东北亚各国是该地区发展对外贸易的重点，但各省主要的贸易国不尽相同。2006 年，辽宁省对外出口额位于前五名的国家或地区是日本、美国、韩国、新加坡和中国香港。其中，全年对日本出口 68.9 亿美元，同比增长 9.2%；对美国出口 41.9 亿美元，增长 25.0%；对韩国出口 33.7 亿美元，增长 16.9%；对新加坡出口 12.5 亿美元，增长 78.6%；对中国香港出口 10.4 亿美元，增长 21.3%。同年黑龙江省主要贸易伙伴位于前五名的分别是俄罗斯、美国、中国香港、日本和沙特阿拉伯。其中，对俄罗斯出口 45.4 亿美元，增长 18.3%；对中国香港出口 6.6 亿美元，增长 3.5 倍；对美国出口 4.1 亿美元，增长 71.8%；对韩国出口 3.3 亿美元，下降 7.3%；对日本出口 3 亿美元，增长 11.5%。吉林省主要贸易对象也集中在日、韩等国。[②]

（二）东北三省与东北亚各国贸易特点

1. 东北三省与东北亚各国的贸易总规模表现不凡。

（1）东北三省与东北亚各国的进出口总额逐年增长。近年来，中国同东北亚五国贸易都在稳步增长，双方在对方贸易中所占地位也日益提升。作为老工业基地的东北三省，同俄罗斯、日本、韩国、蒙古、朝鲜这些东北亚主要国家间的贸易总规模不断扩大，而且增长势头明显。2005 年东北三省与东北亚各国进出口总额为 263.4 亿美元，2006 年增长为 288.71 亿美元，同比增长 9.6%。2006 年东北三省与东北亚各国的出口总额 179.25 亿美元，比 2005 年的 158.61 亿美元增加了 12%。2006 年进口总额 109.47 亿美元，比 2005 年的 104.79 亿美元增加了 4.5%。

从东北三省与东北亚各国贸易的具体情况来看，与各国进出口总额也都逐年增加。2003 年，东北三省与韩国的进出口达到 46.47 亿美元，到 2006 年增加到 66.71 亿美元，增加了 43.6%。2003 年，东北三省与日本进出口总额达到 102.33 亿美元，到 2006 年增加到 128.81 亿美元，增加了 25.9%。2003 年，东北三省对俄罗斯的进出口额为 33.38 亿美元，2005 年增加到 66.61 亿美元，约为 2003 年的两倍，2006 年增加到 81.33 亿美元，比 2005 年增加了 22.1%。东

---

① 根据国家统计局相关数据计算得出。
② 中华人民共和国国家统计局：《地方年度统计公报》，http://www.stats.gov.cn/tjgb/。

北三省与朝鲜和蒙古的进出口额也有较快的增长。2005 年东北三省与蒙古的进出口额仅为 3 821 万美元，2006 年增加到 1.16 亿美元，仅一年时间就增加了近 2 倍。①

（2）东北亚各国在东北三省对外贸易中占有重要地位。近年来，东北三省与东北亚各国的贸易在东北三省对外贸易中的地位不断增强。通过对东北三省与东北亚各国的贸易额在东北三省对外贸易总额中的比重的统计来看，东北亚各国在东北三省对外贸易中占有很重要的地位。2006 年，东北三省对日本进出口总额达到 128.81 亿美元，占东北三省对外贸易总额的 17.6%。对韩国的进出口达到 66.71 亿美元，占东北三省对外贸易总额的 9.1%。对俄罗斯的进出口额为 81.33 亿美元，占东北三省对外贸易总额的 11.2%。②

（3）东北三省与东北亚各国贸易的地区布局协调。东北三省在与东北亚各国发展对外贸易过程中，都注重选择有利于各省外贸发展的主要国家进行对外贸易，这符合各省的地区发展状况。因此，三省选择了不同的东北亚国家作为该省的主要贸易国。首先，黑龙江省凭借其地缘优势，与俄罗斯成为第一大贸易伙伴国，在中俄经贸合作中发挥了重要作用。2006 年，黑龙江省对俄罗斯进出口 66.87 亿美元，占全省进出口总额的 52%。其中，对俄罗斯出口 45.4 亿美元，占全省总出口的 63.2%。对俄罗斯进口 21.47 亿美元，占全省总进口的 48.6%。2007 年前 11 个月，黑龙江省对俄贸易完成 101.9 亿美元，同比增长 67.3%，对俄贸易额占全省对外贸易总额的 63.3%。③ 其次，辽宁省同东北亚各国贸易发展中，日本是第一大贸易伙伴国，与辽宁省的进出口总额最多，且近几年进出口都有很大增加。2006 年辽宁省对日本进出口总额都位于辽宁省与东北亚各国进出口额的首位，为 108.84 亿美元，占全省出口总额的 20.8%。韩国、俄罗斯分别只占 10.7%、1.9%。最后，吉林省与东北亚国家贸易额最多的仍然是日本，2006 年贸易额为 13.65 亿美元，占吉林省对外贸易总额的 17.3%④。

2. 东北三省与东北亚各国贸易的国别结构特点。与东北亚其他国家相比，日本与东北三省的贸易量居于第 1 位，在东北三省对外贸易中的地位最高。近年来，东北三省与日本的贸易合作逐年加强，与三省的进出口总额逐年增加。2006 年东北三省与日本的贸易总额为 128.81 亿美元，比 2003 年的 103.33 亿美元增

---

① 根据 2007 年黑龙江省、辽宁省、吉林省统计年鉴整理得出。

② 根据《黑龙江统计年鉴（2007）》、《吉林统计年鉴（2007）》和《辽宁统计年鉴（2007）》中有关数据和资料计算得出。

③ 中华人民共和国商务部：《对俄经贸合作演绎升级版 2007 年贸易超 100 亿美元》，http://www.mofcom.gov.cn/article/difang/heilongjiang/200712/20071205296311.html。

④ 根据《黑龙江统计年鉴（2007）》、《辽宁统计年鉴（2007）》、《吉林统计年鉴（2007）》相关数据整理得出。

加了 24.7%。2006 年辽、吉、黑三省与日本的进出口总额分别比 2005 年增长了
2.9%、9.4%、7.9%。2006 年日本与东北三省的贸易总额占三省对外贸易总额
的 17.6%，韩国仅占 9.1%。其中与辽宁省和吉林省的贸易额最多，分别占与东
北亚各国贸易总额的 84.3% 和 50.3%。

自中韩建交以后，韩国与东北三省的贸易发展迅速，2003 年韩国与东北三
省的贸易额为 46.7 亿美元，到 2006 年已经发展到 66.71 亿美元，增加了
42.8%。2006 年韩国与辽宁省、黑龙江省、吉林省的进出口总额分别为 56.3 亿
美元、4.72 亿美元、5.67 亿美元。

近几年东北三省对俄罗斯的出口增长迅速，目前俄罗斯是东北三省最大的出
口市场。2007 年，东北三省对俄罗斯出口 97 亿美元，同比增长 77.6%，占东北
三省外贸出口的 18.8%，占全国对俄出口的 34%，东北三省对俄出口的 84.3%
来源于黑龙江省。2006 年、2007 年辽宁省对俄罗斯出口增长极为迅速，分别为
2005 年的 1.6 倍和 2.4 倍。吉林省对俄罗斯出口上升也较快，2006 年对俄罗斯
出口已达到 3.78 亿美元，比上年增长 2.6 倍。[①] 另外，近年来，俄罗斯与中国的
贸易额逐年增加，尤其与东北三省的贸易额迅速增长。俄罗斯在东北三省贸易量
占中俄贸易总量的比重与日韩相比比较高，为 24.4%。

3. 东北三省与东北亚国家进出口商品的结构特点。

（1）出口商品的结构特点。一是东北三省对东北亚国家出口产品中，初级
产品、服装等轻纺类产品比重大，机电产品和高技术产品出口比重小。2005 ~
2007 年，黑龙江省累计对俄出口轻纺产品 120.3 亿美元，农副产品 14.8 亿美
元，机电产品 22.5 亿美元。目前，俄罗斯远东及西伯利亚地区市场上 70% 的蔬
菜副食品，50% 的服装、鞋帽和纺织品，30% 的建筑装饰材料都来自黑龙江省。
农副产品虽为黑龙江省对俄出口的主导商品，但与服装、鞋类等轻纺产品比较，
其在出口总额中所占的比重相去甚远，机电产品所占比重不高。从辽宁省和吉林
省的出口商品结构来看，两省向日本主要出口蔬菜、原油、木制品、纺织纱线
等，向韩国出口的主要产品为石化产品、农产品、纺织服装品、木制品等。可
见，吉林省和辽宁省对东北亚各国出口产品主要以初级产品、农副产品、初加工
产品为主。

二是东北三省出口商品正逐步由劳动密集型产品向资本、技术密集型产品过
渡。虽然出口产品主要仍以初级产品、农副产品、初加工产品为主，但是商品出
口结构正逐步由劳动密集型产品向资本、技术密集型产品过渡。近几年东北三省

① 根据《黑龙江统计年鉴（2007）》、《辽宁统计年鉴（2007）》、《吉林统计年鉴（2007）》相关数
据整理得出。

机电产品、高科技产品出口比重有所上升。2007 年，吉林省全省机电产品出口 9.03 亿美元，增长 57.9%。在出口的机电产品中，摩托车和蓄电池出口分别增长 81.5% 和 57.1%。全年高新技术产品出口 1.56 亿美元，增长 20.1%。[①] 2006 年黑龙江省机电产品出口 17.3 亿美元，增长 1.1 倍，高新技术产品出口 3.2 亿美元，增长 1.1 倍。辽宁省对东北亚各国机电产品出口额逐年增加，从 2004 年的 25.87 亿美元，增加到 2006 年、2007 年的 35.41 亿美元、44.8 亿美元，分别增长了 38.7%、73.2%[②]。

（2）进口商品结构特点。

一是从东北亚国家进口能源、原材料商品比重大。黑龙江省从俄罗斯进口的主要品种有原木、原油、钢材、纸浆和橡胶等资源性产品。2005～2007 年累计自俄进口木材 2 805 万立方米，占同期全国自俄木材进口的 1/3 以上，化肥 495 万吨，原油 136 万吨，纸浆 77.5 万吨，钢材 41 万吨。[③] 黑龙江省已经成为国家能源、原材料等战略物资的进口大省。

二是从东北亚国家进口机电产品比重大。黑龙江省主要从日韩进口机电产品和高新技术产品等。辽宁省和吉林省主要从日本进口的商品有汽车、发动机及零件、金属加工机床、电子管等。从韩国进口的商品主要以机械设备及精密仪器、金属制品及钢铁、化工产品等为主。近几年，辽宁省对东北亚各国机电产品进口额呈现逐年递减的趋势，2004 年的进口总额为 38.37 亿美元，到 2006 年、2007 年分别下降到 34.51 亿美元、33.38 亿美元。机电产品进口额占该省对东北亚各国贸易总额的比重由 2004 年的 56.1% 下降到 2007 年的 43.5%。2007 年吉林省高新技术产品进口大幅增加，进口额为 6.53 亿美元，增长了 38.6%。[④]

二、东北老工业基地与东北亚各国贸易中存在的问题

（一）贸易规模方面存在的问题

第一，总的看来，东北三省贸易规模不大，占全国比重较小。近几年东北三

---

① 吉林省统计局；中财网 http://cfi.net.cn/newspage.aspx?id=20080128000894&AspxAutoDetectCookieSupport=1。

② 根据《辽宁统计年鉴（2007）》、《吉林统计年鉴（2007）》与《黑龙江统计年鉴（2007）》中有关资料整理得出。

③ 中华人民共和国商务部：《对俄经贸合作演绎升级版 2007 年贸易超 100 亿美元》，http://www.mofcom.gov.cn/article/difang/heilongjiang/200712/20071205296311.html。

④ 《2007 年吉林省对外贸易突破百亿美元大关》，www.stats.gov.cn/tjfx/dfxx/t20080125_402460637.htm。

省与东北亚各国的贸易规模虽然不断增大，但是从全国范围来看，东北三省与东北亚 5 国的进出口总额在我国与这 5 国进出口总额中所占的比重却仍然比较小，有的甚至逐年减少。2006 年，东北三省对韩进出口总额占整个中韩进出口总额的 5.0%，比 2003 年的 7.3% 和 2005 年的 5.5% 都有所减少。2006 年，东北三省对日本进出口总额占整个中日进出口总额的 6.2%，比 2003 年的 6.7% 和 2005 年的 7.8% 也都有所减少。[①] 可见日韩两国虽然是东北三省的贸易大国，但是从全国范围来看，东北三省与两国的贸易额仍占很小比重。在这几年的双边贸易发展过程中，这一现象并没有改变，并且增长速度低于全国的总水平。东北三省与俄罗斯的贸易额近几年增长最为迅速，在中俄贸易额中所占比重虽然高于其他东北亚国家，但这几年增幅比较小。由此可见，东北三省与东北亚国家的贸易规模比较小，在我国对外贸易额中的比重不如其他地区，这不利于东北老工业基地的振兴。但同时说明东北地区与东北亚国家之间的贸易存在着很大的发展空间，东北三省应该充分利用这一空间加强与东北亚各国的贸易往来。

第二，地区发展不平衡。东北亚各国与东北三省之间的贸易发展不平衡，地区差距较大，这不利于东北老工业基地的振兴。韩国、日本与东北地区的贸易合作主要集中在辽宁省。以 2006 年为例，辽宁省与韩国进出口总额占东北三省与韩国进出口总额的 84.4%，辽宁省与日本的进出口总额占东北三省与日本进出口总额的 84.5%，[②] 而吉林省和黑龙江省所占的比重较小。俄罗斯与东北地区的贸易合作主要集中在黑龙江省，2006 年黑龙江省与俄罗斯的进出口总额占东北三省与俄罗斯的进出口总额的 82.2%，[③] 而辽宁和吉林省相对较少。可见，东北三省与东北亚各国贸易发展中，地区发展不平衡，这些都会影响东北老工业基地的振兴。

第三，东北地区没有形成统一的区域市场。由于市场发展程度比较低，地区分割，使得东北三省的生产要素不能按照市场化原则合理流动，使要素资源无法顺畅地流向效率高的产业、地区和企业，地区比较优势建立不起来，不利于各省进行集团化合作以提升与东北亚的贸易合作。因此，这不仅影响东北地区与东北亚各国的贸易发展，也不利于东北老工业基地的振兴。

第四，东北三省出口企业在对东北亚地区出口过程中，缺乏产品的品牌意识。例如近年来虽然东北三省对俄罗斯的出口迅速增长，但是由于不重视产品的

---

① 东北三省对韩国和日本进出口总额根据《黑龙江统计年鉴》（2003～2007）、《吉林统计年鉴》（2003～2007）和《辽宁统计年鉴》（2003～2007）中有关数据和资料计算得出。中韩和中日贸易额来源于商务部商务统计数据 http://www.mofcom.gov.cn。

② 根据《辽宁统计年鉴（2007）》相关数据计算得出。

③ 根据《黑龙江统计年鉴（2007）》相关数据计算得出。

品牌形象，使得很多东北三省的产品在俄市场上缺乏竞争力。在对日韩出口过程中同样存在这样的问题，这对东北三省对东北亚地区的出口造成了一定的影响。

（二）贸易结构方面存在的问题

第一，初级产品出口比重过大，机电产品出口比重偏低。从上述东北老工业基地与东北亚各国的进出口商品结构的分析中可以看出，东北三省外贸出口主要依靠初级产品、粗加工制成品。例如吉林省出口商品中粮食等初级加工产品占了很高比重，服装等轻纺产品所占比重也较高，而高技术类产品所占的比重却很低。2005 年吉林省谷物及玉米出口分别占吉林省出口的 19.9%、19.0%，总计约占吉林省出口的 40%。东北三省的机电产品、高技术产品出口虽然增加明显，但在各省出口额中所占的比重仍然很小，低于全国平均水平。近几年，机电产品出口额占辽宁省与东北亚各国出口总额的比重却基本都保持在 30% 左右。2006年黑龙江省机电产品出口额占全省出口总额的比重为 20.5%，高新技术产品出口只占全省出口总额的 3.8%。2006 年吉林省机电产品出口额占该省出口总值的比重为 19.1%。[①] 可见，东北地区对东北亚各国贸易的商品结构远落后于经济发达地区，这是限制东北地区对东北亚各国贸易发展的重要因素。

第二，原材料和资源类产品进口比重大，对外资源依赖性强。东北三省从东北亚国家的进口产品中，原材料和资源类产品占有很大的比重，这就使得东北三省在经济发展过程中对东北亚国家的资源产生很大的依赖。比如，黑龙江每年都要从俄罗斯进口大量的肥料、原木、原油、纸浆和钢材等资源类产品。近几年，这些产品的国际市场价格不断提高，使东北地区很多企业的生产成本上升，从而降低了其产品的国际竞争力。东北地区现在的产业结构虽以重化工业、基础原材料和资源产品加工工业为主，但其中资源型产业在重工业中占据绝大部分，因此对外资源的依赖性不利于东北老工业基地的振兴，也影响其产品在东北亚市场上的竞争力。

第三，国有企业的作用没有得到充分发挥。东北三省有很多的国有企业，并且大多数国企涉及装备制造业和石油化工等重化工业部门。在过去这些重化工业是东北地区的强项和优势，但是这些国有企业的优势在外贸发展过程中却没有发挥出来。近些年来，东北三省对东北亚各国出口的机械设备、机电产品及石油化工等产品比重小。这些涉及传统产业的国有企业，虽然经过近 20 多年的改造调整，但是产业结构仍然未能有较大改变。东北地区制造业仍然是原材料工业为主，石油、天然气开采、木材采运、农产品加工作为本地区重要的专业化部门，产业链短，下游产业没有得到很好的发展，深加工工业发展不足，并且很多国有

---

① 根据《吉林统计年鉴（2007）》相关数据计算得出。

企业的设备相对老化，导致产业机构调整的阻力大，困难重重。随着时间的推移，最后导致这些产业设备和技术老化，经济效益低下，所制造的产品不但成本高而且质量低下，缺乏竞争力，这就使众多东北国有大型企业过早地成为"夕阳工业"并退出了国际竞争的行列，这是这些年来东北地区与东北亚各国贸易实现跨越式战略发展的主要障碍。

三、东北老工业基地在东北亚经济合作中的贸易发展策略

第一，不断提高认识，做强做大国有企业。首先，应该从思想认识上重新定位国有企业在东北老工业基地振兴中的作用，定位国有企业、重化工业部门、装备制造业在参与东北亚区域经济合作中的作用和意义。只有确立了作为经济支柱的国有企业在东北老工业基地振兴中的地位，才能使东北地区实现"再工业化"，从而促进东北老工业基地更好地参与东北亚经济合作。其次，要不断通过对国有企业的规划、设计和改造，从而做强做大东北地区大型国有企业，支持企业基于市场机制通过兼并重组等方式，扩大规模。再次，东北地区的国有企业大多数是传统的制造业等，因此通过现代先进技术加以改造，使其逐步转向高端的装备工业。这就需要不断加大资金的投入，引进先进的技术并不断培养人才，从而加强东北地区的自主创新能力。这样才能使东北地区的传统制造业不断向高端的装备工业发展，才能不断做强做大东北地区的国有企业，提高国有企业的国际竞争力。从而加大东北地区机电产品和高技术产品的出口，并减少东北地区的资源依赖性。只有这样，才能使国有企业的作用充分发挥出来，促进东北老工业基地的发展。

第二，加强东北地区基础设施建设，推进与东北亚的经济合作。东北三省及内蒙古东部地区要共同建设现代化物流网络，即实现交通运输体系一体化。现代化物流网络可以使原材料和产品最大限度地克服时间和空间的阻隔，减少中间环节，加快货物流转，还能够实现技术、资金、人才、信息合理而有序的流动。因此，东北三省要以大连港作为出海口和联系东北亚各国的枢纽，以铁路、高速公路为主轴，以区内经济中心城市为货物集散地，形成向全区辐射的交通运输网络。并在 EDI 信息系统支持下，实现物资在物流网络辐射范围内快速、低费用地流动，进而为区域商品进入东北亚市场奠定基础。

第三，加快区域经济建设，进而共同推进对东北亚贸易合作的发展。辽宁省要注重建设"五点一线"沿海经济带，加快推进大连东北亚国际航运中心的建设以及大窑湾保税港区封关运作。推进辽宁省中部城市群建设，加快辽西北地区发展，努力实现沿海与腹地的良性互动，推动全省区域经济格局取得进展。吉林省要推动开发区向现代化、多功能、高集聚产业园区发展，加强对外通道建设，

加快图们江地区开发开放，建设"长吉图"开放带动先导区，打造东北亚区域开放平台和全省发展引擎。黑龙江省要加快哈大齐工业走廊的建设步伐，推进体制创新，强化招商引资，突出产业集聚和辐射效应，建设成为新体制、高科技、外向型、生态化的新型工业园区。沿边对外开放带要加快进出口加工园区、互市贸易区和江海、陆海联运大通道建设，充分发挥对外经贸的窗口、通道、基地作用，推动对外贸易加快发展，提高开放型经济水平。

第四，加强东北地区的经济联合，从而提升东北地区在东北亚市场上的竞争优势。首先，东北地区要在不断加快的东北亚区域合作中赢得主动，现实的选择是加快哈大经济带的建设，把哈大经济带建设成东北地区以至东北亚地区的经济增长极。哈大经济带纵贯大连、沈阳、长春、哈尔滨四大城市及其辐射地区，是东北经济区的脊梁和经济发展的中枢。哈大经济带的发达程度，不仅对东北地区的经济发展有着重要的影响力和推动力，而且直接影响东北地区在全国及东北亚经济体系中的分工地位。其次，要努力培育统一开放的东北地区大市场。积极探索在大连、沈阳建设生产资料和消费品的区域批发市场，建立现代化物流中心。同时，在黑龙江省建立东北木材交易市场，在吉林省建立东北粮食交易市场，并且要积极推进建立东北地区证券交易中心，为东北地区的经济发展提供强有力的金融支持。还要采取措施，吸纳高科技人才进入人才市场，要加强人才信息网络建设，发挥区域性人才市场的牵动作用，采取多种渠道培养、选拔和引进人才，推动东北地区参与东北亚区域经济合作。

第五，实施品牌战略，加快开拓东北亚市场。东北三省在对东北亚各国出口的很多产品虽然物美价廉，但往往因为忽视了品牌建设与宣传影响了产品的出口。目前东北三省要积极推进进出口品牌体系建设，深入实施品牌战略，培育打造一批具有东北三省特色、高质量、高附加值、高市场占有率的名牌产品。一方面东北三省要加快国际标准认证企业的建设，从而提高企业在东北亚市场上的竞争力；另一方面，东北三省要大力实施知识产权战略，注重培育和保护名牌产品。东北地区的出口企业要加强商标注册，在保证产品质量的同时加大产品对外宣传，进而有利于开拓东北亚市场，增加东北地区产品出口。

第六，加快转变外贸发展方式，着力优化进出口结构。首先，要不断提高自主创新能力，发展高新技术产业，推进技术创新体系建设。加快公共研发平台建设，开展重大关键技术攻关项目，积极培养和引进高层次创新型人才，注重培养一线创新人才，从而增加高新技术产品出口，不断扩大本地产品的出口比重，努力提高出口产品的档次和附加值。实施科技成果转化提速工程，通过区域经济合作，积极与日、韩等国寻求合资合作机会，加强与其在资本和技术密集型产业中的互补型合作生产，如电子、通讯、机械、航空、汽车等的零部件生产。提高东北地区科技成果转化率，加快科技成果的商品化、产业化和国际化进程。其次，推进东北三省重点行业、重点企业联合重组，培育一批在国内国际市场有较强竞争力的大公司、大集团。集中力量发展先进装备制造业和电子信息、生物制药等高新技术产业，提升东北地区工业经济整体素质，着力推进工业结构调整项目和高加工度原材料工业重点项目建设。同时，要把发展高新技术产业与老工业基地改造、产品与产业结构调整结合起来，尽快形成高新技术产业与传统产业相结合的新型技术结构，以此推动东北地区的产业结构升级和"再工业化"，从而转变东北三省与东北亚地区的外贸发展方式，增强在东北亚市场上的竞争力。

第七，积极推广现代农业，加强农产品深加工能力，提高农产品在东北亚市场上的竞争力。加大资金投入，改善农业的基础设施建设、品种研发和科技创新。发展特色经济，加强新产品、新技术研究开发。这样，既可以供应国内市场，又可以扩大对日本、韩国和俄罗斯的出口，把资源优势转化为经济优势和竞争优势。要积极发展农产品的加工贸易，增加农业产业化的附加值。重点发展米淀粉及深加工、饲料工业、肉类加工等，引进国外优良品种、先进技术、管理经验、营销模式和渠道，提高东北地区农产品的竞争力。[①]

第三节　东北老工业基地在东北亚经济合作中的国际直接投资策略

一、东北老工业基地与东北亚各国国际直接投资的基本态势

（一）东北老工业基地利用外商直接投资现状

东北地区利用外资经历了由利用外资贷款向与外资合作再到外商独资的转变过程。在 20 世纪 90 年代后，随着投资环境的改善、基础设施和相关设施的完善，外资开始大量进入。截至 2006 年，东北三省累计批准外商投资项目数为 50 469 项，占全国外商直接投资项目数的 8.49%；合同利用外资金额 1 149.26 亿美元；实际利用外资金额 471.04 亿美元，占全国实际利用外资总量的 6.79%。[②]

---

① 王胜今：《东北老工业基地振兴与东北亚区域合作》，《东北亚论坛》2004 年第 2 期。
② 根据商务部《2006 中国外商投资报告》数据计算得出。

从外商投资的地区分布看，东北地区吸引外商直接投资最多的是辽宁省。截至 2006 年，辽宁省吸引外商直接投资项目数为 34 786 项、外商直接投资的合同金额为 927.38 亿美元、实际利用外资金额为 349.89 亿美元，占东北地区吸引外商直接投资总量的比重分别为 68.93%、80.69%、74.28%。吉林省比黑龙江省吸引外商直接投资的项目数虽多，但利用外资的合同金额和实际金额较少。截至 2006 年，吉林省和黑龙江省实际利用外商直接投资金额分别为 49.80 亿美元和 71.35 亿美元，约占东北地区实际利用外资总量的 1/4，约占全国的总量为 1.75%。

从外商投资的资金来源地来看，除了中国香港和中国台湾以外，东北地区外资的来源地主要集中在日本、美国、韩国、英属维尔京群岛、新加坡、澳大利亚以及欧洲一些国家。从 1982~2005 年利用外商投资的累计结果来看，中国香港和中国台湾在东北三省的投资约有 4 680 项，合同投资金额为 207.16 亿美元，实际投资金额为 83.61 亿美元，分别占东北地区引入外资总量的 20.2%、33.4% 和 31.0%。主要的资金来源地我国的港台地区及日、美、韩等国 1982~2005 年在东北地区累计实际投资额为 109.67 亿美元，占东北引入外资总量的 71.6%。①

从实际利用外商直接投资来看，2004 年，东北三省实际利用外商直接投资为 59.4 亿美元，同比增长 51.7%，高出全国增速 37.6 个百分点。2005 年，按商务部调整后口径计算，三省实际利用外商直接投资为 57.0 亿美元，同比增长 89.5%，高出全国增速 90.0 个百分点（全国实际利用外商直接投资同比下降 0.5%）。2006 年，三省实际利用外商直接投资为 84.6 亿美元，同比增长 48.3%，高出全国增速 52.4 个百分点（全国实际利用外商直接投资同比下降 4.1%）。可见，从国家振兴东北老工业基地的政策实施以来，外商对东北三省经济发展的信心不断增强。②

（二）东北老工业基地引进东北亚地区国际直接投资的特点

随着振兴东北老工业基地战略的不断实施和深化，东北地区的资源、产业和劳动力等优势吸引了跨国投资者的目光，原本集中于长三角、珠三角的跨国投资开始出现"北上"的潮流。作为东北亚地区主要的资金输出国，日本和韩国与东北地区一直有着密切的经贸往来，近年来向东北地区的投资更是呈增长趋势。

1. 东北亚地区是东北老工业基地国际直接投资的主要资金输出国。日本是东北亚地区最主要的资金输出国，也是投资中国较早的国家，对华直接投资从

① 根据商务部《2006 中国外商投资报告》数据计算得出。
② 国务院振兴东北办：《东北振兴三年评估报告》，www.china.com.cn/policy/txt/2007-05/23/content_8294122_2.htm。

20 世纪 80 年代中后期开始稳步增长并于 1997 年达到高峰，其后一直下降。1997 年日本对华直接投资达到高峰，金额为 43.3 亿美元，之后有所下降。截至 2005 年底，日本累计对中国直接投资项目 35 124 个，合同金额 785.7 亿美元，实际投入金额 533.7 亿美元。2006 年，日本对华投资在保持连续 7 年增长的态势下出现转折，对华投资比上一年减少 6.2%，仅为 62 亿美元。日本在华投资主要集中在三大经济圈，即长三角、珠三角和环渤海区等区域。

在中国的外商直接投资中，日资企业占 6% 左右，总额并不大，但日本与东北三省一直有着密切的经济关系，是东北地区投资额最大的国家，1982～2005 年累计实际投资 44.7 亿美元，占日本在华实际投资总量的 8.4% 左右。[1] 早在 2002 年，日本就已成为黑龙江省的第二大进出口贸易伙伴。截至 2006 年底，日本在黑龙江省的直接投资项目已达 170 多个，合同利用日资累计近 6 亿美元，实际利用日资累计超过 3 亿美元，在各国和地区对黑龙江省投资中列第 5 位。[2] 日本也是吉林省重要的贸易伙伴。早在 1998 年，吉林省对日本出口已占吉林省外贸出口的 27.5%，是其第一大出口对象国和第二大进口来源国。[3] 同时，日本也是吉林省利用外资的主要来源地。在东北三省与日本的经济合作中，辽宁省的地位比较突出。日本是辽宁省对外开放过程中最早也是最重要的合作伙伴，目前日本是辽宁省的第一大对外贸易伙伴和第二大投资国，在辽宁省开业投资的 8 000 多家外资企业中，日本企业就有 3 620 家，合同外资额 68.9 亿美元。[4] 日本著名的大公司在辽宁省都有较大规模的投资，投资主要集中在大连和沈阳，大多在电子、机械、纤维、IT 技术等领域。日本企业在辽宁省的投资项目数量不如韩国和香港，但多为大型工业项目，投资额比较集中。辽宁省的日资企业年工业总产值超过 320 多亿元人民币，占全省的 8%，出口交货值 20 多亿美元，占全省的 18%；日资企业共为全省提供就业机会 14 万个，名列外资企业之首。[5] 随着中日两国双边关系回暖，日资对东北的关注不断增强，双方经贸合作潜力正逐渐加大。

韩国对中国的投资兴起于 1992 年 8 月中韩建交，截至 2007 年底累计实际投资约 386.8 亿美元，约有 4 万家韩国企业进驻中国，为中国的经济增长和扩大就业做出了贡献。2007 年韩对华投资 3 452 个项目，实际投资 36.8 亿美元，首次超过日本（35.9 亿美元），成为仅次于中国香港特别行政区和英属维尔京群岛的第三大投资来源。[6]

---

① 根据商务部《2006 中国外商投资报告》数据计算得出。
② 吕萍：《加强对俄日经贸合作是黑龙江省资源型城市可持续发展的助推器》，《俄罗斯中亚东欧市场》2007 年第 12 期。
③④ 张威：《对日经济合作互补性强》，news. xinhuanet. com/world/2003 - 10/23。
⑤ 笪志刚、筑波昌之：《东北地区对外开放的现状与对策的综合研究》，www. china. com. cn。
⑥ 《关于对韩国招商引资的几点建议》，http：//www. jlswb. gov. cn/typenews. asp?id = 651。

东北三省是吸引韩国企业投资较早的地区，其自然资源和人力资源丰富，工业基础雄厚，产业门类齐全，市场潜力巨大。在制造业方面具有较强的引进、消化、吸收和创新能力；在重化工业方面具有较强的优势，形成了冶金、机电、石油、建材等主导产业；同时，信息、轻工、纺织、制药产业也有较好的基础，对韩国的产业转移承接力强，合作条件好。另外，东北三省的 200 多万朝鲜族人口没有语言障碍，极大地减少了企业管理成本。

韩国投资主要集中在制造业，早期主要是食品、轻工、工艺品、纺织、服装等劳动密集型产业，以开展加工贸易为主要经营方式。近年来受政策调整和劳动成本上升等因素的影响，韩资开始以中国市场和全球布局为主要投资目标，逐步向电子、集成电路、精密机械、节能、环保等资本和高新技术密集、高附加值的现代制造业转移。从地域分布看，韩资在沈阳集中在电子、机械行业，在长春是机械行业，在黑龙江省则集中在农业方面。辽宁省吸引了韩国在东北地区投资的绝大部分，占韩国对东北地区累计实际投资额的 85% 左右。[①] 韩国现代集团、SK 集团、LG 电子、三宝电脑、浦项制铁等国际知名大企业在辽宁省均有投资。

2. 东北老工业基地吸收东北亚外商直接投资的地域分布。从东北老工业基地吸收东北亚外商直接投资的地域情况来看，辽宁省在利用东北亚地区的外商直接投资，尤其是日、韩投资方面，占据了优势地位。从截至 2005 年东北三省累计利用日、韩投资的情况来看，辽宁省引入日、韩投资的合同项目数分别为 2 851 项和 4 784 项，分别占日、韩在东北三省投资项目总量的 88% 和 73%；实际利用日、韩资金额分别为 412 984 万美元和 275 464 万美元，占比分别为 92% 和 85%。日本和韩国在辽宁省投资总量中的排名分别为第 2 位和第 4 位，占辽宁省实际吸收外资金额的比重分别为 19%、13%。[②] 同期，吉林省和黑龙江省引入东北亚地区日、韩投资的数额相对较少。日本累计向吉林省和黑龙江省实际投资 34 125 万美元，占其向东北投资总量的不到 8%；韩国向吉林省、黑龙江省两省投资总量比重也只占其向东北投资总量的 15%。[③]

3. 制造业成为东北老工业基地吸收东北亚外商直接投资的主要部门。在行业分布方面，东北三省利用日韩投资集中在制造业领域，这和东北地区是我国制造业的核心地位密切相关。据统计，2006 年辽宁省合同引进外资 152.4 亿美元，其中制造业 89.8 亿美元，占 58.93%，房地产 36.5 亿美元，占 23.95%，而第一产业 2.5 亿美元，仅占 1.66%；黑龙江省合同引进外商直接投资 17.1 亿美元，

---

① 赵晋平：《日韩对华直接投资的发展趋势及其特点》，www. syprojects. gov. cn。
②③ 《东北地区等老工业基地外商直接投资情况》，cn. chinagate. com. cn/reports/2007 – 12/06/content_9352130_5. htm，2007 年 12 月 6 日。

其中制造业 14.98 亿美元，占 87.72%，房地产 0.94 亿美元，占 4.91%，农业 0.12 亿美元，仅占 0.7%；吉林省外资的行业分布更是突出体现了汽车基地的特点，汽车零部件制造占实际利用外资的比重高达 40.82%，而房地产业实际利用外资仅占 2.29%。①

（三）东北地区对东北亚国家直接投资现状

1. 东北地区对外直接投资现状。对外直接投资是我国"走出去"战略的重要组成部分，也是维护经济安全、应对经济全球化挑战、规避国外贸易壁垒的积极举措。中国自从 1979 年 11 月在日本建立第一家合资企业，至 2006 年底，累计批准设立非金融类境外企业 10 675 家，对外直接投资累计 733 亿美元。其中，截至 2005 年底，中国在日本累计投资设立非金融类中资企业 291 家，协议投资总额 11.8 亿美元；在韩国累计投资设立非金融类中资企业 113 家，中方协议投资总额 9.2 亿美元。②

与东南沿海和京津沪发达地区相比，东北三省的对外投资起步较晚，在 1999 年国家出台鼓励企业"走出去"的海外投资战略之前，几乎没有像样的投资。近年来，随着东北振兴战略的深化和东北地区对外开放程度的提高，经济出现持续高速增长，海外投资开始不断出现。自 2000 年开始，东北三省中辽宁省一直走在海外投资的前列，黑龙江省紧随其后，甚至在 2004 年超过辽宁省，追赶速度很快。辽宁省在海外的投资主要投向蒙古、俄罗斯、朝鲜、安哥拉及日本、德国、加拿大、英国等。吉林省则主要集中在俄罗斯、朝鲜、非洲、孟加拉国、法国、中国香港、中国澳门等国家和地区。黑龙江省则主要投向俄罗斯、蒙古、博茨瓦纳、中国香港、美国等国家和地区。

表 10—1 说明 2003～2006 年东北地区非金融类机构对外直接投资流量情况表，从中可见东北三省对外直接投资与全国平均水平相比有很大差距。以 2006 年为例，辽、吉、黑三省对外投资额分别为 9 701 万美元、2 948 万美元、21 796 万美元，占全国对外投资总量比重分别为 0.55%、0.17%、1.24%，东北三省对外直接投资占全国对外直接投资的比重为 1.95%。2006 年全国对外直接投资与引进外商实际投资的比例约为 25.4%，而同期东三省的这一比例只有 4.1% 左右，大大低于全国的对外投资水平。③

---

① 《辽宁省统计年鉴（2007）》、《吉林省统计年鉴（2007）》、《黑龙江统计年鉴（2007）》。

② 商务部外资司：《2006 年商务部国别贸易投资环境报告》。

③ 《中国投资指南》，对外投资统计，http://www.fdi.gov.cn/pub/FDI/dwtz/dwtztj/t20071109_86979.htm。

表 10 - 1　　　　2003～2006 中国非金融类对外直接投资流量情况

单位：万美元、%

省（市）/ 地区	2003 年		2004 年		2005 年		2006 年	
	金额	比重	金额	比重	金额	比重	金额	比重
全国合计	285 465	100.00	549 799	100.00	1 226 117	100.00	1 763 397	100.00
辽宁省	847	0.30	4 141	0.75	3 019	0.25	9 701	0.55
其中：大连市	646	0.23	3 554	0.65	1 144	0.09	6 748	0.38
吉林省	163	0.06	2 887	0.53	1 083	0.09	2 948	0.17
黑龙江省	744	0.26	5 645	1.03	16 643	1.36	21 796	1.24
东北三省	1 754	0.61	12 673	2.31	20 745	1.69	34 445	1.95

数据来源：商务部合作司对外投资统计，http://www.fdi.gov.cn/pub/FDI/dwtz/dwtztj/t20071109_86979.htm。

2. 东北地区对东北亚国家直接投资的特点。东北企业的投资主要集中在对资源的获取上，对外投资的大部分集中在周边资源丰富的国家或地区。由于地理、经济、政策等因素的影响，东北亚国家自然成为东北老工业基地企业"走出去"投资和跨国经营首选的地区之一。

辽宁省对外经济合作每年都保持较高的发展速度，但"一头沉"现象比较突出，即经济合作中以外方对我投资、旅游为主。以日本为例，根据辽宁省社会科学院的调查，与日本在辽宁省的投资相比，辽宁省在日投资的企业数量很少，主要集中在与贸易相关的服务行业，如运输服务和贸易代表处等。2005 年上半年，辽宁企业在国外签订了 10 个 500 万美元以上的项目，在境外投资设立了 7 家企业，总投资额 2 771 万美元。沈重集团在俄罗斯新上了中密度板生产项目，总投资额达 1 816 万美元；腾达集团、华风木业等企业在朝鲜等国开设了自己的工厂，有的填补了辽宁省在该国建厂的空白。由于中、俄、蒙、朝经济发展水平参差不齐，对俄罗斯、蒙古和朝鲜的投资，目前主要是资源导向型投资，但也兼顾其他类型投资。

吉林省境外投资高速增长，投资领域更加广泛，层次不断提高。吉林省在推动企业"走出去"方面做出不懈努力，比如，推进吉林省在俄罗斯远东地区的木材加工项目，以建立境外木材生产加工基地；推动一汽集团等有实力的企业到境外开展加工装配，建立境外加工生产基地、营销网络，扩大市场份额，带动国产设备、原材料和零部件出口；寻求与朝鲜金策钢厂开展合作，等等。2006 年吉林省新批境外投资企业和机构 32 家，主要投向俄罗斯、朝鲜、蒙古、韩国等国家的木材加工、矿产开发、物流、房地产开发、贸易等行业。

黑龙江省对外投资取得实质性进展。截至 2005 年末，黑龙江省对俄投资企

444

业110家，总投资额为2.12亿美元。其中黄金、石油、非金属等矿产资源开发和森林采伐及木材加工业就占了38家，加上进出口贸易的26家，资源开发和进出口公司超过一半。目前境外投资与合作已经从建筑、房地产开发、工程安装业逐步向能源原材料开发、跨国加工、跨国兼并和投资第三产业转变，投资的国别和地区有南非、蒙古、尼泊尔、美国、哈萨克斯坦、中国香港等。同时，政府鼓励企业在矿产资源开发、投资兴建生产加工基地等方面积极开拓朝鲜、蒙古等毗邻国家市场。黑龙江省华福实业有限公司在蒙古兴建蒙古国忠巴音石油有限公司，黑龙江省国际公司携手北京首钢矿业有限公司等在蒙古合资建立图木而泰铁矿有限责任公司，并对俄罗斯的其他矿业和林业进行投资等，凸显了黑龙江省为获取资源为目的的投资形态。①

二、东北老工业基地与东北亚各国国际直接投资存在的问题

1. 东北地区利用外资规模小。东北地区利用东北亚地区尤其是日、韩外商投资方面，虽然在数额上呈现逐年增长的态势，但是规模仍然偏小，这是东北地区与东北亚各国国际直接投资亟待解决的问题之一。在东北地区，尤其是吉林、黑龙江两省，这种情况更为严重。例如，吉林省2006年实际利用外资16.50亿美元，仅占全国的2.62%，而经济发达的广东省当年实际利用外资178.1亿美元，是吉林省的10.8倍。东北地区在引进日、韩投资方面存在着同样的问题，尤其在我国各地区均加大了招商引资力度的情况下，沿海的长三角、珠三角地区构成了东北地区吸引外资的有力竞争。

以2005年日本和韩国对华投资和对东北投资的情况为例，东北地区吸引日本和韩国外商实际投资额占全国的比重分别为6.7%和10.4%。吉林省引进日、韩投资额分别为2910万美元和1219万美元，黑龙江省引进日、韩实际投资分别为87万美元和1082万美元，占全国引进日、韩投资总量的比重均不到0.5%。②

2. 外资在东北地区分布不平衡。从地区分布及行业分布来看，东北三省的外资极为不均衡。在地域分布方面，东北三省的外资主要集中在辽宁省，约占外资总额的50%以上。2007年，辽宁省利用外商直接投资额为84.80亿美元，同比增长68.8%，其中沈阳和大连分别为48.22亿美元、27.89亿美元，同比分别增长87.56%和46.84%，两市合计实际利用外资额占全省的89.75%③。而黑龙

① 鲍振东等：《2006年：中国东北地区发展报告》，社会科学文献出版社2006年版，第128页。
② 根据商务部外资司、《辽宁统计年鉴（2007）》、《黑龙江统计年鉴（2007）》、《吉林统计年鉴（2007）》数据整理计算得出。
③ 辽宁省对外经济贸易合作厅：《2007年工作总结及2008年工作安排》，2008年1月。

江和吉林两省的开放程度及利用外资金额则较低。日本和韩国对东北地区的投资上，这种地域性不平衡的态势更加明显。辽宁省吸引了绝大部分的日韩投资，尤其是沈阳和大连两个城市，而吉林省和黑龙江省利用日韩投资相对很少。从2005年日本和韩国投资情况来看，日本和韩国在辽宁省的实际投资额占其在东北地区投资总额的比例分别为93.2%和95.7%；日本在吉林省的投资占其在东北投资总额的6.6%，黑龙江省的日资比重不到0.2%；韩国在吉林和黑龙江省的实际投资占东北地区投资总量的比重分别为2.3%和2.0%。①

3. 东北老工业基地投资环境和资源问题影响了吸引外资的效果。投资环境是吸引外商投资的重要影响因素，一定程度上影响着外商直接投资的战略选择。由于历史原因和其他一些因素，东北老工业基地同我国沿海一些地区相比，基础设施建设的水平相对落后，地区市场化程度不高，体制创新相对落后，信用环境相对较弱，用以吸引外商投资的软环境相对较差，制约了东北地区对于外资的利用。

东北地区资源日益枯竭，环境恶化。东北三省的资源经过长时期的开发和过度开采，森林、石油、有色金属等资源日益减少，造成很多对资源依赖性较强的城市发展滞后，而大量资源加工型的产业和重型工业的原材料依赖进口。这种状况不仅制约了东北老工业基地发展水平，也影响了外商投资的效果。

4. 东北地区对外投资规模小。东北老工业基地对外投资的数量和规模较小，2006年累计对外直接投资（非金融类）3.44亿美元，占全国对外直接投资的比重不到2%。②

一方面，东北老工业基地的大型企业以国有或国有控股为主，企业具有一定的国际竞争实力。但由于企业自身的治理结构缺陷使企业经营者缺乏"走出去"的激励机制；长期的低效率运行使企业资本匮乏，海外投资的资金保障不足；企业在财务管理、技术标准等方面与国际存在差距，缺少跨国经营需要的管理、法律和营销等高素质人才，等等，都成为东北老工业基地企业对外直接投资的制约因素。国有企业作为东北老工业基地实施"走出去"战略的主体，作为对外直接投资的主体，其自身的发展问题直接制约了东北地区对外投资的规模和效果。

另一方面，企业"走出去"所需要的配套服务，如投资地政策、法规、市场环境调查与研究，以及政府支持等的缺少，也限制了企业的海外直接投资。东北地区缺少为企业提供有关国家政治、经济、法律、社会风俗、市场、行业和产品等信息的机构和平台；同时，对外投资的管理环节过多、审批时间过长、监管力度不足，等等，均制约了海外投资的效果。

---

① 根据《黑龙江统计年鉴（2006）》、《吉林统计年鉴（2006）》和《辽宁统计年鉴（2006）》中的资料整理计算得出。

② 根据商务部外资司统计资料整理并计算，http://www.fdi.gov.cn/pub/FDI/wztj/jwtztj。

5. 外商直接投资带来一定的产业安全隐患。随着入世后各部门不断对外开放，以及国有企业改革中对于外商投资的引进，外资的不断渗透对于原有的行业结构和市场格局都产生了巨大影响。利用外资重组国企不失为一种战略性调整的选择，也是实现国企体制创新、提高其国际竞争力的一种有效途径。但我们也应该看到引进外资对于企业和行业产生了一些负面影响，一些外资控股行业龙头企业，构成行业垄断或者垄断威胁，将威胁到相关产业安全和地区的经济安全。

在东北地区，外资投资带来的负面影响也早已凸显。20 世纪 90 年代末大连两家骨干电机厂被外资收购，给东北地区的电机行业技术进步带来了巨大损失；2005 年在化工机械制造行业举足轻重的锦西化机被跨国巨头西门子并购；① 2005年，日本伊藤忠商社向黑龙江省龙煤矿业集团进行投资，虽未取得控股权，但对东北地区的煤炭行业也带来一定的负面影响；② 中国农业第一个开放的大豆行业，从 1996 年开放到现在，外资已基本控制了加工企业，获得了进口大豆的话语权，进口大豆的冲击令大豆收购价持续低迷，东北大豆产区的豆农和加工企业都遭受了巨大打击。③ 外资对粮食加工企业的控制，必然危及上游种植业，甚至关系到国家的粮食安全。

三、东北老工业基地与东北亚各国的国际直接投资策略

（一）改善东北投资环境，进一步增强吸引外商直接投资的能力

东北地区的投资环境虽有所改善，但与沿海发达省市相比，在为外商提供个性化、人性化服务增强其未来发展预期的信心、提供政策信息服务等方面仍存在很大差距。为进一步增强东北地区吸引外资的能力，应不断改善招商引资环境，加大引资力度；注意提高相关政策法规的透明度，切实保障外商投资者的合法权益，为其提供最优惠的政策、最优良的秩序、最优质的服务，提高整体开放水平；要不断创新服务机制，加强对招商引资项目的协调与服务，做好招商引资项目的落地和实施工作。要在招商的思路、方法、渠道和手段等方面不断创新，以诚信招商，用最人性化的服务吸引外商在东北老工业基地投资。

另外，在加强东北老工业基地引资多元化的同时，更要进一步发挥东北老工业

---

① 王凤君：《国企改制不能放弃控制权》，辽宁省人民政府国有资产监督管理委员会网站，http://www.lngzw.gov.cn/article/20070315/7090.

② 黄瀚：《外资并购的底线》，http://finance.sina.com.cn。

③ 刘文元：《"外资控盘"赚取垄断暴利，中国大豆产业遭遇危机》，中国食用油信息网，http://www.oilcn.com。

基地的工业基础、人力资源、地缘等方面的优势，争取更多日、韩投资落户东北。

（二）引导外资流向优化外资结构以促进东北振兴

东北老工业基地振兴，实际上就是一个"再工业化"的过程。一方面需要促进企业重组和调整中小企业的产业组织结构，提升原有装备制造业和原材料加工业的企业素质；另一方面更要积极发展新兴产业、高科技产业等，在原有资源密集型和劳动密集型产业的基础上实现产业多元化。同时，还包括了对国有经济"有进有退"的战略性调整，以及完成资源型城市转型等经济结构调整的内容。在这一过程中，我们在积极引进外资的同时，更有必要采取切实措施引导外资流向，更好地利用外资，使其助力于老工业基地的振兴事业。

国家振兴东北老工业基地战略的实施，为外商投资东北增加了新的推动力。东北地区在保持和扩大利用外资规模的同时，应通过政策措施引导外资的流向，优化外资结构，提高利用外资的质量和水平。一方面鼓励外商投资钢铁、石油化工、能源、建材、装备工业等东北老工业基地具有优势的重化工业；另一方面引导外资向高新技术产业、节能环保产业发展，鼓励外资投向高技术产业和参与传统产业技术改造，投向通讯、金融、旅游等新兴服务业项目，鼓励外商投资区域性研发设计中心，合作建立特色优势产业的技术研发和设计中心等，限制或禁止外商投资高能耗、高物耗、高污染产业等，以此推动老工业基地产业结构的迅速调整，提升东北竞争实力，实现引进外资与产业结构调整的良性互动。

由于国有大中型企业在东北地区起着经济和产业支柱的作用，在利用外资方面应加强对国有企业的改造。通过吸引外商资金、新设备、新技术参与国企改造，一方面可以解决国企治理结构不完善、技术落后和设备老化等问题；另一方面通过外资带来的新理念新方法来提高国有企业的管理水平，并且可通过其国际营销网络来扩大企业的市场和商业网络。

另外，振兴东北体制创新是关键，我们可以借鉴沿海地区以开放促改革的经验，通过引入外资，借助外力来促进东部老工业基地的体制创新，通过体制的革新激发企业的活力和人才创新的动力，进而实现老工业基地的振兴。

（三）提高老工业基地对外开放水平，鼓励企业"走出去"

对外开放不仅是把外资引进来、产品卖出去，更意味着有实力的企业，特别是国有大中型企业，走出国门，投资海外。东北地区应结合区域经济发展情况和产业结构调整，制定对外投资战略规划，优先选择有资源、有市场、有优惠政策和双边关系友好的国家和地区，优先考虑资源导向性项目、有自主知识产权的高新技术、家电和轻纺等具有比较优势的领域。注意推动企业自主研发和培养核心技术，鼓励有实力的企业到海外投资，在贷款、投资保险等方面给予优惠支持。政府做好相关的服务，完善促进体系，比如为企业对外直接投资提供信息服务和与国外合作的平台，加大海外投资所需的高素质人才培养，安排有关机构加强对外直接投资的理论研究，重大项目纳入双边经贸合作框架，完善相关法律法规，等等。特别是与东北地区紧密相邻的东北亚国家，俄罗斯、朝鲜和蒙古等具有丰富的自然资源、广阔的销售市场，相对低廉的劳动力，符合老工业基地企业获取"能源、原材料、矿产资源"的投资战略目标，在与这些国家的合作中可以把资本投资与对外承包工程、劳务合作、产品输出等结合起来。日本、韩国拥有先进的技术和管理经验，通过对外投资，开展与它们的经济合作，有利于获取先进的技术，缓解和规避双边贸易摩擦，提升管理水平，提高企业的国际竞争力。

（四）积极应对跨国并购，加强监管以提高利用外资的质量

在推动产业结构升级、鼓励外资参与国企改造的同时，应该对外资引入对企业和地方经济的作用有更清楚的认识。外资不是万能的，在扩大对外开放、积极引入外资的过程中，更要注重引入外资的质量。要树立合作共赢的意识，在对外合作中保持自主、发展自我。

一方面，我们要把握当前国际资本流动的趋势和特点，在创造有利于外资并购投资的环境同时，也要加强对外资并购的引导，规范其发展。应注意以"双赢"为目标，在提高重组后国有企业质量和竞争力的前提下，吸引外资参与国企改造。在企业重组过程中，要严格履行程序，理性选择适合企业实际的合作伙伴和合作形式；加强对外资的有效监管，使外资并购交易市场化、规范化，防止外资并购中的国有资产流失；重大并购重组活动，要经过专项评估和论证；对于战略性产业和具有战略意义的重要企业，在实施并购重组过程中必须通过专项审议。同时，建立并购中的国家经济安全预警机制，防范潜在风险。

另一方面，需要明确战略产业，整体规划产业发展和企业改革，对于战略性产业和重要企业，外资进入的方式和深度要有明确的界定；对于涉及到战略产业和重要企业的并购重组，必须坚持国家战略利益至上的原则，在服从战略利益的前提下考虑企业的商业利益，避免以牺牲战略利益、长远利益为代价去换取眼前利益。[①]

另外，企业在吸引外资与开展国际合作的同时，应注意对外商直接投资所带来的先进技术以及管理知识的消化、吸收，防止本土企业技术"空洞化"，充分利用外商投资的技术外溢效应，更注重自身的技术创新和自主知识产权产品的开

---

① 李炳炎、唐思航：《外资过度并购我国企业的态势、风险与对策实证分析》，http：//www. revie-wing. cn/www/4/2008 - 02/2233. html，2008 年 2 月 3 日。

发和保护，从根本上提升企业的国际竞争力。

总之，对于外商直接投资，在注重引进数量和规模增长的同时，更要注重引进外资的质量。我们不是为了引资而引资，只有充分利用外资来更好地增强自身实力，更好地发展地方经济，才能达到引入外资的目的。

第四节　东北老工业基地在东北亚经济合作中的生产分工策略

20世纪90年代以来，东亚区域内生产分工的一个显著发展趋势就是，由原来以产业间分工为基础的"雁阵型"模式向以产业内乃至产品内分工为基础的"网络型"模式演进。[①]"雁阵型"模式本质上是指东亚先进国家（地区）与后进国家（地区）之间的一种产业梯次传递的状态或过程，即劳动密集型产业和部分资本密集型产业在以日本为首、亚洲"四小龙"为两翼、东盟和中国尾随其后的倒"V"形传递过程。"雁阵型"模式在一定程度上实现了东亚区域内产业间的优势互补，但其静态垂直分工的模式无法满足东亚后进国家和地区快速提升产业结构、促进技术升级的要求，同时也存在日本作为"领头雁"技术创新动力不足的问题。随着东亚国家经济的迅速发展，经济结构的趋同，东亚区域内生产分工逐渐由"雁阵型"向"网络型"过渡。"网络型"生产分工模式以产业内乃至产品内分工为基础，一国的竞争优势不再体现于某个特定产业，或某项特定产品上，而是体现在产业链条中所占据的环节或工序上。

垂直专业化生产方式的出现与迅猛发展，是东亚"网络型"分工模式出现的基本原因。按照赫梅尔斯等（Hummels, Ishii and Yi, 2001）的定义，垂直专业化（Vertical Specialization）是指一国（地区）从其他国家（地区）进口物品或劳务作为本国产品的中间投入，经过国内加工和制造后，再将所生产的产品出口的国际分工方式。垂直专业化在贸易形态上包含了中间产品贸易，其本质是生产环节在纵向上的跨国界的合理分布。据日本贸易振兴会的统计资料显示，1985~1995年间，与国产产品相比，东亚各国有更多地投入进口产品的倾向。东亚国家的国产产品投入率在下降的同时，来自东亚内部各国的中间产品投入率却不断上升。[②]东亚区域内零部件贸易的发展尤为引人注目，1992~2000年间，东亚区域

---

① 李晓：《东亚区域产业循环与中国工业振兴》，吉林大学出版社2000年版，第37页。
② 渡边利夫：《中国制造业的崛起与东亚的回应》，中译本，经济管理出版社2003年版，第14~15页。

内零部件出口占制成品出口比重由 25.2% 上升至 40.2%，进口比重由 24.9% 升至 37.1%，在零部件贸易所占比重及增长速度方面都要远高于北美自由贸易区和欧盟的发展。① 许多日本学者认为，垂直专业化在推动东亚区域内零部件贸易尤其是产业内贸易发展方面发挥了十分重要的作用。垂直专业化生产分工在东北亚尤其是中日韩之间也获得了显著的发展，这将对东北老工业基地利用与东北亚国家产业分工提升产业结构，进而实现"再工业化"产生的重要影响。

一、东北老工业基地与东北亚各国生产分工的基本态势

（一）中国与东北亚国家垂直专业化分工的发展态势

在东北亚区域，垂直专业化主要是在核心国家即中日韩之间获得了显著的发展。这里首先考察中国与日韩之间垂直专业化分工的发展态势，以从整体上把握中国与东北亚产业分工的基本情况。② 对于垂直专业化生产分工，可以用两个指标加以考察：一个是零部件贸易额；另一个是加工贸易额。

表 10-2 显示出 1994~2004 年间中国与日本零部件贸易发展的总体态势。由该表可见，1994~2004 年间，中国与日韩各行业零部件贸易都出现了不同程度的增长，在中日贸易方面，电气机械及器材制造业增长幅度最大，10 年间增长了近 26 倍。仪器仪表及文化办公用机械、电子及通信设备制造业零部件贸易也有较大水平的发展，分别增长了 21 倍和 15 倍。总体来讲，中日零部件贸易发展要快于行业总体贸易。除普通机械制造业外，其他行业零部件贸易的增长水平都高于行业总体贸易。表 10-2 第二栏和第三栏分别显示了这一时期中国对日本零部件出口与进口增长对中日零部件贸易增长的贡献度。由该表可见，这 10 年间中日零部件贸易的巨大增长主要是由中国对日本零部件的进口增长所带动的，

① Athukorala, Prema-chandra（2003），"Product Fragmentation and Trade Patterns in East Asia" Trade and Development Discussion Paper 2003/21，Division of Economics，Research School of Pacific and Asian Studies，The Australian National University，Canberra.

② 这里贸易商品分类以联合国《国际贸易标准分类》第 3 次修订标准（SITC Rev. 3）为基准，数据均采自联合国商品贸易统计数据库（UN COMTRADE）。零部件商品的挑选则以联合国《广义经济类别分类》（Broad Economic Categories，BEC）①为基础，根据 BEC 分类法，第 42 和第 53 基本类为零部件商品。然后再按照联合国公布的 BEC 和 SITC（Rev. 3）之间的转换表，挑选出零部件商品。本文按照 SITC5 分位数据统计，共挑选出 204 种零部件商品，其中 SITC 第 7 大类（机械及运输设备）为 178 种，第 8 大类（杂项制品，如卫生、水运、钟表等）为 26 种。根据中国工业标准分类，这里将这 204 种零部件商品重新集结成 6 个行业，即普通机械制造业、专用设备制造业、交通运输设备制造业、电气机械及器材制造业、电子及通信设备制造业和仪器仪表及文化办公用机械，集结方法依据盛斌（2002）的转换标准。

零部件进口增长的贡献度基本都在60%以上，而电气机械及器材制造业零部件进口增长的贡献度甚至达到了85%。相对而言，电子及通信设备制造业的零部件出口增长贡献度较大，为43%。

表10-2　中日零部件贸易增长倍数及进出口增长贡献度（1994~2004年）

行　业	零部件贸易（倍）	出口增长贡献度（%）	进口增长贡献度（%）
普通机械制造业	4.43	0.35	0.65
专用设备制造业	4.95	0.35	0.65
交通运输设备制造业	8.85	0.30	0.70
电气机械及器材制造业	25.92	0.15	0.85
电子及通信设备制造业	15.38	0.43	0.57
仪器仪表及文化办公用机械	21.94	0.37	0.63

资料来源：根据联合国商品贸易数据库SITC（Rev.3）5分位数据整理计算得出。

表10-3显示出1994~2002年间中国与韩国零部件贸易发展的总体态势。这一期间中韩零部件贸易额同样出现了较大幅度的增长。其中，仪器仪表及文化办公用机械行业增长最快，12年增长了46.6倍，电器机械及器材制造业和普通机械制造业产品零部件贸易额也出现了较快增长。同样可以发现，中韩零部件贸易额的增长主要是依靠中国进口增长带动的。

表10-3　中韩零部件贸易增长倍数及进出口增长贡献度（1994~2002年）

行　业	零部件贸易（倍）	出口增长贡献度（%）	进口增长贡献度（%）
普通机械制造业	9.82	0.38	0.62
专用设备制造业	4.71	0.13	0.87
交通运输设备制造业	7.14	0.38	0.62
电气机械及器材制造业	10.68	0.17	0.83
电子及通信设备制造业	4.77	0.39	0.61
仪器仪表及文化办公用机械	46.61	0.37	0.63

资料来源：根据联合国商品贸易数据库SITC（Rev.3）5分位数据整理计算得出。

（二）东北老工业基地与东北亚国家垂直专业化分工的发展态势

辽宁省在东北老工业基地的国际垂直专业化分工生产方面居于绝对主体地位。就加工贸易指标看，2006年，辽宁省加工贸易进出口总额为228.38亿美元，占辽宁省对外贸易进出口总额的47.2%；吉林省加工贸易进出口总额为8.41亿美元，占其对外贸易进出口总额的 10.6%；黑龙江省加工贸易进出口总额为 4.84 亿美元，占其对外贸易进出口总额的 3.7%。辽宁省加工贸易进出口总额占东北老工业基地加工贸易总额的 95%。① 因此，从辽宁省与东北亚国家加工贸易的基本情况可以大致考察东北老工业基地与东北亚国家垂直专业化生产分工的发展态势。

从辽宁省对东北亚国家加工贸易出口额的比重来看，2006 年辽宁省对日本加工贸易出口额占有的比重最大，占辽宁省对东北亚国家加工贸易出口总额的 69%；辽宁省对韩国加工贸易出口额占加工贸易出口总额的 27%，而辽宁省对俄罗斯、朝鲜加工贸易出口额比重仅为 4%。② 由此可见，辽宁省主要是与日本和韩国进行垂直专业化的生产分工。

表 10-4 显示出 2004~2006 年辽宁省与东北亚国家加工贸易发展的基本态势。由该表可见，近年来辽宁省对东北亚 5 国的加工贸易出口额都出现了较大幅度的增长。辽宁省对日本加工贸易出口额由 2004 年的 40 亿美元增长到 2006 年的 47.7 亿美元，3 年间增长了近 20%；辽宁省对韩国加工贸易出口额由 2004 年的 12 亿美元增长到 2006 年的 18.2 亿美元，增长幅度为 50.5%。尽管辽宁省对俄罗斯、朝鲜和蒙古加工贸易出口额比重很小，但 3 年来增长幅度却很大，辽宁省对俄罗斯加工贸易出口增长了 221.9%，对蒙古和朝鲜加工贸易出口额则分别增长了 720% 和 46.2%。这说明，辽宁省今后在与这 3 个国家垂直专业分工方面还有很大的空间。

表 10-4　　　　辽宁省对东北亚国家加工贸易出口额的基本态势（2004~2006 年）　　　　单位：万美元

国　别	2004 年	2005 年	2006 年	2006 年较 2004 年增幅（%）
日　本	400 003	425 588	477 423	19.4
韩　国	120 677	146 598	181 625	50.5
俄罗斯	6 246	13 982	20 108	221.9
朝　鲜	3 435	4 161	5 022	46.2
蒙　古	20	81	164	720.0

资料来源：根据辽宁省对外经济贸易合作厅相关统计数据计算得出。

二、垂直专业化生产分工提升东北工业竞争力的机制分析

东北老工业基地在全面振兴的攻坚阶段，要实施"再工业化"发展战略，

① 根据《辽宁统计年鉴（2007）》、《吉林统计年鉴（2007）》和《黑龙江统计年鉴（2007）》相关数据计算得出。

② 根据辽宁省经济贸易合作厅相关统计数据计算得出。

其核心任务就是要促进技术进步，推进产业结构的优化升级，从而全面提升工业的竞争力。工业竞争力的提高有赖于生产成本的降低、规模经济效益的发挥和工业技术的进步。垂直专业化生产分工则按照比较优势原则将国际分工深入到产品生产阶段的内部，使参与各方在商品生产的特定阶段进行专业化生产。这既能够充分发挥参与各方在特定产品不同工序的比较优势，又能够充分实现各生产环节的规模经济，从而有利于生产成本的节约和生产效率的提高，进而提升工业竞争力。归纳起来，垂直专业化生产分工对提升东北老工业基地工业竞争力的机制与途径主要体现在以下三个方面：

（一）垂直专业化生产分工的比较优势效应

垂直专业化带来了国际分工程度的细化与深化，国际分工从产品层面深入到工序层面，这意味着比较优势范围的扩展。一方面，即使东北老工业基地在某些产品的生产中不具有优势，但只要在这些产品的特定生产阶段上具有比较优势，就可以参与国际分工；另一方面，在东北老工业基地具有比较优势的产品上，国际生产分割带来的分工程度的加深将有利于生产成本的节约和资源的优化配置，有利于生产效率的提高，从而有利于工业竞争力的提升。

（二）垂直专业化生产分工的规模经济效应

东北老工业基地实施"再工业化"战略，发展资本与技术密集型产业，其中一个重要基础是需要实现规模经济效应。东北老工业基地通过与东北亚国家的垂直专业化生产分工，将有助于产业内部规模经济、外部规模经济和动态规模经济效应的发挥，从而促进东北老工业基地重化工业的发展乃至全面振兴。

首先，从内部规模经济效应看，通过垂直专业化分工能够将有效规模不同的生产阶段加以分离，安排到不同的空间场合进行生产，这将有利于在各生产环节充分实现规模经济效应，从而有利于成本最小化。而在没有垂直专业化分工条件下，由于特定产品生产过程不存在空间分离，生产企业只能依据某个关键阶段的有效规模安排整体生产的规模，其他生产阶段却无法达到最佳规模。其次，从外部规模经济效应看，垂直专业化生产分工会导致新的集聚现象。不同行业、不同产品的生产可能存在某些类似的环节，国际生产分割会鼓励这些跨行业的类似生产环节的集聚，这将产生技术外溢等积极效果。最后，从动态规模经济效应看，国际垂直专业化分工可以产生"干中学"效应。

（三）垂直专业化生产分工的技术扩散效应

垂直专业化生产分工促进东北老工业基地产业竞争力提升的另一途径在于，

可以从这种国际分工与贸易中获得技术扩散与技术进步的利益。日本和韩国企业通过契约等方式将某些生产环节外包给东北三省的工业企业，东北工业企业从日韩进口中间产品，经过加工后再出口到美国等发达国家。进口的中间产品可能包含专业技术知识和国外研发成果，东北工业企业将进口的高质量、多种类的中间产品应用到生产中，这不仅能够直接提高企业的生产效率，而且通过进口与出口传播技术。从进口看，进口产品带动东北老工业基地企业的学习和模仿，开发出有竞争性的类似产品。从出口看，将会产生"边出口、边学习"的积极效应（胡昭玲，2007）。东北老工业基地企业会努力提高自身的技术水平，以满足发达国家企业提出的较高要求，出口高质量的产品。日本等发达国家企业也可能向发展中国家企业提供相关产品设计和技术援助。此外，日本等发达国家企业还可通过直接投资将某些生产环节转移到东北老工业基地进行。跨国公司伴随着直接投资而进行主动的技术转移，或者在实现技术当地化过程中通过示范与模仿、市场竞争、产业关联以及人力资本流动等效应发生技术的被动扩散，均会对发展中国家的技术进步产生积极影响。

由以上分析可见，参与国际垂直分工能够带来生产效率的提高、成本的降低、技术的进步和规模经济效应的实现，从而提升产业的竞争力。张小蒂与孙景蔚（2006）在分析我国产业国际竞争力时引入了垂直专业化因素，对二者的关系做了回归分析，结果表明垂直专业化对资本技术密集型产业的技术水平和竞争力提高将产生积极的影响。胡昭玲（2007）利用中国19个主要工业行业的面板数据就国际垂直专业化对产业竞争力的影响进行回归分析，结果表明国际垂直专业化分工对资本（技术）密集型行业和劳动密集型行业的竞争力提高均有积极的促进作用，而对资本（技术）密集型行业的促进作用更大。所以，在这类行业垂直专业化分工促进不同生产环节实现规模经济的效果更突出，资本（技术）密集型行业参与国际垂直专业化分工、从发达国家承接生产环节转移带来的技术扩散效果也更显著。

因此，垂直专业化是东北老工业基地通过对外开放条件实施"'再工业化'战略"的重要方式，它对发展重化工业等资本和技术密集型产业，进而提升老工业基地企业的产业竞争力具有重要意义。

三、东北老工业基地在东北亚经济合作中的生产分工策略

当前，日本和韩国以跨国公司为载体的国际产业转移正在加速进行，东北作为中国最重要的工业生产基地成为这些国家产业转移的理想目标，而垂直专业化生产分工则是东北老工业基地承接国际产业转移的重要途径。因而，需要继续加大东北老工业基地与日本、韩国以及俄罗斯等技术先进国家垂直专业化分工的力

度，以此带动东北老工业基地的工业技术进步。针对目前东北老工业基地与东北亚国家进行垂直专业化生产过程中出现的问题，笔者提出今后东北发展与东北亚国家的生产分工策略，它主要包括：

（一）改善经济环境，加大吸引东北亚国家跨国外包的力度

当前，许多发展中国家发挥本国优势，积极承接跨国外包业务的发展，例如，印度、马来西亚、菲律宾、巴西和一些东欧国家等都在积极地调整政策，吸引跨国外包在本国的发展。因此，改善经济环境，吸引和鼓励发展跨国外包无疑具有重要的战略意义。但是就目前来看，东北老工业基地在吸引跨国外包的经济环境方面不容乐观。以垂直专业化分工较突出的辽宁省为例，虽然辽宁省在劳动力成本、货物运输能力、服务业基础和人才数量方面表现出一定的优势，但是，与国内一些表现绩效较好的省市相比，辽宁省还存在较大的差距。这表现为：在宏观经济环境方面，辽宁省的经济规模、对外开放程度和基础设施尤其是在邮电通信及能源设施建设方面未表现出明显的优势；在工业经济环境方面，辽宁省工业企业规模及经济效益在吸引跨国外包方面处于劣势地位；在法律保护环境、网络信息技术建设等方面尚不够完善。笔者认为，东北老工业基地需要及早采取措施，加强吸引跨国外包环境的建设，以更好地发展与东北亚国家的垂直专业化生产分工。为此，东北老工业基地可加强以下4个方面工作：

1. 加强基础设施建设。运输和通讯成本的降低是跨国外包发生的重要原因，因此，东北老工业基地在继续加强供水、供电、厂房等基础设施建设的同时，更需要注重按照国际标准，加强运输和通讯能力的建设。一方面，围绕交通运输基础设施建设，完善物流体系，全面提升物流综合服务功能；另一方面，加强通讯网络建设，建立外包企业通信专网，提升企业间跨地区大容量数据传输能力，降低通讯成本。

2. 提高产业经济效益。良好的产业经济环境是发达国家向发展中国家实施外包所要考虑的重要因素。承包方良好的经济效益意味着较好的劳动者技能和较高的生产率，这将在很大程度上弥补劳动力成本提高的劣势。目前东北老工业基地虽然具有一定的劳动力成本优势，但不利的工业经济环境却在很大程度上制约着承接高新技术产业的跨国外包业务。因此，从长远角度讲，东北老工业基地必须加快促进工业技术进步的步伐，提高企业的经济效益。

3. 实施适度优惠政策。从根本上讲，促进行业的发展需要从减少干预扭曲、利用市场力量推动的角度出发，不过，为迅速改变行业落后局面、适应竞争需要，适度实施优惠政策也具有一定的合理性和务实性。从印度和中东欧一些国家发展外包的成功经验看，适当的土地、税收、贷款等优惠政策在很大程度上刺激了跨国外包的发展。我国"十一五"规划和国务院 2007 年《关于加快发展服务业的若干意见》都提出了鼓励发展服务外包的目标，今后国家对服务外包发展的扶持力度必然进一步加大。东北老工业基地需要充分用好这些优惠政策。同时，东北老工业基地还应通过设立专项基金、提供办公用房补贴、税收减免、贷款贴息等适度的优惠政策，鼓励高新技术制造业外包和服务外包的发展。

4. 完善法律保护环境。近些年来我国在知识产权保护方面取得了较大的进步，但总体来讲，与国际惯例要求还相距甚远，而跨国外包与知识产权问题联系密切。不完善的法律环境也严重制约着东北老工业基地乃至我国的承接跨国外包活动。为此，东北老工业基地需要进一步加大知识产权保护的执法力度，同时尽快熟悉跨国外包新的业务形式和内容，加快完善与国际商业惯例相适应的法律法规体系，降低跨国外包的交易成本。

（二）促进加工贸易转型，提升东北老工业基地垂直专业化分工地位

垂直专业化中生产分工地位的高低，直接决定了东北老工业基地与东北亚国家经济合作中所获利益的大小。在垂直专业化生产分工体系下，东北亚国家与东北老工业基地按照各自的竞争优势分处于产业价值链的不同位置上。特定行业最具竞争力的生产方占据具有垄断地位的战略环节，提供价值链上最多的增加值，因而在利益分配中占据最有利的地位；在价值链中不具国际竞争力的生产方，只能占据价值链中的完全竞争环节，在价值链生产中提供很小的增加值，因而在利益分配中处于不利地位。因此，从产业国际竞争的角度看，垂直专业化分工使一国或地区的竞争优势不再体现于最终产品和某个特定产业上，而是体现在该国或地区在全球化产业的价值链中所占据的环节上。对于东北老工业基地来说，其产业成长的过程，事实上就是不断培育和积累竞争优势，由劳动密集的非战略环节一步步向资本技术密集的战略环节挺进的过程。

从生产国际分工的阶梯状演进态势看，它将呈现出以下格局，即：最终产品的加工、组装生产和出口→零部件的分包生产和出口→中间产品的生产和出口→国外品牌产品的生产和出口（OEM 和 ODM）→自创品牌的生产和出口。目前东北老工业基地在垂直专业化分工体系中的位置在不断提升，以辽宁省为例：2006年辽宁省机电产品加工贸易出口额为 85.4 亿美元，比 2005 年增长了 31.63%；高新技术产品加工贸易出口额为 27 亿美元，比 2005 年增长了 61.09%。2006 年辽宁省机电产品与高新技术产品加工贸易出口占全省加工贸易出口总额的 84%，其中机电产品加工贸易比重为 63.7%，高新技术产品加工贸易比重为 20.3%。①

---

① 根据辽宁省对外经济贸易合作厅相关统计数据计算得出。

不过，需要看到，目前东北老工业基地在加工贸易中主要处于劳动密集型生产环节，即产品加工、组装和零部件的分包生产与出口阶段，在垂直专业化价值链中处于低端，技术转移水平不高。从东北老工业基地与东北亚国家生产分工的总体战略来看，东北亚生产网络分工体系只是东北老工业基地促进产业升级的外部条件和工具，建立起具备独立、长远发展前景的高附加值的高新技术产业，才是东北老工业基地的最终战略目标。笔者认为，东北老工业基地需要在国际生产分工的技术转移过程中逐步培育自主技术创新体系，提升在垂直专业化生产分工中的地位。为此，东北老工业基地可以考虑采取以下措施：

1. 鼓励技术进步，促进垂直专业化分工的技术转移。技术进步是产业升级的核心。东北老工业基地需要进一步加强与东北亚国家高新技术产业的垂直专业化分工，积极支持外资企业尤其是跨国公司子公司设立研发机构，鼓励中外企业的联合开发和合作，鼓励企业转移先进技术、加速产品升级换代。为提高当地企业的技术水平，可考虑借鉴中国台湾等地的经验，设立区域性高新技术发展促进基金和产业科技进步基金，积极支持大中型企业更新设备、引进技术和进行新产品开发；提供优惠贷款和各种补贴，用于中小企业的产品设计、工程技术进步、质量改进、自动化发展和员工培训，以有效地缓解企业技术进步中资金不足的问题。

2. 对高新技术产品加工贸易进行规范监管。建议东北老工业基地地方政府继续严格审批手续，将加工贸易审批和管理工作与促进加工贸易的技术进步和技术外溢工作结合起来。在相关政策上，加快海关通过速度，完善先进设备进口的各项优惠措施，以鼓励加工贸易企业加快设备更新、建设新的生产线和对原有设备的更新改造；加强知识产权政策的实施力度，维护市场秩序，保护技术进步的合法权益。

3. 促进配套产业发展，实现引进外资与产业升级的良性循环。跨国公司在东道国的技术溢出，主要通过配套产业的分包体系和对当地员工的培训这两条渠道。配套产业的迅速发展，不仅可以加大技术溢出效应，而且可以拉长产业链条，消除飞地效应，带动当地关联产业的发展。同时，产业发展的集聚效应会促使母公司进一步的资本投入和技术转移，并且吸引更多的跨国公司跟随性投资，为融入东北亚区域产业链条以带动产业升级打下坚实的基础。为此，东北老工业基地需要充分利用和不断提高当地企业的生产能力和技术水平，鼓励民营经济发展，采用多种方式促进当地企业与跨国公司子公司间的生产合作，培育和扩大为跨国公司生产经营服务的配套生产体系。

4. 加速产业结构调整，促进高新技术产业发展。加快产业结构调整步伐，提高加工工业产品档次和技术水平，以改善和提高产业基础水平来解决加工贸易的配套生产和升级换代能力问题。加快东北高新技术产业发展步伐，增加高新技术产业发展资金，拓宽高新技术产业融资渠道，组织关键技术的联合攻关，培育高新技术产业的自主开发能力；同时，重视高新区的建设，注重人力资源的培养，为高新技术产业加工贸易培育坚实的后继力量。高新技术产业从发展伊始即应吸取传统产业发展的经验教训，走外资与内资共同发展，技术引进与自主创新相结合的道路，保持与国际水平同步。

（三）发展国际服务外包，促进与东北亚国家制造业的垂直专业化分工

服务外包是指企业或其他组织在维持某种产出前提下，把过去由自身从事的投入性活动或工作，通过合约方式转移给外部厂商完成。当转移对象是服务品生产投入活动或者制造业内部生产性服务流程活动时，则称为服务外包。如果发包方与承包方分属不同国家企业，则称为国际服务外包。服务外包内容包括信息技术、咨询、财务、会计、法律、人力资源和物流等现代服务业的海外转移。

对于承接外包的东道国来说，与制造业的垂直专业化相比，服务外包有其特殊的优势：承接服务外包的东道国较少受到能源紧张和环境污染的制约。由于凝结在国际服务外包产品中的专业技术与管理方法和手段能够减少工业产品的自然资源损耗和环境污染，改善生产流程和优化产品结构，增加工业产品的附加值，因而有利于进一步推进高新技术产业与传统制造业的渗透和融合，优化传统产业的资源配置方式，促进工业的发展。此外，与制造业垂直专业化相比，服务业垂直专业化具有技术知识密集型的特点。即使是服务业垂直专业化中低技能型的呼叫中心外包，也因为有语言上的要求，相对于制造业中的劳动型岗位来说，也是高技能型的岗位。从长远来看，由于服务业蕴涵大量知识的特性，承接国际服务外包有助于加速人力资本的提高，扩大"技术外溢"效应，巩固东道国的核心竞争优势。

东北老工业基地实施"再工业化"战略需要以信息化带动工业化，走新型工业化道路，发挥人力资本作用，注重资源节约和环境友好。因此，东北老工业基地应大力发展与东北亚国家的服务外包，通过服务外包提高生产性服务流程效率，从而促进与东北亚国家制造业的垂直专业化生产分工的发展。

我国于2006年"十一五"规划纲要中明确提出建立服务业外包基地的战略目标，并启动了旨在推动服务外包的"千百十"工程[①]。当前，东北老工业基地

---

① 商务部启动的承接服务外包"千百十"工程是指在今后的3~5年内建设10个中国承接服务外包的基地，推动100家跨国公司将其部分外包业务转移到中国，同时培养1000家大型承接国际服务外包企业，特别是要打造10个具有万人规模的服务外包企业，以全方位接纳国际服务外包业务，每年投入不少于1亿元资金。

的国际服务外包活动正处于起步阶段，与东北亚国家的国际服务外包正不断发展。2006 年大连成为国家第一个"中国服务外包基地"城市，大连软件园成为第一个中国服务外包基地城市的示范区。2008 年黑龙江省大庆市也将成为"中国服务外包示范园区"。今后，东北老工业基地需要进一步发展与东北亚国家的服务外包，以推动制造业垂直专业化分工生产，为此，笔者建议东北老工业基地可考虑采取以下三方面措施：

1. 营造适合于服务外包发展的制度环境。应尽快建立有关部门的协调管理机制，以便对服务外包实施宏观指导和有效监督。同时，抓紧研究制定促进出口的鼓励政策和措施，在财政税收、投资融资、进出口、出口信贷和信用保险、设立境外研发和营销机构、人才培训、保护知识产权等方面加大支持力度。

2. 在制造业基础上延长产业链条发展服务业外包。服务业可以分为"消费者服务"和"生产者服务"，承接服务外包既可以直接受益于服务业跨国公司的战略化转移，也可以延长制造业产业链条，向制造业跨国公司提供相关的商务服务。例如，战略咨询与管理、研究开发、产品设计、物流、营销、公共关系、金融服务等。因此，东北老工业基地可以在已有的制造业基础上，充分了解跨国公司在经济全球化和信息化条件下新的战略动向和商务模式的变化，以及从制造业垂直专业化到服务外包的发展趋势。满足这些企业的商务需求，延长产业链条，是提高利用外资质量和水平的重要内容，也是扩大服务业利用外资、高起点承接服务外包的切入点。

3. 完善人才培养制度，提升竞争力和发展潜力。服务外包提供的是一种专业性服务，承接服务外包的竞争力和发展潜力最终都取决于它的人力资本优势。因而调整人才培养战略，完善人才培养制度，培养出懂外语的国际化专业人才，是当务之急，也是发展服务外包的关键所在。

第五节　东北老工业基地参与东北亚经济合作的战略构想

由前面的分析可见，近年来东北老工业基地与东北亚各国的区域经济合作取得了较快的发展，贸易、投资及生产分工水平有了显著的提高。凭借地缘优势条件，利用外部资源，对东北老工业基地实现"再工业化"具有重要意义。当前，东北老工业基地正处于全面振兴的攻坚阶段，新形势需要进一步提升与东北亚各国经济合作的层次，加深经济联系，更有效地通过对外开放促进东北老工业基地的发展。为此，东北老工业基地在今后参与东北亚经济合作中需要重视以下三方面的问题。

一、促进合作模式从互补型向战略型提升

从目前阶段看，东北老工业基地与东北亚国家之间的经济合作主要基于资源禀赋的差异，在此基础上选择各自具有比较优势的领域进行分工与交换，这可以概括为互补型的合作模式。具体而言，东北老工业基地利用人口众多、劳动力丰富的优势生产和出口劳动密集型产品，日本和韩国利用资本要素充足、技术先进的优势生产及出口资本和技术密集型产品，而俄罗斯远东地区、蒙古和朝鲜则利用自然资源丰富的优势生产和出口资源密集型产品。

互补型合作模式反映了东北老工业基地和东北亚各国按照静态比较优势进行生产分工的格局。这种合作模式在东北老工业基地参与东北亚经济合作的初始阶段中发挥了重要的作用，它使整个东北亚区域内的生产要素得到了有效、合理的配置，促进了东北老工业基地和东北亚各国的经济增长，加深了它们之间的经济联系。

但是，随着东北老工业基地与东北亚各国间经贸关系的迅速发展及东北老工业基地全面振兴阶段的到来，这种基于互补型的合作模式难以涵盖东北老工业基地和东北亚各国间经济合作出现的新变化，不再适宜将其作为东北老工业基地参与东北亚经济合作的基本战略遵循。主要原因在于，互补型合作模式存在以下几方面的内在缺陷：

第一，合作内容单一，发展空间有限。在当前经济全球化的条件下，东北老工业基地与东北亚各国间的互补型合作只能局限在劳动密集型产业——资源开采和加工行业；部分低端制造业——少量高技术领域。由此，合作空间十分有限，必然制约贸易与投资的发展。

第二，合作关系的稳定性差。立足于要素禀赋基础上的国际贸易，意味着进入交换领域的是本国不能生产或者是不具有国际比较优势因而在国内不太可能大规模生产的产品。可见，互补性具有较高的相互依赖性。然而，东北老工业基地与东北亚各国贸易的特殊性却是，东北老工业基地出口的劳动密集型产品对于东北亚各国具有较高的可替代性，而俄罗斯出口的自然资源和部分高端技术产品以及日、韩等国出口的高技术产品的替代性则相对较低。

第三，不符合东北老工业基地及东北亚国家的长远利益和战略方向。东北老工业基地是我国最重要的能源基地、重化工业和装备制造业基地，肩负着发展我国工业的重要历史使命，发展资本和技术密集型产业是东北老工业基地长远的战

461

略目标。因此，处于产业链低端、单一依靠生产和出口低附加值的劳动密集型产品的国际分工格局，显然不符合东北老工业基地乃至我国的长远利益和战略方向。同时，对于俄罗斯、蒙古和朝鲜而言，长期依靠出口自然资源密集型为主的产品，显然也不符合这些国家的长远利益与战略目标。

第四，合作难以长期维系。贸易理论揭示，长期国际贸易的结果是各国要素禀赋价格趋于均等，最终国际贸易的动力势必消失。具体到东北老工业基地与东北亚国家间的贸易，如果互补型合作模式不及时顺应经济合作阶段的变化，随着中国劳动力成本的逐渐上升及俄罗斯、蒙古等国自然资源存量的减少，中国与东北亚国家间的贸易合作基础与动力势必受到削弱，从而影响东北老工业基地与东北亚各国的长期合作。

上述理由表明，仅仅依靠互补性开展东北老工业基地与东北亚各国的经贸合作不仅拓展空间有限，而且这种模式本身不能长期自我维持。所以，东北老工业基地与东北亚各国必须开拓新的、可持续的合作领域。战略型合作即是可供选择的新模式。

战略型合作模式是一种建立在区域国家集团共同的经济、政治乃至外交利益基础上的全方位、多领域的合作模式。这种模式通过建立国家集团内部成员长期、密切、稳定的合作关系，旨在培育区域内国家成员共同的区域意识与认同，使区域内国家成员具有共同特征和集体利益目标，从而成为一个经济乃至政治利益的共同体，进而形成区域内聚力，最终达到实现区域内完全一体化的战略目标。战略型合作模式是在互补型合作模式基础上构建起来的，它与互补型合作模式相互补充、相互促进，因此，战略型合作模式在内涵上并不排斥互补型合作的要求。

战略型合作模式的提出，是与我国当前所面临的国际形势出现的新的、深刻的变化这一时代大背景密切相关的。在当代，经济全球化与区域化迅猛发展，区域经济合作成为大国开展战略合作与竞争的重要手段，区域经济合作的实质事实上已经超越了经济范畴，兼有政治、外交方面的战略意义。区域经济合作的迅猛发展对当代国际政治、经济格局正在产生重大影响，这一趋势使国家之间的竞争变为国家集团之间的竞争。美、日及欧洲各国都竞相将推动区域经济合作作为国家战略进行实施，以在激烈的国际竞争中占据有利的地位。

中国共产党的"十七大"报告中明确提出要"实施自由贸易区战略"，从而将推动区域经济合作提升到战略高度。区域合作战略是协调我国国内战略和国际战略的着眼点；是我国成为世界强国大战略得以实施的落脚点；同时也是实施全球化战略的着力点；故而在中国发挥大战略框架中发挥支点作用。实施战略型区域经济合作模式，对于我国拓宽经济发展空间、保障资源供应、消除贸易投资壁垒、消除"中国威胁论"，以及改善国际尤其是周边环境等方面，都具有重要的

462

现实意义。

当前，东北老工业基地与东北亚国家合作的模式需进一步从互补型提升至战略型。笔者认为，这主要包括以下四个方面的合作内容：

1. 科技合作。在互补型合作框架下，技术合作是在有限领域不同技术含量的产成品之间的跨国交易，如出口家电和进口军工产品。而战略型合作则是深入到生产过程进行研发合作，这就不局限于个别产业，而是扩展至几乎所有的经济部门。除了高新技术产业如电子信息、生物工程、宇航工业外，还可以在传统产业内开展研发合作，比如合作开发新型环保的纺织面料，共同研制矿产开采和提炼技术，共同投资搞基础科学研究等。当然，高技术部门是以对知识的投资为核心的产业，研发活动的规模更大，自然也是合作各国科技合作的重点领域。合作开发比传统的技术贸易拥有一系列优点，比如合作空间巨大，能够促进投资进而带动贸易活动，能够提升贸易商品的附加值等。此外，研发合作还能将合作各国的科研潜力结合起来共同推动技术进步，带动传统产业升级，提升合作各国的竞争优势。

2. 更高层次的生产合作与跨国投资。目前东北老工业基地对东北亚国家外资利用以日本和韩国为主，而与俄罗斯相互的资本输出不是主攻方向，这实际上忽略了双方经济的长期动态增长前景，也忽略了跨国投资可能产生的高额收益。目前东北老工业基地与俄罗斯的相互直接投资规模较小，资本装备程度和技术含量很低，属于低层次的投资合作。为了从长远的战略层面推进双方的经济合作，就必须调整投资结构，选择或扶植一批资本装备程度和技术含量高、外溢效应明显的大型项目进行生产合作和跨国投资。这种投资不但有助于提升双方的整体合作水平，而且具有极强的示范效应，可以带动其他相关企业及时跟进，形成良性互动。在与日本、韩国合作方面，要进一步加强劳动密集型产业与资本、技术密集型产业之间在工序与零部件生产上的分工与合作，加强高技术产品工序与零部件生产之间的分工与合作，由一般的生产加工合作转变为共同开发技术、资金、人才、教育、信息、生态、基础设施等要素，从而促进联合对外开展经贸合作进入一个新阶段。

3. 环境合作。在保护区域环境问题上，东北亚各国存在共同利益。与政治、经济合作相比，环境合作最易被东北亚合作各方所接受，它将有效改善合作各方的关系。环境合作与经济合作互为因果，它既是经济合作的前提，也是经济合作的成果。随着东北老工业基地全面振兴阶段的到来和"再工业化"发展战略的深入实施，必将对经济与资源、环境的协调发展提出更高的要求，以加大生态建设与环境保护力度。因此，东北老工业基地与东北亚国家在环境保护方面存在广阔的合作空间。目前中国对东北亚国家的环境合作主要集中于日本和韩国，与俄罗斯、蒙古和朝鲜的环境合作力度较小。而且，中国与日韩在环境合作方面主要是受援方，合作项目实施的质量与效率不高。

为此，东北老工业基地需要在环境合作中发挥更为主动、积极的作用，加强与东北亚国家环境保护合作的整体部署与规划，提高环境产业意识，逐步建立环保区域组织协调机制、环保区域资金筹措机制、区域环境标准与评估机制、区域环保科技合作机制和区域环境控制与补偿机制等，拓宽环境保护合作的范围。

4. 加强文化交流，促进政治互信机制的建立。妨碍东北亚区域合作模式由互补型向战略型提升的最大因素是由于历史原因及文化差异造成的东北亚各国间相互信任的缺失。为此，东北老工业基地应通过推进文化交流，达到促进我国与东北亚各国政治互信机制的建立，加强政治与外交合作的目的。在此方面，东北三省各级地方政府应充分利用和拓宽各种渠道，加强与东北亚各国人民对相互历史文化传统以及现实国家状况的了解。这些途径包括：充分利用国家层面的交流活动，比如中俄"友好年"，与区域内各国地方政府建立"友好城市"，以及鼓励建立民间文化组织、组织跨文化培训、开展跨国办学教育、召开国际研讨会等活动。通过文化交流，逐渐培育东北亚区域的凝聚力，在多样性文化的基础上成功塑造出共同的地区认同。

二、推动合作制度安排由区域化向区域主义迈进

东北老工业基地与东北亚合作模式由互补型向战略型提升，必然要求区域合作的制度安排做出相应的调整与变化。根据世界银行（2004）的划分，区域经济一体化的制度安排可以分为区域化和区域主义两种形式。区域化是指在没有正式的合作框架情况下，区域内贸易、投资、技术和人口自发流动的增加所导致的经济依赖性的增强，通常被称为市场驱动型一体化。区域主义指正式的经济合作和经济一体化安排，即各国通过贸易和投资自由化与促进措施实现经济增长的协定。这是一个超国家层次的制度建设，降低了各国的市场风险，减少了各国之间的贸易摩擦，以制度化方式建立公平、公正、公开的市场竞争规则，处理贸易冲突和争端解决机制，它通常被称为制度驱动型一体化。区域化与区域主义交织贯穿于一体化的发展进程中。区域主义是在区域化的基础上发展而来的，它是对市场推动下所取得的国家之间合作成果的一种保障，也是对市场自发力量支配下所形成的脆弱的、缺乏稳定性的合作的一种巩固。由区域化向区域主义的制度变迁，将使区域经济一体化进入一个发展的快速轨道。

凭借良好的地缘经济条件，东北老工业基地与东北亚各国区域合作的快速发展主要是在区域化这种非正式制度安排下自发演进的，这主要表现为近年来东北

老工业基地与东北亚各国之间贸易、投资与生产合作的快速增长等方面。

东北亚区域合作的快速发展在客观上要求区域合作制度安排由区域化向区域主义演进。这是由于，对区域化与区域主义这两种区域一体化制度安排的选择，取决于它们在市场驱动和制度驱动所带来的一体化成本与收益之间的权衡。通过贸易、投资等市场驱动下的经济活动，区域内各经济体形成了经济上的相互依赖关系，这种相互依赖关系甚至连接了彼此分割的国际市场。然而，随着经济活动领域的扩大和内容的深化，区域经济纠纷与贸易摩擦可能会进一步升级，经济相互依赖关系也可能出现某种程度的非对称性，这无疑增加了跨国界经济交往的交易成本，阻碍了各经济体通过进一步合作而相互受益。在区域化这种缺乏强制性的制度安排下不能获得这些潜在利润，只有通过向区域主义的制度变迁才能实现这些收益。因此，单纯依靠市场力量实现区域一体化极为不易，区域化的非正式制度特点无法超越这些障碍，必须以正式的制度安排来化解现有的矛盾和问题，保证一体化成果，促进新目标的实现。同时，以相应的制度框架和组织机构来配合市场和规范市场，为合作创造条件，达到普遍意义上的帕累托改进，因而产生了从区域化到区域主义的制度变迁需求。东北亚在市场因素的驱动下，虽然发展了信息技术、发展了市场经济、扩大了出口，但却没有从中释放出经济"外溢效应"来增进国家间的相互依存与共同利益，也没有建立起有效避免和减少冲突的区域合作机制，更没有满足东北亚合作各方对于区域合作的紧迫需求。这说明区域化所代表的非正式制度在此的无效性，必须以政府之间的合作协议等正式制度来降低国家之间的交易费用。因而，必须依靠区域多元力量共同设计区域合作机制来保障东北亚经济合作的成功。

但是，东北亚历史及现实原因造成的特殊的地缘政治条件阻碍了东北老工业基地与东北亚国家区域合作制度安排的进一步升华。这些地缘政治因素包括：中、日之间所面临的历史问题及现实矛盾；中、美、日三角关系的约束；"领导者"的缺失；以及人种、语言、宗教、文化的复杂性等。长期以来，东北亚区域合作十分松散，无论是从合作的形式、机制化程度，还是从合作的实质性内容来看，都处于较低的层次，区域主义发展进程缓慢而滞后。这种现实致使东北亚合作各方在当今以国家集团为主体的激烈的竞争格局中处于较为不利的位置。

不过，如果将东北亚区域合作置于全球化的视域下分析，由于经济安全和经济利益正占据国家对外战略的核心地位，地缘经济与政治的互动也越来越明显，这使各国之间的共同利益出现了重叠与交叉。中、美、日之间密切的经济、政治、安全联系及利益上的重叠，使各方在协调矛盾和分歧方面存在较大的余地。因而，全球化的发展使东亚地区中、美、日的三角关系格局既充满了变数，又相对稳定。随着各国实力的变化及其外交战略的相应调整，三国之间的权力对抗可能将逐渐消解，中、美、日三角以及三边关系有望趋好。所以，东北亚区域主义的发展存在较大的发展空间。

在推进东北亚区域主义发展方面，各国中央政府起着实际的主导作用。合作机制化在一定程度上涉及主权让渡问题，许多国际合作事务必须由中央政府进行决策和达成协议，这意味着中央政府的国际合作战略总体上规定了地方政府推进国际合作的深度和广度。笔者认为，中央政府层面在推动东北老工业基地加强与东北亚国家合作机制化建设问题上，可以考虑采取以下几种模式：

1. 一步到位的多边模式①。也就是说，将包括中国、日本、韩国、俄罗斯、蒙古、朝鲜在内的东北亚6国一步到位组织到一起，在一个框架下直接进行多边对话。不过，由于东北亚地区地域辽阔，各国经济发展水平参差不齐，加之政治、民族矛盾错综复杂，该模式一下子实施的难度较大。但是，有必要考虑将其作为东北亚经济合作的总体框架和长远目标。

2. 中、日、韩三边模式②。东北亚区域合作能否成功的关键，在于中、日、韩三国能否建立起真正的自由贸易区，这实际也是东亚区域合作机制化推进的关键因素。目前来看，中、日、韩三国在经济发展水平上已经越来越接近，相互之间的经济依赖度越来越强，具备了较为有利的建立经济共同体的条件。但复杂的政治地缘现实是中、日、韩三边合作无法回避的问题，它对中、日、韩合作机制化的推进具有极大的制约作用。该模式能否建立，取决于三国经济实力的发展和成功的外交策略。

3. 双边合作模式③。双边合作模式只涉及两个谈判主体，面临的阻力相对较小。与多边谈判相比，双边自由贸易谈判具有涉及更多领域、易于达成协议、易于克服地域局限、谈判时间短、见效快等优点。另外，通过商谈双边自由贸易协定本身也是学习和实验的过程，许多经验可以直接运用到多边和区域谈判之中。所以说，双边合作模式具有较强的现实可操作性。不过，相互交叉与多层重叠的自由贸易区的各种规则可能会增加各经济体之间的交易成本，因此需要加强合作各方在贸易便利化方面的协调。

地方政府参与区域合作具有灵活、高效和务实的优越性，是推进区域主义发展的重要补充要素。东北老工业基地在推进与东北亚国家合作机制化方面，可以考虑以下几点：

第一，建立边境经济合作区。从目前来看，东北老工业基地在此方面可以考虑加强三个地区的边境经济合作区建设：一是珲春—哈桑（中俄）边境经济合

---

①②③　范洪颖：《东亚大趋势——经济区域主义》，中国博士学位论文全文数据库，第135～137页。http://dlib.cnki.net/knsso/detail.aspx?QueryID=76&CurRec=1。

作区；二是珲春—罗先（中朝）边境经济合作区；三是通过两个边境经济合作区的整合，形成图们江地区边境经济合作区。为此，东北老工业基地地方政府应该积极推动组建图们江地区开发协调委员会，统筹规划图们江地区内的基础设施建设、产业开发规划、人力资源开发和环境保护等。

第二，开展中日韩自由贸易区试点。日韩两国是东北老工业基地最重要的对外经贸国家，可以考虑在东北三省中选择与日韩两国在政治、经济、文化存在悠久、广泛联系的地方中心城市设立中日韩自由贸易区的试点，例如，沈阳、大连等，以促进双边贸易的发展。还可考虑在开发区内设立日韩专属开发区，这种企业的聚集优势对招商引资具有极强的示范效应；这种更深层次、更大范围上的经贸合作，对于加强中日韩三国间的经贸合作以及对于东北亚乃至东亚经济一体化的发展，都具有不可低估的战略意义。

第三，进一步推进"东北亚地区地方政府首脑会议"的制度化建设。"东北亚地区地方政府首脑会议"成立于1994年，是由东北亚各国地方政府首脑参加的、旨在推进东北亚地方经济圈合作的会议制度，到目前已举办了11届，它是加强东北亚区域合作的重要联系纽带。今后，有必要进一步加强该会议的制度化建设，加强区域地方政府合作协调机制的建设，为推进东北亚区域合作提供有效的指导原则和可靠的制度保障。

三、走出大国合作"困境"

东北亚合作模式能否成功地由互补型向战略型提升，合作制度安排能否由区域化向区域主义顺利迈进，东北亚大国之间的关系在其中起着支配或者决定性的作用。当前，东北亚区域合作进程的主要决定因素是中日韩三国之间关系的发展，而中日关系又是其中的关键环节。中国是正在崛起的发展中大国，具有较大的国际影响力；日本是当今世界一流的发达国家，正在由经济大国向政治大国迈进。中日两国巨大的政治影响力和经济实力，决定了它们具备区域合作主导力量的实力。

东北亚各国要结成更为紧密的区域经济政治集团，最终实现建立经济、政治乃至外交利益共同体的目标，要求中日这两个区域大国必须从自身长远的战略利益高度出发构建中日关系。但是，由于中日间现阶段结构性的矛盾使双方面临类似"囚徒困境"的国家关系状态，即由于两个大国间相互信任的缺乏，使其难以真正携手密切合作。中日关系信任"困境"与安全"困境"的存在，严重地制约着东北老工业基地参与东北亚区域经济合作的进程。"囚徒困境"是主权国家经常会遇到的两难处境。困境在于个人理性与集体理性之间的矛盾。两个理性追求个人利益最大化的人，其最终却无法获得于己最优的而只能是次优的结果。中日关系的"囚徒困境"主要源于现阶段两国力量的结构。由于当前中国和日本进入了一种历史上未曾有过的"强强型"对比关系，即发展中政治大国的"崛起"与发达的经济大国的停滞同时发生，而在未来，一个大陆经济与一个海岛经济将在自身经济增长和国际经济竞争中进行韧性的对比。双方不仅在两国层次上，而且在区域层次上的合作也难以达成。如果将中日双方的合作决策视作一种博弈，则双方的不合作策略很有可能构成最终均衡，这是一种非合作博弈，其结果是两败俱伤的状态，这也正是东北亚区域合作中举步维艰的原因。因此，只有通过双方的协议来约束各自的行为，才能实现合作的共赢。

根据博弈理论，假如"囚徒困境"下的博弈是无限次重复进行的，即"无限次重复博弈"，则均衡有可能与偶发一次性博弈条件下的均衡结果大相径庭。每次交易都可能影响双方未来选择和各自的信誉和信任。考虑到未来的选择，参与方完全可能放弃眼前利益，采取合作策略，从而更加接近帕累托最优均衡。因此，中日走出"囚徒困境"的出路在于创设一种合作制度，在一定的制度模式下进行无限次重复博弈。在多次博弈之后双方意识到和解的意义所在，认识到合作的远期收益明显大于背叛而带来的短期收益。同时，双方对报复的担心以及自身信誉的丧失，对各自都是一种无形的监督和约束，可以使欺骗者受到惩罚，从而逐渐形成合作的稳定预期。为妥善处理中日两国的结构性问题，有必要在东北亚区域内创设建立在协商与共识基础上的安全合作机制。

由于中日之间形成了紧密的经济联系，使两国间存在较大程度的相互依赖，这为东北亚区域安全合作机制和政治互信机制的确立奠定了良好的物质基础。在贸易往来方面，日本多年来一直是中国最重要的贸易伙伴，而中国也是拉动日本出口增长的最重要力量。1993~2003年，日本连续11年成为中国的第一大贸易伙伴。日本与其他地区的贸易都出现过负增长，唯有与中国的贸易一直是正增长，而且增长的速度很快。在投资方面，中国因市场和资源优势成为日本企业海外投资的首选地。从1979~2002年，日本成为中国（除中国香港和中国台湾外）仅次于美国的第二大投资国。中日间紧密的相互依存关系使双方突破"囚徒困境"的难题成为可能，从而通过合作获取更大的利益。

在东北亚区域安全合作机制建设上，其动力来源于区域内和区域外两个层次。因此，其安全合作机制的建立应着眼于两个层面：

1. 内部机制建设。内部机制建设，指建立一个涵盖该地区所有国家及其共同关切的安全问题，且能够最大限度地控制冲突，提供解决分歧和争端的多边合作安全机制。在此方面，"六方会谈"机制为内部安全合作机制的建设提供了可能。

"六方会谈"是由中国促成，为解决因"朝核问题"而形成的朝美争端的临时性地区争端协调体系。六方主要包括中国、美国、俄罗斯、朝鲜、韩国、日本6个国家，会谈宗旨是为了和平解决"朝核问题"，促成半岛无核化。"六方会谈"具有全局性的特点，一旦朝鲜核问题获得突破，将有助于其他安全问题的依次解决。同时，"六方会谈"还具有其他特征：一是成员的广泛性，代表了地区所有涉及重大利益的国家；二是议题的核心化，即围绕"2＋4"六方共同关心的核问题展开；三是通过六方会谈的步步深入，各国间的信任逐渐增强。如果能通过六方会谈导致朝鲜核问题的合理解决，那么分歧势必逐渐缩小，有助于建立互信，从而较为顺畅地发展正常友好的国家间关系。

2. 外部机制建设。外部机制建设，指以地区主义的视角来审视地区安全机制的建设。由于东北亚大国之间的结构性矛盾短期内难以消除，需要将东北亚安全合作问题置于东亚地区安全合作框架当中，采取开放的地区主义态度来审视和对待区域安全合作问题。中国、日本、韩国之间战略上的弹性空间有限，难以通过直接对话予以解决，而通过一种间接路线为东北亚区域安全合作构建新的平台显得十分必要。通过将东北亚次区域无法解决的双边安全问题置于东亚区域当中，将达到通过跨区域的交叉互动来消解双边冲突，通过互动创立一系列相互交叠、制度严密的国家间安排和规制的目的。在此基础上，最终建立东亚共同体。

1994年开始运作的东盟地区论坛及其在1997年扩展为"10＋3"机制，为东亚区域安全机制的建立搭建了对话与合作的平台。它将区域内各国的分歧和争端纳入到具有广泛代表性的多边机制当中来解决，通过地区多边领域的合作提供更妥善的解决彼此分歧和争端的方式和途径。

通过东北亚乃至整个东亚安全合作机制的建立，将使中国、日本两个区域大国合作的"囚徒困境"转换成重复进行的博弈模式。中国、日本在多次博弈中，为了获取长期而更大的利益，完全可能放弃眼前利益而采取合作策略。在区域合作的进程中，各国都将重新选择或不断修正自己的策略，从而为使东北亚区域合作最终走出大国"困境"奠定必要的基础，创造必要的条件。

东北老工业基地全面振兴前景展望

伴随着调整改造工作的顺利完成，东北老工业基地已经立足新的起点、开始谋求新的发展、步入实现全面振兴的关键阶段。虽然说振兴东北老工业基地是一项长期、复杂和艰巨的工作，全面实现振兴目标任重道远，但笔者坚信全面振兴东北老工业基地的伟大目标一定会实现。做出这样的判断，主要基于以下考虑。

一、全面振兴东北老工业基地是党中央的重大战略决策

（一）振兴东北老工业基地是我国经济发展的内在要求

改革开放以来，我国经济保持了长期、平稳和快速发展，经济实力大幅度提升。在看到成绩的同时，党中央也清醒地认识到，当代中国正在发生广泛而深刻的变革，经济发展中还存在诸多矛盾与问题，经济增长的资源环境代价过大，区域经济社会的发展严重不平衡，等等。为了适应国内经济形势的新变化，顺应人民群众的新期待，党的十六大做出了全面建设小康社会的战略决策。

全面实现建设小康社会伟大目标的基本要求是保持经济的全面协调可持续发展，根本方法是统筹兼顾，模式选择是走新型工业化道路，途径选择是推进产业结构优化升级，用高新技术和先进适用的技术改造传统产业，大力振兴装备制造

业，推进产业合理布局，形成若干各具特色的经济区域，实现优势互补和共同发展。

东北是全国老工业基地的典型代表。实现东北老工业基地的振兴，有利于全国国民经济持续、快速、健康发展，有利于促进地区经济社会协调发展，有利于推进国有经济的战略性重组，有利于提高企业和产业的国际竞争力，有利于维护社会稳定和保障国家安全。改革开放初期，由于改革开放战略的置后安排，加之结构性和机制性矛盾的制约，东北老工业基地的经济发展曾一度出现相对衰退，在全国的地位明显后移，资源禀赋条件和产业比较优势无法得以释放。党的十六大提出要支持东北地区等老工业基地加快调整和改造，党的十七大提出全面振兴东北地区等老工业基地，其目的就是调整经济布局，形成我国经济发展中新的"增长极"，与珠江三角洲、长江三角洲和京、津、冀地区连成一线，共同构成我国国民经济又好、又快发展的重要支撑，为全面实现建设小康社会的宏伟目标奠定重要基础。正如中共中央国务院在《关于实施东北地区等老工业基地振兴战略的若干意见》中指出："振兴老工业基地，不仅是东北地区等老工业基地自身改革发展的迫切要求，也是实现全国区域经济社会协调发展的重要战略举措，事关改革发展稳定的大局，对全面建设小康社会和实现现代化建设目标有着十分重要的意义。全党同志和各地区各部门要牢固树立全国一盘棋的思想，统一认识，积极推进东北地区等老工业基地振兴战略的实施。"

（二）振兴东北老工业基地是我国参与国际竞争的必然要求

当今世界正在发生广泛而深刻的变化，当代中国同世界的关系也发生了历史性变化，世界各国综合国力的竞争日趋激烈。面对我国全面参与经济全球化的新机遇、新挑战，要实现国家全面复兴和成为世界强国的发展目标，加快具有战略性、基础性、关键性、前瞻性重大战略性产业的发展，已经成为当务之急。

改革开放以来，虽然我国的经济总量不断增长，但是制造业领域还相对落后，技术创新能力还相对薄弱。国际经验表明，重化工业是国家竞争力的核心。我国真正崛起的一个重要前提是，必须具有自我装备和自我保障的供给能力。从我国经济发展的现阶段特征来看，我国正处于工业化的中期阶段，然而由于发达国家的技术阻断，我国在国际产业布局中还处于产业价值链的中、低端，国家核心竞争力的形成受到严重制约。因此，必须大力提升产业核心竞争力，加快具有战略性、基础性、关键性、前瞻性的重大战略性产业的发展。要实现这一目标，一是靠提高自主创新能力；二是靠产业结构优化升级，发展现代产业体系，促进工业由大变强，振兴装备制造业，淘汰落后生产能力。

东北老工业基地具有相当规模的以能源、原材料、装备制造为主的战略产业和骨干企业，同时拥有丰富的自然资源、巨大的存量资产、良好的产业基础、明显的科教优势、众多的技术人才和较为完整的基础条件，具有投入少、见效快、潜力大的特点，是极富后发优势的地区。因此，振兴东北老工业基地，是国家战略赋予东北的历史使命。通过振兴东北老工业基地为国家的发展和强大奠定工业基础、提供技术装备和技术支持。东北振兴不仅仅是东北的振兴，而是国家发展战略主体安排中的振兴。

二、东北老工业基地调整改造的阶段性成果明显

振兴东北老工业基地就是重塑这里的工业基础，通过调整改造把这里的工业做大、做强、做好、做优，为国家的发展和强大奠定工业基础、提供技术装备和技术支持。

国家实施东北老工业基地振兴战略，确立了东北老工业基地振兴在中国新型工业化发展道路中的重要地位和作用，也给予了强有力的政策支持。东北地区充分利用国家实施东北老工业基地振兴战略所带来的政策"洼地"效应和后发优势，在改革开放以来多年调整改造的基础上，继续加大改革力度，逐步解决了制约东北振兴的制度性"瓶颈"问题，以国有企业改组改制为重点的体制机制创新取得重大进展，对外开放水平明显提高，企业技术进步成效显著，资源型城市经济转型试点稳步推进，基础设施不断完善，生态建设和环境保护取得积极成效。可以说，从国家实施东北老工业基地振兴战略的2002年起，是东北改革开放以来综合实力提升最快、城乡面貌变化最大、社会建设成效最好、人民群众得到实惠最多的时期。截至2007年，区域生产总值从2002年的11 586.5亿元上升到23 225.28亿元；第二产业总值从2002年的5 757.37亿元上升到11 988.87亿元；城镇居民人均可支配收入从63 031.1元上升到超过万元。① 这些主要经济指标表明，东北老工业基地的经济发展已经摆脱了长期徘徊甚至下降的趋势，区域GDP快速增长，地方财政收入快速增加，经济运行质量进一步好转，经济发展的协调性和后劲进一步增强，对我国经济可持续性发展的贡献度明显提高。尤其是辽宁省，初步达到了东部沿海发达地区的水平，一个技术先进、结构合理、功能完善、特色明显、对外开放、机制灵活、竞争力强的国家新型产业基地和新的重要经济增长区域的态势正在形成。可以说，东北老工业基地调整改造所取得的阶段性成果，为实现全面振兴奠定了坚实的

---

① 根据辽宁、吉林、黑龙江三省2008年《政府工作报告》数据整理得出。

基础。

三、"再工业化"是全面振兴东北老工业基地关键时期的理性选择

由于时代背景、资源禀赋、区位条件以及经济发展的起点不同，不同区域的发展模式和道路自然也就有所不同。因此，东北老工业基地的振兴，必须在知识经济与经济全球化的时代背景下，立足中国这一发展中大国工业化进程与体制转轨的特殊情况，顺应我国国家竞争战略的基本要求，在东北一次工业化基础上，依据东北现有产业的比较优势和资源禀赋条件，对发展模式做出理性的选择，即走出一条"再工业化"的创新道路。这一选择，既符合我国现阶段工业化的基本要求，也适应提高我国综合实力和国际竞争力的迫切需要，同时又充分发挥了东北老工业基地的比较优势，完全符合党中央提出的"全面提升和优化第二产业，以信息化带动工业化，以工业化促进信息化，充分发挥比较优势，提高促进自主创新能力和技术装备水平，促进产业结构升级优化，形成具有竞争力的现代产业基地"的目标要求。

与此同时，东北老工业基地"再工业化"道路的选择，将与珠三角、长三角和京津冀地区形成两个互补：（1）发展阶段的互补。根据世界工业化发展规律，工业化中期是以重化工业为主导的发展阶段，或直接称之为重化工业化阶段。目前，中国整体上已经进入工业化中期阶段——重化工业化阶段。但珠三角和长三角的大部分地区还处于初期组装和装配的加工工业阶段，高新技术产品多处于"三来一补"型的低级阶段，生产的产品也多属于数量扩张型的劳动密集型消费品工业。从工业内部演变的一般性规律看，处于消费品工业占主导地位的工业化的第二阶段，被人们称之为制造业"缺钙"。长三角具有机械、钢铁、高科技附加值较高的产业，但由于土地资源过度开发以及能源资源的制约，未来发展将受到很大的限制。因此，东北老工业基地在发展阶段上与这两个地区呈现出明显的工业化发展阶段的功能互补性。（2）产业特色的互补。从目前的产业发展特色上看，珠三角的产业特色主要是彩色电视、消费类电子产品、纺织服装业、钟表制造业、金银首饰、电脑整机、数码相机、化妆品和印刷业；长三角的产业特色主要是轻纺、机械、晶圆半导体、钢铁、高科技附加值较高的产业；京津冀的产业特色主要是生物技术、航天工业，有些已经进入原始创新阶段，钢铁、建材、化工、制药、机械装备、能源、食品等生产性服务业也比较发达。东北老工业基地则以重化工业为主，一类是能源原材料工业，主要有钢铁、煤炭、石油、有色金属；另一类是装备制造业，并形成比较完善的装备制造业工业体

系，如重型机床、变压器、电缆、飞机制造、造船、机车制造、汽车、铁路客车、石油化工以及军事工业等，素有"共和国装备部"之称，而且土地资源和能源资源丰富，发展空间很大。从目前几个区域产业特色的比较中可以看出，东北老工业基地的产业特色与其他地区具有明显的结构互补性。

从上述两个互补性来看，东北老工业基地的装备制造业和能源原材料工业的比较优势明显，不仅在国内市场上具有较强的竞争力，同时也会通过实现进口替代支持其他地区的产业结构优化升级，推动我国工业化的发展。伴随着东北老工业基地调整改造的不断推进，这些产业中的"蝉蜕"进展顺利，粗放的低端生产力逐渐被淘汰，新的高端生产力正在集聚。根据国际工业化发展的经验，在工业化中期发展阶段，居民消费结构升级和城市化进程加快所带动的产业结构变化，会形成以重化工业为主导的经济发展格局。2000 年以来，我国重化工业增长率明显超过轻工业的增长，成为带动工业增长的主导力量。目前全国装备工业产品市场需求正在不断扩大，国家发改委根据我国数控机床 1996～2005 年消费数量，通过模型拟合，预计 2009 年数控机床的销售数量将达到 8.9 万台，年均增长率为 16.5%。而我国数控机床的国产量占国内需求的比重还不足 40%，大型、高精度数控机床大部分依赖进口。我国工业化中期发展阶段所形成的巨大市场需求，为东北老工业基地的振兴提供了广阔的市场空间①。

四、全面振兴东北老工业基地的条件已经具备

（一）全面振兴东北老工业基地的目标十分明确

国家发展和改革委员会、国务院振兴东北地区等老工业基地领导小组办公室在联合下发的《东北地区振兴规划》中不仅明确规定了全面振兴东北老工业基地的总体目标，同时也提出了实现这一目标的具体措施。可以说，这是改革开放以来我国经济发展中的第一个区域性经济发展规划，既符合我国工业化发展的阶段性特点，也符合东北经济发展的实际。《东北地区振兴规划》规定的总体目标是："经过 10～15 年的努力，将东北地区建设成为体制机制较为完善，产业结构比较合理，城乡、区域发展相对协调，资源型城市良性发展，社会和谐，综合经济发展水平较高的重要经济增长区域；形成具有国际竞争力的装备制造业基地，国家新型原材料和能源保障基地，国家重要商品粮和农牧业生产基地，国家重要

---

① 《山西机械电子工业"十一五"末国家数控机床内需将升至 50% 以上》，《山西机电信息》2007年第 9 期。

的技术研发与创新基地，国家生态安全的重要保障区，实现东北地区的全面振兴。"具体措施是：（1）加快改革开放步伐。深化体制改革，建立和完善现代企业制度与产权制度，推进国有经济战略性调整，积极培育和发展非公有制经济，扩大对内对外开放，增强发展活力。（2）加快结构调整与升级。着力提高自主创新能力，推进产业结构优化升级，以信息化带动工业化，走新型工业化道路，提升产业综合竞争力。（3）加快区域合作进程。建立区域协调互动机制，打破行政壁垒，加速要素资源合理流动，加强基础设施共建共享，推动区域合作，促进协调发展。（4）加快资源枯竭型城市经济转型。推进建立资源开发补偿机制和衰退产业援助机制，积极发展接续替代产业，增加就业岗位，完善城市功能，促进资源型城市可持续发展。（5）加快建设资源节约型、环境友好型社会。全面贯彻节约资源和保护环境的基本国策，积极发展循环经济，加大生态建设与环境保护力度，促进经济与资源、环境协调发展。（6）加快发展教育、卫生、文化、体育等各项社会事业。努力扩大就业，完善社会保障体系，推进社会主义民主法制建设，维护社会安定和谐，促进人的全面发展，使人民群众在实施振兴战略中得到实惠。

（二）全面振兴东北老工业基地的共识已经形成

东北老工业基地在经历了"辉煌—衰落—重新振兴"的曲折发展之后，东北地区更加珍惜来之不易的历史发展机遇，倍加珍惜来之不易的良好发展态势。事实上，在改革开放初期所面临的困难和挑战面前，东北地区便做出了重振老工业基地雄风的历史选择，相继实施了结构调整、外向牵动、科教兴省和可持续发展战略，不断加大体制和结构调整的力度。在中共中央国务院《关于实施东北地区等老工业基地振兴战略的若干意见》以及国家发展和改革委员会、国务院振兴东北地区等老工业基地领导小组办公室联合制定的《东北地区振兴规划》出台后，东北老工业基地深刻领会其精神，在坚持解放思想、实事求是、与时俱进的思想路线，坚决破除计划经济体制思想的影响，坚决破除封闭保守、墨守成规的陈腐观念，通过体制创新和机制创新消除阻碍市场经济机制发挥作用的因素等方面已经形成了广泛的共识和强大合力，这将成为全面振兴东北老工业基地巨大的精神力量。

（三）全面振兴东北老工业基地的经验积累较为丰富

东北老工业基地的改造与振兴，没有可资借鉴的先行模式，既是一次伟大的实践探索，也是一次重大的理论创新。自改革开放以来，党和国家一直高度重视东北老工业基地的改造与振兴，并出台了一系列相应的政策措施。东北各地方政府更是把东北老工业基地的改造与振兴看做是义不容辞的历史责任。为了突破经济发展的困境,紧密联系振兴东北老工业基地的实际,解决思想、锐意进取、大胆实践,以改革的精神、创新的办法,解决老工业基地改造与振兴中的新情况、新问题,用新思路、新体制、新机制、新方式,走出一条振兴东北老工业基地的新路子,并积累了丰富的实践经验。比如"再工业化"发展模式的选择、沈阳铁西工业区的整体搬迁改造、国有企业改革脱困、完善城镇社会保障体系建设和资源型城市经济转型等,都是依据中国现阶段工业化发展阶段的特征、东北老工业基地的比较优势以及东北老工业基地改造与振兴的历史经验所做出的重大选择。这些经验不仅具有区域性工作的指导意义,而且具有更大范围内的普遍意义,同时也为东北老工业基地的全面振兴奠定了重要的经验基础。

(四) 全面振兴东北老工业基地的时机十分有利

一是党中央提出科学发展观和加快构建社会主义和谐社会的战略思想,进一步丰富了振兴的内涵,指明了发展方向;二是国民经济持续平稳较快发展、综合国力不断提高,有利于东北地区加快体制改革和结构调整;三是区域协调互动机制不断完善,有利于推动东北地区与东中西部地区良性互动、优势互补、共同发展;四是我国参与国际竞争、利用国内外两种资源、两个市场步伐加快,为东北地区拓展经贸合作领域和空间、提高对外开放水平创造了更多机遇。当然,在看到这些有利条件的同时,我们也必须清醒地认识到,在全面振兴东北老工业基地的过程中还面临许多困难和问题,比如东北地区的经济社会发展水平和人民群众的收入水平还有待进一步提高,区域经济社会协调发展还有待进一步加强,体制机制等结构性矛盾还有待进一步克服,节能减排工作的压力很大,经济增长的资源环境还需要进一步改善等。

基于上述基本依据,我们有充分的理由认为,全面振兴东北老工业的目标一定会实现。

主要参考文献

一、中文文献（含译著译文）

（一）著作

1. 阿尔弗雷德·韦伯：《工业区位论》，商务印书馆 1997 年版。

2. 艾伯特·赫尔希曼，潘照东等译：《经济发展战略》，经济科学出版社 1997 年版。

3. 彼得·罗布森：《国际一体化经济学》，上海译文出版社 2001 年版。

4. 保罗·克鲁格曼：《地理和贸易》，北京大学出版社、中国人民大学出版社 2000 年版。

5. 鲍振东主编：《2007 年：中国东北地区发展报告》，社会科学文献出版社 2007 年版。

6. 查尔斯·琼斯：《经济增长导论》，北京大学出版社 2002 年版。

7. 陈佳贵等著：《中国工业化进程报告（1995～2005 年）》，社会科学文献出版社 2007 年版。

8. 程伟主编：《振兴辽宁老工业基地》（8 卷本系列丛书），辽宁教育出版社 1998 年版。

9. 程伟：《计划经济国家体制转轨评论》，辽宁大学出版社 1999 年版。

10. 程伟主编：《世界经济十论》，高等教育出版社 2004 年版。

11. 程伟等：《经济全球化与经济转轨互动研究》，商务印书馆 2005 年版。

12. 丹尼斯·卡尔顿、杰夫里·佩罗夫：《现代产业组织》，上海三联书店、上海人民出版社 1998 年版。

13. 道格拉斯·C·诺思：《制度、制度变迁与经济绩效》，上海三联书店 1994 年版。

14. 邓伟、张平宇、张柏：《东北区域发展报告》，科学出版社 2004 年版。

15. 渡边利夫：《中国制造业的崛起与东亚的回应——超越"中国威胁论"》，经济管理出版社 2003 年版。

477

16. 房汉廷、王伟光：《创业投资产业发展的国际比较及其启示》，经济管理出版社 2004 年版。

17. 高闯等：《辽宁企业改革与发展问题研究》，辽宁大学出版社 2006 年版。

18. 葛延风、贡森等：《中国医改：问题、根源、出路》，中国发展出版社 2007 年版。

19. 韩毅：《历史的制度分析——西方制度经济史学的新发展》，辽宁大学出版社 2002 年版。

20. 胡鞍钢、门洪华：《中国：东亚一体化新战略》，浙江人民出版社 2005 年版。

21. 景体华等：《2006～2007 年：中国区域经济发展报告》，社会科学文献出版社 2007 年版。

22. 金凤君、张平宇：《东北地区振兴与可持续发展战略研究》，商务印书馆 2006 年版。

23. 金碚等编：《竞争力经济学》，广东经济出版社 2003 年版。

24. 科学技术部专题研究组：《我国产业自主创新能力调研报告》，科学出版社 2006 年版。

25. 刘煜辉主编：《中国地区金融生态环境评价（2006～2007）》，中国金融出版社 2007 年版。

26. 吕政：《2007 中国工业发展报告——工业发展效益现状与分析》，经济管理出版社 2007 年版。

27. 马克思：《资本论》，人民出版社 1975 年版。

28. 穆怀中、柳清瑞等：《中国养老保险制度改革关键问题研究》，中国劳动社会保障出版社 2006 年版。

29. 青木昌彦等著：《政府在东亚经济发展中的作用——比较制度分析》，中国经济出版社 1998 年版。

30. 芮明杰、刘明宇、任江波：《论产业链整合》，复旦大学出版社 2006 年版。

31. 世界银行：《东亚一体化：共享增长的贸易政策议程》，中国财政经济出版社 2004 年版。

32. 唐晓华等：《产业集群：辽宁经济增长的路径选择》，经济管理出版社 2006 年版。

33. 唐晓华主编：《产业经济学教程》，经济管理出版社 2007 年版。

34. 泰勒尔：《产业组织理论》，中国人民大学出版社 1997 年版。

35. 藤田昌久、雅克·弗朗克斯·蒂斯：《集聚经济学》，西南财经大学出版社 2004 年版。

36. 王朗玲、李敏娜：《老工业基地改造与体制创新》，经济科学出版社 2004 年版。

37. 王伟光：《中国工业行业技术创新实证研究》，中国社会科学出版社 2003 年版。

38. 王伟光：《自主创新、产业发展与公共政策》，经济管理出版社 2006 年版。

39. 王伟光、吉国秀：《知识经济时代的技术创新》，经济管理出版社 2007 年版。

40. 魏后凯：《市场竞争、经济绩效与产业集中》，经济管理出版社 2003 年版。

41. 威廉·鲍莫尔：《资本主义的增长奇迹》，中信出版社 2004 年版。

42. 吴敬琏：《国有经济的战略性重组》，中国发展出版社 1998 年版。

43. 衣保中等：《中国东北区域经济》，吉林大学出版社 2000 年版。

44. 赵传君：《东北经济振兴与东北亚经贸合作》，社会科学文献出版社 2006 年版。

45. 张凤林等：《人力开发/探索与途径》，辽宁教育出版社 1998 年版。

46. 中国科技促进发展研究中心：《中国科技政策与发展研究：2001 调研报告精选》，科学技术文献出版社 2002 年版。

47. 中国企业管理研究会、中国社会科学院管理科学研究中心：《东北老工业基地振兴与管理现代化（年度报告 2004～2005）》，中国财政经济出版社 2005 年版。

48. 中国企业联合会、中国企业家协会：《中国企业发展报告（2007）》，企业管理出版社 2007 年版。

49. 中国社会科学院工业经济研究所：《中国工业发展报告》，经济管理出版社 2006 年版。

50. 中国社会科学院新型城市化研究课题组：《中国新型城市化道路》，社会科学文献出版社 2007 年版。

（二）论文

51. 邴志刚：《辽宁：整合政府财力资源全面实现老工业基地振兴》，《中国财政》2004 年第 1 期。

52. 波波夫：《俄罗斯的未来——后工业化模式》，《国外社会科学文摘》2000 年第 2 期。

53. 陈伟、王静：《基于东北亚区域合作发展东北老工业基地》，《科技与管理》2006 年第 2 期。

54. 陈耀:《世界发达国家二、三产业关系的演变与启示》,《经济纵横》2007 年第 15 期。

55. 陈英姿:《东北亚区域环境合作与东北振兴》,《东北亚论坛》2006 年第 1 期。

56. 程伟、林木西:《东北老工业基地振兴与制度创新》,辽宁咨询网,2005 年。

57. 戴宏伟、马丽慧:《借势与造势——京津冀产业梯度转移与河北产业结构优化》,《经济论坛》2002 年第 18 期。

58. 戴明义:《解决县乡财政困难是全面建设小康社会不容忽视的问题》,《预算管理与会计》2003 年第 10 期。

59. 丁四保:《东北现象:症结分析与出路的探讨》,《现代城市研究》2003 年第 6 期。

60. 邓伟根:《20 世纪的中国产业转型:经验与理论思考》,《学术研究》2006 年第 8 期。

61. 丁从明、陈仲常:《金融深化、资本深化及其互补性研究》,《财经研究》2006 年第 1 期。

62. 范恒山:《以改革开放促调整改造加快老工业基地振兴步伐》,《宏观经济管理》2003 年第 10 期。

63. 冯德显:《从中外城市群发展看中原经济隆起——中原城市群发展研究》,《人文地理》2004 年第 6 期。

64. 韩留富:《促进民营企业发展的对策研究》,《经济体制改革》2002 年第 5 期。

65. 郝书辰:《影响国有经济产业分布的经济因素及实证分析》,《经济管理》2006 年第 16 期。

66. 何平:《中国养老保险基金测算报告》,《社会保障制度》2001 年第 3 期。

67. 赫国胜:《利用外资改造东北老工业基地国有企业的对策思考》,《辽宁经济》2007 年第 6 期。

68. 胡昭玲:《国际垂直专业化对中国工业竞争力的影响分析》,《财经研究》2007 年第 4 期。

69. 黄建富:《世界城市的形成与城市群的支撑——兼谈长三角城市群的发展战略》,《世界经济研究》2003 年第 7 期。

70. 纪玉山、代栓平:《东北老工业基地振兴:一个结构主义视角》,《经济与管理研究》2006 年第 11 期。

480

71. 简新华、余江:《重新重工业化与振兴老工业基地》,《财经问题研究》

2004 年第 9 期。

72. 景天魁：《底线公平与社会保障的柔性调节》，《社会学研究》2004 年第 6 期。

73. 科技发展法制和政策研究专题组：《国家中长期科学和技术发展规划战略研究》，2004 年 7 月。

74. 赖德胜：《教育、劳动力市场与收入分配》，《经济研究》1998 年第 5 期。

75. 赖德胜、孟大虎：《专用性人力资本、劳动力转移与区域经济发展》，《中国人口科学》2006 年第 1 期。

76. 李本和：《我国区域经济协调发展系统与中部地区的功能定位》，《生产力研究》2004 年第 9 期。

77. 李福柱、丁四保：《东北老工业基地科技人才环境建设研究》，《科技进步与对策》2005 年第 5 期。

78. 李克强：《以科学发展观引领辽宁老工业基地振兴》，《环渤海经济瞭望》2006 年第 4 期。

79. 李静：《区域经济协调发展视角下的东北老工业基地产业功能定位》，《社会科学辑刊》2007 年第 1 期。

80. 李培林、张翼：《走出生活逆境的阴影——失业下岗职工再就业中的"人力资本失灵"研究》，《中国社会科学》2003 年第 5 期。

81. 李瑞海、万晓玲：《中国企业兼并历程的国际化视角及启示》，《当代经济管理》2007 年第 4 期。

82. 李胜会：《统筹城乡关系与发展县域经济模式选择》，《农村经济》2004 年第 11 期。

83. 李天舒：《东北地区工业比较优势及产业升级路径》，《经济纵横》2007 年第 7 期。

84. 李文海：《我国企业集团兼并重组中的政府行为研究》，《统计研究》2007 年第 6 期。

85. 李拥军、高学东：《关于中国钢铁企业兼并重组的流程分析》，《冶金经济与管理》2007 年第 2 期。

86. 李悦、李立、郎立君：《论振兴东北老工业基地的必经之路——以高新技术改造传统产业》，《财经问题研究》2004 年第 1 期。

87. 李增福：《振兴东北老工业基地的财政政策及其工具选择》，《当代经济研究》2004 年第 3 期。

88. 李忠国：《正确处理土地承包经营与农业规模经营的关系》，《农业经济》2004 年第 12 期。

89. 林宏桥、林浩、林源：《消灭私有制的理论及其在中国的实践》，《社会科学辑刊》2001 年第 1 期。

90. 林木西、杨哲英：《东北老工业基地振兴与东北亚经济合作》，《经济理论与经济管理》2005 年第 3 期。

91. 林木西：《辽宁中部城市群的启示》，《决策》2007 年第 9 期。

92. 刘铮：《城镇化：中国工业化进程的现实路径》，《当代经济研究》2003 年第 10 期。

93. 刘志澄：《统筹城乡发展　壮大县域经济》，《农业经济问题》2004 年第 2 期。

94. 陆符玲：《美国〈社区再投资法〉的作用与启示》，《金融研究报告》2003 年第 724 期。

95. 吕有晨、李政：《日本企业集团的演进与创新》，《现代日本经济》2003 年第 1 期。

96. 马健：《产业融合理论研究评述》，《经济学动态》2002 年第 5 期。

97. 马月才：《中、美、日制造业发展比较研究》，《中国工业经济》2003 年第 5 期。

98. 孟韬：《企业集群战略：东北老工业基地振兴的新探索》，《社会科学辑刊》2004 年第 3 期。

99. 穆怀中：《养老保险的利益激励机制》，《中国社会保障》2003 年第 4 期。

100. 钱平凡：《振兴东北老工业基地要实施产业集群发展战略》，《经济纵横》2004 年第 1 期。

101. 任淑玉：《振兴东北老工业基地的难点及对策》，《宏观经济研究》2003 年第 10 期。

102. 沈蕾：《论专业化分工与我国大企业的发展》，《经济问题探索》2004 年第 7 期。

103. 沈越：《论国有经济布局结构的调整》，《经济学动态》2001 年第 3 期。

104. 崔功豪：《全球视野下的长江三角洲城市群》，《城市管理》2003 年第 4 期。

105. 孙明哲：《产业集群在东北老工业基地改造中的作用》，《中国流通经济》2006 年第 6 期。

106. 汤吉军：《国有企业制度变迁中路径依赖的内生性分析：基于沉淀成本视角》，《经济体制改革》2007 年第 4 期。

107. 唐世平、张蕴岭：《中国的地区战略》，《世界经济与政治》2004 年第 6 期。

108. 佟福全：《美国的传统工业政策与"再工业化"战略》，《中国工业经济》1988 年第 2 期。

109. 汪斌、金星：《生产性服务业提升制造业竞争力的作用分析——基于发达国家的计量模型的实证研究》，《技术经济》2007 年第 1 期。

110. 汪德才、李从心、周雄辉：《中小型制造企业的区域网络化生产模式的探讨》，《中国机械工程》2001 年第 8 期。

111. 汪丽：《我国城市群发展现状、问题和对策研究》，《宏观经济管理》2005 年第 6 期。

112. 王建国：《非公有制经济兼并重组国有企业过程中的若干法律问题及对策》，《经济师》2005 年第 1 期。

113. 王连月、韩立红：《AHP 法在区域竞争力综合评价中的应用》，《企业经济》2004 年第 6 期。

114. 王胜今：《东北老工业基地振兴与东北亚区域合作》，《东北亚论坛》2004 年第 2 期。

115. 王树功、周永章：《大城市群（圈）资源环境一体化与区域可持续发展研究——以珠江三角洲城市群为例》，《中国人口、资源与环境》2004 年第 12 期。

116. 王伟光：《基于新政府范式的技术创新政策》，《学习与探索》2002 年第 2 期。

117. 王伟光：《政府在创业投资发展中的作用》，《中国科技论坛》2004 年第 4 期。

118. 王伟光：《国外政府支持企业研发剖析》，《企业技术进步》2005 年第 1 期。

119. 王伟光：《关于沈阳黎明航空发动机有限责任公司自主创新的调研报告》，《中国科技产业》2005 年第 8 期。

120. 王伟光、吉国秀、李征：《东北区域产业创新体系路径选择与政策研究》，《科技指标研究》2007 年第 6 期。

121. 王胜今、于逢良：《论东北振兴过程中的政府智能》，《东北亚论坛》2006 年第 3 期。

122. 王小军：《国有企业资产重组问题研究——谈辽宁国有企业资产重组的思路》，《社会科学辑刊》2002 年第 1 期。

123. 吴金明等：《产业链、产业配套半径及企业自生能力》，《中国工业经济》2005 年第 2 期。

124. 肖振红：《企业并购的协同效应评估研究》，《现代管理科学》2007 年第 1 期。

125. 徐笠威：《东北老工业基地新型工业化道路的战略思考》，《工业技术经济》2005 年 6 月。

126. 许经勇：《壮大县域经济的两个问题》，《宏观经济研究》2003 年第 9 期。

127. 杨炘、刘桓：《中国创业投资业的现状、问题和对策研究》，《科技管理研究》2003 年第 2 期。

128. 杨振凯、刘畅：《东北老工业基地在东北亚经济合作中的区位优势重构》，《东北亚论坛》2007 年第 4 期。

129. 杨万东：《产业集群问题讨论综述》，《经济理论与经济管理》2004 年第 2 期。

130. 张广胜、姜健力：《现阶段农民增收的新思路是开拓农外新领域——以辽宁省为例》，《农业经济问题》2001 年第 6 期。

131. 张军：《市场结构、成本差异与国有企业的民营化进程》，《中国社会科学》2003 年第 5 期。

132. 张敏、陈传明：《战略调整视角下的企业文化理论演进》，《外国经济与管理》2005 年第 3 期。

133. 张秋生、周琳：《企业并购协同效应的研究与发展》，《会计研究》2003 年第 6 期。

134. 张弥：《非公有制经济发展与国有经济战略性调整》，《财经问题研究》2006 年第 2 期。

135. 张为付、吴进红：《对长三角、珠三角、京津地区综合竞争力的比较研究》，《浙江社会科学》2002 年第 6 期。

136. 张小蒂、孙景蔚：《基于垂直专业化分工的中国产业国际竞争力分析》，《世界经济》2006 年第 5 期。

137. 赵峰：《论产业集群对振兴东北老工业基地的战略支持》，《经济纵横》2006 年第 11 期。

138. 周叔莲、王伟光：《科技创新与产业结构优化升级》，《管理世界》2005 年第 5 期。

139. 诸建芳、王伯庆、恩斯特·使君多福：《中国人力资本投资的个人收益率研究》，《经济研究》1995 年第 12 期。

二、英文文献

140. Alan V. Deardorff, "Rich and Poor Countries in Neoclassical Trade and Growth", *The Economic Journal*, Vol. 111, No. 470, 2001.

141. Alchain, A. and Demsetz, H., "Production, Information Costs, and Economic Organization", *American Economic Review*, 1972 (62).

142. American Dissent Voices, "The New World Order, Free Trade and The Deindustrialization of American", http: //natall. com 08/16/2002.

143. Andre Burgstaller, "Industrialization, Deindustrialization and North-South

Trade", *The American Economic Review*, Vol. 77, December 1987.

144. Arndt, S. W. , "Globalization and the Open Economy", *North American Journal of Economics and Finance* 8, 1997.

145. Arthur S. Alderson, "Explaining Deindustrialization: Globalization, Failure, or Success", *American Sociological Review*, Vol. 64, 1999.

146. Arthur S. Alderson, "Globalization and Deindustrialization: Direct Investment and the Decline of Manufacturing Employment in 17 OECD Nations", *Journal of World-Systems Research* 3:1 – 34.

147. Athukorala, Prema-chandra, "Product Fragmentation and Trade Patterns in East Asia", Trade and Development Discussion Paper 2003/21, Division of Economics, Research School of Pacific and Asian Studies, The Australian National University, Canberr, 2003.

148. Audretsch, D. B. and Maryann P. Feldman, "R&D Spillovers and the Geography of Innovation and Production", *The American Economic Review*, Vol. 86 No. 3.

149. Aziz, Jahangir, Christoph Duenwald, "China's Provincial Growth Dynamics", IMF Working Paper No. 01/3.

150. Barry Bluestone and Bennett Harrison, "The Deindustrialization of America: Plant Closing, Community Abandonment, and the Dismantling of Basic Industry".

151. Barry Bluestone, "In Support of the Deindustrialization Thesis", Paul D. Staudohar and Holly E. Brown, Deindustrialization and Plant Closure, Lexington, Mass. : c1987.

152. Bencivenga, Valerie R. and Bruce D. Smith, "Unemployment, Migration, and Growth", *The Journal of Political Economy*, Vol. 105, No. 3, 1997.

153. C. Antonelli, "The Evolution of the Industrial Organization of the Production of Knowledge", *Cambridge Journal of Economics*, Vol. 23.

154. Carlsson, Bo, "Flexibility and the Theory of Firm", International Journal of Industrial Organization 1984.

155. Charles P. Kindleberger, "Government Policies and Changing Shares in World Trade", *American Economic Review*, Vol. 70, No. 5, 1980.

156. Cooke Schienstock, "Structural Competitiveness and Learning Region", *Enterprise and Innovation Management Studies*, 2000, 1 (3).

157. Daniele Archibugi and Simona Iammarino, "The Policy Implications of the Globalization of Innovation", *Research Policy*, 28, 1999.

158. Deardorff, Alan V. , "Fragmentation in Simple Trade Models," Discussion

Paper No. 422, Research Seminar in International Economics, University of Michigan, January 7, 1998.

159. Donald R. Davis and David E. Weinstein, "International Trade as an Integrated Equilibrium: New Perspectives", *The American Economic Review*, Vol. 90, No. 2, 2000.

160. Ethier, W. J., "National and International Returns to Scale in the Modern Theory of International Trade", *American Economic Review*, 72, 1982.

161. Feenstra, R. C. and G. H. Hanson: "Globalization, Outsourcing and Wage Inequality", *American Economic Review* 86, 1996.

162. Feenstra, R. C. and G. H. Hanson: "Foreign Direct Investment and Relative Wages: Evidence from Mexico's Maquiladoras," *Journal of International Economics*, 42, 1997.

163. Flam, Harry and Helpman, Elhanan: "Vertical Product Differentiation and North-South Trade." *American Economic Review*, Vol. 77, 1987.

164. Gerald A. Carlino, "What Can Output Measures Tell Us about Deindustrialization in the Nation and its Regions?" *Business Review*, January/February, 1989.

165. Treasury, H. M., "The UK Financial Services Sector: Rising to the Challenges and Opportunities of Globalization", March 2005.

166. Helene S. Fine, "Participant Action Research: A Case Study of Community Economic Development In Chicago", PAQ, Spring 1994.

167. Helpman, E. and Krugman, P.: "Market Structure and Foreign Trade: Increasing Returns, Imperfect Competition and the International Economy", Cambridge, Mass. MIT Press, 1985.

168. Inmaculada Martinez-Zarzoso, "Gravity model: An Application to Trade Between Regional Blocs", *Atlantic Economic Journal*, Vol. 31, No. 6, 2003.

169. Isard, W., "Location and Space-Economy", Cambridge Mass Press, 2000.

170. Johnson, Emily N. and Gregory C. Chow, "Rates of Return to Schooling in China", *Pacific Economic Review*, 2: 2, 1997.

171. Jones, R. W., Kierzkowski, H. and Leonard, "Fragmentation and Intra-Industry Trade", in P. Lloyd and Hyun-Hoon Lee (Ed.), Frontiers of Research in intra-Industry Trade, Palgrave Macmillan, New York, 2002.

172. Lancaster, K., "Intra-Industry Trade under Perfect Monopolistic Competition", *Journal of International Economics*, Vol. 10, 1980.

173. Luthje T., "Intra Industry Trade in Intermediate Goods", *International Ad-*

vances in Economic Research Vol. 7, 2001.

174. Michael E. Porter, "On Competition", Boston, Harvard Business School Press, 1998.

175. Mitsuyo Ando, "Fragmentation and Vertical Intra-industry Trade in East Asia", to be presented at the Western Economic Association International, 79th Annual Conference, Vancouver, Canada on June 30, 2004.

176. Mokyr J., "Evolution and Technological Change: A New Metaphor for Economic History", Technological Change, London: Harwood Publishers, 1996.

177. Molly Mcusic, "U. S. Manufacturing: Any Cause for Alarm?" In Thomas, R. Swartz and Frank J. Bonello ed. P. Taking Sides: Clashing Views on Controversial Economic, Issues 5th edition, The Dushkin Publishing Group, Inc., 1990.

178. Ng, Francis and Alexander Yeats, "Production Sharing in Asia: Who Does What for Whom, and Why", World Bank Policy Research Working Paper No. 2197., 1999.

179. Peter Maskell and Anders Malmberg, "Local Learning and Industrial Competitiveness", *Cambridge Journal of Economics*, 1999, 23.

180. Psacharopoulos, George and Harry Anthony Patrinos, "Returns to Investment in Education: A Further Update", World Bank Policy Research Working Paper No. 2881, 2002.

181. Lloyd Rodwin and Hidehiko Sazanami, "Industrial Change and Regional Economic Transformation: the Experience of Western Europe", London: Harper Collins Academic, 1991, overview.

182. Robert W. Rycroft and Don E. Kash, "The Complexity Challenge: Technological Innovation for the 21st Century", London and New York, 1999.

183. Porter, M., "Cluster and the New Economics of Competition", *Harvard Business Review*, July 2000.

184. Poter, Michael E., "The Global Competitiveness Report", 2002 – 2003: World Economic Forum, Geneva, Switzerl, Oxford University Press, 2003.

185. R. Rothwell, "Industrial Innovation: Success, Strategy, Trends. The Handbook of Industrial Innovation", Edward Elgar, 1994.

186. Storper, M., "Regional Technology Coalitions: An Essential Dimension of National Technology Policy", *Research Policy*, 1995, 24.

187. Teresa L. Cyrus, "Income in the Gravity Model of Bilateral Trade: Does Endogenously Matter", *International Trade Journal* (summer 2002), Vol. 16.

188. Thomas A. Pugel, "International Economics", Twelfth edition, by the McGraw-Hill Companies, Inc. USA, 2004.

189. Vernon Henderson, "Urbanization in Developing Countries", *World Bank Research Observer*, Oxford University Press, Vol. 17 (1), 2002.

三、俄文文献

190. Ивантер, А., Сиваков, Д., *Переростки*, "Эксперт" №1 – 2 (543), 15 января 2007. —смтр. http: //www. expert. ru/printissues/expert/2007/01/.

191. Крупнов, Ю., Реиндустриализация: Как нам организовать промышленное развитие? —http: //www. kroupnov. ru/pubs/2006/11/09/10487/.

192. Лузянин, В. России нужна реиндустриализация, http: //news. mail. ru/economics/1390943.

193. Мау, В., "России еще только предстоит разработать стратегию постиндустриального прорыва", —http: //www. iet. ru/personal/mau/ved-2. htm.

194. Начинается глобальная реиндустриализация центра Москвы, —http://press. try. md/view. php? id = 36300&iddb = Society.

195. ПРОЕКТ: Стратегия социально-экономического развития Воронежской области на долгосрочную перспективу и пакет сопутствующих документов, —http: //www. csr-nw. ru/content/projects/default. asp? shmode = 2&ids = 23&ida = 1300.

196. ФОНД "центр стратегических разработок" *Северо-запад*: Вестник Совета по национальной конкурентоспособности "Стратегия и конкурентоспособность" №5 (8) 2006 г..

197. Фрадков, темпы роста ВВП составили 6, 3% в первом полугодии, — "основной вклад в промышленный подъем внесло ускорение роста обрабатывающих производств". —http: //www. rosinvest. com/news/219805.

198. Яценко, Н. Е., реиндустриализация-переход от раннеиндустриальной и индустриальной базы производства к его новым технико-технологическим основаниям, переход производства на более прогрессивный путь развития (прогрессивные ("высокие") технологии, информатика, биотехнологии, новые материалы и источники энергии, —*Толковый словарь обществоведческих терминов*, 1999.

四、统计年鉴及主要网站

199. 《中国统计年鉴》。

200. 《中国工业经济统计年鉴》。

201. 《辽宁统计年鉴》。

202. 《吉林统计年鉴》。

203. 《黑龙江统计年鉴》。

204. 《中国劳动统计年鉴》。

205. 《东洋经济统计月报》。

206. 俄罗斯国家统计局 1997 年统计报告。

207. http：//cfi. net. cn.

208. http：www. chinaneast. gov. cn.

209. http：//www. ecdc. net. cn/.

210. http：//www. fdi. gov. cn/.

211. http：//www. lntrade. com/.

212. http：//www. mofcom. gov. cn.

213. http：//www. nber. org.

214. http：//www. stats. gov. cn/.

已出版书目

书　名	首席专家
《马克思主义基础理论若干重大问题研究》	陈先达
《网络思想政治教育研究》	张再兴
《高校思想政治理论课程建设研究》	顾海良
《马克思主义文艺理论中国化研究》	朱立元
《弘扬与培育民族精神研究》	杨叔子
《当代科学哲学的发展趋势》	郭贵春
《当代中国人精神生活研究》	童世骏
《面向知识表示与推理的自然语言逻辑》	鞠实儿
《中国大众媒介的传播效果与公信力研究》	喻国明
《楚地出土戰國簡册〔十四種〕》	陳　偉
《中国特大都市圈与世界制造业中心研究》	李廉水
《WTO 主要成员贸易政策体系与对策研究》	张汉林
《全球经济调整中的中国经济增长与宏观调控体系研究》	黄　达
《中国产业竞争力研究》	赵彦云
《东北老工业基地资源型城市发展接续产业问题研究》	宋冬林
《中国民营经济制度创新与发展》	李维安
《东北老工业基地改造与振兴研究》	程　伟
《中国加入区域经济一体化研究》	黄卫平
《金融体制改革和货币问题研究》	王广谦
《中国市场经济发展研究》	刘　伟
《我国民法典体系问题研究》	王利明
《中国农村与农民问题前沿研究》	徐　勇
《城市化进程中的重大社会问题及其对策研究》	李　强
《中国公民人文素质研究》	石亚军
《生活质量的指标构建与现状评价》	周长城
《人文社会科学研究成果评价体系研究》	刘大椿
《教育投入、资源配置与人力资本收益》	闵维方
《创新人才与教育创新研究》	林崇德
《中国农村教育发展指标研究》	袁桂林
《高校招生考试制度改革研究》	刘海峰
《基础教育改革与中国教育学理论重建研究》	叶　澜
《处境不利儿童的心理发展现状与教育对策研究》	申继亮
《中国和平发展的国际环境分析》	叶自成

即将出版书目

书　名	首席专家
《中国司法制度基础理论问题研究》	陈光中
《完善社会主义市场经济体制的理论研究》	刘　伟
《和谐社会构建背景下的社会保障制度研究》	邓大松
《社会主义道德体系及运行机制研究》	罗国杰
《中国青少年心理健康素质调查研究》	沈德立
《学无止境——构建学习型社会研究》	顾明远
《产权理论比较与中国产权制度改革》	黄少安
《中国水资源问题研究丛书》	伍新木
《中国法制现代化的理论与实践》	徐显明
《中国和平发展的重大国际法律问题研究》	曾令良
《知识产权制度的变革与发展研究》	吴汉东
《全国建设小康社会进程中的我国就业战略研究》	曾湘泉
《现当代中西艺术教育比较研究》	曾繁仁
《数字传播技术与媒体产业发展研究报告》	黄升民
《非传统安全与新时期中俄关系》	冯绍雷
《中国政治文明与宪政建设》	谢庆奎